Schäfer

Frauenorganisationen und Entwicklungszusammenarbeit

KULTUREN IM WANDEL

herausgegeben von
Adam Jones, Ulrich Knefelkamp und Stefan Seitz

Band 5

FRAUENORGANISATIONEN UND ENTWICKLUNGSZUSAMMENARBEIT

Traditionelle und moderne afrikanische
Frauenzusammenschlüsse
im interethnischen Vergleich

Rita Schäfer

Centaurus Verlag & Media UG 1995

Zur Umschlagabbildung: Rosemary Gordon, *Zimbabwe*

Die Autorin, *Dr. Rita Schäfer*, studierte Ethnologie, Geographie und Soziologie in Freiburg und London. 1990 Forschungsaufenthalt in der Sierra Leone, 1994 Promotion. Gegenwärtig ist sie Lehrbeauftragte der Universität Freiburg und Mitarbeiterin am dortigen Museum für Völkerkunde.

Für dieses Buch wurde die Autorin 1994 mit dem Carl-Theodor-Kromer-Preis der Albert-Ludwigs-Universität Freiburg ausgezeichnet.

Die Deutsche Bibliothek – CIP-Einheitsaufnahme

Schäfer, Rita:
Frauenorganisationen und Entwicklungszusammenarbeit : traditionelle und moderne afrikanische Frauenzusammenschlüsse im interethnischen Vergleich / Rita Schäfer. – Pfaffenweiler : Centaurus-Verl.-Ges., 1995
  (Kulturen im Wandel ; 5)
  Zugl.: Freiburg (Breisgau), Univ., Diss., 1994
  ISBN 978-3-89085-957-6   ISBN 978-3-86226-402-5 (eBook)
  DOI 10.1007/978-3-86226-402-5
NE: GT

ISSN 0943-0490

Alle Rechte, insbesondere das Recht der Vervielfältigung und Verbreitung sowie der Übersetzung, vorbehalten. Kein Teil des Werkes darf in irgendeiner Form (durch Fotokopie, Mikrofilm oder ein anderes Verfahren) ohne schriftliche Genehmigung des Verlages reproduziert oder unter Verwendung elektronischer Systeme verarbeitet, vervielfältigt oder verbreitet werden.

© CENTAURUS-Verlagsgesellschaft mit beschränkter Haftung, Pfaffenweiler 1995

Satz: Vorlage der Autorin

Vorwort

Die vorliegende Studie wurde im Januar 1994 als Dissertation an der Geowissenschaftlichen Fakultät Freiburg eingereicht. An dieser Stelle möchte ich mich bei Herrn Prof. Dr. Stefan Seitz bedanken, der die Arbeit betreute und sie zur Veröffentlichung in die Reihe "Kulturen im Wandel" aufnahm.

Die Arbeit baut auf einen Forschungsaufenthalt in Sierra Leone sowie auf Recherchen bei deutschen Entwicklungsorganisationen auf. Der aktuelle Forschungsstand ist durch die Auswertung aller mir zugänglichen Literatur und zahlreicher bislang unveröffentlichter Studien dokumentiert.

Zu Dank verpflichtet bin ich der Kooperationsbereitschaft und Gastfreundschaft der Mende-Frauen in Sierra Leone sowie der Mitarbeiterinnen und Mitarbeiter eines dortigen GTZ-Projektes.

Für die inhaltliche Unterstützung meines Forschungsprojektes möchte ich Referentinnen und Referenten der Deutschen Gesellschaft für Technische Zusammenarbeit (GTZ), des Deutschen Entwicklungsdienstes, der Deutschen Welthungerhilfe, des Weltgebetstags der Frauen und des Marie-Schlei-Vereins danken. Gespräche mit Mitarbeiterinnen kirchlicher Organisationen wie Misereor, Brot für die Welt, der Evangelischen Zentralstelle für Entwicklunshilfe und der Arbeitsgemeinschaft kirchlicher Entwicklungsdienste, politischer Stiftungen und unabhängiger Träger wie der Aktionsgemeinschaft Solidarischer Welt haben anregende Impulse für die Auswertung der Materialfülle gegeben. Für die getroffenen Bewertungen bin jedoch allein ich verantwortlich.

Zur Recherche der entwicklungspolitisch relevanten Literatur konnte ich auf die umfangreichen Bibliotheken des Arnold-Bergstraesser-Institutes in Freiburg, der Deutschen Stiftung für Entwicklung in Bonn, der School of Oriental and African Studies, University of London und des African Studies Centre in Leiden zurückgreifen. Die im Text angeführten englischen Zitate wurden für diese Publikation von mir ins Deutsche übersetzt.

Finanziell wurde mein Forschungsprojekt durch ein Promotionsstipendium der Landesgraduiertenförderung des Landes Baden-Württemberg gefördert. Allen genannten Institutionen, ihren Mitarbeiterinnen und Mitarbeitern sei hiermit nochmals mein Dank für vielfältige Hilfe und Unterstützung ausgesprochen.

Für sprachliche Korrekturen der schriftlichen Endfassung dieser Arbeit bin ich Hildegard Marx und Gisela Sigrist zu Dank verpflichtet. Besonders danken möchte ich meinem Freund Christoph für inhaltliche Diskussionen und Hilfe beim Layout des Textes sowie meinen Eltern für ihre Weltoffenheit und ihr Interesse an meiner Forschungsarbeit.

Freiburg, im Mai 1994   Rita Schäfer

Inhalt

Vorwort	v
Inhalt	vii
Einleitung	1
Erster Teil	9

Erstes Kapitel: Analyse afrikanischer Frauenzusammenschlüsse als Beitrag zur ethnologischen Frauenforschung — 9

1. Grundsätzliche Überlegungen zu Zusammenschlüssen als gesellschaftliche Organisationsformen — 10
2. Anfänge der ethnologischen Frauenforschung — 20
3. Theoretische Ansätze in der ethnologischen Frauenforschung: Zur Diskussion im englischsprachigen Raum in den 70er Jahren — 25
4. Neuere Ansätze in der Frauenforschung: Analyse der Komplexität der Geschlechterrollen und der Organisationsformen von Frauen im zeitlichen Wandel — 37

Zweites Kapitel: Neuere Forschungen über Frauen und ihre Zusammenschlüsse in Schwarzafrika - ein Überblick — 39

1. Frauenrollen im gesellschaftlichen Kontext — 40
2. Religiöse Frauengruppen — 49
3. Politische Partizipation von Frauen — 59
4. Wirtschaftliche Aktivitäten von Frauen — 63

Zweiter Teil — 80

Drittes Kapitel: Zur Problematik angewandter ethnologischer Forschung — 80

1. Überlegungen zur "Applied Anthropology" in den USA und in Großbritannien während der Kolonialzeit — 80
2. Angewandte ethnologische Forschung und Entwicklungspolitik: Forschungstendenzen im deutschsprachigen Raum — 83

Viertes Kapitel: Frauen und Entwicklungsforschung: 94
Überlegungen zu Theorie und Methodik

   1. Hintergründe und Entstehungsbedingungen der 94
      Frauenförderung in der Entwicklungszusammenarbeit: Die
      Bedeutung der Resolutionen der Vereinten Nationen

   2. Die Frauenförderung in der deutschen 97
      Entwicklungszusammenarbeit

   3. Forschungen über Frauen und ihre Zusammenschlüsse im 106
      Entwicklungsprozeß

   4. Zur gesellschaftspolitischen Bedeutung von Frauengruppen 124

Dritter Teil 128

Fünftes Kapitel: Frauenzusammenschlüsse der Mende 128

   1. Traditionelle Organisationsformen 128

   2. Projektbeispiel: Das Bo-Pujehun Rural Development Project 164
      in Sierra Leone

   Exkurs: Projektbeispiel: Förderung von Temne- 181
   Fischerfrauengruppen in Tombo, Sierra Leone durch das
   "Tombo Fisheries Project" der "Deutschen Gesellschaft für
   Technische Zusammenarbeit"

Sechstes Kapitel: Frauenzusammenschlüsse der Mandinka 189

   1. Traditionelle Organisationsformen 189

   2. Projektbeispiel: Frauenförderung durch die "Deutsche 199
      Welthungerhilfe" im integrierten
      Ernährungssicherungsprogramm in Gambia

Siebtes Kapitel: Frauenzusammenschlüsse im Kameruner 205
Grasland

   1. Traditionelle Zusammenschlüsse 205

      a. Frauenzusammenschlüsse der Kom 205
      b. Frauenzusammenschlüsse der Nso 218
      c. Frauenzusammenschlüsse der We 226
      d. Frauenzusammenschlüsse in Kamerun im 229
         Vergleich

   2. Projektbeispiel: Einführung und Förderung der 232
      Zugtiernutzung in der Nord-West-Provinz: Zusammenarbeit
      mit Frauengruppen im Kameruner Grasland

Achtes Kapitel: Händlerinnen-Assoziationen der Yoruba 240

1. Traditionelle Organisationsformen 240
2. Projektbeispiel: Förderung von Yoruba-Frauengruppen in Nigeria durch den "Marie-Schlei-Verein" 263

Neuntes Kapitel: Frauenzusammenschlüsse der Kikuyu 267

1. Traditionelle Organisationsformen 267
2. Projektbeispiel: Das "Women and Energy Project": Zur Zusammenarbeit der "Deutschen Gesellschaft für Technische Zusammenarbeit" (GTZ) mit der nationalen kenianischen Frauenorganisation "Maendeleo ya Wanawake" (MyW) und Frauengruppen der Kikuyu 288

Zehntes Kapitel: Frauenzusammenschlüsse der Akamba 299

1. Traditionelle Organisationsformen 299
2. Projektbeispiele: Förderung von Akamba-Frauengruppen im Machakos-Distrikt 303

Schlußbetrachtung 316

Literatur 325

Index 374

Vorwort

Die vorliegende Studie wurde im Januar 1994 als Dissertation an der Geowissenschaftlichen Fakultät Freiburg eingereicht. An dieser Stelle möchte ich mich bei Herrn Prof. Dr. Stefan Seitz bedanken, der die Arbeit betreute und sie zur Veröffentlichung in die Reihe "Kulturen im Wandel" aufnahm.

Die Arbeit baut auf einen Forschungsaufenthalt in Sierra Leone sowie auf Recherchen bei deutschen Entwicklungsorganisationen auf. Der aktuelle Forschungsstand ist durch die Auswertung aller mir zugänglichen Literatur und zahlreicher bislang unveröffentlichter Studien dokumentiert.

Zu Dank verpflichtet bin ich der Kooperationsbereitschaft und Gastfreundschaft der Mende-Frauen in Sierra Leone sowie der Mitarbeiterinnen und Mitarbeiter eines dortigen GTZ-Projektes.

Für die inhaltliche Unterstützung meines Forschungsprojektes möchte ich Referentinnen und Referenten der Deutschen Gesellschaft für Technische Zusammenarbeit (GTZ), des Deutschen Entwicklungsdienstes, der Deutschen Welthungerhilfe, des Weltgebetstags der Frauen und des Marie-Schlei-Vereins danken. Gespräche mit Mitarbeiterinnen kirchlicher Organisationen wie Misereor, Brot für die Welt, der Evangelischen Zentralstelle für Entwicklunshilfe und der Arbeitsgemeinschaft kirchlicher Entwicklungsdienste, politischer Stiftungen und unabhängiger Träger wie der Aktionsgemeinschaft Solidarischer Welt haben anregende Impulse für die Auswertung der Materialfülle gegeben. Für die getroffenen Bewertungen bin jedoch allein ich verantwortlich.

Zur Recherche der entwicklungspolitisch relevanten Literatur konnte ich auf die umfangreichen Bibliotheken des Arnold-Bergstraesser-Institutes in Freiburg, der Deutschen Stiftung für Entwicklung in Bonn, der School of Oriental and African Studies, University of London und des African Studies Centre in Leiden zurückgreifen. Die im Text angeführten englischen Zitate wurden für diese Publikation von mir ins Deutsche übersetzt.

Finanziell wurde mein Forschungsprojekt durch ein Promotionsstipendium der Landesgraduiertenförderung des Landes Baden-Württemberg gefördert. Allen genannten Institutionen, ihren Mitarbeiterinnen und Mitarbeitern sei hiermit nochmals mein Dank für vielfältige Hilfe und Unterstützung ausgesprochen.

Für sprachliche Korrekturen der schriftlichen Endfassung dieser Arbeit bin ich Hildegard Marx und Gisela Sigrist zu Dank verpflichtet. Besonders danken möchte ich meinem Freund Christoph für inhaltliche Diskussionen und Hilfe beim Layout des Textes sowie meinen Eltern für ihre Weltoffenheit und ihr Interesse an meiner Forschungsarbeit.

Freiburg, im Mai 1994   Rita Schäfer

Inhalt

Vorwort	v
Inhalt	vii
Einleitung	1
Erster Teil	**9**

Erstes Kapitel: Analyse afrikanischer Frauenzusammenschlüsse als Beitrag zur ethnologischen Frauenforschung — 9

1. Grundsätzliche Überlegungen zu Zusammenschlüssen als gesellschaftliche Organisationsformen — 10
2. Anfänge der ethnologischen Frauenforschung — 20
3. Theoretische Ansätze in der ethnologischen Frauenforschung: Zur Diskussion im englischsprachigen Raum in den 70er Jahren — 25
4. Neuere Ansätze in der Frauenforschung: Analyse der Komplexität der Geschlechterrollen und der Organisationsformen von Frauen im zeitlichen Wandel — 37

Zweites Kapitel: Neuere Forschungen über Frauen und ihre Zusammenschlüsse in Schwarzafrika - ein Überblick — 39

1. Frauenrollen im gesellschaftlichen Kontext — 40
2. Religiöse Frauengruppen — 49
3. Politische Partizipation von Frauen — 59
4. Wirtschaftliche Aktivitäten von Frauen — 63

Zweiter Teil — 80

Drittes Kapitel: Zur Problematik angewandter ethnologischer Forschung — 80

1. Überlegungen zur "Applied Anthropology" in den USA und in Großbritannien während der Kolonialzeit — 80
2. Angewandte ethnologische Forschung und Entwicklungspolitik: Forschungstendenzen im deutschsprachigen Raum — 83

Viertes Kapitel: Frauen und Entwicklungsforschung: 94
Überlegungen zu Theorie und Methodik

1. Hintergründe und Entstehungsbedingungen der Frauenförderung in der Entwicklungszusammenarbeit: Die Bedeutung der Resolutionen der Vereinten Nationen — 94

2. Die Frauenförderung in der deutschen Entwicklungszusammenarbeit — 97

3. Forschungen über Frauen und ihre Zusammenschlüsse im Entwicklungsprozeß — 106

4. Zur gesellschaftspolitischen Bedeutung von Frauengruppen — 124

Dritter Teil — 128

Fünftes Kapitel: Frauenzusammenschlüsse der Mende — 128

1. Traditionelle Organisationsformen — 128

2. Projektbeispiel: Das Bo-Pujehun Rural Development Project in Sierra Leone — 164

Exkurs: Projektbeispiel: Förderung von Temne-Fischerfrauengruppen in Tombo, Sierra Leone durch das "Tombo Fisheries Project" der "Deutschen Gesellschaft für Technische Zusammenarbeit" — 181

Sechstes Kapitel: Frauenzusammenschlüsse der Mandinka — 189

1. Traditionelle Organisationsformen — 189

2. Projektbeispiel: Frauenförderung durch die "Deutsche Welthungerhilfe" im integrierten Ernährungssicherungsprogramm in Gambia — 199

Siebtes Kapitel: Frauenzusammenschlüsse im Kameruner Grasland — 205

1. Traditionelle Zusammenschlüsse — 205

   a. Frauenzusammenschlüsse der Kom — 205
   b. Frauenzusammenschlüsse der Nso — 218
   c. Frauenzusammenschlüsse der We — 226
   d. Frauenzusammenschlüsse in Kamerun im Vergleich — 229

2. Projektbeispiel: Einführung und Förderung der Zugtiernutzung in der Nord-West-Provinz: Zusammenarbeit mit Frauengruppen im Kameruner Grasland — 232

Achtes Kapitel: Händlerinnen-Assoziationen der Yoruba 240

1. Traditionelle Organisationsformen 240
2. Projektbeispiel: Förderung von Yoruba-Frauengruppen in Nigeria durch den "Marie-Schlei-Verein" 263

Neuntes Kapitel: Frauenzusammenschlüsse der Kikuyu 267

1. Traditionelle Organisationsformen 267
2. Projektbeispiel: Das "Women and Energy Project": Zur Zusammenarbeit der "Deutschen Gesellschaft für Technische Zusammenarbeit" (GTZ) mit der nationalen kenianischen Frauenorganisation "Maendeleo ya Wanawake" (MyW) und Frauengruppen der Kikuyu 288

Zehntes Kapitel: Frauenzusammenschlüsse der Akamba 299

1. Traditionelle Organisationsformen 299
2. Projektbeispiele: Förderung von Akamba-Frauengruppen im Machakos-Distrikt 303

Schlußbetrachtung 316

Literatur 325

Index 374

Einleitung

Die vorliegende Arbeit zum Thema traditionelle und moderne Frauenzusammenschlüsse in Schwarzafrika stellt an ausgewählten Regionalbeispielen unterschiedliche Organisationsformen vor. Diese werden in den jeweiligen kulturellen Kontext eingeordnet und im zeitlichen Längsschnitt betrachtet. Die Auswahl der einzelnen Zusammenschlüsse soll Aufschluß geben über die Vielfalt und Verbreitung traditioneller Frauenorganisationen sowie über ihre weitreichende gesamtgesellschaftliche Bedeutung. Neben der differenzierten Analyse ihrer oft sehr komplexen Aufgaben steht die Auseinandersetzung mit dem zeitlichen Wandel der Ziele und internen Organisation der Gruppen im Betrachtungsmittelpunkt. Tradition, Kontinuität und Wandelbarkeit der Zusammenschlüsse werden vor dem Hintergrund ihres Widerstandes gegen kolonialpolitische Einschränkungen der Rechte und des wirtschaftlichen Einflusses von Frauen thematisiert. Ihr Beitrag zur sozialen Sicherung sowie zur Bewahrung wirtschaftlicher Handlungsspielräume wird in der Auseinandersetzung mit dem heutigen sozioökonomischen Wandel untersucht.

In meiner Analyse konzentriere ich mich auf die Bedeutung der Gruppen im Entwicklungsprozeß und ihren Umgang mit Entwicklungshilfe. Dieser wird an ausgewählten Beispielen der staatlichen und nicht-staatlichen deutschen Entwicklungszusammenarbeit vorgestellt. Es werden unterschiedliche Projekte, die afrikanische Frauengruppen fördern, in ihrer Konzeption und ihren Auswirkungen auf die Lebenssituation der Frauen sowie auf die jeweiligen Geschlechterverhältnisse gegenübergestellt.

Der vorliegende Text ist die erste Untersuchung, die aus ethnologischer Perspektive die Bedeutung und die vielschichtigen Aufgaben traditioneller afrikanischer Frauenzusammenschlüsse im jeweiligen kulturellen Kontext erörtert und ihren Wandel sowie ihre Reaktion auf Außenförderung vergleicht.

Gliederung

Der erste Teil der Arbeit widmet sich in einer schrittweisen Annäherung zunächst allgemeinen ethno-soziologischen Aspekten des Themas. In einem Forschungsüberblick (1. Kapitel) stelle ich die theoretischen Ansätze der ethnologischen Frauenforschung vor und vergleiche sie in ihren Aussagen über Frauenzusammenschlüsse. Zum umfassenden Verständnis werden die Beträge von Ethnologinnen aus den Anfängen der Forschung über afrikanische Frauenorganisationen gewürdigt. Im Zentrum dieses Teils der Arbeit steht aber die kritische Auseinandersetzung mit den Erklärungsmodellen namhafter amerikanischer Ethnologinnen aus den 70er Jahren, darüberhinaus wird auch die neuere Diskussion der Geschlechterverhältnisse in der deutsch- und englischsprachigen Ethnologie thematisiert.

Im zweiten Kapitel konzentriere ich mich auf Arbeiten, die direkt am afrikanischen Material gewonnen wurden und bei denen in Auseinandersetzung mit den Frauenrollen auch unterschiedliche Frauenorganisationen stärker in den Betrachtungsmittelpunkt rücken. Dabei werden Forschungserkenntnisse über solche Organisationen in den Bereichen Gesellschaft, Religion, Politik und Wirtschaft differenziert betrachtet.

Im zweiten Teil der Arbeit, der als zweiter Schritt der thematischen Annäherung zu verstehen ist, diskutiere ich die Problematik der Anwendung ethnologischer Kenntnisse in der Entwicklungszusammenarbeit (3. Kapitel), grundsätzliche Fragen zum Verhältnis von Ethnologie und gelenktem Kulturwandel finden dabei Beachtung. Theoretische, methodische und ethische Aspekte der Anwendung ethnologischer Kenntnisse stehen ebenfalls im Mittelpunkt der Erörterung zur Frauenförderung, dem für diese Arbeit wesentlichen Teilbereich der Entwicklungszusammenarbeit. Zum Verständnis der spezifischen Gestaltung deutscher staatlicher und nicht-staatlicher Entwicklungshilfe, die in Projekten mit afrikanischen Frauenzusammenschlüssen zusammenarbeitet, wird das Konzept der Frauenförderung im vierten Kapitel in den entwicklungspolitischen Rahmen eingeordnet und die Bedeutung ethnologischer Forschungen über bestehende Gruppen sowie über deren Reaktionen auf Entwicklungsmaßnahmen diskutiert.

Im dritten Teil meiner Arbeit konzentriere ich mich auf konkrete Fallstudien aus der Entwicklungshilfe. Ausgehend von eigenen Forschungen über die Reaktionen von Mende-Frauen in Sierra Leone auf die Entwicklungsmaßnahmen eines Projektes der "Deutschen Gesellschaft für Technische Zusammenarbeit" (GTZ), werden die Auswirkungen staatlicher bzw. nicht-staatlicher Entwicklungshilfe auf Frauenzusammenschlüsse ausgewählter Ethnien untersucht. Die jeweiligen Projekte werden dabei vor dem institutionellen und konzeptionellen Hintergrund der jeweiligen Trägerorganisationen vorgestellt. In der Diskussion über den Beitrag der Gruppen zum sozio-ökonomischen Wandel bzw. ihre Rolle im Kulturwandel bildet die Auseinandersetzung mit ihren Organisationsstrukturen, Aktivitäten, Zielen und Entwicklungspotentialen die Betrachtungsgrundlage. Diese Aspekte erläutere ich im jeweiligen kulturellen Kontext. Ausführlich werden dazu die traditionellen Organisationsmuster und die vielschichtigen Bedeutungen von Frauenzusammenschlüssen aufgezeigt.

Methodisches Vorgehen

In der Betrachtung der traditionellen Organisationsformen und ihres Wandels während und nach der Kolonialzeit beziehe ich mich auf die vorhandene Literatur, wobei die wichtigsten monographischen Werke über eine Ethnie als Grundlage meiner Darstellung dienen. Es ist nicht Ziel dieser Arbeit, eine komplette Literaturanalyse über die Yoruba oder die Kikuyu zu bieten, zumal das angesichts der heutigen Publikationsvielzahl kaum noch zu leisten wäre. Vielmehr liegt der Schwerpunkt meiner Darstellung der ethnographischen Zusammenhänge auf der gesellschaftlichen Rolle der Frauen, ihrer Bedeutung im Wirtschaftsleben, in Politik und Religion. Denn nur aus diesem Kontext heraus werden der Einfluß, die

Bedeutung und die Aufgaben der traditionellen Frauenorganisationen verständlich.

Die Vielfalt der traditionellen Organisationsformen wird an Beispielen vorgestellt: Geheimgesellschaften (Mende), Arbeitsgruppen, die auf Altersgraden aufbauen (Mandinka), Bünde ohne geheimen Charakter (Kameruner Grasland: Kom, Nso, We), Händlerinnen-Assoziationen (Yoruba) und Altersklassen (Akamba und Kikuyu).

Detailliert werden ältere und neuere Forschungsergebnisse über die Aufgaben und Ziele von Frauenzusammenschlüssen untersucht. Hierbei diskutiere ich Aussagen und Erkenntnisse über die Rollen bzw. den Status der Frauen und die Bedeutung der Organisationsformen. Vergleichende Studien über wirtschaftlich orientierte Frauenzusammenschlüsse unterschiedlicher Ethnien, über Handlungsmöglichkeiten und -grenzen gesellschaftlich oder politisch ausgerichteter Gruppen sowie über verschiedene religiöse Organisationen liegen weder aus dem deutschsprachigen noch aus dem englischsprachigen Raum vor. Dies trifft auch auf die ethnologische Frauenforschung zu; Fragen zur Entstehung und Verbreitung wurden erst recht noch nicht mit einer übergeordneten Blickrichtung diskutiert.

Bemerkenswert ist, daß Detailstudien über einzelne Frauenzusammenschlüsse die Forschung zu diesem Thema bestimmen. Manche Organisationen wie die Händlerinnen-Assoziationen sind dabei sehr gut dokumentiert, von anderen, etwa den Arbeitsgruppen auf der Basis von Altersgraden, sind nur Ausschnitte ihrer Charakteristika bekannt. Bei neueren Studien läßt sich feststellen, daß sie immer speziellere und selektivere Fragestellungen behandeln. Die Rolle der Zusammenschlüsse in der Entwicklungszuammenarbeit wird nur im Kontext derartiger Detailstudien aufgegriffen, was u.a. dadurch bedingt ist, daß es sich um eine relativ neue Fragestellung handelt, zumal die Unterstützung der Frauen und ihrer Gruppen in größerem Umfang erst in der Mitte bzw. Ende der 70er Jahre begonnen hat.

Die vorliegende Arbeit will die Vielfalt der Frauenzusammenschlüsse in vergleichender Perspektive aufzeigen. Der Vergleich bedeutet dabei nicht ein Gleichsetzen der Organisationen, sondern soll im Gegenteil deren Vielfalt sichtbar machen. Denn aus dem Vergleich lassen sich Fragestellungen entwickeln, die im Fall einer isolierten Untersuchung möglicherweise verborgen blieben. Im kulturellen Kontext wird die funktionale Komplexität der Aufgaben der Zusammenschlüsse interpretiert und in den unterschiedlichen Gesellschaften in West- und Ostafrika unter Berücksichtigung ihrer jeweiligen Organisationsprinzipien aufgezeigt. Dabei werden die Wirkungsmöglichkeiten im verwandtschaftlichen, politischen und wirtschaftlichen Bereich in Beziehung gesetzt zu den jeweiligen kulturellen Charakteristika wie beispielsweise der Patrilinearität, der zentralisierten politischen Organisation und der Ausrichtung der Wirtschaft auf den Anbau, den Handel oder die Mischwirtschaft. Die ethnographische Einordnung setzt den Schwerpunkt auf die Frage der Rollen und Aufgaben, Handlungsmöglichkeiten und -begrenzungen von Frauen und Männern und betrachtet sie im vergleichenden Überblick. Die Unterschiede im Forschungsstand über die einzelnen Ethnien, die sich in einer Fülle von Publikationen über die Yoruba oder

Kikuyu und recht begrenzte Informationen über Ethnien wie die Akamba widerspiegeln, kommen im Umfang der ihnen gewidmeten Abschnitte zum Ausdruck.

Meine eigenen Forschungen über den Sande-Bund der Mende in Sierra Leone bilden den Ausgangspunkt der Arbeit, entsprechend umfassend ist die Darstellung der traditionellen Bedeutung und des Wandels dieser Geheimgesellschaft. Ihrer Analyse schließt sich die Darstellung der Bedeutung von Altersgruppen der Mandinka in Gambia an. Altersgrade von Frauen bilden dort die Basis für den Zusammenschluß zu Arbeitsgruppen. Ihr Aufgabenspektrum und ihr Wandel werden aus dem Anbausystem und dem kulturellen Kontext heraus erörtert.

In einer vergleichenden Betrachtung werden die traditionellen Frauenbünde der Kom, Nso und We im Kameruner Grasland vorgestellt, ihrer Bedeutung für die wirtschaftliche Tätigkeit und die gesellschaftliche Stellung der Frauen wird dabei besondere Beachtung gezollt. Der Widerstand der Kom- und Nso-Frauen gegen koloniale Einschränkungen ihrer Rolle im Anbausystem und der damit zusammenhängenden Werte und Selbstachtung wird vor diesem Hintergrund erklärbar.

Die traditionellen Händlerinnen-Assoziationen der Yoruba sind ein Beispiel für die wirtschaftliche Interessenvertretung von Frauenzusammenschlüssen. Die Aufgaben dieser Organisationen in der Versorgung der städtischen Gesellschaft mit Grundnahrungsmitteln und Gütern, in der Regelung des Marktzugangs und der Preisgestaltung werden im Detail erörtert. Ihr politisches Gewicht und ihr Widerstandspotential gegen wirtschaftliche Maßnahmen während der Kolonialzeit sowie die Gründung von übergeordneten Dachverbänden werden in der Analyse ebenfalls berücksichtigt.

Die Kooperation der Kikuyu und Akamba-Frauen basierte traditionell auf den dort bedeutenden Altersgraden. Sozial verbindend waren bei den Kikuyu zudem die reziproken Arbeitsgruppen im Anbau und die gegenseitige Hilfe bei besonderen Anlässen. Gegenseitige Unterstützung zur Bewältigung von Krisen ist auch eine wichtige Grundlage der heutigen Zusammenschlüsse, die im Unterschied zu den traditionellen eher auf Altersgleichheit als auf Altersdifferenz basieren.

Anschließend werden dann die Auswirkungen der Projekte auf die Frauen aus ihrer Perspektive - soweit wie möglich - unter Bezug auf ethnologische Fragestellungen zum Kulturwandel aufgezeigt. Die Auswirkungen der Frauenförderung auf die Frauengruppen bilden zwar den Betrachtungsfokus, dennoch werden die Zielsetzungen und institutionellen Charakteristika der Entwicklungsorganisationen und die wirtschaftspolitischen Rahmenbedingungen, soweit sie zum Verständnis der Projektgestaltung notwendig sind, mitberücksichtigt.

Die ausgewählten Entwicklungsprojekte spielen sich im Spannungsdreieck von Frauenzusammenschlüssen, Entwicklungsorganisationen und (afrikanischen) Staaten ab, die aus jeweils unterschiedlichen Interessen, Handlungsmöglichkeiten und "Sachzwängen" agieren. In dieser Untersuchung stehen die Frauenzusammenschlüsse im Mittelpunkt, ohne daß die Selbständigkeit der beiden anderen vernachlässigt oder unbeachtet bliebe. Sie sind keine "Fixpunkte", sondern selbst

"Variablen"; es ginge jedoch über den Rahmen und die Aufgabenstellung dieser Arbeit hinaus, sie ebenfalls im Detail zu analysieren. Dazu wäre eine institutionssoziologische oder politikwissenschaftliche Studie erforderlich; das würde jedoch den Schwerpunkt, weg von der ethnologischen Analyse der Frauenorganisationen hin zu einer entwicklungspolitischen Untersuchung, verschieben.

Studien, die es zur Struktur der Entwicklungsorganisationen gibt, und neuere Forschungen zur wirtschaftspolitischen Situation der ausgewählten Länder habe ich, soweit dies notwendig erschien, in den Text einbezogen.[1]

Im Zentrum der Untersuchung stehen die bei meiner Feldforschung im Mende-Gebiet in Sierra Leone im Jahr 1990 gewonnenen Daten und die darauf basierende Analyse der Bedeutung des "Bo-Pujehun Rural Development Projects", das von der GTZ gefördert wurde. Dabei habe ich mich vorrangig mit den heutigen Frauenzusammenschlüssen der Mende und ihren Reaktionen auf die Projektförderung befaßt. Während eines dreimonatigen Studienaufenthaltes hatte ich die Möglichkeit, die Arbeit der Frauengruppen, ihre Probleme und Perspektiven sowie ihre Erwartungen an das Projekt kennenzulernen. Die Gegebenheiten vor Ort ermöglichten es, bei einzelnen Familien in ausgewählten Untersuchungsdörfern zu wohnen und am Alltag der Frauen zu partizipieren, d.h. durch teilnehmende Beobachtung mit ihren Arbeitsaufgaben und Interaktionsformen vertraut zu werden. Dank der Gastfreundschaft der Mende-Frauen war es kein Problem, sie beim Jäten auf den Feldern, beim Ernten des ersten Reises zu begleiten und bei der Arbeit auf den Gemüsefeldern der Frauengruppen dabeizusein. Diese Partizipation am Alltag schuf Vertrauen, auf dessen Basis dann auch Fragen nach den Zielen und Schwierigkeiten in der Gruppenarbeit und der heutigen Bedeutung des Sande-Bundes beantwortet wurden. Bei informellen Interviews waren die Auswirkungen der gemeinsamen Arbeit der Frauengruppen auf das Geschlechterverhältnis und die Dorfgemeinschaft weitere Themenkomplexe. Auch ihre Einschätzungen des Wandels des Anbausystems und der Neuerungen durch das Projekt standen bei Gesprächen mit den Frauen im Mittelpunkt meines Interesses. Bei den Frauen, die kein Englisch sprachen, übersetzten solche, die bereits eine Schulbildung genossen hatten und deswegen auch in den Gruppen als Sprecherinnen fungierten. Darüberhinaus boten die Gespräche mit den sierra leonischen Projektmitarbeiterinnen, die auch das Anbausystem sehr gut kannten und sich für die Bedürfnisse der Frauen einsetzten, wichtige Zusatzinformationen über die Förderung der Gruppen durch die Projektmaßnahmen und ihre Erfahrung mit deren Reaktionen. Diskussionen mit den deutschen Projektmitarbeitern, insbesondere dem Experten im Landwirtschaftssektor und dem Projektleiter, und Einsicht in die Projektberichte und in die Ergebnisse projektbegleitender Evaluierungen ergänzten die Informationen zum Projekt.

---

[1] S. hierzu beispielsweise Pollvogt 1987; Glagow 1983, 1990 und 1992; Neubert 1990.

Bei allen anderen Projekten beziehe ich mich auf die Auswertung von Projektakten, in die ich bei Besuchen der unterschiedlichen Organisationen der Entwicklungszusammenarbeit Einsicht hatte, sowie auf Evaluierungsberichte und Studien, die dort vorlagen und vor, während oder nach Abschluß eines Projektes erstellt wurden. An diesen Berichten haben teilweise auch Ethnologen oder Entwicklungssoziologen mitgewirkt. Es wird im einzelnen zu besprechen sein, inwieweit dies der Fall war und ob ihre Ergebnisse und Vorschläge in die Projektgestaltung einbezogen wurden.

Des weiteren beziehe ich mich in meinen Ausführungen auf Gespräche mit den zuständigen Projektreferenten und -referentinnen der Organisationen, auf Leitfrageninterviews mit Entwicklungshelferinnen und -helfern, die in den Projekten tätig waren, sowie auf Diskussionen mit Expertinnen der Entwicklungszusammenarbeit, die im Bereich Frauenförderung arbeiten.

Die Auswahl der Fallbeispiele orientierte sich daran, ein möglichst breit gefächertes Spektrum der Förderung aufzuzeigen, um die Vielfalt der Arbeitsbereiche von Frauengruppen und die Komplexität der Auswirkungen von Außenförderung auch analytisch erfassen zu können. Das breitgefächerte Bo-Pujehun Projekt der GTZ zur "Integrierten Ländlichen Regionalentwicklung" in Sierra Leone arbeitet im Bereich der Frauenförderung mit lokalen Frauenzusammenschlüssen zusammen, die an den traditionellen Sande-Bund der Mende anknüpfen und gemeinsam Erdnüsse und Gemüse anbauen und vermarkten. Den Frauen wird verbessertes Saatgut und Arbeitsgerät zur Verfügung gestellt, außerdem bezieht sich die Förderung auf anbautechnische Beratungen und Unterstützung bei der Vermarktung. Hieran zeigt sich Kontinuität und Wandel der traditionellen Frauenorganisation in Auseinandersetzung mit den Anforderungen der heutigen Zeit.

In einem Vergleich mit einem GTZ-Projekt an der Küste Sierra Leones, das Temne-Frauengruppen in Fischverarbeitung und -handel technisch unterstützt, werden große Unterschiede in der Akzeptanz der Neuerungen erkennbar. Obwohl es sich in beiden Fällen um die gleiche Geberorganisation und um die Zusammenarbeit mit bestehenden Frauenzusammenschlüssen handelt, deren traditionelle Strukturen sehr ähnlich waren, sind die Auswirkungen der Projekte sehr unterschiedlich. Die Gründe für die Differenzen in den Reaktionen der Frauen, sowie ihr Innovationspotential und ihre Entwicklungsziele werden herausgearbeitet.

Förderung im Anbau und in arbeitssparender Technologie steht im Mittelpunkt der Unterstützung von Mandinka-Reisbäuerinnen in Gambia durch die "Deutsche Welthungerhilfe", die vor Ort mit der halbstaatlichen Nicht-Regierungs-Organisation "Freedom From Hunger Campaign" zusammenarbeitet. Die Bedeutung des Reisanbaus, die Organisation von Arbeitsgruppen auf der Basis von Altersklassen und der Wandel des Anbausystems werden dem der Mende gegenübergestellt. Die Problematik der unangepaßten Förderung der Frauengruppen wird im Kontext der geschlechtlichen Arbeitsteilung und der mangelnden Bedürfnisberücksichtigung erörtert.

Die Notwendigkeit ethnologischer Studien über die gesellschaftlichen und wirtschaftlichen Gegebenheiten im Vorfeld von Projektplanungen zeigt sich auch am Beispiel eines GTZ-Projektes im Kameruner Grasland. Dort war die Verbreitung von Zugochsen an Männer das Mittel, um im Sinne der nationalen Wirtschaftsplanung die Erträge im Nahrungsmittelanbau zu fördern. Mit dieser Maßnahme wurden die Frauen der Kom, Nso und We jedoch aus dem Anbau, der zuvor ihr Kompetenzbereich war, verdrängt. Damit wurde auch ein Teil ihrer Identität angegriffen, denn die Höhe der erzielten Erträge waren wichtig für die gesellschaftliche Stellung der Frauen und für ihre Kooperation in den traditionellen Frauenzusammenschlüssen. Die negative Haltung der Frauen gegenüber den von außen eingeführten Neuerungen ist dadurch zu erklären.

Die Akzeptanz arbeitssparender Technologie zur Verarbeitung von Nahrungsmitteln ist deutlich größer, wenn diese von Frauengruppen selbst eingeführt werden und sie auch die Kontrolle darüber behalten. So hat ein Dachverband lokaler Yoruba-Frauenzusammenschlüsse Maniokreiben zur Gari-Herstellung verbreitet. Für die aufwendige und arbeitsintensive Herstellung sind viele Kleinhändlerinnen selbst zuständig, die neuen Geräte erleichtern die Arbeit. Zur Anschaffung der Geräte beantragte der Dachverband finanzielle Unterstützung bei einer kleinen Nicht-Regierungs-Organisation, dem "Marie-Schlei-Verein".

Die Zurückhaltung oder Verweigerung von Frauen, technische Neuerungen im Haushalt zu übernehmen, ist durch die mangelnde Berücksichtigung ihrer Bedürfnisse zu erklären. Das Beispiel der Kikuyu-Frauen wird zeigen, warum ihre Ablehnung gegenüber Neuerungen im Haushaltsbereich keineswegs durch mangelnde Innovationsbereitschaft bedingt ist, sondern durch die unzureichende Berücksichtigung ihres Innovationspotentials bei der Projektplanung. Brennholzsparende Herde, die im Rahmen eines GTZ-Projektes eingeführt wurden, entsprachen nicht den vielfältigen Anforderungen der Frauen an die Herdnutzung. Zudem war die Brennholzversorgung nicht ihr dringendstes Problem, auch wenn auf nationaler Ebene die Bewältigung der Energiekrise ein zentrales Anliegen war.

Bei der personellen Förderung der Handwerkstätigkeit von Akamba-Frauen in Kenia durch den "Deutschen Entwicklungsdienst" (DED) werden die gemeinsamen Aktivitäten und Entwicklungsprioritäten von Frauen im handwerklichen, vermarktungsbezogenen und infrastrukturellen Bereich erkennbar. Am Beispiel der Akamba-Korbflechterei zeigen sich die Möglichkeiten der Förderung traditioneller Handwerkstätigkeit von Frauen. Durch das Engagement des Entwicklungshelfers wurden die Akamba-Frauengruppen in der Bewahrung und Weiterentwicklung der Herstellungstechnik und Korbgestaltung bestärkt. Die Hilfe bezog sich auf Beratung und Austausch zwischen den Gruppen, also auf die Förderung ihrer Organisationskraft, sowie auf die Korbvermarktung unter Kriterien, die den Bedürfnissen der Frauen entsprachen und von ihnen - allein aus Kapazitätsgründen - nicht in der Form hätten entwickelt werden können. Als Nebenerwerbsquelle, zusätzlich zur Landwirtschaft, konnten die Frauen die Verfügungsgewalt über die Einnahmen bewahren. Zu diesem Zweck schlossen sich die Gruppen auch auf übergeordneter Ebene zusammen und bildeten eine eigene

Vermarktungsgesellschaft. Akamba-Frauengruppen waren nicht nur im Handwerk gemeinsam tätig, sie setzten sich auch für die Verbesserung der Infrastruktur ein; hierbei stellten Gruppen mit einer christlichen Orientierung Anträge zur finanziellen Unterstützung ihrer Eigenleistungen bei kirchlichen Organisationen.

Grundsätzlich zeigt sich bei allen Projekten gemeinsames Engagement der Frauen zur Verbesserung der Lebenssituation in den Dörfern, zur Ernährungs- und Existenzsicherung. Wie sich die kurz- und langfristige Orientierung am familiären Wohl, insbesondere am Aufbau von Zukunftsperspektiven für die Kinder durch Finanzierung ihres Schulgeldes im Einzelfall konkret gestaltete, soll in dieser Arbeit verdeutlicht werden. In allen Fällen wird bei genauerer Betrachtung die Innovationsfähigkeit und das Entwicklungspotential der Frauen und ihrer Zusammenschlüsse klar sichtbar. Auch die gemeinsamen Interessen werden deutlich. Im Detail ist nun zu erörtern, ob und wie diese in die Projektgestaltungen einbezogen wurden und inwieweit die Projektverantwortlichen die Lernfähigkeit der Frauen mobilisierten. Denn wenn die Neuerungen den Bedürfnissen der Frauen nicht entsprachen, teilweise diesen sogar entgegenstanden und Benachteiligungen zur Folge hatten, waren der Erfolg und die Nachhaltigkeit der Maßnahmen sehr begrenzt.

Ein Vergleich unterschiedlicher Projekte ist sinnvoll und notwendig, da hierdurch die Komplexität der Entwicklungsproblematik deutlich erkennbar wird und Rückschlüsse auf die Förderung von Frauenzusammenschlüssen möglich sind, die im Einzelfall vielfach nicht direkt erkennbar wären. Wegen ihrer kulturvergleichenden Perspektive und ihrer spezifischen Kenntnisse über traditionelle Gesellschaften und Prozesse des Kulturwandels können gerade Ethnologinnen und Ethnologen hierzu einen wichtigen Beitrag leisten.

Erster Teil

Erstes Kapitel
Analyse afrikanischer Frauenzusammenschlüsse als Beitrag zur ethnologischen Frauenforschung

Thematischer Kontext

Die Analyse traditioneller und moderner Frauenzusammenschlüsse in afrikanischen Gesellschaften ist eingebunden in ethnologische Fragestellungen nach den vielfältigen Rollen von Frauen und Teil der vergleichenden Erforschung menschlicher Gesellschaften. Die Komplexität dieses Phänomens erfordert die Berücksichtigung einer Vielzahl von sozialen, wirtschaftlichen, politischen und religiösen Aspekten im jeweiligen gesamtkulturellen Kontext. Diese prägen die Geschlechterverhältnisse und wirken sich auf die Beziehungen der Frauen untereinander sowie auf ihre Organisationsformen aus. In diesem Kapitel soll erörtert werden, ob und inwieweit diese Zusammenhänge in den theoretischen Arbeiten der ethnologischen Frauenforschung diskutiert werden; dem geht eine Differenzierung der unterschiedlichen Formen von Frauenorganisationen voraus.

Frauenzusammenschlüsse werden in frühen Forschungen, die sich im deutschsprachigen Raum bis auf die Jahrhundertwende zurückdatieren lassen, vorrangig im Zusammenhang mit Organisationen von Männern gesehen. Letztgenannte stehen dabei im Mittelpunkt der Arbeiten, ihre Organisationsprinzipien werden als Teil der Gesellschaftsstruktur behandelt. Gründe hierfür sind in der Forschungsintention und der Betrachtungsweise der meist männlichen Ethnologen sowie ihren oft begrenzten Möglichkeiten zur Annäherung an Frauenzusammenschlüsse zu suchen (Little 1972).

Schon seit Beginn dieses Jahrhunderts haben sich auch Ethnologinnen aus dem deutschsprachigen Raum mit Frauenorganisationen in afrikanischen Gesellschaften befaßt, hier ist vor allem die Arbeit von Hilde Thurnwald zu nennen (Thurnwald 1935). Im englischsprachigen Raum fanden, nicht zuletzt gefördert durch koloniale Interessen, ab den 30er Jahren Feldforschungen über Frauenorganisationen einzelner Ethnien statt. Bedeutende Erkenntnisse über die wirtschaftlichen Aufgaben der Frauenzusammenschlüsse im Kameruner Grasland veröffentlichte Phyllis Kaberry in ihrer Studie "Women of the Grassfields", die im Jahr 1952 erschienen ist (Kaberry 1952). In den Folgejahren wurden Detailstudien über Frauenzusammenschlüsse intensiviert.

Die Existenz und die kulturelle Bedeutung von Frauenorganisationen werden in theoretischen Ansätzen über die Stellung von Frauen, die in den 70er Jahren vor allem in den USA entwickelt wurden, in unterschiedlichem Umfang und mit unterschiedlicher Intention thematisiert und bewertet. Ethnologinnen, die Erklärungsmodelle zur Analyse von Geschlechterverhältnissen konzipiert haben, betonen entweder kulturelle Symbolismen oder wirtschaftliche Strukturen. Kontrovers diskutiert werden dabei die Ursachen und Folgen der Grundannahmen, wie der Unterordnung der Frauen oder der Geschlechtergleichheit (Ortner 1974; Rosaldo 1974; Leacock 1981). Eine detaillierte und kritische Erörterung dieser Ansätze wird zeigen, daß der gesellschaftliche Einfluß von Frauen vor allem mit den Geschlechterverhältnissen in Beziehung gesetzt wird und Frauenzusammenschlüsse hierbei nur als eines von vielen Phänomenen betrachtet werden, obwohl es sich um Interaktions- und Kooperationsformen handelt, die in vielen Fällen weitreichende kulturelle Bedeutung haben.

1. Grundsätzliche Überlegungen zu Zusammenschlüssen als gesellschaftliche Organisationsformen

In Definitionsversuchen werden traditionelle und moderne Zusammenschlüsse als Interessenvertretung auf freiwilliger Basis abgegrenzt von Verwandtschaftsgruppen als sozialen Organisationsformen mit unfreiwilliger Mitgliedschaft (Banton 1968:357). Die ethnologische Literatur verwendet unterschiedliche Termini mit entsprechend vielfältigen Definitionen von Zusammenschlüssen: So wird etwa zwischen Bünden, Geheimbünden, Gesellschaften und Assoziationen differenziert. Zur Typologisierung dienen Kriterien wie die Aufgaben, der Formalisierungsgrad oder die Aufnahme neuer Mitglieder (Müller 1988:134). Die theoretische Auseinandersetzung mit dem oft sehr breit gefächerten Aufgabenspektrum der verschiedenen Zusammenschlüsse geht u.a. von ihren Funktionen im rituellen, wirtschaftlichen oder politischen Kontext aus (Geary 1976:41ff.).

In dieser Arbeit werden die Begriffe Zusammenschluß, Organisation, Assoziation, Bund, Vereinigung und Gruppe synonym verwendet, um Verwirrungen durch Begriffs- bzw. Definitionsunterschiede zu vermeiden. Gesondert benannt werden Geheimgesellschaften, da bei ihnen der geheime Charakter mit entsprechenden rituellen und gesellschaftlichen Aufgaben prägend ist, und Altersklassen, die sich an den Lebensphasen orientieren.[1] Die Unterteilung von traditionellen und modernen Organisationsformen bringt den Wandel der Zusammenschlüsse zum Ausdruck. Im Gegensatz zur theorieorientierten ethnologischen Frauenforschung werden die Geschlechterverhältnisse in ethno-soziologischen Untersuchungen über Zusammenschlüsse nur selten problematisiert. Vergleichende Studien zur Vielfalt und den Charakteristika von Frauenorganisationen in Afrika südlich der Sahara liegen bislang noch nicht vor; diese Arbeit leistet dazu einen ersten Beitrag.

In der ethnologischen Forschung über Assoziationen wurde anfänglich der Übergang von unfreiwilligen zu freiwilligen Organisationen diskutiert, dabei standen Zusammenschlüsse von Männern im Mittelpunkt der Betrachtung.

---

1   Zu Richard Thurnwalds Abgrenzung von Geheimbünden, die nur bestimmten Personen zugänglich sind, und Bünden, die allen offenstehen, sowie zur Differenzierung zwischen Altersklassen, -graden und -stufen s. Müller 1988:134ff.

Während Hutton Webster und Wilhelm Schmidt Gründungen von Männerbünden in matrilinearen Gesellschaften als Gegengewicht gegen die angebliche Dominanz der Frauen werteten, deutete Heinrich Schurtz dementsprechend Frauenzusammenschlüsse als Nachahmungen von Männerbünden; sie sollten männliche Dominanz einschränken (Müller 1988:137). Grundsätzlich seien Frauen aber eher auf familiäre Bindungen als auf verwandtschaftsübergreifende Organisationsformen ausgerichtet. Obwohl die evolutionistischen Erklärungsansätze zur Entstehung freiwilliger Zusammenschlüsse in außereuropäischen Gesellschaften sehr kritisiert wurden, bildeten sie dennoch die Grundlage für weitere Forschungen über verwandtschaftliche Kooperation und Konflikte, über Homogenität oder Heterogenität, Kontroll- und Sanktionsmechanismen und über die Führungspersonen der Gruppen (Hamer 1981:113ff.).

Viele der Zusammenschlüsse spielten eine wichtige Rolle im politischen, rechtlichen und wirtschaftlichen Leben traditioneller afrikanischer Gesellschaften. In den Verhaltensvorschriften und Sanktionierungen von Fehlverhalten griffen sie auf religiöse und rituelle Legitimierungen zurück, dies galt beispielsweise für Männer- und Frauengeheimgesellschaften. Heute tragen sie zur gesellschaftlichen Einheit und zur Identitätsstiftung bei, wie zahlreiche Forschungen seit den 70er Jahren insbesondere für Westafrika belegen.[2] Durch diese Studien wurde die Diskussion über die Kategorisierung unterschiedlicher, traditioneller Organisationsformen von Frauen und deren Rolle im Wandel intensiviert. Es sind unterschiedliche Typisierungen traditioneller und moderner Organisationen zu finden, die die Schwierigkeiten einer Unterteilung der oft komplexen Aufgaben und Ziele der Zusammenschlüsse in den einzelnen kulturellen Bereichen verdeutlichen. Die im folgenden vorgestellte Differenzierung ist idealtypisch und soll einer ersten Orientierung dienen. Denn jede Organisationsform hat an allen Kulturbereichen teil, aber mit unterschiedlichen Schwerpunkten, wie im dritten Teil dieser Arbeit an Fallbeispielen vertiefend erläutert wird. Grundsätzlich läßt sich jedoch eine Einteilung treffen in:

A.) Zusammenschlüsse, die sich vorrangig an der **Gesellschaftsorganisation** orientieren wie verwandtschafts- und lokalgruppenübergreifende Organisationen oder Altersklassen. Auch Geheimgesellschaften können unter Betonung ihrer gesellschaftlichen Aufgaben wie der Sozialisation und Initiation von Mädchen hierzu gerechnet werden, wobei deren religiöse Legitimierung und rechtliche bzw. politische Bedeutung nicht außer acht gelassen werden soll.[3]

B.) Zusammenschlüsse, die sich vorrangig an einer **Religion** orientieren, wie Kultgruppen und islamische oder christlich ausgerichtete Organisationen.

C.) Zusammenschlüsse, die vorrangig auf die **Wirtschaftsweise** bezogen sind, wie Händlerinnen-Assoziationen oder Spar- und Kreditgruppen, hierbei sind auch

---

[2] S. Hoffer 1972; MacCormack 1980 und 1982; Bledsoe 1980.
[3] Auch Gruppen zur Geselligkeit und Tanzgruppen werden dieser Kategorie zugerechnet (Meyer-Mansor 1985:84).

gemeinsame Arbeitsgruppen im Anbau zu nennen.[4] In neuesten Publikationen werden auch haushaltsverbindende Gruppen hierzu gezählt, da sie ökonomische und soziale Aufgaben verbinden.

Mit dieser Einteilung soll keineswegs die Komplexität vieler Gruppen auf einen Aspekt reduziert werden. Selbst wenn ein dominierendes Kennzeichen hervorgehoben wird, erfordert dies vielfach eine Mitberücksichtigung anderer Faktoren, wie am Beispiel von Altersklassen, auf deren Basis sich Arbeitsgruppen bilden, oder von Marktfrauen-Assoziationen mit ihren wirtschaftlichen und politischen Interessen gezeigt werden wird. Ähnliches gilt für die Spar- und Kreditgruppen, die neben den rein wirtschaftlichen Orientierungen in gesellschaftlicher Hinsicht als soziale Sicherungsinstanzen wirken und das Verhalten ihrer Mitglieder kontrollieren (Banton 1968:358). Die folgenden Ausführungen beziehen sich auf die oben getroffene Unterteilung:

zu A.) Organisationsformen auf der Basis gemeinsamer Residenz oder Verwandtschaft

Organisationen von Frauen, die an verwandtschaftliche Bindungen z.B. mit der Natalfamilie anknüpfen, aber darüber hinausreichen, waren in vorkolonialer Zeit wichtig für die gesamte Gesellschaftsorganisation; denn sie trugen zur Verbindung und Einheit der einzelnen Lokalgruppen bei, und zwar in einem weiterreichenden Umfang als die Organisationsformen der Männer.[5] Dabei konnte ihr Einfluß religiös abgesichert sein, etwa durch Aufgaben im Bereich der Ahnenverehrung. "So bildeten Frauen Verbindungen, die einzelne Patrilineages in größere, politische Einheiten integrierten." (Moore 1988:165)

Die virilokale Residenzregelung konnte die gemeinsame Interessenartikulation von solchen Frauen begünstigen, die als Ehefrauen in ein Dorf geheiratet hatten und dort als Fremde gleiche oder ähnliche Probleme bewältigen mußten und vergleichbare Ziele verfolgten. Sie bildeten gemeinsame Arbeitsgruppen im Anbau, auch protestierten sie als Gruppe gegen Fehlverhalten von Männern (Quinn 1977:214). Die Grundlage der politischen Aktivität war die gemeinsame Residenz und die daraus erwachsenden Interessen. Weitere Zusammenschlüsse trugen zur Bewahrung von Kontakten und Rechtsansprüchen in der Natalgruppe bei.[6] Die Organisationen haben damit eine weitere Bedeutung in der theoretischen Be-

---

4 In diesem Zusammenhang werden auch Handwerksgilden genannt, die jedoch wegen der Organisationsprinzipien des Handwerks in afrikanischen Ethnien für Männer wichtiger waren als für Frauen, wie es bei den Yoruba bekannt ist (Lloyd 1965:557).

5 Dies wird im folgenden in der Auseinandersetzung mit der Arbeit von Denise Paulme und dem theoretischen Modell von Karen Sacks diskutiert werden.

6 So gehörte bei den Igbo in Nigeria jede Frau sowohl dem *Otu umuada*, dem Zusammenschluß der Töchter eines Dorfes, und dem *Otu inyemedi*, der Organisation der Ehefrauen eines Dorfes an und konnte darüber hinaus ihre Interessen trotz virilokaler Residenz verwirklichen. Zu den Aufgaben der Zusammenschlüsse zählte die Streitschlichtung im familiären Kontext, die Friedensstiftung auf gesellschaftlicher Ebene, die Durchführung von Riten, die Organisation des Marktwesens und die politische Interessenvertretung der Frauen (Green 1964:163ff.; Van Allen 1976:68).

trachtung gesellschaftlicher Organisationsformen: Frauen erscheinen auch in patrilinearen, exogamen und virilokalen Gesellschaften als aktiv handelnde und gesellschaftstragende Personen (March/Taqqu 1986:20).

Altersklassen

Insbesondere in vielen ost-afrikanischen Gesellschaften erfüllten Altersklassen von Männern traditionell neben sozialen oder wirtschaftlichen Aufgaben vor allem politische Funktionen. An den Entscheidungen der Ältesten konnten auch ältere Frauen in unterschiedlichem Umfang partizipieren. Die Diskussion über die Bedeutung der Altersklassen für Frauen thematisiert vor allem deren Formalisierungsgrad, die internen Strukturen und die Aufgaben der einzelnen Altersgruppen; diese Aspekte werden meist mit den Parallelgruppen der Männer verglichen. Besondere Beachtung finden die Altersgrade von Frauen, die Arbeitsgruppen gebildet haben, wodurch ihr sozialer Zusammenhalt und ihr Einfluß im religiös-rituellen Leben verstärkt wird.[7]

Frauengeheimgesellschaften

Gesellschaftlich bindende Macht wurde traditionell auch Frauengeheimbünden wegen der Verknüpfung ihrer sozialen, wirtschaftlichen und religiösen Aufgaben beigemessen (Rohrlich-Leavitt 1975:624). Ihr Aufgabenspektrum umfaßte beispielsweise die Sozialisation und Initiation von Mädchen, die Rituale zur Wahrung weiblicher Fruchtbarkeit und der Fruchtbarkeit der Pflanzen, die Ahndung männlicher Rechtsbrüche und die Allianzbildung zwischen Deszendenzgruppen (MacCormack 1980). Die Initiation bereitete die Mädchen auf die Aufgaben und Verhaltensregeln einer Ehefrau vor und trug damit zur Bewahrung der Geschlechterrollen bei. Diese Aufgabe verschaffte den Bundleiterinnen große Macht; so konnten die *Sande*-Leiterinnen der Mende bei Eheschließungen der Mädchen mitbestimmen, was bei Töchtern aus einflußreichen Lineages politisch bedeutsam war. Forschungen über Frauengeheimgesellschaften betonen vor allem die Bedeutung von Religion und Riten für ihren weitreichenden Einfluß (Hoffer 1972:156 und 1974:155). Inwieweit Frauengeheimgesellschaften zur Geschlechtergleichheit beitrugen oder wegen ihrer internen Hierarchien nur als partikulare Interessenvertretung der Leiterinnen fungierten, ist umstritten. Dabei findet die soziale Schichtung und Altersgliederung der Mitglieder Beachtung.[8] In der Literatur wird auch diskutiert, wie wichtig die Existenz paralleler Männergeheimbünde für die Gestaltung von Frauengeheimgesellschaften ist (Müller 1989:191; Hammond/Jablow 1976:120).

---

7   Dies zeigen Studien über die Kikuyu, die Akamba und Maasai (Middleton/Kershaw 1965:34; Lambert 1956:100; Mitzlaff 1988:104ff.).
8   Vgl. hier Atkinson: Unter Bezug auf die Arbeiten von Hoffer und Bledsoe zum Sande-Bund in Liberia und Sierra Leone folgert sie, daß die Sande-Leiterinnen nicht im Interesse aller Frauen handeln, dadurch Hierarchien aufbauen bzw. erhalten und keineswegs zur gemeinsamen Solidarität beitragen (1982:253).

zu B.) Religiöse Frauenzusammenschlüsse

In einigen traditionellen afrikanischen Gesellschaften waren als religiös orientierte Gruppierungen vor allem Besessenheits-Kultgruppen zu finden, wie die der Luvale oder Tonga (Spring 1978; Luig 1992). Grundsätzlich sind die religiösen Gruppen im Zusammenhang zu sehen mit den Geschlechterverhältnissen einer Gesellschaft und den Chancen von Frauen, religiöse Ämter zu bekleiden. Denn oft sichern die Gruppen den Zugang zum rituellen Leben und zu einflußreichen Aufgaben im religiösen Kontext, teilweise reichen sie sogar darüber hinaus. *Bori*-Kultgruppen der Hausa-Frauen, *Zaar*-Kultgrupen in Kharthum und *Lelemama*-Gruppen der Swahili-Frauen in Mombasa zeigen die Organisations- und Kommunikationsformen islamisierter Frauen im städtischen Raum.[9] Kirchliche Frauengruppen dienen keineswegs nur karitativen Zwecken, sie sind auch in sozialer Hinsicht für die beteiligten Frauen bedeutsam, zudem vermitteln sie christliche Werte und ethnische Normen, wie sich am Beispiel protestantischer Gruppen von Kreolinnen in Freetown nachweisen läßt (Cohen 1978:129).

zu C.) Händlerinnen-Assoziationen

Händlerinnen-Assoziationen sind sowohl für die vorkoloniale als auch für die heutige Zeit als Beispiel für wirtschaftliche Gruppierungen mit langfristiger ökonomischer Zusammenarbeit und relativ fester Mitgliedschaft zu nennen. Solidarität wird hier als Grundvoraussetzung für die Handelstätigkeit gewertet, sie soll aber auch zur Verteidigung der Handelsinteressen beitragen (Bujra 1978:24). Diese Organisationen helfen den Frauen, ihre wirtschaftliche Autonomie zu wahren, treffen Preisabsprachen und vermitteln Kredite. Ein wichtiges Organisationsprinzip, nach dem sich die Händlerinnen-Assoziationen in den Yoruba-Städten formieren, ist die Warengattung; denn auch die Märkte sind nach Produkt- und Warengattungen eingeteilt. Die Händlerinnen-Assoziationen bestimmen Marktordnungen und bestrafen Fehlverhalten. Soziale Sicherheit, Zuverlässigkeit und Rückhalt, den diese Gruppen gewähren, werden zusammen mit ihren weitreichenden Verbindungen als Chance gewertet, geschlossene und kontinuierliche Organisationsstrukturen zu bilden. Diese ermöglichen es den Mitgliedern, eigene Interessen gegebenenfalls gegen männlichen Widerstand durchzusetzen.[10] Denn die wirtschaftliche Interessenvertretung ist vielfach mit politischer Aktivität verknüpft, wie am Beispiel der Yoruba-Händlerinnen im dritten Teil dieser Arbeit im Detail aufgezeigt wird (Quinn 1977:215).

---

9   S. Coles/Mack 1991; Constantinides 1978; Strobel 1975.
10 S. Müller 1989:191. Die Autonomie und der Einfluß von Frauen auf männliche Autoritätsbereiche sowie die Reaktionen der Männer werden in der Literatur unterschiedlich bewertet: Ifeka führt zur Rolle der Nupe-Händlerinnen aus, daß ihre wirtschaftliche Unabhängigkeit und ihre gemeinsame Organisation häufig Hexereiverdächtigungen zur Folge habe (1975:563). Vgl. Kessler 1976:43; Sacks 1979:85.

Daneben spielen aber auch religiöse und ethnische Verbindungen für die Zusammenschlüsse von Händlerinnen eine Rolle. Dies ist insbesondere bei zugewanderten Marktfrauen in multiethnischen Städten der Fall. So steht bei den Zusammenschlüssen der Hausa-Händlerinnen in Accra und der Djula-Händlerinnen in Abjidan weniger die praktische Organisation des Handels im Mittelpunkt als vielmehr die verbindende religiöse und ethnische Identität. Entsprechend sind dies wichtige Organisationsprinzipien für die Zusammenschlüsse, die nicht wie die der Yoruba auf einen bestimmten Markt bezogen sind, sondern primär auf sozialen und nachbarschaftlichen Kontakten aufbauen (Lewis 1976:147ff.). Denn die ethnische und religiöse Heterogenität der Händlerinnen eines Produktes oder einer Warengattung erschwert auf den multiethnischen, großstädtischen Märkten einen gemeinsamen Zusammenschluß. Die gegenseitige Hilfe in Krisensituationen durch gemeinsame Spar- und Kreditvereinigungen, die damit auch zur sozialen Sicherheit beitragen, ist eine wichtige Aufgabe der Zusammenschlüsse von Djula- und Hausa-Händlerinnen. Ebenso kommt der Durchführung gemeinsamer islamischer Riten, bei Geburt oder Namensgebung der Kinder, eine identitätsstiftende Bedeutung zu (Pellow 1987:501 und 1991:60).

Spar- und Kreditgruppen

Traditionelle Spar- und Kreditgruppen zeichnen sich durch Rotation der gemeinsamen Spareinlagen und durch Regelmäßigkeit der Mitgliedertreffen aus. Insbesondere in Westafrika haben sich in Gesellschaften, bei denen der Handel schon traditionell wichtig war, ganz unterschiedliche Sparformen entwickelt (Ardener 1964:201ff.; Bascom 1952:63ff.). Variationen sind in der Größe der Gruppen und ihrer internen Organisationsstrukturen, der Häufigkeit der Treffen und der Höhe der Spareinlagen zu finden. Die meisten Gruppen waren nach Geschlechtern getrennt. Die Spareinlagen gewähren eine Sicherheit zur Überwindung von Notlagen; die Treffen der Spargruppen dienen aber auch dem sozialen Zusammenhalt, der Kommunikation und Information. Heute finden die Rolle der Gruppen im wirtschaftlichen Wandel, ihre Entwicklungspotentiale und die Möglichkeiten der Förderung durch Außenkredite besondere Aufmerksamkeit. Möglichkeit der sozialen Mobilität und des Statuserwerbs durch die Gruppenzugehörigkeit kommen ebenfalls zur Sprache (Geertz 1962:256; Seibel/Massing 1974:149ff.).

Organisationsformen zur Interaktion in und zwischen Haushalten

Die Kooperationsformen, die an Haushalte anknüpfen, beziehen sich auf die gemeinsame Alltagsorganisation von Frauen. Dabei wird zwischen haushaltsinternen und haushaltsverbindenden Zusammenschlüssen differenziert. Erstgenannte sind vorrangig bei Gesellschaften mit polygynen Ehen zu finden. Grundlage für haushaltsverbindende Gruppen sind beispielsweise die gemeinsame Residenz, Nachbarschaft oder Freundschaft zwischen Frauen. Hierbei kann auch das Alter als verbindender Faktor eine Rolle spielen (Dey 1981:112; Whitehead 1984:10).

Aufgaben, die gemeinsam durchgeführt werden, beziehen sich meist auf die Anbautätigkeiten der Frauen, so werden Arbeitsengpäße überbrückt. Wichtig ist auch der Informationsaustausch über Anbaukenntnisse oder Vermarktungsstrategien sowie die identitätsstiftende Anerkennung der Anbauleistungen.

Um die Komplexität informeller Kooperationsformen zu erfassen, ist ein Umdenken in der Forschung und eine kritische Auseinandersetzung mit den Konzepten von Haushalt und Familie, Privatheit und Öffentlichkeit notwendig.[11] Dem Entwicklungszyklus der Haushalte, also den internen Veränderungen in Mitgliederzusammensetzung und Interessen während verschiedener Lebensphasen, ist dabei ebenso Rechnung zu tragen wie den Auswirkungen politischer Entscheidungen oder historischer Prozesse (Moore 1988:61f.; Guyer/Peters 1987:198ff.). Hiermit wird die Dichotomie der Bereiche "Häuslich - Öffentlich" in Frage gestellt.[12] Die Kooperations- und Einflußmöglichkeiten auf der Haushaltsebene bzw. darüber hinaus werden theoretisch erfaßbar: Die Zusammenarbeit von Frauen eines Haushalts ist wegen der sozialen Ungleichheiten zwischen den Frauen z.B. durch innereheliche Hierarchien als relativ instabil zu bewerten. Haushaltsinterne Solidarität ist meist mit der Verwirklichung eindeutig definierter Interessen, z.B. Hilfe bei Schwangerschaft, Geburt oder Krankheiten, verbunden.[13] Darum tragen erst die Anerkennung der weiblichen Arbeit sowie die Kooperation der Frauen im Haushalt und im weiterreichenden Wirtschaftsleben, mit entsprechender Kontrolle über diese Bereiche zur weiblichen Solidarität bei (March/Taqqu 1986:24f.).

Auch die Existenz und Bildung informeller Kooperationsformen zwischen Frauen unterschiedlicher Haushalte lassen sich theoretisch erfassen als Mobilisierung begrenzter weiblicher Einflußmöglichkeiten zur Verbesserung einer grundsätzlich untergeordneten Position innerhalb der Familie (Lamphere 1975:124; Rogers 1978:141). Mehrere Wissenschaftlerinnen erkennen in der haushaltsverbindenden Kooperation einen Beitrag zu wirtschaftlicher Autonomie, Anerkennung und Einflußnahme von Frauen im sozialen und politischen Leben sowie zur Stärkung ihrer Verhandlungsposition bei Konflikten.[14]

---

11 Die Problematik des Haushaltsbegriffs wird in der Auseinandersetzung mit Forschungen über Frauen in Afrika und im Zusammenhang mit der Frauenförderung detailliert erörtert.
12 S. Rapp 1979:510. Dies zeigt sich auch beispielhaft bei politischen Entscheidungsprozessen, die durch eine Abgrenzung von Privatheit und Öffentlichkeit nicht adequat erfaßt werden können (Moore 1988:165). Die Ethnologin Louise Lamphere entwickelt in diesem Zusammenhang folgende Theorie: In Gesellschaften mit einer Verbindung von häuslicher und privater Sphäre kooperieren Frauen in wirtschaftlichen Alltagsaufgaben und haben Macht über ihre Aktivitäten. In Gesellschaften mit einer Trennung des häuslichen von den öffentlichen Bereichen sind die weiblichen Einflußmöglichkeiten auf persönliche Manipulation der Entscheidungen der Männer beschränkt. In wirtschaftlicher Hinsicht könnten, so Lamphere, Frauen jedoch auch dort durch Händlerinnen-Assoziationen Einfluß erlangen (1975:118ff.).
13 S. Müller 1989:188. Die Zusammenarbeit auf der Haushaltsebene hat nicht automatisch die Entwicklung von Solidarität zwischen den Frauen zur Folge. Berücksichtigt werden muß, inwieweit ihre Beziehungen durch die wirtschaftliche Dominanz der Männer und die spezifische Gestaltung der Geschlechterverhältnisse geprägt sind (Bujra 1978:33).
14 S. Kasmann/Körner 1992:184ff.; Rapp 1979:500; Rogers 1975:728; Moore 1988:55 und 162; Thomas 1988:402.

Diese Organisationen erweisen sich als wichtige Instanzen zur Überbrückung von Versorgungsengpässen, da sie in der heutigen Zeit dem Aufbrechen traditioneller familiärer Sicherungssysteme entgegenwirken.[15] Dabei zeichnen sie sich durch große Flexibilität und Innovationsfähigkeit aus; zudem eröffnen sie Frauen die Möglichkeit zur gemeinsamen Arbeitsorganisation und der Erweiterung ihrer sozialen Beziehungen über die familiäre und verwandtschaftliche Ebene hinaus.[16] Diese sozialen Bindungen können gerade jungen Ehefrauen bei der Eingliederung in die Familie bzw. den Haushalt des Ehemannes helfen (Lamphere 1975:105). Interaktionsprozesse zwischen Frauen als verantwortlichen Mitgliedern oder Repräsentantinnen ihrer Haushalte tragen zur Wissenserweiterung bei und gelten somit als Teil der öffentlichen Meinungsbildung. Haushaltsverbindende Kooperationsformen können über Residenzgruppen hinausreichen und Kontakte zwischen verschiedenen Dörfern aufbauen oder bewahren, ähnlich wie dies für Zusammenschlüsse von Händlerinnen oder Organisationen auf verwandtschaftlicher Basis bekannt ist.

Mit dem sozialen Wandel und der Zunahme gesellschaftlicher Komplexität gewinnen "Voluntary Associations" an Wichtigkeit. Die Flexibilität dieser Organisationen erleichtert, im Unterschied zu traditionellen verwandtschaftlichen Strukturen, die Anpassung an gewandelte wirtschaftliche und soziale Verhältnisse. Mögliche Konfliktbereiche, wie Alters- und Statusdifferenzen, werden durch gemeinsame Aktivitäten überwunden. Mittlerweile gibt es eine Vielfalt neuer Assoziationen, unter denen gerade wirtschaftlich orientierten Selbsthilfegruppen große Bedeutung zukommt.[17] Auch in den Städten gründen sich viele neue Assoziationen, meist reichen sie über traditionelle Orientierungen hinaus und leisten einen wichtigen Beitrag zur Akkulturation (Kerri 1976:26). Hierbei ist zwischen gemischten und getrenntgeschlechtlichen Gruppen zu differenzieren. Viele Frauen bevorzugen getrenntgeschlechtliche Gruppen, da sie dort eher über die Gruppenziele mitbestimmen können. Ärmere Stadtbewohnerinnen suchen in Frauenzusammenschlüssen wegen des Aufbrechens der traditionellen, familiärverwandtschaftlichen Bindungen soziale Sicherheit (Little 1972:275). Ethnische Orientierungen bleiben für Frauen weiterhin sehr wichtig.[18]

Hinsichtlich der geänderten Normen und Orientierungen wirken neugegründete Assoziationen als soziale Kontrollinstanzen und stabilisieren damit den gesell-

---

15 Dieser Aspekt wird im dritten Teil dieser Arbeit insbesondere am Beipiel heutiger Frauenzusammenschlüsse der Kikuyu in Kenia detailliert diskutiert.
16 Sie werden daher auch als Teilbereich der "Kultur der Frauen" verstanden (Moore 1988:61; March/Taqqu 1986:123). Zur Bedeutung der Zusammenarbeit und des sozialen Austauschs s. Müller; er bezieht sich vor allem auf Phyllis Kaberrys Erkenntnisse über weibliche Kooperationsformen im Kameruner Grasland, insbesondere bei den Nso (Müller 1989:188; Kaberry 1952:55f.).
17 S. Banton 1968:359. Die Folgen ihres Anknüpfens an traditionelle Organisationsformen, der Neugründung oder Außeninitiierung werden in dieser Arbeit in der Auseinandersetzung mit der Frauenförderung in der Entwicklungszusammenarbeit erörtert.
18 S. Nelson 1978:77ff. Gruppen mit gemeinsamer ethnischer Basis seien für Männer durch die Formalisierung der Arbeitsverhältnisse unwichtiger geworden, so Barnes und Peil (1977:93; vgl. Barnes 1975:75). Gebildete Männer wenden sich demnach religiösen Organisationen zu.

schaftlichen Zusammenhalt. Manche Zusammenschlüsse ermöglichen auch soziale Mobilität, wirtschaftliche Eigenständigkeit und politische Partizipation. Die Vielfalt der Gruppierungen setzt neue Akzente für theoretische Erörterungen über gesellschaftliche Strukturen, Organisationsmuster und deren Wandel (Banton 1968:362).

Solidarität und andere Entstehungsbedingungen von Frauenzusammenschlüssen

Das Spektrum der Solidarität, deren Bestimmungsfaktoren und Charakteristika hier zu erörtern sind, reicht von moralischer Unterstützung über gegenseitige materielle Hilfe bis hin zu organisierten gemeinsamen Aktivitäten (Bujra 1978:14). So vielfältig sich Solidarität äußert, so breitgefächert können die Ziele sein: Frauen versuchen gemeinsam, ihren Aufgaben als Müttern nachzukommen und ihre Rechte als Ehefrauen oder Witwen zu bewahren. Sie bemühen sich um Zugang zu Landrechten, um die Überwindung von Krisensituationen oder um die Erweiterung religiöser Einflußmöglichkeiten. Dies sind nur einige Aspekte aus der Fülle gemeinsamer Interessen. Facetten des Zusammenhalts können Bewahrung oder Veränderung gegebener Verhältnisse sein, darin kommt die Auseinandersetzung von Frauen mit ihrer Kultur zum Tragen (Whitehead 1984:6). Mögliche Konfliktpotentiale werden ebenfalls deutlich. Wegen der Vielfalt der Erscheinungsformen läßt sich kein einheitlicher Solidaritätsbegriff entwickeln, vielmehr ist den jeweiligen Entstehungsbedingungen, Formen und Folgen der gemeinsamen Handlungen Rechnung zu tragen. Ebenso muß die Basis der Solidarität - also die Interessenvertretung bestimmter gesellschaftlicher Gruppierungen oder aller Frauen einer Gesellschaft - und ihre Bedeutung für die Stellung der Frauen im jeweiligen kulturellen Kontext erfaßt werden.[19]

Ifeka stellt fest, daß die gedankliche Selbstreflexion allein keineswegs die Bildung von Solidaritätsformen zur Folge habe; Frauensolidarität sei zudem nicht automatisch durch das gemeinsame biologische Geschlecht gegeben (1975:561). Nach Meinung Bujras seien gesellschaftliche und kulturelle Faktoren entscheidend, z.B. die Interessengegensätze zwischen Frauen unterschiedlicher sozialer Gruppen oder unterschiedlichen Alters. Diese Differenzen könnten durch die Bildung entsprechender Frauenzusammenschlüsse verstärkt werden (Bujra 1978:19ff.). Dazu gelte es, wirtschaftliche und politische Rahmenbedingungen im Zusammenwirken mit der Verwandtschaftsorganisation und der Geschlechtertrennung zu erörtern.

Geschlechtliche Arbeitsteilung an sich muß kein Hindernis für die Solidarität der Frauen sein, denn entscheidend ist ihre spezifische Gestaltung, die gegebenenfalls sogar die Bildung von Zusammenschlüssen begünstigen kann, wie Händlerinnen-Assoziationen verdeutlichen. Ein gewisses Maß an ökonomischer

---

[19] S. March/Taqqu 1986:42. Hierbei sind die Außenbeziehungen, die interne Organisation der Gruppen, ihre Bedeutung im gesellschaftlichen Kontext und ihr Beitrag zur Reduzierung der Individualisierung von Frauen und zum Aufbau eines weiblichen Bewußtseins zu erfassen (Ifeka 1975:563)

Eigenständigkeit wird in der gesamten Literatur aber als eine Grundvoraussetzung für die Entwicklung von Frauensolidarität betrachtet, die ihrerseits die wirtschaftliche Autonomie der Frauen stärken kann (Leis 1976:126). Ob hingegen der Grad der Ressourcenkontrolle oder die gemeinsame wirtschaftliche Tätigkeit als entscheidend für die Veränderung der Geschlechterverhältnisse gelten kann, ist umstritten.[20]

Auch dem jeweiligen Familienbegriff sollte in diesem Zusammenhang Aufmerksamkeit gezollt werden (MacCormack 1982:35ff.). Er wird in der Literatur kontrovers diskutiert: Familiäre Organisationsprinzipien werden einerseits als Orientierungsmuster für Frauenzusammenschlüsse gewertet, in denen sich Frauen unterschiedlicher Altersgruppen zum Aufbau von Kontinuität zwischen den Generationen und Familien vereinen (Hammond/Jablow 1976:114). Andererseits kann das familiäre Selbstverständnis zu Interessengegensätzen in der Arbeitsorganisation zwischen Frauen z.B. Schwiegermüttern und -töchtern, Haupt- und Mitfrauen, führen und eine Zusammenarbeit erschweren. Die möglichen Konfliktpotentiale weisen zudem darauf hin, daß keineswegs von Familien oder Haushalten als Einheiten zur Nutzenmaximierung ausgegangen werden kann und die Interessendivergenzen zwischen den beteiligten Personen nicht vernachlässigt werden dürfen. Diese sind insbesondere dann ein Problem, wenn Frauen nicht selbst über ihre wirtschaftlichen Aktivitäten bestimmen können, sondern der Kontrolle der Männer unterliegen (Bujra 1978:24).

Weiterreichende Orientierungen, z.B. an den Normen einer Frauenorganisation wie dem Sande-Frauenbund in Sierra Leone, sind als Verhaltensleitlinien wichtig für die Gestaltung der gemeinsamen Arbeitsorganisation (MacCormack 1982:37). Die Grenzen der Solidarität sind also in Interessendifferenzen zwischen Frauen begründet, die sich u.a. an Positions- oder Altersunterschieden festmachen. Dabei darf der soziale Status von Frauen keineswegs von dem ihrer Ehemänner abgeleitet werden, da Frauen durch eigene wirtschaftliche Aktivität unabhängige Positionen erwerben können. In wirtschaftlichen Krisenzeiten zeigt sich, daß familiäre Netzwerke Hierarchien zwischen beteiligten Frauen festschreiben und junge Frauen stärker der sozialen Kontrolle durch ältere Frauen unterliegen als im normalen Alltag.

Informelle Solidaritätsformen von Frauen verfügen gerade dann über Potentiale zur Krisenbewältigung und Interessenvertretung, wenn sie auf gegenseitige Unterstützung von Frauen ähnlichen Alters oder vergleichbarer Lebensumstände aufbauen. Dabei wird die emotionale Nähe als wichtiger Solidaritätsfaktor gewertet. Emotionalität, Interessengleichheit und Alterszusammensetzung sind nicht nur für die Analyse traditioneller Frauenzusammenschlüsse wichtig, sondern auch im Hinblick auf deren Veränderungen durch wirtschaftlichen Wandel. In der Diskussion über ihre Förderung in der Entwicklungszusammenarbeit sollten die ge-

---

20 Autorinnen, die hier einen kausalen Zusammenhang sehen, betonen die kontinuierliche, gemeinsame wirtschaftliche Aktivität, die Kontrolle über die Vermarktung und die Existenz von einflußreichen Frauenassoziationen zur politischen Partizipation. Wirtschaftsstruktur, Geschlechterbeziehungen und Gesellschaftsstruktur gelten dabei ebenfalls als prägende Rahmenbedingungen (Bujra 1978:39; Sanday 1973:1684).

nannten Aspekte berücksichtigt werden (Whitehead 1984:10; March/Taqqu 1986:40ff.).

2. Anfänge der ethnologischen Frauenforschung

Anfänge der Frauenforschung über afrikanische Gesellschaften in der deutschsprachigen Ethnologie

Die wissenschaftliche Auseinandersetzung mit der Rolle von Frauen in außereuropäischen Gesellschaften reicht in die erste Hälfte unseres Jahrhunderts zurück; hieran haben insbesondere Ethnologinnen mitgewirkt. In der deutschsprachigen Ethnologie gab es schon in den dreißiger Jahren Ansätze zur Beschäftigung mit der Rolle von Frauen und Frauenorganisationen in afrikanischen Gesellschaften. Hierbei ist insbesondere die Arbeit von Hilde Thurnwald geb. Schubert (1890-1979) zu nennen, in der sie sich als eine der ersten Forscherinnen mit den Auswirkungen des Kulturwandels auf Frauen und ihre Organisationen befaßte (Thurnwald 1935). Ihre Forschungsergebnisse, die sie unter dem Titel "Die schwarze Frau im Wandel Afrikas - eine soziologische Untersuchung unter ostafrikanischen Stämmen" 1935 veröffentlichte, beruhen auf einer einjährigen Forschung während eines gemeinsamen Aufenthaltes mit ihrem Mann, Richard Thurnwald, 1930/31 in Tanganyika.[21] Dabei hat Hilde Thurnwald - theoretisch orientiert am Ansatz ihres Mannes, jedoch in eigenständiger Forschungsarbeit - Daten über den Kulturwandel verschiedener bantu-sprachiger Ethnien erhoben.[22] Ihre differenzierte Betrachtung der unterschiedlichen Gestaltung sozialer Wandlungsprozesse für Frauen und Männer in Tanganyika würdigt Hauser-Schäublin als "eine Pionierleistung Thurnwalds in der Frauenethnologie" (Hauser-Schäublin 1991:23).

---

21 "Im Mittelpunkt der Forschungen standen vor allem Fragen des modernen Kulturwandels oder der Akkulturation im engeren Sinn, wobei funktionale, dynamische und psychologische Gesichtspunkte besonders hervorgehoben wurden." (Thurnwald 1935:33) Den Forschungsauftrag hatte das Institut für Afrika-Studien (Institut für afrikanische Sprachen und Kulturen) in London erteilt. Dieses finanzierte zusammen mit der Notgemeinschaft der deutschen Wissenschaft den Aufenthalt (Thurnwald 1935:VII; Westphal-Hellbusch 1979:99).
22 S. Hauser-Schäublin 1991:23; Westphal-Hellbusch 1976:99. Hilde Thurnwalds Ergebnisse sind besonders bemerkenswert, wenn ihr biographischer Hintergrund berücksichtigt wird: Sie war zunächst Oberschullehrerin, studierte dann kommunale Verwaltung und Sozialpädagogik; erst im Anschluß an diese Studien begann sie eine ethnologische Ausbildung bei ihrem späteren Ehemann Richard Thurnwald im Jahre 1923. Wie andere Ethnologinnen ihrer Zeit, arbeitete auch sie mit ihrem Mann zusammen. Nach seinem Tod im Jahre 1954 setzte sie sein Lebenswerk fort. Sie gab dann die Zeitschrift "Sociologus" heraus, die sie zuvor redaktionell betreut hatte, und wurde damit zu einer wichtigen Person in der deutschen Ethnologie (Kullik 1990:36). Bei ihrer Forschung in Tanganyika bezieht sie in theoretischer Hinsicht stärker als ihr Mann sozialpsychologische Gesichtspunkte und individuelle Besonderheiten in ihre Analyse ein (Kullik 1990:34).

"Nicht nur die weibliche Eigenart, sondern auch die bei Naturvölkern weitgehend in sich abgeschlossene Lebenssphäre der Frauen bedingt, daß ihre Auseinandersetzung mit fremden Einflüssen der Art wie dem Tempo nach anders verlaufen als die der Männer."(Thurnwald 1935:3).

Sie schließt daraus, daß Kulturwandel für Frauen mehr Nachteile als für Männer mit sich bringe (Thurnwald 1935:80). Als Beispiel nennt sie die Verschlechterung der Arbeitsteilung zu ungunsten der Frauen. Diesem Prozeß sollte durch eine Verbesserung der Ausbildungssituation der Mädchen entgegengewirkt werden (Thurnwald 1935:127ff.). Alphabetisierung und Kenntnisse im Rechnen sollten den Frauen helfen, ihren Aufgaben als Produzentinnen besser gewachsen zu sein und ihre Verhandlungsposition gegenüber Händlern zu verbessern (Thurnwald 1935:97; Kullik 1990:35). Thurnwald analysiert sehr differenziert die Veränderungen traditioneller Frauenrollen vor dem Hintergrund des gesellschaftlichen Wandels. Sie zeigt Neuerungen in den einzelnen Lebensphasen der Frauen auf und betont das Zusammenwirken einer Vielzahl von Faktoren für den Status der Frauen. "Nicht selten sprechen ihre formalen und gesetzlichen Rechte für eine heruntergedrückte Stellung, eine völlige Abhängigkeit vom Manne, während ihre tatsächliche Position ihr vielleicht großen Einfluß einräumt." (Thurnwald 1935:79)

Über ihre Erkenntnisse bezüglich der Leiterinnen von Frauenorganisationen führt sie aus, daß diese bei der Frauenorganisation "Wakwifwatila" der Wa-Fipa aufgrund ihrer körperlichen Stärke und ihres moralischen Charakters gewählt wurden. Sie hatten die Rechtsprechung in Frauenbelangen inne. Liebhaber, die außereheliche Schwangerschaften verursacht hatten, wurden zu Strafen verurteilt (Thurnwald 1935:75). In diesem Zusammenhang weist sie jedoch darauf hin, daß die Machtpositionen einzelner Frauen noch kein hinreichendes Kriterium sind für eine Beurteilung der Frauenrollen insgesamt.

Thurnwald beobachtet, daß Frauen sich seltener als Männer organisieren, um sozialen oder politischen Einfluß zu gewinnen. Als Gründe dafür identifiziert sie die strikte Trennung der Frauen- und Männerbereiche und die Zuweisung von familiären Aufgaben an Frauen. Hinsichtlich der internen Struktur von Frauenzusammenschlüssen stellt Thurnwald fest, daß diese sich vielfach an den Organisationsformen der Männer orientieren (1935:76).[23] Zum Wandel der Organisationen konstatiert sie, daß diese infolge von Außeneinwirkungen an Einfluß verlieren. Dabei spricht sie die grundsätzliche Schwierigkeit der Forschung über Frauenorganisationen an.

"Über Frauenorganisationen, geheime Gesellschaften oder Bünde, wie sie die Männer der Stämme haben, ist wenig bekannt. Das mag zum Teil an der Abgeschlossenheit der weiblichen Lebenssphäre liegen, zum Teil auch daran, daß solche Organisationen heute nicht mehr oder nur noch in Resten existieren." (Thurnwald 1935:75)

---

23 Klaus E. Müller bezieht sich in seiner Beurteilung weiblicher Organisationsformen für die Gestaltung der Geschlechterbeziehungen auf Thurnwald (1989:193).

Diese Auseinandersetzung mit der Forschungsproblematik in der Annäherung an Frauenorganisationen ist ebenso außergewöhnlich für ihre Zeit wie die detaillierte Darstellung des Wandels und dessen Auswirkungen auf einzelne gesellschaftliche Gruppierungen. Hilde Thurnwald begründet ihren vergleichsweise leichten Zugang zur sonst relativ abgeschlossenen Frauenwelt in Tanganyika durch ihr Frausein. Dies ist ein Aspekt, den später andere Ethnologinnen in der Erörterung der Feldforschungssituation immer wieder thematisieren und reflektieren (vgl. Ardener 1984:125; Golde 1970).

"Deshalb ist es angezeigt, die Untersuchung der Situation der Frauen durch eine Frau vornehmen zu lassen, zumal sich ihr auch Seiten des traditionellen Lebens primitiver Frauen erschließen können, die ein Mann nicht sieht und zum Teil nicht sehen kann, weil sein Aufmerksamkeitsbereich von vornherein anders eingestellt ist." (Thurnwald 1932:3)[24]

Ihr ist die Problematik des begrenzten Zugangs männlicher Ethnologen im Kontakt zu Frauen einer anderen Kultur bewußt.[25] Thurnwald hat über ihre ethnographische Arbeit hinaus also auch Themen und Probleme erfaßt, die in den folgenden Jahrzehnten immer wieder in der ethnologischen Frauenforschung aufgegriffen und diskutiert werden sollten. Für heutige Untersuchungen ist es darum lohnend, ihre Schriften in die Analyse einzubeziehen.

Anfänge der Frauenforschung über afrikanische Gesellschaften in der englischsprachigen Ethnologie

Wegweisend für Forschungen über Frauen in Schwarzafrika in der englischsprachigen Literatur ist die Regionalstudie von Phyllis Kaberry über die wirtschaftliche Situation von Frauen im Kameruner Grasland "Women of the Grassfields, Study of the Economic Position of Women in Bamenda, British Cameroons", die 1952 in London erschien.[26] Ihre Publikation basierte auf vierzehn Monaten Feldforschung in den Jahren 1945/46 und 1947/48, bei denen sie sich nach einem Überblick über das Bamenda-Gebiet auf das Nso-Königreich konzentrierte. In

---

24　S. hier auch die Kritik der sierra leonischen Ethnologin Beoku-Betts: Sie geht von einer eurozentrischen Perspektive der frühen Reisenden und Forscher über Frauen in Westafrika aus. Das Bild der schwerarbeitenden und daher unterdrückten Frauen werde, so Beoku-Betts, nicht den weiblichen Einflußmöglichkeiten, dem Selbst- und Gesellschaftsbild der Frauen gerecht (1976:96f.).
25　S. Kullik 1990:35; vgl. Thiel 1991:85.
26　Kaberry gilt als Pionierin der anthropologischen Frauenforschung (Firth 1978:296). Vor ihrer Forschung in Kamerun hat sie in der Kimberley-Region in Nord-West Australien und bei den Abelam am Sepik-Fluß in Papua Neuguinea ethnologisch gearbeitet; 1939 war ihre Dissertation über Aborigine-Frauen und deren Teilhabe am religiösen Leben als Buch erschienen (Berndt 1988:187). Zu den bekanntesten englischsprachigen Ethnologinnen, die sich schon in der ersten Hälfte des 20. Jahrhunderts mit der Lebenswelt von Frauen befaßten, zählt die amerikanische Ethnologin Margaret Mead. Erwähnt seien ihre Forschungen über Sozialisation und Geschlechterbeziehungen auf Samoa, deren Ergebnisse sie im Jahr 1928 publizierte.

diesem Buch analysiert Kaberry vorrangig die wirtschaftlichen, sozialen und rituellen Aufgaben der Frauen und ihrer Organisationsformen.

"Diese Gesellschaften haben weitreichende wirtschaftliche Bedeutung, da sie die Ernteüberschüsse zwischen nichtverwandten Personen verteilen. Auch bieten sie einen Anreiz zur Überschußproduktion, da die Mitgliedschaft beispielsweise mit der Ausrichtung von Festen verbunden ist. Darüberhinaus bieten sie Frauen, Autoritätspositionen außerhalb der Verwandtschaftsgruppen, regeln das Verhalten zwischen Frauen und fungieren als ihre Interessenvertretung." (Kaberry 1952:101)[27]

Sie befaßte sich mit der tragenden wirtschaftlichen Rolle der Frauen im Zusammenhang mit ihrem Selbst- und Weltbild sowie den Geschlechterverhältnissen (1952:150ff.). Leider blieben ihre Erkenntnisse zum Selbstbild von Frauen in den theoretischen Ansätzen der Frauenforschung der 70er Jahre unbeachtet. Sie schickte monatlich Arbeitsberichte an die Kolonialverwaltung in Buea und an das Internationale Afrika Institut in London, die ihre Ergebnisse mit großem Interesse verfolgten. "'Women of the Grassfields' zeigt exemplarisch den Beitrag einer erfahrenen Anthropologin zur Änderung der Verwaltungspolitik im ländlichen Raum." (Berndt 1988:171) Kaberrys Berichte bewirkten, daß die Bildung von Frauen verbessert und arbeitssparende Technologien, z.B. von Frauengruppen kontrollierte Getreidemühlen, eingeführt wurden. Kaberry versuchte immer wieder, ihre Kenntnisse über die landwirtschaftliche Arbeit der Frauen und ihre Kooperations- und Organisationsformen auf politischer Ebene zum Wohle der Frauen umzusetzen. Neben Vorschlägen im technischen Bereich maß sie, ähnlich wie Hilde Thurnwald, der Frauenbildung einen hohen Stellenwert bei. Sie ist daher nicht nur als wichtige Frauenforscherin anerkannt, sondern trug auch zur kritischen Auseinandersetzung mit den Folgen entwicklungspolitischer Maßnahmen für Frauen bei.[28]

Als weitere wichtige Studien über Frauen und Frauenorganisationen im kolonialen Auftrag sei die Arbeit von Sylvia Leith-Ross "African Women" genannt (1939); ferner die Untersuchung von Margaret Green "Ibo Village Affairs" (1964). Sie analysierten die Ursachen des gemeinsamen Protestes von Igbo-Frauen gegen die britische Kolonialverwaltung in Südnigeria im Jahre 1929.

Ein Aspekt, den bereits Hilde Thurnwald bei Fragen zur Forschung über Frauen angesprochen hat und der in der englischsprachigen Literatur immer wie-

---

27 Zitate wie dieses, die aus der englischsprachigen Literatur übernommen wurden, sind in dieser Arbeit ins Deutsche übersetzt.
28 S. Berndt/Chilver 1992:37; O'Kelly 1973:109ff. Bei ihrer gemeinsamen, späteren Forschung mit E.M. Chilver im Jahre 1958, die vorrangig die Entstehung der Königreiche bzw. Häuptlingstümer im Kameruner Grasland und die politischen Organisationsformen thematisierten, war Phyllis Kaberry von Verwüstungen der Frauenfelder durch die Rinder der Fulanihirten schockiert. Sie machte die Verwaltung auf die damit zusammenhängenden Versorgungsprobleme aufmerksam, was temporäre Verbesserungen bewirkte, aber die Bewertung der Frauenarbeit nicht nachhaltig verbesserte (Berndt 1988:171). S. hierzu auch die Auseinandersetzung mit dem wirtschaftspolitischen Protest von Frauenzusammenschlüssen in Kamerun im dritten Teil der vorliegenden Arbeit.

der erwähnt wird, ist die Problematik der Annäherung an die Lebenssphäre von Frauen in afrikanischen Gesellschaften. Denise Paulme unterstreicht dabei neben kulturellen und sprachlichen Barrieren die kolonialpolitische Dimension in der Begegnung zwischen Forschenden und Frauen der Untersuchungsethnie als Konfliktpunkt (1963:1f.). In diesen Schwierigkeiten sowie damit zusammenhängenden Vorurteilen sieht sie Informationsdefizite zur Situation der Frauen in Afrika begründet.[29] In ihrem 1963 veröffentlichten Sammelband "Women in Tropical Africa" stellt Paulme Ethnologinnen vor, denen es trotzdem gelungen ist, einen Zugang zum Frauenalltag zu gewinnen. Dies wurde ihnen häufig durch ihre Sonderstellung zwischen Männer- und Frauenwelt ermöglicht.

Wichtig im Leben der Frauen sind neben der Initiation vor allem die Ehe, die Mutterschaft und die Rolle alter Frauen. In diesem Zusammenhang zeigt Paulme Spannungsverhältnisse und Loyalitätsbeziehungen gegenüber der Natalfamilie und der Familie bzw. Verwandtschaftsgruppe, in die Frauen einheirateten (1963:5ff.). Diese fördern ebenso wie die ökonomische Eigenständigkeit und emotionale Distanz, die für Ehen in vielen afrikanischen Gesellschaften charakteristisch sind, die Bedeutung von Frauenorganisationen: Grundlegend für die Gruppensolidarität sind die Zusammenschlüsse und deren gemeinsame Kulte (Paulme 1963:6). Denise Paulmes Erkenntnisse über weibliche Organisationsformen als Ausdruck ihrer wirtschaftlichen und gesellschaftlichen Mitsprache sowie als Hinweis auf die weitreichenden, familienübergreifenden sozialen Netzwerke werden auch in der Rezeption ihres Werkes unterstrichen (Rogers 1978:152).

Bei der Vertretung ihrer eigenen Interessen, z.B. als eingeheiratete Frau in einem Dorf, können Frauen auf die Unterstützung durch andere Frauen vertrauen. Diese Unterstützungsformen reichen über die lokalen oder verwandtschaftlichen Einheiten hinaus. Sie verbinden die Frauen untereinander und tragen zum Zusammenhalt der Gesellschaft als ganzer bei - ein Aspekt, der für die Analyse von Frauenorganisationen zentral ist, in der ethnographischen Literatur aber leider nur selten detailliert analysiert wird.

> "Während Männer offensichtlich keine Bindungen haben, die über die gemeinsame Verwandtschaft oder Residenz hinausreichen, gibt es zwischen den Frauen allein durch die gemeinsame Geschlechtszugehörigkeit eine aktive Solidarität. Die Kommunikation zwischen Frauen reicht weit über die Dorfgrenzen hinaus und bildet die Grundlage zum gemeinsamen politischen Protest." (Paulme 1963:7)

Weibliche Solidarität baut demnach auf gemeinsamen Geschlechterinteressen auf, die allerdings in unterschiedlichen Bereichen angesiedelt sein können (Moore 1988:165). Die detaillierte Auseinandersetzung mit dem Alltag, den Zusammenschlüssen von Frauen sowie die damit verbundene Erweiterung und Reflexion der Ethnographien, wie sie Paulme schon 1963 forderte, setzte erst ab Mitte der 70er

---

29 Der männliche, oft eurozentrische Blick wird auch in Arbeiten anderer Autoren und Autorinnen als Ursache für begrenzte Kenntnisse über das Selbst- und Gesellschaftsbild von Frauen oder über ihre Organisationen genannt (Müller 1989:197; Beoku-Betts 1976:96).

Jahre intensiv ein, als die theoretische Analyse des Frauenstatus in den Mittelpunkt des Interesses vieler Ethnologinnen rückte.

3. Theoretische Ansätze in der ethnologischen Frauenforschung: Zur Diskussion im englischsprachigen Raum in den 70er Jahren

Die unzureichende Berücksichtigung wesentlicher Partizipationsmöglichkeiten von Frauen im gesellschaftlichen, wirtschaftlichen oder politischen Leben war Anfang der 70er Jahre einer der ersten Themenbereiche, mit denen sich amerikanische Ethnologinnen befaßten, die als Wegbereiterinnen ethnologischer Frauenforschung gelten.[30] Sie forderten die Aufarbeitung der als "Male Bias" bezeichneten männlichen bzw. androzentrischen Perspektive in der Forschung (Milton 1979:40). Ethnologinnen zeigten auf, wie die oft unreflektierte Übertragung europäischer Rollenvorstellungen und Gesellschaftsbilder theoretische Konzepte und Fragestellungen in den Forschungsarbeiten prägte: Einseitig wurden Informationen nur von Männern an Männer vermittelt, denen trotzdem allgemeingültige Aussagekraft zugesprochen wurde (Quinn 1977:186). Selbsteinschätzungen, Gesellschafts- und Weltbilder von Frauen blieben unberücksichtigt. Daher sollten vorhandene ethnographische Berichte in ihrem Aussagewert über die Situation der Frauen quellenkritisch überprüft und gegebenenfalls neu interpretiert werden (Lenz/Luig 1990:6). Gerade die Gegenüberstellung von weiblichen und männlichen Weltbildern sollte zu einer differenzierten Analyse von Macht und Unterdrückung beitragen, wenngleich sich eine Annäherung an die Weltsicht von Frauen für Ethnologen schwieriger gestaltet als für Ethnologinnen.[31]

Neben der Erörterung des "Male Bias" stellten in den 70er Jahren Ethnologinnen verstärkt die Situation von Frauen sowie deren Beziehungen untereinander ins Zentrum eigener Feldforschungen und theoretischen Analysen.[32] Zur

---

30 S. Sacks 1976:565ff.; Bossen 1975:587ff.; Rohrlich-Leavitt 1975:620.
31 In kritischer Auseinandersetzung mit der Arbeit von Edwin Ardener über das Selbstbild und Kulturverständnis von Männern und Frauen der Bakwiri in Kamerun führt Milton aus, daß das Weltbild von Männern einer Gesellschaft keineswegs statisch sei. Der Male Bias der Männer und ihr Dominanzverhalten kann durch die interdependenten Handlungen von Männern und Frauen bzw. durch direkte weibliche Einflußnahme verändert werden (Milton 1979:50). S. hierzu auch: Ardener 1972:135ff.; Meryl Ekong 1992:15; Ifeka 1975:564; Rajkovic 1989:53ff.; Rogers 1978:129; MacCormack 1980b:80; vgl. Müller 1989:327. S. Beoku-Betts zum eurozentrisch geprägten, männlichen Unverständnis europäischer Forscher gegenüber dem Selbstbild von Afrikanerinnen (1976:106).
32 Die amerikanische Ethnologin Jane Bujra differenziert in einer theoretischen Abhandlung über die Rollenzuweisung im Feldforschungsprozeß zwischen dem Auftreten einer Ethnologin als: Frau und Mutter, als Frau mit männlicher Begleitung oder als alleinstehende Person (1975:555). Entscheidend ist, so Bujra, ob die Ethnologin Kinder hat, die den Zugang zur Frauenwelt erleichtern können. Für Analysen der Geschlechterverhältnisse sind ebenfalls Kontakte zu den Männern wichtig, die durch die Sonderstellung der Ethnologin ermöglicht werden (Bujra 1975:557; vgl. Schrijvers 1979:103; vgl. Golde 1970. In der Auseinandersetzung mit der Rollenzuweisung wird auch die Forschungsintention und die theoretische Ausbildung in einer männlich geprägten Wissenschaft reflektiert. James Gregory vertritt die Position, daß auch Männer sich durchaus mit Frauenthemen befassen könnten, wenn sie per-

wissenschaftlichen Auseinandersetzung mit dem gesellschaftlichen Wandel und seinen Auswirkungen auf die Geschlechterverhältnisse in außereuropäischen Gesellschaften hat die Frauenbewegung in den USA beigetragen, die im weitesten Sinn zum Überdenken und Neudefinieren von Rollen führte.[33] Der Blick wurde gezielter auf Frauen als "soziale Akteure" gerichtet (Meryl Ekong 1992:11).

"Frauen waren schon immer in den ethnographischen Berichten verteten, weil sich die traditionelle Anthropologie vorrangig mit Verwandtschaft und Ehe befaßt hat. Das Hauptproblem war also weniger das Vorhandensein ethnographischen Materials, sondern vielmehr die Art der Darstellung." (Moore 1988:1)

In der Analyse der weiblichen Lebenswelt ist zwischen unterschiedlichen theoretischen Ansätzen zu differenzieren: die ethnologische Frauenforschung und die feministische Ethnologie. Verbindend ist die Forschung von Frauen über Frauen bzw. über die Geschlechterverhältnisse, zudem ist die kulturvergleichende Perspektive für beide Ansätze kennzeichnend. Gemeinsamer theoretischer Ausgangspunkt ist die kulturelle und gesellschaftliche Strukturierung der Geschlechterrollen und die Ablehnung biologischer Determinismen (Moore 1990:9). In der Terminologie der englischsprachigen Diskussion wird entsprechend von "gender" als kulturell konstruierter Geschlechtsidentität gesprochen, die von dem biologisch definierten Geschlecht "sex" abgegrenzt wird. Das biologische Geschlecht und die sozialen Rollen stimmen nicht zwangsläufig überein, da letztere sehr vielfältig und komplex sein können.

Der Begriff "Frauenforschung" bezeichnet die detaillierte Darstellung und Analyse von Frauenrollen im kulturellen Kontext und der gesellschaftsspezifischen Gestaltung der Geschlechterverhältnisse, hingegen bezieht sich der Terminus "Feministische Ethnologie" oder "Feministische Anthropologie" auf die Erklärung und Kritik der Geschlechterungleichheit als universellem Phänomen. Die feministische Ethnologie beabsichtigt, die Ausprägung sowie die Hintergründe der Benachteiligung von Frauen in den unterschiedlichen gesellschaftlichen Institutionen aufzuzeigen und die Forschung darüber in die Wissenschaft zu integrieren.

Bei den in den 70er Jahren entstandenen Ansätzen der ethnologischen Frauenforschung, die die fachinterne Diskussion zu diesem Thema angeregt haben und Voraussetzung waren für eine differenzierte Erörterung in den 80er Jahren, kann zwischen 1.) symbolischen, biologisch begründeten und 2.) gesellschaftlich handlungsorientierten, ökonomisch begründeten Theorien unterschieden werden (Moore 1988:13 und 1993:193ff.).

Zu den Vertreterinnen der biologisch begründeten Position zählen Sherry Ortner (1974) und Michelle Rosaldo (1974). Sie gehen davon aus, daß die Rolle der Kinderversorgung Frauen eine untergeordnete Position zuweist; daraus ziehen

---

sönliche Diskretion wahren. Er meint, die meisten Feldforschungsprobleme sind nicht frauenspezifisch, sondern grundlegende Schwierigkeiten der Informationsbeschaffung (Gregory 1984:316ff.).
33 S. Hauser-Schäublin 1991:10; Quinn 1977:181; Ardener 1984:122; Ifeka 1975:560.

sie jedoch unterschiedliche Schlüsse. Folge der Geschlechterdifferenzen auf symbolischer Ebene ist nach Ortner ein kulturell geprägter Symbolismus, der sich in der Natur-Kultur-Dichotomie und Wertung dieser beiden Kategorien zeigt. Rosaldo dagegen betont die Dichotomisierung der Bereiche "privat - öffentlich" sowie die Unterordnung des ersten unter den zweiten.[34]

Im Unterschied zur Annahme universeller Frauenunterdrückung geht Eleanor Leacock (1978) als Vertreterin des ökonomischen Ansatzes von einer ursprünglichen Geschlechtergleichheit aus, die sie an der wirtschaftlichen Eigenständigkeit von Frauen festmacht. Erst durch den Wandel der Wirtschaft und der Gesellschaftsstruktur werde diese Eigenständigkeit sowie die Geschlechtergleichheit eingeschränkt.

Sherry Ortner: Die Natur - Kultur Dichotomie und die Geschlechterungleichheit

Sherry Ortner bezeichnet das biologische Geschlecht als Ursprung der Männer- und Frauenrollen, es sei prägend für die kulturelle Gestaltung der Geschlechterverhältnisse. Demnach wird Frauen in der kulturell und symbolischen Rollenzuschreibung aufgrund ihrer biologischen Merkmale universell eine größere Naturnähe zugewiesen, von der sich die Männer als Schöpfer und Träger der Kultur abgrenzen. Sie übernimmt Levi-Strauss' strukturalistische Auffassung, daß Natur und Kultur universelle Kategorien seien und die Kultur dabei die Natur dominieren, kontrollieren oder transformieren würde. Die Unterordnung der Frauen zeige sich demnach auf unterschiedlichen Ebenen:

"(1) Elemente der kulturellen Ideologie und der Äußerungen von Informanten, die explizit Frauen abwerten und ihre Rollen, Aufgaben und sozialen Leistungen geringer einschätzen als die der Männer; (2) Symbolische Muster, die eine Abwertung implizieren; (3) soziostrukturelle Bedingungen, die Frauen aus höheren Machtpositionen ausschließen." (Ortner 1974:69)

In bezug auf Macht und Einfluß von Frauen, die sie aber nur als abstraktes Phänomen vorstellt, erwähnt Ortner, daß es zwar Frauenmacht gibt, diese aber durch die Männer kulturell abqualifiziert und damit wieder eingeschränkt würde (1974:69). Auf die praktische Gestaltung weiblicher Mitspracheöglichkeiten oder auf die Einflußbereiche von Frauenorganisationen geht sie nicht näher ein. In einer späteren Publikation, die sie zusammen mit der Ethnologin Ann Whitehead veröffentlicht hat, bezieht sie den Begriff des Prestigesystems in die Erörterung ein. Darunter ist eine Rang- und Statuszuweisung zu verstehen, die mit der

---

34 S. Mukhopadhyay/Higgins 1988:468; vgl. Ludwar-Ene 1993:179ff. Die biologisch begründeten Erklärungsansätze werden in manchen Abhandlungen wiederum unterschiedlich kategorisiert, beispielsweise wird zwischen symbolisch orientierten Natur - Kultur - Dichotomien und eher sozialstrukturell ausgerichteten Privat - Öffentlich - Dichotomien differenziert (Meryl Ekong 1992:15). Moore ordnet die Dichotomisierung von Natur - Kultur strukturalistischen Ansätzen zu und die Zweiteilung von Privat - Öffentlich sieht sie vorrangig in struktur-funktionalistischer Tradition (Moore 1993:193).

Wirtschaftsweise, den Heiratssystemen, der Religion und der politischen Organisation einer Gesellschaft verknüpft ist. Das Prestigesystem präge in dynamischer und komplexer Weise die Geschlechterrollen.[35] Ortner hält dennoch an der Bestimmung der Geschlechterbeziehungen und deren symbolischer Artikulation fest und sieht Männer als dominierende Kräfte, wobei die spezifische Gestaltung der Prestigesphäre und ihre Auswirkung auf die Statuszuweisung für Frauen gesellschaftlich variieren kann (Ortner/Whitehead 1981:9).

In die Diskussion über Statusfragen bezieht Ortner die Rolle der Frauen als Schwestern ein und sieht in der Achtung von Frauen als Schwestern Tendenzen zum Aufbau geschlechtsegalitärer Gesellschaften. Im Unterschied zu Karen Sacks, die sich ausführlich den damit zusammenhängenden Fragen widmet und deren Bedeutung für die Bildung von Frauenzusammenschlüssen aufzeigt, stellt Ortner jedoch nur ihre theoretische Einschätzung vor. Sie vernachlässigt dabei die Einflußmöglichkeiten, die Frauen als Schwestern gemeinsam wahrnehmen können (Sacks 1975:222).

Trotzdem ist festzuhalten, daß Ortner in der Überarbeitung ihres Erklärungsmodells von 1974 die Statuszuweisung nach den Aufgaben und gesellschaftlichen Rollenzuweisungen für Frauen als Schwestern, Töchter, Ehefrauen, Mütter oder Großmütter differenziert (Ortner/Whitehead 1981:24).

Zur Kritik an Ortners Modell

Ortners strukturalistische Dichotomisierung von Frauen - Natur und Männern - Kultur wird darum kritisiert, weil die verwendeten Natur- bzw. Kulturbegriffe Ausdruck bestimmter Vorstellungen in der europäischen Geistesgeschichte sind. Ihre Dichotomisierung ist nicht wertneutral, da sie auf westlichen Denkmodellen basiert.[36] Frauen- und Männerrollen können sich auch an ganz anderen Kriterien als der Gegenüberstellung von Natur und Kultur orientieren, diese sind nur aus dem gesamtkulturellen Kontext zu verstehen (Müller 1989:397; Rogers 1978:134). Vielmals prägen Frauen und Männer gemeinsam die Kultur und Gesellschaft. In sich gegenseitig bedingenden Austauschprozessen sind keineswegs grundsätzlich die Männer dominant. Zudem kann die Transformation der Natur durch die Kultur und somit die Dominanz der Kultur nicht als universell angenommen werden. Die Wandelbarkeit dieser Kategorien und ihre soziale Kontextbezogenheit müssen berücksichtigt werden. So können Frauen und Männer als soziale Akteure unterschiedliche Natur- und Kulturbeziehungen während einzelner Lebensphasen haben.

---

35 S. Ortner/Whitehead 1981:13. Positiv an diesem Ansatz wird bewertet, daß er unter Bezug auf Max Weber und der Rezeption seiner Theorien in den USA sowohl formale Strukturen sozialer Beziehungen als auch kulturelle Begriffe in ihren Verbindungen untereinander und zum Prestigesystem betrachtet, z.B. das Heiratssystem und die Geschlechtervorstellungen (Atkinson 1982:246).
36 S. Meryl Ekong 1992:19; Moore 1993:194; Bourguignon 1980:4; Rajkovic 1989:21; Sanday 1990:23.

Darüberhinaus wird die Enkulturation der Frauen durch die Initiation bzw. gesamte Sozialisation betont. Der Frauenstatus darf, entgegen Ortners Annahme, keineswegs auf biologisch begründete Rollen, bei denen Frauen das eigenständige Handeln abgesprochen wird, reduziert werden. Mit den jeweiligen gesellschaftlichen Rollenerwartungen werden Mädchen und Jungen in Sozialisations- und Initiationsprozessen vertraut gemacht. Das Erlernen der sozialen Frauenrolle ist damit ein gesellschaftlich zentrales Anliegen (Watson-Franke 1985:40). Mädchen- und Jungeninitiaton sind gleichwertige kulturelle Handlungen.

Die Initiation wird bei zahlreichen afrikanischen Ethnien, insbesondere in Westafrika, von Frauenzusammenschlüssen durchgeführt. Sie erschließen sich damit weitreichenden Einfluß, vielfach bieten sie Frauen Mitsprachemöglichkeiten und haben gesamtkulturelle Aufgaben.[37] Sie bleiben in Ortners Ansatz ebenso unberücksichtigt wie die Macht von Amtsträgerinnen. Frauen in Führungspositionen sind nicht nur Beispiele zur Entkräftung von Ortners These, sie sprechen auch Männern Dominanz ab, wie MacCormack bei weiblichen Sherbro-Häuptlingen erfuhr (1980a:17). Partizipation von Frauen im öffentlichen Leben ist in vielen Gesellschaften direkt oder indirekt möglich und keineswegs grundsätzlich durch die reproduktiven Aufgaben der Frauen beeinträchtigt (Milton 1979:42; Sacks 1979:65ff.). So bringen Yoruba-Händlerinnen ihre Kinder mit auf den Markt, dem Zentrum aller Aktivität. Bei den Mende haben Frauen im gebärfähigen Alter politische Funktionen inne. Die Mutterschaft gilt als Ausdruck der Stärke und des gesellschaftlichen Engagements, einer Voraussetzung zur Übernahme politischer Ämter.

In heutiger Zeit ist die Rolle moderner Frauenzusammenschlüsse für die öffentliche Meinungsbildung zu berücksichtigen. Politische Partizipation von Frauen ist nur mit einer neu zu entwickelnden Autoritäts- und Machtdefinition zu erfassen (Moore 1988:134; Lenz/Luig 1990:1). Faktoren wie Überzeugungskraft, Alter, familiärer und wirtschaftlicher Status oder religiös-rituelle Macht sind dabei wichtig; es gilt, ihr Zusammenwirken in der jeweiligen Gesellschaft aufzuzeigen. Dadurch wird eine Annäherung an das komplexe Phänomen der Frauenrollen sowohl in individueller als auch in kollektiver Hinsicht ermöglicht. Ortners Modell verkennt also die Wichtigkeit der Frauenzusammenschlüsse im wirtschaftlichen und gesamtgesellschaftlichen Leben. Frauen sind keineswegs nur als Ausführende reproduktiver Aufgaben zu verstehen, sondern haben gesellschaftliche Gestaltungskraft. Von besonderem Interesse für die vorliegende Arbeit ist, daß in der Kritik an Ortners Ansatz insbesondere Frauenorganisationen eine tragende Rolle in der traditionellen Kultur und im Wandlungsprozeß zugesprochen wird (vgl. Mukhopadhyay/Higgins 1988:479).

Ortners theoretischer Ansatz und die Kritiken daran, die eine komplexere Betrachtungsperspektive fordern, sind für Forschungen über den Kulturwandel und die Auseinandersetzung mit dem Thema "Frauen und Entwicklung" bedeutungsvoll. Zu oft wird bei der Planung von Entwicklungsprojekten aus androzentrischer Perspektive, d.h. durch Übertragung europäischer Ge-

---

37 S. Yanagisako/Collier 1987:35; Tiffany 1978:35; Hoffer 1974:173ff.

schlechterverhältnisse, von einer Rollenzuweisung ausgegangen, die einzig Männer als Kultur- und Entwicklungsträger sieht. Diese soll durch Studien über die spezifische Gestaltung der Frauenrollen und über ihre Organisationsformen überwunden werden - dies ist eine besondere Aufgabe für Ethnologinnen (Schrijvers 1979:111).

Michelle Rosaldo: Die Dichotomie von Privatheit - Öffentlichkeit und die Geschlechterungleichheit

Michelle Rosaldo geht, ähnlich wie Sherry Ortner, letztlich von biologisch begründeten Versorgungsaufgaben der Frauen aus, die die sozial zugeschriebene und universell festzustellende Einordnung der Frauen in die private Sphäre und ihren Ausschluß aus dem öffentlichen Bereich prägen (Rosaldo 1974:24). Die private Sphäre werde abgewertet, weil der öffentliche Entscheidungsbereich von Männern dominiert sei; das habe eine Hierarchisierung der Geschlechterbeziehungen zur Folge.[38] Trotz der universellen Tendenzen zur Asymmetrie weist die Ethnologin auf kulturelle Unterschiede in der spezifischen Gestaltung der biologisch begründeten Frauenaufgaben hin. Rosaldo vertritt keinen biologischen Determinismus, vielmehr will sie mit ihrem theoretischen Ansatz die gesellschaftliche Ausprägung der Unterordnung von Frauen in ihren Grundlagen aufzeigen (1974:36). In einem 1980 veröffentlichten, selbstkritischen Aufsatz reflektiert sie den Einfluß gesellschaftlicher Ungleichheiten auf die spezifische Gestaltung der Geschlechterverhältnisse. Sie bezieht ebenfalls Machtmöglichkeiten von Frauen in der häuslichen Sphäre in ihre Erörterungen ein und analysiert eurozentrische Perspektiven in den Konzepten von Haushalt, Familie und Frauenstatus (Rosaldo 1980:416).

Zur Kritik an Rosaldos theoretischem Konzept

Interessant ist dieser Ansatz für die hier zu diskutierende Thematik wegen der ihm entgegengebrachten Kritiken. Grundsätzlich betonen sie, daß Geschlechterkonzepte keineswegs nur an biologischen Voraussetzungen festzumachen sind, sondern sich in einzelnen Kulturen auf ganz unterschiedliche Faktoren beziehen können (Quinn 1977:182). Kritiken an Rosaldos Konzept verneinen die Universalität der Zuordnung von Frauen zum privaten und von Männern zum öffentlichen Bereich, indem sie die Zuweisung der Frauen in den privaten Bereich als Ausdruck historischer Prozesse werten und die räumliche Einheit von Familie und Haushalt hinterfragen. Das oft sehr komplexe Ineinandergreifen der privaten und öffentlichen Bereiche wird unterstrichen, weswegen nicht von Geschlechterasymmetrie, sondern von Geschlechterkomplementarität ausgegangen werden sollte (Moore 1988:23).

---

38 "Rosaldos Dichotomisierung von privat und öffentlich ist ein Wiederhall auf Fortes Unterscheidung der Verwandtschaftsfunktionen in häuslich und politisch/rechtlich."(Meryl Ekong 1992:14)

Die Geschlechterinterdependenz wird ebenso wie Verbindung zwischen privater und öffentlicher Sphäre als Chance für Frauenzusammenschlüsse gewertet, an öffentlichen Entscheidungen zu partizipieren (Rohrlich-Leavitt 1975:625). Es kann sich um direkte Mitsprache institutionalisierter Frauenorganisationen handeln oder um indirekte Einflußmöglichkeiten informeller Frauenzusammenschlüsse; beiden Partizipationsformen sollten sich Forschungen verstärkt widmen, da sie in ihren weitreichenden Funktionen bisher kaum beachtet wurden. Zur Annäherung an diese Aufgaben von Frauenorganisationen wird eine Erweiterung des Machtbegriffs notwendig.[39]

Eleanor Leacock: Geschlechtergleichheit und wirtschaftliche Eigenständigkeit

Bei den Ansätzen, die von wirtschaftlichen Verhältnissen als grundlegenden Faktoren für die Geschlechterbeziehungen ausgehen, ist vor allem die Arbeit von Eleanor Leacock zu nennen, da sie als eine wichtige Wegbereiterin der ethnologischen Frauenforschung gilt.[40] Im Unterschied zu den bislang vorgestellten Positionen zur universellen Unterordnung der Frauen ist Leacocks Grundannahme die der Geschlechtergleichheit, die sie durch wirtschaftliche Faktoren begründet sieht und an der Lebensweise von Wildbeutergruppen verdeutlicht (1981:23f.). Als Charakteristika der sogenannten "band societies", wie die von ihr untersuchten Montagnais-Naskapi in Labrador, nennt sie die autonome, als gleichwertig betrachtete wirtschaftliche Tätigkeit der Frauen und das Fehlen von Familienstrukturen oder von Privateigentum. Bei den sich durch große Flexibilität auszeichnenden Wirtschaftsgemeinschaften und gesellschaftlichen Einheiten hätten Frauen in der Zeit vor dem Kontakt mit den Europäern genauso wie Männer Autoritäts- und Prestigepositionen innegehabt.

Basierend auf dem theoretischen Modell von Friedrich Engels, sieht sie den Verlust der weiblichen Autonomie in der "Entstehung des Privateigentums", im wirtschaftlichen Wandel und in der daraus resultierenden sozialen Ungleichheit begründet.[41] Der Wandel von der Gebrauchsgüterproduktion hin zur Warenproduktion habe, so Leacock, einen qualitativen Wandel der Geschlechterverhältnisse zur Folge, die männliche Überlegenheit könne sich aber in einzelnen Gesellschaften in unterschiedlichem Umfang entwickeln (Leacock 1981:31; Mukhopadhyay/Higgings 1988:477). Sie betont, daß man zwar nicht von einem Automatismus der Verdrängung der Frauen aus dem wirtschaftlichen Leben ausgehen könne, dieses jedoch vielerorts der Fall sei. Leacock weist in

---

39 S. Tiffany 1978:47; Sanday 1990:8; Rogers 1978:140; Lamphere 1975:128.
40 Zu ihrer Biographie, ihrem wissenschaftlichen Werdegang und der von ihr während einer Feldforschung 1951 bei den Montagnais-Naskapis entwickelten Feldforschungsmethode der "anthropology on the ground" s. Ward Gailey 1988:215ff.
41 S. Leacock 1975:611ff.; Tiffany 1978:36. "Sie sieht die Transformation der Produktionsbeziehungen in der Zuweisung der Frauenarbeit in den häuslichen Bereich und den privaten Bedarf, während die Produktion der Männer direkt auf die Außenbeziehungen ausgerichtet ist." (Schlegel 1977:11)

diesem Zusammenhang selbst auf eine Ausnahme hin: Marktfrauenassoziationen in Westafrika nennt sie als Beispiel für den Widerstand von Frauen gegen ökonomische Benachteiligung (1978:255).

Ansonsten beziehen sich ihre Ausführungen zum Wandel der Wirtschaft in Afrika auf das Modell von Ester Boserup, das von der Verdrängung der Frauen aus ihrer bedeutenden wirtschaftlichen Rolle in afrikanischen Anbausystemen als Folge der Einführung neuer Anbautechnologien für Männer während der Kolonialzeit ausgeht.[42]

Zur Kritik an Leacocks Erklärungsmodell

Leacocks Gesamteinschätzung des ökonomischen Wandels in seinen Auswirkungen auf Frauen wird als zu einseitig bezeichnet. Mancherorts haben Frauen trotz der ökonomischen Orientierung der Männer am Marktfruchtanbau für sich neue Produktions- und Kontrollmöglichkeiten erschlossen. Daher gilt es der aktiven Auseinandersetzung von Frauen mit wirtschaftlichen Veränderungen gerecht zu werden. Neben ihren Innovationen im Anbausystem und ihrer Einflußnahme auf Ressourcenverteilung und -kontrolle auf Haushaltsebene sind Widerstandsformen gegen koloniale Vorschriften zu berücksichtigen. Die Bewahrung ökonomischer Einflußmöglichkeiten komme bei Leacock unzureichend zur Sprache, meint die Ethnologin Gabriele Zdunnek (1984:35). In ihrer eigenen Feldforschung über Yoruba-Händlerinnen in Nigeria analysiert sie, wie sich Frauen trotz kolonialer Dominanz und ökonomischen Wandels eigene Wirtschaftsbereiche erhalten und sich dabei flexibel neuen ökonomischen Rahmenbedingungen angepaßt haben. Für die Mitgestaltung des Spielraums unter den veränderten Bedingungen waren und sind Marktfrauenassoziationen für die einzelnen Händlerinnen als Interessenvertretung von großer wirtschaftlicher und politischer Wichtigkeit; zwar weist Leacock auf ihre Existenz hin, bezieht sie aber nicht in ihre Argumentation ein (Kessler 1976:43).

Weitere Kritik am Ansatz von Leacock richtet sich gegen die Überbewertung des wirtschaftlichen Lebens für den Status der Frauen: Geschlechtliche Arbeitsteilung wird auch in egalitären Gesellschaften praktiziert und bewertet, wenngleich die Maßstäbe variieren können. Autonome wirtschaftliche Tätigkeit allein ist kein ausreichendes Kriterium zur Erklärung von Geschlechtergleichheit, weitere Faktoren des ökonomischen Lebens wie die Güteraufteilung und -bewertung sollten berücksichtigt werden. Sie sind mit den politischen, sozialen und kulturellen Verhältnissen im Zusammenhang zu sehen. Nur so kann die Komplexität des Frauenstatus und dessen Wandel in sich verändernden Gesellschafts- und Wirtschaftsformen erfaßt werden.[43]

---

42 S. Leacock 1975:613; Boserup 1970. Die Arbeit von Boserup wird kontrovers diskutiert. Ihr Verdienst ist es jedoch, daß sie als erste Zusammenhänge zwischen Produktion, Landrechten, technischen Innovationen und dem Wandel der geschlechtlichen Arbeitsteilung durch koloniale Einflüsse in afrikanischen Agrarkulturen aufgezeigt hat (Quinn 1977:185).
43 S. Moore 1988:79; Kelly 1981:417; Tiffany 1978:44; Watson-Franke 1985:13; Zdunnek 1984:35; Sanday 1973:1689.

Karen Sacks: Wirtschaftlicher Einfluß von Frauen und gesellschaftlich-politische Organisation

In einer differenzierten Erörterung wirtschaftlicher Aspekte schreibt die amerikanische Ethnologin Karen Sacks dem Beitrag der Frauen zur Produktion gesellschaftlich wichtiger Güter und den Verteilungsfragen einen hohen Stellenwert zu (1975:220ff.). Zudem setzt sie die Wirtschaftsform eines Volkes mit dessen gesellschaftlicher und politischer Organisation in Beziehung.

"Der kulturelle Ausdruck von Dominanz und Unterdrückung kann variieren, aber die Kontrolle über die Nahrungs- und Güterverteilung hat wichtige Konsequenzen für die formale politische Partizipation von Frauen sowie für ihren Status, unabhängig von der männlichen Dominanz." (Tiffany 1978:37)

Ebenso wie Leacock bezieht sie sich auf Engels und unterstreicht, daß Frauen keineswegs universell unterdrückt seien, sondern dies Ausdruck sozio-ökonomischer Wandlungsprozesse sei (Sacks 1975:211). Im Unterschied zu Leacock geht sie aber nicht von einer unilinearen Entwicklung von wirtschaftlicher Autonomie in egalitären Gesellschaften zur Unterordnung in hierarchisierten Gesellschaften aus, wenngleich wirtschaftliche Grundannahmen, z.B. über die Produktionsweise und den Besitz der Produktionsfaktoren, auch in ihrem Ansatz wichtig sind.[44] Zur Organisation der Produktion und der politischen Macht bzw. Hierarchie einer Gesellschaft betont Sacks, daß sich die rechtliche Regelung der Produktion auf die Achtung der Frauen als "soziale Erwachsene" auswirkt (1975:222). Die Bedeutung von Frauenzusammenschlüssen, z.B. von Händlerinnenorganisationen, sieht sie in der gemeinsamen Arbeit der Frauen und der damit verbundenen Achtung. Sie können Diskriminierungen durch Männer entgegenwirken.

Bei einem Vergleich von vier afrikanischen Ethnien mit unterschiedlichen wirtschaftlichen, politischen und gesellschaftlichen Organisationsformen (Mbuti, Lovedu, Pondo, Ganda) kommt sie zu dem Schluß, daß die Organisation des Wirtschaftslebens, der Beitrag der Frauen darin, die Verwandtschaftssysteme und die gesellschaftliche Schichtung bzw. politische Hierarchie miteinander verknüpft sind und den Status von Frauen beeinflussen. Als wesentliches Kriterium für den Frauenstatus sieht sie die politische Bedeutung kooperierender Verwandtschaftsgruppen, die Frauen als Schwestern wirtschaftlichen und gesellschaftlichen Einfluß ermöglichen (Sacks 1975:233 und 1979:7ff.). Sacks unterscheidet nicht nur die gesellschaftlichen Organisationsprinzipien und die vielfältigen Rollen von Frauen als Mütter, Ehefrauen und Schwestern, sondern unterstreicht, daß die Mutterrolle keineswegs die politische Partizipation von Frauen beeinträchtigt und verweist auf die Macht weiblicher Häuptlinge und von Amtsträgerinnen an Königshöfen. Neben dieser differenzierten Rollenbetrachtung zeigt sie die Kooperationsmöglichkeiten von Frauen am Beispiel der Igbo in Nigeria auf. "Hier haben Assoziationen von Ehefrauen und Schwestern ein weitreichendes

---

[44] S. Moore 1988:32; Silverblatt 1988:434; Quinn 1977:203; Atkinson 1982:243; Mukhopadhyay/Higgins 1988:477.

Spektrum sozialer Verantwortung, Macht und Autorität, sie schützen die persönliche Autonomie der Schwestern, sogar in Ehebeziehungen."(Sacks 1979:217) Diesen Organisationsformen kommen wesentliche Aufgaben bei der Wahrung der Rechte von Frauen zu; legitime Landrechtsansprüche als Mitglieder ihrer Natalfamilien ermöglichen Druck auf Brüder und andere männliche Verwandte. Die Zusammenschlüsse der Ehefrauen fungieren als Produktionseinheiten, Marktregulatoren und politische Interessenvertretungen. Dieses Fallbeispiel verdeutlicht, wie sich Frauen als Schwestern und Ehefrauen über gemeinsame Organisationsformen mit weitreichender Sanktionsgewalt Einfluß sichern konnten. Sacks hebt darüberhinaus die Bedeutung von Frauenorganisationen auch bei anderen Ethnien in Westafrika hervor.

> "In Westafrika sind Frauenorganisationen sehr wichtig, insbesondere bei Gesellschaften mit starken kooperierenden Verwandtschaftsgruppen. Manchmal sind sie an bestimmte Frauenrollen gebunden, wie die der Marktfrauen, manchmal sind die Gruppierungen unabhängig davon. Insgesamt sind die Frauenzusammenschlüsse zentral im Macht- und Autoritätssystem vieler westafrikanischer Gesellschaften."
> (Sacks 1979:80)

Auch wenn Sacks die Existenz von Frauenorganisationen vor allem vor dem Hintergrund ihrer Thesen zum Frauenstatus interpretiert, so geht sie doch als einzige der hier genannten Autorinnen in ihrem theoretischen Ansatz näher auf die gesellschaftlichen Aufgaben der Frauenorganisationen in Afrika ein. Unterschiede in ihrem Einfluß setzt sie mit den spezifischen Produktionsformen und der soziopolitischen Organisation der Ethnien in Beziehung.

Zum Wandel der Frauenorganisationen führt Sacks aus, daß deren Bedeutungsverlust auf die Entstehung patrilinearer Erbregelungen und staatlicher Herrschaft zurückzuführen sei.[45] Erst durch die Entstehung von hierarchisierten oder staatlich organisierten Gesellschaften werde die Möglichkeit zu gemeinsamer, gesellschaftlich anerkannter Arbeit sowie die Partizipation und Kontrolle der Frauen im öffentlichen Gütertransfer reduziert, was einen Statusverlust der Frauen zur Folge habe (1975:228ff.).

Zur Kritik an Sacks Ansatz

Kritisch zu diesem Ansatz wird angemerkt, daß er zu generalisierend sei, weil Sacks davon ausgehe, daß der sogenannte "communal mode of production", also die Organisation der Produktion durch kooperierende Verwandtschaftsgruppen, automatisch zu egalitären Geschlechterbeziehungen führe. Die Geschlechterbezie-

---

45 Als Beispiel für den Bedeutungsverlust von Frauenorganisationen, in diesem Fall von gemeinsamen Aktivitäten der Händlerinnen, nennt Sacks die Entstehung zentralisierter Herrschaft in Dahomey (1979:227ff.). Unter Bezug auf Herskovits führt sie aus, daß die Regenten in Dahomey in allen unabhängigen Assoziationsformen subversive Aktivitäten befürchteten und daher nur Assoziationen der Frauen der herrschenden Schicht duldeten. Diese seien Zusammenschlüsse von Schwestern männlicher Machthaber gewesen; hierbei gesteht Sacks aber ein, daß Daten für weitere Analysen fehlen (1979:239).

hungen könnten nicht direkt aus der Organisation der Produktion abgeleitet werden, so Moore, denn die gesamte Kultur prägte die Geschlechterrollen und wirkten sich auf das gesellschaftliche Handeln aus (Moore 1988:36).

Die Betrachtung der Geschlechtervorstellungen aus der Perspektive beider Geschlechter, deren komplexe Verbindungen und Ideologisierungen sowie die Reflexion des kulturellen Kontexts kann zum besseren Verständnis der jeweiligen Gesellschaft beitragen (Rogers 1975:754). Die Nutzung von Geschlechtervorstellungen in alltäglichen Aktivitäten eröffnet Frauen eigene Einflußmöglichkeiten - ein Aspekt, den Sacks nicht erkannt hat. Variationsmöglichkeiten in der spezifischen Gestaltung der Geschlechterrollen sind somit möglich. Dadurch können Frauen trotz männlicher Dominanzen an politischer Macht partizipieren (Tiffany 1978:35f.; Zdunnek 1984:35). Die Frage, inwieweit die Geschlechterverhältnisse durch Asymmetrie oder Komplementarität geprägt werden, leitet zum theoretischen Ansatz von Sanday über (1990:13).

Peggy Sanday: Die Komplexität der Frauenrollen und die Bedeutung von Frauenorganisationen

Im Mittelpunkt der theoretischen Konzeption Peggy Sandays stehen die von ihr entwickelten "sex-role-plans". Hierunter ist nicht nur der Status von Frauen zu verstehen, sondern vor allem die gesellschaftliche Wahrnehmung der Frauen- und Männerrollen. Diese sind durch wirtschaftliche, politische und kosmologische Aspekte geprägt und tragen zum Erhalt der Ordnung bei. Sanday geht davon aus, daß der Beitrag der Frauen zur Wirtschaft zwar ein notwendiger, aber kein ausreichender Aspekt zur Analyse der Frauenrolle ist. Zwar bewertet sie die Produktion von Gütern als wirkungsvoll für die Macht von Frauen, aber sie erachtet den Zugang der Frauen zu Kontrollmöglichkeiten, z.B. im wirtschaftlichen, politischen oder religiösen Bereich, für entscheidend (Sanday 1973:1698 und 1990:12).

Diese Einflußmöglichkeiten werden nach Sanday durch weibliche Solidaritätsgruppen gewährleistet. Sie sind daher bei der Erörterung der vielfältigen Rollen und Machtmöglichkeiten von Frauen detailliert zu analysieren. Die Existenz von Frauenorganisationen wertet Sanday in ihrem Konzept der "sex-role-plans" als ein wesentliches Kriterium für einen hohen Status der Frauen in einer Gesellschaft (1973:1694 und 1990:9). Grundsätzlich diskutiert sie die Geschlechterverhältnisse und deren Wahrnehmung durch Männer und Frauen in bezug auf die gesamtgesellschaftliche Organisation. Geschlechterbeziehungen seien, so Sanday, nicht universell durch männliche Dominanz geprägt, denn es gebe vielfältige Kontrollmöglichkeiten; dabei berücksichtigt sie unterschiedliche Machtkonzepte von Männern und Frauen. Die jeweilige Gestaltung der "sex-role-plans" wertet sie gleichsam als deren Rahmen (Sanday 1990:8). Zum Rollenwandel führt sie aus, daß Geschlechterverhältnisse wegen ihrer gesellschaftlichen Einbindung nicht einfach durch juristische Maßnahmen zu verändern seien. In Wandlungsprozessen sollten vor allem persönliche Austauschbeziehungen und Netzwerke von Frauen berücksichtigt werden, denn sie tragen zur gesellschaftlichen Kontinuität bei und eröffnen beteiligten Individuen Einflußmöglichkeiten.

Eine vergleichbare Einschätzung vertritt Anfang der 70er Jahre auch die amerikanische Ethnologin Sharon Tiffany in Auseinandersetzung mit dem Ansatz von Sanday und anderen theoretischen Modellen. Die Existenz von Frauenorganisationen wertet sie als ein Charakteristikum ihres sogenannten "incorporation approach", der die Struktur und Organisation der Verwandtschaftsgruppen sowie deren wirtschaftliche und politisch-rechtliche Entscheidungen in ihrer Auswirkung auf den Frauenstatus erfassen will. Faktoren, die den Frauenstatus beeinflussen, sind demnach die postmaritalen Rechte der Frauen in der Natalgruppe, die Residenzregelung, das Vorhandensein von Polygamie, die Rolle der Frau in der Wirtschaft, der Zugang zu politischer Macht und wichtigen religiösen Aktivitäten (1978:34).

Ähnlich wie Sanday und Tiffany unterstreicht Naomi Quinn die Wichtigkeit von Frauenzusammenschlüssen für die politische Partizipation von Frauen. Abweichend davon differenziert sie jedoch zwischen unterschiedlichen Ebenen, auf denen sich Frauenzusammenschlüsse bilden, ihre Interessen verwirklichen und Ressourcenzugang verschaffen können. Organisationsgrundlagen können beispielsweise die matrilokale Residenz, die verwandtschaftlichen Bindungen, die Beziehungen zwischen Mitfrauen oder die Handelsaktivitäten von Frauen sein. Quinn sieht jedoch durchaus Begrenzungen gemeinsamer politischer Aktivität von Frauen in Konfliktsituationen, dazu zählen Auseinandersetzungen zwischen Frauen in polygynen Ehen über die Aufteilung der Ressourcen, insbesondere in wirtschaftlichen Krisenzeiten (1977:220).

Alice Schlegel: Variationen des Frauenstatus und Frauenzusammenschlüsse im gesellschaftlichen Kontext

Über die bloße Feststellung der Existenz von Frauenorganisationen hinaus fordert Alice Schlegel, ähnlich wie Naomi Quinn, deren Betrachtung im gesellschaftlichen Kontext. Sie geht jedoch weiter als Quinn in ihren Ausführungen zur Basis der Frauenzusammenschlüsse. Zudem weist sie, wie Karen Sacks und Denise Paulme, auf die verwandtschaftsübergreifende und haushaltsverbindende Bedeutung von Frauenzusammenschlüssen hin, ohne aber dieses Phänomen theoretisch näher zu erläutern.

Aus der Analyse der internen Strukturen und Ziele gewinnt Schlegel jedoch Kriterien zur Einschätzung der Frauenorganisationen als rein wohlfahrtsorientierten Gruppierungen oder als gesellschaftlichen Institutionen zur Verwirklichung von Fraueninteressen; nur letztgenannte könnten sich, so Schlegel, positiv auf den Frauenstatus auswirken (1977:30). Der Zugang von Frauen und Männern zu gesellschaftlich wichtigen Institutionen sollte grundsätzlich in der Analyse der Geschlechterverhältnisse und Statuszuschreibungen Berücksichtigung finden. Dies sollte vor dem Hintergrund der gesamtkulturellen Aufgaben gesellschaftlich wichtiger Institutionen, deren wirtschaftlichen und politischen Faktoren, den kulturellen Werten und ideologischen Kräften geschehen. Schlegel geht jedoch keineswegs von universellen Geschlechterasymmetrien aus, sondern betont die vielfältige Gestaltung der Rollenzuweisung durch einzelne Gesellschaften. Die Differenzen in den Geschlechterverhältnissen seien, so Schlegel, mit den unterschiedlichen Weltbildern einzelner Gesellschaften vergleichbar (1977:29ff.). Der Status der Frauen ist demnach variabel, er wird geprägt durch die Verbindung von Produktionsbeziehungen, sozialen Beziehungen und der Ideologie einer Gesellschaft.

4. Neuere Ansätze in der Frauenforschung: Analyse der Komplexität der Geschlechterrollen und der Organisationsformen von Frauen im zeitlichen Wandel

Die neuere ethnologische Frauenforschung hat sich zur Aufgabe gesetzt, die Komplexität der Frauenrollen zu erfassen. Berücksichtigt werden sollen dabei Einfluß und Aufgaben von Frauen während unterschiedlicher Lebensphasen sowie die Rollenvielfalt, geprägt durch den kulturellen Kontext und zeitlichen Wandel.[46] Diese Aufgabe der Frauenforschung in der Ethnologie wird als Teil der Erforschung menschlicher Gesellschaften verstanden. Die Geschlechterrollen werden als soziale und kulturelle Konstruktionen betrachtet. Es kann keineswegs mehr von einem Konzept des Frauenstatus ausgegangen werden, sondern Analysen müssen das Spektrum von Gleichheit und Differenz zwischen den Geschlechtern, aber auch unter den Frauen ausloten; dazu gilt es die Multidimensionalität der Machtverhältnisse zwischen den Geschlechtern zu erfassen und das Aushandeln der Interessen und Machtbalancen zu beobachten (Moore 1993:195). Insbesondere soll das Augenmerk auf die Organisationsformen von Frauen gerichtet werden.[47] Forschungen über Frauenzusammenschlüsse können zudem wesentliche Erkenntnisse über das Selbstverständnis, die Geschlechtervorstellungen und Arbeitsbereiche von Frauen in traditionellen Gesellschaften sowie im zeitlichen Wandel bieten (Ifeka 1979:562).

> "Frauen erforschen nun, inwieweit der Frauenstatus unabhängig von der männlichen Machtstruktur zu sehen ist. Sie studieren die Bedeutung von Frauenzusammenschlüssen für den Erhalt der weiblichen Solidarität, die Reduzierung des Individualismus zwischen Frauen und die Entwicklung eines weiblichen Bewußtseins." (Rohrlich-Leavitt 1975:621)

---

46 S. Ludwar-Ene 1993:190; Ogundipe 1987:131; Schlegel 1977:31; Mukhopadhyay/Higgins 1988:486. Zur Dekonstruktion ethnographischer Texte zur Reflexion der Geschlechterverhältnisse s. Rippl 1993:13f.
47 S. Moore 1988:125; Afonja 1990:198. "Das massive Einflußvermögen, ja die Macht, über die die Frauen hier geboten, gründeten sich also eindeutig auf dem Umstand, daß es ihnen gelungen war, sich ebenso funktionsfähige wie stabile Organisationsformen gemeinsamen solidarischen Handelns zu schaffen." (Müller 1989:192)

Frauenorganisationen können die Rolle von Frauen in Veränderungsprozessen prägen und durch Rückbezüge auf traditionelle gemeinsame Handlungsmuster mitbestimmen; sie können auch tragende Kräfte des Wandels sein (Bujra 1978:33ff; Whitehead 1984:10). Vor allem die Entwicklungszusammenarbeit muß diesem Tatbestand Rechnung tragen, denn nicht nur wegen des wichtigen Beitrags der Kooperationsformen im sozialen Wandel, sondern auch wegen der weitreichenden Auswirkungen auf den Frauenstatus und die Geschlechterverhältnisse ist eine Auseinandersetzung mit den Entstehungsbedingungen und Charakteristika von Frauenzusammenschlüssen erforderlich.

Zusammenfassung

Obwohl Ethnologinnen, wie Hilde Thurnwald oder Phyllis Kaberry, die als Wegbereiterinnnen der Forschung über Frauen in afrikanischen Gesellschaften gelten, sich bereits mit Fragen zu den Organisationsprinzipien, dem gesellschaftlichen Einfluß und dem Wandel von Frauenzusammenschlüssen befaßt haben, werden diese Ansätze in den theoretischen Arbeiten zur Frauenrolle in den 70er Jahren nicht aufgegriffen. Es wurde aufgezeigt, wie sich der Blick der einflußreichen Theoretikerinnen wie Ortner, Rosaldo und Leacock aus unterschiedlicher Perspektive auf die Interpretation der Geschlechterverhältnisse richtete, die Beziehungen **zwischen** Frauen in ihren Erörterungen dagegen kaum Beachtung fanden. Erst Kritiken an ihren Ansätzen und die Modelle von Sacks, Schlegel und Quinn widmeten sich den damit zusammenhängenden Fragestellungen, wobei Sacks direkt mit afrikanischen Fallbeispielen arbeitete. Neuere Studien, die von starren Konzepten abrücken und sich der Vielfalt der Faktoren, die den Frauenstatus prägen, anzunähern versuchen, tragen zu einer detaillierten Auseinandersetzung mit den Einflußmöglichkeiten von Frauenzusammenschlüssen und ihren internen Strukturen bei.

Zweites Kapitel

Neuere Forschungen über Frauen und ihre Zusammenschlüsse in Schwarzafrika - ein Überblick

Nach der Darstellung der Forschungsentwicklung der ethnographischen Frauenforschung steht nun die Analyse der Forschungslage im Mittelpunkt der Betrachtung. Von den allgemeinen Theorien ausgehend, rücken die Forschungen über Frauen in afrikanischen Gesellschaften und über ihre Zusammenschlüsse ins Zentrum der Untersuchung. Der Überblick gliedert sich in die Bereiche Gesellschaft, Religion, Politik und Wirtschaft, dabei wird auf die Arbeiten einzelner Ethnologinnen detailliert eingegangen, um die Forschungskontroverse vorzustellen. Hervorgehoben werden hierbei Themen wie die Rolle von Frauen im Anbau und Handel, da es im dritten Teil der Arbeit an ausgewählten Fallbeispielen insbesondere um damit zusammenhängende Fragestellungen geht.

Unter den Forschungen über das Leben von Frauen in Afrika südlich der Sahara lassen sich eine Vielzahl von Detailstudien nennen, die individuelle und gemeinsame Einflußmöglichkeiten von Frauen im jeweiligen kulturellen Kontext aufzeigen. Fragen zum Wandel der Situation der Frauen werden zunächst vor dem Hintergrund der veränderten Ehe- und Familienformen diskutiert (Lewis 1982a; Tietmeyer 1991). Im Zusammenhang mit dem Aufbrechen traditioneller verwandtschaftlicher Sicherungssysteme werden auch die Aufgaben und Zielsetzungen von Frauenzusammenschlüssen erörtert (March/Taqqu 1986). Die neuere Literatur thematisiert ebenfalls Veränderungen traditioneller ritueller Aufgaben von Frauen; dabei kommen die Auswirkungen von Islamisierung und christlicher Mission auf die traditionellen gemeinsamen Kulte zur Sprache.[1] Des weiteren wird der politischen Partizipation sowie dem gemeinsamen politischen Widerstand gegen wirtschaftliche Benachteiligung besondere Aufmerksamkeit gewidmet.[2] Vor allem wird die Vielschichtigkeit des ökonomischen Wandels untersucht. Wesentliche Forschungsbeiträge und Forschungstrends, die eine Annäherung an die Komplexität der genannten Aspekte ermöglichen, sollen im folgenden vorgestellt werden.[3]

---

1 S. Bledsoe 1990a; Luig 1992; Wipper 1988:409.
2 S. Westermann 1992; Van Allen 1976.
3 Zu Annäherung an die Perspektive der Forscherinnen und ihrer Betrachtung von Frauen als handelnden Subjekten oder Opfern männlicher Dominanz s. Romero 1988, Strobel 1982:131 und 1988:429; vgl. Atkinson 1982:249; vgl. Robertson 1988:427.

1. Frauenrollen im gesellschaftlichen Kontext

Studien zur Initiation

In Analysen zur Mädchen-Initiation finden vor allem soziale, rituell-religiöse und symbolische Aspekte Eingang. Fragen nach der Wirkung der Riten als soziale Dramen oder nach ihrer Bedeutung im religiösen Weltbild, nach historischen Bezugspunkten und dem Wandel der Riten stehen im Mittelpunkt. Hierzu haben deutsche Ethnologinnen wie Sabine Dinslage mit einer herausragenden, quellenkritischen Literaturarbeit über Mädchenbeschneidung bei ausgewählten westafrikanischen Ethnien und Elisabeth Grohs mit Feldforschungen über Mädcheninitiationen bei den Ngulu und Zigua in Tansania wichtige Beiträge geleistet (Dinslage 1981; Grohs 1980; 1990a und 1990b).

Dinslages differenzierte Analyse zeigt auf, ob die Initiationsrituale an die biologische Reife der Mädchen gebunden sind und für einzelne Mädchen oder eine Mädchengruppe durchgeführt werden. Vor allem aber verdeutlicht sie, inwieweit die Beschneidung Teil eines rituellen Komplexes im Leben der Frauen ist (Dinslage 1981:145).[4] Dinslage bezieht sich in ihrer Untersuchung des Beschneidungsablaufs, der beteiligten Personen, der Symbolik und den zu Grunde liegenden Weltbildern auf einen Vergleich der Beschneidungszeremonien bei den Bambara, Bulsa, Dogon, Gurma, Malinke und Gobi. Es sind patrilinear organisierte Ethnien, deren Wirtschaftsweise auf dem Anbau basiert.[5]

Bei Initiationsriten, die für eine Gruppe von Mädchen durchgeführt werden, ist nicht nur die durch das gemeinsame rituelle Erleben geschaffene Verbindung ein Analysekriterium. Auch ihre Bedeutung für die Beziehungen zwischen den Frauen und die vermittelten Selbst- und Geschlechterbilder werden in der Literatur erörtert. Dabei werden die Initiationsriten und die Bestätigung weiblicher Hierarchien insbesondere in Frauengeheimgesellschaften kontrovers diskutiert.[6] Die Initiation bedeutet die Eingliederung in den Erwachsenenstatus und gleichzeitig in die Geheimgesellschaft, wie sich z.B. im Fall der *Sande*-Frauengeheimgesellschaft in Sierra Leone zeigen läßt. Hier wird die Initiation in Verbindung mit dem Dominanzerhalt der *Sande*-Leiterinnen und mit Hierarchien zwischen Frauen gesehen und eine kritische Auseinandersetzung mit dem gängigen Bild

---

4   Zur Bedeutung der individuellen Initiation für das Selbstverständnis als Ehefrau, Mutter und Bäuerin bei den Luvale und Lunda in Nord-West Zambia s. Beck/Dorlöcher 1990:158.

5   In einer detaillierten quellenkritischen Übersicht problematisiert Dinslage die Zusammenhänge zwischen Informationen über die Beschneidung als Initiationsritual und dessen Symbolgehalt, Dauer eines Forschungsaufenthaltes, Forschungsmethoden, Intention und Geschlecht des Forschers (1981:147ff.). Sie befaßt sich auch mit der Kontroverse über die Abschaffung der Beschneidung (Dinslage 1981:146).

6   Auf die sozialen und ökonomischen Aspekte der Infibulation, der umfangreichsten Form der Beschneidung, im Sudan wird in einer funktionalistischen Analyse von Oldfield Hayes hingewiesen. Sie stellt die Kontrolle über die weibliche Fruchtbarkeit durch diese Beschneidungsform dar und unterstreicht die ökonomischen Verdienste und die Macht älterer Frauen, die auf dem Land die Infibulation durchführen. Ein möglicher Wertewandel im städtischen Kontext wird angesprochen (Oldfield Hayes 1975:617ff.).

von gemeinsamen Riten als Ausdruck des Zusammenhalts von Frauen gefordert (vgl. Bledsoe 1980a:77). "Alte Frauen dominieren junge, die Sande-Leiterinnen manipulieren die Familien der jungen Novizinnen und die Hebammen monopolisieren Wissen, um die Abhängigkeit der Frauen zu bewahren." (Atkinson 1982:253)[7] Neuere Studien berücksichtigen darum auch Strategien junger Frauen, den gesellschaftlichen und rituellen Wandel zur Verwirklichung ihrer Interessen zu nutzen (Bledsoe 1990a).

Die französische Ethnologin Ariane Deluz analysiert die Frauengeheimgesellschaft *Kne* bei den Guro, die noch aktiv Riten zur Sicherung der weiblichen Fruchtbarkeit durchführt.[8] Zu den Riten der *Kne*-Gesellschaft zählt neben Geburtszeremonien und Bestattungsfeiern die Mädcheninitiation, bei der die Initiantinnen beschnitten werden (Deluz 1987:127).[9] Grundsätzlich sind *Kne*-Riten identitätsstiftend und persönlichkeitsprägend für Frauen.

"Kne erscheint als Institution, in der Frauen frei sprechen und sich ausdrücken können. Sie können diskutieren und ihre Meinung kundtun, wie am besten auf den Druck der Männerwelt und der Lineages zu reagieren sei." (Deluz 1987:129)

Kne-Leiterinnen sind ältere Frauen, die durch Handelstätigkeit und Anbauüberschüsse Reichtum erlangt haben. Unter mythologischer Bezugnahme gewährt die *Kne*-Geheimgesellschaft übernatürlichen Schutz. Sie hilft darüberhinaus, die gesellschaftlichen Antagonismen zwischen Frauen als Töchtern und Ehefrauen zu entschärfen und ein ausgewogenes Verhältnis zwischen den unterschiedlichen Rollenerwartungen zu schaffen (Deluz 1987:117). Auch Orientierungen zur Bewältigung von Geschlechtergegensätzen werden angeboten.

Da eine Frau in ihrer Natalgruppe bestattet und dort als Ahnin verehrt wird, versucht sie während des gesamten Lebens den Kontakt zu ihr zu wahren. Hierzu leistet die *Kne*-Geheimgesellschaft einen bedeutenden Beitrag. Die parallel zur *Kne*-Frauengeheimgesellschaft existierende Männergeheimgesellschaft *Je* ist auch mit der Regelung verwandtschaftlicher Beziehungen und der Jungen-Initiation befaßt. Beide Geheimgesellschaften sollen zum Wohl der ganzen Ethnie und zur Überwindung von Krisen beitragen. In jüngster Zeit wurde die Bedeutung der Bestattungsriten für Frauen eingeschränkt, die Initiationsriten wurden auf drei Wochen verkürzt. Auch Kooperationsformen zwischen Frauen zur Überwindung von Arbeitsengpäßen haben mit dem Aufbrechen der gesellschaftlichen Arbeitsteilung durch die Migration der Männer an Aufgaben eingebüßt (Deluz 1987:129).

---

7   Zur Heirats- und Allianzpolitik der Sande-Leiterinnen der Kpelle s. Bledsoe 1980a:68.
8   Deluz forschte zwischen 1958 und 1980 bei den Guro. Sie führt die Initiationsriten der Guro-frauen auf die Mwan, eine Proto-Mandegruppe der nördlichen Elfenbeinküste, zurück. Auch auf den *Knene*-Ritus der Malinke weist sie hin (Deluz 1987:121).
9   Ein ritueller Höhepunkt während der Initiation ist auch das gemeinsame Verspeisen von afrikanischem Reis, oryza glaberrima, der mit Palmöl gemischt wird. Den bei Geburts- und Bestattungszeremonien durchgeführten Nachforschungen über Ehebrüche von Ehefrauen oder Schwestern, *Zegli* genannt, wird kathartische Bedeutung zugeschrieben (Deluz 1987:129).

Die Mädcheninitiation der Ngulu und Zigua, matrilinearen, hauptsächlich vom Anbau lebenden Bantu-Gruppen in Ost-Tanzania, hat Elisabeth Grohs während zahlreicher Studienaufenthalte erforscht. Dabei gewann sie die Erkenntnis, daß die sehr komplexen Initiationsriten, die für einzelne Mädchen mit Beginn der Geschlechtsreife durchgeführt werden, Zeugnis einer verbindenden "Kultur der Frauen" mit eigenen Ausdrucksformen sind. Diese kommt z.B. im gemeinsamen *Selo*-Tanz, in Gesängen und Symbolismen zum Ausdruck.[10] "Frauen bewahren somit nicht nur Kultur, sie schaffen sie mit ihrer Kreativität stets von neuem."(Grohs 1990a:252) Bei den elaborierten Riten steht neben der Initiationsleiterin, *Kungwi*, die als rituelle Expertin und Kennerin der Sozialbeziehungen der Frauen einer Lokalgruppe anerkannt ist, die jeweilige Initiantin im Mittelpunkt des Geschehens. Auch ausgewählte Frauen aus ihrer Herkunftsfamilie und aus der Familie ihres zukünftigen Ehemannes übernehmen zentrale rituelle Aufgaben. In den Riten werden die Verhaltensregeln der Geschlechterrollen vermittelt, diese sollten von der Initiantin akzeptiert werden, auch wenn in einzelnen rituellen Sequenzen männliches Dominanzstreben verspottet wird. Die gesamtgesellschaftliche Bedeutung der Riten zeigt sich in der Unterweisung der Geschlechterkomplementarität, der Widerspiegelung der Sozialordnung und in der Sicherung der weiblichen Fruchtbarkeit.[11] Darüberhinaus sind die weiblichen Riten wichtig zur Traditionsbewahrung, denn die Frauen halten in rituellen Sequenzen bzw. Liedern die Erinnerung an historische Ereignisse lebendig (Grohs 1990b:188).

Zum Vergleich sei auf die Traditionsbewahrung durch die Mädchen-Initiationsriten bei den Bemba hingewiesen, einem matrilinearen, vom Anbau lebenden Volk im heutigen nördlichen Zimbabwe (Richards 1956:32f.). Bereits 1931 nahm die britische Ethnologin Audrey Richards dort an Initiationsriten teil und befragte die verschiedenen, beteiligten Frauen nach ihrer Rolle, der Gesamtheit der Sequenzen und den rituellen Symbolismen.[12]

Grundsätzlich wirken sich auf den Wandel der Mädcheninitiation politische, wirtschaftliche und religiöse Einflußfaktoren aus, wie die Schulbildung, die Abwanderung in die Städte und die Verbreitung von Christentum oder Islam. Bei

---

10   1969 nahm Elisabeth Grohs erstmals an Initiationszeremonien teil und führte Gespräche mit den verschiedenen Teilnehmerinnen. Diese Initiationsriten führen die Mädchen in den Kreis der erwachsenen Frauen ein, integrieren sie aber nicht wie bei der *Sande-* oder der *Kne-*Initiation in eine Geheimgesellschaft. Die rituelle Symbolik materialisiert sich hier in der Herstellung zahlreicher Tonfiguren, die zur Unterweisung der Initiantinnen dienen (Grohs 1980:95).

11   S. Grohs 1990a:250. Dies bringen die mit Fruchtbarkeit assoziierten Mgongo-Bäume als rituelle Orte symbolisch zum Ausdruck (Grohs 1980:156). Zur Diskussion über die weibliche Fruchtbarkeit sei darauf hingewiesen, daß bei den Ngulu die Beschneidung des Mädchens zu den Initiationsriten zählt, bei den Zigua hingegen eine junge Frau erst nach der Geburt ihres ersten Kindes beschnitten wird.

12   Richards befaßt sich detailliert mit der Mehrdimensionalität der Initiation und diskutiert unterschiedliche Riteninterpretationen: Als Pubertätsriten knüpfen die Riten an die Geschlechtsreife eines Mädchen an, sichern die Fruchtbarkeit und sollen die weibliche Sexualität in gesellschaftlich gewünschte Bahnen lenken (Richard 1956:201). Zudem geht es auch hier um die Anerkennung der Altershierarchien zwischen den Frauen und das Akzeptieren der Geschlechterverhältnisse.

den Ngulu und Zigua werden die Riten in einer verkürzten Form während der Schulferien der Mädchen durchgeführt.[13] Kooperationsformen auf Nachbarschaftsbasis, wie die *Kiwiri*, und gemeinsame Initiationsriten der Frauen haben aber vor allem mit der Veränderung der Siedlungsweise durch die staatlich verordnete Anlage von Ujamaadörfern in Tanzania große Bedeutungsverluste erlitten. Denn dabei überging man traditionelle Strukturen, was auch die Vertrauensbasis zwischen Frauen negativ beeinflußt hat (Grohs 1990a:232). Dies birgt die Gefahr des Verlusts der Ausdrucksformen und Einflußmöglichkeiten von Frauen in sich. Die Geschlechterungleichheit wird zudem durch die Abwanderung der Männer verstärkt.

Bei Ethnien in Nord-Ost-Tansania sind Tendenzen zur Wiederbelebung der Beschneidung feststellbar, sie sind jedoch vom früheren rituellen Kontext, wie dem sozialen Erwachsenwerden und den Ehezeremonien, isoliert. Grund für die Rückbesinnung ist die Verschlechterung der Zugangsbedingungen zu Bildung und Wirtschaft seit Anfang der 80er Jahre. Bildungsangebote, die in den 60er Jahren auch Frauen neue Perspektiven eröffneten und die einen Bedeutungsverlust der Beschneidung zur Folge hatten, wurden aus wirtschaftspolitischen Gründen wieder reduziert. Das offizielle Beschneidungsverbot durch die nationalen Frauenorganisation "Umoja Wa Wanawake wa Tanzania" (UWT) hatte allerdings hierauf kaum Einfluß (Nypan 1991:59).[14]

Frauenzusammenschlüsse im Zusammenhang mit dem Wandel der Ehe- und Familienformen

Strukturfunktionalistische und strukturalistische, bzw. deszendenztheoretische und allianztheoretische Ansätze sind bei der Auseinandersetzung mit Ehe- und Familienformen in afrikanischen Gesellschaften zu erörtern; vor allem bedarf der kulturelle Kontext der Beachtung. Neuere Studien von Ethnologinnen fragen nach der Bedeutung der Ehe- und Familienformen für die Gestaltung der Geschlechterbeziehungen. Sie analysieren die Alltagsorganisation und das Aushandeln der Interessen von Frauen und Männern ebenso wie die Kontakte und die Kooperation von Frauen. Auch Aspekte wie die Residenz und die sozio-ökonomische Situation der Familien finden Berücksichtigung. Verbindungen zwischen privater und öffentlicher Sphäre werden verdeutlicht; Kategorien wie Geschlecht und Verwandtschaft werden im wirtschaftlichen, politischen und religiösen Zusammenhang betrachtet (Fishburne Collier/Yanagisako 1987:6). Heute bestehen Wahlmöglichkeiten zwischen unterschiedlichen Formen der Eheschließung wie traditionell, christlich oder islamisch, die in vielen afrikanischen Gesellschaften parallel ne-

---

13 Schon seit der Kolonialzeit ist ein Wandel von der matri- zur patrilinearen Erbregelung feststellbar, was vermutlich auch zu einem Bedeutungsverlust der Riten beigetragen hat (Grohs 1990a:230).

14 Auch Grohs sagt nichts über einen möglichen Einfluß der Direktiven der nationalen Frauenorganisation UWT auf den Bedeutungswandel der Initiationsriten bei den Zigua und Ngulu. In einer neueren Arbeit stellt sie fest, daß die nationale Frauenorganisation nicht die Interessen der Frauen in Tanzania auf breiter Basis vertritt (Grohs 1989:36).

beneinander existieren und Konsequenzen für das eheliche Zusammenleben und die Geschlechterverhältnisse mit sich bringen. Auch die individuelle Entscheidungsfreiheit zwischen Monogamie oder Polygamie wird unter der Fragestellung, ob im Gesellschaftsvergleich eine Tendenz zur Monogamie feststellbar ist, oder welche Motive zur heutigen Praktizierung der Polygamie beitragen, untersucht. Für die Fortsetzung der Polygamie sind wirtschaftliche Aspekte wie die Entlastung bei Haushaltspflichten und bei der Kinderversorgung ausschlaggebend, was eine eigenständige, wirtschaftliche Tätigkeit z.B. im Handel ermöglicht.[15] Für eine Mitgliedschaft in Frauenzusammenschlüssen ist die Arbeitsteilung in polygynen Ehen von Vorteil, dies trifft insbesondere für ältere Frauen und Hauptfrauen zu, die Arbeiten delegieren können. Frauen in monogamen Ehen sind vielerorts zur Partizipation an Aktivitäten von Frauenzusammenschlüssen genötigt, wenn sie wirtschaftlich eigenständig sein wollen. Oft können sie aber nur begrenzt Zeit und Arbeitskraft in gemeinsame, einkommenschaffende Tätigkeiten investieren.

Der Einstellungswandel zu Ehe- und Familienformen und das Aufbrechen sozialer Sicherungssysteme spiegelt sich wider in ethnologischen Forschungen zur Scheidung, die von einer Vielzahl rechtlicher und sozio-ökonomischer Faktoren abhängig ist (Mair 1969:14). Der Anstieg der Scheidungsrate sollte nicht unbedingt als Hinweis für das Aufbrechen der sozialen Ordnung gewertet werden; Scheidung läßt sich vielmehr interpretieren als eine Phase im Übergang zu einer weiteren Ehe, wobei die Zeit bis zur Wiederheirat durch Unterstützung der Natalfamilie oder durch eigene wirtschaftliche Rücklagen überbrückt wird.[16] In der heutigen Zeit kommt wirtschaftlich orientierten Frauenzusammenschlüssen hierbei große Bedeutung zu, denn sie helfen ohne Rückbezug auf verwandtschaftliche Bindungen und Pflichten die wirtschaftliche Existenz und Unabhängigkeit zu sichern. Scheidungen lassen sich darum durchaus als Strategie von Frauen im Aufbau eines eigenen Handlungsspielraums analysieren (Bledsoe 1980a:180). Hervorzuheben ist ihre wirtschaftliche Eigenständigkeit, die Organisation der Residenz und Zusammenarbeit sowie die verminderte Kontrolle durch das Verwandtschaftssystem.[17]

Der Rolle von Frauen als Trägerinnen oder Mitgestalterinnen des Wandels sollten Forschungen zur Gesellschaftsorganisation stärker Rechnung tragen. Dabei muß zwischen den Einflußmöglichkeiten von Frauen in einzelnen Lebenspha-

---

15 S. Steady 1987:211ff. Neuere Studien thematisieren auch die Arbeitsorganisation, den Wertewandel, den christlichen Einfluß, die Schulbildung und die Urbanisierung in ihren Auswirkungen auf den Wandel von Ehe und Familie (Bledsoe 1990a).
16 S. Beck/Dorlöcher 1990:167. Die Stabilität und Dauer einer Ehe sowie das Alter einer Frau bestimmen bei den Luvale und Lunda in Nord-West Zambia ihre sozio-ökonomische Situation während einer Scheidungsphase. Mit dem Geld, das eine Frau während einer Ehe erwirtschaftet hat, kann sie Kontrollrechte über eigene Maniokfelder ausweiten und Arbeitskräfte finanzieren. Prinzipiell hat sie gegenüber der Natalgruppe einen Anspruch auf Landnutzung, Landnutzungsrechte gegenüber ihrem Ehemann verliert sie mit der Scheidung (Beck/Dorlöcher 1990:167).
17 Zur Mitsprache von Eltern und Verwandten bei der Partnerwahl in heutiger Zeit s. das Fallbeispiel der Kpelle: Bledsoe 1980a:156.

sen differenziert werden.[18] Offen bleibt dabei aber, inwieweit sich die Mitbestimmung von Frauen in einer Lebensphase an den Interessen anderer Frauen orientiert und sie sich zu gemeinsamen Aktivitäten zusammenschließen, oder ob einflußreiche ältere Frauen mit ihren partikularen Interessen andere dominieren.

Zahlreiche Studien zum Wandel von Ehe- und Familienformen befassen sich mit den sozialen Veränderungen durch die Arbeitsmigration der Männer.[19] Tendenzen, die sich dabei im Gesellschaftsvergleich herausarbeiten lassen, sind das Aufbrechen der verwandtschaftlichen Kontroll- und Unterstützungsformen sowie eine Instabilisierung und Individualisierung der Ehebeziehungen. Die Gründung von verwandtschaftsunabhängigen Organisationsformen ist eine der Reaktionen von Frauen auf den Wandel. Diese Gruppen helfen im Zugang zu Krediten und bei der Überwindung sozialer Notlagen.

Der Wandel des Ehe- und Familienlebens im städtischen Kontext und die Partizipation an Frauenzusammenschlüssen sind in komplexer Weise verbunden mit der wirtschaftlichen Tätigkeit von Frauen im formellen bzw. informellen Sektor, ihrer Bildung und der Kinderzahl (Oppong 1983). Am Beispiel von Yoruba-Kleinhändlerinnen in Lagos läßt sich die Interdependenz der wirtschaftlichen Tätigkeit und des generativen Verhaltens zeigen.[20] Die Händlerinnen haben sich selbst organisiert, um das Problem der Kinderbeaufsichtigung zu lösen. Auf politischer Ebene haben sie die Regierung zur Durchführung von Familienplanungsprogrammen aufgefordert, was zeigt, wie sich die Zusammenschlüsse auch zur politischen Interessenvertretung entwickeln können (Fapohunda 1982:287).

Zur Bedeutung der Ehe im Selbstverständnis und in der Lebensplanung von Frauen hat eine 1973 und 1978/79 durchgeführte Forschung bei Yoruba-Marktfrauen und Studentinnen in Lagos bzw. Ibadan in Nigeria ergeben, daß für Marktfrauen die wirtschaftlichen Versorgungspflichten des Ehemannes, z.B. in Form von Startkapital für die Handelstätigkeit, die gesellschaftliche Anerkennung als Ehefrau und die verwandtschaftlichen Bindungen trotz aller Probleme wichtig bleiben.[21] Neben den nach kirchlichem oder staatlichem Recht geschlossenen offiziell monogamen Ehen, mit denen die Ehefrauen zu sogenannten "inside wives"

---

18   Die ethnopsychoanalytische Arbeit von Sarah LeVine über junge Gusii-Frauen vernachlässigt in ihrer isolierten Betrachtung der jungen Mütter als passive Opfer die Gestaltungskraft von Frauen in anderen Lebensphasen (LeVine 1979; Atkinson 1982:251).
19   Zum Wandel der Eheformen matrilinearer Gesellschaften s. Hannelore Forster über die Akan in Ghana. Sie stellt die Komplexität der traditionellen Familien- und Verwandtschaftsorganisation vor und erläutert die Bedeutung des Brautpreises sowie unterschiedlicher Heiratsregeln und Haushaltsformen im ländlichen und städtischen Raum (Forster 1983:19ff.). Zudem zeigt sie den Einfluß des wirtschaftlichen Wandels und der christlichen Mission auf die Rechte und Pflichten der Ehepartner.
20   Die Reduzierung der Residenzeinheit auf wenige Personen hat einen Rückgang der Handelstätigkeit und eine Zunahme der Kinderzahl einer Frau bewirkt, jedoch ist keine einfache Korrelation der Faktoren feststellbar (Fapohunda 1982:278). Zur Komplexität dieser Faktoren vgl. die Diola-Händlerinnen in Abidjan, Elfenbeinküste: Lewis 1982a:273.
21   S. Wa Karanja 1987:250. Auch bei den Kpelle in Sierra Leone wird die Bedeutung des Ehemannes zur Bereitstellung des Startkapitals für die Handelstätigkeit betont. Frauen, die sich bereits eine wirtschaftliche Eigenständigkeit aufgebaut haben, sind bei Ehekonflikten eher zur Scheidung bereit als Frauen, bei denen dies noch nicht der Fall ist (Bledsoe 1980a:180).

werden, gibt es eine weitere Form eines eheähnlichen Verhältnisses. Kennzeichen dieser Beziehungsform der "outside wives" ist ihre Kontinuität über Jahre hinweg, der emotionale Zusammenhalt und die finanzielle Unterstützung der Frau bzw. der aus der Beziehung hervorgehenden Kinder durch den Mann.[22]

Gynaegame Eheformen, Frauenrollen und Frauenzusammenschlüsse

Eine herausragende Analyse der Gynaegamie als Eheform bei afrikanischen Ethnien leistet für die deutschsprachige Ethnologie Elisabeth Tietmeyer. In ihrer auf einer Literaturauswertung beruhenden, veröffentlichten Magisterarbeit stellt sie die Wesenszüge der Gynaegamie in kulturvergleichender Perspektive dar (Tietmeyer 1985). Den Wandel der Gynaegamie hat sie während einer einjährigen Feldforschung 1986/87 bei den Kikuyu in Kenia genauer untersucht. Sie thematisiert in diesem Zusammenhang auch die Bedeutung heutiger Frauenzusammenschlüsse (Tietmeyer 1991).

Die Gynaegamie ist eine Eheform, bei der eine Frau durch Zahlung eines Brautpreises eine andere Frau heiratet. Mit der Eheschließung werden, wie in einer zweigeschlechtlichen Ehe, Rechte und Pflichten der Partner geregelt.[23] Diese in der englischsprachigen Literatur als "woman marriage" bezeichnete Institution wird bei etwa vierzig afrikanischen Ethnien in ganz unterschiedlichen Regionen praktiziert.[24] Es lassen sich zwei Formen der Gynaegamie unterscheiden: die levirale und die autonome Form, die jedoch parallel in einer Ethnie vorkommen konnten. Bei der ersten handelt es sich um die Ehe einer meist schon älteren, kinderlosen Frau mit einer jüngeren Frau im Namen eines verstorbenen oder fiktiven männlichen Verwandten. Ausschlaggebend für diese Eheform waren traditionell erbrechtliche und soziale Überlegungen, denn die Kinder, die von der jüngeren Frau während der gynaegamen Ehe geboren wurden, galten auch als Nachkommen des fiktiven oder verstorbenen Mannes und damit auch der älteren Frau, was für ihre soziale Integration entscheidend war (Tietmeyer 1991:184). Entspre-

---

22   S. Wa Karanja 1987:253. Die Autorin berücksichtigt leider nicht, inwieweit die Differenzen in der gesellschaftlichen Stellung zwischen legitim verheirateten und unverheirateten Frauen zu möglichen Spannungen innerhalb von Frauenorganisationen führen. Diskutiert wird, ob diese Form der "privaten Polygynie" als Übergangsphänomen zur Monogamie zu werten ist, denn auch heute schon sich nur reiche Männer polygyne Ehen leisten (Wa Karanja 1987:257). Bei den matrilinearen Akan im städtischen Raum in Ghana ist bei Personen mit höherer Bildung eine Tendenz zur Kernfamilie feststellbar, was jedoch die informelle Polygynie der "outside wives" nicht ausschließt (Forster 1983:111). In vergleichbarer Weise ist von Mende-Schülerinnen in Sierra Leone bekannt, daß sie aus wirtschaftlichen Motiven, d.h. beispielsweise zur Finanzierung des Schulgeldes, Beziehungen als "outside wives" eingehen (Bledsoe 1990a:290).
23   S. Tietmeyer 1991:176. Sie spricht bei der brautpreiszahlenden Frau von der "aktiven Frau" und bei der Frau, für die der Brautpreis gezahlt wird, von der "passiven Frau".
24   S. O'Brien 1977:110. Das Phänomen ist in Westafrika bei den Yoruba, Ibo, Ijaw und Nupe in Nigeria verbreitet. In Ostafrika sind gynaegame Ehen bei nilotisch-sprechenden Ethnien wie den Nuer, Dinka und Shilluk im Sudan und den Nandi und Kipsigis in Kenia zu finden; aber auch bei Bantu-Gruppen wie den Kikuyu und Akamba. Im südlichen Afrika ist die Gynaegamie vor allem bei Ethnien im Transvaal bekannt, wie bei den Lovedu, Venda, Pedi oder Sotho (Tietmeyer 1985:16f.).

chend hatten dort vor allem reiche, ältere Frauen ohne männlichen Nachwuchs Interesse an einer gynaegamen Ehe.[25]

Bei der autonomen Form der Gynaegamie heiratete eine wohlhabende, unabhängige, aber kinderlose Frau, die als Händlerin, Beschneiderin oder Wahrsagerin einen großen Besitz und einen hohen Status erworben hatte, in ihrem eigenen Namen eine Frau. Deren Kinder galten als Nachkommen der reichen Frau, sie vererbte ihnen ihren eigenen Besitz. Hier stand im Unterschied zur leviralen Form der Gynaegamie der eigene Statuserhalt einer Frau im Mittelpunkt.[26] Politische und wirtschaftliche Einflußmöglichkeiten gynaegam verheirateter Frauen verdeutlichen, daß diese Eheform in der Forschung keineswegs nur unter verwandtschaftsethnologischen Gesichtspunkten gesehen werden sollte, sondern auch in bezug auf die gesellschaftlichen Entfaltungsmöglichkeiten von Frauen (O'Brien 1977:110).

Wichtiges Kriterium für die Auswahl des "Genitors" war und ist, daß er verheiratet ist, um die gynaegame Ehe in ihrer Existenz nicht zu gefährden.[27] Er hatte keine Verpflichtungen gegenüber den Kindern, die er zeugte; für die war die brautpreiszahlende Frau verantwortlich (Tietmeyer 1991:70f.). Diese soziale Vaterschaft wirkte sich aus auf die Anredetermini, die Aufgabenteilung und die politischen Partizipationsmöglichkeiten, woraus sich ersehen läßt, ob die beteiligten Frauen weiterhin als Frauen oder als "soziale Männer" definiert wurden.[28]

Tietmeyer zeigt in ihrer Forschung zum Wandel der Gynaegamie, daß diese Eheform trotz des christlichen Einflusses in Kenia weiterhin praktiziert wird und von staatlicher Seite als traditionelle legitime Eheform anerkannt ist (1991:163). Die Motive zur Ehe zwischen Frauen haben sich aus der Sicht der beteiligten Frauen jedoch gewandelt, denn die Lineage als landbesitzende Einheit hat durch die Landenteignungen der Kolonialzeit an Einfluß verloren. Auch der Ahnen- und Reinkarnationsglaube ist durch den Wandel der religiösen Vorstellungen in seiner Bedeutung zurückgetreten. Dagegen sind wirtschaftliche Aspekte für eine gynaegame Ehe bedeutsamer geworden, denn eine helfende Frau im Haushalt ermöglicht weiterreichende Handelstätigkeit. Zudem heiraten ältere, kinderlose Frauen eine Frau zur Versorgung im Alter; auch hoffen sie auf Kinder als Erben für ihren Besitz. Unverheiratete, alleinerziehende Mütter wählen als Ehepartnerin eine

---

[25] Dies traf für Witwen zu, die sich damit das Erbe des Mannes als Altersversorgung sicherten und verhinderten, daß es an die Patrilineage zurückfiel (Tietmeyer 1991:5).
[26] Teilweise war die autonome Form der Gynaegamie auch mit politischem Einfluß verbunden, wie die zahlreichen gynaegamen Eheschließungen durch die Lovedu-Königin in einer extremen Form zeigen (Krige 1974:34).
[27] In vorkolonialer Zeit wurde der Genitor vielfach durch die Frau, die den Brautpreis zahlte, ausgewählt. Er stammte bei leviralen Eheschließungen aus der Familie des männlichen Verwandten, auf die sich eine gynaegame Ehe bezog. Heute wird der Frau, die die Kinder gebären soll, Wahlfreiheit ermöglicht.
[28] S. O'Brien 1977:117; Rapp 1979:509. Bei den Nandi näherte sich in vorkolonialer Zeit die brautpreiszahlende Frau durch Kleidung und Verhalten dem sozialen Männerstatus an, bei den Kikuyu wurde hingegen eher von einem "Schwiegermutter-Schwiegertochter-Verhältnis" gesprochen (Tietmeyer 1991:116ff.; Smith-Oboler 1980:66ff.). Auch bei gynaegam verheirateten Händlerinnen in Westafrika bewahrten die brautpreiszahlenden Frauen ihren Frauenstatus (O'Brien 1977:122).

ältere, wohlhabende Frau und übernehmen ihr gegenüber Frauenpflichten, damit die wohlhabende Frau die Kinder versorgt, die Schulbildung bezahlt und ihnen nach dem Tod den Besitz vererbt (Tietmeyer 1991:94 und 184).

Bemerkenswert ist, daß reiche, kinderlose Kikuyu-Frauen nicht nur in ihrer eigenen Ethnie eine Partnerin suchen, es finden sich zahlreiche Beispiele von Ehen zwischen Kikuyu und Akamba-Frauen. Traditionell gab es bei Akamba vor allem die levirale Form der Gynaegamie, heute sind beide Formen zu finden, denn Akamba-Frauen betrachten heute aus wirtschaftlichen Gründen diese Eheform als Alternative zu einer Ehe mit einem Mann. Gemeinsame Organisationen sind in diesem Zusammenhang von Wichtigkeit, was das Beispiel einer Akamba-Witwe verdeutlicht, die aus der Stadt in ihr Herkunftsdorf zurückkehrt, dort eine gynaegame Ehe schließt und eine Frauengruppe zum gemeinsamen Gemüseanbau gründet.[29]

Das Kennenlernen der Partnerinnen erfolgt durch verwandtschaftliche oder nachbarschaftliche Kontakte, über die Handelstätigkeit der Frauen und durch Frauenselbsthilfegruppen, in denen die Frauen zusammenarbeiten, sich austauschen und für bestimmte Interessen und gemeinsame Problembewältigungen organisieren. "Ihre Familienverhältnisse spielen in diesen Gruppen keine Rolle." (Tietmeyer 1991:153) Folglich wird in den Selbsthilfegruppen auch die Gynaegamie als selbstverständliche Eheform akzeptiert.[30]

Witwen und ihre Organisationsformen

In vergleichenden Betrachtungen des Frauenstatus und der Frauenrollen in afrikanischen Gesellschaften wird zwischen den Handlungsorientierungen und Strategien von unverheirateten und verheirateten Frauen sowie von Witwen unterschieden. Es gibt erst in neuerer Zeit detaillierte und vergleichende Forschungen zu damit verbundenen Fragestellungen, was zum einen mit der differenzierteren Betrachtung der Frauenrollen durch Ethnologinnen und zum anderen mit dem Problem der Annäherung an die spezifische Situation der Witwen zusammenhängt. Ein von der Ethnologin Betty Potash herausgegebener Sammelband mit zahlreichen Fallbeispielen aus verschiedenen Regionen und Gesellschaftsformen bietet einen vielversprechenden Ansatz, diese Forschungslücke zu schließen. Sie zeigt die Vielfalt und die Dynamiken der Lebensgestaltung von Frauen nach dem Tod eines Ehemannes auf (Potash 1986). Die Situation von Witwen ist demnach als Lebensphase und nicht als permanenter, statischer Zustand zu werten, denn Witwen sind keineswegs eine sozial isolierte Gruppe oder Opfer männlicher Macht-

---

29　S. Obbo 1976:371. Das notwendige Land erhält sie von ihrem Bruder und zur Erleichterung ihrer Arbeit wählt sie eine Frau als Ehepartnerin. Diese hat sich von ihrem Mann scheiden lassen, da er sie nicht ausreichend wirtschaftlich unterstützte. In der gynaegamen Ehe sehen beide Frauen einen Neubeginn.

30　Bei der Bewertung der Gynaegamie in heutiger Zeit setzt sich Tietmeyer mit unterschiedlichen Einschätzungen auseinander: einerseits der Gynaegamie als Ausdruck der Selbstbestimmung von Frauen und andererseits der Abwertung als rückständige Eheform (Tietmeyer 1991:66; vgl. Best 1989:178).

strategien, sondern Personen mit gesellschaftlichen, wirtschaftlichen und politischen Aktionsmöglichkeiten und einem verbindenden Organisationspotential.

Die Gestaltung der Witwenschaft und die Motivation zur Gründung von Zusammenschlüssen sind abhängig von Faktoren wie dem Alter, den familiären und verwandtschaftlichen Bindungen einer Frau an ihre Natalgruppe, den Rechtsansprüchen an die Familie des Mannes, der Zahl bzw. dem Alter ihrer Kinder sowie von gesellschaftlich geprägten Rechten und Pflichten.[31] Zukunftsperspektiven, Interessen und emotionale Bedürfnisse von Witwen sowie mögliche Konflikte zwischen individuellen Vorstellungen und gesellschaftlichen Ansprüchen sind zu beachten.

Bei den Nandi in Kenia partizipieren Witwen auch heute noch an weiblichen Arbeitsgruppen, wodurch sie den Zugang zu Arbeitskräften und damit die Möglichkeit zu relativer wirtschaftlicher Eigenständigkeit bewahren. Die traditionellen, reziproken Arbeitsgruppen der Luo-Frauen in Kenia wurden monetarisiert, was Witwen den Zugang zu Arbeitskräften erschwerte. Wegen des Einkommensbedarfs der beteiligten Frauen entscheidet heute nicht nur die Arbeitskraft einer Frau über die Mitgliedschaft in einer Arbeitsgruppe, sondern auch ihre Finanzkraft, denn die auf ihren Feldern geleistete Arbeit muß entlohnt werden (Potash 1986:30). Im Zusammenhang mit der ökonomischen Situation von Witwen ist vor allem die Landrechtsfrage bedeutsam. Doch auch die Luo-Witwen sind keineswegs nur als isolierte Opfer der Wandlungsprozesse zu betrachten; denn für wirtschaftlich benachteiligte Frauen hat eine Frauenorganisation in der Nyanza Provinz ein gemeinsames Wohnhaus gebaut. Zum Vergleich sei darauf hingewiesen, daß Frauen unterschiedlicher Ethnien 1977 in Burkina Faso eine multiethnische Organisation zur Interessenvertretung und zum Schutz der Rechte von Witwen und Waisen gegründet haben; diese Organisation arbeitet provinzübergreifend und unterstützt gemeinsame Projekte und Maßnahmen.[32]

2. Religiöse Frauengruppen

Die Vielfalt von Frauenzusammenschlüssen, die auf religiöse Orientierungen aufbauen, läßt sich in traditionelle, islamisch und christlich orientierte Gruppen unterteilen. Die Möglichkeiten, ihre Charakteristika zu interpretieren, werden im folgenden an Beispielen aus der Forschung vorgestellt. Traditionelle Besessenheitskulte, etwa bei den Tonga in Sambia, geben Hinweise auf die unterschiedlichen Interpretationsmöglichkeiten von Kulten und Kultgruppen im Zusammen-

---

31 S. Potash 1986:3f. Auch Wahlmöglichkeiten in Fragen der Residenz und einer eventuellen Wiederheirat werden aufgezeigt. Bei den Il Chamus, einer Nomadengruppe in Kenia, ist eine größere Außenorientierung von Witwen im Vergleich mit verheirateten Frauen feststellbar, da Witwen mehr Handlungsspielraum haben. Auch die Gynaegamie gilt als bewußt gewählte Eheform. Ältere, reiche Witwen können den Ältestenstatus (*Il payiani*) erwerben und politischen Einfluß ausüben (Little 1987:82).
32 S. Potash 1986:36. Deren Zentrum in Ouagadougou wird von der deutschen Nicht-Regierungs-Organisation "Marie-Schlei-Verein" unterstützt.

hang mit den Geschlechterverhältnissen und sozialen Konflikten. *Bori*-Kultgruppen bei islamisierten Hausa zeigen darüberhinaus die religiösen Ausdrucksmöglichkeiten von Frauen auf, denen offizielle religiöse Ämter verschlossen sind. Anhand der *Zaar*-Kultgruppen in Kharthum, Sudan, und der *Lelemama*-Gruppen der Swahili-Frauen in Mombasa, Kenia, läßt sich die Entwicklung eigener Organisations- und Kommunikationsformen im städtischen Kontext verfolgen. Die religiösen und kirchlichen Orientierungen protestantischer Frauengruppen von Kreolinnen in Freetown erklären ihre Rolle im karitativen Bereich und in der Vermittlung christlicher Werte und ethnischer Normen.

Traditionelle Besessenheitskulte und Kultgruppen

Besessenheit bezeichnet die Besetztheit eines Menschen von einer übermenschlichen Macht bzw. einem Geist, sie kann mit Trance, kultischen Handlungen und der Initiation in Kultgruppen verbunden sein. Es wird zwischen verschiedenen Formen der Besessenheit unterschieden (Luig 1992:111): Bei der afflikiven Besessenheit steht das Leiden eines Individuums aufgrund sozialer oder lebensgeschichtlicher Ursachen im Mittelpunkt. Bei den darauf bezogenen kultischen Handlungen geht es um das Überwinden der individuellen Lebenskrise, entsprechend direkt ist die Beziehung zwischen Geist und Person. Bei der mediativen Besessenheit wendet sich ein Geist über ein von ihm ausgewähltes und legitimiertes Medium an einen Personenkreis bzw. eine Gruppe (Berger 1976:160). Mediative Besessenheit fällt oft mit prophetischen Aufgaben zusammen, Frauen können dadurch auch politische Macht erwerben (Behrend 1992:129ff.).

Grundsätzlich geht es bei den mit Besessenheit verbundenen Kulthandlungen nicht um das Austreiben des jeweiligen Geistes, sondern um den Aufbau einer harmonischen, reziproken Beziehung mit ihm. Dies kommt in der Initiation in eine Kultgruppe zum Ausdruck. Der Geist wird als eigenständiges Wesen betrachtet, vielfach gibt es nicht nur einen einzelnen, von dem Besessene ergriffen werden, sondern eine Vielzahl unterschiedlicher, oft polysemischer Geister. In den Heilritualen muß zunächst die Identität des Geistes herausgefunden werden. Die Charakterisierung der Geister gibt Hinweise auf das Selbstbild, die gesellschaftlichen Vorstellungen und die Weltsicht der Frauen. Oft weisen die spezifischen Wesenszüge eines Geistes auf Probleme der Frauen mit den Rollenerwartungen und auf soziale Konfliktpotentiale in weiblichen Verwandtschaftsbeziehungen oder im Geschlechterverhältnis hin. Darauf bauen sehr unterschiedliche Erklärungsansätze zur weiblichen Besessenheit auf.

Kontrovers diskutiert wird vor allem der Erklärungsansatz von I.M. Lewis, der aus funktionalistischer Sicht Besessenheit als Machtmittel gesellschaftlich benachteiligter Gruppen wertet. Nur dadurch könnten sie sich Respekt verschaffen und ihre Interessen ansatzweise verwirklichen (Lewis 1966:307ff.). Entsprechend interpretiert er weibliche Besessenheit als Protestmittel und Manipulationsinstrument von Frauen in männlich dominierten Gesellschaften, da die Männer die oft kostspieligen Heilrituale für die Frauen finanzieren müssen. Besessenheit und

Heilung werden damit zu Bestandteilen einer religiös-symbolischen Kompensationsstrategie der Frauen.[33]

Lewis' Interpretationsansatz der weiblichen Besessenheit als Instrument im Geschlechterkrieg wird u.a. von Peter Wilson kritisch diskutiert (1967). Er stellt in Frage, inwieweit die angenommene Unterdrückung von den betreffenden Frauen auch als solche empfunden wird, und ob es überhaupt eine Korrelation zwischen männlicher Dominanz und weiblicher Besessenheit gibt. Denn in vielen Gesellschaften sind die Geschlechtersphären streng voneinander getrennt und Besessenheit tritt auch in Gesellschaften wie den Akamba in Kenia auf, bei denen, so Wilson, kaum von männlicher Dominanz gesprochen werden kann.[34] Wilson's These geht dahin, daß gesellschaftliche Konfliktpotentiale zur Konkurrenz unter Frauen führen, die sich in Besessenheit äußert. Als Beispiel hierfür nennt er die ungleiche Behandlung polygyn verheirateter Frauen durch einen Ehemann (Wilson 1967:370).[35]

Auffallend ist, daß diese Ansätze zur Interpretation weiblicher Besessenheitskulte von Ethnologen entwickelt und von Ethnologinnen in der Folgezeit im Rahmen zahlreicher Fallstudien kritisiert wurden. Die amerikanische Ethnologin Alice Spring diskutiert unterschiedliche Erklärungsansätze zur Besessenheit, wie das Ausleben von Geschlechterkonflikten oder das Aufbegehren gegen weibliche Unterordnung und das Heilen psychosomatischer Krankheiten. Sie grenzt sich jedoch von diesen sozial bzw. symbolisch ausgerichteten Betrachtungsperspektiven ab und betont die medizinischen Aspekte der Kulthandlungen (Spring 1978:167). Am Fallbeispiel der matrilinear organisierten Luvale in Sambia zeigt sie auf, daß das Heilen von Erkrankungen, die die weibliche Fruchtbarkeit beeinträchtigen, die Grundlage weiblicher Kultgruppen bildet. Mit rituellem Wissen bewältigen Frauen die damit zusammenhängenden Probleme gemeinsam.[36] Da die weibliche Fruchtbarkeit jedoch für die Lineagekontinuität zentral ist und Ehemänner oder Brüder für die Finanzierung der Riten zuständig sind, beeinflussen auch soziale Konflikte die Kulthandlungen. Für die Bildung der Kultgruppen ist weniger die Eigenständigkeit der Frauen auf häuslicher Ebene entscheidend, als vielmehr die Orientierung an fruchtbarkeitssichernden Ahninnen. Frauen schaffen lineage-

---

33 S. Lewis 1966:310ff.; vgl. Moore 1988:181. Zur heutigen Diskussion über die unterschiedlichen Interpretationsansätze zur Besessenheit s. Lewis/Al-Safi/Hurreiz 1991. Zur Interpretation der Besessenheit der Digo-Frauen an der kenianischen Süd-Küste, die häufig auf Ehekonflikte bezogen ist, letztlich aber die untergeordnete Position der Frauen festigt und das von Männern dominierte soziale Kontrollsystem bestärkt s. Gomm 1975.

34 Bei den *Kiesu*-Besessenheitskulten der Akamba-Frauen wird vor allem deren Forderung nach materiellen Zuwendungen seitens der Männer vor dem Hintergrund europäischer Einflüsse erörtert (Harris 1957:1046).

35 Er beschränkt sich aber auch auf patrilineare, virilokale Gesellschaften, bei denen sich Frauen mit der Eheschließung in männlich geprägte Organisationsmuster einfügen müssen, und definiert die Rolle der Frauen über ihren Status als Ehefrauen und die gesellschaftliche Position des Ehemannes (Wilson 1967:373). Die Verbindung der eingeheirateten Ehefrauen wird von Wilson nicht beachtet; dies kann durch den Diskussionsstand zum Zeitpunkt der Publikation seines Aufsatzes begründet sein.

36 Spring bezieht sich in ihren Ausführungen auf ihre Feldforschungen zwischen 1970 und 1972 (1978:165ff.).

übergreifende Verbindungen unter Bezug auf matrilineare Organisationsprinzipien, damit überbrücken sie die virilokale Residenz und bringen ihre eigenständigen, aber gesellschaftlich einflußreichen Handlungsmöglichkeiten zum Ausdruck (Spring 1987:182).

Die Rolle der Besessenheit für das Verhältnis der Frauen untereinander ist auch ein zentraler Gesichtspunkt in Ute Luigs Arbeit über die Besessenheit der Tonga-Frauen in Sambia.[37] Sie sieht die Kultmitgliedschaft von Frauen in den jeweiligen, auf unterschiedliche Geister bezogenen Kultgruppen als wichtigen Bereich einer "Kultur der Frauen".

> "Frauenkultur verstehe ich dabei in doppelter Hinsicht: zum einen als Kommunikations- und Interaktionsform von Frauen, die Leiden und Krankheit als gemeinsame Erfahrung rituell bewältigen. Zum anderen als weibliche Sicht der Welt, die durch Geisterbesessenheit symbolisch interpretiert und visionär entworfen und verändert wird."(Luig 1992:112)

Geisterbesessenheit hat nicht ausschließlich direkt - oder zumindest indirekt - mit Problemen der weiblichen Fruchtbarkeit zu tun, vielmehr ging es bei der Besessenheit der Tonga-Frauen früher um die Konfliktlösung in familiären und verwandtschaftlichen Beziehungen sowie zwischen Frauen unterschiedlicher Generationen. In den Besessenheitstänzen verkörperte die Tänzerin einen Geist und identifizierte sich aktiv mit ihm. Dabei zeichneten sich die Geistervorstellungen durch ihre Vielschichtigkeit aus; in ihnen wurden Lebenszusammenhänge und Wertvorstellungen von Frauen reflektiert. Die Tänze waren gesellschaftliche Veranstaltungen mit religiöser und medizinisch-therapeutischer Bedeutung, die die weibliche Ästhetik und die Kreativität der Frauen zum Ausdruck brachten.[38]

Darüberhinaus veranschaulichen die Kulthandlungen als symbolische Bezugssysteme auch die Auseinandersetzung der Frauen mit dem Kolonialismus und dem sozialen Wandel. Die Kulte haben, so Luig, Zeugnischarakter, denn in ihnen manifestiert sich der weibliche Blick auf die Geschichte ebenso wie die Fremdwahrnehmung bzw. -bewertung der Frauen (1993:343ff.).[39] Insbesondere durch die Umsiedlung der Tonga beim Bau des Kariba-Stausees im Jahre 1951 haben sich die Besessenheitskulte gewandelt. Die aktive Reaktion der Frauen auf die Veränderungsprozesse zeigt sich in geänderten Geistervorstellungen, die ein am-

---

37 Bei ihrer Analyse der Tradition und des Wandels der affliktiven Besessenheitskulte bezieht sie sich auf ihre Feldforschungen zwischen 1988 und 1990 (Luig 1992).
38 In räumlicher Hinsicht überschritten die Frauen bewußt die Grenzen zur Natur, wobei hervorzuheben ist, daß sie ein komplexes Naturverständnis hatten (Luig 1992:117ff.).
39 "Indem die Frauen die sie real bedrohenden Kräfte ihrer symbolischen Kontrolle unterwerfen, vermögen sie ihre Ängste zu reduzieren und zu kontrollieren. Darin liegt die Wirksamkeit von Besessenheit als therapeutischer Praxis. ... Geisterbesessenheit könnte man daher auch als den Versuch beschreiben, gesellschaftliche Krisen und der dadurch ausgelösten Verunsicherung durch eine symbolische Umkehrung von Schwäche in Stärke zu begegnen." (Luig 1993:350)

bivalentes Verhältnis zu europäischen Einflüssen widerspiegeln.[40] Auf den Wandel weist auch eine Individualisierung der Kulthandlungen hin.

"Die kulturellen Leistungen der Frauen zeigen aber auch, daß Besessenheitskulte nicht nur eine wichtige Rolle im Wandel der Gesellschaft spielen, sondern daß die Frauen wichtige Vermittlerinnen dieses Wandels sind. Auf diesem Hintergrund wird auch deutlich, daß die rein funktionalistische Interpretation von Besessenheit als Geschlechterkampf oder als Kompensationsstrategie der komplexen Wirklichkeit dieser Bewegungen nicht wirklich gerecht wird." (Luig 1992:124)

In der Auseinandersetzung mit der mediativen Besessenheit bei mehreren patrilinearen Bantu-Gruppen im Zwischenseengebiet und bei den Nyamwezi kommt Iris Berger zu dem Schluß, daß Lewis' Erklärung der Besessenheit durch Geschlechterkonflikte nur bedingt zuzustimmen ist, denn die spezifische Gestaltung der Geschlechterverhältnisse in einer Gesellschaft sei vor allem durch die soziale Schichtung und die sozialen Ungleichheiten geprägt. In der Besessenheit konnten Frauen zwar die Benachteiligung oder gesellschaftliche Mißstände ungestraft kritisieren, auch konnten sie einflußreiche Positionen in den Kulten erwerben, die soziale Schichtung wurde jedoch dadurch nicht angegriffen.[41]

Grundsätzlich sind weitere Forschungen zur Auseinandersetzung mit der Problematik von Besessenheit und Politik erforderlich. Analysiert werden sollten dabei auch der rituelle Wandel, das religiöse Weltbild und dessen Rolle in politischen oder militanten Bewegungen sowie die Bedeutung der Besessenheit für die vom Wandlungsprozeß betroffenen Individuen (Strobel 1982:127). Christianisie-

---

40 Auch die britische Ethnologin Elisabeth Colson befaßte sich während ihrer Feldforschung bei den Tonga im Jahre 1965 mit dem Wandel der Geistervorstellungen sowie der Besessenheitskulte durch europäische Einflüsse und die Umsiedlung beim Bau des Kariba-Stausees (Colson 1969:85). Sie diskutiert verschiedene Ansätze zur Erklärung von Besessenheit in Zeiten gesellschaftlichen Wandels, wie den psychologischen Ansatz, der Besessenheit als emotionale Reaktion auf den Wandel wertet, und den soziologischen Ansatz, der Besessenheit als Ausdruck der Spannungen im Sozialsystem sieht und den Statuserwerb durch Besessenheit hervorhebt. Sie betont die kompensatorische Funktion der Besessenheit für Frauen der Tonga im Gwebe-Tal, die mit der urbanen, europäisch geprägten Welt in Kontakt gekommen sind, an deren Vorteilen aber nicht partizipieren können (Colson 1969:94ff.). Zum Vergleich sei hier auch Harris Erörterung der Besessenheit bei den Taita-Frauen in Kenia erwähnt. Er betrachtet das Phänomen nicht nur als psychologisch begründete Kompensationsstrategie in Zeiten gesellschaftlichen Wandels, bei dem Frauen benachteiligt werden, sondern vielmehr als rituellen Komplex vor dem Hintergrund sozialer Konflikte (Harris 1957:1054ff.). Wenn auch die Frauen in den *Saka*-Kulten im Mittelpunkt stehen, so werden die gesellschaftlichen Hierarchien dadurch aber nicht angegriffen (Harris 1957:1063).
41 S. Berger 1976:172; vgl. Harris 1957:1063f. Zum Wandel der Besessenheitskulte führt sie aus, daß deren Orientierung an den Lineages in Bunyoro und Toro graduell unbedeutender wurde, und Frauen eher unabhängige lokale Kultgruppen gründeten; in Unyamwezi sei dies im Zusammenhang mit der Ausweitung des Fernhandels im 19. Jahrhundert zu sehen (Berger 1976:180). Hier steht demnach die historische Erfassung der Wesenszüge und der gesellschaftlichen Hintergründe weiblicher Besessenheit im Mittelpunkt. Geschlechterkonflikte und soziale Konflikte lassen sich ihrer Meinung nach nur dann rekonstruieren, wenn sie politisch werden (Berger 1976:180). Für nicht-zentralisierte Ethnien in Nord-Rwanda und Süd-Uganda erläutert sie, daß Besessenheit dort Protest gegen politische Fremdherrschaft zum Ausdruck brachte (Berger 1976:180).

rung und gesellschaftlicher Wandel bedingen einen Rückgang der mediativen Besessenheit.

> "Sie wurden in zahlreichen Gesellschaften durch affliktive Besessenheitskulte verdrängt, die im Gegensatz zu den mediativen Kulten individuumzentriert und politisch eher bedeutungslos sind, wenn man politisches Handeln mit offiziellem Handeln gleichsetzt. Auf einer privaten Ebene sind diese Kulte indes durchaus politisch, da sie sich mit wichtigen Ereignissen ihrer Zeit auseinandersetzen." (Luig 1992:111)[42]

Eine Ausnahme stellt demgegenüber die von Heike Behrend analysierte Rolle von Alice Lakwena dar. Behrend zeigt die Geschichte des Geistermediums Alice auf, die zunächst Kranke heilte und 1986 im Bürgerkrieg in Uganda auf Anordnung des Geistes Lakwena eine politisch-militante Widerstandsbewegung gründete; diese war gleichzeitig auch eine Anti-Hexerei-Bewegung (Behrend 1992:129ff.).[43] Behrend folgert, daß sich Geister als aktive Machtinstanzen Medien auswählen, die am Rande der Machtzentren stehen, und daß diese Medien häufig Frauen sind (1992:135).

Bori-Kultgruppen islamisierter Hausa-Frauen

Die Praktizierung bestimmter religiöser Riten führt bei Hausa-Frauen zur Bildung von sogenannten *Bori*-Kultgruppen. Die Häuser der Kultleiterinnen dienen häufig als Versammlungsorte (Sanday 1981:36)

Die Mitgliedschaft in den Kultgruppen steht pripiziell jeder Person in der Hausa-Gesellschaft offen, ausgeschlossen sind nur Schmiede und Metzger. Von den *Bori*-Geistern kann grundsätzlich jeder besessen werden, die überwiegende Mehrheit der Besessenen sind aber Frauen. Äußere Zeichen der Besessenheit sind häufig Krankheitssymptome. Eine Frau wendet sich dann an eine Kultführerin, die durch ihr Amt ein hohes Ansehen und politische Mitsprachemöglichkeiten genießt. Die besessene Frau durchläuft einen Initiationsritus, mit dem sie in eine *Bori*-Kultgruppe aufgenommen wird und der nach dem Phasenschema Van Genneps unterteilt werden kann. Sie wandelt dadurch ihre soziale Stellung, denn sie ist nicht mehr nur dem Ehemann, sondern auch der Kultleitung verpflichtet.

Die Beziehung der Frauen zu den Geistern ist geprägt durch emotionale Reziprozität und nicht durch Austreibung des Geistes. Bemerkenswert ist, daß Frauen

---

42 Hierbei sei auch auf den Ansatz von Karp hingewiesen, Besessenheit als ein durch die Geisterwelt legitimiertes Machtphänomen zu interpretieren. Am Beispiel der Iteso in Kenia zeigt er auf, daß Besessenheit den Frauen den Zugang zu Ressourcen ermöglicht und ihnen Kontrolle über Menschen verschafft (Karp 1989:97). Dabei sind die Machtkonzepte einer Gesellschaft und ihre Vorstellungen von Person und Aktion wesentliche Analysekriterien. Mit seinem Konzept verwirft Karp funktionalistische Erklärungsansätze, die Besessenheit in psychologischer oder sozialer Hinsicht nur als Reaktion auf eine negativ empfundene Situation betrachten (Karp 1989:92).

43 Behrend bezieht sich dabei auf ihre Feldforschungen in Nord-Uganda von 1989 bis 1991. Das Naturverständnis und die rituelle Sorge um den Naturerhalt in der Holy-Spirit-Bewegung diskutiert Behrend ebenfalls (1993:39ff.).

vor allem von Geistern besessen werden, die in den Verwandtschaftsbeziehungen und der Tradition der Hausa wichtig sind. Das läßt sich als Hinweis auf die Bewahrung vorislamischer religiöser Praktiken durch die Frauen werten (Echard 1991:215). Ob der *Bori*-Kult die Verehrung vorislamischer *Maguzawa*-Geister fortsetzt oder sich erst durch die Islamisierung und den damit verbundenen Ausschluß der Frauen aus formellen, religiösen Institutionen in seiner heutigen Form als religiöses, weibliches Ausdrucksmittel gebildet hat, darüber besteht in der Forschung keine einhellige Meinung.[44]

Grundsätzlich wird der *Bori*-Kult im Kontakt zur übernatürlichen Welt betrachtet. Auf methaphorischer Ebene spiegelt die Besessenheit die Beziehungen zwischen Männern und Frauen in der Hausa-Gesellschaft wider.[45] Einerseits wird dabei der Heileffekt betont, andererseits wird der *Bori*-Kult als Abwehrstrategie der Frauen gegen nicht zu erfüllende Rollenerwartungen gewertet.[46] Besessenheit gilt als begrenzte Kompensation der Frauen auf ideologischer Ebene, denn in den Kulten wird zwar die Bedeutung der Mutterrolle betont, aber die Geschlechterungleichheit und die männliche Dominanz bleiben davon unbeeinflußt.

Peggy Sanday hingegen sieht den *Bori*-Kult als Machtmittel der Frauen, das ihnen auf informellem Wege auch politische Mitsprachemöglichkeiten eröffnet, denn die Macht der *Bori*-Geister wird auch von Männern gefürchtet. Dies läßt sich mit den Aktivitäten von *Bori*-Kultführerinnen im aufkommenden Nationalismus der Hausa zwischen 1950 und 1965 belegen. Zudem wertet Sanday den *Bori*-Kult als Möglichkeit des Machterhalts während der Islamisierung der Hausa, insbesondere während des *Jihad* Usman dan Fodios von 1804 bis 1812 (1981:37). Erst der *Jihad* habe zu einer Ausweitung der Seklusion geführt, wobei jedoch vielerorts eine große Diskrepanz zwischen Normen und Verhalten festzustellen ist. Auch könne mit einem erweiterten Macht- und Autoritätskonzept und dem Aufzeigen der Verbindungen zwischen Privatsphäre und Öffentlichkeit die informelle politische Partizipation der Frauen und ihre Macht in den Verwandtschaftsverbindungen erkannt werden. Zu den Strategien der Hausa-Frauen, der Kontrolle durch die Ehemänner gegenzuwirken, zählen ihre Verfügung über eigenes Einkommen und die Möglichkeit der Scheidung. Wesentlich für Orientierung und Rückhalt sind die Allianzbeziehungen mit ihren Verwandten, die eine Frau während des ganzen Lebens bewahrt (Coles/Mack 1991:15). Doch sind die weiblichen Handlungsspielräume gemäß ihrer jeweiligen Lebensphase und ihres sozialen Status zu differenzieren. Ethnologische Studien und biographische Be-

---

44 S. Pellow 1991:61; Lewis/Al-Safi/Hurreiz 1991. Zum relativ hohen Status der Frauen und ihren Aufgaben im religiösen und politischen Leben bei den nicht islamisierten Hausa, den sogenannten *Maguzawa*, s. Coles/Mack 1991:7f.
45 Der *Bori*-Kult erleichtert den Aufbau sozialer Beziehungen zwischen Frauen unterschiedlicher Familien und Haushalte und die Übernahme religiöser Funktionen (Steinbrich 1982:228ff.). Zur Betrachtung des *Bori*-Kultes in der Biographie einer Hausa-Frau s. Smith 1965:63ff.
46 S. Coles/Mack 1991:22. Nicole Echard interpretiert dieses Phänomen, mit dem sie sich bei einer Feldforschung bei den Hausa in Ader, Niger im Jahre 1965 befaßte, dahingehend, daß die Betonung der Geschlechtergleichheit in den Kulten den Aufbau der weiblichen Persönlichkeit fördert (1991:220).

richte zeigen die politische Mitsprache der Frauen in den Herrscherhäusern auf, besonderes Interesse wird dabei dem Wandel der Einflußsphären durch religiöse und politische Veränderungen gewidmet.[47]

Hierbei ist ebenfalls die Frage der Bildung für Mädchen und Frauen zu diskutieren. Schon in den 40er Jahren haben sich einzelne, einflußreiche Frauen wie Hajiya Ma'daki, Ehefrau des Emirs von Kano, für die Einrichtung von Mädchenschulen eingesetzt (Mack 1988:72). Ab den 50er und 60er Jahren schlossen sich gebildete Frauen zur Förderung der islamisch orientierten Mädchen- und Frauenausbildung zusammen, so wurde in Nigeria 1965 die "Muslim Sisters Organisation" (MSO) gegründet (Yusuf 1991:93). Kenntnisse über Schrift und religiöses Wissen sollten den Frauen helfen, ihre religiös legitimierten Rechte einzufordern.

Da die Hausa-Frauen in Nigeria ihre Interessen nicht ausreichend in nationalen Frauenorganisationen wie dem 1958 gegründeten, breitgefächerten Dachverband "National Council of Women's Societies" (NCWS) vertreten sahen, bildeten sie 1982 einen Dachverband islamischer Frauengruppen "Federation of Muslim Women Association in Nigeria" (FOMWAN). Deren Ziele gehen über die Pläne der "Muslim Sisters Association" von 1952 hinaus, denn neben dem Zugang zur Bildung streben die Frauen nun auch eine Verbesserung ihrer Rechtssituation und Zugang zu Familienplanung an. Ebenfalls wird von den Leiterinnen, denen sowohl westliche als auch islamische Bildung vertraut ist, versucht, einen Austausch zwischen den Frauengruppen anzuregen und sie für weiterreichende nationale Belange zu gewinnen.[48]

Zaar-Kultgruppen in Kharthum

In ihrer Studie über den *Zaar*-Kult islamisierter Frauen in der sudanesischen Hauptstadt Khartum erörtert Constantinides die Bedeutung der Kultgruppen für die weibliche Identität, die Solidarität und für das Geschlechterverhältnis (1978:186). Die Kulte werden als religiöse Ausdrucksformen im städtischen Kontext betrachtet. Durch die Urbanisierung wurden verwandtschaftliche Bindungen, soziale Sicherungssysteme und die Interessengemeinschaften der Frauen aufgebrochen. Die Kultgruppen helfen Frauen nun individuelle Lebenskrisen zu bewältigen.[49] In den Kulten steht die Heilung der Besessenen im Mittelpunkt; unterschiedliche Geister können Krankheiten, die meist auf Angst vor unerfüllten

---

47 S. Beverly 1991:109ff.; Mack 1988:47ff; vgl. Smith 1965.
48 S. Yusuf 1991:98. Sie betonen ausdrücklich, daß ihre Ideen im Islam fundiert seien. Über Konfliktpotentiale mit religiösen Führern sowie über Verbindungen zwischen *Bori*-Kultgruppen und modernen islamischen Frauenorganisationen wird nichts berichtet.
49 Im *Zaar*-Kult in ländlichen Gebieten des Nord-Sudans sind die Frauen die sozialen Akteure, sie stellen jedoch nicht das Geschlechterverhältnis insgesamt in Frage, sondern kritisieren gegebenenfalls das Fehlverhalten einzelner Männer (Boddy 1989:140). Der *Zaar*-Kult sei nicht als eigene "Kultur der Frauen" in einer von Männern dominierten Welt zu bezeichnen, sondern als Zugang zur Geisterwelt - komplementär zu männlichen religiösen Praktiken (Boddy 1989:356). Wichtig im *Zaar*-Kult sind zunächst weibliche Fruchtbarkeitsprobleme, im weiteren Sinn die Frauenrolle bzw. die gesellschaftliche Realität insgesamt. Zur Bedeutung des *Zaar*-Kultes im Kontext der weiblichen Fruchtbarkeit und den gesellschaftlichen Dynamiken s. auch Lewis/Al-Safi/Hurreiz 1991.

Rollenerwartungen bezogen sind, auslösen. Angepaßt an die Erfordernisse der städtischen Umwelt, zeichnen sich die Kultformen durch große Flexibilität aus. Die Kultgruppen verfügen jedoch über feste Organisationsmuster, oft orientieren sie sich an ethnischen oder verwandtschaftlichen Bindungen und werden von einer Kultleiterin, *Shaikha*, geleitet.[50] Sie ist für öffentliche und private Kulthandlungen zuständig und führt auch islamische Riten durch, die auf einzelne Lebensphasen bezogen sind. Bei den öffentlichen Heilritualen müssen die Männer, also Väter, Brüder oder Ehemänner der Frauen, für die Aufgaben der *Shaikha* zahlen. In den Kulten und in Mythen wird zwar die Konfrontation mit männlichen Verhaltensweisen thematisiert, auch gewähren die Kultgruppen einen gewissen Schutz gegen das Fehlverhalten einzelner Männer, insgesamt wird aber die Erfüllung der Frauenrolle angestrebt.

Im Unterschied zum *Bori*-Kult läßt sich im *Zaar*-Kult keine politische Ausrichtung erkennen; die Kulthandlungen sind vor allem für das Sozialleben der Frauen von Bedeutung (vgl. Lewis/Al-Safi/Hurreiz 1991). Sie entsprechen darüberhinaus den emotionalen Bedürfnissen der Frauen, indem sie ihre Ängste und Hoffnungen zum Ausdruck bringen können. Zu den privaten Riten laden Freundinnen, Verwandte und Nachbarinnen sich gegenseitig ein; die dabei ausgetauschten Geschenke verweisen auf die wirtschaftliche Dimension solcher Treffen (Constantinides 1978:198). Da es in Khartum eine Vielzahl von *Zaar*-Gruppen gibt, die miteinander im Austausch stehen, haben die Frauen eigene religiös fundierte, soziale Netzwerke und Handlungsmöglichkeiten aufgebaut, die sich über die gesamte Stadt erstrecken und Frauen unterschiedlicher sozialer Herkunft miteinander verbinden.

Kultgruppen islamisierter Swahili-Frauen in Mombasa, Kenia

Mit der Geschichte und dem Wandel religiöser Frauenzusammenschlüsse in Mombasa hat sich vor allem die amerikanische Ethnologin Margaret Strobel während der 70er Jahre befaßt. Sie zeigt auf, wie sich aus sogenannten *Lelemama* Tanzgruppen, die ursprünglich zur Unterhaltung bei islamischen Hochzeiten, *Vugo*, auftraten und als Ausdruck der Frauen-Kultur betrachtet werden können, seit der Jahrhundertwende organisierte Zusammenschlüsse gebildet haben (Strobel 1976:187).[51] Das Spektrum der Tänze, die als Ausdrucksmittel der Frauen zu verstehen sind, wurde erweitert. Die *Lelemama*-Gruppen gestalteten zunehmend

---

50 Die mögliche Bedeutung der Kultgruppen für den ethnischen Zusammenhalt der Frauen in der Stadt erörtert Constantinides leider nicht.
51 Strobel wertet auch biographische Berichte beteiligter Frauen aus (1979). Carol Eastman zeigt, wie die *Vugo*-Hochzeitszeremonien durch die traditionellen *Mavugio*-Rituale der Pokomo-Frauen, die als Hausssklavinnen zu den Swahili-Frauen nach Mombasa kamen, beeinflußt wurden (1988:10). Zum Vergleich s. die Swahili-Kultur in Zansibar, wo traditionelle Besessenheitsriten durch Hausssklavinnen weitergeführt wurden (Alpers 1984:684ff.). Im sozialen Wandel sorgen die Kulte für die Reduzierung der Nachteile für Frauen und das Ausleben individueller Geschlechterkonflikte, ohne jedoch die männliche Dominanz anzugreifen (Alpers 1984:701).

Bestattungen, Feste zum Beginn und Abschluß des Fastenmonats Ramadan und das Swahili-Neujahrsfest *Mwaka*.

Die einzelnen *Lelemama*-Gruppen grenzen sich äußerlich durch unterschiedliche Kleidung, *Leso*, voneinander ab und führen Sing- und Tanzwettbewerbe durch. Dabei kritisieren sie soziale Mißstände. Auch wenn sie damit nicht die männliche Dominanz angreifen können, so kommt darin doch der nicht zu unterschätzende Einfluß der Frauen zum Ausdruck. Entsprechend nennen die beteiligten Frauen den Zugang zu Prestige sowie räumlicher und sozialer Mobilität als Gründe für ihre *Lelemama*-Mitgliedschaft. Außerdem eröffnet die interne Hierarchie einzelnen Frauen Führungspositionen, die auch ehemalige Sklavinnen oder deren Nachkommen bekleiden können. Dies zeigt die ethnisch und sozial integrative Bedeutung der *Lelemama*-Gruppen.[52] Die Mitgliedsbeiträge der Gruppen werden zur Unterstützung von Frauen in Notlagen verwendet, was ihren Zusammenhalt stärkt.

Schon in den 30er Jahren setzten sich die Leiterinnen der *Lelemama*-Gruppen für die Verbesserung der Mädchenbildung ein, 1938 wurde die erste arabische Mädchenschule gegründet. In den 50er Jahren regten sie eine öffentliche Mediendiskussion zum Geschlechterverhältnis an, 1955 gründeten sie das "Arab Women's Institute". Im Zuge des gesellschaftlichen Wandels und der zunehmenden Komplexität entstanden auch zwischen einzelnen *Lelemama*-Gruppen und deren Leiterinnen Interessendivergenzen, Nachbarschaft oder Freundschaft reichten nicht mehr als grundlegende Organisationsprinzipien. Neue Zusammenschlüsse wie die "Muslim Cultural Association" wurden gebildet (Strobel 1976:203ff.).

Kirchliche Frauengruppen von Kreolenfrauen in Freetown, Sierra Leone

Organisationsformen von Frauen in christlichen Kirchen und in neuen synkretistischen Bewegungen sind im Zusammenhang mit deren internen Strukturen, Glaubensinhalten und Geschlechtervorstellungen zu betrachten. Frauen können als Individuen oder als Gruppe durch zeremonielle Aufgaben Einfluß erwerben, so ist bei apostolischen Kirchen die rituelle Führerschaft wirtschaftlich eigenständiger Frauen anzutreffen (Jules-Rosette 1979 und 1985). Derartige Positionen ermöglichen Frauen auch gesellschaftspolitische Mitsprache.

Bei den Kirchengruppen von Frauen kann zwischen Orientierungen an religiösen oder sozialen Zwecken differenziert werden, wobei aber fraglich ist, in welchem Umfang sie die Interessen der Mitglieder gegenüber der Kirchenleitung und in der Öffentlichkeit vertreten. Gruppen mit reiner "Wohlfahrtsorientierung" tragen mancherorts zum Erhalt sozialer Unterschiede zwischen Frauen bei (Moore 1988:168). Die sozialen Kontakte sind für die Frauen aller Kirchengruppen wichtig, dies wird auch am Beispiel der Kreolenfrauen in protestantischen Kirchengruppen in Freetown deutlich. Auf der Basis der Kirchenmitgliedschaft ver-

---

52 S. Strobel 1975:38. Schon zu Zeiten der Haussklaverei in Mombasa beeinflußten die Sklavinnen, die aus dem Landesinneren stammten, die Frauenrolle und letztlich auch das Geschlechterverhältnis der islamisierten Swahili, denn ihnen oblag die Aufklärung der Töchter und deren Einweisung in die Ehepflichten (Strobel 1979:13f.).

einen sich Kreolenfrauen unterschiedlicher sozialer Schichten. Sie treffen sich zu Kollekten, unterstützen arme Frauen und feiern gemeinsam kirchliche Feste. Äußerlich zeichnen sich die Gruppen durch gemeinsame Kleidung aus. Auch wenn reiche Kreolenfrauen Führungspositionen innehaben, so gelten die Gruppen wegen ihrer gemeinsamen Aktivitäten und des Bezugs zu verbindenden Normen und Werten als wichtige Kräfte im Aufbau und Erhalt einer verbindenden Kreolen-Identität und Kreolen-Kultur (Cohen 1978:151). Denn die Gruppen setzen sich für die Bildung der Kinder ein und kommen damit dem kreolischen Bildungsideal nach. Die christliche Moral und die kreolische Tradition prägen ihrerseits die von den Gruppen vermittelte Frauenrolle. Ein komplexes System von Rechten und Pflichten kennzeichnet die innere Gruppenstruktur. Angesichts des sozio-ökonomischen Wandels setzen sich die Kirchengruppen, wie die überregional organisierte "United Church Women Mother's Union", heute auch für die Verbesserung der wirtschaftlichen Situation der Frauen im Handel ein und engagieren sich damit über die rein kirchlichen oder karitativen Orientierungen hinaus (Steady 1976:237).

3. Politische Partizipation von Frauen

Ethnologinnen, die sich mit den vorkolonialen politischen Einflußmöglichkeiten von Frauen in afrikanischen Gesellschaften befassen, untersuchen dabei auch die politische Bedeutung von Leiterinnen der Frauenzusammenschlüsse (Lebeuf 1960; O'Barr 1975). Hay gibt einen wichtigen Überblick über die unterschiedlichen Schwerpunktsetzungen zur Geschichte von Frauen in Afrika: von der Konzentration auf weibliche Führungspersönlichkeiten über eine "Geschichte von unten" bis hin zu Fragestellungen nach biographischen Überlieferungen aus dem Leben einfacher Frauen (1988).[53] Grundsätzlich werden vielfältige direkte und indirekte Einflußmöglichkeiten von Frauen aufgezeigt, womit die Notwendigkeit einer differenzierten Analyse politischer Macht unterstrichen wird.[54]

> "Das empirische Problem bei der Erfassung der politischen Partizipation von Frauen betrifft vor allem zwei Aspekte: (1.) die begriffliche Unterscheidung von Macht und Autorität und (2) die Unterscheidung von administrativer und politischer Handlung. Politik beinhaltet das Zusammenspiel von Macht und Autorität: Macht ist die Fähigkeit, den eigenen Willen durchzusetzen, Autorität ist die öffentliche Legitimation der Macht. Macht und Autorität sollten als politische Komponenten nicht verwechselt werden, beide Aspekte sollten gleichwertig berücksichtigt werden." (Tiffany 1978:43)

Zur Frage der Machtverteilung zwischen den Geschlechtern in einer bestimmten Gesellschaft sind der Ressourcenzugang und die Kontrollmöglichkeiten von Män-

---

53 Vgl. Diawara 1990. Zur Auseinandersetzung mit Erfahrungsberichten von Frauen unterschiedlicher sozialer Herkunft mit historischen Prozessen s. Romero 1988.
54 S. Lenz/Luig 1990; Afonja 1990:199; Moore 1988:134.

nern und Frauen im kulturellen Kontext zu untersuchen. Dabei sollten der koloniale Einfluß und der Kulturwandel berücksichtigt werden (Rogers 1978:155f.). Informelle Einflußmöglichkeiten von Frauen sind während einer Feldforschung oft schwer erkennbar, was zusammen mit den unterschiedlichen Macht- und Autoritätsbegriffen zu einer falschen Einschätzung der politischen Aktivitäten von Frauen führen kann. Dies sollten die Forschenden kritisch reflektieren.

Auch den breit gefächerten Dimensionen der Machtbereiche gilt es Rechnung zu tragen. Die Studien von Carol Hoffer, später Carol MacCormack, über weibliche Häuptlinge und Leiterinnen von Frauengeheimbünden bei den Mende und Sherbro in Sierra Leone zeigen beispielhaft, wie weibliche Führungspersonen nicht nur über Frauen, sondern über die ganze Gesellschaft Macht ausübten (Hoffer 1972; 1974 und 1975). Die Frage, inwieweit die Macht einzelner Frauen als Hinweis für Frauenmacht im allgemeinen gelten kann, wird von der britischen Ethnologin Henrietta Moore in ihrem für die Diskussion über Geschlechterfragen in der Ethnologie wegweisenden Buch "Feminism and Anthropology" ausführlich behandelt (1988:133f.).

Als Beispiel für die individuelle, politische Macht von Frauen läßt sich das Amt der Königsmutter nennen, das nicht zwangsläufig an die leibliche Mutter eines sakralen Herrschers gebunden war, sondern auch von anderen herausragenden Frauen aus der Königsfamilie bekleidet werden konnte.[55] Eine Königsmutter war zwar formell der Macht des Herrschers untergeordnet, aber damit ist noch nicht gesagt, daß sie nur die Interessen bedeutender gesellschaftlicher Gruppen vertreten hat oder die Mehrheit der Frauen politisch unterstützte. Denn die bloße Existenz eines solchen Amtes war keineswegs eine Garantie für ein derartiges Engagement.

Als politische Vertretung von Fraueninteressen können auch andere politische Organisationsformen, wie das sogenannte "Dual-Sex-System" der Igbo, gelten: Die *Omu*, die gewählte Repräsentantin der Igbo-Frauen, entschied gemeinsam mit dem *Obi*, dem Vertreter der Männer, über alle gesellschaftlich wichtigen Belange (Okonjo 1976:48). Zudem gab es eine Vielzahl unterschiedlicher Frauenzusammenschlüsse, von denen die *Otu umuada*, Vereinigung der Töchter eines Dorfes, sowie die *Otu inyemedi*, die Versammlungen der Ehefrauen eines Dorfes, als Vermittlungsinstanzen zwischen Verwandtschafts- und Lokalgruppen gesellschaftspolitische Bedeutung hatten.[56]

"Frauen schufen also Verbindungen, die die einzelnen Patrilineages in größere politische Einheiten eingebunden haben. Die Verwandtschaftsbasis der Politik in diesen Gesellschaften zeigt, wie unzutref-

---

55 Cohen wertet die Königsmütter als religiös legitimierte und ausgleichende Kräfte in der politischen Organisation sakraler Königtümer (1977:14ff). Zur traditionellen Rolle und zum heutigen Einfluß der Ohemaa als Ratgeberin und Entscheidungsträgerin, Rechtssprecherin und Hüterin der Identität bei den Aschanti s. Stoeltje geplant 1994.
56 S. Sacks 1979:225; Rapp 1979:505. Auch für die politische Partizipation der Frauen bei den Iyede im Bendel State in Nigeria seien traditionell das "Dual-Sex-System" und die Mitsprachemöglichkeiten der Eweyana-Frauenorganisation kennzeichnend gewesen (Ogbomo 1993:435).

fend die Differenzierung zwischen Privatsphäre und Öffentlichkeit ist." (Moore 1988:165)

Von gesellschaftspolitischer Bedeutung waren auch die Marktfrauen-Assoziationen der Yoruba sowie die Einflußmöglichkeiten ihrer Leiterinnen, der *Iyalode*. Die *Iyalode*-Amtsträgerinnen hatten in den einzelnen Yoruba-Stadtstaaten politische Mitsprachemöglichkeiten (Awe 1977:144ff.; Afonja 1990:204).

Als Beispiel für die wirtschaftspolitische Involvierung von Frauen in die Sklaverei und den Sklavenhandel sind führende Sherbro-Frauen zu nennen, die auch Leiterinnen von Frauengeheimbünden waren und damit ihre ökonomische Macht ausbauten (MacCormack 1983:271ff.). In diesem Zusammenhang ist auch die Rolle von *Signares*, einflußreichen Händlerinnen der *Jam*, der Sklavenschicht der Wolof, in Saint Louis und auf Gorée anzuführen. Als wichtige Mittlerinnen zwischen Senegalesen und Europäern, bot ihnen der Handel die Möglichkeit zu sozialem Aufstieg und Reichtum.[57]

Die Auswirkungen des Kolonialismus und die Reaktionen von Frauen unterschiedlicher afrikanischer Ethnien auf die Außeneinflüsse und Veränderungen werden in einer Vielzahl von Studien aufgearbeitet (Hay 1988:434ff.). Eine zentrale Fragestellung ist, ob Frauen passive Opfer des politischen Wandels waren oder sich aktiv daran beteiligt haben. In der Literatur werden unter Bezugnahme auf ihren sozialen Hintergrund und ihre Zusammenschlüsse unterschiedliche Standpunkte und Rollen aufgezeigt, die Frauen eingenommen haben. Proteste gegen koloniale Übergriffe auf wirtschaftliche Aufgaben von Frauen sind eine Form der Auseinandersetzung mit dem Wandel. Die beteiligten Frauen konnten an traditionelle, gemeinsame Widerstandsformen anknüpfen, z.B. bei den Igbo, Yoruba, Kom und den Kikuyu.[58] Auch wenn die Proteste temporär erfolgreich waren, berücksichtigten die Kolonialherren aber keineswegs Ämter und Mitspra-

---

57 S. Brooks 1983:295ff. Einige Händlerinnen hatten selbst Sklaven. Viele dieser Frauen waren mit europäischen Händlern der Senegal Company, meist Portugiesen, verheiratet. Ehen wurden nach traditionellen Wolof-Ritus geschlossen. Die Frauen orientierten sich in ihrem Verhalten aber vor allem an europäischen Leitbildern und entwickelten einen eigenen Lebensstil. Sie ermöglichten den Männern durch die Gründung von Familien eine Eingewöhnung in die fremde Umgebung (Brooks 1976:213ff.). Die Mittlerrolle als Händlerin und die damit verbundenen wirtschaftspolitischen Machtmöglichkeiten werden auch von namentlich bekannten Händlerinnen in Guinea-Bissau und Guinea-Conakry berichtet. So zählte Mae Aurélia Correia in der ersten Hälfte des 19. Jahrhunderts zu den dominierenden Händlerinnen im westafrikanischen Raum. Sie handelte u.a. mit Sklaven und Exportprodukten ihrer eigenen Plantagen (Brooks 1983:314). Bemerkenswert ist, daß der Handel und die dazu notwendigen Allianzbeziehungen einzelnen Frauen, die sogar selbst Nachkommen von Sklaven sein konnten, Aktionsmöglichkeiten boten, die anderen Frauen ihrer Gesellschaften verschlossen waren. Sie unterstanden weder verwandtschaftlichen Pflichten, noch den Anweisungen oder Restriktionen der traditionellen Frauenzusammenschlüsse (Mouser 1983:334).

58 S. Van Allen 1972:165ff.; 1974:304ff. und 1976:59ff.; Ifeka-Moller 1975:127ff.; Ardener 1973:427f.; O'Barr 1975:22; Wipper 1985:18ff.; Lenz 1990:165; Rohrlich-Leavitt 1975:625. Ogbomo 1993:435. Als politisches Druckmittel galt bei vielen Ethnien auch die Verweigerung alltäglicher Arbeitsaufgaben und des Abhaltens von Märkten. Diese wird als Hinweis auf die unterschiedlichen Prioritäten und Ausdrucksformen von Frauen und Männern gewertet (Moore 1988:182; Müller 1989:191; Tiffany 1978:39).

chemöglichkeiten von Frauen in Konzeptionen wie der "indirect rule". Sie schränkten dadurch die politische Macht von Frauen und ihren institutionalisierten Zusammenschlüssen ein (Rogers 1978:158). Ebenso wurde durch die Bildungspolitik, die sich in der Kolonialzeit und nach der Unabhängigkeit an Männern orientierte, die politische Teilhabe von Frauen langfristig erschwert.

Bei der Diskussion über politische Widerstandsformen ist auch die Beteiligung von Frauen an nationalen Befreiungsbewegungen zu nennen (Lenz 1990:165). So waren viele Kikuyu-Frauen aktiv an der Mau-Mau-Bewegung während der 50er Jahre beteiligt; dies schlug sich jedoch nicht in politischer Mitsprache durch die nationale kenianische Frauenorganisation nieder. Die Organisation ist zwar nominell unabhängig, jedoch de facto an die nationale Einheitspartei gebunden.[59]

Ähnlich wie die nationalen Frauenorganisationen tragen auch die Zusammenschlüsse städtischer Mittelstandsfrauen wegen ihrer Orientierung am westlichen Hausfrauenideal wenig zur politischen Partizipation bei. Nur wenige Gruppierungen gebildeter Frauen setzten sich für die Verbesserung der rechtlichen Situation aller Frauen ein.[60]

Auf regionaler und lokaler Ebene haben Frauen Mitsprachemöglichkeiten durch Organisationen, die während der Kolonialzeit erhalten gebliebenen sind, bewahrt oder durch neugegründete Zusammenschlüsse eröffnet (Moore 1988:155). Sie tragen zur Verwirklichung von Interessen und Rechten mit einem entsprechend vielfältigen Aktivitätsspektrum bei und stellen somit eine organisierte Antwort der Frauen auf Benachteiligungen dar (Hirschmann 1991:1688f.).

Die Vielfalt der Organisationsformen von Frauen und deren Ziele zeigen, daß Frauen sich auf unterschiedlichen Ebenen aktiv mit politischen Prozessen auseinandergesetzt haben und daran auch weiterhin partizipieren. Zu ihren heutigen Forderungen zählt die wirtschaftliche, rechtliche und soziale Situationsverbesserung. Diese Aspekte erhalten in der derzeitigen Auseinandersetzung mit der Rolle von Frauen und ihren Zusammenschlüssen in Demokratisierungsprozessen afrikanischer Länder eine besondere Brisanz.[61]

---

59 Vgl. Presley 1986a und b; Wipper 1975:99ff. Zur Rolle von Frauen in nationalen Frauenorganisationen und deren politische Bedeutung in Tanzania: Staudt 1980:278ff.; für Nigeria: Mba 1982.
60 S. Van Allen 1974:310f. Hierbei sind die Dachverbände von Frauenorganisationen, wie das politisch einflußreiche National Council of Ghana Women, zu nennen, das jedoch von Präsident Nkrumah für seine Partei vereinnahmt wurde (Little 1972:280). Viele Frauengruppen, in denen Mittelstandsfrauen vertreten sind, tragen wegen ihrer Wohlfahrtsorientierung und ihrem Interesse am individuellen Aufstieg zur Festschreibung sozio-ökonomischer Differenzen bei.
61 S. Lenz 1990:170. Sie fordert auch weitere Studien zur Verbindung traditioneller Ausdrucksformen mit einem neuen Selbstverständnis der Frauen in der aktiven Mitgestaltung der politischen Kultur.

4. Wirtschaftliche Aktivitäten von Frauen

Auswirkungen des Wandels der Anbausysteme

Zum Verständnis der Zusammenarbeit von Frauen im Anbau ist eine Auseinandersetzung mit den komplexen Prozessen des Wandels traditioneller Anbausysteme, der geschlechtlichen Arbeitsteilung, der Landrechtsproblematik, dem Ressourcenzugang, der Technologie und Vermarktungsfragen notwendig.[62] In der Diskussion über die Rolle und die Aufgaben von Frauen in afrikanischen Agrarkulturen, über die wirtschaftlichen Folgen des Kolonialismus und der Modernisierung der Landwirtschaft ist die schon als klassisch zu bezeichnende theoretische Arbeit von Ester Boserup zu nennen (1970).

Als einen determinierenden Faktor landwirtschaftlicher Entwicklung wertet Boserup im weltweiten Vergleich die Intensivierung der Landwirtschaft, die sie im Zusammenhang mit dem Bevölkerungswachstum betrachtet (vgl. Köhler/Seitz 1993:563). Durch die Einführung des Pfluges sei die Bedeutung der Männer in der Landwirtschaft vergrößert worden, und gleichzeitig sei die Arbeitslast der Frauen durch die alleinige Verantwortung für die Subsistenz sowie durch die Arbeit auf den mit dem Pflugbau oder durch Bewässerungssysteme erschlossenen Feldern erhöht worden. Dennoch ging die tragende Rolle der Frauen im Anbau zurück, ihr Ressourcenzugang und ihre Ressourcenkontrolle verschlechterten sich.[63] Dieser Prozeß wurde durch koloniale Einflußnahmen wie die Einführung der Plantagenwirtschaft unter Nutzung der Arbeitskraft der Männer und die alleinige Orientierung an den Männern beim Zugang zu Technik, Bildung und individuellen Landrechten, noch verstärkt. Er setzte sich nach der Kolonialzeit fort, da Frauen vielerorts vom Marktfruchtanbau, Kredit- und Beratungszugang ausgeschlossen blieben. Nur eine Umorientierung in Form einer Einbeziehung von Frauen in die formelle Wirtschaft könne zur Anerkennung ihrer zentralen Rolle in der Ernährungssicherung und zur Verbesserung ihrer Situation auf dem Land beitragen (Boserup 1970:53ff.; vgl. Spring 1986:333).

Boserups Erklärungsmodell hat in der Literatur eine kontroverse Diskussion über die Folgen des Anbauwandels für Frauen ausgelöst. Es wird kritisiert, daß sie die häuslichen Machtunterschiede ebensowenig berücksichtige wie die gesellschaftlichen Ungleichheiten, denn teilweise sei Geschlechterungleichheit nur eine spezifische Ausformung allgemeiner sozialer Unterschiede (Afonja 1990:200).

---

62 S. Henn 1984; Kasmann/Körner 1992:122f. Schon im Jahr 1928 hat Baumann die Bedeutung der geschlechtlichen Arbeitsteilung für afrikanische Agrarkulturen und vor dem Hintergrund ihrer Gesellschaftsorganisation erkannt (1928:289ff.). In kritischer Auseinandersetzung mit der Arbeit von Baumann betont Jane Guyer, daß die Gestaltung der geschlechtlichen Arbeitsteilung und die Zuordnung bestimmter Pflanzen und Anbautechniken, wie Knollenfruchtanbau als Frauenarbeit und Getreideanbau als Männerarbeit, Ausdruck historischer Veränderungsprozesse in der afrikanischen Landwirtschaft sind und nicht als "traditionell" angesehen werden sollten. Sie weist dabei auf die Einführung von Maniok und Mais hin (Guyer 1988:256).

63 S. Boserup 1970:25ff.; Moore 1988:45; Kasmann/Körner 1992:108f.; Sanday 1973:1684.

Zudem sind Frauen heute sowohl im Subsistenz- als auch im Marktfruchtanbau tätig. Die daraus resultierenden Belastungen sind keineswegs durch eine stärkere Einbeziehung der Frauen in den modernen Sektor zu überwinden; vielmehr wird der Wandel der gesamten Arbeits- und Gesellschaftsorganisation für notwendig erachtet. Dieser ist im Zusammenhang mit der gesellschaftlichen Bewertung der Frauenarbeit und der Kontrolle über die Erträge zu sehen.[64]

In der Diskussion über den agrarwirtschaftlichen Wandel wird dem Zugang von Frauen zur Landnutzung besondere Aufmerksamkeit gewidmet, denn dieser bestimmt die Möglichkeiten und den Umfang des Anbaus. Es gilt, die rechtlichen Fragen neben wirtschaftlichen, politischen und ökologischen Aspekten im jeweiligen Kontext zu diskutieren und dabei die Gestaltung der Geschlechterverhältnisse sowie den gesellschaftlichen Wandel zu berücksichtigen (Whitehead/Bloom 1992:48ff.). Im Landzugang von Frauen wird zwischen individueller und verwandtschaftlicher Landnutzung unterschieden. Letztgenannte wurde traditionell durch das Erbsystem und religiöse Vorstellungen geprägt, z.B. war die Landverwaltung Verantwortung und Pflicht gegenüber den Ahnen, den eigentlichen Landbesitzern. Dabei wurde symbolisch generative Kraft mit dem Land assoziiert, ähnlich wie sie auch mit den Frauen in Verbindung gebracht wurde.

Für Frauen waren Möglichkeiten des Landzugang über die Natalgruppe von ähnlicher Bedeutung wie diejenigen über die Familie des Ehemannes. Individuelle Rechte konnte eine Frau - je nach Erbregelung - über männliche oder weibliche Personen ihrer Deszendenzgruppe erben oder Anbauparzellen zur Nutzung zugewiesen bekommen; darüberhinaus waren die Ehemänner bei vielen Ethnien zur ausreichenden und gerechten Landvergabe an ihre Frauen verpflichtet (Davison 1988a:9). Auch ermöglichten Schenkungen, Tausch oder Anleihen Frauen individuelle Landnutzung und damit die Verfügung über die Anbauprodukte, die zu einer starken Verhandlungsposition gegenüber den Männern beitrug.

Das komplexe System möglichen Landzugangs für Frauen hat sich durch die Zuschreibung individueller Landtitel an männliche Familienoberhäupter während und nach der Kolonialzeit dergestalt verändert, daß Frauen der Landzugang erschwert wurde. Die Männer gaben der Landnutzung für den Marktfruchtanbau den Vorzug vor einer Nutzung für den Eigenbedarf. Zu diesem Prozeß sind in der Literatur unterschiedliche Einschätzungen zu finden: Entweder werden Frauen als marginalisierte Opfer der Anbauveränderungen betrachtet oder als Trägerinnen der landwirtschaftlichen Versorgung. Diese Beurteilung hängt von der theoretischen Position der jeweiligen Autorin ab, wobei die letztgenannte Einschätzung ab Mitte der 80er Jahre vorherrscht.[65]

---

64 S. Whitehead 1990:55; Davison 1988a:14; Kandiyoti 1985:22f.; Spring 1986:334; Daddieh 1989:169. S. hierzu auch Steinbrich, die am Beispiel der Lyela in Burkina Faso reflektiert, inwieweit der wesentliche Beitrag der Frauen in der Familienversorgung und im Marktfruchtanbau von Hirse sich auch positiv auf die Bewertung der Frauenarbeit auswirken kann (1987a:67).

65 S. Daddieh 1989:169; Wipper 1988:410; Staudt 1988:567; Kasmann/Körner 1992:161ff.; Steinbrich 1987a:333. Beide Einschätzungen haben sich auf die Entwicklungshilfe und Projektkonzeptionen ausgewirkt, wovon noch zu sprechen sein wird.

Der These einer Verdrängung von Frauen aus dem Anbau ist entgegenzuhalten, daß sie sich individuelle und gemeinsame Handlungsspielräume schaffen. Frauen fordern eine Beteiligung an den Verkaufserträgen oder sie bauen selbst Marktfrüchte an. Zu diesem Zweck sichern sie sich Landzugang auf der Basis von Erbrechten oder Anleihen, wobei die Verhandlungsmacht von Frauenzusammenschlüssen eine große Rolle spielt.[66] Bemerkenswert ist, daß bestimmte Entwicklungen nicht ergeben hingenommen werden, sondern selbst bei rechtlichen Einschränkungen Proteste von Frauengruppen festzustellen sind.

So haben Frauen schon in der Kolonialzeit aktiv Widerstand gegen Änderungen des Anbausystems geleistet, wie der Protest der Kom Frauen gegen neue, arbeitsintensive Anbaumethoden zeigt (Ardener 1973:427f.). Frauen haben auch innovativ ihre Anbaustrategien verändert, u.a. als Reaktion auf Arbeitsengpässe - ausgelöst durch Abwanderung der Männer - oder zur aktiven Nutzung neuer Vermarktungsmöglichkeiten landwirtschaftlicher Produkte. Die Einbeziehung neuer Pflanzen wie Maniok in die jeweiligen Anbausysteme ist für die Ibo, Luo und Beti dokumentiert.[67]

Die Innovationsfähigkeit von Frauen zeigt sich auch in eigenen Feldversuchen und im Austausch geeigneter Saat. Dieser findet über verwandtschaftliche, freundschaftliche Beziehungen oder in gemeinsamen Arbeitsgruppen statt oder wird über den Markt getätigt.[68] Für die Einbeziehung neuer oder für die Anbauintensivierung traditioneller Pflanzen sind der Marktzugang und die Vermarktungsmöglichkeiten wichtig, ebenso wie die gewandelten Möglichkeiten und Grenzen des Anbauzyklus. Auch die notwendige Koordination der vielfältigen landwirtschaftlichen und häuslichen Arbeitsaufgaben der Frauen ist zu beachten (Beneria 1981:20). Gemeinsame Arbeitsgruppen von Frauen bieten Möglichkeiten zur Überwindung von Arbeitsengpäßen.

---

66 S. Bryson 1981:37; Davison 1988a:7; Kandiyoti 1985:39. Zur Diskussion über die Bedeutung der wirtschaftlichen Tätigkeiten der Frauen und ihrer Kontrolle über gesellschaftlich wichtige Güter in afrikanischen Agrargesellschaften und den theoretischen Beiträgen von Sanday oder Sacks, s. Mullings 1976:239ff.
67 Maniok gilt wegen der geringen Pflegeerfordernisse und relativ hohen Erträge als geeignet zur Ernährungssicherung, in geraspelter und getrockneter Form, *Gari*, wird er auch zum Verkauf angeboten. Jedoch ist der Nährwert im Vergleich mit traditionellen Getreidearten oder Gemüsesorten geringer und die Bodenbeanspruchung höher (Hay 1976:106; Guyer 1988:256). Mancherorts wurde versucht, diese Nachteile durch eine intensivere Nutzung traditioneller Blattgemüse auszugleichen. Zur gesellschaftlichen und religiös-rituellen Bedeutung traditionell angebauter Pflanzen wie Yams oder Reis sowie der geringen symbolischen Besetzung der neuweltlichen Pflanzen wie Mais, Maniok oder Erdnüssen s. Guyer 1983:373; Linares 1985:83f.; Volz 1990.
68 Inwieweit traditionell die Frauen das erzielte Einkommen für eigene Interessen verwenden konnten oder zur direkten Versorgung der Familie beigesteuert haben, war von Fall zu Fall unterschiedlich. Bei den Luo versuchten sie das eigene Einkommen für Brautpreiszahlungen ihrer Söhne zu sparen. Dies war nicht nur eine Strategie in der Heiratspolitik, ihr Interesse zielte auf Schwiegertöchter als Arbeitshilfen (Hay 1976:95).

Arbeitsgruppen von Frauen im Anbau und informelle Interaktionsformen zwischen Haushalten

Die gemeinsame Arbeitsorganisation und die Kontrollmöglichkeiten sind Ausdruck des Einflusses von Frauen in der alltäglichen Aufgabenbewältigung. Sie fördern eine innovative Haltung in individuellen und gemeinsamen Anbaustrategien; des weiteren tragen sie zu einer Neuorientierung der Verhandlungsposition gegenüber den Männern bei Fragen des Zugangs zu Arbeitskräften und zu Landnutzungsrechten bei.[69]

"Afrika ist die Region der Erde, in der Frauenzusammenschlüsse am weitesten verbreitet sind, was als Indikator für die Bedeutung der Verbindungen zwischen den Haushalten gelten kann. Die Partizipation der Frauen an den Gruppen ist eine wichtige Haushaltsstrategie, um den Anforderungen durch Marktfruchtanbau und Geldwirtschaft standzuhalten. Diese Strategie reduziert Haushaltsrisiken und eröffnet Frauen Entfaltungsmöglichkeiten, Mobilität und Einkommen." (Thomas 1988:401)

Haushaltsverbindende Kooperationsformen sind neben der Verwandtschaft ein wichtiges, lokales, gesellschaftliches Organisationsprinzip und Ausdruck haushaltsinterner und familienübergreifender Flexibilität. Die Frauenzusammenschlüsse bieten in ländlichen Regionen Afrikas oft die einzige Möglichkeit, um Zugang zu Land, Ressourcen, Dienstleistungen und Informationen zu erhalten. Auch bei arbeitssparenden Technologien zur Feldarbeit und Ernteverarbeitung kommt ihnen eine große Bedeutung zu, denn sie reduzieren das Anschaffungsrisiko und erleichtern das gemeinsame Lernen.[70] Auch können sie Mitsprachemöglichkeiten eröffnen, gemeinsame Interessen in Verhandlungen mit lokalen Führungspersonen vertreten und Außenkontakte zur Verwirklichung gemeinsamer Entwicklungsziele knüpfen, hierbei sind wirtschaftspolitische Faktoren in ihrem spezifischen Zusammenwirken mit lokalpolitischen und innergesellschaftlichen Prozessen zu analysieren. Insgesamt tragen die Zusammenschlüsse zur sozialen Absicherung bei, da die traditionellen familiären und verwandtschaftlichen Versorgungspflichten aufgebrochen sind. Sie können auch soziale Differenzen zwischen Frauen unterschiedlicher Haushalte überwinden helfen (Wipper 1988:418; Nelson 1981a:57). Ein Desiderat der Forschung in diesem Zusammenhang ist die Vernachlässigung armer Frauen.

Als allgemein charakteristisch für die vielfältigen Formen der Zusammenarbeit und des Austausches gelten Reziprozität und Rotation, wenngleich die Gründungsmotive, Mitgliederzahlen, Alterszusammensetzung, internen Organisationsstrukturen und Aufgaben variieren können. Die Ethnologin Sabine Steinbrich

---

69 S. Guyer 1983:385; Guyer/Peters 1987:210; Carney 1988:68; Kandiyoti 1985:35; Steinbrich 1987a:113.
70 S. Beneria 1981:17; Clark 1984:338ff.; Cloud 1986:45; Steinbrich 1987a:443; O'Kelly 1973:109ff.; Hay 1976:107. Arbeitssparende Technologie ist wegen der zunehmenden Aufgaben der Frauen in der familiären Eigenversorgung und ihrem Beitrag zu den monetären familiären Bedürfnissen, wie den Schulgeldzahlungen für die Kinder, wichtig (Bryson 1981:44; Spring 1986:342; Daddieh 1989:167).

zeigt am Beispiel der Lyela-Kooperationsformen, daß hier nicht von einer "mechanischen Solidarität" zwischen Frauen im Sinne von Durkheims Konzept der Kooperation auf der Grundlage bestehender Normen ausgegegangen werden kann (1987a:278).[71] Familiäre Versorgungspflichten werden durch die haushaltsübergreifende Kooperation keineswegs vernachlässigt; oft ist sogar ihre Erfüllung Motiv für die Zusammenarbeit. Entsprechend komplex sind die Beziehungen zwischen den Verwandtschaftsgruppen und den haushaltsübergreifenden Gruppen (Kandiyoti 1985:28; Fleming 1991:38).

Sie sind vor allem für Haushaltsleiterinnen wichtig, denn in Gebieten mit einer hohen Zahl von Wanderarbeitern gelten haushaltsübergreifende Kooperationsformen als gemeinsame Antwort der Frauen auf den wirtschaftlichen Wandel und die Individualisierung der familiären Pflichten (Whitehead/Bloom 1992:51). Dies trifft zu, auch wenn grundsätzlich zwischen unterschiedlichen Formen der Haushaltsleitung von Frauen differenziert wird; die Variationen sind im Land- und Ressourcenzugang und in der Entscheidungsmacht der Frauen begründet. Die Zusammenschlüsse können einen Schutz vor Verarmung bieten, indem sie Zugang zu Ressourcen und Arbeitskräften ermöglichen. Deshalb sollte ihre wirtschaftliche Kraft stärker durch Entwicklungsmaßnahmen gefördert werden.

Zum Verständnis der Verbindungen und Dynamiken von Anbausystemen und Familien- bzw. Haushaltsentscheidungen und deren Wandel sind Aspekte wie Arbeitsorganisation im Anbau, in der Verarbeitung bzw. Vermarktung sowie Art und Umfang der Außenbeziehungen einzubeziehen. Auch Interessenkonflikte und Machtbalancen zwischen den Geschlechtern, die auf Unterschieden oder Ungleichheiten in den wirtschaftlichen Möglichkeiten, z.B. im Marktfruchtanbau, beruhen können, sind für die Zusammenarbeit von Frauen wichtig.[72]

Die Komplexität der Entscheidungs- bzw. Verteilungsprozesse und die Fragen zur Arbeitsorganisation erfordern eine Revision des Haushaltsbegriffs als isolierten Produktions- und Konsumeinheit unter männlicher Leitung sowie die Einbeziehung der vielfältigen Kooperationsformen von Frauen zur Organisation von Anbau und Verarbeitung (Mook 1986).[73] Ländliche Haushalte vieler afrikanischer Agrarkulturen zeichnen sich durch Flexibilität in der Organisation von Residenz, Produktion und Konsum aus. Die Personengruppe, die zusammen ar-

---

71 S. hierzu ihre Ausführungen zu gruppeninternen Hierarchien: Steinbrich 1987a:304. Zu den Tendenzen zunehmender sozio-ökonomischer Differenzierung zwischen Frauen s. auch Whitehead 1990:57. Zur Diskussion über die unterschiedliche Einschätzung traditioneller Solidarität, zur kritischen Auseinandersetzung mit der Frage nach der Solidarität als Strukturprinzip traditioneller Gesellschaften und zur Auseinandersetzung mit ihren Entwicklungspotentialen s. Elwert 1980.

72 S. Kandiyoti 1985:25; Roberts 1991:60; Beneria 1981:21; Creevey 1986:2.

73 "Der Haushaltsbegriff beinhaltet eine Priorität der Ehe über anderen Beziehungen. Frauen werden in ihren Beziehungen zu Männern klassifiziert (Anwesenheit, Abwesenheit oder Tod der Männer) sowie in ihren Aktivitäten für den Haushalt. Aber Brüder, die anderswo wohnen, können wichtiger sein für den Landzugang, Mütter für die Kinderversorgung und Nachbarinnen für die Nahrungsmittelsicherheit. Arbeitsaufgaben werden oft auch von Frauengruppen gemeinsam durchgeführt." (Fleming 1991:40) Auch das Konzept der Lineages als Produktionseinheiten wurde wegen seiner statischen Prämissen mittlerweile verworfen (Guyer 1981:92ff.; vgl. Kasmann/Körner 1992:89ff.).

beitet, braucht nicht zusammenzuwohnen oder die Erträge gemeinsam zu konsumieren. Die Zusammensetzung ihrer Kooperationsformen ist entsprechend variabel. Ihre Interessenprioritäten sind an die verschiedenen Lebensphasen der beteiligten Personen gebunden; die Arbeitsaufgaben und sozialen Beziehungen jüngerer und älterer Frauen variieren deutlich (Guyer/Peters 1987:201). Die Notwendigkeit der Auseinandersetzung mit internen Differenzierungen, z.b. nach Alter, Geschlecht oder sozialem Status, und mit den Außenbeziehungen der Haushalte bzw. einzelner Mitglieder wurde in neueren Studien erkannt und in den Forschungen berücksichtigt. Jane Guyer untersucht die Rolle von Haushalten und haushaltsübergreifenden Organisationsformen bei afrikanischen Agrarkulturen, dabei greift sie auf eigene Forschungen bei den Beti in Kamerun zurück. Frauenzusammenschlüsse sind demnach keineswegs nur dem privaten Bereich zuzuordnen und von der öffentlichen Sphäre abzugrenzen, sondern sie sind in vielfältigen Beziehungen mit dieser und den dort getroffenen politischen und rechtlichen Entscheidungen verknüpft (Guyer 1981:98; Roberts 1991:61). Entscheidungen, die in den Haushalten oder haushaltsübergreifenden Gruppen gefällt werden, sind Ausdruck ihrer spezifischen Strukturen und unter Berücksichtigung des wirtschaftlichen Wandels zu betrachten. Genauere Kenntnisse über diese Zusammenhänge sollten in entwicklungspolitischer Hinsicht die Basis bilden für die sinnvolle Beratung von Frauen in Fragen des Anbaus oder der Verarbeitung, aber auch des Kreditzugangs (Wipper 1988:416).

Forschungen zur Rolle von Händlerinnen und ihren Assoziationen im zeitlichen Wandel

Der umfangreichen ethnologischen Literatur, die über Händlerinnen und ihre Assoziationen erschienen ist, widmet sich meine Arbeit im dritten Teil am Beispiel der Yoruba-Händlerinnen ausführlich. Hier werden zunächst allgemeine Fragen zum westafrikanischen Marktwesen, wie die geographische Lage und räumliche Verteilung von Märkten und Handelszentren, die Bedeutung von Marktringen, die Periodizität der Märkte und ihre Multifunktionalität erläutert.[74]

Die Bedeutung der Forschung durch Ethnologinnen ist zu unterstreichen, denn frühere Studien befaßten sich schwerpunktmäßig mit den Fernhandelsbeziehungen von Männern. Nun liegen detaillierte Feldforschungsergebnisse über die Handelstätigkeit von Frauen aus einzelnen Ländern vor.[75] Händlerinnen galten schon in

---

74 S. Hoffmann 1983:66f.; Zdunnek 1987:68; Sudarkasa 1973:38; Bohannan/Dalton 1972:1ff.; Hodder 1971:374ff; Heine 1974:73ff; Knissel-Weber 1989:102ff.
75 Irmgard Heine legte schon 1974 die Auswertung von Ethnographien und Reiseberichten aus der Zeit der Jahrhundertwende als Dissertation vor, ein wichtiges, kulturvergleichendes Grundlagenwerk, das leider in der späteren Literatur kaum rezipiert wird. Sie befaßt sich mit Händlerinnen der Hausa, Nupe, Tiv, Yoruba und Ibo in Nigeria sowie der Tallensi, Aschanti und Ewe in Ghana (Heine 1974). Gabriele Zdunnek hat 1980 und 1983-84 in unterschiedlichen Yoruba-Städten wie Ibadan, Lagos und Abeokuta in Nigeria geforscht, Hortense Hoffmann 1979 in Ondo. Sabine Hartig gewann ihre Ergebnisse während einer Forschung über Marktfrauen in Abidjan 1985, Barbara Lewis bezieht sich auf ihre dortige Forschung im Jahre 1970, Risa Ellovich auf ihren Aufenthalt zwischen 1972 und 1974.

vorkolonialer Zeit als wichtige Personengruppe in der lokalen, aber auch überregionalen Güterverteilung, die vielerorts die Versorgung der Bevölkerung sicherte (Zdunnek 1987:107; Simms 1985:150). Es wird unterschieden zwischen Kleinhändlerinnen, die vorrangig auf lokalen Märkten tätig waren, Zwischenhändlerinnen und Großhändlerinnen, die den überregionalen Handel und den Fernhandel mitbestimmten. Heine weist darauf hin, daß die Unterteilung eine idealtypische Klassifizierung ist und Übergänge möglich waren (1974:400).

Entscheidende Kriterien für die Involvierung von Frauen in den Handel waren ihr Alter, ihre Arbeitsaufgaben im Anbau und in der Familienversorgung, ihr Ressourcenzugang, die Organisation der Kinderbeaufsichtigung und damit zusammenhängende gesellschaftliche Werte. Während jüngere Frauen vielerorts Arbeiten im Anbau, Aufgaben im häuslichen Bereich und Kleinhandelstätigkeit kombinieren mußten, hatten ältere Frauen größere Mobilitätsspielräume und waren eher ausschließlich im Fern- und Zwischenhandel tätig (Sudarkasa 1973:155). Es läßt sich aber keine direkte Korrelation zwischen wirtschaftlicher Tätigkeit und der Kinderzahl bei Händlerinnen feststellen, denn es handelt sich hier um ein komplexes Phänomen, bei dem die Familienorganisation, die Übernahme bestimmter Arbeitsaufgaben und finanzieller Pflichten einzelner Familienmitglieder sowie die Rolle außerfamiliärer Netzwerke, staatlicher medizinischer Einrichtungen und Versorgungsinstitutionen für Kinder einbezogen werden muß (Lewis 1982a:251ff.).

Die Händlerinnen wußten die unterschiedlichen Bedürfnisse der Stadt- bzw. Landbevölkerung und die jahreszeitlichen und regionalen Differenzen von Angebot und Nachfrage zu nutzen (Heine 1974:59). Kenntnisse über Handelstechniken wurden über Händlerinnen-Assoziationen vermittelt und tradiert. Die Kleinhändlerinnen waren in der Überzahl, weshalb die Macht der Großhändlerinnen jedoch keinesfalls vernachlässigt werden sollte. Für den überregionalen Handel knüpften Frauen an verwandtschaftliche Beziehungen und soziale Netzwerke an.

Händlerinnen-Assoziationen bauten in ihrer Mitgliederzusammensetzung oft auf Warengruppen auf - dem Ordnungsprinzip vieler westafrikanischer Märkte (Zdunnek 1987:85). Sie kontrollierten den Zugang der Händlerinnen zu den Märkten sowie den Güterfluß eines Marktes und einer Region. Zudem trafen sie Preisabsprachen und -kontrollen, vergaben Kredite, fungierten als Spargemeinschaften und erstellten verbindliche Marktordnungen. Häufig erwirkten sie politische Mitspracheöglichkeiten durch ihre Leiterinnen. Diese waren in manchen Gesellschaften, wie bei den Yoruba, nicht nur für die Einhaltung der Marktordnung und die politische Interessenvertretung der Händlerinnen zuständig, sondern auch für die Durchführung von Opfern an Schreinen auf den Märkten.

Die Rolle der Händlerinnen-Assoziationen bei der Interessenwahrung der Frauen während der Kolonialzeit und in der Gegenwart war beträchtlich, insbesondere im Protest gegen steigende Steuerbelastungen. In sozialer Hinsicht boten

---

Niara Sudarkasa wurde während ihres Forschungsaufenthaltes im Jahr 1961 als afroamerikanische Ethnologin mit Yoruba-Herkunft in Awe wie ein *Omowale*, ein nach Hause zurückgekehrtes Kind, behandelt, diese Eingliederung verschaffte ihr Kontakte und Informationszugang (Sudarkasa 1970:176).

die Assoziationen den Frauen neben Informationen Hilfe in Krisenzeiten, sozialen Schutz und emotionalen Rückhalt.

"Die Aufgabe der Assoziationen variiert entsprechend den Motiven, die zu ihrer Bildung geführt haben. Sie bilden sich aus sozialen, wirtschaftlichen, religiösen oder politischen Gründen, wobei zu berücksichtigen ist, daß eine Kombination zweier oder aller Faktoren weit verbreitet ist." (Heine 1974:XIX)

Der Handel mit Importwaren läßt sich für westafrikanische Händlerinnen bis in das 16. Jahrhundert zurückverfolgen (Robertson 1976:114). Qualitative und quantitative Veränderungen der Handelstätigkeit fanden während der Kolonialzeit statt. Diese werden unterschiedlich eingeschätzt: Einerseits werden die Händlerinnen als Mitwirkende des Wandels gesehen, anderseits als dessen Leidtragende. Grundsätzlich müssen wirtschaftliche und politische Gegebenheiten beachtet werden, denn mitunter brachten ihnen koloniale Aktivitäten Vorteile.

"Dort, wo Frauen traditionell die wirtschaftlichen Ressourcen kontrollierten, wurde ihre Situation durch den Kolonialismus gestärkt. Der Pax Britannica (und sein Gegenstück in den französischen Kolonien) erweiterte die Handelsrouten, die Handelsmöglichkeiten und den Zugang der Frauen zu Reichtum und Macht." (Rogers 1978:157)

Demgegenüber wurde auch der Einstieg von Männern in den Handel begünstigt, obwohl dieser eigentlich eine Sphäre der Frauen war. Damit reduzierte sich die Möglichkeit zur Durchsetzung ihrer Interessen. Diese Überschreitung der Grenzen geschlechtlicher Arbeitsteilung wurde den Männern durch die Bevorzugung seitens europäischer Handelshäuser erleichtert.[76] Vielerorts versuchten Händlerinnen-Assoziationen, sich gemeinsam diesen Tendenzen zu widersetzen (Zdunnek 1987:20).

Die Zerstörung traditioneller Interdependenzen zwischen Männern als Fischern und Frauen als Händlerinnen durch Außeneinflüsse, wie Preispolitik und Kontrolle über Verteilungssysteme in kolonialer und nachkolonialer Zeit, werden von Robertson bei den Ga in Ghana und von MacCormack bei den Sherbro in Sierra Leone untersucht. Sie diskutieren dabei die Konsequenzen für die Handelstätigkeit und die wirtschaftliche Unabhängigkeit der Frauen. Kleinhandel blieb für Frauen oft die einzige Einkommensalternative.[77] In der Forschung wird die Forderung erhoben, auch die Kleinhändlerinnen als "Unternehmerinnen" zu betrachten (Simms 1985:161). Mit ihren Handelseinkünften, die sie durch die Vermarktung von Subsistenzprodukten, z.B. geröstetem Maniokmehl ("Gari"), erzielen, sichern sie die Familienversorgung oder zahlen Schulgeld für die Kinder (Rocksloh-Papendieck 1988:57ff.). Händlerinnen und ihre Assoziationen gilt es bei Entwicklungsmaßnahmen entsprechend zu fördern und Bildungsinhalte unter

---

76 S. Turrittin 1988:599. Bei den Ibo konnten die Frauen zwar den Kleinhandel mit Cassava ausdehnen, doch blieb ihr Verdienst minimal (Mintz 1971:265).
77 S. MacCormack 1982:52; Robertson 1976:111ff. Derartige Entwicklungen hatten bei den Djula-Händlerinnen der Elfenbeinküste tendenziell einen Statusverlust der Frauen zur Folge (Ellovich 1986:96f.).

Einbeziehung der Handelskenntnisse an den Bedürfnissen der Händlerinnen zu orientieren, denn Wissen über Handelstechniken und Finanzzusammenhänge werden bislang über Händlerinnen-Assoziationen vermittelt.[78] Darauf aufbauende Bildungsprogramme könnten den Zugang zur formellen Wirtschaft erleichtern. Damit könnten die Gruppen letztlich auch einen Beitrag zur sozialen Mobilität der Frauen leisten, zumal das formale Bildungssystem und die formale Wirtschaft für sie oft nur schwer zugänglich sind.

Spar- und Kreditvereinigungen der Händlerinnen

Da die Kleinhändlerinnen oft Analphabetinnen sind, ist der Zugang zu öffentlichen Banken schwierig für sie. Manche Händlerinnen, die auf Märkten verkaufen, sparen bei mobilen Geldeinsammlern bzw. Geldeinsammlerinnen.[79] Deren Vertrauenswürdigkeit und Zuverlässigkeit können problematisch sein, denn ihre Beziehung zur Sparerin ist anonym. Daher bevorzugen viele Händlerinnen die Mitgliedschaft in Spar- und Kreditringen, in denen persönliche Kontakte und soziale Kontrolle der Mitglieder untereinander und gegenüber einer gewählten, meist alphabetisierten und wohlhabenden Leiterin für den Zusammenhalt sorgen sollen. Manche Händlerinnen praktizieren mehrere Sparformen gleichzeitig (Hartig 1986:11). Durch diese Flexibilität reduzieren sie ihr Verlustrisiko.

"Zwar werden in der Literatur viele Variationen beschrieben, doch ist eine rotierende Kreditassoziation zu definieren durch Personen, die regelmäßig Beiträge zahlen in einen Fond, der dann im Rotationsprinzip in den Besitz eines Mitglieds übergeht." (Lewis 1976:140)[80]

Vertrauenswürdigkeit und Zahlungsfähigkeit sind aber auch hier mögliche Konfliktpunkte, die die beteiligten Händlerinnen gemeinsam zu bewältigen versuchen. Regelmäßige Treffen, die meist in privaten Räumen stattfinden, dienen nicht nur zum Einzahlen festgesetzter Sparbeiträge oder zur Aufnahme eines Kredites, sondern auch zum Austausch zwischen den Frauen. Die Ausschüttung der gemeinsamen Spareinlagen wird gemäß der Dauer der Zugehörigkeit zu einer bestimmten Spargruppe oder nach dem Dringlichkeitsprinzip in sozialen Notlagen entschieden. Gespart wird für die Finanzierung von Festen, zur Überbrückung persönlicher Notlagen, für die Ausbildung der Kinder oder auch zur Reinvestition in den Handel (Zdunnek 1987:77).

Nicht überraschend ist die Erkenntnis, daß Händlerinnen, deren Männer ein regelmäßiges und relativ hohes Einkommen zum Familienunterhalt beitragen, höhere Spareinlagen mobilisieren können als Frauen, deren Männer erwerbslos sind oder sich kaum am Familienunterhalt beteiligen. Eine weitere Differenzierung ist zwischen jungen und älteren Frauen zu treffen, denn jüngere Frauen können auf-

---

78 S. White 1985:46; Hoffmann 1983:203ff.; Little 1972:287; Simms 1985:141f.
79 Diese werden auf den Yoruba-Märkten Nigerias *Ajo* und bei den Djula auf den Märkten Abidjas, Elfenbeinküste, *Nago* genannt (Zdunnek 1987:77; Hartig 1986:4).
80 Den Charakteristika der Spar- und Kreditgruppen und ihrer Bedeutung im wirtschaftlichen Wandel bzw. im Entwicklungsprozeß widme ich mich im Kapitel über die Zusammenarbeit mit der Frauenförderung in der Entwicklungspolitik.

grund familiärer Pflichten kaum Sparguthaben erwirtschaften, ältere Händlerinnen sind stärker im Handel etabliert; die Notwendigkeit der Rücklagenbildung ist für letztere aber auch dringlicher.

Bei der Zusammensetzung der Spar- und Kreditgruppen werden ethnische Orientierungen erkennbar, dies gilt gerade für Städte mit einer gemischten ethnischen Bevölkerung (Hartig 1986:13; Little 1972:281)."Die Betonung der ethnischen Identität ist insbesondere im städtischen Kontext eine Strategie der Frauen, ihren Status und ihre wirtschaftliche Unabhängigkeit zu bewahren." (Ellovich 1980:100) Studien, die in Abidjan durchgeführt wurden, zeigen die Bedeutung des ethnischen Zusammenhalts für die Stabilität der Spar- und Kreditringe der Djula-Händlerinnen.[81] Das Spannungsverhältnis zwischen Kooperationsprinzipien und individuellem Gewinnstreben verursacht gerade in Zeiten wirtschaftlichen Drucks die härter werdende Konkurrenz der Kleinhändlerinnen. Diese ist auch durch ihre unterschiedliche ethnische Herkunft und ihre religiöse Orientierung beeinflußt.

Religiöse Orientierungen in Spar- und Kreditgruppen

Im Gegensatz zu den eher isolierten, christlichen Händlerinnen aus dem Süden der Elfenbeinküste pflegen islamische Djula-Händlerinnen bewußt soziale Kontakte und Beziehungen außerhalb der Märkte, wobei sie religiöse Verbindungen nutzen (vgl. Saschewag 1990:271). Die Händlerinnen der Ethnien aus dem Süden der Elfenbeinküste hatten oft negative Erfahrungen mit solchen Spargemeinschaften gemacht, die direkt an Warengruppen eines Marktes anknüpfen. Mangelnde Homogenität, das Fehlen des Rotationsprinzips und Unzulänglichkeiten in der Finanzverwaltung hatten zum Scheitern der Gruppen geführt und keineswegs die Konkurrenzsituation zwischen den Händlerinnen überwinden können.

Djula-Händlerinnen haben darum meist außerhalb der Märkte eine Vielfalt unterschiedlicher Spargemeinschaften entwickelt: *Furu Moni*, Spargemeinschaften zur Finanzierung islamischer Hochzeiten, oder *Safina Moni* bzw. *Djigi Moni* zur Finanzierung islamischer Geburtszeremonien. Darüberhinaus gibt es *Diaou Moni* bzw. *Wari Moni*, Spargruppen für allgemeine wirtschaftliche oder handelsbezogene Belange ohne direkten religiös-rituellen Bezug (Lewis 1977:183). Neben der gemeinsamen Religionszugehörigkeit und der verbindenden Ethnizität sind Rotation, Redistribution der Mitgliedsbeiträge, Homogenität und Stabilität der Mitgliedschaft sowie Autorität der Gruppenleitung charakteristisch. "Die Zusammenschlüsse werden gewöhnlich von einer älteren, respektierten Frau aus einer einflußreichen Familie geleitet. Sie bewahrt die Mitgliedsbeiträge auf und schlichtet Streit."(Lewis 1976:148) Des weiteren ist für die Gruppen die ähnliche Interessen- und Problemlage, die gemeinsame Problemlösung, der emotionale

---

[81] S. Lewis 1976:139ff. Lewis betrachtet, im Unterschied zu Hartig, die ethnische Herkunft nicht isoliert, sondern setzt sie mit der Religionszugehörigkeit in Beziehung.

Halt sowie der soziale Austausch prägend. Sie wirken individualistischen und zentrifugalen Kräften entgegen und bilden neue gesellschaftliche Balancen.[82]

Ethnisch und religiös orientierte Händlerinnen-Vereinigungen finden sich auch unter Hausa-Händlerinnen in Accra, Ghana. Unter Bezug auf die gemeinsame Herkunft, die gemeinsame Sprache, die Religion, die Normen und Werte sowie auf verbindende Verwandtschaftssysteme haben Hausa-Händlerinnen sich zusammengeschlossen. Die als *Zumunci*-Gruppen bezeichneten Vereinigungen sammeln bei regelmäßigen Treffen Mitgliedsbeiträge zur gegenseitigen Unterstützung ein und vergeben Kredite; sie sprechen über ihre Alltagssorgen und sind damit für die Frauen sozial und psychologisch wichtig. Zudem führen sie gemeinsam islamische Riten durch, wie Geburts- und Namensgebungszeremonien, und bewahren damit ihre ethnische Identität und Religionszugehörigkeit (Pellow 1991:60). Der Ablauf der Treffen wird von Leiterinnen koordiniert, die das Vertrauen der Mitglieder genießen und als Interessenvertretung fungieren. Die Frauen haben mit den Gruppen eigene Solidaritätsformen und Ausdrucksmöglichkeiten geschaffen.

Neben diesen *Zumunci*-Gruppen sind die in Nord-Nigeria weitverbreiteten *Bori*-Kultgruppen hier kaum zu finden, denn die Hausa-Frauen in Accra unterliegen nicht in der Form der Seklusion wie Frauen in den Städten des Nordens. Sie können ungehindert ihrer oft umfangreichen Handelstätigkeit nachgehen. Auch persönliche Bindungen zwischen einzelnen Frauen, sogenannte *Kama*-Freundschaften, sind für den wirtschaftlichen Austausch und die Überwindung persönlicher Notlagen wichtig (Pellow 1987:503).

Wirtschaftliche Austauschbeziehungen von Hausa-Frauen in der Seklusion

Das Leben der Hausa-Frauen in ländlichen Gebieten in Nord-Nigeria ist im Unterschied zum Leben vieler städtischer Frauen nicht durch die Seklusion, *Purdah*, geprägt. Sie können eigenständig anbauen und ihre Produkte vermarkten (Hill 1972:250). Im Rahmen ihrer wirtschaftlichen Tätigkeiten praktizieren sie auch persönliche Austauschbeziehungen und haben gemeinsame Spar- und Kreditvereinigungen, *Adashi*, gebildet.[83]

---

82 Einige Djula-Händlerinnen sind auch Mitglieder in gemischtgeschlechtlichen Gruppen, die von Männern geleitet werden und die die Verbindungen zwischen den Herkunftsdörfern und der Stadt herstellen (Hartig 1986:10).

83 S. Hill 1969:393. Die Ethnologin Polly Hill zeigt am Beispiel der Frauen aus Batagarawa im Kano Emirat die Vielfalt ihrer Beziehungen auf: *Aminiya* sind freundschaftliche Austauschbeziehungen zwischen Frauen auf der Basis von Gegenseitigkeit; mit *Biki* werden Beziehungen zwischen Frauen bezeichnet, bei denen eine Frau die gebende und eine die nehmende ist, aber auch hier ist das persönliche Vertrauensverhältnis entscheidend (1969:403 und 1972:205ff.). Zur Bedeutung der Spar- und Kreditvereinigungen von Hausa-Frauen im Niger fand Knissel-Weber 1986 in der Region Tahona heraus, daß für soziale Belange und die Unterstützung bei Krankheiten wichtig sind. In der Dürreperiode Anfang der 80er Jahre lösten sie sich aber auf, da kaum ausreichend Geld für die Familienversorgung vorhanden war. Kredite für landwirtschaftliche Zwecke werden auch von einem GTZ-Projekt in der Region vergeben (Knissel-Weber 1989:69).

Aber auch im städtischen Kontext lassen sich trotz der Seklusion gemeinsame Spargruppen von Frauen finden, in denen neben der wirtschaftlichen Bedeutung vor allem der sozial-kommunikative Austausch der Frauen wichtig ist (Remy 1975:369). Die Seklusion betrifft insbesondere reiche und religiöse Familien, bei denen die Abtrennung der Frauen vom öffentlichen Leben ein Statussymbol ist. Aber auch diese Frauen verfügen über direkte und indirekte Einflußmöglichkeiten, zum einen durch die Bewahrung von Allianzen in den Bori-Kultgruppen und zum anderen durch ihre wirtschaftlichen Aktivitäten (Callaway 1986:55).

Hausa-Frauen, die durch islamische Vorschriften zu einem öffentlichen Leben im häuslichen Bereich angehalten werden, sind keineswegs passive Opfer. Denn sie pflegen intensive soziale Kontakte mit anderen Frauen, indem sie sich zu verwandtschaftlichen Anlässen oder zahlreichen islamischen Riten gegenseitig besuchen. Ihre wirtschaftliche Eigenständigkeit bewahren sich die Frauen über die Kinder. Mit dem Haushaltsgeld, das die Frauen mit dem Mann ausgehandelt haben, finanzieren sie die Familienversorgung und stellen damit auch Speisen für den Verkauf außer Haus her. Deren Erlöse verwenden sie für sich persönlich, für ihre Kinder, für soziale Verpflichtungen oder zur Pflege sozialer Kontakte. Die im häuslichen Bereich produzierten Nahrungsmittel werden von den Kindern auf den Straßen und Märkten verkauft.[84] Dabei arbeiten Jungen und Mädchen mit, wobei die Töchter stärker an der Herstellung der Speisen beteiligt werden als die Söhne. Durch die Ausweitung der Schulbildung wird jedoch die wirtschaftliche Tätigkeit und ökonomische Unabhängigkeit der Frauen reduziert.[85]

Der Wandel der Handelstätigkeit von Hausa-Frauen in Kaduna, die in der Seklusion leben, zeigt folgende Tendenz:[86] Frauen intensivieren ihre Handelstätigkeit und erweitern ihre Dominanz in Warengruppen, die sich nicht direkt auf die Verarbeitung von Nahrungsmitteln beziehen; diese Bestrebungen werden von Männern geduldet. Denn mit der Veränderung der nationalen wirtschaftlichen Situation in Nigeria durch die Ölkrise Anfang der 80er Jahre wurden viele Männer arbeitslos, und zusätzliches Einkommen der Frauen war willkommen. Die Frauen beteiligen sich nun mit ihren Einkünften stärker an der Familienversorgung. Bis zum Zeitpunkt des wirtschaftlichen Einbruchs verwendeten sie die Ein-

---

84 In der Erörterung wirtschaftlicher Aktivitäten islamisierter Frauen vergleicht VerEcke die Handlungsspielräume von Hausa- und Fulbe-Frauen, die in der Seklusion leben. Die ökonomische Tätigkeit der Hausa-Frauen sei in ähnlicher Form bei den Fulbe-Frauen wegen der spezifischen, ethnisch bedeutsamen Normen und Ehrbegriffe in Verbindung mit islamischen Verhaltensvorschriften nicht möglich (VerEcke 1993:413ff.). VerEcke zeigt dies am Beispiel von Fulbe-Frauen in Yola im Adamawa Emirat auf.

85 Die Konsequenzen für das Rollenverständnis der folgenden Generationen sind dabei noch nicht abzuschätzen (Schildkrout 1982:74). Den Beitrag wirtschaftlicher Tätigkeit bzw. Eigenständigkeit für das Selbstbewußtsein islamisierter Frauen diskutiert Turrittin am Beispiel reicher, religiöser Bambara-Frauen in Mali. Als wesentliche Faktoren, die Art und Umfang der Handelstätigkeit beeinflussen, nennt sie das Alter der Frauen, ihre Stellung in der Familie des Mannes, ihre Arbeitspflichten und ihre Kinderzahl. Sie unterstreicht die Rolle weiblicher Spar- und Kreditgruppen und erörtert islamischer Wertvorstellungen und Geschlechterbilder im wirtschaftlichen Wandel (Turrittin 1988:587f.).

86 Kaduna liegt außerhalb des eigentlichen Siedlungsraums der Hausa. Seit 1925 hat sich dort auf Anfrage der britischen Kolonialregierung eine Hausa-Händlergemeinschaft niedergelassen, die 1981 über die Hälfte der 600.000 Bewohner Kadunas umfaßte (Coles 1991:166).

künfte durch den Kleinhandel vorrangig für die Eheschließung ihrer Töchter, für eigene materielle Bedürfnisse oder zur Pflege ihrer sozialen Beziehungen mit anderen Frauen. Durch die zusätzlichen finanziellen Verpflichtungen bei Haushaltsausgaben und der Schulbildung der Kinder, die bis Anfang der 80er Jahre von den Männern getragen worden waren, hat auch die Investitionsmöglichkeit der Frauen in Spar- und Kreditgruppen, *Adashi*, Einbußen erlitten; die Gruppen haben an Bedeutung und die Gruppenleiterinnen an Einfluß verloren.[87] Durch das größere wirtschaftliche Gewicht der Frauen ist ihnen islamische Bildung leichter zugänglich und wichtiger geworden, eine Entwicklung, die die Männer akzeptieren mußten (Coles 1991:188).

Forschungen zu Frauen und ihren Zusammenschlüssen in nomadischen Gesellschaften

Ein neues Verständnis der Aufgaben und der Einflußmöglichkeiten von Frauen in nomadischen Gesellschaften wird von Ethnologinnen gefordert, die über Nomadengruppen in Schwarzafrika geforscht haben. In diesem Zusammenhang ist für den englischsprachigen Raum vor allem die Aufsatzsammlung in der Zeitschrift "Ethnos" aus dem Jahre 1987 zu nennen. Für die deutschsprachige Ethnologie sind die Forschungsergebnisse der Ethnologin Ulrike Mitzlaff über die Parakuyo, eine Maasai-Gruppe in Tanzania, hervorzuheben (1988). Sie befaßt sich mit den Kooperationsformen und dem gemeinsamen rituellen Einfluß von Frauen. Zum Verständnis dieser Phänomene sowie der Bedeutung der Altersklassen von Frauen ist eine Erörterung der neueren Forschungsergebnisse über die Geschlechterverhältnisse in nomadischen Gesellschaften notwendig.

Eine Analyse der Komplexität der Beziehungen zwischen den Frauen als gesellschaftlichen Akteurinnen ist für nomadische Gruppen erforderlich, selbst wenn diese Beziehungen nicht sehr formalisiert sind und daher in ethnographischen Arbeiten oft übersehen wurden. Diese Beziehungen sind von ähnlicher Bedeutung zur Statuszuweisung wie die Altersklassensysteme ostafrikanischer pastoraler Gesellschaften (Dahl 1987:267).

Grundsätzlich stellen die Analysen die eindeutige Zuordnung gesellschaftlicher Machtpositionen zu männlichen Herdenbesitzern in Frage. Sie seien keineswegs als zentrale Kräfte im Wirtschaftsleben und als alleinige Kulturträger zu werten. So lassen sich bei den Maasai folgende Zusammenhänge erkennen:

> "Ein Sohn hat rechtlich nur Zugang zu den Tieren seiner Mutter; ein murran ('Krieger' - Verf.) kann nur zur manyata (Residenzeinheit - Verf.) seiner Mutter gehören, die eine zentrale Rolle in seiner murran-schaft hat; der Status eines Ältesten ist letztlich abhängig von der Fruchtbarkeit seiner Frauen, wobei die Fruchtbarkeit einen wesentlichen Teil der Frauensphäre darstellt." (Chieni/Spencer 1993:160)

---

87 S. Coles 1991:183. Diese Studie verdeutlicht die Notwendigkeit, die wirtschaftspolitischen Rahmenbedingungen für die Handelstätigkeit und die ökonomische Kooperation von Frauen zu berücksichtigen.

Der Blick auf die vielfältigen Tätigkeiten und Einflußmöglichkeiten von Frauen kann die Interdependenzen der Geschlechter verdeutlichen, die bei früheren Forschungen wegen der männlichen Betrachtungsperspektive meist vernachlässigt worden sind. Viele Ethnologinnen sehen ihre Aufgabe deshalb in der Revision des Bildes von nomadischen Wirtschafts- und Gesellschaftsstrukturen. Detailliert analysieren sie den Ressourcenzugang von Frauen und Männern und die Aufgabenteilung in der Versorgung des Viehs zur Subsistenzsicherung und als Zukunftsinvestition. Dabei wird im Vergleich unterschiedlicher Nomadengruppen deutlich, daß Frauen einen wesentlichen Beitrag zum Erhalt der Herden leisten, indem sie die Jungtiere oder kranke Tiere im Lager versorgen. Der damit verbundene Arbeitsaufwand variiert nach Jahres- und Tageszeit; in der Trockenzeit sind diese Aufgaben besonders arbeitsintensiv (Llewelyn-Davies 1978:223). Zudem sind die Frauen für die Haus- bzw. Lagerorganisation und für das Verlegen der Lagerplätze verantwortlich (Talle 1987:51ff.).

Die gemeinsame Aufgabenbewältigung von Frauen ist in Zeiten von Schwangerschaft und Geburt besonders ausgeprägt. "Die Frauennetzwerke, die in der alltäglichen Kooperation zum Tragen kommen, sind ebenso wichtig für den sozialen Zusammenhalt und den Ausgleich wie die männlich dominierte politisch-rechtliche Sphäre." (Dahl 1987:267)

Bei den meisten Nomadengruppen sind die Frauen mit der Verarbeitung tierischer Produkte betraut, bei einigen Gruppen auch mit dem Melken. Die Vermarktung der Milchprodukte ist für Frauen oft eine Möglichkeit zur wirtschaftlichen Eigenständigkeit. Darüberhinaus sind auch Besitzrechte von Frauen über Vieh zu berücksichtigen: Tiere zu ihrer sozialen Absicherung kann eine Frau bei der Eheschließung von ihrer Mutter oder ihrer Familie erhalten; es sind Tiere, die ein Mann nicht ohne Rücksprache verkaufen kann, selbst wenn sie in "seiner" Herde mitziehen.[88]

Die Rechtsordnungen und die Rechtspositionen von Männern und Frauen sind häufig kompliziert strukturiert. So muß bei den Maasai zwischen Nutzungs- und Kontrollrechten über Vieh unterschieden werden (Talle 1987:59). Bei der Organisation des Ressourcenzugangs und der -kontrolle sind auch Transaktionen von Vieh oder tierischen Produkten zwischen Haushalten zu beachten, diese werden häufig von Frauen getätigt. Frauen sind also keineswegs vom Zugang zum Wirtschaftsleben ausgeschlossen, sondern sichern mit der Weitergabe von Vieh die soziale Kontinuität. Gesellschaftlich bedeutsam sind ihre Viehtransaktionen auch als Beitrag zu Brautpreiszahlungen der Söhne, über die sie dann wirtschaftliche Ansprüche ausweiten können (Llewelyn-Davies 1978:212).

---

[88] S. Dahl 1987:258. Best hebt die Bedeutung der Turkana-Frauen als "Agens" bei Viehtransaktionen wie den Brautpreiszahlungen und damit als Bindeglied zwischen agnatischen und affinalen Verwandten hervor (1984:60). Hier sei auch auf die Besitzverhältnisse und damit zusammenhängenden Strategien von Frauen bei den Tubu verwiesen: Eine Frau erhält bei der Eheschließung Viehgeschenke von ihrer Familie, die sie nicht der Herde des Ehemannes zuordnet, sondern der eines männlichen Verwandten. Frauen sind aufgrund des Besitzes, den sie in die Ehe bringen, geachtet. Ihr Einfluß ist besonders groß, wenn bei der Eheschließung einer reichen Frau uxorilokal - und nicht wie gewöhnlich - virilokal gesiedelt wird (Baroin 1987:137).

Die Wichtigkeit einer Einbeziehung innergesellschaftlicher Dynamiken zur Erfassung der Einfluß- und Kooperationsmöglichkeiten von Frauen läßt sich anhand von Gruppen mit strenger gesellschaftlicher Schichtung wie den Tuareg zeigen. Dort sind Arbeitsaufgaben, Ressourcenzugang bzw. -kontrolle und die Einflußmöglichkeiten differenziert nach der gesellschaftlichen Position einer Frau zu analysieren. Ausschlaggebend ist die Zugehörigkeit zur Adelsschicht, die bei den Kel Ferwan Tuareg im Niger *Imohar* genannt wird. Begrenzungen in der Kontrolle über Vieh und im gesellschaftlichen Einfluß sind mit der Zugehörigkeit zu einer untergeordneten gesellschaftlichen Gruppierung, Tributpflichtigen oder Haussklaven, wie den *Imrad* oder *Iklan* verbunden (Oxby 1987:119ff.). Das Geschlechterverhältnis wird hier als komplementär beschrieben, denn gerade adelige Frauen genießen gesellschaftliche Anerkennung und haben entsprechende Mitwirkungsmöglichkeiten, trotz einer äußerlich männlich geprägten Ideologie (Bourgeot 1987:116).

Zur Lebenswelt der Kel Ahaggar und der Ifoghas Tuareg-Frauen in Süd-Algerien gehört das Organisieren von öffentlichen Trommel-, Sing- und Tanzveranstaltungen, *Tende*, anläßlich gesellschaftlicher Ereignisse und das Treffen gemeinsamer Arbeitsgruppen zum Mattenflechten aus Palmfasern oder zur Zeltreparatur (Worley 1988:274; Bourgeot 1987:108). Ihre wirtschaftliche Unabhängigkeit zeigt sich z.B. darin, daß sie die schönsten der dabei angefertigten Matten auf dem Markt verkaufen und das Geld für eigene Bedürfnisse verwenden. In der Flechtarbeit können die Frauen auch ihre Kreativität beweisen und zur Schau stellen. Früher haben Frauen auch gemeinsam Kleidung für sich und die Kinder hergestellt.[89]

Grundsätzlich trägt eine differenzierte Betrachtung der Einflußmöglichkeiten von Frauen während einzelner Lebensphasen zum Verständnis ihrer unterschiedlichen Handlungsstrategien bei. Dabei ist die Position des Ehemannes für die Statuszuweisung nur indirekt bedeutend, denn vielmehr ist von einer Komplementarität des Status der Frauen und der Männer auszugehen, durch die die gesellschaftliche Mitwirkung der Frauen und ihr Selbstbild geprägt wird (Mitzlaff 1988:156). Der Erörterung bedarf hierbei auch der Status der Witwen oder geschiedenen Frauen.[90] Ältere Frauen, wie die Altersgruppe nach der Menopause, die bei den Maasai *Entasat* genannt wird, verfügen über weitreichende rituelle Macht und sind für den Erhalt der sozialen Ordnung mitverantwortlich. Dies zeigt sich beispielsweise im *Inkamulak oonkituaak*, dem vierjährlichen Segnen der Gemeinschaft gegen Unfruchtbarkeit und Kindersterblichkeit (Llewelyn-Davies 1978:224). Für diese Riten treffen sich *Olamal*-Frauen - das sind bestimmte Frauen einzelner Residenzgruppen und der Altersgruppe der *Entasat*-Frauen - re-

---

89 Leider sind keine weiteren Informationen zur Bedeutung der sozialen Schichtung für die Zusammensetzung der Arbeitsgruppen erhältlich. Unterstrichen wird nur der soziale und kommunikative Charakter der Treffen sowie ihre Wichtigkeit im Geschlechterverhältnis. Denn während der Arbeitstreffen müssen die Männer sich und die Kinder selbst versorgen. Erwähnt wird die Existenz männlicher Arbeitsgruppen zur Anlage von Wasserleitungen und zur Herstellung von Kamelsätteln, aber ihre Mitgliedschaft wird nicht näher differenziert (Worley 1988:280ff.).
90 S. Baroin 1987:152f.; Little 1987:86; Best 1989:237ff.

gelmäßig über drei Monate hinweg. Diese Riten erfordern ihre Mobilität, sie bestärken und festigen die Solidarität sowie die Verbindungen zwischen den Frauen und die sozialen Beziehungen der beteiligten Gruppen insgesamt.[91]

Die Altersgruppe der *Entasat*-Frauen hat auch Sanktionsgewalt gegenüber Frauen und Männern, die gegen die *Enkanyit*-Respektvorschriften der Maasai zum Schutz der Mütter und Ältesten verstoßen. Durch einen von den Frauen beauftragten Ältesten werden bei Vergehen Segenszeremonien zur Wiedergutmachung durchgeführt, dafür müssen die beschuldigte Männer Abgaben leisten. Für die Bildung von Altersklassen bei den Maasai gilt die Einteilung der Frauen in Altersgruppen, wie unbeschnittene Mädchen *Entito*, verheiratete Frauen *Enkitok*, Frauen im gebärfähigen Alter *Esiankiki*, Frauen nach der Menopause *Entasat* (Llewelyn-Davies 1978:216; Talle 1987:58). Die Übergänge zwischen diesen Altersgruppen werden mit aufeinander bezogenen Ritualen gestaltet. Diese sind zusammen mit Festen der jungen Mädchen zur Wahl des Liebhabers, Hochzeiten, Feiern zur Geburt oder Namensgebung eines Kindes für die Identität, die gegenseitige Anerkennung und die gemeinsamen Sinnzusammenhänge der beteiligten Frauen wichtig.[92] In der Komplexität der Riten bringen Frauen auch ihre tragende Rolle in der sozialen und religiös-rituellen Organisation von Nomadengesellschaften zum Ausdruck.

Die Frauen unterlaufen mit ihren Liebesbeziehungen zu Männern der *Moran*-Altersgruppe die Dominanz der Ältesten, denn sie wissen untereinander um ihre Beziehungen, verraten diese aber nicht gegenüber den Ehemännern oder Söhnen. Dies zeigt eine weitere Form ihrer Strategien und ihres Zusammenhalts, der sich nicht auf die Mutterrolle der Frauen, sondern auf ihre emotionalen und sexuellen Bedürfnisse bzw. Freiräume bezieht (Mitzlaff 1988:164).

> "Wenn Frauen feststellen, daß sie einen gemeinsamen Liebhaber haben, befreunden sie sich in den meisten Fällen. Gelegentlich kann man bei öffentlichen Versammlungen Treffen junger Frauen beobachten, bei denen sie die Namen ihrer Liebhaber austauschen und mit den neuen Freundinnen gemeinsam scherzen." (Llewlyn-Davies 1978:234)

Mit dieser eifersuchtsüberwindenden Form der Solidarität schützen Frauen eigentlich verbotene Liebesbeziehungen zu jüngeren Männern. Grundsätzlich wird das Geschlechterverhältnis damit aber nicht in Frage gestellt. In bezug auf die Grundlagen dieser Form der Solidarität fragt die Ethnologin Janet Bujra, inwieweit ein Ausschluß der Frauen aus der von Männern dominierten Sphäre für die Herausbildung der Solidarität entscheidend ist, und inwieweit sie damit trotzdem ihre Interessen oder Ziele verwirklichen können (1978:31).

Llewelyn-Davies wertet die Solidarität positiv für das Selbstbild der Frauen, als Ausdruck der gegenseitigen Unterstützung und der wirtschaftlichen Eigen-

---

91 S. Mitzlaff 1988:104f. Die Lebensgeschichte einer Maasaifrau aus Matapato bestätigt dies (Chieni/Spencer 1993:164).
92 Zur methodischen Erfassung der rituellen Einflußmöglichkeiten hat Mitzlaff Lebensläufe von Frauen aufgezeichnet und verglichen. Dabei wird deutlich, daß ihre Handlungsspielräume durchaus größer sind, als die Normen es erwarten lassen (Mitzlaff 1988:50ff.).

ständigkeit. Sie führt aus, daß diese Form der Solidarität der Frauen diejenigen schützt, die gegen die Respektsnormen verstoßen. Solidarität im Kontext der Fruchtbarkeitsvorstellungen und -riten bestraft hingegen Vergehen gegen diese Vorschriften (Llewelyn-Davies 1978:224ff.).[93]

Die komplexe Bedeutung von Solidarität zum Erhalt der gesellschaftlichen Normen, die die weibliche Fruchtbarkeit schützen, läßt sich auch am Fallbeispiel der Galole Orma in Kenia zeigen. Eba-Frauengruppen, die sich zur Ausübung islamischer Riten und Gebete versammeln und von älteren, einflußreichen Frauen geleitet werden, verfügen über Sanktionsmöglichkeiten gegen männliches Fehlverhalten, auch wenn damit nicht die männliche Dominanz prinzipiell in Frage gestellt wird (Ensminger 1987:43f.).

Ethnologinnen, die über die Rolle der Frauen in nomadischen Gesellschaften forschen, befassen sich auch mit den Konsequenzen des Wandels der nomadischen Wirtschafts- und Lebensweise. Mit der Auflösung traditioneller Wirtschaftsformen wandelt sich die Ernährung und damit der Aufgabenbereich der Frauen, ihr Ressourcenzugang und ihre -kontrolle. Es wird auch untersucht, inwieweit Einschränkungen der Kontrollmöglichkeiten durch Monetarisierung der Wirtschaft und Seßhaftmachung der Nomaden die gesellschaftlichen Einflußmöglichkeiten von Frauen beeinträchtigen.[94] Veränderungen in den Ehe- und Familienformen durch Verstädterung und soziale Differenzierung sind dabei auch zu berücksichtigen (Talle 1987:75ff.; Dahl 1987:272ff.). Fraglich ist, inwieweit sich Frauen trotz Benachteiligungen im monetarisierten Wirtschaftsleben gegen Verarmung und Aufbrechen ihrer sozialen Beziehungen zur Wehr setzen können.

---

[93] Die Auseinandersetzung mit den defensiven Strategien der Frauen, der Bewältigung von Lebenskrisen und Konfliktsituationen spiegelt sich in der Erzähltradition nomadischer Gruppen wider; Sabine Steinbrich erörtert dieses Thema am Beispiel traditioneller Fulbe-Geschichten, betrachtet dabei auch den Kulturwandel und vergleicht die Geschichten mit denen der Hausa (1982).
[94] Bei den Gala Orma in Kenia verlieren die Frauen mit der Seßhaftmachung ihren Viehbesitz. Gleichzeitig werden sozio-ökonomische Differenzen zwischen den Herdenbesitzern verstärkt und die Arbeitslast der Frauen im Wasser- und Feuerholzholen gesteigert (Ensminger 1987:37).

Zweiter Teil

Drittes Kapitel
Zur Problematik angewandter ethnologischer Forschung

Wenn man sich mit der Förderung von Frauengruppen durch Entwicklungshilfe befassen will, ist eine prinzipielle Betrachtung der Beziehungen zwischen Ethnologie und Entwicklungshilfe notwendig.[1] Denn die Diskussion über Forschungen zur Frauenförderung ist Teil der Kontroverse über die Bedeutung ethnologischer Erkenntnisse für die Entwicklungszusammenarbeit, die in diesem Zusammenhang als gelenkter Kulturwandel verstanden wird.

Wenngleich der wissenschaftliche Diskurs sich heute hauptsächlich auf die Entwicklungspraxis konzentriert, so ist dennoch das Aufzeigen der historischen Hintergründe, d.h. der Anfänge einer Anwendung ethnologischer Kenntnisse während der Kolonialzeit aufschlußreich zum Verständnis der Selbstreflexion der praxisorientierten Forschung, zu der auch Studien über Frauen und Frauengruppen im Zusammenhang mit der Frauenförderung zählen.

1. Überlegungen zur "Applied Anthropology" in den USA und in Großbritannien während der Kolonialzeit

Den Begriff "Applied Anthropology" prägte Radcliffe-Brown 1931 und meinte damit die Anwendung ethnologischer Kenntnisse bei Fragen des Kulturwandels. Die Anfänge der "Applied Anthopology" sind in den Ausführungen Malinowskis zur "Practical Anthropology" zu suchen (Grillo 1985:6). Malinowski befaßte sich vorrangig mit den Veränderungen von Formen und Funktionen der Institutionen als kleinsten gesellschaftlichen Einheiten im Prozeß des Kulturwandels sowie mit den tragenden Kräften des Wandels aus funktionalistischer Perspektive.[2] Hier soll es um die Form der "Applied Anthropology" gehen, die sich mit der Anwendung ethnologischer Kenntnisse für politische Planungen des Wandels befaßt.[3] Während der 30er Jahre wurde die Einbindung ethnologischer Forschung in die Kolonialpolitik verstärkt. Hervorzuheben sind dabei die Ergebnisse der britischen "Applied Anthropology", die durch präzise Kenntnisse der traditionellen politi-

---

1   Zur Definitionsdiskussion über die Begriffe: Entwicklung, Entwicklungspolitik und Entwicklungshilfe s. Nohlen 1984.
2   S. Kaberry 1951:9; Malinowski 1951:90ff. Dabei betonte er den ganzheitlichen Charakter des Kulturgefüges (Schott 1962:21).
3   S. Van Willigen 1986:22. Dabei werden vier Formen der angewandten Forschung unterschieden: 1. Forschungen über die gegenwärtigen Gesellschaften, insbesondere über den Kulturkontakt bzw. den sozialen Wandel in den Kolonien, 2. Forschungen über spezifische Probleme der Kolonialverwaltungen, 3. allgemeine Informationsbeschaffung für die Kolonialverwaltungen und 4. anthropologische Schulungen der Kolonialbeamten (Grillo 1985:5).

schen Organisationsformen das System des "indirect rule" erst ermöglichten.[4] Lucy Mair, einzige Professorin in Großbritannien für "Applied Anthropology", forderte eine differenzierte Darstellung der verschiedenen Ebenen der Kolonialpolitik und -verwaltung als äußere "Kräfte", die den Wandel einer Ethnie oder eines Gebietes steuerten (1975:194). Sie stellte die Frage an die Wissenschaft, inwieweit ethnologische Forschungen, die beispielsweise vom "International African Institute", der ersten Einrichtung, die Forschungen über den sozialen Wandel in Afrika förderte, für politische Planung verwendet werden könnten und damit zum Wandel beitrugen.[5] Mit der Anwendung von Forschung für koloniale Zwecke wurden Studien über traditionelle Gesellschaften und deren Wandel intensiviert und gefördert.

"Die praktischen Bedürfnisse der Kolonialverwaltung und die theoretischen Interessen der britischen Anthropologen kamen sich also weitgehend entgegen, und infolgedessen besitzen wir heute zahlreiche hervorragende Sammelwerke und Monographien zur Ethnographie, insbesondere zur Gesellschaftsordnung vieler Stämme in Afrika und Ozeanien, aber auch rein theoretische Abhandlungen, die längst zum klassischen Bestand der Ethnologie gehören." (Schott 1962:22)

Für die Forschung war vor allem von Interesse, welche Kulturelemente und sozialen Organisationsformen in ihrer traditionellen Bedeutung erhalten bleiben und welche verändert werden sollten. Die "Applied Anthropology" verwendete prinzipiell die gleichen Methoden und Objektivitätskriterien in kulturvergleichender Perspektive wie eine nicht-anwendungsorientierte Forschung. Im Unterschied zu dieser stellten viele Ethnologen jedoch ihre Forschungsergebnisse einer praktischen Umsetzung im gelenkten Kulturwandel zur Verfügung (Gulliver 1985:37; Foster 1969:49). Grundsätzlich war eine derartige Anwendung mit Fragen nach der Wertneutralität und der ethischen Verantwortung des Forschenden verknüpft (Van Willigen 1986:42f.).

Kritik an der Anwendung der Forschung für koloniale bzw. politische Ziele wurde verstärkt ab den 40er Jahren geäußert (Grillo 1985:17). Im deutschsprachigen Raum forderte vor allem Hermann Baumann eine kritische Reflexion der

---

4 S. Schott 1962:22; vgl. Stagl 1985:152. Vgl. hierzu Richard Thurnwalds Befürwortung der "indirct rule" vor dem Hintergrund seiner funktionalistischen, dynamischen und holistischen Kulturtheorie: "Es kann sich nur darum handeln, die Wandlung des Lebens so wenig erschütternd wie möglich zu gestalten und die Neuformung dem Wesen und der Art der afrikanischen Stämme anzupassen." (Thurnwald 1940:566).
5 S. Mair 1969:13. Zur Diskussion über die Bedeutung des 1926 gegründeten International African Institute und der von diesem herausgegebenen Zeitschrift "Africa" für die angewandte Forschung s. auch Grillo 1985:10ff. Zur kritischen Auseinandersetzung mit der Society for Applied Anthropology in den USA und ihrer Zeitschrift "Applied Anthropolgy" (später "Human Organization") s. Stagl 1985:153. Zu den Phasen der Einbeziehung von Ethnologen in die Entwicklungszusammenarbeit in den USA in den 40er, 50er und 60er Jahren zunächst in der Verwaltung der mikronesischen Treuhandgebiete, der Arbeit des Bureaus of Indian Affairs und der Grundlagenforschung des Smithonian Instituts sowie des Institute for Interamerican Affairs, zur Bedeutung des Fox-Projektes der Universität Chicago und der Mitwirkung von Ethnologen bei US-Aid s. Köhler 1987. Zur Geschichte der angewandten Ethnologie in den USA und in den Niederlanden s. auch Kievelitz 1988:201ff.

anwendungsbezogenen Ethnologie sowie die Bereitschaft der Entwicklungsinstitutionen, sich mit ethnologischen Arbeiten detailliert auseinanderzusetzen.[6]

Neuere Forderungen im englischsprachigen Raum an angewandte ethnologische Forschungen über Frauen in Afrika

In einer neueren Publikation geht Lucy Mair auf die Rolle von Ethnologen in der Entwicklungsplanung ein: Ihr Beitrag zur Verbesserung der Lebenssituation der untersuchten Gruppen sollte die Vermittlung zwischen Bevölkerung und politischen Entscheidungsträgern sein. Sie sieht die Aufgaben der Ethnologen u.a. darin, die Lebensgrundlagen, die gewandelten Rechtssysteme, sowie die Organisationsformen einer Gesellschaft zu berücksichtigen. Zu den gesellschaftlichen Gruppierungen zählt sie haushaltsverbindende Arbeitsgruppen von Frauen und diskutiert deren Bedeutung im Zusammenhang mit dem Wandel der geschlechtlichen Arbeitsteilung (Mair 1984:23). Ethnologen könnten mögliche negative Projektfolgen, wie Mehrarbeit für die Frauen, erkennen und ihnen entsprechend entgegenwirken.[7] Ebenso sollten ethnologische Forschungen dazu beitragen, Frauen in ihren vielfältigen Aufgaben in der Landwirtschaft und in der Verarbeitung von Nahrungsmitteln zu unterstützen. Dazu seien detaillierte Studien über die Formen und die Organisation weiblicher Arbeit notwendig. Analysiert werden sollten ebenfalls der Ressourcen- und Informationszugang von Frauen sowie die innergesellschaftlichen Entscheidungs- und Kooperationsstrukturen (Mair 1984:89). Die Forschenden sollten mit den Frauen gemeinsam Bedürfnisse und Ziele erörtern und dabei an deren bestehende Kommunikationsformen anknüpfen.

In ähnlicher Weise bewertet Foster Studien zum geplanten Kulturwandel, die zum Verständnis der Auswirkungen auf die Betroffenen und zur Verbesserung ihrer Lebensbedingungen beitragen, positiv. Er belegt seine Einschätzung mit einer Analyse zur Akzeptanz brennholzsparender Herde in Zimbabwe: Eine ethnologische Forschung konnte die Gründe für die Nicht-Annahme dieser Innovation durch die Frauen verdeutlichen. Frauen war der soziale und kommunikative Charakter des Kochens unter freiem Himmel wichtig, sie befürchteten, daß festinstallierte Herde in Gebäuden zur sozialen Isolation beitragen würden (Foster 1969:8). Ethnologinnen und Ethnologen können als Vermittler zwischen Bevölkerung und Projektplanern wirken, indem sie die Wahrnehmung der Planer für derartige soziale und kulturelle Aspekte bei der Einführung von Neuerungen schärfen. Damit können sie einen insgesamt sehr wichtigen Beitrag für die Entwicklung leisten.

---

6   Er sah den Auftrag der Ethnologie weniger in der (entwicklungs)politischen Nutzanwendung, sondern vor allem in der Erhellung der Univeralgeschichte und der Erforschung der Wesenszüge afrikanischer Kulturen und ihrer Geschichte (Baumann 1962:256 und 263).
7   Eine vergleichbare Einschätzung wird in der deutschsprachigen Literatur vertreten, wie in der Auseinandersetzung mit der Frauenförderung gezeigt werden wird (Bruchhaus 1984c:79ff.; Himmler-Kleber 1986:126).

2. Angewandte ethnologische Forschung und Entwicklungspolitik: Forschungstendenzen im deutschsprachigen Raum

Der Beitrag der Ethnologie zur Theorie und Praxis der Entwicklungshilfe ist ein kontrovers diskutiertes Thema.[8] Justin Stagl hält die fachliche Auseinandersetzung mit Entwicklungshilfe für gerechtfertigt:

"Unter 'Entwicklungshilfe' verstehe ich ... 'die geplante Veränderung sozio-kultureller Vorgänge und Zustände von außen her'. Damit wird Entwicklungshilfe zu einem legitimen Forschungsgegenstand der Völkerkunde, wenn man diese, mit Mühlmann, als 'soziologische Theorie der interethnischen Systeme' verstehen will." (Stagl 1985:149)[9]

Als Verbindungspunkt zwischen Ethnologie und Entwicklungspolitik bzw. -hilfe sieht Uwe Kievelitz, ein in der Entwicklungszusammenarbeit tätiger Ethnologe den Kulturwandel:

"Sowohl in der Entwicklungspolitik als auch in der Ethnologie konzentriert man sich auf soziale Systeme, denen man einen dynamischen Kulturwandel im Zeitablauf unterstellt. (...) Die Möglichkeit des Wandels von Sozietäten aufgrund interkultureller Kontakte und einem damit verbundenen Transfer von Innovationen wird ebenfalls, sowohl von ethnologischer als auch von entwicklungspolitischer Seite, als grundsätzlich gegeben vorausgesetzt." (Kievelitz 1988:368)

Die Bewertungen der Folgen des gelenkten Wandels fallen dagegen unterschiedlich aus. Stagl fordert von der angewandten Forschung, daß sie die Art der Anwendung kritisch reflektiert, sie soll ihre theoretische Orientierung bewahren (Stagl 1985:154). Es ist wichtig, sich zu vergegenwärtigen, daß die Ethnologie eine analytische Wissenschaft ist, die Entwicklungspolitik und -hilfe hingegen "ein Konglomerat von Phänomenen wirtschaftlicher, politischer, wissenschaftlicher und militärischer Art." (Krause 1985:287)

Die neuere Diskussion über die praktische Bedeutung ethnologischer Kenntnisse und Beziehungen des Faches Ethnologie zur Entwicklungszuammenarbeit läßt sich im deutschsprachigen Raum in zwei Phasen unterteilen: 1.) In den 70er Jahren standen grundsätzliche Fragen der Verantwortung und Werturteilsfreiheit von Wissenschaft im Zusammenhang mit Entwicklungshilfe im Mittelpunkt.[10] 2.) In den 80er Jahren wurde dann die konkrete Mitwirkung von Ethnologen in der Entwicklungszusammenarbeit sowie die Wichtigkeit ethnologischer Kenntnisse

---

8 Dabei stehe eine systematische und theoretische Aufarbeitung noch aus, bislang gebe es nur Einzelstudien, so der Ethnologe Uwe Kievelitz. Er versteht seine eigene Forschung über die sozialen und kulturellen Folgen ausgewählter GTZ-Projekte als Beitrag zur theoretischen Analyse der Beziehungen zwischen Kultur und Entwicklung (Kievelitz 1988:240ff.).
9 Zur Auseinandersetzung mit den Begriffen Entwicklung und Entwicklungshilfe in der Ethnologie s. Elwert 1988:119f.; Kievelitz 1988:254ff.; mit dem Terminus Entwicklungszusammenarbeit s. Kievelitz 1988:179.
10 Hierbei sind vor allem die Arbeiten von Stagl und Schott zu nennen (Stagl 1985/1970; Schott 1962).

für Projektplanung, -gestaltung und personelle Mitarbeit anhand von Fallbeispielen diskutiert. Der gelenkte Kulturwandel wird im weitesten Sinn als Ausbreitung von Innovationen durch bestehende Kommunikationssysteme und ihre Auswirkungen auf die Gesellschaftsorganisation verstanden. Dabei blieb die Diskussion über die Wertfreiheit ein zentraler Aspekt.[11]

Die Mitwirkung von Ethnologen bei der Gestaltung und Durchführung von Projekten und bei der Beratung von Trägerorganisationen kann, so Ulrich Köhler, auf unterschiedlichen Ebenen verwirklicht werden: in der Berücksichtigung von Bedürfnissen und Zielen der von den Projekten Betroffenen, in der Darstellung ihrer Lebensweise und ihrer Werte sowie in Überlegungen zu den Folgen des Projektes unter Einbeziehung der Kenntnisse über den Kulturwandel, dazu sei jedoch eine stärkere personelle Einbeziehung von Ethnologen erforderlich (1984:75).

Ähnlich fallen die Beurteilungen durch andere Autoren aus, die die Bedeutung ethnologischer Kenntnisse für die Entwicklungszusammenarbeit in der Einbeziehung von Perspektiven, Interessen, Entscheidungs- und Produktionsstrategien, Wissenssystemen, Kommunikationsstrukturen, Organisationsprinzipien, Maßnahmen zur Risikoreduzierung, Innovationen und Problemlösungen der Betroffenen sehen. Auch zum Verständnis der Reaktionen auf Projektmaßnahmen in Form von Selektion, Transformation oder Ablehnung können ethnologische Forschungen beitragen, dabei ist die geschlechtsspezifische Gestaltung dieser Aspekte zu berücksichtigen.[12] Ethnologen gelten wegen ihrer Kenntnisse der Komplexität von Kultur, Geschichte und sozialer Organisation bzw. Differenzierung der jeweiligen Gesellschaft als besonders prädestiniert, die kulturspezifischen Phänomene in Entwicklungsprozessen zu erfassen. "Gerade der Lebensgesamtzusammenhang einer betroffenen Gesellschaft ist bis jetzt in der institutionalisierten Entwicklungszuammenarbeit vernachlässigt worden. Dies ist der Ansatzpunkt für ethnologische Kritik und Anregungen." (Poeschke 1991:45)

Die Anwendung ethnologischer Erkenntnisse über Probleme des gelenkten Wandels kann auf unterschiedlichen Ebenen erfolgen. Bei einer solchen Anwendung geht es letztlich um die Kommunikation von Erkenntnissen. Dabei steht dem Ethnologen die Übernahme unterschiedlicher Positionen offen, wie des Kulturvermittlers, Übersetzers oder des Advokaten - gerade aufgrund seiner Reflexion eigener Werte und Einschätzungen des Wandels.[13] Hierbei ist zudem zwischen dem Grad der institutionellen Einbindung eines Ethnologen zu differenzieren: Zwischen der Forschung im Auftrag einer Organisation der

---

11 S. Kievelitz 1988:254f.; Antweiler 1993:50. Diese Fragestellungen waren auch Themen bei den Tagungen der Deutschen Gesellschaft für Völkerkunde 1981 und 1985 (Poeschke 1991:29f.).
12 S. Bräuer 1990:98; Epstein 1990:207f.; Klemp 1988:39; Hoben 1982:369; Bowen 1988:428; Olivier de Sardan 1993:49; Skar 1985:9; Robins 1986:19.
13 S. Van Willigen 1986:8. Zur Verantwortung des Ethnologen gegenüber der Untersuchungsethnie oder -gruppe und gegenüber seiner eigenen Gesellschaft s. Stagl 1985:159; Schott 1981:56ff.; Bräuer 1990:106; Kievelitz 1988:14; Antweiler 1993:53. Escobar fordert, soziale Bewegungen in der Dritten Welt zu erforschen und die Gruppen mit den gewonnenen Erkenntnissen zu unterstützen (1991:676).

Entwicklungszusammenarbeit und einer unabhängigen Forschung, bei der sich der Forschende als kritische Beobachtungs- und Kontrollinstanz auch gegenüber den institutionellen Rahmenbedingungen versteht. Damit verbunden ist auch eine jeweils spezifische Verantwortung des Forschenden in der Umsetzung bzw. Anwendung seiner Erkenntnisse (Poeschke 1991:46f.).

Entsprechend lassen sich heute unterschiedliche Strömungen in der Diskussion über Ethnologie als angewandte bzw. praxisorientierte Forschung erkennen. Sie kann sich verstehen: 1.) als Entwicklungsethnologie, bei der ein Ethnologe als Mittler, Übersetzer oder Advokat für eine Entwicklungsorganisation arbeitet; 2.) als Ethnologie der Entwicklung, bei der Kulturwandel und Entwicklungsprozesse umfassend, also nicht nur im Auftrag einer Organisation oder Institution, erörtert werden.[14] Den Kontrast zwischen beiden Richtungen verdeutlichen ethnologische Forschungen, die sich dem indigenen Wissen widmen. Während die Entwicklungsethnologie dazu neigt, ihre Erkenntnisse der Entwicklungszusammenarbeit zur Verfügung zu stellen und auf ihre Umsetzung im Sinne der Betroffenen zu hoffen - und wenn möglich auch hinzuwirken - reflektiert dies die Ethnologie der Entwicklung kritisch und warnt vor den Gefahren einer Wissenszerstörung durch Umsetzung der Kenntnisse in der Projektarbeit.[15] Diese unterschiedlichen Positionen verdeutlichen, daß unter "Entwicklungsethnologie" und "Ethnologie der Entwicklung" nicht dasselbe verstanden werden kann, wenn man die Einbeziehung ethnologischer Kenntnisse in die Entwicklungsplanung oder die Mitwirkung von Ethnologinnen und Ethnologen in Entwicklungsorganisationen betrachtet.[16] Neuere Forschungen gehen soweit, die Institutionen der Entwicklungszusammenarbeit zu analysieren; sie befassen sich aber auch mit den Entwicklungskonzeptionen und Vorstellungen der Zielgruppen.

"Für uns bedeutet Entwicklung zuerst und vor allem eine soziale Realität, die untersucht und genau analysiert werden muß, sei sie gut oder schlecht, Erfolg oder Mißerfolg, wünschenswert oder nicht. Sie ist ein soziales Ereignis. Zweitens bedeutet Entwicklung als soziales Phänomen eine Reihe sozialer Akteure und Gruppen, sowohl auf Seite der "Entwickler" (der Institutionen der Entwicklungshilfe) als auch auf Seite der "zu Entwickelnden" (der Zielgruppe). Daraus resultieren komplexe Interaktionen, die nicht durch mechanische oder lineare Ansätze verstanden werden können."(Olivier de Sardan 1993:42)

Diese Erweiterung der Forschungsperspektive läßt die Bewahrung der eigenen theoretischen Position in der Annäherung an die internen Strukturen, Logiken

---

14 Vgl. Antweilers Ausführungen zur praxisorientierten Forschung 1986:157ff.
15 Die neuere, akteursorientierte Forschung erörtert die Interaktion und Dialoge zwischen verschiedenen Akteuren mit unterschiedlichen Wissenssystemen wie Bauern, Entwicklungsplanern und Staat (Long 1992:274). Wissen wird dabei als sozialer Prozeß verstanden und der Vielfalt der Wissenssysteme, die hier als gleichberechtigt gelten, wird Rechnung zu tragen versucht.
16 S. Schönhuth 1990:14ff.; Bierschenk/Elwert/Kohnert 1991:170; Bräuer 1990:123; Bliss 1988:109; Ähnliches gilt für den englischsprachigen Raum, auch dort kann nicht von einer einheitlichen "Development Anthropology" gesprochen werden (Escobar 1991:665; Hoben 1982:349ff.).

und Arbeitsweisen von Institutionen erforderlich erscheinen. Am Ort der Projektumsetzung zeigen sich demgegenüber die Interessen der beteiligten Gruppen ganz praktisch, hier wird sichtbar, wie die sogenannte "Zielgruppe" die Entwicklungsmaßnahmen für sich nutzt oder ablehnt. Die "Deutsche Gesellschaft für Technische Zusammenarbeit" (GTZ) definiert den Begriff "Zielgruppe" folgendermaßen:

> "Zielgruppen sind klar identifizierbare soziale Gruppen oder Einheiten, die im Hinblick auf Ressourcenausstattung und Nutzungsschwellen in einer gleichen oder ähnlichen Lage sind. Auf sie werden die Maßnahmen des Programms ausgerichtet. Falls sie nicht die primären Nutznießer des Programms sind, können sie wenigstens daraus einen indirekten Nutzen ziehen (...). Sie werden als Subjekte der Programmorganisation und nicht mehr als Objekte der Aktionen des Projektmanagements verstanden." (Schneider 1989:158)

Baum schlägt auf der Grundlage seiner Untersuchung des Terminus "Zielgruppe" und dessen Implikationen von Subjekt-Objekt-Beziehungen als Alternative den Begriff "soziales Umfeld" vor, "als einem eigenständigen und gleichrangigen Gegenüber" und verlangt von den Entwicklungshilfeorganisationen als durchgehendes Handlungsprinzip die Partizipation der lokalen Bevölkerung (1991:29). Für die Anerkennung von Gleichwertigkeit und Eigenständigkeit plädiert er vor allem im Fall von Frauen, ihre Rechte und Pflichten gelte es in die Überlegungen zur Partizipation einzubeziehen.

Zur Einbeziehung von Kultur und Kulturwandel in die deutsche Entwicklungszusammenarbeit

In der Diskussion über die Anwendung ethnologischer Kenntnisse in die Entwicklungszusammenarbeit wird der Kultur und dem Kulturwandel große Beachtung geschenkt. In der stärkeren Einbeziehung kultureller Zusammenhänge wird eine Möglichkeit gesehen, die sogenannten Zielgruppen besser in die Entwicklungsprojekte einzubeziehen und eine nachhaltige Entwicklung zu erreichen. Seit 1984 bewertet das "Bundesministerium für wirtschaftliche Zusammenarbeit" in seinen Jahresberichten "Kultur" als einen Bestimmungsfaktor für den Erfolg oder Mißerfolg von Entwicklungsprojekten.[17]

Dies ist im Zusammenhang zu sehen mit der Umorientierung der entwicklungspolitischen Konzeptionen und den Leitlinien in der deutschen staatlichen Entwicklungspolitik seit Anfang der 80er Jahre von wachstumsbezogenen zu grundbedürfnis- und armutsorientierten Strategien, bei denen die Frauenförderung Ausdruck der Zielgruppenorientierung ist.[18] Dabei wird in jüngster Zeit die Zusammenarbeit mit Frauenselbsthilfegruppen als ein wesentlicher Beitrag zur

---

17 S. Kievelitz 1988:107; Klemp 1988:41; Krause 1985:288; Schönhuth 1990:14f. Neben wirtschaftlichen und technischen Aspekten wird nun auch die soziale Dimension in Projektplanungen einzubezogen (Simson 1985:143).
18 Zur Geschichte der Entwicklungspolitik und ihren unterschiedlichen Konzeptionen seit den 50er Jahren s. Bräuer 1990:14ff.

unmittelbaren Armutsbekämpfung gewertet (Bohnet 1992:15; vgl. BMZ:1992:11f.). Der bei der GTZ tätige Ethnologe Uwe Kievelitz fordert in seiner Analyse des Verhältnisses von Ethnologie und Entwicklungszusammenarbeit bei Maßnahmen zur Frauenförderung neben der Unterstützung bestehender oder neugegründeter Frauengruppen eine detaillierte Erörterung der Geschlechterproblematik sowie der Besitzrechte von Frauen (1988:92ff.).

Vergleichbare Forderungen sind auch in anderen Forschungen zu finden. In der Entwicklungszusammenarbeit werde Kultur und Gesellschaft oftmals gleichgesetzt; Kultur soll jedoch als Komplex auf unterschiedlichen gesellschaftlichen Ebenen mit Bezug auf wirtschaftliche und soziale Dynamiken verstanden werden und nicht als entwicklungshemmende Tradition (Stagl 1985:150). Dabei ist auch Traditionen mit ihren stabilisierenden und innovativen Elementen Rechnung zu tragen.[19] Handlungsrationalität und Kommunikation müssen immer im jeweiligen gesellschaftlichen Kontext gesehen werden.[20] Dies ist auch erforderlich bei einer Auseinandersetzung mit Frauenzusammenschlüssen, ihren Bedürfnissen und ihren Partizipationsmöglichkeiten im Entwicklungsprozeß (Lachenmann 1988:II).

Prinzipiell herrscht ein Konsens über die Bedeutung der Kultur in der Entwicklungszusammenarbeit. Differenzen sind allerdings in der Beurteilung der administrativen Einbettung und Planbarkeit kultureller Aspekte zu finden. Zudem gibt es, wie angedeutet, über die Begriffsinhalte und Interpretation der Begriffe "Kultur und Entwicklung" sowie über die deskriptiven und normativen Aspekte des Entwicklungsbegriffs sehr unterschiedliche Auffassungen (vgl. Stagl 1985:150). Dies trifft nicht nur auf die Entwicklungsorganisationen zu, sondern auch auf die Ethnologie selbst, in der zwischen mehr als 160 verschiedenen Kulturbegriffen und zahlreichen Kulturtheorien unterschieden wird.[21]

> "Eine weitgefaßte Definition begreift Kultur als Gesamtheit ideeller und materieller Lebensäußerungen (im Gegensatz zur Natur). So wird Kultur definiert als historisch abgeleitetes System von Lebensmustern (designs of living), das von den Mitgliedern einer ethnischen, religiösen oder gesellschaftlichen Gruppe geteilt wird." (Braun/Rösel 1992:250)

---

19   Elwert betont, daß autochthone Gesellschaften durchaus innovativ waren und Kenntnisse zum sinnvollen, wirtschaftlichen Überleben in einer Region entwickelt haben. Wenn eine von außen herangetragene Neuerung z.B. eine neue Pflanztechnik nicht angenommen wird, hängt dies keineswegs nur mit der Tradition zusammen, sondern kann vielfältige Gründe haben. Verweigerung oder selektive Annahme von Veränderungen sind bei genauer Betrachtung rationale Strategien und aus dem kulturellen Kontext, wie der wirtschaftlichen Tätigkeit oder Arbeitslast, heraus zu verstehen (Elwert 1983:36).
20   Antweiler nennt als Hauptforderungen an ein neues Entwicklungsparadigma folgende Kriterien: Einbeziehung der lokalen Initiative, Schaffung von Kompetenzen und Wahlmöglichkeiten, Schaffung von Infrastruktur sowie Dezentralisierung der Entscheidungsfindung (1993:55).
21   S. auch Antweiler: "Kultur wird hierbei verstanden als systematisch-ganzheitliche Lebensgestaltung von Gruppen, deren Inhalte tradiert und innoviert sind. Daneben ist das speziellere Verständnis von Kultur als spezifischem Orientierungssystem des handelnden Menschen im Alltag (das kognitive Kulturkonzept) wichtig." (Antweiler 1993:52)

Grundsätzlich gilt, daß bei Erörterungen des Kulturbegriffes in der Ethnologie und bei empirischen Kulturvergleichen die Wertneutralität zu bewahren ist. Zudem sollten unter Berücksichtigung der historischen und funktionalen Zusammenhänge theoretische Modelle der kulturellen und gesellschaftlichen Ordnungen entwickelt werden, die der Komplexität des Kulturwandels Rechnung tragen.[22] Dabei wird zwischen unterschiedlichen Konzepten des Kulturwandels differenziert: der Betrachtung des technologischen Wandels (Harris/White), der Erforschung der demographischen Entwicklung und der Anbauintensivierung (Boserup), der Analyse des Werte- und Institutionenwandels. Prozeßanalysen sollten zur Erfassung des Normen-, Bedürfnis- und Rationalitätswandels sowie der Veränderungen politischer Handlungsspielräume beitragen (Ohe v.d./Hilmer/Nett-Kleyboldt 1982:73). In der Analyse des Kulturwandels sollte den Sinnsystemen und Wertvorstellungen in ihren Interdependenzen mit Sozialstruktur, Wirtschaft und Politik Aufmerksamkeit gezollt werden, auch die Abhängigkeits- und Solidaritätsbeziehungen sowie die sich verändernden Geschlechterverhältnissen sollten erörtert werden.[23]

Sozio-kulturelle Schlüsselfaktoren in der Entwicklungszusammenarbeit

Der Versuch, Kultur und Kulturwandel durch Variablen wie die 1986 vom BMZ-Mitarbeiter Uwe Simson entwickelten sozio-kulturellen Schlüsselfaktoren: Legitimität, gesellschaftlicher Entwicklungsstand und sozio-kulturelle Heterogenität zu erfassen und in die Projektplanung einzubeziehen, wurde nicht widerspruchslos aufgenommen.[24] Unter dem Faktor "Legitimität" wird die als Interessensvertretung der Zielgruppe anerkannte Organisation verstanden, die als einheimischer Träger eines Projektes angesprochen werden kann. Der "gesellschaftliche Entwicklungsstand" bezeichnet, im Unterschied zu wirtschaftlichen Erhebungen, die gesamtgesellschaftlichen Fähigkeiten und Kenntnisse im Sinne von "evolutionär" verstandenen Entwicklungspotentialen.[25] Mit dem Terminus

---

22 S. Schott 1962:14ff.; Schott bezieht sich in seiner Betrachtung des Kulturwandels als Prozeß auf Richard Thurnwalds Fünf-Phasenmodell des Kulturwandels auf der Grundannahme eines expansiven Faktors in den Sozialsystemen: Verdichtung der sozialen Beziehungen, intertribaler Austausch, Mischung, Überlagerung, Überschichtung.
23 S. Robins 1986:19. Zum Verhältnis dieser Aspekte auf lokaler, nationaler und internationaler Ebene und den damit zusammenhängenden Konfliktfeldern s. Ohe v.a./Hilmer/Nett-Kleyboldt 1982:176.
24 S. Bräuer 1990:90. Vgl. Simsons vorläufigen Thesen aus dem Jahr 1985: "Im hier vorliegenden Zusammenhang sollen unter 'sozio-kulturell' die den Gesellschaftsprozeß beeinflussenden spezifischen kulturellen Gegebenheiten (Werte, Normen, Verhaltensweisen) verstanden werden." (Simson 1985:144) Die Beachtung sozio-kultureller Faktoren sei vor allem für die Planung komplexer Programme, beispielsweise im Bereich der ländlichen Regionalentwicklung bedeutsam (Kievelitz 1988:116ff.).
25 Das sozio-kulturelle Erbe traditioneller Gesellschaften soll in seiner Mehrdimensionalität durch die Erörterung der Komplexität des wirtschaftlich-technologischen, sozio-kulturellen und politischen Bereichs erfaßt werden. In einer vergleichenden Studie wird der sogenannte Entwicklungsstand einzelner Ethnien in zahlreichen Ländern erörtert, was zum internationalen Vergleich des Entwicklungsstandes beitragen soll. Dabei werden Typologien einzelner Länder erstellt und Fragen nach den Zusammenhängen zwischen der sozio-ökonomischen

"sozio-kulturelle Heterogenität" sollen Differenzen zwischen unterschiedlichen gesellschaftlichen Gruppen, z.b. religiösen Gruppierungen angesprochen werden, die sich auf die Projektgestaltung und den Projektverlauf auswirken können (Simson 1991:82f.).

Die sozio-kulturellen Schlüsselfaktoren sollen der Entwicklungsplanung und Projektpraxis den Zugang zur Kultur der Zielgruppe ermöglichen. Sie sind wesentliche Bestandteile der "Länderkonzepte", eines zentralen Managementinstruments des BMZ und dienen der Konzentration auf entwicklungspolitische Schlüsselbereiche (Bohnet 1992:14; Kohnert 1992:4). Seit 1985 sind sie in den Gutachterrichtlinien der GTZ enthalten, dabei geht es auch um die Erfassung sozioökonomischer Auswirkungen von Projektmaßnahmen auf Frauen. Eine differenzierte Auseinandersetzung mit sozio-kulturellen Faktoren wird als notwendig erkannt, neben anderen geistes- und kulturwissenschaftlichen Ansätzen sind dafür ethnologische Erkenntnisse besonders hilfreich (BMZ 1989:8ff.).[26]

Die sozio-kulturellen Faktoren werden als wichtige Analysekriterien in der Planung, im Projektverlauf und in der Evaluierung der Nachhaltigkeit betrachtet; sie sollen zur Erfassung von Akzeptanz und Partizipationsmöglichkeiten im Sinne des gewünschten Projekterfolgs und gelenkten Kulturwandels beitragen.[27] Bezüglich der Partizipation stellt sich die Frage, inwieweit bestehende Organisationsformen wie Verwandtschaftsgruppen, Bünde, Altersklassen, Spargruppen etc. für eine Zusammenarbeit angesprochen werden können. Dabei sind interne Gruppenstrukturen, -ziele und Entwicklungspotentiale von großer Bedeutung. Dies gilt ebenfalls für Maßnahmen im Bereich der Frauenförderung und der Zusammenarbeit mit Frauengruppen, z.B. in Anbau und Vermarktung.

Grundsätzlich wird Ethnologinnen und Ethnologen hierbei eine Mittlerrolle zugedacht. Sie tragen dadurch eine besondere Verantwortung gegenüber der Zielgruppe, nämlich die reine Instrumentalisierung ihrer Forschungsergebnisse für den Projekterfolg, wie ihn die Planer wahrnehmen, zu verhindern (Antweiler 1993:44). Für die Forschung zur Frauenförderung und Zusammenarbeit mit Frauengruppen heißt das, einen Beitrag zu leisten zur ökonomischen Stärkung der Frauen und zur "Verbesserung ihrer gemeinschaftlichen Entscheidungskraft, Selbsthilfefähigkeit und politischen Repräsentation." (Kievelitz 1988:297)[28]

Ausgangslage, dem kulturellen Erbe und der ökonomischen Wachstumsdynamik erörtert (Müller/Kock/Dithfurth 1991).

26 S. hierzu die Arbeit des Ethnologen Uwe Kievelitz, der in vergleichender Perspektive die Bedeutung gesellschaftlicher und kultureller Aspekte bei zwanzig Projekten der GTZ in Afrika, Asien, Lateinamerika und Südeuropa analysiert hat. Er befaßt sich mit den Folgen des Wissens-, Kapital- und Technologietransfers im Rahmen der Entwicklungszusammenarbeit für den Wandel der Wirtschaft, des Sozialsystems, der Verhaltensweisen und der Werte (Kievelitz 1988:179).

27 S. Ohe v.d./Hilmer/Nett-Kleyboldt 1982:2ff.; Simson 1985:143; Lachenmann 1988:III.

28 In der entwicklungspolitischen Diskussion wird - trotz anderslautender offizieller BMZ-Positionen - die Chance, über die sozio-kulturellen Faktoren den Bedürfnissen der Zielgruppen gerecht zu werden und ihre Partizipation in den Projekten zu gewährleisten, als sehr begrenzt eingeschätzt (Bohnet 1992:16; Weiland 1983:152; Bräuer 1990:64f.). Als Gründe hierfür werden die politischen und ökonomischen Rahmenbedingungen in den jeweiligen Ländern und die noch immer technisch bzw. ökonomisch orientierte Projektgestaltung ge-

Wichtig sind darum präzise Kenntnisse über die Arbeits- und Aufgabenteilung sowie über Entscheidungsprozesse der Geschlechter, denn jedes Entwicklungsprojekt wirkt sich auf die Sozialorganisation und die Wirtschaft einer Gesellschaft aus (Adrian 1984:118).

Kritisch wird zum Konzept der sozio-kulturellen Faktoren angemerkt, daß sie zwar das Bewußtsein der Entwicklungsexperten für gesellschaftliche und kulturelle Phänomene schärfen, doch ihre Konzeption vor dem Hintergrund der kulturellen Komplexität reduktionistisch, nicht werturteilsfrei und nur an der Verwendung für die Entwicklungspraxis orientiert ist.[29] Mit einem sozialtechnologischen Ansatz zur Erfassung möglicher Verweigerungsgründe der Bevölkerung lasse sich noch keine Akzeptanz der Projekte erreichen (Braun/Rösel 1992:266).

Wichtig ist es, die sozio-kulturellen Aspekte nicht als statistisch zu handhabende Indikatoren zu verstehen, sondern neben einer differenzierten Erarbeitung ihrer Charakteristika ihr spezifisches Zusammenwirken im Aufbau der sozialen Identität zu analysieren. Dabei sollten bestehende Problemlösungsstrategien, gesellschaftliche Machtverhältnisse und politische Handlungsspielräume berücksichtigt werden; besonders beachtet werden müssen die Aufgaben und Entscheidungsmöglichkeiten von Frauen. "Oberstes Ziel bei der Berücksichtigung soziokultureller Faktoren sollte sein, einen eigenständigen, selbstbestimmten sozialen und kulturellen Wandel zu ermöglichen." (Lachenmann 1988:26)

Ein Umdenken scheint also notwendig, indem von modernisierungstheoretischen Konzeptionen zur gemeinsamen Problemerörterung mit den Betroffenen und Projektorientierungen an ihren Bedürfnissen übergegangen wird. Zur Erfassung der sozio-kulturellen Dimensionen in der Entwicklungsplanung ist die ethnologische Methode der teilnehmenden Beobachtung eine von vielen Forschungsmöglichkeiten.[30]

Neuere Forschungsmethoden in der angewandten Ethnologie

In der anwendungsorientierten Ethnologie werden neben der teilnehmenden Beobachtung partizipative Forschungsmethoden und Problemdiskussionen mit der Zielgruppe schon vor der eigentlichen Projektplanung gefordert, um ihre Bedürfnisse zu erkennen und der Komplexität des kulturellen Wandels aus der Sicht der Betroffenen gerecht zu werden. Durch ihre aktive Beteiligung am Forschungsprozeß und das Verstehen ihrer Deutungsstrukturen soll die Selbstbestimmung der Menschen in einem Projektgebiet bewahrt werden.

---

nannt. Größere Flexibilität in der Projektfinanzierung wird gefordert; auch der politische Dialog sollte intensiviert werden (Weiland 1983:149; Lachenmann 1988:IX).
29 S. Bliss 1988:104; Poeschke 1991:44; vgl. Schönhuth 1990:16; Kievelitz 1988:109.
30 S. Kievelitz 1988:335ff. Simson erachtet die ethnologischen Methoden als unzureichend für die Erfassung des gesamtgesellschaftlichen Entwicklungsstandes. Er fordert interdisziplinäre Forschungen und entwicklungspolitische Auswertungen der gewonnenen Erkenntnisse als methodische Alternativen (Simson 1991:74f.).

Im Wissenstransfer sollten die Ethnologen sich der Sprache der Entwicklungspraktiker annähern bzw. sich diesen verständlich machen.[31] Nur durch einen gleichberechtigten Austausch von Wissen, Meinungen und Beurteilungsmaßstäben ist eine Annäherung an die Komplexität der Lebensmuster und ihren Wandel möglich. In diesen Austauschprozessen sollten Ethnologinnen und Ethnologen als Vermittler und Interpreten der Meinungen von Zielgruppen wirken, die sonst nicht in den Diskussionsprozeß einfließen.[32] Dadurch können negative Projektfolgen für die Zielgruppen bereits in der Projektplanung verhindert werden; dies gilt insbesondere im Bereich der Frauenförderung und Zusammenarbeit mit Frauengruppen (Lachenmann 1992b:127).

In der Diskussion über die Anwendung ethnologischer Forschungsmethoden wird eine kritische Reflexion der Planungspraxis, z.B. der "Zielorientierten Projektplanung" (ZOPP) gefordert, letztere ist seit 1983 in der Arbeit der GTZ verbindlich vorgeschrieben. Ihre Elemente Beteiligten-, Problem- und Zielanalyse zur Erstellung einer Projektplanungsübersicht sollen die Kernprobleme der Zielgruppe erfassen. Die Partizipation der Zielgruppe ist für eine erfolgreiche Projektgestaltung und die Nachhaltigkeit der Maßnahmen unerläßlich. Dabei sind mögliche Interessenkonflikte sowie der Bezugsrahmen des Projektes zu berücksichtigen. Diskutiert wird die Gefahr des administrativen Selbstzwecks, die zweifelhafte interkulturelle Anwendbarkeit dieser Planungsmethode aufgrund europäischer Werte und Kommunikationsformen, ihre mögliche Verbesserung durch Schulungen der Planer in kulturspezifischen Fragen und die Suche nach möglichen Alternativen.

Auf lokaler bzw. regionaler Ebene wird hier die Methode des "Rapid Rural Appraisal" vor dem eigentlichen Planungsbeginn diskutiert, die Einbeziehung ethnologischer Kenntnisse wird betont. Das "Rapid Rural Appraisal" und das "Participatory Rural Appraisal" sind als sozialwissenschaftliche Forschungsmethoden Anfang der 80er Jahre entwickelt worden. Ihre Forschungstechniken setzen sich u.a. aus Beschreibungen, Ortsbegehungen, halbstrukturierten Interviews, teilnehmenden Beobachtungen und mit der Lokalgruppe gemeinsam zu entwerfenden Modellen und Diagrammen zusammen und werden auf den Einzelfall bezogen angewandt. An der Durchführung der Forschungen sind interdisziplinäre Teams von Forschenden sowie möglichst Personen aus Beratungsinstitutionen und Vertreterinnen oder Vertreter der lokalen Bevölkerung beteiligt. Die Erhebungen werden vor Projektbeginn oder während des Projektverlaufs in einem relativ kur-

---

31 S. Ohe v.d./Hilmer/Nett-Kleyboldt 1982:193; Schönhuth 1990:14; Bräuer 1990:106. Hierbei werden fachliche Reflexionen über praxisorientierte Anwendungsmöglichkeiten der Methoden und die inhaltliche Gestaltung der universitären Ausbildung gefordert (Adrian 1984:120; Antweiler 1986:181; Bräuer 1990:4).
32 S. Bierschenk/Elwert/Kohnert 1991:174; Braun/Rösel 1992:266; vgl. Robins 1986:16; vgl. Antweiler 1986:165; Ethnologen können auch zur Wissensvermittlung über die jeweiligen Untersuchungsethnien sowie zur Überwindung von Vorurteilen von Entwicklungshelferinnen und -helfern beitragen. Dies sollte in der Vorbereitung von Fachkräften stärker Berücksichtigung finden (Adrian 1984:112; vgl. Krause 1985:289). Auch für Experten der Entwicklungszusammenarbeit im BMZ und in der GTZ wird eine Fortbildung und Sensibilisierung in kulturellen Fragen gefordert (Bräuer 1990:121).

zen Zeitraum (in der Regel einige Wochen) unter ausdrücklicher Partizipation der lokalen Bevölkerung und der Einbeziehung ihrer Entwicklungsvorstellungen, Kenntnisse, Problemlösungsstrategien und Bedürfnisse durchgeführt; sie können teilnehmende Beobachtungen ergänzen (Schönhuth/Kievelitz 1993:83ff.). Dabei wird auf die Mitwirkung von Forscherinnen zur Erfassung der Bedürfnisse und Interessen der Frauen Wert gelegt.[33] In Auseinandersetzungen mit den Möglichkeiten und Grenzen der Anwendung des "Rapid Rural Appraisal" und des "Participatory Rapid Appraisal" wird der zweite Ansatz als eine Weiterentwicklung des ersten gewertet, denn dabei rückt die "emische Betrachtungsperspektive" und die aktive Beteiligung der Zielgruppe noch stärker in den Mittelpunkt.

In der Entwicklungsplanung und der Erarbeitung von Problemlösungen bei anbautechnischen Fragen kann auch die Methode des "Farming System Research" Verbindungen zwischen der ländlichen Bevölkerung und Entwicklungsorganisationen schaffen (Van Willigen 1986:150ff.). Dabei ist es wichtig, nicht vom Farmhaushalt als isolierter Produktions- und Konsumeinheit auszugehen, sondern die Komplexität interner Entscheidungsprozesse, Ressourcenkontrolle, Außenbeziehungen und Kooperationsformen aufzuzeigen und die Bedürfnisse und Handlungsrationalität der beteiligten Personen zu erfassen.[34] Wichtig ist es, den Frauen als Produzentinnen gerecht zur werden. Auch die Infrastruktur und die Vermarktungsmöglichkeiten sind zu berücksichtigen.[35]

Sowohl in der Anwendung dieser Methoden als auch grundsätzlich sollten die Forschenden ihre Rolle gegenüber den Lokalgruppen, den Entwicklungsplanern und -organisationen reflektieren. Fragen der Wertfreiheit und Neutralität sind dabei zu bedenken.[36] Auch äußere Rahmenbedingungen, strukturelle Zwänge und Machtphänomene, die den jeweiligen Handlungsspielraum der Menschen beeinflussen, gelte es zu berücksichtigen.[37] Dies wird nicht nur in der Auseinandersetzung mit einem Projekt, sondern mit Entwicklungshilfe und ihren

---

33 Diskutiert wird auch, inwieweit diese Methoden einen Beitrag zur autozentrierten Entwicklung leisten können (Schönhuth 1992:13).
34 S. Kievelitz 1988:286. Cernea fordert während der ethnologischen Forschung eine Auseinandersetzung mit möglichen Formen der Unterstützung der Gruppen (1986:XV). Vgl. hierzu auch Stagl: "Ich plädiere daher für die Teilnahme der Ethnologen an den bestehenden Institutionen der Entwicklungshilfe, mit dem Ziel, diese für die betroffenen Völker erträglicher zu gestalten." (Stagl 1985:158)
35 S. Poats/Schmink/Spring 1988. Grundsätzlich ist für die Projektplanung die Erfassung der Komplexität von ökologischen, sozialen, mikroökonomischen und politischen Faktoren, die die spezifischen Anbauentscheidungen prägen, notwendig (Hoben 1982:368).
36 S. Antweiler 1986:158; Bräuer 1990:107; Poeschke 1991:64; Bliss 1988:112; vgl. Schott 1981:60.
37 S. Bowen 1988:414; Olivier de Sardan 1993:43. Vgl. hierzu die neueste offizielle Stellungnahme von BMZ-Vertretern zur Bedeutung der Rahmenbedingungen wie: Beachtung der Menschenrechte, Beteiligung der Bevölkerung am politischen Prozeß, Schaffung marktfreundlicher Wirtschaftsordnungen, Entwicklungsorientierung des staatlichen Handelns (Bohnet 1992:14). Zur Auseinandersetzung mit den Möglichkeiten und Grenzen der Einwirkung auf die Rahmenbedingungen und der lokalen Projektaufgabe, die Bevölkerung vor Ort bei eigenen Problemlösungen zu unterstützen s. Rauch 1993:279f.

Folgen für afrikanische Gesellschaften insgesamt gefordert.[38] So sollte das Aushandeln gegensätzlicher Interessen unterschiedlicher Beteiligter, wie Entwicklungsplaner, Regierungsvertreter, Männer und Frauen der Zielgruppe aufgezeigt und ihre Handlungsspielräume oder -begrenzungen im jeweiligen Machtgefälle sichtbar gemacht werden. Alle Beteiligten im Entwicklungsprozeß werden dementsprechend in neueren Forschungen als "soziale Akteure" verstanden (Long 1992:268ff.). Wichtig ist dabei vor allem eine Analyse der Konflikte und sozialen Dynamiken in den Zielgruppen bzw. zwischen diesen und den Kräften, die die Rahmenbedingungen des Wandels prägen, wie Projektplanern, Trägerorganisationen oder dem Staat. Berücksichtigung finden müssen dabei zeitliche Wandlungsprozesse, wobei die Entwicklungsprojekte in zeitlicher Hinsicht dann nur als eine Phase des Wandels gelten. Zum Erkennen dieser Aspekte könnte eine neuverstandene angewandte und praxisbezogene Forschung bzw. "Ethnologie der Entwicklung" einen wesentlichen Beitrag leisten (Bierschenk/Elwert/Kohnert 1991:170).

---

38 S. Bierschenk/Elwert/Kohnert 1991:156; vgl. Stagl 1985:158; Poeschke 1991:35. Escobar fordert zudem die kritische Auseinandersetzung mit den unterschiedlichen entwicklungstheoretischen Modellen wie dem Modernisierungsansatz oder der Armutsorientierung, da diese die Entwicklungspolitik und Projektkonzeptionen prägen (1991:662).

Viertes Kapitel
Frauen und Entwicklungsforschung: Überlegungen zu Theorie und Methodik

Institutionelle und entwicklungspolitische Aspekte wirken sich auf die Konzeption von Entwicklungsprojekten sowie die Unterstützung von Frauenzusammenschlüssen aus und beeinflussen den Erfolg ihrer Arbeit. Im folgenden geht es daher um eine Analyse entwicklungspolitischer Fragestellungen und Projektkonzeptionen und der Bedeutung ethnologischer Forschung. Nur durch das Aufzeigen dieser Hintergründe lassen sich die Auswirkungen des gelenkten Wandels auf Frauenorganisationen in Afrika verstehen, wie sie die Entwicklungszusammenarbeit hervorbringt.

1. Hintergründe und Entstehungsbedingungen der Frauenförderung in der Entwicklungszusammenarbeit: Die Bedeutung der Resolutionen der Vereinten Nationen

Frauen als Zielgruppe entwicklungspolitischer Planung zu erreichen, steht seit Mitte der 80er Jahre im Mittelpunkt der Konzepte vieler staatlicher und nichtstaatlicher Geberorganisationen der deutschen Entwicklungshilfe. Ausgangspunkt für die Einbeziehung der Frauen in Maßnahmen der Entwicklungszusammenarbeit waren entwicklungspolitische Entscheidungen in den 70er Jahren. Diesen gingen Bemühungen der Vereinten Nationen zur Verbesserung der Situation der Frauen voraus (Donner-Reichle 1990a:97). Bereits 1946 hatte sich eine UN-Expertenkommission im Zusammenhang mit der Menschenrechtsfrage auch der Rechtsstellung von Frauen gewidmet.[1]

Bei der Welternährungskonferenz und der Weltbevölkerungskonferenz, die beide 1974 stattfanden, stand die Rolle der Frauen in diesen Bereichen im Diskussionsmittelpunkt. Das Jahr 1975 wurde von den Vereinten Nationen während der Weltfrauenkonferenz in Mexiko zum "Jahr der Frau" erklärt, es leitete die "Frauendekade" unter dem Motto "Gleichberechtigung, Entwicklung, Frieden" ein. Ein Weltaktionsplan zur Verwirklichung dieser drei Ziele wurde erstellt (Tinker/Jaquette 1987:422). Er hatte, ähnlich wie später darauf aufbauende Strategien, zwar nur eine begrenzte völkerrechtliche Bindung, die einvernehmliche Verabschiedung durch die verschiedenen Staaten weist jedoch auf die politische

---

[1] Hierauf bezieht sich das "Bundesministerium für wirtschaftliche Zusammenarbeit" auch heute noch, wenn es die Frauenförderung als Beitrag zur Verwirklichung der sozialen Gerechtigkeit und der Menschenrechte wertet (BMZ 1988:5 und 1990:20).

Wichtigkeit der Frauenförderung auf internationaler Ebene hin.[2] Die Regierungsvertreter der Entwicklungsländer erklärten sich bereit, durch Einrichtung von Frauenministerien und Frauenbüros die Unterstützung von Frauen institutionell in die Planung und Verwaltung ihrer Länder einzubinden. Die Bedeutung der Frauen für das Erreichen von Entwicklungszielen wurde zwar theoretisch erkannt, die praktische Umsetzung dieser Erkenntnis ließ jedoch zu wünschen übrig, denn die neugegründeten Institutionen knüpften nur unzureichend an traditionelle Handlungsspielräume und Organisationsstrukturen der Frauen an.[3] "Aus einer Untersuchung von Entwicklungsplänen 11 afrikanischer Länder geht hervor, daß nur in vier von ihnen Frauen als Zielgruppe erscheinen, in 9 bleibt die Hälfte der Bevölkerung weiterhin unsichtbar." (Bruchhaus 1984c:83)

Die Industrienationen begannen als Geberländer die Frauenförderung in ihre Entwicklungszusammenarbeit zu integrieren (BMZ 1990:24). Maßnahmen zur konkreten Verbesserung der Situation von Frauen und zur Gleichberechtigung stehen dabei im Zentrum der Konzepte. Als Zeichen für die institutionelle Einbindung des neuen Konzepts richtete US-Aid bereits 1974 das Büro "Women in Development" ein und regte zahlreiche Studien zum Wandel der traditionellen Frauenrollen und Frauenorganisationen sowie zu den Möglichkeiten der Frauenförderung und den Auswirkungen von Entwicklungsprojekten an; an diesen Forschungen waren auch Ethnologinnen beteiligt.[4]

Die Vereinten Nationen gründeten auch zwei neue Organisationen zur Verwirklichung der Frauenförderung: "Voluntary Fund for the Decade of Women", 1985 in "United Nations Development Fund for Women" (UNIFEM) umbenannt, und das "International Research and Training Institute for the Advancement of Women" (INSTRAW).[5] Doch beträgt das UNIFEM-Budget nur 2 % des Haushalts der UN-Organisationen, womit die gemeinsamen wirtschaftlichen Aktivitäten von Frauen nicht ausreichend unterstützt und in der gesamten Entwicklungsplanung berücksichtigt werden können (Wipper 1988:418). Von der Organisation der Vereinten Nationen, "Economic Commission for Africa" (ECA), wurde außerdem in Addis Abeba ein Forschungs- und Schulungszentrum speziell für

---

2 S. Klemp 1992:288. "Die Weltfrauenkonferenz 1975 hat wesentlich dazu beigetragen, daß die Lebens- und Arbeitsbedingungen der Frauen in den "unterentwickelten" Ländern in den Mittelpunkt des entwicklungspolitischen Interesses gerückt sind." (Klingshirn 1982:2)

3 S. Himmler-Kleber 1986:4. Lachenmann 1989:XII. Als Beispiel für die Frauenförderung der nationalen Frauenorganisationen und einzelner Ministerien in Ghana und Togo s. Klingshirn 1982:131ff. und 286ff.

4 S. Hoskins 1980; Dixon 1980. In ihrem Vergleich der entwicklungspolitischen Konzeptionen und Projektauswirkungen US-staatlicher und internationaler Organisationen auf Frauen und Frauengruppen in Afrika kritisiert Rogers die Reduzierung der Rollen afrikanischer Frauen auf die Aufgaben als Mütter und mithelfende Ehefrau bei gleichzeitiger Wertung der Männer als Entscheidungsträger (Rogers 1980:31ff.; vgl. Staudt 1988:573). Frauenzusammenschlüsse sieht sie prinzipiell als geeignete Instanzen der Frauenförderung (1980:107). Die Arbeit amerikanischer, nicht-staatlicher Organisationen mit afrikanischen Frauengruppen analysiert Takata (1985). Zur theoretischen Reflexion der Problematik s. March/Taqqu 1986.

5 Zur Arbeit und Zielsetzung von UNIFEM, wie der technischen bzw. finanziellen Hilfe für Frauengruppen und der Förderung der Geschlechtergleichheit in Entwicklungsprojekten s. Davidson/Dankelman 1990:217.

Frauen gegründet (ATRCW 1975:46ff.). Darüberhinaus beauftragten die Vereinten Nationen Organisationen wie die Internationale Arbeitsorganisation (ILO), die Ernährungs- und Landwirtschaftsorganisation (FAO) oder die UN-Organisation für Erziehung, Wissenschaft und Kultur (UNESCO) an der Verbesserung der wirtschaftlichen und sozialen Situation von Frauen in der Dritten Welt mitzuwirken (Tinker/Jaquette 1987:425). Diese führten unter Beteiligung von Wissenschaftlerinnen, auch aus afrikanischen Ländern, detaillierte Studien zur Situation von Frauen durch. Die Ergebnisse flossen in gezielte Programme und Projekte der genannten Organisationen der Vereinten Nationen ein, mit denen die Benachteiligung der Frauen überwunden werden sollte. Richtungweisend wurde festgestellt, daß lokale Frauenzusammenschlüsse die geeigneten Instanzen sind, um den Ressourcenzugang von Frauen zu verbessern.

Die Bemühungen, vor allem Frauen mit Entwicklungsmaßnahmen auch im wirtschaftlichen Bereich anzusprechen, gehen insgesamt von Forschungserkenntnissen aus, die seit Beginn der 70er Jahre gewonnen worden waren (Moser 1989:1799). Internationale Forschungen belegen, daß vielerorts die weiblichen Arbeitskräfte einer Gesellschaft deren Subsistenz decken; so bewältigen Frauen in hackbauenden Agrarkulturen im tropischen Schwarzafrika bis zu 3/4 aller Arbeitsaufgaben (Schlegel/Barry 1986:144). Richtungweisend für das Verständnis der tragenden Rolle von Frauen in afrikanischen Agarkulturen und für die geschlechtliche Arbeitsteilung sowie den Wandel in den Anbausystemen war die Forschung von Ester Boserup. So schreibt Eva-Maria Bruchhaus, Expertin in Fragen der Frauenförderung und landwirtschaftlichen Arbeit von Frauen, über die Arbeit Boserups:

> "Nachdem dieses Thema vor dem Auftreten der Entwicklungshilfe fast ausschließlich Ethnologen interessierte, erhielt es zunehmend praktische Bedeutung für die Entwicklungsarbeit, nachdem Ester Boserup auf seine grundlegende Bedeutung für den Erfolg von Projekten und das Gelingen des Modernisierungsprozesses hingewiesen hatte." (Bruchhaus 1984c:86)

Wie im Zusammenhang mit Forschungen über Frauenaufgaben in afrikanischen Anbausystemen bereits erwähnt, analysiert Ester Boserup die Verdrängung der Frauen durch die Einführung neuer landwirtschaftlicher Techniken und Anbausysteme aus traditionellen Arbeits- und Einkommensbereichen, die für ihre gesellschaftliche Stellung wichtig waren (Boserup 1970; Lachenmann 1992a:79). Ihre Forschungsergebnisse bestätigten auch Erkenntnisse in Entwicklungsprojekten, die auf Modernisierung der Landwirtschaft und der Wirtschaft angelegt waren. Erhoffte Produktionssteigerungen blieben auf Projektebene ebenso unrealistisch wie das erwünschte Wirtschaftswachstum auf nationaler Ebene. 1973 forderte McNamara, damaliger Präsident der Weltbank, eine Neuorientierung der Entwicklungsprogramme durch die stärkere Einbeziehung der Bedürfnisse der Armen; dieser Ansatz wird als Grundbedürfnisstrategie bezeichnet.[6] Die Rolle der Frau in der wirtschaftlichen Versorgung wurde betont, die existenzsichernden

---

6   Zur Bedeutung der Selbsthilfe in diesem Zusammenhang s. Scholz 1993:284.

Beiträge der Frauen seien in die Entwicklung der Länder zu integrieren. Eine Verdrängung aus der landwirtschaftlichen Produktion durch Modernisierungsmaßnahmen, die sich allein an Männern orientierten, sollte verhindert werden.

Forschungen wiesen nach, daß die Benachteiligung von Frauen durch Wandlungsprozesse in Wirtschaft und Gesellschaft ausgelöst wurde und sich in den Bereichen: Arbeitsteilung, Ressourcenzugang, eigenständige Produktion und Vermarktung, Bildung, soziale Absicherung und Rechtsstellung zeigte. Der Geschlechterungleichheit sollte durch entsprechende Projektkonzeptionen entgegengewirkt werden (Jacobi 1983:146).

Schon ab Mitte der 70er Jahre hatte man traditionellen und modernen Frauenorganisationen eine bedeutende Mittlerrolle zugewiesen. Sie wurden zunächst als Informationsträger für Projektmaßnahmen und als Basis für Frauengleichberechtigung gewertet. "Die Partizipation der weiblichen Zielgruppe in der Projektplanung und Implementierung ist größer, wenn mit bestehenden formellen oder informellen lokalen Frauengruppen zusammengearbeitet wird." (Dixon 1980:24)

Neben traditionellen Frauenzusammenschlüssen bildeten sich - angeregt durch die internationalen Bemühungen um die gesellschaftliche Stellung der Frauen während der UN-Frauendekade - viele neue Frauenorganisationen bzw. Selbsthilfegruppen mit einem breit gefächerten Spektrum von Aktivitäten. Dies ist als Erfolg der Frauendekade und wesentlicher Beitrag der Betroffenen zum Wandel zu werten.[7]

Die Frauengruppen formierten sich keineswegs nur aufgrund westlicher Impulse zur Gleichberechtigung, sie bauten vielerorts auf Traditionen von Zusammenarbeit und politischer Mitsprache auf (Wichterich 1984:51). Frauenorganisationen setzten sich sowohl auf regionaler als auch auf nationaler Ebene, z.B. in neugegründeten politischen Institutionen, für mehr Forschungen über die Bedürfnisse und gemeinsamen Aktivitäten von Frauen sowie für mehr Planungsbeteiligung ein. Hierzu waren Kommunikation und Austausch zwischen den Gruppen sehr fördernd. Die notwendige Stärkung der Aktions- und Interaktionsformen lokaler und regionaler Frauengruppen durch entsprechende Regierungsprogramme und Entwicklungszusammenarbeit wird auch von internationalen Forschungsinstitutionen eingesehen (ATRCW 1975:66).

2. Die Frauenförderung in der deutschen Entwicklungszusammenarbeit

Während der Frauendekade der Vereinten Nationen begann auch die deutsche staatliche Entwicklungszusammenarbeit Mitte der 70er Jahre die Frauenförderung in Entwicklungsprojekten zu verstärken. Nur eine Auseinandersetzung mit dem entwicklungspolitischen Rahmen kann verdeutlichen, inwieweit den Bedürfnissen

---

7   S. Staudt 1990:133ff.; Tinker/Jaquette 1987:426; vgl. Senn/Grown 1988:86f.

und Interessen von Frauen in ländlichen Gebieten überhaupt entsprochen werden kann (Endely 1991:137). Zunächst bezogen sich die Maßnahmen - in Übertragung des europäischen Frauenbildes - auf die Bereiche Gesundheitsversorgung und Ernährung; dann wurde aber auch die wirtschaftliche Rolle der Frauen anerkannt und gezielt im einkommensschaffenden Bereich zu fördern versucht. Im 1. Grundsatzpapier des "Bundesministeriums für Wirtschaftliche Zusammenarbeit" (BMZ) von 1978 wird der Beitrag der Frauen zum wirtschaftlichen Erfolg der Entwicklungsmaßnahmen betont.[8] Gesonderte Mittel zur Frauenförderung sollten zur Verfügung gestellt werden und personelle Maßnahmen sollten mehr Frauen in die Entwicklungszusammenarbeit einbeziehen. Doch bleibt Umfang der Förderung unzureichend:

> "Aus dem "Frauenfonds" (etwas über 4 Millionen DM, bei einem Gesamtetat des BMZ von 5.757,7 Millionen im Jahre 1981, einschließlich der Verwaltungskosten) wurden bisher insgesamt 23 Projekte in 17 Ländern - davon die überwiegende Mehrzahl in Afrika - unterstützt. Das ist ein Bruchteil der gesamten deutschen bilateralen Entwicklungshilfe im Jahre 1981, in dem insgesmt 507 Personalprojekte in 107 Ländern durchgeführt wurden." (Bruchhaus 1984c:82)

In Fortschreibung des BMZ-Grundsatzpapiers zur Frauenförderung von 1978 unter Bezugnahme auf die Richtlinien der Vereinten Nationen und der Organisation zur wirtschaftlichen Zusammmenarbeit und Entwicklung (OECD) hat das BMZ im Mai 1988 das "Konzept zur Förderung von Frauen in Entwicklungsländern" herausgegeben. Die Vereinten Nationen hatten auf der Weltfrauenkonferenz in Nairobi zum Abschluß der Frauendekade 1985 ein Strategie-Dokument zur Frauenförderung verabschiedet (BMZ 1989:10). Die sehr detaillierten Richtlinien der OECD erstellte dessen Unterorganisation "Development Assistance Commitee" (DAC), ihre Umsetzung überwacht eine Expertengruppe "Women in Development". Frauen als Zielgruppe gelte es gemäß gegebener Unterschiede zu differenzieren (OECD 1990:5). Die OECD Richtlinien führten auch zur seit 1986 praktizierten formellen Überprüfung aller Vorhaben des BMZ bezüglich ihrer Auswirkungen auf Frauen (Lachenmann 1992a:76). Auf institutionell-organisatorischer Ebene wurde 1988 im BMZ das Referat für Frauenförderung und weitere übersektorale Grundsatzfragen und Querschnittsaufgaben, wie Grundbedürfnisorientierung, Armutsbekämpfung und Selbsthilfe eingerichtet.

Dieses Konzept zur Frauenförderung soll der staatlichen Entwicklungszusammenarbeit als Entscheidungshilfe und der nicht-staatlichen Entwicklungsarbeit als Orientierungshilfe in der Frauenförderung dienen. Zu berücksichtigen ist, daß es die Mittelvergabe des BMZ für Entwicklungsmaßnahmen der staatlichen und nicht-staatlichen Entwicklungszusammenarbeit beeinflußt. Prinzipiell geht das Konzept von der Schlüsselrolle von Frauen in der wirtschaftlichen und sozialen Entwicklung ihrer Länder aus. Es wertet die Unterstützung von Frauengruppen

---

8 S. BMZ 1988:8. Das "Bundesministerium für wirtschaftliche Zusammenarbeit" (BMZ) ist für die Konzeption, Planung, Durchführung und Evaluierung der gesamten bi- und multilateralen Entwicklungspolitik der Bundesregierung zuständig (Glagow 1983; 1990).

als Bestandteil der Frauenförderung auf der Projektebene.⁹ Frauenförderung wird als "Querschnittsaufgabe" aller Bereiche der staatlichen Entwicklungszusammenarbeit betrachtet. Das Konzept zielt sowohl auf die politischen und gesellschaftlichen Rahmenbedingungen, als auch auf die konkrete Projektgestaltung ab. Die Interessen von Frauen sollen bei der Planung und Durchführung aller Förderungsmaßnahmen berücksichtigt werden. Die Projektmaßnahmen bedürfen der Einbeziehung ihres schöpferischen Potentials, damit nicht nur die Grundbedürfnisse befriedigt werden, sondern die Frauen einen eigenen Nutzen aus ihrem Einsatz ziehen können (BMZ 1988:3f.). Benachteiligungen sind zu vermeiden oder zu überwinden, um Frauen als Trägerinnen und Nutznießerinnen von Entwicklungsprozessen ein menschenwürdiges Leben zu ermöglichen. Zu diesem Zweck wird auch eine Zusammenarbeit mit Frauengruppen auf unterschiedlichen Ebenen angestrebt.

Die Entwicklungsexperten, die sich dem BMZ-Konzept befassen, drängen auf eine finanzkräftige Unterstützung von Frauen. Die Weiterleitung von Maßnahmen zur Frauenförderung an Nicht-Regierungs-Organisationen wird in der Literatur kritisch diskutiert, denn sie zeichneten sich zwar durch Basisnähe und institutionelle Flexibilität aus, verfügten jedoch oft nur über begrenzte Finanzmittel (Wichterich 1984:62).

Im folgenden soll die Frauenförderung der "Deutschen Gesellschaft für Technische Zusammenarbeit" (GTZ) und des "Deutschen Entwicklungsdienstes" (DED) vorgestellt werden, da weiter unten Beispiele zur Zusammenarbeit mit Frauengruppen dieser Organisationen analysiert werden. Zur Umsetzung der entwicklungspolitischen Leitlinien zur Frauenförderung wurde 1980 eine Stelle zur Förderung von Frauen in Entwicklungsländern bei der GTZ geschaffen (BMZ 1990:24).¹⁰ Aus dieser ging 1989 die Koordinationsstelle für Frauenförderung, Selbsthilfeförderung und Armutsbekämpfung in der GTZ hervor, die 1991 zur Stabstelle aufgewertet wurde. Im Auftrag der GTZ wurden Studien über die Bedeutung der eigenen Frauenförderung erstellt. Diese fordern, Frauenförderung stärker in die Entwicklungszusammenarbeit der GTZ einzubinden und somit die Lebensbedingungen der Frauen zu verbessern.

---

9 In diesem Teil der Arbeit sollen konzeptionelle, planerische und forschungsbezogene Fragestellungen analysiert werden, die sich aus dem entwicklungspolitischen Konzept der Frauenförderung ergeben. Denn hierbei ist die Unterstützung von Frauengruppen ein wesentlicher Bestandteil. Die Gestaltung von Projektmaßnahmen wird an konkreten Fallbeispielen im dritten Teil der Arbeit vorgestellt. Zur Umsetzung der Frauenförderungskonzeption bei Nicht-Regierungs-Organisationen wie bei den kirchlichen Organisationen s.: Bruchhaus/Leßner-Abdin/Wolsky 1979:89; bei politischen Stiftungen s.: Himmler-Kleber 1986:143ff.; bei anderen Organisationen wie der Deutschen Welthungerhilfe s.: Bruchhaus/Leßner-Abdin/Wolsky 1979:116; Himmler-Kleber 1986:147ff.

10 Die "Deutsche Gesellschaft für Technische Zusammenarbeit" (GTZ) ist eine 1974 gegründete GmbH, die Aufträge des BMZ zur Prüfung und Durchführung von Vorhaben der bilateralen, staatlichen technischen Hilfe bzw. Zusammenarbeit übernimmt, d.h. sie entsendet und finanziert Fachkräfte, koordiniert die Aus- und Fortbildung einheimischer Fachkräfte in den Entwicklungsländern, finanziert Projekte bzw. Programme und liefert Ausrüstung oder Material (Pollvogt 1987).

"Die bundesdeutsche technische Zusammenarbeit ist - wie andere Organisationen der bi- und multilateralen Zusammenarbeit auch - noch weit davon entfernt, in ihrer Praxis der Förderung von Frauen den Stellenwert einzuräumen, der ihr angesichts der ökonomischen, sozialen und kulturellen Situation in unseren Partnerländern zukommen müßte. (...) Weder konnten die Ressourcen - die vorhandenen Produktivkräfte der Frauen - ausreichend mobilisiert werden, noch sind negative Auswirkungen einzelner Maßnahmen auszuschließen." (Martius von Harder/Schneider 1986:4)

Dem wird von offizieller Seite entgegnet, die GTZ verfüge über ausreichende planerische und fachliche Strukturen, die es nur konsequent anzuwenden gelte, z.B. bei der Mitwirkung in der Projektplanung oder der Sensibilisierung und Fortbildung der GTZ-Mitarbeiter. Frauenförderung wird hier vor allem als Beitrag zum Projekterfolg und zum Erreichen von Entwicklungszielen gesehen (Möller 1989:10). Das neuere Verständnis der Frauenförderung in der GTZ sieht diese aber vielmehr als "Querschnittsaufgabe" für alle Projekte und Programme und nimmt dabei auf das BMZ-Konzept von 1988 Bezug. Jetzt werden die Einbeziehung von Frauen in den gesamten Projektverlauf, geschlechtsspezifische Zielgruppenanalysen und frauengerechte Problemlösungen angestrebt.

In der Entsendung von Entwicklungshelfern durch den DED ist seit den Empfehlungen der Mitarbeiterkonferenz im Jahre 1982 die Frauenförderung wichtig bei Projektprüfungen, bei Programmplanungen sowie bei Projektplatzbesetzungen (Göser-Huber 1982). Zur Verwirklichung wurden 1991 Leitlinien zur Frauenförderung erlassen, die folgende Förderungsinstrumente umfassen: finanzielle Unterstützung, technische Hilfe, Sachmittel, logistische Unterstützung und Beratung. Föderungsschwerpunkte sind landwirtschaftliche Beratung, Vermittlung von Kreditzugang und Buchführungskenntnissen, Schulung von Beraterinnen, Fortbildung in Handwerk und Technik, grundlegend dabei ist die Bewahrung des Subsidiaritätsprinzips. Der Zusammenarbeit mit lokalen Frauengruppen und -organisationen wird als Teilbereich der Förderung einheimischer Dienste - der zweite Gesellschaftszweck des DED neben der Entsendung von Freiwilligen ins Ausland - große Beachtung geschenkt (Erl 1987:2ff.). Das Selbsthilfepotential und die Organisationsfähigkeit der Gruppen soll gestärkt und damit ein Beitrag zur Selbstorganisation und Chancengleichheit geleistet werden.[11] In einer 1988 vom DED in Auftrag gegebenen Studie zur Frauenförderung wird eine stärkere Einbindung der Frauenförderung in den institutionellen Rahmen des DED gefordert,

---

11 Positive Erfahrungen wurden in jüngster Zeit mit der Unterstützung der Gruppen durch finanzielle Direkthilfe durch Partnerschaftshelfer gemacht, einzelne Entwicklungshelfer oder -helferinnen, die nicht an ein spezielles Projekt gebunden sind und gezielt Entwicklungsvorhaben von Gruppen fördern. Erfolgreich ist auch das neue Konzept der "freien Plätze", d.h. einzelne Entwicklungshelfer und -helferinnen erarbeiten mit den Gruppen gemeinsam ihre eigenen Aufgabenschwerpunkte der personellen Hilfe. Das erfordert zwar viel Flexibilität und institutionelle Offenheit, scheint sich aber als bedürfnisgerechtes Konzept zu bewähren, wie erste Erfahrungen bei der Förderung kenianischer Frauengruppen zeigen (Bruchhaus/Njunji Hinga 1993:14).

um damit einen Beitrag zu einer frauengerechten Entwicklung zu leisten (Schürings/Schimpf-Herken 1988:13).

Entwicklungspolitische Rahmenbedingungen zur Zusammenarbeit mit Frauengruppen

Im politischen Dialog und in der entwicklungspolitischen Zusammenarbeit mit den Regierungen der jeweiligen Partnerländer soll auf die Überwindung der Benachteiligung der Frauen hingewirkt werden. Dies ist ein wichtiger Aspekt, denn Maßnahmen der bilateralen Entwicklungszusammenarbeit werden nach dem Antragsprinzip, d.h. letztlich auf Initiative der jeweiligen Regierungen, durchgeführt. Auf ihre Interessen und Prioritäten gilt es entsprechend Einfluß zu nehmen, damit Frauenförderung durchsetzungsfähig wird. Politische und rechtliche Rahmenbedingungen zur Verbesserung der Situation von Frauen sollen von den jeweiligen Regierungen geschaffen werden. Vor dem Hintergrund der Strukturverbesserungen ist auch die Frauenförderung auf Projektebene zu betrachten (Himmler-Kleber 1986:12).

Die gesellschaftliche und politische Unterstützung der Frauen knüpft zunächst an bestehende Institutionen und Verwaltungseinrichtungen wie Frauenministerien oder -büros in den jeweiligen Ländern an. Obwohl die finanzielle und personelle Mittelausstattung dieser Institutionen, entgegen Regierungsankündigungen während der Welt-Frauenkonferenzen, gering ist und sie in der nationalen Entwicklungsplanung der Länder nur eine untergeordnete Rolle spielen, gelte es, Frauenministerien und Frauenbüros in den politischen Dialog miteinzubeziehen. Damit soll auch auf institutionelle Umstrukturierung, wie eine Einbindung dieser Instanzen in die wirtschaftspolitischen Entscheidungsgremien, hingewirkt werden (GTZ 1989:11).

Aber nicht nur den Institutionen, die direkt auf Frauenbelange ausgerichtet sind, sollte mehr Beachtung geschenkt werden, sondern auch den politischen Rahmenbedingungen. Denn die nationale und internationale Politik prägt Frauenförderung und die Interessenverwirklichung von Frauen in entscheidender Weise; dies sollte auch in Forschungen über die Förderung der Frau in der Landwirtschaft einbezogen werden (Staudt 1988:574).

Zusammenarbeit mit nationalen Frauenorganisationen

Kritisch anzumerken ist, daß die nationalen Frauenorganisationen in vielen Ländern der nationalen Einheitspartei unterstehen und für deren politische Ziele vereinnahmt werden (Endely 1991:136). Auch sind die Einflußmöglichkeit dieser Institutionen begrenzt, da sie sich nicht an traditionellen, eigenständigen Frauenbereichen, in denen Frauen als Subjekte handelten, orientieren (Lachenmann 1989:86f. und 1992a:84). Inwieweit sie dennoch eine Vermittlerrolle in der Umsetzung der Frauenförderungsprogramme und der direkten Unterstützung lokaler Frauengruppen übernehmen können, wird in der Literatur unterschiedlich beurteilt. Während manche Expertinnen, die in der Entwicklungszusammenarbeit tätig sind, die Rolle der nationalen Frauenorganisationen als Interessenvertretung für Frauen in ländlichen Regionen kritisch betrachten, sehen andere in diesen Organisationen eine Chance zur Bedürfnisartikulation und zur Einbeziehung der Forderungen der Frauen auch auf nationaler Ebene.[12]

> "Sie können das Bewußtsein der Entscheidungsträger in Politik und Gesellschaft verändern helfen, was eine Voraussetzung für die Verbesserung der Rahmenbedingungen von Frauenförderung ist. Deshalb sollte die Frauenförderung zweigleisig erfolgen - von oben und von unten." (Himmler-Kleber 1986:207)

Die unterschiedlichen Einschätzungen resultieren aus der jeweiligen Bewertung des Verhältnisses lokaler zu nationaler Frauenorganisationen und der Involvierung der Frauengruppen in die nationale Parteipolitik. Daher sollte die Zusammenarbeit mit nationalen Frauenorganisationen nicht pauschal abgelehnt, sondern in ihrem spezifischen Kontext ernstgenommen werden.[13] Eine diffenzierte Analyse der internen Strukturen und möglichen Unterstützungsformen durch Beratung oder Managementtraining für die Gruppen wird auch vom DED für notwendig erachtet (Schürings/Schimpf-Herken 1988:110). Von seiten der GTZ wird die Möglichkeit der politischen Vereinnahmung von Frauenorganisationen durch Parteien zwar erkannt, dennoch wird die Zusammenarbeit mit ihnen eher positiv eingeschätzt: "Zum einen werden hier die Weichen gestellt, die die Frauenförderung auf Projektebene beeinflussen. Zum anderen sollte die Fähigkeit dieser Organisationen, die weibliche Bevölkerung zu mobilisieren, nicht unterschätzt werden." (Schneider/Schneider 1989:89)[14]

Zusammenarbeit mit nicht-staatlichen Frauenorganisationen und Frauen-Selbsthilfegruppen

Darüberhinaus soll mit Frauenorganisationen und Nicht-Regierungs-Organisationen, in denen Frauen vertreten sind, als Partnern in der Frauenförderung zusammengearbeitet werden (BMZ 1988:20). Die multilaterale Zusammenarbeit gelte es zu effektivieren und finanziell besser auszustatten (Jacobi 1983:149). Die Unterstützung überregionaler Frauenzusammenschlüsse wird grundsätzlich als Beitrag zur politischen Repräsentanz der Frauen und zur Frauenpolitik in den jeweiligen Ländern verstanden. Der Handlungsspielraum der Frauengruppen auf lokaler und regionaler Ebene soll erweitert und ihr Ressourcenzugang erleichtert wer-

---

12 S. Donner-Reichle 1990a:107; Klingshirn/Baldus 1977:358; vgl. Schürings/Schimpf-Herken 1988:110.
13 Zu internationalen Erfahrungen mit überregionalen Frauenorganisationen als Interessenvertretung und in der Projektgestaltung s. Lewis 1982b:113f. S. Himmler-Kleber 1986:206f. Dies wird auch für die Frauenorganisationen im Sahel gefordert (Creevey 1986:12).
14 Zur Zusammenarbeit der GTZ mit einer nationalen Frauenorganisation s. die Kooperation mit der kenianischen Frauenorganisation "Maendeleo ya Wanawake" (MyW) im dritten Teil dieser Arbeit.

den.[15] Dadurch soll das Konzept der Frauenförderung in der Entwicklungszusammenarbeit Verankerung finden, eine Forderung, die auch in der Analyse der Frauenförderungspolitik des DED erhoben wird (Schürings/Schimpf-Herken 1988:111).

Zur Interessenartikulation werden Selbsthilfegruppen als besonders wichtig erachtet: Explizit wird die Förderung von gesellschaftspolitisch bedeutsamen Zusammenschlüssen wie überregionalen Frauenorganisationen, Vereinen oder Rechtsvereinigungen betont. "Damit Frauen ihre sozialen, politischen und ökonomischen Interessen besser vertreten können, ist die Stärkung der Frauenorganisationen und die Unterstützung der Selbsthilfeanstrengungen von Frauen eine zentrale Aufgabe jeglicher Frauenförderung." (BMZ 1990:34)

Zudem ist die Unterstützung von Frauen-Selbsthilfe-Organisationen, denen eine hohe Motivation zugesprochen wird, auf regionaler und lokaler Ebene in den Bereichen Ausbildung, Kredite und Beratung Teil der Förderungskonzeption (GTZ 1989:46).

In Gruppen, in denen Frauen und Männer vertreten sind, sollen Frauen für Führungspositionen geschult werden. Darüberhinaus sind die Sektoren Landwirtschaft, Hauswirtschaft und Ernährung, Gesundheit und Familienplanung, Kleingewerbe und informeller Sektor, Wasser- und Energieversorgung sowie Bildung in das Konzept der Frauenförderung einbezogen (BMZ 1988:11ff.). Dies trifft sowohl für die bi- als auch für die multilaterale technische und finanzielle Zusammenarbeit zu. Mittelausstattung, personelle Besetzung und inhaltliche Gestaltung der Frauenförderung werden jedoch bisher noch als unzureichend gewertet und bedürfen einer verbesserten Einbeziehung in die entwicklungspolitische Planung, um auf Projektebene wirksam zu werden (Donner-Reichle 1990a:101f.). Möglichkeiten der Kooperation mit Frauengruppen gilt es sowohl für mono- als auch für multisektorale Projektansätze zu prüfen. Insbesondere letztgenannte sollen Frauen die Mitwirkung am öffentlichen Leben erleichtern.

So sehen afrikanische Expertinnen der Entwicklungszusammenarbeit als Vorteile multisektoraler Ansätze, die sich an Frauenorganisationen wenden, die Unterstützung der wirtschaftlichen Unabhängigkeit der Frauen und die Verbesserung ihres sozialen Status.[16] Die Kontrolle über Produktion und Vermarktung sowie die Befriedigung der Grundbedürfnisse werden in diesem Zusammenhang als Beitrag zur Stärkung des Selbstbewußtseins der Frauen gewertet.

Projektkonzeptionen und Maßnahmen zur Frauenförderung

Auf der Projektebene stellt sich die Frage, wie die Einbeziehung von Frauen verwirklicht werden kann. Es wird zwischen frauenspezifischen Maßnahmen, die vor allem im sozial-karitativen Bereich angesiedelt sind, zwischen Projekten mit

---

15 S. Lachenmann 1989:XX. Die gezielte Förderung der Organisationsfähigkeit und der Artikulationsmöglichkeiten bestehender Zusammenschlüsse wird nicht nur bei Frauengruppen, sondern insgesamt als Beitrag der Entwicklungszusammenarbeit zur Problemlösung und zur Existenzsicherung der jeweiligen Bevölkerung gefordert (Rauch 1993:282).
16 S. Chikara 1989:25; Ogundipe 1987:136; Senn/Grown 1988:58.

Frauenkomponenten und integrierten Projekten unterschieden.[17] **Frauenspezifische Maßnahmen** richten sich zwar ausschließlich an Frauen, weisen ihnen jedoch keineswegs eine aktive Rolle im Entwicklungsprozeß zu. In Übertragung westlicher Rollenbilder sprechen sie Frauen ausschließlich als Hausfrau und Mutter an (Obermaier 1989:5; Tekülve 1993:311). Dieser Ansatz läßt andere weibliche Arbeitsbereiche unberücksichtigt, wodurch möglicherweise Mehrbelastungen entstehen. Auch wird unter Umständen den spezifischen Bedürfnissen der Frauen nicht entsprochen.[18]

Bei frauenspezifischen Maßnahmen wird häufig mit Frauengruppen zusammengearbeitet. Sie werden als einzige oder geeignete Organisationsform betrachtet, welche Frauen trotz gesellschaftlicher Benachteiligung Handlungsspielräume eröffnet (Lachenmann 1989:89). Dies gilt auch für sogenannte Frauenpilotprojekte, Kleinprojekte mit geringer Mittelausstattung, die durchgeführt werden, um Erfahrungen mit einer Zielgruppe zu sammeln. Darauf bauen gegebenenfalls größer angelegte Projekte auf.

Frauenspezifische Maßnahmen wurden schon in den 60er Jahren durchgeführt und werden heute nur noch unterstützt, wenn sie sich selbst tragen oder die Folgekosten von Nicht-Regierungs-Organisationen wie den Kirchen übernommen werden. Die Förderungspraxis, in frauenspezifischen Projekten oder Programmen mit Frauen-Selbsthilfegruppen besonders benachteiligter oder armer Frauen zusammenzuarbeiten, ist auch im internationalen Vergleich zu beobachten. Die soziale Bedeutung der Förderung dieser Gruppen zeigt eine von US-Aid in Auftrag gegebene Studie, wobei die Gruppen die einzige kulturell akzeptierte Form der Zusammenarbeit sind (Dixon 1980:45). Dabei wird aber auch deutlich, daß teilweise bei der Förderung der ärmsten Frauen bestehende traditionelle Assoziationen übergangen werden müßten. Demgegenüber sehen Forscherinnen aus Dritte-Welt-Ländern gerade in einer gezielten Unterstützung bestehender Organisationen eine Chance, auch arme Frauen zu erreichen (Senn/Grown 1988:86). Die Frauenförderungspolitik sollte sich nicht auf frauenspezifische Maßnahmen mit Frauengruppen beschränken, sondern sich bemühen, ihren Interessen insgesamt gerecht zu werden. Zum Erkennen der Potentiale und Grenzen dieser Organisationen im Rahmen der Armutsüberwindung sind aber detaillierte Studien notwendig.

> "In solchen Fällen können frauenspezifische Projekte nötig sein. Dazu gehört auch, daß eigenständige Sozial- und Organisationsstrukturen von Frauen gefördert oder geschaffen werden. Dabei kann es sich um Frauengruppen, Genossenschaften oder Organisationen zur sozialen und politischen Vertretung von Frauen handeln." (BMZ 198:10).

---

17 S. Martius von Harder/Schneider 1986:25. In der kritischen Auseinandersetzung mit den unterschiedlichen Ansätzen zur Frauenförderung auf Projektebene stellt sich das methodische Problem begrifflicher Unschärfen (Meyer-Mansor 1985:22).

18 S. Bruchhaus/Leßner-Abdin/Wolsky 1979:142. Zur Diskussion über den Begriff "Zielgruppe" s. auch die grundsätzliche Auseinandersetzung mit dem Thema Ethnologie und Entwicklungshilfe in dieser Arbeit.

Kritisch wird hierzu angemerkt, daß Selbsthilfe armer Frauen nicht zur "Selbstorganistion des Elends" werden sollte. Vielmehr wäre es notwendig, im politischen Dialog auf eine Veränderung der politischen und ökonomischen Rahmenbedingungen hinzuwirken, um gerade armen Frauen Handlungsspielräume zu eröffnen. Auch Nicht-Regierungs-Organisationen werden aufgefordert, eine "Advocacy-Position" besonders gegenüber armen Frauen einzunehmen und somit zu einer "Feminisierung der Entwicklung" beizutragen und einer "Feminisierung des Elends" entgegenzuwirken (Rusteberg 1992:31).

Seit den 70er Jahren wurden aufgrund der Erkenntnis, daß sich Entwicklungsprojekte unterschiedlich auf Frauen und Männer auswirken, bereits begonnene Projekte durch Maßnahmen zur Frauenförderung, den sogenannten **Frauenkomponenten**, ergänzt, um tendentiellen Benachteiligungen von Frauen entgegenzuwirken (Lachenmann 1989:12). Diese gingen ebenfalls vielfach vom europäischen Familienmodell aus, das in Verkennung lokaler Sozialstrukturen übertragen wurde. Frauen wurden nur als "Hausfrauen" angesprochen und dadurch an wirtschaftlich interessanten Aktivitäten nicht beteiligt oder aus diesen sogar weiter verdrängt.

Dieser Ansatz berücksichtigt zwar die Auswirkungen aller Projekte auf Frauen - also die sogenannte Frauenrelevanz aller Projekte -, aber aus einer einseitigen Betrachtungsperspektive. In kritischer Reflexion dieses Ansatzes wurden detaillierte Studien zur gesellschaftlichen Stellung der Frauen und der Aufgabenteilung von Männern und Frauen für die Projektplanung sowie eine stärkere Beteiligung der Frauen an der Planung für notwendig erachtet.[19] Das leitete über zur gezielten **Integration von Frauen in alle Projekte**, sowohl auf der Entscheidungs- als auch auf der Durchführungsebene.

"Frauenförderung muß als sektorübergreifende Aufgabe verstanden werden und in Form integrierter Maßnahmen in alle Vorhaben der Technischen Zusammenarbeit Eingang finden. Sämtliche Vorhaben müssen daraufhin überprüft werden, ob sie auch den weiblichen Bevölkerungsteil fördern, oder ob sich ihre Maßnahmen nicht eher negativ für die Frauen auswirken."(Möller 1989:10)

Von der deutschen Entwicklungshilfe wird verlangt, die Selbstbestimmung der Frauen im ökonomischen und politischen Bereich zu stärken, sowie den soziokulturellen Kontext und Kulturwandel zu berücksichtigen, denn Frauenförderung sollte also ein Beitrag zu einer frauengerechten Entwicklung sein.[20] Die unterschiedlichen Konzeptionen zur Frauenförderung sind nicht nur in der deutschen staatlichen und nicht-staatlichen Entwicklungshilfe zu finden, sie zeigen sich in ähnlicher Abfolge im internationalen Vergleich: Dem sogenannten "Wohlfahrtsansatz" der 50er bis 70er Jahre, bei dem Frauen in ihrer Rolle als

---

19 S. Bruchhaus/Leßner-Abdin/Wolsky 1979:153ff.; Fischer 1985:7; Wichterich 1984:67; Jacobi 1983:154.
20 S. Donner-Reichle 1990a:98; Martius von Harder/Schneider 1986:72; Klemp 1992:300; Tekülve 1993:312. Hingewiesen sei hier auf eine Analyse der Möglichkeiten und Grenzen in der sektor- bzw. fachbereichsübergreifenden Frauenförderung des Deutschen Entwicklungsdienstes (Schürings/Schimpf-Herken 1988:51ff.).

Mütter gefördert wurden, folgte im Zusammenhang mit der Frauendekade der "Gleichheitsansatz", bei dem die Geschlechtergleichheit im Entwicklungsprozeß das Ziel war. Dieser wurde durch den "Armutsbekämpfungsansatz", der auf die Erhöhung der Produktivität armer Frauen zur Überwindung von Armut ausgerichtet war, abgelöst. Seit Anfang der 80er Jahre zielt der "Effizienzansatz" auf die wirksamere ökonomische Beteiligung von Frauen und ihren Beitrag zur Stabilisierung der Wirtschaft ab. Der "Empowerment-Ansatz", den vor allem Frauen aus Dritte-Welt-Ländern vertreten, postuliert hingegen die Förderung der Selbstbestimmung von Frauen.[21] Dabei wird zwischen praktischen und strategischen Geschlechterbedürfnissen differenziert; während erstere sich auf eine Unterstützung der Versorgungsaufgaben der Frauen beziehen, ist mit der zweiten Kategorie die Überwindung der Geschlechterungleichheit gemeint.

"Der Empowerment-Ansatz hinterfragt die fundamentalen Annahmen der Beziehungen zwischen Macht und Entwicklung, die den vorherigen Ansätzen zugrundeliegen. Während er die Bedeutung des Machtgewinns für Frauen betont, versucht er die Macht weniger im Sinne von Dominanz über andere, als vielmehr in Form von Selbstständigkeit un innerer Stärke zu definieren." (Moser 1989:1814)

Gerade traditionellen Frauenorganisationen wird eine große Bedeutung zur Interessensvertretung der Frauen beigemessen. Überlegungen zur Einbeziehung bestehender traditioneller Frauengruppen in die Entwicklungszusammenarbeit sollten daher vom Nutzen für die Frauen ausgehen und sie nicht nur im Zusammenhang mit der Projektdurchführung oder dem Projekterfolg sehen. Vielmehr sollten sie als tragende Kräfte des Wandels gestärkt werden, da sie zum Vertrauen auf die eigenen Fähigkeiten und eigene Entwicklungsvorstellungen beitragen (Cook 1981:45f.; Dixon 1980:45).

3. Forschungen über Frauen und ihre Zusammenschlüsse im Entwicklungsprozeß

Für die Einbeziehung der Frauenförderung in die Entwicklungszusammenarbeit nennt das BMZ personelle und planerische bzw. forschungsbezogene Faktoren (BMZ 1988:19f.).

"Gerade weil diese Betonung der Forderung gezielter frauenspezifischer und / oder frauenrelevanter Projekte und Projektkomponenten in gewisser Weise ein Neuansatz in der Förderungspraxis der Entwicklungshilfe ist, der sicherlich mit viel Skepsis und (erfahrungsgemäß) auch mit Konkurrenzängsten der in diesem Sektor dominierenden Männerwelt betrachtet wird ..., ist auf die Personalauswahl und auf eine solide Datenbasis, die die Rahmenbedingungen absteckt, ein besonderes Augenmerk zu richten." (Klingshirn 1982:5)

---

21 S. Moser 1993:58ff.; De Groot 1991:122f.; De Jong 1990:23.

Die Notwendigkeit der stärkeren personellen Einbeziehung von Frauen in die projektvorbereitende Forschung, Projektplanung und -durchführung wird damit erkannt (GTZ 1989:11). Sie soll den Bedürfnissen, Kenntnissen und Interessen von Frauen als Zielgruppe gerecht werden. In neueren Publikationen wird die Partizipation von Frauen im Entwicklungsprozeß als Teilbereich der Geschlechterverhältnisse diskutiert und eine differenzierte Betrachtung ihrer Rollen gefordert, hierzu können ethnologische Forschungen einen wichtigen Beitrag leisten (Moser 1989:1799). Es sollten Forschungen sein, die die Machtverhältnisse zwischen Männern und Frauen und Unterschiede im Ressourcenzugang aufzeigen. Sie sollten Frauen differenziert nach ihre Bedürfnisse und Interessen in verschiedenen Lebensphasen betrachten und dabei berücksichtigen, wie die Zusammenschlüsse auf diese Unterschiede reagieren. Zudem sollten historische und gesellschaftliche Rahmenbedingungen Beachtung finden, da diese die Frauenrollen und ihre Zusammenschlüsse beeinflussen (De Groot 1991:129).

Projektvorbereitende und projektbegleitende Forschungen über die Bedürfnisse, Arbeitsbereiche und Einkommensmöglichkeiten von Frauenzusammenschlüssen sollten zur gezielten Berücksichtigung ihrer Interessen und Aufgaben beitragen.[22] Hierzu sind detaillierte Studien zur ökonomischen Rolle der Frauen im jeweiligen kulturellen Kontext und eine inhaltliche Umorientierung notwendig, denn nur dadurch können Frauen stärker als bisher als Produzentinnen gesehen werden.[23] Der komplexen Unterteilung ihrer unterschiedlichen Arbeitsbereiche in Subsistenz- und Marktproduktion sowie der gesellschaftlichen Bewertung ihrer Arbeit sollte dabei Rechnung getragen werden. Geschlechtliche Arbeitsteilung, Haushaltsstrukturen oder Ressourcenkontrolle gilt es im jeweiligen lokalen, wirtschaftspolitischen Kontext zu analysieren.[24] Dazu können Ethnologinnen einen wichtigen Forschungsbeitrag leisten, indem sie den Wandel des traditionellen wirtschaftlichen Beitrags von Frauen durch koloniale und moderne Einflüsse aufzeigen (Tiffany 1980:376). "Eine engere Zusammenarbeit von Ethnologinnen und Hilfsorganisationen ist sehr wichtig, damit dieses Wissen vermehrt Eingang in die Praxis finden könnte." (De Jong 1990:17)

Zudem bieten Forschungen zur Verbesserung des Ressourcenzugangs eine Möglichkeit zur Intensivierung des Dialogs zwischen Ethnologinnen und Projektplanern bzw. Projektpersonal. Im Betrachtungsmittelpunkt sollte stehen, inwieweit die Kontrolle von Frauen über ihre Leistungen in Anbau, Handwerk und Handel durch eine Unterstützung von Frauengruppen gefördert werden kann. Eine Erweiterung der Ressourcenkontrolle wäre möglicherweise ein Beitrag zur Statusverbesserung der Frauen, politische, soziale und religiöse Aspekte sind dabei in ihren Interdependenzen zu berücksichtigen.[25] An derartigen Studien sollten

---

22 S. Hlupekile Longwe 1991:152; Wipper 1988:418. Dies fordern auch afrikanische Wissenschaftlerinnen (Adekanye 1987:7f.; Aidoo 1988:60).
23 S. Himmler-Kleber 1986:178; Thomas-Slayter 1992:137; Watson-Franke 1985a:13: Wichterich 1984:63; Papanek 1977:17; Endely 1991:133; Kelly 1981:418.
24 S. Schlegel/Barry 1986:149; Klingshirn 1982:91f.; Fischer 1985:6; Creevey 1986:13.
25 S. Rogers 1975:727f.; Momsen 1981:102; Cook 1981:46; Kandiyoti 1988:13; Tan 1981:4; Okey 1981:7.

die betroffenen Frauen selbst beteiligt werden. Dies ist eine Voraussetzung zum Erkennen ihrer "Überlebensstrategien" und Selbstorganisation im jeweiligen Projektgebiet, die dann durch gezielte Fördermaßnahmen unterstützt werden können.

Die Auswirkungen von Projektmaßnahmen auf diese Faktoren sind nicht allein in einer Vorstudie zu prognostizieren, sondern während des jeweiligen Projektverlaufes wiederholt zu analysieren und in Evaluierungen zu überprüfen. Den Evaluierungen kommt dabei eine weitreichende entwicklungspolitische Bedeutung zu, denn seit März 1986 fordert das BMZ die Projektauswirkungen auf Männer und Frauen getrennt zu untersuchen. "Evaluierungen sind ein wichtiges Instrument um Erfahrungen, Probleme und Defizite bei der Planung und Durchführung und Wirkung von Frauenförderungsmaßnahmen feststellen zu können."(BMZ 1990:28) Aspekte wie die Stärkung der Selbstorganisation und der Problemidentifizierung der Frauen kommen, so eines der Ergebnisse einer BMZ-Studie zur Auswertung von Evaluierungen, jedoch in vielen Auswertungen noch unzureichend zur Sprache.[26] Auch sollte stärker auf die landwirtschaftliche Beratung, auf die Rahmenbedingungen und die Nachhaltigkeit eines Projektes eingegangen werden.

Fördernde oder hemmende Wirkungen einer entsprechenden entwicklungsplanerischen Maßnahme sind auf der Grundlage ihrer Beurteilung durch die Frauen zu untersuchen; dies gilt auch für die Analyse des Wandels im Anbausystem und für die Entwicklungsperspektiven für ländliche Gebiete (Palmer 1981a:35). Dort lebende Frauen dürfen nicht als Opfer des Wandels gesehen werden, vielmehr gilt es, ihren vielfältigen Reaktionen, Widerstandsformen und Innovationen Rechnung zu tragen. Diese Aspekte könnten gerade Ethnologinnen erhellen; ihre spezifischen Kenntnisse der jeweiligen Gesellschaft würden es zudem erleichtern, die "Zielgruppe Frauen" im jeweiligen kulturellen Kontext zu differenzieren und unterschiedliche Problemeinschätzungen, Handlungsansätze und Perspektiven aufzuzeigen (vgl. Arbeitsgruppe Ethnologie 1989:15). Dies gilt als Voraussetzung zur Entwicklung inhaltlicher Bewertungskriterien für Maßnahmen zur Frauenförderung, die schon in der Planungsphase und nicht erst in Evaluierungen oder zur Überprüfung der Nachhaltigkeit einer Projektmaßnahme diskutiert werden sollten (Donner Reichle 1986a:3).

Forschungen über Charakteristika und Entwicklungspotentiale traditioneller Frauengruppen

Autochthone Gruppen sind aufgeschlossen gegenüber Neuerungen, wenn diese zur Verbesserung ihrer wirtschaftlichen Situation beitragen. Daher wird versucht, an bereits bestehende Zusammenschlüsse anzuknüpfen und sie für Entwicklungsmaßnahmen zu gewinnen. "Es sind zunächst die bereits bestehenden Gruppen

---

26 S. BMZ 1989:8ff.; GTZ 1989:12; Bruchhaus/Leßner-Abdin/Wolsky 1979:171ff.; Schneider/Schneider 1989:123ff. Zur Problematik von Evaluierungen in der Entwicklungszusammenarbeit im allgemeinen sei hier auch auf die Ausführungen Lachenmanns hingewiesen (1977).

daraufhin zu betrachten, ob deren Struktur den sich verändernden Bedingungen angemessen erscheint und übernommen werden kann, oder ob neue Formen entwickelt werden sollten." (Klingshirn 1982:35)

In den Konzeptionen unterschiedlicher Entwicklungsorganisationen wird jedoch nur pauschal von Frauenselbsthilfegruppen gesprochen, eine Differenzierung nach ihren vielfältigen Hintergründen und den Traditionen, auf die sie aufbauen, findet ebensowenig statt wie eine Analyse ihrer vielfältigen Aufgaben und Aktivitätsschwerpunkte. Oft werden auch nur traditionelle Spar- und Kreditgruppen als förderungswürdig erkannt, da sie schon einer gemeinsamen wirtschaftlichen Tätigkeit nachgehen (Schneider/Schneider 1989:128). Zur nachhaltigen Verbesserung der Lebenssituation der Frauen ist es jedoch notwendig, nicht allein von der Existenz traditioneller Gruppen auszugehen, sondern ihre spezifischen Charakteristika in Studien schon vor Projektbeginn zu analysieren; dazu sind insbesondere ethnologische Forschungen wichtig. Nur so kann eine Unterstützung im Interesse der Gruppen gewährleistet werden.

"Die zahlreichen traditionellen Frauengruppen, vor allem Tanz- oder Singvereinigungen oder kollektive Arbeitsgruppen sind bis jetzt kaum als mögliche Kooperationspartner für lokale Projektvorhaben gesehen worden, obwohl vielleicht gerade hier ein leicht aktivierbares Entwicklungspotential zu finden wäre." (Klingshirn 1982:155)

Als wichtige Voraussetzung für eine Zusammenarbeit gewährleisten bestehende traditionelle Organisations- und Kooperationsformen - im Unterschied zu vielen neu- bzw. außeninitiierten Gruppen - Zielstrebigkeit, Kontinuität und Stabilität (Müller/Fuest/Obbelode/Schwedersky 1988:62). Sie zeichnen sich durch eine relative Homogenität der Mitglieder und das die Frauen verbindende Bedürfnis nach sozialem Schutz und ökonomischer Hilfe aus. Detaillierte Analysen folgender Faktoren sind notwendig: Organisationsstrukturen, Motivationen zur Mitgliedschaft, gemeinsame Zielsetzungen, Entscheidungsprozesse, Delegation von Machtbefugnissen, Aufgabenbereiche, Leistungsfähigkeit, Ressourcenzugang, Arbeitsteilung, Wissen und Kenntnisse der Mitglieder sowie die Entstehung und Entwicklung der jeweiligen Gruppen.[27]

In der Auseinandersetzung mit der Altersstruktur in den Gruppen wird erwähnt, daß ältere Frauen eher die Kapazität und Zeit für neue Aktivitäten haben als jüngere Frauen mit kleinen Kindern. Daher ist zu analysieren, ob jüngere Frauen überhaupt als Multiplikatorinnen wirken können, oder ob sie möglicherweise mit neuen Aufgaben überfordert sind. Auch mögliche Konfliktpotentiale und die Konfliktfähigkeit der Gruppen sollten berücksichtigt werden. Konflikte kreisen vielfach um gruppeninterne, soziale Differenzen, die Aufgaben der Gruppenleitung, Vertrauens- bzw. Machtfragen und finanzielle Probleme. Letztgenannte gilt es durch Projektmaßnahmen in den Bereichen Kreditzugang oder Ab-

---

27 S. Senn/Grown 1988:89f.; Hoskins 1980:20; Bruchhaus 1988. Manche Wissenschaftlerinnen, so auch die sierra leonische Ethnologin Beckley, differenzieren zwischen unterschiedlichen Organisationsformen traditioneller Gruppen, wobei jedoch keine Einigkeit besteht über die Unterscheidungskriterien (Beckley 1989:24; Meyer-Mansor 1985:84; Nelson 1981a:57).

satzberatung zu überwinden. Die interne Flexibilität, Kreativität und das Gleichheitsprinzip in Frauengruppen sollte trotz Außenförderung und Projektinvolvierung bewahrt werden (March/Taqqu 1986:8; Mayoux 1988:5). Es wäre auch wichtig zu berücksichtigen, inwieweit traditionelle Kooperationsformen als gemeinsame Interessenvertretung von Frauen unterstützt werden könnten.

> "Die meisten schon existierenden Gruppen und Zusammenschlüsse von Frauen bedürfen nur noch der Ermutigung und einer geringen finanziellen Hilfe, um ihre eigenen Bedürfnisse zu formulieren und vorhandene Ideen verwirklichen zu können." (Himmler-Kleber 1986:216)

Die Diskussion über die Einbeziehung traditioneller Frauengruppen in die Entwicklungszusammenarbeit sollte sich folglich nicht auf die einseitige Perspektive ihrer zu nutzenden Arbeitspotentiale beschränken.

Forschungen über einkommenschaffende Tätigkeiten und die Unterstützung traditioneller Spar- und Kreditgruppen von Frauen

Auch bei Projektkonzeptionen für einkommenschaffende Tätigkeiten sollten solche Organisationen schon in projektvorbereitenden Forschungen im Betrachtungsmittelpunkt stehen, die auf die Zusammenarbeit von Frauen oder ihre Spar- und Kreditgruppen aufbauen (Jacobi 1983:161). Dieses trifft ebenso für Innovationen im technischen Bereich zu, z.B. bei arbeitserleichternder oder einkommenschaffender Technologie. Insgesamt sollte versucht werden, die Arbeitslast der Frauen durch arbeitserleichternde Technologien in der Landwirtschaft und Nahrungsmittelverarbeitung zu reduzieren, viele Frauengruppen zeigen hierbei förderungswürdige Innovationspotentiale (Meyer-Mansor 1985:31). Schon in der Planung sollten Rentabilitätsanalysen durchgeführt werden, um sicherzustellen, daß nicht Arbeitskraft, Zeit und Kosten in Technologien investiert werden, die unrentabel sind, über deren Gewinne die Frauen keine Kontrolle haben und die damit möglicherweise den Gruppenzusammenhalt belasten könnten (Lachenmann 1992b:132). Zudem sollten Vermarktungsmöglichkeiten und die wirtschaftliche Effizienz einkommenschaffender Tätigkeiten sichergestellt werden; Gefahren wie Marktabhängigkeiten oder nur kurzfristig zu erzielende Vorteile sollten berücksichtigt werden. Dazu werden entsprechende Studien zur Vermarktung und Infrastruktur sowie Schulungen für die Gruppen gefordert.

Auf entwicklungsplanerischer Ebene sollte neben einkommenschaffenden Aktivitäten die Verbesserung der Bildungs- und Beschäftigungssituation, der ökonomischen Rahmenbedingungen sowie der Infrastruktur nicht außer acht gelassen werden.[28] Die wirtschaftlichen Leistungen der Frauen in den unterschiedlichen Sektoren müssen in nationalen Wirtschaftsplanungen insgesamt besser bewertet werden. Es ist aber auch zu prüfen, inwieweit einkommenschaffende Tätigkeiten mit traditionellen Spar- und Kreditvereinigungen von Frauen durchgeführt wer-

---

28 S. Himmler-Kleber 1986:215; Bruchhaus 1988:51f.; Schürings/Schimpf-Herken 1988:100ff; Kandiyoti 1988:13.

den können (GTZ 1989:16; Berger 1989:1020ff.). Diese zeichnen sich durch die Orientierung an der Finanzkraft der Mitglieder bei der Einlagenhöhe und deren Bedürfnissen in der Nutzung der Einlagen aus, ebenso wie durch die Partizipation der Mitglieder und ihre Orientierung an einem gemeinsamen Ziel. Derartige Aspekte sind auch für die Unterstützung armer Frauen wesentlich (Kan 1990:64).

Die ethnologische Literatur betrachtet in der Untersuchung von Spar- und Kreditgruppen Aspekte wie Ursprünge, Mitgliedschaft, interne Organisationsstrukturen, Sanktionsmechanismen, Beitragsleistungen und deren Verwendung als wesentliche Analysekriterien. Prinzipien wie Regelmäßigkeit und Rotation der Beitragsausschüttung charakterisieren die Spar- und Kreditfonds (Ardener 1964:201). Sie sind bei vielen Völkern, schwerpunktmäßig in Westafrika, schon in vorkolonialer Zeit als bedeutsame Sparinstitutionen in Handel und Handwerk zu finden, die gemeinsamen Treffen zum Ein- oder Auszahlen von Spareinlagen hatten auch sozial kommunikative Bedeutung.

Inwieweit sie im Übergang von "traditionellen, solidaritätsorientierten" zu "rational wirtschaftlich orientierten und komplex organisierten" Sparformen zur Kapitalakkumulation und damit zur wirtschaftlichen Entwicklung oder Modernisierung und dem Erwerb der dabei notwendigen Verhaltensweisen beitragen oder vorrangig der Armutsbekämpfung dienen, wird in der Literatur unterschiedlich beurteilt (Ardener 1964:221; Geertz 1962:259ff.). Der Zeitpunkt der Analysen scheint in diesem Zusammenhang nicht unbedeutend zu sein. Während die Frage des Beitrags der Spargruppen zur wirtschaftlichen Entwicklung und Modernisierung vor allem in den 60er Jahren diskutiert wurde, befaßt sich die neuere Literatur mit ihrem möglichen Beitrag zur Armutsbewältigung sowie dem Beitrag von Spargruppen zur sozialen Mobilität und zum Statuserwerb.[29]

Traditionelle Kooperations- und Sparformen wie Reissspargruppen von Frauen in Liberia zeigen beispielhaft die Bedeutung von Spargruppen im sozio-ökonomischen Wandel. Sie haben ihren Sparzweck auf monetäres Sparen umgestellt und an den gewandelten Bedürfnissen orientiert (Seibel/Massing 1974:60ff.). Es ist wichtig, die Rolle traditioneller Spargruppen als mögliche lokale und regionale Entwicklungsträger zu erkennen und entsprechend zu fördern.[30] "Dort, wo es solche oft auf alte Traditionen fußende Zusammenschlüsse gibt, können sie einen idealen Ansatz für Entwicklungsmaßnahmen bieten." (Bruchhaus/Leßner-Abdin/Wolsky 1979:168)

---

29 S. Lycette 1984. Grundlegend in der Diskussion ist die als klassisch zu bezeichnende Studie von Geertz über die Bedeutung indonesischer Spar- und Kreditgruppen im Modernisierungsprozeß s. Geertz 1962.

30 Bei der Frage der Formalisierung der bestehenden informellen Gruppen sind die spezifischen Spar- und Verteilungsmechanismen von Fixed Fund Associations und Saving and Credit Funds zu unterscheiden (Miracle/Miracle/Cohen 1980:701). In einer sehr detaillierten Analyse der internen Organisations- und Verteilungsmechanismen traditioneller Spar- und Kreditgruppen sieht Brinkschulte in der Kreditvergabe an Dritte ein wesentliches Merkmal für die Möglichkeit zur Formalisierung und Förderung (1976:164ff.). Zur Diskussion über die Unterstützung von Spar- und Kreditgruppen im Rahmen der Selbsthilfeförderung insgesamt s. Kirsch/Armbruster/Kochendörfer-Lucius 1983:41ff.

Dabei sollte an deren Erfahrungen in gemeinsamer Finanzverwaltung angeknüpft werden, z.B. wenn Kredite vergeben werden. Bei der Koordination der Kreditvergabe, die an die oft benötigten, oft sehr geringen Geldmengen für bestimmte eigene Entwicklungsmaßnahmen angepaßt wird und daher aus verwaltungstechnischen Gründen und wegen hoher Kosten von Banken nicht geleistet wird, sollte auf die Mittlerrolle von Nicht-Regierungs-Organisationen aufgebaut werden.[31] Sie könnten detaillierte Kreditinformationen vermitteln und flexible Rückzahlungsmodalitäten gewährleisten, sich für die Einrichtung gemeinsamer Gruppenkonten einsetzen und damit Frauengruppen zu eigenen wirtschaftlichen Aktivitäten ermutigen (ATRCW 1990:24). Damit könnten letztlich auch Einflußmöglichkeiten von Frauen im familiären und gesellschaftlichen Kontext erweitert werden.

Unterstrichen wird die ausgezeichnete Rückzahlungsmoral von Frauen wegen der sozialen Nähe und gegenseitigen Kontrolle der Mitglieder traditioneller Spargruppen (Lycette 1984:14). Eigenverantwortung und Selbstbestimmung sind bei einer Kreditvergabe für einkommenschaffende Tätigkeiten und Nutzung der Gewinne zu wahren, denn die Frauen orientieren sich bei ihren Entscheidungen an ihren existentiellen Bedürfnissen (GTZ 1989:17).

> "Meistens - und dies ist eine sehr wichtige Funktion - wird es (das erwirtschaftete Geld - R.S.) für persönlichen Kredit und soziale Sicherung in Notfällen verwendet, sowie für Gemeinschaftseinrichtungen und -aufgaben des Dorfes im sozialen und Infrastrukturbereich."
> (Lachenmann 1989:46)

In Analysen gemeinsamer einkommenschaffender Maßnahmen von Frauen wird diesen nicht nur eine tragende Rolle in der Grundbedürfnisbefriedigung zugesprochen, da Frauen inzwischen auch in vielen ländlichen Gebieten in die Geldwirtschaft einbezogen sind. Auch für die Zukunftssicherung werden einkommenschaffende Maßnahmen als vorteilhaft angesehen, weil traditionelle soziale Sicherungssysteme wie Familie und Verwandtschaft aufbrechen und ein staatliches soziales Netz nicht oder nicht mehr besteht.[32] Entsprechend messen Frauengruppen selbst einkommenschaffenden Aktivitäten absolute Priorität zu, wenn sie für Projektkonzeptionen angesprochen werden; dies gilt insbesondere für sehr arme Frauen (Dixon 1980:46).

Grundsätzlich bevorzugen Frauen die gemeinsame Durchführung einkommenschaffender Tätigkeiten, da sie hierdurch eher die Kontrolle über die Einnahmen

---

31 S. Schürings/Schimpf-Herken 1988:79; Seibel 1983:106ff.; Münkner 1989:172; Baldus/Röpke/Semmelroth 1991:38ff. Zur detaillierten Auseinandersetzung mit der vielschichtigen Problematik der Bedeutung der Kredite für Frauengruppen, der Kreditvergabe durch Banken und der Notwendigkeit rechtlicher Veränderungen s. Berger 1989:1019ff.; Aalbers 1990:25; ATRCW 1990:20ff. Zur international arbeitenden Nicht-Regierungs-Organisation "Women's World Banking", die ihren Hauptsitz in New York und Vertretungen in vielen afrikanischen Ländern hat, sich als Garantiefond zur Absicherung von Darlehen lokaler Banken an Frauen oder Frauengruppen versteht und Fortbildungen für Frauen und Banken veranstaltet s. Berger 1989:1020; Wilke 1985:52f.
32 S. Reynolds 1989:61; Klingshirn 1982:XII; Jiggins 1989:957; Aidoo 1988:60; Meyer-Mansor 1985:30.

bewahren und Rechte auch politisch verteidigen können, ebenso wird der soziale Austausch mit anderen Frauen als bedeutsam hervorgehoben. Wichtig für den langfristigen Erfolg einkommenschaffender Maßnahmen ist deren eigenständige Gestaltung durch die Frauen, die Förderung sollte an den Bedürfnissen und dem Ressourcenzugang der Frauen orientiert sein. Die Wirtschaftlichkeit der Maßnahmen sollte gewährleistet sein, ohne die Arbeitskapazitäten der Frauen und die Belastbarkeit der Gruppen überzustrapazieren. Bei der Förderung muß vor allem einer möglichen Übernahme durch die Männer entgegengewirkt werden, denn derartige Tendenzen wurden bereits im Anbau und auch im Bereich der angepaßten Technologie beobachtet, etwa im Maniok- oder Erdnußanbau oder auch bei Getreidemühlen und Ölpressen (Bruchhaus 1988:51ff.). In der Analyse einkommenschaffender Maßnahmen sind also neben wirtschaftlichen auch soziale und politische Aspekte zu berücksichtigen.

Ökonomische Kenntnisse, die im Schutz der risikoreduzierenden Gruppe erworben wurden und sich dort als sinnvoll erwiesen haben, werden von den Frauen auch auf individuelle Aktivitäten übertragen. Dieses planende Handeln der Frauen sollte stärker in der gesamten Entwicklungsdiskussion und Projektgestaltung berücksichtigt werden (Müller/Fuest/Obbelode/Schwedersky 1988:68). Positive Einschätzungen sehen in einkommenschaffenden Aktivitäten einen Beitrag zur Versorgungssicherung und zur ökonomischen Unabhängigkeit von Frauen, die ihrerseits die soziale Stellung der Frauen stärken kann. Daher gilt es, die Bedeutung sowie die Aufgaben der lokalen Frauenorganisationen bei Ressourcenzugang, -verteilung und -kontrolle in Verbindung mit den Entscheidungs- und Verteilungsmechanismen in den Haushalten zu sehen.[33]

"Projekte, die z.B. auf Einkommensverbesserung ausgerichtet sind, könnten unter Umständen den bestehenden Haushalts- und / oder Familienstrukturen widersprechen, was ihren Erfolg verhindern würde. Komplementär zu Haushalts- und Familienstudien sollten die formellen und informellen Organisationsformen von Frauen außerhalb der einzelnen Haushalte eingehend untersucht werden. Bestehende außerhäusliche Organisationsformen - meistens sind sie informeller Art und darum wenig sichtbar - könnten eine sehr wichtige Grundlage für Selbsthilfeprojekte bilden." (De Jong 1990:20)

Den gemeinsamen Kooperations- und Interaktionsformen zwischen Frauen einzelner Haushalte kommt folglich auch in der Entwicklung eine große Bedeutung zu, denn sie versuchen, Abhängigkeiten in Landnutzungsfragen zu überwinden und damit auch weiterreichenden ökonomischen Einfluß zu erlangen. Dieser Neuorientierung von Frauen an anderen Formen der wirtschaftlichen Kooperation und sozialen Absicherung, die vielerorts von traditionellen informellen Frauengruppen z.B. in der Feldarbeit, dem Kreditzugang oder der Vermarktung geleistet wird, muß in projektvorbereitender Forschung und Projektgestaltung Rechnung getragen werden (Martius von Harder 1986:26).

---

33 S. Tiffany 1978:44; Rogers 1975:728; Kandiyoti 1988:9.

Forschungsmethoden

Zur Erfassung der vielfältigen ökonomischen und sozialen Austauschprozesse von Gütern, Dienstleitungen oder Informationen zwischen Haushalten bzw. zwischen Frauen, die in informellen Frauengruppen organisiert sind, kann in ländlichen Gebieten eine abgewandelte, an die spezifische Situation von Frauen als Produzentinnen angepaßte Form der Methode des "**Farming System Research**" neue Erkenntnisse bieten. Diese Anfang der 80er Jahre entwickelte Forschungsmethode geht von der Entscheidungsrationalität der Anbauenden aus und betrachtet die Gestaltung des Anbausystems und die Produktionstechnik als komplexes Zusammenwirken vielfältiger Faktoren.[34] Prinzipiell zeigt diese Methode die Interaktion von Farmern mit ihrer Umwelt auf und versucht insbesondere den Technologiezugang von Farmern mit begrenzten Ressourcen zu verbessern (Fresco/Poats 1986:306f.). Dabei werden Möglichkeiten und Grenzen von Anbauveränderungen nach technischen, naturräumlichen, sozio-ökonomischen und gesamtkulturellen Aspekten abgewogen; zudem werden Wege zur Verbesserung der Ernährungssituation benachteiligter Personengruppen eines Gebietes durch Produktivitätssteigerung gesucht. Die Methode geht ursprünglich von der Familie und dem Haushalt als Produktions- und Konsumeinheit aus und setzt eine Interessengleichheit der Mitglieder voraus, die von einem Mann als Haushaltsleiter repräsentiert werden (Norman/Gilbert 1982:19).

Dieses Modell des Farmhaushalts und der familiären Interessengleichheit wird von vielen Forscherinnen kritisiert. Sie diskutieren, inwieweit die vielfältigen Arbeitsleistungen von Frauen in Anbau und Verarbeitung in der Methode des "Farming System Research" Berücksichtigung finden können. Dabei muß der häufig sehr komplexen Gestaltung der geschlechtlichen Arbeitsteilung im Subsistenz- und Marktfruchtanbau Rechnung getragen werden. Die Rationalität der Anbauentscheidungen der Frauen gilt es vor dem Hintergrund ihres oft sehr umfangreichen Wissens über Anbausysteme aufzuzeigen. Darüberhinaus wird eine Aufschlüsselung von Aspekten wie Regelung der Arbeitsorganisation, der zeitlichen Belastungen, des Technologie- und Landzugangs, der Ressourcen- bzw. Einkommensverteilung, des Aushandelns von Produktionsentscheidungen in den einzelnen Farmhaushalten gefordert (Janelid 1980:86). Diese auf die Anbausysteme bezogenen, dynamischen Entscheidungs- und Gestaltungsprozesse sollten aus dem wirtschaftlichen und sozialen Umfeld der einzelnen Haushaltsmitglieder verstanden werden.[35] Der Wandel von Wirtschaft, Gesellschaft und politischen Rahmenbedingungen muß berücksichtigt werden, denn er äußert sich in veränderten Vermarktungsmöglichkeiten oder agrarpolitischen Entscheidungen. Die

---

34 Zur Bedeutung des traditionellen Agrarwissens für die Ernährungssicherung und ländliche Entwicklungsplanung s. Krings 1991a:253 und 1992:88ff.; zur Erfassung der Rationalität der Anbauenden in ihren Anbauentscheidungen unter Berücksichtigung des Wandels der Pflanzenauswahl und Anbautechniken s. Barlett 1980. In diesem Sammelband wird auch auf die Berücksichtigung der Anbaurationalität in den Entscheidungen der Entwicklungshilfeorganisationen hingewiesen.
35 S. Kasmann/Körner 1992:89ff.; Barlett 1980:3; Endely 1991:137; Fresco/Poats 1986:329; Rünger 1989:9.

Ethnologin Kathleen Staudt erachtet zur Verbesserung des Ressourcenzugangs für Frauen eine Verbindung der Methode des "Farming System Research" mit der Analyse der Agrarpolitik und der Projektplanung für notwendig.

"Damit ist nicht gemeint, daß die Forscher Politiker werden sollten, sondern daß ein vollständiges, analytisches Bild von Frauen als Farmerinnen verbunden werden muß mit Forschungen zu den bürokratischen Prozessen und der Geschlechterpolitik, die der Landwirtschaftspolitik zugrunde liegt" (Staudt 1988:577)

Eine Einbeziehung der Geschlechteraspekte in die Methode des "Farming System Research" impliziert auch, die Interessenverwirklichung von Frauen während verschiedener Förderungsphasen zu überprüfen. Beachtung finden sollten dabei das komplexe Zusammenwirken der Haushaltsdynamiken mit der Zusammenarbeit der Frauen und ihren Austauschprozessen in Bereichen wie Saatgutverteilung, Anbauinformationen oder Arbeitsleistungen (McMillan 1987:296). Durch die Haushaltsinterdependenzen werden Erfahrungen mit Kosten und Risiken von Anbauinnovationen ausgetauscht (Guyer 1986:102). Zudem sind Entscheidungsfindung, Arbeitsorganisation und Verteilung der Erträge auf der Ebene persönlicher Kontakte, z.B. in Frauengruppen oder durch Marktzugang zu analysieren.

Grundsätzlich wird in der Diskussion über die Methode des "Farming System Research" positiv hervorgehoben, daß sie die Kommunikation zwischen Forscherinnen, Beratungspersonal und Frauen in den Projektgebieten intensiviert und damit eine bedürfnisorientierte Förderung ihrer Anbauproduktivität erleichtert wird (Poats/Schmink/Spring 1988:10). Der mangelnden Bereitschaft männlich dominierter Agrardienste, Frauen und Frauengruppen zu beraten, sollte durch eine Verbesserung der Berufsmöglichkeiten für Beraterinnen entgegengewirkt werden, denn ihnen kommt in der Vermittlung neuer Anbaukenntnisse an Frauen und Frauengruppen eine tragende Rolle zu.[36]

"Weibliche Extension Worker sind notwendig, um Frauen zu erreichen. Doch dies ist schwierig, da die Frauen, die eine landwirtschaftliche Ausbildung genossen haben, sehr klein ist. Zudem sehen die wenigen qualifizierten Frauen in der die landwirtschaftliche Beratung nicht als erstrebenswerte Berufsperspektive, da sie mit Einsamkeit im Busch verbunden ist."(Lewis 1982b:103)

Landwirtschaftliche Beratungsdienste sollten sich an den Bedürfnissen der Frauen als Produzentinnen in der Subsistenz- und Marktproduktion und ihren Kommunikationsformen über Anbaukenntnisse widmen, dies fordert Frank Ellis in seiner kritischen und detaillierten Analyse der unterschiedlichen, theoretischen Ansätze zum Farmhaushalt. Er zeigt die Mängel rein ökonomischer und ausschließlich an Männern orientierter Konzepte auf und analysiert die Wesenszüge der einzelnen Modelle, wie des ökonomisch optimierenden Farmers, des risikovermeidenden

---

36 Zu dieser Problematik s.: Schürings/Schimpf-Herken 1988:43ff.; Donner-Reichle 1990a:107; Tanner/Lévesque/Zumstein 1989:13; Yates 1982:127ff.; Rousseau 1975:41ff.; Cloud 1986:45; Cook 1981:45.

Farmers, des mühsalvermeidenden Farmers und erörtert die Unterschiede neoklassischer und marxistischer Interpretationen der Farmproduktion (Ellis 1988:52ff.). Dabei betont er, daß diese Modelle, die vom Farmhaushalts als Einheit ausgehen, die Interessenvielfalt der einzelnen Farmmitglieder ebensowenig erfassen wie die Möglichkeiten und Grenzen der Interessenverwirklichung. Letztere werden bestimmt durch Außenbeziehungen, gesamtwirtschaftliche Verhältnisse, aber auch durch gesellschaftliche Faktoren. Die Aktivitäten der einzelnen Haushaltsmitglieder, ihre Möglichkeiten zur Ressourcenkontrolle und zur Beeinflussung von Entscheidungsprozessen gelte es in wirtschaftlicher und in sozialer Hinsicht und unter Berücksichtigung des Wandels in diesen Bereichen zu erörtern (Ellis 1988:176ff.). Variationen in Anbauentscheidungen und -gestaltung sollten in bezug auf die Produktionssteigerung zur Subsistenz oder Vermarktung und vor dem Hintergrund der jeweiligen, kulturell definierten Reziprozität betrachtet werden, die im wesentlichen von Frauen getragen wird.

Austauschprozessen zwischen Haushalten ist in Zeiten von Ernährungskrisen besondere Beachtung zu schenken. Da neuere Ansätze die Bedeutung von Entwicklungsprojekten für die Existenz- und Ernährungssicherung betonen, soll hier die Mehrdimensionalität der Austauschprozesse kurz dargestellt werden (Rauch 1993:282). Sie gelten als Sicherungsmechanismen und Überlebensstrategie. Weitere Strategien im Krisenmanagement sind Variation bzw. Wandel der wirtschaftlichen Tätigkeit, Verkauf von Besitz oder Migration, die Corbett in ein Phasenschema der Krisenreakionen einordnet (1988:1107).

Jiggins wertet Austauschprozesse und Kooperation nur im Fall wirtschaftlich bessergestellter Frauen als sinnvolle Instrumente im Krisenmanagement. Sie diskutiert die Bedeutung von Hausgärten, veränderten Anbausystemen und Speichertechniken, die Einbeziehung von Wildpflanzen in die Ernährung, die Diversifizierung der wirtschaftlichen Tätigkeiten sowie die Nutzung von Kontakten mit Männern als Überlebenstechniken von Frauen in saisonalen oder permanenten Krisen (Jiggins 1986:10ff.; Creevey 1986:10f.). Zentral sind die Kenntnisse der Frauen in ökologischen, biologischen und anbautechnischen Fragen, sowie ihre Handlungsmöglichkeiten.[37]

Arme Frauen sind bei saisonalen Nahrungsmittelengpässen, wie sie in Agrargesellschaften je nach Gestaltung des Produktionszyklus in unterschiedlichem Umfang als "hungry season" jährlich vor der neuen Ernte auftreten, besonders auf Lohnarbeit angewiesen, was zu starken Belastungen führt. Dies gilt vor allem in Gebieten mit Projekten zum Anbau hochertragreicher Sorten, bei denen aber

---

37 Auf die Bedeutung von Hausgärten zur Ernährungssicherung in Krisenzeiten weist auch Krings hin (1992:93). Er analysiert ebenfalls die Vorteile der Anbaudiversifizierung (z.B. Mais/Hirse) und des Agroforestry zur Ernährungssicherung und Reduzierung von Arbeitsengpässen bei Frauen und Männer (Krings 1991b:76). In dieser ausgezeichneten Studie analysiert Krings die Komplexität autochtoner Anbaustrategien am Beispiel der Senufo, Bwa und Dogon in Mali. Er betont auch die Bedeutung und Ausweitung der Sammelwirtschaft zur Ernährungssicherung in Krisenzeiten. Erwähnt sei hierbei, daß dies meist eine Frauenaufgabe ist und ihre überlieferten Kenntnisse über die Verwendungsmöglichkeiten verschiedener Pflanzen sowie ihre Arbeitskapazitäten wichtige Faktoren für den Erfolg dieser Form der Versorgung sind.

die Frauenaufgaben nicht mechanisiert wurden (Palmer 1981b:200). Auch die politischen und wirtschaftlichen Rahmenbedingungen, die den Entscheidungsspielraum der Haushaltsmitglieder prägen, müssen beachtet werden (Dowing 1991:62). Insgesamt sollte in der Diskussion über die Bewältigung von Ernährungskrisen den indigenen Formen der Ernährungssicherung und des Krisenmanagements mehr Bedeutung beigemessen werden (Bohle 1991:6). Dabei spielen, wie aufgezeigt, Austausch- und Kooperationsformen von Frauen eine wichtige Rolle.

Zur Erfassung des Problemlösungspotentials, der Interessen und Kenntnise der lokalen Bevölkerung, in diesem Fall der Frauen und ihrer Zusammenschlüsse bieten die Methoden des **"Rapid Rural Appraisal"** und des **"Participatory Rapid Appraisal"** als partizipative Forschungsmethoden neue Perspektiven. Sie eröffnen die Möglichkeit, im gesamten Planungs- und Projektverlauf durch direkte Befragungen und Diskussionen Wissen, Bedürfnisse und Probleme der Zielgruppen, sowie ihre Erfahrungen mit Institutionen und Außenförderung zu erkennen und in die Projektgestaltung einzubeziehen (Munro 1991:172f.).

Dabei wird diskutiert, inwieweit Nicht-Regierungs-Organisationen aufgrund ihrer Basisnähe mit entspechender Ausbildung diese Erhebungen durchführen sollten.[38] Zur Erfassung der Dynamiken des wirtschaftlichen und gesellschaftlichen Wandels und seiner Folgen für die Frauen ist die Mitwirkung von Ethnologinnen erforderlich. Bei einer erfolgreichen Anwendung der Methode des "Rapid Rural Appraisal" ist es unerläßlich, die Aufgaben, Bedürfnisse und Interessen der Frauen stärker zu berücksichtigen (Palmer 1981a:33). In den Forschungs- und Projektplanungsprozeß sollte, wie auch schon auf entwicklungsplanerischer Ebene gefordert, die Zusammenarbeit mit traditionellen und modernen bzw. informellen oder formellen Frauengruppen einbezogen werden.[39] "Ihre starke Beteiligung an örtlichen Selbsthilfeprojekten wie auch ihre vielfältigen ökonomischen Betätigungen lassen ein wirtschaftliches und soziales Entwicklungspotential erkennen." (Meyer-Mansor 1985:28)

Sie sollten dabei als elementarer und dynamischer Teil der Arbeits- und Organisationsformen von Frauen verstanden werden. Damit Frauengruppen nicht erst bei der Durchführung von Projekten angesprochen werden, wird in der Projektforschung und -planung die Methode **"Partizipativer Gruppendiskussionen"**, eine den spezifischen Situationen angepaßte Methode der Dialogforschung, durch die Beteiligung von Ethnologinnnen gefordert: "Ein Vorgehen, das die Zielgruppe - in diesem Falle die Frauen-Selbsthilfegruppen - als Akteure in den Mittelpunkt der Interaktion stellt." (Wacker/Meier 1990:32)

---

38 S. Thomas-Slayter 1992:140. Der Beitrag der Ethnologie zu den Methoden des Rapid Rural Appraisal und des Participatory Rapid Appraisal, sowie deren Charakteristika und der Stellenwert der Frauen in diesen Forschungsmethoden wurde bereits in der Auseinandersetzung mit der Anwendung ethnologischer Kenntnisse in der Entwicklungszusammenarbeit erörtert (vgl. Schönhuth 1992:12f.).
39 S. Schneider/Schneider 1989:77f.; Lachenmann 1989:XVI; Bruchhaus/Leßner-Abdin/Wolsky 1979:180.

Gruppendiskussionen können zum Erfassen des Problemlösungspotentials in den Gruppen beitragen. Wichtig ist dabei, daß den Ethnologinnen der sozio-kulturelle Rahmen bekannt ist, daß sie ein Vertrauensverhältnis zu den Frauen aufgebaut haben und als Mittlerinnen der Fraueninteressen gegenüber der jeweiligen Geberorganisation auftreten können. Die gewonnenen Erkenntnisse lassen sich mit den klassischen Methoden ethnologischer Forschung überprüfen und sollten Teil ethnologischer Langzeitstudien während des gesamten Projektverlaufs sein.[40] Dabei gilt es zu entscheiden, ob und wie direkt mit traditionellen Gruppen kooperiert werden kann.

Fortbildungen von Frauengruppen und Gruppenleiterinnen

Kulturwissenschaftliche Forschungen können feststellen, welche Möglichkeiten und Potentiale zur Fortbildung und Schulung der Gruppen bzw. der Gruppenleiterinnen bestehen.[41] Durch Schulungen, die sich an den Problemen, Interessen bzw. Bedürfnissen sowie den produktiven Leistungen der Frauen orientieren und auf ihre Partizipation aufbauen, kann die Eigenständigkeit der Gruppen und die damit verbundene soziale Anerkennung der Mitglieder gefördert werden. Bildung kann eine Chance sein, die Belastungen und Abhängigkeiten von Frauen zu reduzieren und ihre wirtschaftlichen Aktivitäten zu effektivieren (Klingshirn 1982:32). An diesen Grundüberlegungen sollten sich auch ausländische Beraterinnen orientieren, die mit Frauengruppen zusammenarbeiten.

Für Bildungsmaßnahmen wäre es im Interesse der Frauen notwendig, Beraterinnen durch Schulungen zu befähigen, gemeinsam mit Frauengruppen Problembereiche zu erörtern und nach Lösungsmöglichkeiten zu suchen. Derartige Schulungen hätten weitreichende Multiplikatoreffekte. Angepaßte Aus- und Fortbildungsmaßnahmen mit Frauengruppen oder Gruppenleiterinnen können auch einen Beitrag zur Bewußtseinsbildung leisten, wenn diese als "opinion leaders" angesprochen werden.[42] Dabei ist es wichtig, Frauen als Subjekte im Entwicklungsprozeß zu fördern, damit sie an dessen Vorteilen teilhaben.

Schulungen können auch zur Interessenvertretung und Unterstützung der Gruppen in der politischen Paritizipation beitragen, wenn sie sich an den jeweiligen Bedürfnissen und Fähigkeiten der beteiligten Frauen orientieren (Rusteberg 1992:31; Lachenmann 1992b:135ff.). Dementsprechend ist in einer projektvorbereitenden Forschung zu untersuchen, wie die oft sehr umfangreichen Kenntnisse der Gruppenleiterinnen in Bereichen wie Anbau, Speicherung und Vermarktung in die Schulungen einbezogen werden können (Lewis 1982b:104). Auch ist abzuklären, inwieweit die Gruppenleiterinnen als Respektspersonen in den Dörfern Frauen und lokale männliche Führungspersonen von den Vorteilen der Schulun-

---

40 Die Ethnologin Corinne Wacker wandte diese Methode bei einer Forschung mit Frauengruppen im Laikipia Distrikt in Kenia an.
41 S. Fischer 1985:7; Möller 1989:10; Momsen 1991:101; ATRCW 1975:66; Vanderhaghe 1985:75.
42 S. Müller/Fuest/Obbelode/Schwedersky 1988:80; Creevey 1986:134; Momsen 1991:99; De Jong 1990:23.

gen zur Verbesserung der gesamten Versorgungssituation überzeugen können. Diese Aktivitäten sollten in übergreifende Entwicklungsprogramme, z.B. in die Gemeinwesenarbeit oder die ländliche Regionalentwicklung integriert werden.[43] Mit der Einbeziehung von Frauenselbsthilfegruppen in ländliche Entwicklungsprojekte, z.B. durch Schulungen der Frauen ist die Hoffnung verbunden, die Akzeptanz derartiger Maßnahmen grundsätzlich zu verbessern.[44] Dazu wird auch eine Sensibilisierung der Männer für nötig erachtet, zu der gemeinsame Diskussionen zwischen Frauen und Männern beitragen können.

Entwicklungsimpulse durch Kommunikation und Austausch zwischen Frauengruppen

Neben angepaßten Schulungen sind intensiver als bislang vor allem die Kommunikation, Interaktion und der Wissens- und Erfahrungsaustausch zwischen Frauengruppen auf lokaler und regionaler Ebene zu fördern, denn dies bestärkt die Gruppen in ihren Aktivitäten (Bruchhaus 1988:54 und Fleming 1991:40). Die praktizierte Informationsvermittlung und das geschulte Argumentationsvermögen können zu einem wechselseitigen Lernprozeß zwischen den Frauen beitragen und zur politischen Partizipation befähigen. Derartige Kommunikations- und Austauschmöglichkeiten können die Bildung von Dachverbänden der lokalen Frauengruppen anregen, die dann als Interessenvertretung der Frauen fungieren können. Solche Schritte gilt es, in der Zusammenarbeit mit den Gruppen zu unterstützen (DED 1993:5ff.). Als konzeptionelle Orientierung wird hiesigen Nicht-Regierungs-Organisationen in ähnlicher Weise empfohlen, die Organisationsfähigkeit und den Austausch zwischen Frauengruppen sowie die Zusammenarbeit nicht-formalisierter und formalisierter Gruppen zu fördern (Müller/Fuest/Obbelode/Schwedersky 1988:9). Denn ihnen wird eine bedeutende gesellschaftspolitische Gestaltungskraft zugesprochen, die es zu bewahren und zu stärken gilt.[45] Dazu können insbesondere Ethnologinnen in der Annäherung an die Lebenssphären der Frauen einen bedeutenden Beitrag leisten.

Insgesamt sollte die Förderung der Organisationsfähigkeit, Kommunikation und Vernetzung sowie die institutionelle Einbindung von Frauengruppen in politische Entscheidungsfunktionen in Projektgestaltungen und in der gesamten Diskussion über Entwicklungskonzeptionen größere Beachtung finden.[46] Das wäre

---

43 Vgl. DED 1993:2ff.; Bruchhaus/Leßner-Abdin/Wolsky 1979:168; Tanner/Lévesque/Zumstein 1989:12. Zur Rolle von Selbsthilfegruppen, ihren Handlungsspielräumen und der lokalen Sozialstruktur in ihrer Bedeutung für die Gemeinwesenarbeit insgesamt s. Rhie 1977. Zur Bedeutung der Partizipation von Selbsthilfegruppen in Programmen der ländlichen Regionalentwicklung und zur Auseinandersetzung mit ihren internen Strukturen und Außenbeziehungen s. Fischer/Mühlenberg/Werth 1981:31ff.; Kropp 1983:17; Long 1985:48. Der letztgenannte Autor skizziert in einer Übersicht zudem die Geschichte der ländlichen Entwicklungsstrategien seit den 60er Jahren und betrachtet kritisch die Rolle der Selbsthilfegruppen in der Grundbedürfnisstrategie.
44 S. Himmler-Kleber 1986:216; vgl. Klingshirn 1982:35 und 259.
45 S. March/Taqqu 1986:1; Lachenmann 1989:70 und 1992a:86f.; Momsen 1991:100.
46 S. Lachenmann 1989:110; Klemp 1992:299; Schürings/Schimpf-Herken 1988:113. Dies zeigt Rusteberg für die Arbeit verschiedener Nicht-Regierungs-Organisationen auf (1992).

auch ein Beitrag zur Unterstützung von Frauengruppen als wesentlichem Element des entwicklungspolitisch bedeutsamen, konzeptionellen Ansatzes der Frauenförderung (Schneider/Schneider 1989; GTZ 1992:13). Wenn eine Unterstützung der Gruppen zu ihrer Formalisierung notwendig ist, stellt sich für Forschungsarbeiten schon vor Projektbeginn die Frage, wie diese erreicht und auf welchen Ebenen sie eingesetzt werden kann.

"Darunter fallen Maßnahmen der Beratung bei der Gründung von formellen Organisationen, beim Aufbau ihrer Organisationsstruktur, in der Formulierung der Satzung, der Verwaltung der Gelder, aber auch die Gewährung von Starthilfen, z.B. für die Durchführung einkommenschaffender Ausbildungsmaßnahmen, die Anleitung bei der Vermarktung, die Beratung beim Erwerb von Grund und Boden sowie die Betreuung in Rechtsfragen." (Himmler-Kleber 1986:216)

Zur Diskussion über die Formalisierung bestehender Zusammenschlüsse

Unter Formalisierung ist hier die Gründung einer Organisation mit Satzung, Leitung (Vorstand) und bestimmten gemeinsamen Zwecken zu verstehen, wie es für eine offizielle Registrierung von Selbsthilfegruppen und Nicht-Regierungs-Organisationen erforderlich ist. Ihre Rolle in der Kreditvergabe für lokale Frauengruppen wurde bereits angesprochen (Münkner 1989:177). Die Legitimität formalisierter Gruppen wird nicht mehr allein durch die gesellschaftliche Anerkennung und Sanktionsgewalt, d.h. "gewohnheitsrechtlich", sondern durch den Staat zugesprochen.

Traditionelle Gruppen sollten direkt zur Formalisierung gewonnen werden, ohne daß dabei ihre Strukturen und Merkmale, wie persönliche Vertrauensverhältnisse, Zweckgerichtetheit gemeinsamer Ziele, Bedürfnisorientierung, Partizipation und Reziprozität zerstört werden. Gleichzeitig stellt sich die Frage, inwieweit traditionelle Organisationsformen als Leitbilder für neugegründete Gruppen dienen können (March/Taqqu 1986:104ff.). Dazu ist eine detaillierte Analyse der internen Strukturen und Wesenszüge dieser Gruppen sowie ihrer Außenbeziehungen und Vernetzungen notwendig, eine Aufgabe, die auch ethnologische Fachkenntnisse erfordert. In dem Zusammenhang ist auch von Bedeutung, inwieweit sich traditionelle Organisationen wie Frauen-Geheimgesellschaften oder Spargruppen durch Schulungen und interne Strukturförderungen mittels Formalisierung für andere, weiterreichende Entwicklungsmaßnahmen z.B. im Landwirtschafts- oder Gesundheitsbereich gewinnen lassen (Hoskins 1980:5). In Veröffentlichungen und Berichten von Entwicklungshilfeorganisationen konzentrieren sich die Überlegungen auf die Spargruppen, deren wirtschaftliche Aktivitäten als Maßstab für Projektmaßnahmen und deren Nachhaltigkeit gilt. Eine offizielle Publikation geht sogar soweit, anderen traditionellen Frauenzusammenschlüssen wegen ihrer angeblich begrenzten Orientierung an spezifischen Frauenbereichen ein weiterreichendes Entwicklungspotential abzusprechen (Schneider/Schneider 1989:78 und 128).

Grundsätzlich wurde jedoch im BMZ-Grundsatzpapier von 1977 und dem am 10.5.1990 vom Deutschen Bundestag getroffenen Beschluß zur Selbsthilfeförderung als Instrument der Armutsbekämpfung Selbsthilfegruppen große Bedeutung beigemessen; die staatliche bilaterale Entwicklungshilfe kann direkt nur formalisierte und registrierte Gruppen erreichen, für die Unterstützung informeller Gruppen ist eine Zusammenarbeit mit Nicht-Regierungs-Organisationen notwendig.[47] Dies erfordert aber eine grundsätzliche Differenzierung zwischen bestehenden, traditionellen oder neugegründeten formellen und informellen Gruppen.

Auch bei einer für das BMZ erstellten Studie fällt auf, daß traditionelle Gruppen in Spar- bzw. Kreditgruppen von Frauen oder Männern bzw. beiden Geschlechtern und in Arbeitsgruppen auf Nachbarschaftsebene unterteilt werden, alle anderen traditionellen Zusammenschlüsse, die nicht nur wirtschaftliche Zwecke verfolgen, sondern vielfältige Interessen vereinen, werden in die Betrachtung nicht einbezogen. Diese begrenzte Perspektive verkennt deren mögliche Entwicklungspotentiale (Kirsch/Armbruster/Kochendörfer-Lucius 1983:25). Auch werden die nicht-ökonomischen Aspekte der Spargruppen, wie die Kommunikation oder die soziale Sicherheit, die ähnlich wie das eigentliche Sparen zu ihren Wesenszügen gehören, nicht berücksichtigt.

In der entwicklungspolitischen Literatur und Diskussion werden zur Annäherung an den abstrakten Begriff "Selbsthilfegruppe" Analysen der Vielfalt dieser Organisationen, ihrer internen Strukturen (Leitung, Homogenität der Mitglieder) und Arbeitsbereiche (Eigenleistungen zur Bedürfnisbefriedigung: Mehrzweck- bzw. Multifunktionen) für notwendig erachtet. Auch die Außenverbindungen, Ziele, Entwicklungspotentiale und darauf bezogenen Föderansätze sollten in Detailstudien erörtert werden. Die Partizipation der Gruppen in der Projektplanung und -gestaltung und eine Förderung bestehender Gruppen zur langfristigen Eigenständigkeit sollte durch entsprechende Finanzierungs- und Fortbildungsmaßnahmen berücksichtigt werden (Münkner 1988:193ff.). Untersucht wird nicht nur die technologische Förderung, sondern auch die Unterstützung zum "Institution-Building". Darunter ist die Bildung von Verbundstrukturen zwischen diesen Gruppen unter Beibehaltung des Subsidiaritätsprinzips bzw. ihrer Eigenständigkeit zu verstehen und die Unterstützung von Selbsthilfe-Förderinstitutionen, wie überregional arbeitenden Nicht-Regierungs-Organisationen, die - bei weiterer Orientierung an den Interessen der Mitglieder - nach Abschluß der staatlichen Außenförderung die Unterstützung übernehmen sollen (Glagow 1992:321).

In einer kritischen Stellungnahme der kirchlichen Hilfswerke zum Konzept der Selbsthilfeförderung in der staatlichen und kirchlichen Förderungspraxis wird die Forderung an politische Entscheidungsträger gerichtet, im politischen Dialog auf eine verbesserte Sozialpolitik in Dritte-Welt-Ländern hinzuwirken (Bauer/Koch 1990:6ff.). Nur so könne dem Anspruch der Armutsbekämpfung entsprochen werden.

47　S. Bodenstedt 1975:4; Schuhmacher 1985:13ff.; DED 1993:6; Glagow 1992:305ff.

Manche Studien widmen sich auch detailliert dem Verhältnis von Selbsthilfegruppen und staatlichen Maßnahmen und setzen sich mit den Einkommens- und Beschäftigungswirkungen von Selbsthilfegruppen auseinander (Baldus/Röpke/Semmelroth 1991:148ff.). Die Kapazitäten der Selbsthilfegruppen zur Reduzierung der Armut werden als gering bewertet, da strukturelle Armutsursachen im gesellschaftspolitschen und wirtschaftlichen Bereich begründet seien; staatliches Handeln kann nicht durch Selbsthilfe ersetzt werden (DED 1993:2f.). Selbsthilfeorganisationen sollten aber gefördert werden, damit sie staatliche Maßnahmen einfordern können. Dazu soll die Unterstützung übergeordneter Selbsthilfeorganisationen, z.B. der Frauendachverbände durch politische Stiftungen beitragen, allerdings darf eine Förderung nicht die Kapazitäten der Gruppen übersteigen (FEST 1979:15ff.; vgl. KAST 1985). Zur wissenschaftstheoretischen Erörterung des Phänomens Selbsthilfe als Ziel oder Instrument in Entwicklungskonzepten sei hier auf die Arbeit von Schuhmacher hingewiesen (1985:42ff.): Der Autor differenziert zwischen sozio-ökonomischen, entwicklungssoziologischen und politisch-psychologischen Erklärungsansätzen zur Entstehung von Selbsthilfegruppen. Er befaßt sich mit den unterschiedlichen Interpretationen von Motivation, Kooperation, Innovation, Entwicklungspotential und Bedeutung der Gesellschaftsstruktur (Schuhmacher 1985:166ff.). Aber weder die vorgestellten theoretischen Ansätzen noch die Analyse Schuhmachers thematisieren den Geschlechteraspekt.

Die entwicklungstheoretische und entwicklungspolitische Diskussion über das Konzept der Selbsthilfe zur Armutsbekämpfung und dessen Merkmale - Selbstorganisation (gerade auch von Frauen), Beteiligung und Nachhaltigkeit - erläutert Scholz (1993:285f.). Er diskutiert Chancen und Probleme der Selbsthilfeförderung, wie den Mißbrauch durch lokale Machthaber, darüberhinaus widmet er sich weiteren entwicklungspolitischen Aspekten wie der Komplexität der Rahmenbedingungen (Scholz 1993:288).

Die grundsätzliche Diskussion über die Selbsthilfeförderung in der Entwicklungszusammenarbeit sollte auch im Zusammenhang mit der Problematik der Formalisierung von Frauenselbsthilfegruppen reflektiert werden. Formalisierte Frauengruppen könnten als Vermittlungsinstanzen zwischen lokalen Gruppen und Geberorganisationen wirken, die den Bedürfnissen der lokalen Gruppen nach Krediten, angepaßter Technologie oder Informationen entgegenkommen und die vielfältigen Aktivitäten lokaler Gruppen koordinieren (Schürings/Schimpf-Herken 1988:110). Dieses würde auf der Planungsebene nicht nur bei der Frage der Mittelvergabe durch Einrichtung spezieller Fonds, sondern auch bei der inhaltlichen Gestaltung von Projektmaßnahmen, wie der Förderung der Interaktion von Gruppen, größere Flexibilität erfordern. Darüberhinaus findet eine Diskussion über die Bedeutung von Genossenschaften und Kooperativen für die Formalisierung traditioneller Gruppen statt, innerhalb derer sich die meisten Autorinnen und Autoren kritisch zur Übertragung derartiger europäischer Modelle äußern; denn traditionellen Formen der Zusammenarbeit, etwa zur Überwindung von Arbeitsengpäßen im Anbauzyklus, liegen andere gesellschaftliche Prinzipien zugrunde als modernen europäischen kollektiven Produktions- und Vermarktungsformen.⁴⁸ Die im europäischen Kontext entstandenen Kooperationsformen sind jedoch teilweise ideologisch vereinnahmt worden oder werden von Regierungen für parteipolitische Zwecke genutzt.⁴⁹

Als Analysekriterien für die Betrachtung bestehender Frauenkooperativen oder -genossenschaften werden Aspekte wie die Rolle der Leitung, die Altersstruktur und soziale Zusammensetzung der Mitglieder, interne Entscheidungsmechanismen und Partizipation der Mitglieder, politische Verbindungen und politische Außeneinflüsse, technische Fähigkeiten und Managementkenntnisse, Einkommenseffekte, Ressourcenzugang sowie interne Ressourcenverteilung und ideologische Aspekte genannt.⁵⁰ Darüberhinaus ist in Kooperativen, in denen sowohl Männer als auch Frauen vertreten sind, ein Ausschluß der Frauen von Entscheidungsfunktionen sowie eine Verfestigung der Geschlechterungleichheit zu beobachten (Hedlund 1988:12). Dies wird in erster Linie mit der Benachteiligung von Frauen im Zugang zu Bildung begründet.

Aus der Sicht afrikanischer Vertreterinnen von Nicht-Regierungs-Organisationen, von Landwirtschaftsabteilungen und Sozialministerien haben sich Kooperativen für Frauen nur dann als sinnvoll erwiesen, wenn sie Informations-, Kredit- und Marktzugang hatten, mit anderen Frauengruppen vernetzt waren oder von Nicht-Regierungs-Organisationen in ihrer Arbeit gefördert wurden (Mayoux 1988:11).⁵¹ Als Grundvoraussetzungen für eine erfolgreiche Arbeit von Frauen-Kooperativen als Produktionsgemeinschaften werden in der Literatur folgende Kriterien genannt: Partizipation der Mitglieder an internen Entscheidungen und wirtschaftlichen Gewinnen, Reduzierung politischer Außenkontrolle, Verbesserung der Ressourcenkontrolle, der Beratung und Managementkenntnisse sowie des Rechtsstatus der Frauen, Alphabetisierung zur Partizipation der Mitglieder an Führungsaufgaben (Smith-Steen 1990:21; Klingler 1990:10). Die Motivierung bestehender lokaler Frauengruppen zur Bildung von Kooperativen gilt jedoch als besonders problematisch, wenn es sich um einkommenschaffende Gruppen armer Frauen handelt. Ihre Organisationsformen, interne Flexibilität und ihre Bedürfnisorientierung sowie ihre Arbeitskapazitäten würden oftmals durch Formalisierungsansprüche überfordert.⁵²

---

48   Zum Entwicklungspotential unterschiedlicher Produktionsformen auf Familien-, Nachbarschafts- oder Altersbasis s. Cernea 1986b:245ff.
49   S. Brinkschulte 1976:155ff.; Hamer 1981:122ff.; Münkner 1988:190ff; Seibel 1983:101ff.; Seibel/Massing 1974:20ff.;
50   S. Mayoux 1988:8; Klingler 1990:10; Smith-Steen 1990:12ff.; vgl. Baldus/Röpke/Semmelroth 1991:98; Hoskins 1980:23; Lamming 1983:23.
51   Dies sind die Ergebnisse eines Kongresses, der 1988 in London stattfand und die Bedeutung von Kooperativen für Frauen zum Thema hatte.
52   S. Mayoux 1988:18. Insgesamt gilt die Unterstützung besonders armer Bevölkerungsgruppen durch Einbeziehung in Kooperativen aufgrund deren Charakteristika, wie wirtschaftliche Produktivitätssteigerung, Ressourcenmobilisierung und -verteilung als fragwürdig. Den Armen fehlen die nötigen Kenntnisse, z.B. über Vermarktungsmöglichkeiten, und die politische Macht, ihre Interessen dabei zu verwirklichen (Lele 1981:55ff.). Im technischen und finanziellen Bereich könnten sie auch ohne eine Formalisierung zur Kooperative gefördert werden.

Hingegen wird - wie bereits erwähnt - die Unterstützung formalisierter Frauengruppen, die den Status von Nicht-Regierungs-Organisationen innehaben, durch bedürfnisorientierte Förderung in Form von Krediten mit flexiblen Rückzahlungsmodalitäten als durchaus sinnvoll bewertet. Eine Formalisierung bestehender Frauenorganisationen, eine Stärkung ihrer Organisationsfähigkeit und eine Förderung des Austausches zwischen ihnen kann ihre Kommunikationsstrukturen intensivieren, die Bedeutung der Gruppen in der lokalen Gemeinschaft stärken und den Frauen eine relative Rechtssicherheit ermöglichen (Müller/Fuest/Obbelode/Schwedersky 1988:99). Entwicklungspolitische Bemühungen in diesem Bereich werden als Maßstab für den politischen Willen zur Frauenförderung gewertet. "Damit der Kontakt von Behörden zur Bevölkerung verbessert wird, müßten vielmehr Mittlerorganisationen unterstützt werden - die deutsche Entwicklungshilfe müßte viel mehr im Bereich des Institution-Building tun." (Lachenmann 1989:45)[53]

Als richtungsweisende Forschungsperspektive nicht nur hinsichtlich der Fragen zur konkreten Projektgestaltung oder zur entwicklungspolitischen Einordnung sei hier darauf verwiesen, daß es wichtig wäre zu analysieren, in welchem Umfang traditionelle und moderne Frauengruppen als "Pressure Groups", also als Interessensvertretungen, für ihre Mitglieder auf gesamtgesellschaftlicher und politischer Ebene wirken können (March/Taqqu 1986:113). Nicht nur in der Unterstützung von Frauengruppen, sondern auch insgesamt gilt die Förderung der Selbsthilfe als Instrument in Entwicklungsstrategien, die multisektoral ausgerichtet sind und sich auf sogenannte Armutsgruppen konzentrieren.

"Aus diesen Beobachtungen läßt sich der Schluß ziehen, daß ... das Selbsthilfeprinzip Frauen nicht per se eine Verbesserung ihres sozialen Status, eine Beseitigung von Diskriminierung oder Befreiung von alltäglichen Sorgen garantiert, sondern nur im Rahmen eines integrierten Programmes." (Wichterich 1984:66)

4. Zur gesellschaftspolitischen Bedeutung von Frauengruppen

Eine differenzierte Analyse kann aufzuzeigen, welche gesellschaftliche Bedeutung lokale und regionale Frauengruppen haben, wie sie untereinander verbunden sind und wie sie unterstützt werden können. Diese Erörterung kann darüberhinaus Einblicke geben in die Charakteristika, Kapazitäten, Machtmöglichkeiten und Organisationsprinzipien der Frauen einer Gesellschaft. Auch nationale Frauenorganisationen sollten auf ihre Kapazitäten zur Stärkung der internen Partizipationsmöglichkeiten für lokale Gruppen untersucht werden. Fraglich ist, inwieweit die Gruppen den Ressourcenzugang für Frauen erleichtern und darüberhinaus die

---

53 Die Stärkung von Frauengruppen als Institutionen wird auch in Studien, welche die GTZ selbst über ihre Frauenförderungspolitik in Auftrag gegeben hat, gefordert (Martius von Harder/Schneider 1986:57).

Gestaltung der Entwicklungspolitik mitprägen können. Außerdem muß der Einfluß der Frauengruppen auf die Machtverhältnisse der Gesellschaft in Betracht gezogen werden.

"Die effektivsten Organisationen sind diejenigen, die sich zur Lösung eines konkreten, praktischen Genderbedürfnisses z.b. im Gesundheits-, Beschäftigungs- oder Infrastrukturbereich gebildet haben, und die es geschafft haben, spezifische strategische Bedürfnisse von Frauen zu erreichen; Bedürfnisse, die von Frauen in einem bestimmten sozio-politischen Umfeld identifiziert werden." (Moser 1989:1817).

Dieser Aspekt ist durch die Einbeziehung der historischen Perspektive besonders interessant, wenn die Widerstandsformen traditioneller Frauengruppen während der Kolonialzeit als tragende und gleichzeitig dynamische Kräfte im Kulturwandel verstanden werden.[54] Auch heute sollte die zentrale Bedeutung der Frauen und der weiblichen Organisationsformen für die gesellschaftliche Dynamik stärker Beachtung finden, Frauengruppen sollten entsprechend ihrer Wirkungsbereiche auf formeller und informeller Ebene gefördert werden. Es ist wichtig zu berücksichtigen, welche Möglichkeiten der Kooperation von Frauengruppen mit anderen gesellschaftlichen Gruppen es gibt, und wie diese unterstützt werden könnten. Dabei ist auf potentielle Konfliktfelder mit den Männern z.B. in politischen Fragen oder bei der Erweiterung weiblicher Handlungsmöglichkeiten einzugehen. Entsprechend sind Frauenzusammenschlüsse in ihrer Funktion innerhalb der jeweiligen lokalen Gemeinschaft zu erfassen, denn hier wird über Aktionsmöglichkeiten, Zugang zu Institutionen oder Begrenzungen der Gruppenaktivitäten mitentschieden (Munro 1991:173; March/Taqqu 1986:1).

"Entwicklungshilfe im Sinne einer Hilfe zur Selbsthilfe beinhaltet ein Dialogvorgehen, bei dem Wissen und Handlungsvorschläge mit den Partnerinnen erarbeitet werden. Sie sind die Akteurinnen ihrer Entwicklung. Da Entwicklung nie im kontext- und institutionsfreien Raum stattfindet, ist es sinnvoll, eine Zusammenarbeit anzustreben, bei der Kenntnisse des lokalen sozio-ökonomischen Umfeldes und das institutionelle Know-How sich die Hand reichen." (Wacker / Meier 1990:36)

So darf die Reaktion der Männer auf die Unterstützung der Frauengruppen und der Stärkung ihrer Interessensvertretung nicht vernachlässigt werden (Müller/Fuest/Obbelode/Schwedersky 1988:9). Befürchten die Männer zuviel Machtzuwachs für die Frauen, wenn die Gruppenaktivitäten über die direkte, materielle Bedürfnisbefriedigung hinausgehen? Derartige Ängste und Negativeinschätzungen sollten in Forschung und Projektplanung aufgegriffen werden, wozu partizipative Forschungsmethoden z.B. Gruppendiskussionen mit Leiterinnen der Frauengruppen, Vertretern der Männer und den Forschenden hilfreich sind (Wiese 1985:10). Ein Informationsaustausch kann die Befürchtungen der Männer

---

54 S. Lachenmann 1989:107 und 1992b:143; De Groot 1991:127; Wichterich 1984:51; vgl. Donner-Reichle 1990a:112.

entkräften und die Bedeutung einer Zusammenarbeit der Frauen unterstreichen. Denn die Frauengruppen leisten vielerorts wesentliche Beiträge zur Verbesserung der Lebenssituation der gesamten Bevölkerung, von denen letztlich auch die Männer profitieren (Senn/Grown 1988:58). In der Unterstützung von Frauengruppen in selbstverantwortlichem Handeln ist ein Beitrag zur Überwindung von Armut und gesellschaftlicher Ungleichheit zu sehen (Lachenmann 1992a:75).

"Über eine Zusammenarbeit mit fortschrittlichen Kräften in den Entwicklungsländern, seien es Selbsthilfe-Organisationen, soziale Bewegungen, Frauenorganisationen, kann gewährleistet sein, daß die Projekte die Lebenssituation verbessern helfen und eine weitreichende Selbstorganisation zu politischer Partizipation der Betroffenen erlauben."(Rupp 1982:149)

Frauengruppen fangen die Verschlechterung der wirtschaftlichen Situation das Aufbrechen der traditionellen sozialen Sicherungssysteme durch Aktivitäten im Ernährungssicherungs- und Versorgungsbereich auf, indem sie bestehende verwandtschaftsübergreifende und haushaltsverbindende eigene Gruppen intensivieren oder neue soziale Netzwerke aufbauen (Meyer-Mansor 1985:28ff.). Darüberhinaus kommt ihnen große Bedeutung in den Demokratisierungsprozessen ihrer Länder zu. Gemeinsam mit Kirchen und Basisinitiatitven gelten sie als Teile der sozialen Bewegungen, die mit ihren demokratischen Strukturen den Dialog über gesellschaftspolitische Veränderungen führen und zum sozialen Wandel beitragen können.[55]

Bei der Diskussion über die gesellschaftspolitische und wirtschaftliche Bedeutung von Frauengruppen als bewahrenden bzw. emanzipatorischen Kräften wird auch auf ihre Leistungen im Umweltbereich hingewiesen. Sie tragen mit viel Arbeitseinsatz dazu bei, die Ressourcen zu sichern, z.B. durch Wiederaufforstung oder Anlage von Dämmen. Dies wird von den Geberorganisationen erst in jüngster Zeit zur Kenntnis genommen und sollte durch entsprechende Förderungspolitik und -projekte stärker gewürdigt werden (Lachenmann 1992b:143; Jackson 1993:649f.). Wenn versucht wird, Maßnahmen in diesen Bereichen mit einkommenschaffender Aktivität, z.B. dem Anpflanzen von Nutzbäumen, zu verbinden, sollte nicht allein auf das traditionelle Wissen von Frauen in diesen Bereichen aufgebaut werden, sondern ihre Kontrolle über die damit zu erzielenden Gewinne sollte gewährleistet sein. In diesem Zusammenhang ist auch in einer lokalen Forschung zu überprüfen, inwieweit Gruppenneugründungen sinnvoll sind, und wie Frauen in gemischten Gruppen bei der Verwirklichung ihrer Interessen gestärkt werden können.[56]

---

55 S. Rusteberg 1992:33. Zur Analyse von sozialen Bewegungen, ihren Entstehungsbedingungen, Verlaufsformen, Zielen, internen Strukturen und ihrer gesellschaftlichen Einbindung und Wirkung s. Wimmer 1991:289ff.
56 S. Martius von Harder 1986:26. Neue Formen der Zusammenarbeit sollten auf unterschiedlichen Ebenen unterstützt werden, selbst wenn sie nicht den europäischen Modellen von Organisationen entsprechen (Klingshirn 1982:36; Wichterich 1984:65; vgl. Schneider/Schneider 1989:78f.).

Übersicht über die im dritten Teil vorgestellten Ethnien

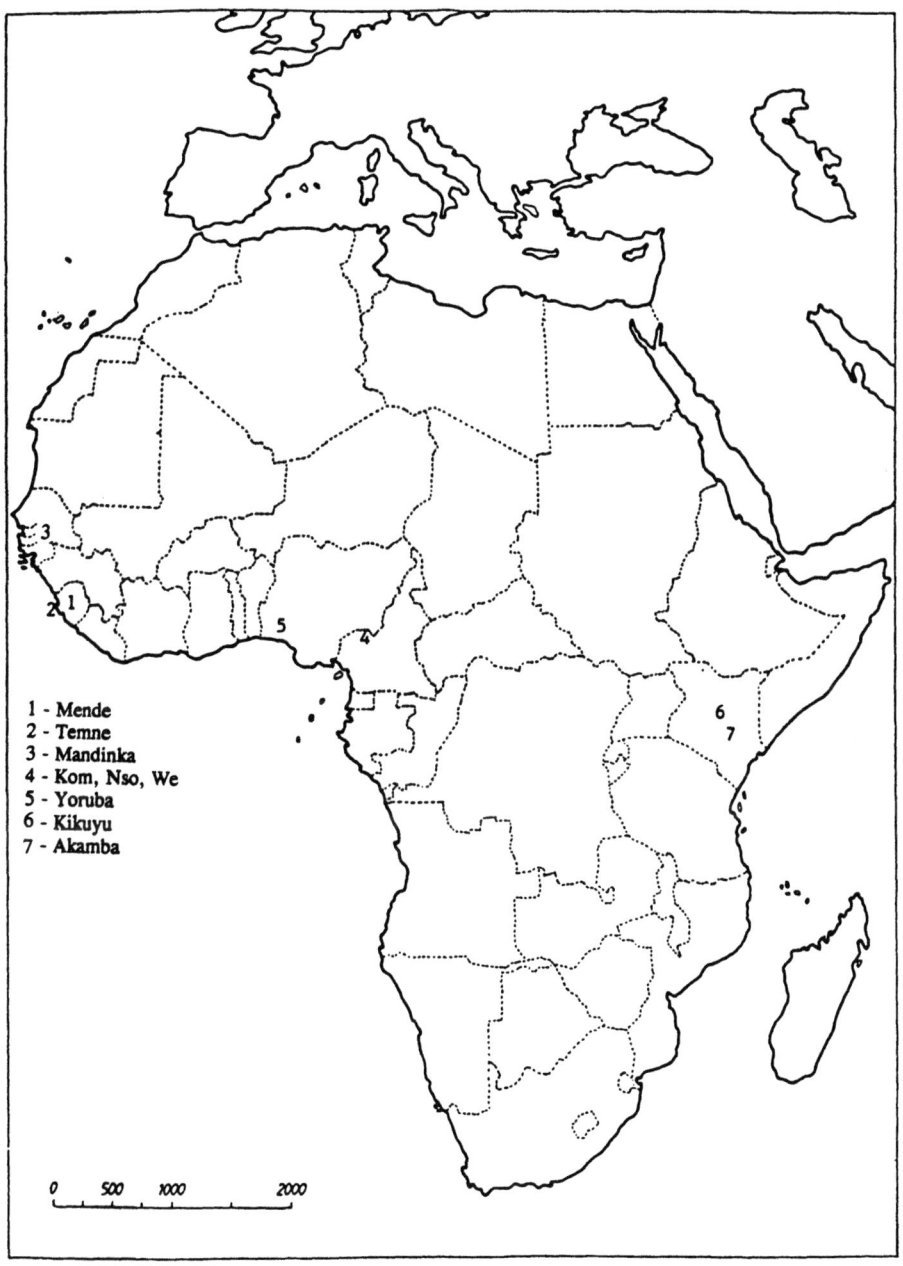

Dritter Teil

Fünftes Kapitel
Frauenzusammenschlüsse der Mende

1. Traditionelle Organisationsformen

Räumlicher und ethnographischer Überblick

Die Mende, eines der größten und bedeutendsten Völker Sierra Leones, leben im Süden und Südosten des Landes. Mit etwa einer Millionen Menschen bewohnen sie ein Gebiet von nahezu 12.000 Quadratmeilen (Bledsoe 1990a:287).

Die durchschnittliche Höhe des Gebietes liegt zwischen 100 und 300 Metern; die Latosol-Böden sind relativ nährstoffarm und unfruchtbar, denn präkambrische Granitgesteine boten die Grundlage zur Bodenbildung (Donhauser 1986:185). Der ursprüngliche Regenwald ist bis auf wenige Randzonen fast völlig verdrängt, landschaftlich prägend ist der Sekundärwald - durchsetzt mit Anbauflächen für Reis, der im Schwendbau kultiviert wird. Klimatisch beeinflußt der Wechsel von Regenzeit (zwischen April und Oktober) und Trockenzeit (zwischen November und März) die Wirtschaft und die gesellschaftlichen Aktivitäten der Menschen. Linguistisch lassen sich die Mende in Kpa-, Ko- und Sewa-Dialektgruppen unterteilen, die alle der Mande-Sprachfamilie (Teil der Niger-Kongo-Gruppe) zuzurechnen sind.[1] Politisch und ethnisch-kulturell verstehen sich die Mende als Einheit, das Bewußtsein der Zusammengehörigkeit wird durch die Geheimgesellschaften und eine ausgeprägte Erzählkunst tradiert.[2]

Politische Organisation und politische Partizipation von Frauen

Häuptlingstümer unterschiedlicher Größe bilden die politischen Verwaltungseinheiten der Region. Die Ethnogenese der Mende ist als Zusammenschluß verschiedener migrierender ethnischer Gruppen in ihrem heutigen Gebiet zu verstehen - über den genauen zeitlichen und räumlichen Verlauf der Mi-

---

1 Nachbarn der Mende sind die Sherbro im Süd-Westen, die Kissi im Osten, die Kono im Nord-Osten und die Temne im Norden.
2 In ihrer oralen Tradition unterscheiden die Mende zwei Formen der historischen Überlieferung: 1. *Kenkei*, sie thematisieren Ereignisse, die sich auf persönliche Erinnerungen der vorausgegangenen Generation beziehen und von dieser direkt tradiert wurden, und 2. *Njepe Wowei* ("old talks"), fantasievoll ausgeschmückten Erzählungen über mythische Ereignisse oder die Besiedlungsgeschichte (Little 1967a:27; Cosentino 1982:4). Die Eigenbezeichnung des Volkes bedeutet übersetzt "Herren" (McCulloch 1950:3).

grationsbewegungen divergieren die Forschungsmeinungen.[3] Im Prozeß der Herausbildung einer neuen ethnischen Einheit spielten die Geheimgesellschaften und die exogame Heiratsregelung eine tragende Rolle· Schon zur Zeit der Ethnogenese gab es einflußreiche Frauengesellschaften, die durch die Zuwanderung gestärkt wurden (Rodney 1967:242).

Im politischen Kräfteverhältnis bildeten Häuptlinge und der *Poro*-Bund der Männer Machtbalancen, wobei der Häuptling nicht so wie der *Poro*-Bund auf spirituelle Legitimation aufbauen konnte. Häuptlinge wurden von den Lineageleitern gewählt, die Kandidaten stammten in der Regel aus den landbesitzenden Lineages, persönliche Fähigkeiten und Führungsqualitäten entscheidende Auswahlkriterien. Das Häuptlingsamt und die Leitung des *Poro*-Bundes schlossen einander aus (Little 1947:13 und 1967b:256).[4] Zu den Aufgaben der Häuptlinge zählten die Regelung von Landrechtsfragen, die Konfliktlösung und die Allianzbildung (McCulloch 1950:27).

Lokale Führungspositionen wurden Frauen grundsätzlich nicht verwehrt, auch wenn sie ihnen nur in Ausnahmefällen zugestanden wurden. Beim Tod eines Häuptlings z.B. konnte seine Hauptfrau seine Funktion übernehmen, zudem hatten besonders fähige und energische Frauen die Möglichkeit, politische Autorität in den Dörfern auszuüben und diese auch nach außen hin zu vertreten. Bemerkenswert ist, daß im Unterschied zu den Männern eine Führungsposition in der Frauengeheimgesellschaft eine politische Amtsübernahme nicht ausschloß, sondern sie möglicherweise eher förderte. Prinzipiell konnte der *Sande*-Bund der Frauen auf politische Entscheidungen von Männern einwirken und deren Beschlüsse sabotieren.[5]

Der Wandel des politischen Einflusses von Frauen

Sklaverei und Sklavenhandel prägte die Geschichte der Völker an der Westatlantikküste in großem Ausmaß; dies trifft besonders auf die Mende und Sherbro zu. Sie waren in begrenztem Umfang selbst Sklavenhändler bzw. Mittelsmänner, dies

---

3   S. Abraham 1969:32. D'Azevedo sieht die unterschiedlichen Migrationsbewegungen als wesentlichen Grund für die ethnische Heterogenität der Region (1962:517). Als ein Faktor für die Migration wird die Expansion der mittelalterlichen Sudanreiche Mali und Songhai gewertet. Little vermutet, daß sich die Fusion bzw. der Machtaufbau der migrierenden Gruppen relativ friedlich vollzog (1967a:25f.). Das Sape-Mane-Überlagerungs- bzw. Fusionsmodell geht von den Sape als autochthoner, aber hochentwickelter Kultur und den Mane als Einwanderern aus. Künstlerische Zeugnisse jener legendären Sape-Kultur sind die etwa 30 Zentimeter großen, bis ins 9. Jahrhundert zurückzudatierenden, grünbraunen Steatit-Figuren, die von den Mende *Nomoli* von den Kissi *Pomdo* genannt werden und mit großer Wahrscheinlichkeit mit dem Ahnenkult der Sape im Zusammenhang standen (Dittmer 1967:214;   Atheron/Kalous   1970:313).   Die   Mane   verfügten   über   einen Frauenzusammenschluß, der die Kriegsmedizin herstellte (Richards 1974:242).
4   Ein Häuptling wurde von der *Poro*-Leitung kontrolliert, er war auf deren Unterstützung angewiesen; andererseits hatte er ein Veto-Recht gegen *Poro*-Entschlüsse und eröffnete er die Initiationen (Little 1965:70). Nach Absprache mit dem *Poro*-Bund konnte der Häuptling bei Konflikten militärische Schritte einleiten.
5   Die Reichweite der traditionellen politischen Macht von Frauen ist umstritten (Abraham 1978:278; Hoffer 1974:187; MacCormack 1975:44).

galt auch für wirtschaftlich einflußreiche Frauen (Robertson/Klein 1983:13). Sklaven galten als eine Form des Reichtums und der wirtschaftlichen Sicherheit, auch bildeten sie einen Teil der Brautgaben (Little 1967a:37).

Vor allem Haussklaven stellten als Arbeitskräfte einen bedeutenden Wirtschaftsfaktor dar. Zwar besaßen sie nicht die Rechte einer freien Person, wie z.B. den Erbanspruch, doch eröffnete ihnen die soziale Mobilität der Mendegesellschaft eine Reihe von Entfaltungsmöglichkeiten. Weibliche Haussklaven wurden wegen ihrer einfacheren Integration bevorzugt. Sklaven und Sklavinnen konnten in die lokalen Geheimgesellschaften initiiert werden, weshalb mancherorts der Anteil an Sklavinnen in einer lokalen *Sande*-Gruppe sehr hoch sein konnte.[6] Die gesellschaftliche Stellung der Haussklaven wurde durch den transatlantischen Sklavenhandel beeinträchtigt. Dieser hatte die Verschärfung bestehender Hierarchien zur Folge, da sich einige wenige Männer und Frauen wirtschaftlich bereichern konnten (White 1987:30). Zwar wurde der Sklavenhandel 1807 von den Briten verboten, illegal florierte er jedoch weiter.[7]

1787 wurden die ersten Sklaven in der neugegründeten Kolonie Sierra Leone Peninsula "repatriiert", der Name Freetown zeugt noch heute von der damaligen Bedeutung jener Stadt. Die Kreolen, befreite Sklaven aus Amerika und dem britischen Empire, etablierten sich als Siedler und orientierten sich an der britischen Lebensweise und Religion. Dagegen bauten Yoruba, die aus den Sklavenschiffen noch vor der afrikanischen Küste befreit wurden, stärker auf ihre eigene Kultur auf; bemerkenswert im Integrationsprozeß dieser in Sierra Leone als "Aku" bezeichneten Volksgruppe war die Rolle der Frauen. Sie betätigten sich wieder als Händlerinnen, indem sie ihre Handelserfahrungen in der neuen Umgebung zum Aufbau neuer wirtschaftlicher Beziehungen nutzten. Ihre Kontakte zu Hinterlandbewohnern wie den Mende führten vielfach zu einer Integration in deren gesellschaftliche Institutionen, wie dem *Sande*-Frauenbund, der ihnen Hilfe und Schutz bot. Die dabei entstandenen Verbindungen dienten nicht nur dem wirtschaftlichen Fortkommen der Händlerinnen, sondern waren auch für manche *Sande*-Leiterin lukrativ.[8]

Während die Interaktionen zwischen Aku und Mende insgesamt eher harmonisch verliefen, entstanden im Verhältnis zwischen Mende und Kreolen während des 19. Jahrhunderts zunehmend Spannungen. Letztere wurden von den Mende wegen ihrer Zusammenarbeit mit den britischen Kolonialherren verachtet; umgekehrt sahen die Kreolen auf die Mende als ungebildete, ungesittete Landbe-

---

6   Ihre Rolle in der *Sande*-Organisation wird gleichwohl in der gesamten Literatur nirgendwo zur Sprache gebracht, obwohl die Frage des Machtgefälles unter Frauen darin eine wesentliche Rolle spielte.

7   Erst 1927 wurde die Haussklaverei abgeschafft. Dies verstärkte die Abwanderung von sozioökonomisch niedriggestellten Personen in die Städte; ein Trend, der bereits 1916 mit der Anbindung des Mende-Gebietes an die Bahnlinie des Landes begonnen hatte. Der arbeitsintensiven Landwirtschaft wie dem Reisanbau und der Palmölherstellung gingen notwendige, billige Arbeitskräfte verloren.

8   S. White 1987:55. Parallel zur Mitgliedschaft in den *Sande*-Lokalgruppen gründeten die Händlerinnen auch eigene wirtschaftlich orientierte Zusammenschlüsse auf egalitärer Basis (Cohen 1978:130).

wohner herab. Auch die die Kreolinnen grenzten sich bewußt von bestehenden Frauenzusammenschlüssen ab und gründeten christliche Frauenchöre und Sonntagsschulen für ihre Kinder (Steady 1976:183ff).

Das Verhältnis zwischen Briten und Mende war nach der Gründung der Kolonie auf der Halbinsel um Freetown zunächst neutral gewesen; der Kontakt mit englischen Waffenhändlern brachte den Mende vielerlei Vorteile.[9] Als im Zuge der Protektoratsgründung im Jahr 1896 aber neue Verwaltungsregelungen eingeführt werden sollten, welche die politischen Befugnisse der Häuptlinge beschneiden und den *Poro*-Bund für illegal erklären wollten, kam es zu blutigen Auseinandersetzungen.[10] Auch der Kampf gegen die von den Briten erhobenen Hüttensteuern, der "Hut Tax War" von 1898, wurde vom *Poro*-Bund getragen und von vielen Häuptlingen unterstützt, da sie eine Schwächung der wirtschaftlichen Situation ihrer Häuptlingstümer befürchteten. Selbst kollaborierende Mende Paramount Chiefs wie Madame Yoko wurden zur Zielscheibe des Protestes (Little 1967a:48).

Der politische Werdegang Madame Yokos, die als bedeutendster Paramount Chief während der Kolonialzeit galt, zeigt, wie mächtige *Sande*-Leiterinnen politische Einflußmöglickeiten unter der kolonialen Herrschaft ausschöpfen konnten.[11] Die politische Macht Madame Yokos setzte sich aus der Verknüpfung verschiedener Positionen und Aufgabensphären zusammen, eine Ämterfülle, die sie taktisch zu nutzen wußte (Hoffer 1974:181).[12]

---

9   Ähnlich wie indigene Fremde begaben sich europäische Händler unter den Schutz eines lokalen Machthabers. Manche Händler wurden sogar Mitglied im *Poro*-Bund - ein Phänomen, über das bislang noch keine weiteren Untersuchungen durchgeführt wurden (Hopkins 1973:109). Hilfreich für die Handelsposition der Mende-Männer waren das Erlernen der Handelssprache Englisch an neugegründeten Missionsschulen.

10 S. Little 1947:13f. Hauptgrund der Protektoratsgründung war neben sogenannten ethnischen Rivalitäten die Beschränkung der französischen Handelsinteressen an der Westatlantikküste, denn die Briten fühlten sich in ihrem dortigen Handelsmonopol durch französische Eingriffe aus dem Norden bedroht (Little 1967a:46).

11 Im Jahre 1914 waren 30% aller Häuptlingstümer Sierra Leones von Frauen kontrolliert, 1948 waren es 95% aller Mende-Häuptlingstümer und 1970 9% aller Häuptlingstümer in Sierra Leone. Der Anteil der Mende-Häuptlingstümer in den Jahren 1914 und 1970 ist nicht näher aufgeschlüsselt (Hoffer 1974:174).

12 S. Hoffer 1972:158 und 1974:177. Mitte des 19. Jahrhunderts wurde Madame Yoko als Tochter eines bedeutenden Kpa-Mende-Lineageleiters geboren. Ihr erster Ehemann war der Häuptling von Tiame, nach dessen Tod heiratete sie seinen Neffen, den Häuptling des oberen Bumpe-Chiefdoms. Wegen ihrer Stellung am jeweiligen Häuptlingshof konnte sie politische Kontakte zu Entscheidungsträgern des Landes aufbauen. Sie übernahm nach dem Tod ihres zweiten Mannes dessen Amt und dehnte ihre Herrschaft auf vierzehn Häuptlingstümer aus, dabei wurden ihre traditionellen Machtbereiche durch die koloniale Legitimation als Paramount Chief ergänzt (Fyfe 1962:227). Ob sie die britische Protektoratsverwaltung für ihre Ziele gewinnen konnte, oder ob sie deren Kalkül verstand, ist strittig. Ihre Macht als *Sande*-Leiterin nutzte sie im Aufbau berühmter Initiationsschulen in Senehun und Moyamba, zu denen nur Töchter einflußreicher Lineages Zugang hatten. Dadurch festigte Madame Yoko nicht nur Allianzbeziehungen, sondern gewann ein Mitspracherecht in der Heiratspolitik der Familien. In wirtschaftlicher Hinsicht trugen die Initiantinnen sowie Klienten und Sklaven durch ihre Arbeit auf den Feldern zum Reichtum von Madame Yoko bei; die Überschüsse wurden wieder allianzpolitisch verwendet. Ihre religiös legitimierte, politische Macht und Sanktionsmechanismen als *Sande*-Leiterin nutzte sie wirkungsvoll gegenüber tra-

Mit der Unabhängigkeit Sierra Leones im Jahr 1961 und der entstehenden Parteienlandschaft erhielt das politische Leben der Mende eine neue Dimension, denn der Vorsitzende der von den Mende getragenen "Sierra Leone Peoples Party" (SLPP), Sir Dr. Milton Margai wurde zum ersten Präsidenten gewählt. Der politische Einfluß des *Poro*-Bundes dauert fort, wenn auch meist auf informeller Ebene. *Poro*-Mitglieder bestimmen bei der Landrechtsvergabe und dem Zugang zu politischen Ämtern mit. Teilweise versteht sich der Bund als traditionsverbundende Gegenkraft in gesellschaftlichen Wandlungsprozessen. Der politische Einfluß von Frauen kommt heute darin zum Ausdruck, daß sie das Amt eines Paramount Chiefs ausüben können und vor Wahlen *Sande*-Leiterinnen die Mitglieder ihrer Lokalgruppen für oder gegen die Wahl bestimmter Kandidaten oder Parteien beeinflussen können (MacCormack 1975:47).

Religion und religiöse Macht der Geheimgesellschaften

Im traditionellen Glaubensleben und Weltbild der Mende waren der Hochgottglaube, die lebensspendende Kraft *Hale*, die Ahnenverehrung, der Glaube an Naturgeister und die Fruchtbarkeitskulte wesentliche Elemente. Der Schöpfergott *Ngewo* thronte als ferner Himmelsgott über der Erde (McCulloch 1950:35). Er galt als Regenspender für die Erde, die als seine Frau gedacht wurde. Auch der Ursprung der Lebenskraft *Hale* wurde *Ngewo* zugeschrieben, der Einsatz von *Hale* zum Wohl der Gemeinschaft war die Aufgabe der Geheimgesellschaften. Diese religiöse Pflicht begründete viele ihrer Zeremonien und legitimierte die bundinterne Ordnung ebenso wie den gesellschaftlichen Einfluß des *Sande*- und des *Poro*-Bundes (Little 1967a:216). *Hale* wurde in Naturphänomen und besonderen natürlichen Substanzen, wie Steinen oder Pflanzen, lokalisiert. Die Leiter bzw. Leiterinnen der Geheimgesellschaften hatten das Wissen und die Macht, diese Kraft zu lenken (Phillips 1979:43). Damit lag auch die Schadensvermeidung in ihrem Aufgabenbereich.

---

ditionellen männlichen Autoritäten. Auch einige britische Kolonialherren wurden über Yokos Rolle als *Sande*-Leiterin in ihr Machtstreben eingebunden, indem sie Frauen heirateten, die von ihr initiiert worden waren (Hoffer 1974:184). Ihr politisches Machtkalkül wurde von traditionellen männlichen Herrschern unterschiedlich beurteilt: Manche zollten ihr als einer "großen Mutter" des Landes Tribut, andere lehnten sie als Kollaborateurin ab (Hoffer 1972:163). Ihre Machtposition wird auch in der Literatur unterschiedlich bewertet: Einerseits wird die Unsicherheit einer Umbruchsphase für die Machtetablierung Madame Yokos als entscheidender Faktor gewertet, da ihre politische Machtsphäre von Frauen lokal begrenzt gewesen sei (Abraham 1978:264). Andererseits wird betont, daß es schon immer Frauen mit großer politischer Macht auf regionaler Ebene gab, nicht zuletzt durch ihre Macht als *Sande*-Leiterinnen (Little 1967a:196). Madame Yoko habe die traditionellen Machtmöglichkeiten von Frauen nur erweitert (MacCormack 1975:44). Grundsätzlich ist dabei zu diskutieren, inwieweit von herausragenden Einzelpersonen während der Kolonialzeit auf traditionelle politische Macht von Frauen geschlossen werden kann. Politischer Einfluß ist immer mit Wirtschaft und Gesellschaft verknüpft und unterliegt deren Wandel. Die Macht weiblicher Paramount Chiefs, von denen Madame Yoko die bekannteste ist, wäre also ohne strukturell vorhandene Voraussetzungen nicht möglich gewesen (vgl. Lebeuf 1963:111).

Die tragende religiöse Rolle und gesellschaftliche Macht der Geheimgesellschaften erklärte sich nicht nur aus dem Zugang zur Lebenskraft *Hale*, sondern leitete sich auch aus den Geistern der Geheimgesellschaften her. Die Komplementarität des Frauen- und Männerbundes zeigte sich der Parallelität des Zugangs zur Lebenskraft und zu den Geistern. In tiefen, dunklen Wassern wurde der *Sande*-Geist lokalisiert, der *Poro*-Geist wurde im Busch geortet. Die Riten der Geheimgesellschaften regelten die Kontakte zwischen diesen Geistern und den initiierten Mitgliedern sowie zwischen Geistern und der ganzen Dorfgemeinschaft; denn die auf die Geister zurückgeführten Verhaltensregeln waren für alle Mende bindend (Gittins 1987:148).

Die Ahnenverehrung ist im Zusammenhang mit dem Reinkarnationsglauben der Mende zu sehen, demzufolge ein Neugeborenes seine Seele von den Vorfahren der Mutter und seinen Körper vom Vater erhielt. Damit ein Verstorbener ins Ahnenreich aufgenommen werden konnte, war die Beachtung bestimmter Verhaltensregeln und die Durchführung von Bestattungszeremonien notwendig. Dabei traten auch die Masken der Geheimgesellschaften auf, beim Tod einer Frau die des *Sande*-Bundes und beim Tod eines Mannes die des *Poro*-Bundes. Frauen wurden häufig in ihrem Herkunftsort bestattet, da sie in die dortige *Sande*-Lokalgruppe initiiert worden waren (MacCormack 1979:28). Das Ahnenreich wurde jenseits der Flüsse lokalisiert und in einer sozialen Gliederung analog zur Menschenwelt gedacht. Die Ahnen betrachtete man als moralische Hüter der sozialen Ordnung (Gittins 1987:41).

Im Kontext des Regenerationsglaubens und der Fruchtbarkeitsvorstellungen galt der Mond als Fruchtbarkeitssymbol der Menschen und der Pflanzenwelt. Mit agrarischen Fruchtbarkeitskulten versuchten die Mende das Pflanzenwachstum positiv zu beeinflussen, da sie sich mit ihrer Wirtschaftsweise, dem Anbau, von den Kräften der Natur abhängig wußten. Der *Nomoli*-Kult spielte im Anbau von Trockenreis eine große Rolle: Die bei der Feldbestellung im Boden gefundenen *Nomoli*-Figuren, die Hinweise auf frühere Bewohner des Landes gaben, wurden in Feldschreinen beopfert, um ihr wohlwollendes Einwirken auf eine gute Reisernte zu erbitten.[13] Zu den Naturgeistern, *Ngafa*, die personifiziert wurden, zählten u.a. die *Tingoi*, weibliche Wassergeister bzw. Seejungfrauen, die Männer in ihren Bann zu ziehen versuchten, und der Waldgeist *Ndgobuysi*, der sich den Menschen nachts in der Gestalt eines alten Mannes zeigte.[14]

Auch heute ist der Einfluß der Geheimgesellschaften insbesondere in abgelegenen ländlichen Gebieten nach wie vor sehr groß, wenngleich viele Riten, wie die Initiationen, wegen des gesellschaftlichen Wandels heute nur noch in abgewandelter oder verkürzter Form stattfinden. Der Einfluß von Christentum und

---

13 Dabei existierte die Vorstellung von den früheren Bewohner als *Tumbuisia*, Zwerge in der Erde (Little 1967a:225). Nach Dittmer dienten die Nomoli-Figuren ursprünglich dem Ahnenkult der früher dort angesiedelten Sape-Kultur (Dittmer 1967:214). Für die Mende erfüllten sie sowohl bei Riten im Anbau, als auch als Schutzgeister der Künstler eine eigene Aufgabe.

14 Wegen ihrer nicht einzuschätzenden Versprechungen und Verführungen galten die *Tingoi* als potentiell gefährlich, während der *Ndgobuysi* Menschen, die sich an seinen Verhaltensvorschriften orientierten, half (Little 1967a:222; Gittins 1987:77; McCulloch 1950:42).

Islam sind hier ebenfalls zu berücksichtigen.[15] Im religiösen Alltagsleben schließt die Mitgliedschaft im *Sande-* oder *Poro*-Bund, mit der nach wie vor der Erwachsenstatus des Einzelnen verbunden ist, weitere religiöse Praktiken nicht aus. Der Synkretismus und Tendenzen zur Profanisierung traditioneller religiöser Elemente zeigen sich beispielhaft an Weihnachten, wenn Masken der Geheimgesellschaften, auch die des *Sande*-Bundes, zur Unterhaltung auftreten und als "Devils", als Teufel, willkommen geheißen werden. In den letzten Jahren haben sich insbesondere im städtischen Raum zahlreiche christliche Kirchen gebildet, doch insgesamt nahm die von arabischen Ländern wie dem Iran geförderte islamische Missionierung stark zu (Mühlenberg/Wolff 1993:386). Es gibt bereits Prognosen, die besagen, daß sich zukünftig Moscheen und die Initiationsorte der Geheimgesellschaften in den Dörfern ausschließen.

Die Gesellschaftsstruktur und die gesellschaftliche Stellung von Frauen

Wichtige Elemente der gesellschaftlichen und verwandtschaftlichen Beziehungen der Mende waren die Patrilinearität, die Polygynie, Lineageexogamie und Virilokalität. Verwandtschaftliche Bindungen wurden mit dem Begriff *Nndehunbla* zum Ausdruck gebracht, der jedoch nur die Mitglieder einer Patrilinie umfaßte (Little 1967a:109). Die kleinste Sozial- und Wirtschaftseinheit war der *Mawei*, eine Personengruppe, die aus patrilinear verwandten Mitgliedern, ihren Familien und einer unterschiedlich großen Zahl an Untergebenen bestand. Ein *Mawei* gliederte sich in mehrere Haushalte mit eigenen Interessen, die es bei Fragen der Landnutzung und Ressourcen- bzw. Arbeitsverteilung zu koordinieren galt. Interessenkonflikte mußten auch mit dem *Kuwui*, der Lokalgruppe, die sich aus mehreren *Mawei* zusammensetzte, geklärt werden.

In einem räumlich abgegrenzten Hof lebte eine polygyne Familie mit durchschnittlich zehn Mitgliedern; ein *Mawei* konnte aber durchaus 40 und mehr Personen umfassen (MacCormack 1976:47). Diese Zahlen müssen zu der "Entwicklung" einer Familie in Beziehung gesetzt werden, denn das Alter der Eheleute, die Zahl der Frauen und der Kinder sowie deren Alter beeinflußte die Residenzformen. Zudem wirkte sich der sozio-ökonomische Status einer Familie auf die *Mawei*-Zahl und *Kuwui*-Größe aus, denn bei einflußreichen Gründerlineages zählten Pflegekinder, Klienten und Haussklaven zur Residenzeinheit (Little 1967a:99f.).

Autoritätshörigkeit, Achtung vor älteren und ranghöheren Personen und Kooperationsbereitschaft bestimmten das Verhalten der Personen eines Haushalts und einer Residenzgruppe. Die Frauen waren hierzu durch die *Sande*-Gesetze verpflichtet. In polygynen Haushalten wurden die familiären Arbeitspflichten zwischen den Frauen geteilt, was jeder einzelnen die Möglichkeit zu eigenen Aktivitäten beließ, und die Kontaktbewahrung zur Natalfamilie ermöglichte. Anlässe

---

15 Bei jüngsten Befragungen bekannten sich 70 % der Mende zum Islam, 20 % zu christlichen Kirchen und 10 % zur traditionellen Religion (Engel/Karimu 1984:18). De facto läßt sich jedoch in den religiösen Praktiken der Menschen keine derartig strikte Trennungslinie ziehen.

zu Besuchen waren die Geburt eines Kindes, familiäre Feste oder Trauerfeiern und Zeremonien des *Sande*-Bundes, in den eine Frau als Mädchen initiert worden war. Dort konnte sie auch mit Unterstützung bei Problemen rechnen, ein nicht unwichtiger Faktor angesichts der virilokalen Residenzregelung (Hoffer 1972:163). Institutionalisiert waren die Beziehungen einer Frau zu ihrer Natalfamilie über die Pflichten, die ein Mutterbruder gegenüber den Kindern seiner Schwester zu erfüllen hatte. Oft wurden diese ab dem 6. Lebensjahr dessen Erziehung und Verantwortung unterstellt.[16]

Die Stellung einer Frau in der Ehe, ihr Alter und ihre Kinderzahl bestimmten zusammen mit dem sozio-ökonomischen Status der Familie des Mannes und ihrer Natalfamilie ihre gesellschaftliche Position. Alter und Familienstand waren Grundlage für die Benennung von Frauen: initiierte, aber unverheiratete Frauen hießen *Nyapo*, verheiratete Frauen *Nyaha* - differenziert zwischen *Nyaha Wa*, den leitenden Frauen und *Nyaha Wulo*, den Mitfrauen - und Frauen nach der Menopause *Nuwova* (Leach 1990:63). Dabei wurde Frauen nach der Menopause großer Respekt gezollt; sie waren für Aufgaben im Ahnenkult und für Führungspositionen prädestiniert, wenn sie sich durch die notwendigen persönlichen Qualifikationen auszeichneten.[17] Zudem eröffnete die Geburt des ersten Sohnes eines Paramountchiefs einer Frau Zugang zum Amt des "Subchief". Bemerkenswert ist, daß trotz der im allgemeinen in polygynen Ehen geforderten Gleichbehandlung der Frauen bei den Mende die Lieblingsfrau eines Mannes zur leitenden Frau in einer polygynen Ehe ernannt werden konnte, obwohl diese Position normalerweise der ersten Frau zustand. Sie konnte den Mann vertreten, nach dessen Tod die *Mawei*-Leitung übernehmen und auf diese Weise den familiären Ressourcenfluß regeln. Möglichkeiten zur Ressourcenkontrolle und der Ämterzugang standen somit Frauen und Männern in ähnlicher Weise offen (Little 1967a:165).

Eheschließungen waren an wirtschaftlichen, gesellschaftlichen oder allianzpolitischen Interessen der beteiligten Familien oder Verwandtschaftsgruppen orientiert. Wenn Ehemänner ärmerer Familien nicht den geforderten Brautpreis aufbringen konnten, gab es für sie die Möglichkeit, in der Familie der Braut zu leben und zu arbeiten. Sie konnten dann aber keinen Rechtsanspruch auf die Kinder erheben; denn diese gehörten der Patrilineage der Braut an.

---

16 Diese Form der Nichten- und Neffenpflegschaft sollte sich positiv auf die Sozialisation der Kinder auswirken, indem allzu enge emotionale Bindungen gelöst und neue Kontakte aufgebaut wurden. Darüberhinaus stärkte diese Form der Verteilung von Erziehungspflichten und Unterhaltsleistungen die weiteren verwandtschaftlichen Bindungen (Issac/Shelby 1982:255; McCulloch 1950:19). Little spricht in diesem Zusammenhang von matrilinearen Tendenzen, die auch räumlich zur Kohäsion beitrugen (1948:2f. und 1967a:111). Bei ärmeren Familien wurden Kinder oft den Haushalten der Patrone zugewiesen, was einerseits eine ausreichende Versorgung gewährleisten sollte, andererseits jedoch die bestehenden gesellschaftlichen Unterschiede festigte (Bledsoe 1990b:82).

17 Je nachdem, wie sich die latenten Konfliktpotentiale durch die strukturellen Hierarchien in den einzelnen Ehen gestalteten, konnte sich eine Frau in Absprache mit Mitfrauen der Kontrolle des Ehemannes entziehen (Little 1948:11 und 1967a:65).

Oft gab es große Altersdifferenzen zwischen den Ehepartnern. Einerseits billigten ältere Männer dann jungen Frauen Liebschaften zu, wobei die Liebhaber keine Rechtsansprüche hatten und sogar als Arbeitskräfte rekrutiert wurden. Andererseits war bei großen Altersdifferenzen und angesichts der geringen Lebenserwartung der Menschen von etwa vierzig Jahren die Wahrscheinlichkeit der Witwenschaft und damit die Möglichkeit der Wiederheirat mit freier Partnerwahl der Frauen faktisch gegeben. Sie mußten aber die Leviratsregelung beachten.[18]

Flexibilität und relative soziale Mobilität charakterisierten nicht nur die Zusammensetzung der Haushalte, sondern auch der Lokalgruppen, *Kuwui*.[19] Die Lokalgruppen waren vor allem für ökonomische und rechtliche Aufgaben zuständig, wie für die Verteilung von Landnutzungsrechten und die Vermittlung zwischen einzelnen Interessengruppen. Zur Koordination und Repräsentation wurde ein *Kuloko* gewählt; meist gebührte einem alten geachteten Mann oder einer alten Frau diese Ehre.

Der Wandel der Gesellschaftsorganisation ist u.a. durch Migration verursacht, die das Aufbrechen der Verwandtschaftsstrukturen und der Residenzeinheiten zur Folge hat. In der Regel sind es die Männer, die in die Bergbaugebiete oder in die Städte abwandern. Doch auch im urbanen Kontext sind familiäre Bindungen nicht unwichtig; hierbei ermöglicht insbesondere die Neffen- und Nichtenpflegschaft den jungen Menschen einen Start im städtischen Leben und Zugang zu bestehenden Kommunikationsnetzen. Diese Form der Verantwortung geht in zwei Richtungen: Einerseits werden schulpflichtige Kinder in die Städte geschickt, und andererseits bringen Familien, die bereits im urbanen Raum angesiedelt sind, häufig ihre Kleinkinder zu Verwandten aufs Land.[20] Die Intensität der Beziehungen zum Herkunftsgebiet, die in wirtschaftlicher Hinsicht meist reziproken Charakter haben, hängt von einem Spektrum von Faktoren ab, etwa von der Länge der Residenz in den Städten und dem Aufbau einer eigenen Existenz (Banton 1957:58).

Wenn Frauen ihren Männern in die Städte folgen, versuchen sie über den Kleinhandel ihr Einkommen zu sichern, da das Einkommen der Männer wegen der begrenzten Arbeitsmöglichkeiten im formellen Sektor und der schwierigen gesamtwirtschaftlichen Situation Sierra Leones meist gering und unregelmäßig ist. Im städtischen Umfeld orientieren sich viele Mende an der christlich-monogamen Ehe als Lebensgemeinschaft. Inwieweit sich die damit verbundenen christlichen Werte auch verwirklichen lassen, ist fraglich, denn viele Männer be-

---

18 S. Nach dem Tod eines Mannes gehörten alle Kinder Frauen seiner Patrilineage an. Wenn jedoch eine Witwe die Leviratsregelung durchbrach und außerhalb der Familie des Mannes wieder heiratete, verloren die Kinder ihre Erbansprüche in der Patrilineage (Harris 1959:34).
19 Diese Merkmale korrespondierten mit historischen Prozessen in der Mende-Gesellschaft, wie der Notwendigkeit während der Landbesiedlung hinzukommende Gruppen zu integrieren, entweder über Eheschließungen, also den Aufbau verwandtschaftlicher Bindungen, über Klientelbeziehungen mit den damit zusammenhängenden Pflichten oder über die Initiation in die Bünde.
20 Dabei wird vor allem älteren oder unfruchtbaren Frauen die Versorgungsaufgabe zugewiesen. Bledsoe spricht hier von einer tradierten und an die gewandelten wirtschaftlichen Verhältnisse angepaßten, postnatalen Methode die Familiengröße zu kontrollieren (Bledsoe 1990b:81).

harren auf ihrer Eigenständigkeit und Freiheit und bevorzugen die Freizeitgestaltung mit Freunden oder Freundinnen. Zur Sicherung des Rechtsanspruchs auf die Kinder bedarf es zusätzlich einer traditionellen Eheschließung. Viele Paare leben jedoch ohne Ehevertrag der einen oder anderen Form zusammen, da die Männer die wirtschaftliche Belastung durch die Brautpreiszahlungen scheuen.[21] Trennungen kommen in den Städten häufig vor; polygyne Ehen sind im urbanen Raum nur ein Privileg der Reichen.

Einfluß auf die gewandelten Ehevorstellungen hat auch die Bildung der Frauen, denn die Ausbildung der Mädchen wird gut geheißen, weil sie als Hinweis auf die Finanzkraft eines Mannes seinen Status erhöht und eine junge gebildete Frau die Familie nach Abschluß der Ausbildung besser unterstützen kann als eine ungebildete (Bledsoe 1990a:291). Andererseits fehlt die direkte Arbeitskraft der Tochter in der Bewältigung der Alltagsaufgaben. Bis vor wenigen Jahren bevorzugten außerdem viele Männer ungebildete Frauen, weil sie für diese einen vergleichsweise niedrigeren Brautpreis zahlen mußten. Mittlerweile aber werden die Männer, die eine Eheschließung mit einem Mädchen beabsichtigen, in deren Schulgeldzahlungen eingebunden, die dann quasi als Brautpreiszahlungen gelten. Der erzieherische Einfluß des *Sande*-Bundes auf die Mädchen ist in vielen Gebieten durch die Verkürzung der Initiation reduziert, weshalb die *Sande*-Leiterinnen auch weniger bei den Eheschließungen mitbestimmen und nur noch in begrenztem Umfang Anrechte auf die Brautpreiszahlungen geltend machen können. Dementsprechend haben sich auch die äußeren Statuszeichen gewandelt: Während früher eine bestimmte Kleidung und Körperbemalung die *Sande*-Initiantinnen auszeichnete, ist es heute die Schuluniform, mit der sich die Mädchen stolz in der Öffentlichkeit zeigen.

Entscheidend für den Ausbildungserfolg der Mädchen ist, ob sie während der Schulzeit von einem Mitschüler oder Lehrer schwanger werden, denn dies hat in den meisten Schulen den Ausschluß vom Unterricht zur Folge. Die Aussichten auf einen Schulabschluß und eine monogame Eheschließung sind dann nahezu illusorisch; Konflikte über die bereits gezahlten Schulgelder sind in solchen Fällen verbreitet.[22] Gebildete Mädchen streben in der Regel eine Ehe mit einem ebenfalls höher qualifizierten Mann an (vgl. Harrel-Bond 1975:158). De facto entscheiden darüber aber meist die schulgeldzahlenden Parteien, wie die Familie oder der ausgewählte Bräutigam.[23] Die Fertilitätsrate ist vor allem an den Bil-

---

21 Kinder jener Beziehungen gehören der Lineage der Mutter an, wie es auch traditionell bei derartigen "friendships" ohne Brautpreiszahlungen der Fall war. Im Unterschied zu geduldeten Liebschaften werden Prostituierte verachtet, da sie Streit zwischen den einzelnen Liebhabern verursachen (Little 1948:10).
22 S. Bledsoe 1990a:293. Manche schwangere Mädchen versuchen daher Abtreibungen durchzuführen oder bringen die Säuglinge zu Verwandten in ihre Herkunftsdörfer und bemühen sich um eine Existenzgrundlage in den Städten (Bledsoe 1990b:92). Entscheidend ist hierfür die jeweilige Gestaltung der verwandtschaftlichen Beziehungen. Häufig sind die Mädchen aber zur Rückkehr aufs Land gezwungen.
23 Manche Mädchen versuchen auch, das Schulgeld wegen der damit verbundenen Abhängigkeiten nicht von den genannten Personengruppen zu erhalten, sondern von einem Liebhaber aus einem sozialen Kreis mit der vielsagenden Bezeichnung "suggar daddies", d.h. reichen Geschäftsleuten oder Männern, die in der Verwaltung tätig sind (Bledsoe 1990a:290). Meist

dungsgrad der Frauen gebunden und weniger an die Eheform, also an Monogamie oder Polygynie.

Als konfliktreich gelten interethnische Ehen, so daß die Lebensgemeinschaft mit einer Person der gleichen Ethnie bevorzugt wird. Kontakt zur gesellschaftlich dominierenden Gruppe der Kreolen und eine Partizipation an ihren Privilegien wird vielmehr über die Erziehung der Kinder in kreolische Haushalte hergestellt, was an die traditionelle Form der Kinderpflegschaft anknüpft und als Beispiel der heutigen geographischen und sozialen Mobilität der Mende über die verwandtschaftlichen und ethnischen Grenzen hinausreicht (Isaac/Shelby 1982:254f.). Man erhofft sich dadurch eine Ausbildungsunterstützung. Den neuen Chancen, die eine Ausbildung bietet, steht die Verstärkung der sozio-ökonomischen Unterschiede zwischen Frauen entgegen. Das städtische Leben ermöglicht einerseits neue Entfaltungsmöglichkeiten, führt oft aber auch zum individuellen Überlebenskampf. Gemeinsame wirtschaftliche Aktivitäten und die Gründung von Selbsthilfegruppen versuchen diesen Prozessen gegenzusteuern; teilweise knüpfen die heutigen Zusammenschlüsse an traditionelle Organisationsmuster an und übernehmen solche Aufgaben im Bereich der Verhaltensregelung und Unterstützung in Notzeiten, wie sie den traditionellen Zusammenschlüssen oblagen. Zudem haben sich in den Städten auch neue *Sande*-Frauengruppen gebildet.

Die Geheimgesellschaften

Die Gesellschaftsorganisation der Mende wurde durch die Geheimgesellschaften mit ihren Statuszuweisungen und Verhaltensvorschriften für das Zusammenleben der Geschlechter und der ganzen Gemeinschaft geprägt. Zu den Hauptaufgaben der Geheimbünde zählten: allgemeine Erziehung, Tradierung sozialer Grundwerte, Regulierung sexuellen Verhaltens, Ausführung sozialer Dienstleistungen und medizinische Versorgung, Unterhaltung, Entscheidung und Kontrolle politischer und wirtschaftlicher Maßnahmen, Ausführung religiöser Riten und Erhalt der religiösen Werte. Diese Aufgabenbereiche müssen nach einzelnen Bünden differenziert betrachtet werden.

> "Diese Gesellschaften sind im wesentlichen der Poro-Bund, die mit der Initiation der Jungen befaßte Männergesellschaft; Sande, die für alle Frauenangelegenheiten zuständig ist, Humoi, die das Verhalten der Geschlechter und die gesellschaftlichen Umgangsformen im allgemeinen reguliert und Njaye - zuständig für besondere mentale Bedingungen und die Propagierung der Fruchtbarkeit. Wunde ist vor allem mit militärischer Ausbildung bei den Kpa Mende befaßt" (Little 1949:200).[24]

---

sind diese Männer bereits verheiratet, so daß die Mädchen eine Eheschließung mit ihnen nicht beabsichtigen.

24 Die *Najaye*- und *Humoi*-Bünde standen beiden Geschlechtern offen. Eine Mitgliedschaft im *Humoi*-Bund war gleichzeitig mit der Zugehörigkeit zum *Sande*- oder *Poro*-Bund möglich, nur der *Najaye*-Bund schloß die Partizipation an einem weiteren Bund aus (McCulloch 1950:36; Little 1967a:25f.;vgl. MacCormack 1979:30). Die *Wunde*-Gesellschaft wurde Anfang des 18. Jh. zur Verteidigung gegen die Koranko gegründet (Little 1967b:249).

Die Bünde wirkten insgesamt einheitsstiftend, trugen zur dauerhaften Verbindung unterschiedlicher gesellschaftlicher Kräfte und zur Überwindung sozio-ökonomischer Unterschiede bei. Dies war ein wichtiger Faktor im Rahmen der Ethnogenese der Mende, die noch in diesem Jahrhundert zugewanderten Personen wurden durch die Bundmitgliedschaft in die Lokalgruppen integriert. Regionale, soziale Netzwerke und politische Allianzbeziehungen wurden also nicht nur über verwandtschaftliche Bindungen, sondern auch durch diese verwandtschaftsübergreifenden Organisationen geschaffen. Die Bünde bezogen ihre Legitimation aus dem alle Mende verbindenden religiösen Weltbild (Little 1949:199). Denn, obwohl die Geheimgesellschaften auch soziale Korporationen waren, die Geheimnisse voreinander hatten, bildete das allen gemeinsame religiöse Fundament die verbindende Klammer. Die Trennung durch Geheimnisse wurde überwunden durch die allen bewußte und gemeinsame Ausrichtung auf den physischen und kulturellen Erhalt der Gesamtgesellschaft.

Der Sande-Frauenbund

Der *Sande*-Frauenbund der Mende war traditionell eine nicht zentralisierte, in unabhängige Lokalgruppen gegliederte und religiös legitimierte Frauengeheimgesellschaft.[25] Zentral für das geheime Wissen war der fruchtbarkeitsspendende *Sande*-Geist *Ngafa*, der in tiefen, dunklen Wassern lokalisiert wurde und sich in den Masken des *Sande*-Bundes manifestierte, sowie die *Sande*-Medizin *Hale*, die die Bundgründung erklärte (Boone 1986:236). Mit dieser Medizin konnten die Leiterinnen die Fruchtbarkeit beeinflussen und Verstöße gegen die *Sande*-Gesetze bestrafen.[26] Diese auf den Schöpfergott *Ngewo* zurückgeführte Kraft wurde mit Elementen in der Natur in Verbindung gebracht und in Steinen, Kaurimuscheln oder Pflanzen lokalisiert; dabei dienten glatte schwarze Steine aus Flüssen für bestimmte Riten im Rahmen der Initiation und zum Schwören auf die Geheimhaltung der Geheimnisse, *Hale*-Pflanzen wurden für medizinische Heilzwecke verwendet (Boone 1986:17). Diese übernatürliche Kraft und der Kontakt zum *Sande*-Geist, die beide mit der Fruchtbarkeit von Frauen konnotiert wurden, ermöglichten ihnen die Durchsetzung allgemein verbindlicher Verhaltensvorschriften. Die Macht des *Sande*-Bundes kam auch in den als *Sowei* bezeichneten Masken zum Ausdruck, denn diesen wurde eine dreifache Identität zugeschrieben: die des Geistes, der mächtigen Medizin und der Sande-Leiterinnen (Phillips 1979:44).

Sowohl die Ikonographie als auch die Anläße zum Maskenauftritt verdeutlichten die vielschichtige, religiös legitimierte Bedeutung der schwarzen Holz-Helm-

---

25 Zu den Wesenszüge der *Sande*-Gesellschaft der Mende und den Parallelen bzw. Unterschieden zu den Frauengeheimgesellschaften der Nachbarethnien wie der Gola, Vai, Kpelle, Sherbro-Bullom, Temne und Kono s. Schäfer 1990. S. dort auch die jeweiligen regionalen und historischen Entwicklungen der als *Sande*, *Bondo* oder *Bundu* bezeichneten Bünde im gesellschaftlichen Kontext und deren Verhältnis zum *Poro*-Bund der Männer. Zu Beginn der siebziger Jahre gehörten 95 % aller MendeFrauen dem *Sande*-Bund an (Hoffer 1972:161).

26 Die Überwindung von Unfruchtbarkeit war ein Ziel im Einsatz der Sande-Medizin; die Bestrafung bezog sich beispielsweise auf die Impotenzdrohung.

masken. Als Manifestationen des *Sande*-Geistes dienten sie zur Belehrung sowie zur Kommunikation zwischen den Bundmitgliedern und der Dorfbevölkerung während einer Initiation. Des weiteren traten die Masken bei Trauerzeremonien und zur Rechtsprechung in Erscheinung. Die Maskengestaltung orientierte sich am weiblichen Schönheitsideal der Mende; vor allem aber wurde der Übersteigerung der natürlichen Formen, also der Darstellung des Geheimbundgeistes in Farb- und Formgebung des Maskengesichts und gesamten Kopfes, große Beachtung geschenkt. Diese übernatürlichen Dimensionen entfalteten sich in den Maskenauftritten und musikalisch begleiteten Tänzen, die als symbolische und gesellschaftlich bedeutende Kommunikationsformen galten.[27]

Kontrolle über seine Mitglieder übte der *Sande*-Bund aus, indem er auf der Forderung der Geheimhaltung der Kenntnisse bestand, wobei diese als bedeutendes kulturelles Wissen von Frauen und Teil der Mende-Ethik betrachtet wurden. Nicht nur der Inhalt des Geheimnisses galt dabei als entscheidend, sondern die Separierung des Wissens aus den allen zugänglichen Kommunikationskanälen. Der *Sande*-Bund als Institution und seine Leiterinnen als dessen Vertreterinnen schützten dieses Wissen, das außerhalb der Strukturen der Sinnhaftigkeit entbehrte (Jedrej 1980:135). Wissenszugang und -umfang war an die *Sande*-Mitgliedschaft und den Aufbau der *Sande*-Gruppen gebunden.

Jede einzelne Lokalgruppe war in sich hierarchisch gegliedert und wurde von einer Leiterin und älteren Frauen mit speziellen Aufgaben und Kenntnissen angeführt. Zugang zu diesem exklusiven Frauenbund erhielten junge Mädchen zwischen dem zehnten und fünfzehnten Lebensjahr durch ein Initiationsritual. Im Rahmen der Initiation wurden die *Sande*-Anwärterinnen in den Rechten und Pflichten von Ehefrauen in einem polygynen Haushalt unterwiesen, dabei wurde die Unterordnung unter Autoritäten, die Achtung der Seniorität, aber auch die Notwendigkeit der Kooperation zwischen Frauen betont. Initiierte Frauen erwarben den Status einer erwachsenen Person, was die Initiation und die Bundmitgliedschaft unabdingbar machte. Neben der Tradierung von Frauenrollen war der *Sande*-Bund für die gesellschaftliche Zuschreibung und den Erhalt der weiblichen Fruchtbarkeit zuständig, eine Aufgabe, die seinen Leiterinnen auch Kontrolle über die Fruchtbarkeit verschaffte.

Der *Sande*-Bund wirkte sich auf die Beziehungen zwischen polygyn verheirateten Frauen dergestalt aus, daß die Richtlinien des Bundes zwar zur Kooperation aufforderten, aber gleichzeitig Statusunterschiede durch die Stellung einzelner Frauen in der Bundhierarchie verstärkt wurden. In materieller Hinsicht forderte die Leiterin des *Sande*-Bundes - ähnlich wie die Leiter des *Poro*-Bundes - Gebühren für die Initiation, deren Höhe richtete sich nach der sozio-ökonomischen Stellung der Familien; die Frauen mußten durch ihre Feldarbeit zur Erwirtschaftung von Überschüssen beitragen. Zudem konnte die *Sande*-Leiterin einen Anteil des Brautpreises für sich reklamieren, da sie durch die Mädcheninitiation zur

---

27 S. hierzu ausführlich Schäfer 1990:109ff; Boone 1986:230; Phillips 1978:265 und 1980:144.

Ehevorbereitung beigetragen hatte. Dies war insbesondere bei wohlhabenden Familien für sie interessant (Mac Cormack 1975:46).

Der Bund beanspruchte aber auch, Frauen emotionalen Schutz, Solidarität, Orientierung und Unterstützung in einzelnen Lebensphasen zuteil werden zu lassen. Darüberhinaus setzte er sich für die Rechte und die Achtung jeder Frau mit Hilfe von Regeln ein, die gesellschaftlich verbindlich waren. Verstöße wurden mit harten Sanktionen bestraft; da diese Sanktionsdrohungen im Extremfall "Impotenz" lauteten, griffen die *Sande*-Regeln in die männliche Sphäre ein. Die Machtmittel und Entscheidungen waren, wie der *Sande*-Bund insgesamt, religiös legitimiert. *Sande*-Leiterinnen konnten auch politisch Einfluß nehmen, da die aufgestellten Regeln politische Kompetenzen umfaßten.

Die gesellschaftsverbindende Bedeutung des *Sande*-Bundes kam darin zum Tragen, daß er grundsätzlich allen Frauen offenstand, unabhängig von ihren familiären oder sozio-ökonomischen Hintergründen, und daß die einzelnen Lokalgruppen sich zu bestimmten Anläßen trafen. Auschlaggebend für die Mitgliedschaft war also weniger die Deszendenz als vielmehr die Residenz. Die Frauen blieben ihr Leben lang Mitglied in dem Bund, in den sie initiiert wurden, selbst wenn sie ihr Herkunftsdorf zur Eheschließung verließen. Zu bestimmten Anläßen kamen sie zurück und oft bevorzugten sie auch, im Herkunftsdorf bestattet zu werden. Während der Ehejahre zählten sie aber gleichzeitig zum Bund am Wohnort des Mannes.

Die Zahl der Zusammenschlüsse eines Ortes hing von der Siedlungsgröße ab. Trotz räumlicher Nähe bewahrten sich die Gruppen ihre Eigenständigkeit, bei der sie sich auf Gründerahninnen beriefen (MacCormack 1975:44 und 1979:126). Initiationen wurden separat durchgeführt, gegenseitige Assistenz bei einzelnen Zeremonien oder öffentlichen Auftritten waren jedoch möglich. Die Gründung einer neuen lokalen Gruppe wurde einer *Sande*-Frau durch einen Traum aufgetragen, dabei wurden ihr geheime Kenntnisse, z.B. über bestimmte Heilpflanzen, offenbart. Voraussetzung dafür war aber, daß sie bereits einen hohen Rang in einer bestehenden Lokalgruppe innehatte. Die Genehmigung und der Segen zur Neugründung blieb letztlich der Vorsitzenden mehrerer Ortsgruppen, der *Majo*, vorbehalten. Als mächtigste *Sande*-Frau koordinierte sie die Gruppen und vertrat sie gegenüber männlichen, politischen Autoritäten. Die *Majo* wurde aus den Reihen der lokalen Leiterinnen gewählt, wobei ihre politischen Führungsqualitäten und ihre Neutralität bei Interessenkonflikten ausschlaggebend waren (Little 1967a:165).

Sowo oder *Sowei* wurde die Leiterin einer Lokalgruppe bezeichnet. Auch für ihre Wahl waren außergewöhnliche Fähigkeiten und Kenntnisse erforderlich. Dazu zählten Durchsetzungsvermögen, Verhandlungsgeschick, Gerechtigkeitssinn, Seniorität und körperliche Kraft. Auch sollte sie das Wissen des *Sande*-Bundes über Heilpflanzen, den Anbau von Nahrungsmitteln oder religiöse Fragen beherrschen und sich bereits als erfahrene Hebamme und Beschneiderin ausgezeichnet haben (Boone 1986:36ff.). Sie sollte die Herkunft aus einer einflußreichen Lineage nachweisen können und mit Führungsaufgaben in einem *Mawei* vertraut sein.[28]

Eine *Sowei* galt als Kennerin der familiären Strukturen, der besonderen Situation jeder einzelnen Frau ihrer Lokalgruppe und hatte durch ihr Amt Einblicke in das soziale Beziehungsgeflecht. Ihre religiös legitimierte Macht, ihre Verfügungsgewalt über die *Sande*-Medizin *Hale* und ihre Fruchtbarkeitskontrolle durch Initiation und Geburtshilfe gaben ihr auch die Möglichkeit, auf das Verhältnis zwischen Ehepartnern Einfluß zu nehmen. Neben der Initiation mußte ihre Geburtshilfe entlohnt werden, wozu die Ehemänner der Gebärenden aufgefordert wurden.[29]

Während *Majo* und *Sowei* Ämter auf Lebenszeit waren, gab es auch Funktionen in der *Sande*-Leitung, die von Frauen temporär ausgeübt wurden. Es waren die *Sowei kundoni*, die Hüterin der *Sande*-Paraphernalien, die *Sande waa jowei*, die für ein Jahr den Initiationsverlauf überwachte und die *Ndogbo jowei*, welche bei Klitoris-Excircumcisionen assistierte und Initiationsgebühren einsammelte (Boone 1986:27). Während einer Initiation war die *Klawa* für die Verbindung und Kommunikation zwischen dem Bund und den Eltern der Initiantinnen zuständig. Die *Ligbawa* fungierten als Vertretung des Bundes nach außen und als Exekutive der *Sande*-Leiterinnen. Aus ihrem Kreis rekrutierten sich auch die Maskentänzerinnen.[30]

Frauen, die keine besonderen Ämter bekleideten, wurden *Nyaha* genannt. *Mbongboni* war die Bezeichnung für die *Sande*-Novizinnen. Zwar standen letztgenannte am Fuße der *Sande*-Hierarchie, dennoch wurden sie im Rang immer noch höher eingestuft als die nichtinitiierten *Kpowa*, die "Nichtwissenden", die mit ahnungslosen Kindern verglichen wurden.[31]

Die Bedeutung des *Sande*-Bundes für einzelne Frauen ist darin zu sehen, daß er Verhaltensorientierungen und Schutz vor männlichen Übergriffen bot. Er half den Mitgliedern bei der Integration in die Gesellschaft und ermöglichte ihnen den Zugang zum religiösen Bereich sowie zu den Geheimnissen des Bundes. Da jedoch der Zugang zu Wissen und Autorität mit der Stellung einer Frau in der Bundhierarchie verknüpft war, wird die Bedeutung des Bundes kontrovers diskutiert, nämlich im Sinne einer Stärkung der einzelnen Mitglieder zur Lösung ihrer spezifischen Probleme oder als Instanz zur Unterordnung unter die Autorität der Leitung und das von ihnen definierte Allgemeinwohl. Unterschiedlich sind dementsprechend die Einschätzungen, wie stark Solidarität und Kooperation oder Macht und Gehorsam die internen Strukturen des Bundes prägte, denn beide Aus-

---

28   S. Little 1967a:126. Mancherorts gab es bei der Wahl einer *Sowei* auch Machtstreitigkeiten zwischen einzelnen Anwärterinnen (Bledsoe 1984:462).
29   Bei Komplikationen während einer Entbindung setzte die *Sowei* die *Sande*-Medizin ein und verlangte von der gebärenden Frau ein Geständnis ihrer Ehebrüche. Das dabei eröffnete intime Wissen gab der *Sowei* weitere Machtmöglichkeiten.
30   Es wird zwischen alten, mächtigen *Ligba*, die mancherorts als *Sowei*-Vertretung agierten, und den *Ligba wulo* unterschieden. Zum *Ligba wulo*-Rang zählten Tanzleiterinnen und Maskentänzerinnen (Phillips 1978:268).
31   "Einige Frauen errangen als große Bedeutung in politischen Entscheidungsprozessen, doch darf man nicht den Status einfacher Frauen außer Acht lassen." (Hoffer 1975:162)

richtungen zählten gleichermaßen zu den Charakteristika des Bundes (Bledsoe 1984:462).

Die Kontinuität im Zusammenschluß mit anderen Frauen wurde durch die Initiationsphasen, durch Unterstützung in Lebenskrisen und durch allgemeine Geselligkeit gewährleistet. Diese Einschätzung der *Sande*-Gesellschaft als Solidargemeinschaft zur gegenseitigen moralischen und wirtschaftlich reziproken Unterstützung wird durch die Legitimation der Mobilität der Frauen unterstrichen. Denn der *Sande*-Bund ermöglichte Frauen die Rückkehr in ihr Nataldorf zu rituellen Anlässen und familiären Verpflichtungen, dadurch konnten sie Beziehungen zur Herkunftsfamilie bewahren. Dieses war durch die lebenslange Mitgliedschaft in dem *Sande*-Bund möglich, in den eine Frau initiiert wurde. Bei ihm konnte sie im Alter Ehrenämter übernehmen und durch ihn wurde sie nach dem Tod als Ahnin verehrt.

"In vielen Gebieten der Erde separiert die virilokale Residenz die Frauen von der Solidarität ihrer Verwandtschaftsgruppe und trägt zu ihrer Separierung und Machlosigkeit bei. Im Kontrast dazu ist Sande ein Focus für Verbindungen, die das ganze Leben andauern und zum Zusammenhalt der Frauen beitragen, wo immer sie wohnen mögen." (MacCormack 1979:28)

Da der Bund stärker auf dem Residenz- und weniger auf dem Verwandtschaftsprinzip basierte, half er den Frauen beim Aufbau lokalgruppenübergreifender, sozialer Netzwerke sowie bei der politischen Interessenvertretung. Diesen Aspekten stand jedoch die private Bereicherung und das eigenmächtige Taktieren der *Sande*-Leiterinnen entgegen.

Die Einordnung in die *Sande*-Hierarchie und die Unterordnung unter die Bundleitung korrespondierte mit den Machtstrukturen auf Haushaltsebene. Von den jungen Frauen wurde mit der Eheschließung die Integration in einen polygynen Haushalt und Gehorsam gegenüber Ranghöheren und Älteren gefordert. Ein wie auch immer geartetes Gemeinschaftsgefühl zwischen Frauen, die in einem Haus oder einem Dorf zusammenlebten, war aber wegen der recht formalisierten Geschlechterbeziehungen wichtig. Doch darf dabei nicht aus dem Blick geraten, daß gerade die *Sande*-Leiterinnen die strikte Geschlechtertrennung forderten.

Das *Sande*-Verständnis vom Geschlechterverhältnis war paradox: Einerseits wurde Unterordnung unter den Ehemann gelehrt; andererseits konnte die *Sande*-Leiterin als "höchste" Autorität bei Verstößen eines Mannes gegen die *Sande*-Gesetze dessen Frau zwingen, ihren Ehemann mit Gift zu ermorden.

Das Initiationsritual

Das wichtigste aller *Sande*-Rituale war die Initiation, die traditionell durchschnittlich drei Jahre dauerte und für alle Mädchen verbindlich war. Die gesellschaftliche Bedeutung des Rituals zeigt sich in der religiösen Zuschreibung der Fruchtbarkeit und der Unterweisung in den Rechten und Pflichten erwachsener Frauen. Somit wurde auch die soziale Ordnung bestätigt und legitimiert. Die

Initiation war nicht an die körperliche Reife der Mädchen gebunden, vielmehr stand die gesellschaftlich-kulturelle Orientierung im Mittelpunkt.

"Für die Frauen galten die Sande yo als neue Schwestern und Freundinnen, die bald schon ihre Mitfrauen werden. Für die Männer waren sie neue Bräute und Geliebte; für die ganze Gemeinschaft neue vollwertige Mitglieder und neue Mütter, die die nächste Generation gebären und aufziehen werden, um somit den Fortbestand der Mende-Gesellschaft zu sichern." (Boone 1986:39)

Diese komplexen Erwartungen bestärkten die Macht der *Sande*-Leitung, denn in der Initiation kristallisierte sich das Spannungsverhältnis von Solidarität und Unterordnung besonders deutlich heraus. Einerseits schufen die gemeinsamen Erfahrungen lebenslange Verbindungen und Grundlagen zur Kooperation zwischen den Frauen, was durch die Teilhabe an den Geheimnissen und den gemeinsamen Schwur der Geheimhaltung bekräftigt wurde. Andererseits bedeutete die Initiation auch Unterordnung unter die Autorität der *Sande*-Leiterin, deren Macht bestätigt und im Sozialgefüge erweitert wurde (Moore 1988:166).

Die Initiation fand traditionell im *Kpanguima*, dem sogenannten *Sande*-Busch statt, der sich am Rande der Siedlungen im Übergangsbereich zum Wald befand. Der Initiationsverlauf gliederte sich in drei Phasen: Riten zur Trennung vom alltäglichen Leben, Riten, die den marginalen Zustand verdeutlichten und Riten der Reintegration. Zu Beginn wurde die Klitoris-Excircumcision durchgeführt, danach stand die praktische, landwirtschaftliche und handwerkliche Ausbildung sowie die Unterweisung in Frauenaufgaben und *Sande*-Regeln im Mittelpunkt. Darüberhinaus wurden die Initiantinnen in Gesang und Tanz ausgebildet.

Die *Sande*-Anwärterinnen wurden von ihren Müttern zum *Kpanguima* gebracht und der Obhut des *Sande*-Geistes anvertraut. Als äußeres Zeichen ihres besonderen Status der *Kpowei*, der *Sande*-Novizinnen, legten die Mädchen ihre Kleider ab und trugen nur noch ein Hüfttuch. Ihre Körper wurden aus kosmetischen und religiös-rituellen Gründen mit Kaolin gefärbt. Die weiße Farbe sollte vor negativen Kräften schützen und den Initiantinnen ein Gleichheitsgefühl vermitteln (Phillips 1978:270).

Die Klitorisbeschneidung wird unterschiedlich interpretiert, einerseits als schmerzhaftes Erlebnis aller Mädchen, das ihren Frauenstatus zum Ausdruck brachte, ihre Solidarität stärken sowie Geburten erleichtern sollte und in religiösen Fruchtbarkeitsvorstellungen begründet war. Andererseits wird die Beschneidung als Machtmittel der *Sande*-Leitung und als Instrument zur Beschränkung der weiblichen Sexualität im Sinne männlicher Dominanz kritisiert, wobei auch die gesundheitlichen und psychischen Folgen unterstrichen werden.[32] Bäder und

---

32 S. Hoffer 1975:157; Boone 1986:65; Phillips 1979:75. Zu den unterschiedlichen Beschneidungstheorien und der Bedeutung der Weltbilder westafrikanischer Bauernvölker für die Mädchenbeschneidung, die vor allem auf die vollwertige Anerkennung des Frauseins gerichtet sind, s. Dinslage 1981.

Kräutertinkturen sollten Infektionen verhindern; trotzdem starben immer wieder Initiantinnen an den Folgen der Eingriffe.[33]

Die Initiantinnen wurden nicht nur durch die schmerzhafte Konfrontation mit ihrer Sexualität eingeschüchtert, sondern auch durch die psychische Belastung, die aus der Strenge und Willkür der *Sande*-Leiterinnen resultierte, mit der diese ihre Autorität festigten. Zwar durchbrach die Initiation Alltagsroutinen, indem die Mädchen nach der Heilung der Operationswunden nachts zum Tanzen geweckt wurden, doch neben diesem Anzeichen für eine andere Ordnung war in der Phase des Übergangs vor allem eine langsame Neuorientierung durch das Erlernen der Frauenrollen und damit durch Übernahme und Weitergabe der traditionellen Sozialordnung prägend. Die Initiation bildete keineswegs ein soziales und kulturelles Vakuum, sondern war eng mit gesellschaftlichen Normen verknüpft.

Bei der Vorbereitung der Mädchen auf das Leben in einem polygynen Haushalt war weniger die rein praktische Seite des Lernens entscheidend, da die Mädchen die meisten Frauenaufgaben schon durch Mithilfe im Haushalt und auf den Feldern der Mütter oder der weiblichen Verwandten kannten, vielmehr konzentrierte sich die Unterweisung auf die Haltung, mit der die Arbeiten durchzuführen waren (Hoffer 1975:158).

Mit der Arbeit auf den Feldern der *Sande*-Leiterin trugen die Initiantinnen zu deren wirtschaftlichem Wohl bei. In der Arbeitsverteilung spiegelte sich die Herkunft eines Mädchens wieder. Während Töchter oder Nichten der *Sande*-Offiziellen zu Führerinnen der Initiantinnen, *Kema*, bestimmt wurden, die die Arbeit der anderen beaufsichtigten, konnten Mädchen, deren Eltern Schwierigkeiten mit der Zahlung der Initiationsgebühren hatten, zu Mehrarbeit verpflichtet werden. Dies verdeutlicht, daß es trotz der äußerlichen Gleichstellung Unterschiede zwischen den Initiantinnen gab, die mit gesellschaftlichen und bundinternen Hierarchien korrespondierten. Eine *Kema* konnte Führungsqualitäten entwickeln, die ihr die Ämterübernahme im späteren Leben erleichterten.[34] Die *Kema* und einige ausgewählte Initiantinnen wurden in tiefere *Sande*-Geheimnisse wie das der Geburtshilfe eingeweiht. Es waren Kenntnisse, die den meisten Initiantinnen bei einer allgemeinen Unterrichtung in der *Sande*-Lehre und über das Wesen des *Sande*-Geistes vorenthalten wurden. Für die soziale Kohäsion in der *Sande*-Gesellschaft war gerade das Wissen über den *Sande*-Geist *Ngafa* sehr wesentlich; da er für die gemeinsame Herkunft aller Mende-Frauen stand und damit Frauen unterschiedlicher sozio-ökonomischer Hintergründe integrieren sollte. Zur intendierten Begegnung mit dem *Sande*-Geist traten die den Geist verkörpernden *Sande*-Masken im *Kpanguima* auf. Die Zelebrierung der gemeinsamen mythischen Einheit und die Konfrontation mit der rituellen Macht von *Sande*-Offiziellen in den Maskenauftritten wirkten autoritätsstabilisierend.[35] Kurz vor Abschluß

---

33 Beim Tod eines Mädchen wurde ein zerbrochenes Tongefäß vor das Haus der Mutter gelegt (Boone 1986:245).
34 Daher versuchten wohlhabende Eltern zuweilen den *Kema*-Titel für ihre Töchter zu kaufen (MacCormack 1979:27).
35 Neben den *Sowei*-Masken traten *Gonde*-Unterhaltungsmasken auf. Deren Erscheinen wurde ebenso wie Gesang und Tanz gegen Ende einer Initiation von allen *Sande*-Mitgliedern will-

der Initiation wurden den Novizinnen unter Beachtung bestimmter Verhaltensvorschriften Besuche im Dorf erlaubt, auch gab es gemeinsame Auftritte aller Mädchen, die nun als *Hanjoesis*, als Bräute, bezeichnet wurden (Jedrej 1980:134).

Eine abschließende gemeinsame rituelle Waschung in einem Fluß und der Schwur auf das *Sande-Hale* bestätigen den Mädchen die vollwertige Mitgliedschaft in der *Sande*-Gesellschaft. Ein Fest der ganzen Dorfgemeinschaft und das Auftreten der neuen *Sande*-Mitglieder in Festgewändern bildeten den Abschluß einer Initiation. Dabei wurde auch das *Sande-Hale* durch das Dorf getragen, zum Schutz der Dorfbevölkerung vor zu starken übernatürlichen Kräften durfte nicht gleichzeitig eine *Sande*-Maske als Manifestation des *Sande*-Geistes anwesend sein (Phillips 1978:271). Erst nach der Präsentation der *Sande*-Medizin tanzte eine *Sowei*-Maske und erinnerte warnend an die Macht des Frauenbundes (McCulloch 1950:32).

Einige Aspekte zum Wandel des *Sande*-Bundes, wie die Auswirkung der Schulbildung und die Veränderungen im Zusammenhang mit den Brautpreiszahlungen sind bereits angesprochen worden. Hier soll vielmehr auf den internen Wandel der Initiation und der Strukturen in den Lokalgruppen eingegangen werden, soweit sie Ethnologinnen und Ethnologen bekannt geworden sind. Grundsätzlich ist auch heute noch die Initiation und Zugehörigkeit zum *Sande*-Bund für die Identität der Mende-Frauen wichtig, entsprechend sind in allen Dörfern und teilweise auch im städtischen Raum *Sande*-Gruppen zu finden (Little 1962:2). Der interne Bundaufbau ist nach wie vor hierarchisch, die Macht liegt bei älteren Frauen aus bedeutenden Familien, einflußreich sind heute jedoch auch jüngere Frauen mit Schulbildung, insbesondere wenn es um formelle Außenkontakte oder schriftlich zu fixierende Belange des Bundes geht. Der Einfluß der *Sande*-Leiterin resultiert nach wie vor aus den ihnen zugeschriebenen Kräfte. Aufschlußreich ist, daß die *Sande*-Leiterinnen durchaus innovativ sind und vielerorts sogar mit persönlichem Engagement für Neuerungen im Wirtschafts- oder Gesundheitsbereich eintreten, die den Bedürfnissen der Frauen entsprechen und auch der ganzen Dorfgemeinschaft zugute kommen.

Die Dauer der Initiation wurde mittlerweile auf wenige Wochen verkürzt und findet meist während der Weihnachtsferien der Mädchen statt. Auch der Ablauf des Initiationsrituals wurde verändert, denn teilweise werden die Mädchen schon zuvor in Krankenstationen beschnitten. In manchen Fällen werden die Operationen sogar im Kleinkindalter durchgeführt, um medizinische Komplikationen zu vermeiden. Wenn die Beschneidungen noch im Rahmen der Initiation stattfinden, bestehen die meisten Mütter auf hygienischen Bedingungen; Tetanus-Schutzimpfungen sind verbreitet (Koso-Thomas 1987:23 und 130). Die Sensibilisierung für medizinische Fragen hat es ermöglicht, die Schulungen der Initiantinnen in hygienischen Fragen außenstehenden Krankenschwestern oder Gesundheitshelferinnen mit westlicher, medizinischer Ausbildung zu übertragen. Ausschlagge-

---

kommengeheißen. Diese künstlerischen Elemente der Initiation und die damit verbundenen positiven Erlebnisse festigten den Zusammenhalt der jeweiligen *Sande*-Gruppe (Little 1967a:128).

bend für diese Öffnung ist die Auseinandersetzung der *Sande*-Leiterinnen mit Schwangerschafts- und Geburtsproblemen, sowie ihre Hoffnung, die hohe Säuglings- und Kleinkindersterblichkeit von über 20 % zu reduzieren (vgl. Margai 1948:228).

Sande- und Poro-Bund im Vergleich

Ein tieferes Verständnis des *Sande*-Bundwa der Frauen erfordert einen Vergleich mit dem *Poro*-Bund der Männer. Wesentliche strukturelle Ähnlichkeiten der beiden Bünde waren die verbindliche und ausschließliche Mitgliedschaft für Frauen im *Sande*- und für Männer im *Poro*-Bund; die Rekrutierung der Mitglieder durch eine Initiation, durch die sie in religiös und kulturell bedeutsames Wissen eingeweiht und zu dessen Geheimhaltung sie durch einen Schwur verpflichtet wurden. Beide Bünde sicherten die gesellschaftliche Einheit, die religiös legitimierten Hierarchien und wirkten in der Bewahrung kultureller Traditionen. Als Zeichen der spirituell begründeten Macht traten in beiden Gesellschaften Geistermasken zu besonderen Anlässen in Erscheinung, z.B. bei der Initiation.

In ihren Aufgaben wie der Wissensvermittlung über den Anbau oder über gesellschaftliche Verhaltensregeln und religiöse Werte wirkten die Bünde komplementär zusammen und determinierten damit das Geschlechterverhältnis der Mende (Little 1949:203; Hoffer 1975:156). Der *Poro*-Bund sorgte für die zeitliche Regelung des Anbau- und Erntebeginns, der *Sande*-Bund für die Vermittlung von Anbau- und Speicherkenntnissen der Frauen. Dem *Sande*-Bund oblag darüberhinaus die Sicherung der gesellschaftserhaltenden Fruchtbarkeit. Im politischen Bereich wirkte der *Poro*-Bund mit bei der Friedenssicherung und Konfliktlösung. Beide Bünde waren für die Kontakte von Männern und Frauen zur Geisterwelt zuständig und trugen über ihre Berufung auf die gemeinsame Tradition und die verwandtschaftsübergreifende Mitgliederrekrutierung zur gesellschaftlichen Ordnung und Kohäsion bei.[36]

Der Aufbau des *Poro*-Bundes in eigenständige, aber intern hierarchisch gegliederte Lokalgruppen entsprach dem des *Sande*-Bundes (McCulloch 1950:84). Auch die *Poro*-Leitung wurde nach persönlichen Führungsqualitäten unter Berücksichtigung der gesellschaftlichen Stellung der Kandidaten gewählt. Ein Unterschied zwischen der *Sande*- bzw. *Poro*-Leitung war jedoch die exklusive Frauenmacht im *Sande*-Bund bei gleichzeitiger Mitbeteiligung an Führungsaufgaben in der *Poro*-Leitung, denn einer *Sande*-Leiterin wurde der Sonderstatus einer

---

36 Die Mende führten beide Bünde auf den Schöpfergott *Ngewo* zurück (Little 1965:352). Auch wenn sich ihre genauen historischen Ursprünge wegen fehlender schriftlicher Quellen nicht mehr rekonstruieren lassen, so wird ihre Entstehung in Verbindung mit der Ethnogenese gesehen. Als beim Untergang der mittelalterlichen Reiche Mande-Gruppen zur Guineaküste migrierten, boten die Bünde Verbindungsmöglichkeiten der Zugewanderten mit den lokalen Landbesitzern (Bledsoe 1984:457).

Mabole im *Poro*-Bund zugebilligt. Diese Position gab ihr das Recht, Einfluß auf die *Poro*-Leitung auszuüben.[37]

Während die *Mabole* als einzige Frau ein Führungsamt im *Poro*-Bund bekleidete, konnten unfruchtbare Frauen und weibliche Häuptlinge durch Spezialinitiationen temporär in die unterste Rangstufe der *Poro*-Gesellschaft aufgenommen werden und damit den sozialen Status von Männern erhalten. Die erstgenannten sollten auf diese Weise ihre Fruchtbarkeit wiedererlangen. Weibliche Häuptlinge konnten ihre politische Macht mit Führungsfunktionen in der *Sande*-Gesellschaft und Einfluß im *Poro*-Bund verbinden, wohingegen eine derartige Machtansammlung männlichen Amtsträgern verschlossen blieb.[38] Diese relative Flexibilität in den männlichen und weiblichen Rollenzuschreibungen und Machtmöglichkeiten weist auf Handlungsspielräume von Frauen trotz männlicher Dominanz hin.

Die Komplementarität des Frauen- und des Männerbundes zeigte sich besonders deutlich in der Initiation. So brachte die zeitliche Abfolge der Initiationszyklen - von dreijähriger *Sande*- und vierjähriger *Poro*-Initiation - die kulturelle Zusammengehörigkeit der Bünde zum Ausdruck. Die räumliche Ergänzung der Geheimgesellschaften zeigte sich in der Anlage der Initiationsschulen: Während der *Kpanguima* (*Sande*-Busch) an einem Ende des Dorfes errichtet wurde, baute man den *Kameihun* (*Poro*-Busch) am entgegengesetzten Ende der Siedlung auf; beide wurden im Übergangsbereich zum Wald angelegt.

Sowohl während der *Sande*-, als auch bei der *Poro*-Initiation wurden Beschneidungen durchgeführt und die Novizen in die Erwachsenenrollen mit den jeweiligen Aufgaben und Pflichten eingeführt (MacCormack 1979:35). Ähnlich wie für die *Sande*-Anwärterinnen war für die *Poro*-Initianten die familiäre Herkunft für den Zugang zu besonderen Bundgeheimnissen ausschlaggebend. Die rituelle Differenz zwischen *Poro*- und *Sande*-Initiation konzentriert sich auf die Bedeutung der Beschneidung bzw. Klitoris-Excircumcision. Im Unterschied zur letztgenannten war die Beschneidung der Jungen nicht rituell besetzt, zentral war vielmehr die Konfrontation mit dem *Poro*-Geist *Gbini*, welcher die Jungen im Glauben der Mende verschlang, was in Form von Rückenskarifizierungen angedeutet wurde und sich in Auftritten der *Gbini*-Maske im Initiationsverlauf manifestierte (McCulloch 1950:31). In der *Sande*-Initiation stand weniger die Wiedergeburt als vielmehr die Sexualität und Fruchtbarkeit im Mittelpunkt. Rituelle Waschungen und öffentliche Auftritte der Geistermasken beendeten bei beiden Gesellschaften die Initiation, dabei blieb jedoch die Darstellung des *Poro*-Geistes in einer Maske den Frauen vorenthalten. Während die *Ngafa*-Maskenmanifestion des *Sande*-Bundes von Männern zu bestimmten Anlässen betrachtet werden

---

37 S. MacCormack 1979:30. Sie sorgte für die *Poro*-Initianten und bewahrte das Skarifikationsmesser des Bundes auf (McCulloch 1950:31). Nach ihrem Tode wurde sie ähnlich wie der *Poro*-Leiter im *Poro*-Busch begraben (Little 1967a:247).

38 Frauen im Häuptlingsamt waren jedoch auch auf die Loyalität der Männer angewiesen, entsprechend wurden männliche Familienangehörige oder Verwandte mit Ämtern und Funktionen betraut. Andererseits war die Pflege guter Beziehungen mit diesen mächtigen Frauen für leitende Männer eine Notwendigkeit, da die *Sande*-Leitung bei Verstößen gegen die *Sande*-Gesetze Häuptlinge entmachten und mit Impotenz drohen konnte (MacCormack 1979:36).

durfte, bekamen die Frauen nur untergeordnete Masken des *Poro*-Bundes zu Gesicht.[39]

Vergleichbar mit dem *Sande*-Bund hat sich auch die Initiation in den *Poro*-Bund gewandelt, sie wurde auf wenige Wochen verkürzt und findet nun meist während der Weihnachtsschulferien der Jungen statt.[40]

Die geschlechtliche Arbeitsteilung und die kulturelle Einbindung des traditionellen Anbausystems

Die Arbeiten im Anbau von Berg- und Naßreis, Oryza glaberrima und oryza sativa, orientierten sich am jährlichen Pflanzzyklus und dem Wechsel von Regen- und Trockenzeit (April-Oktober bzw. November-März).[41] Traditionell prägte die geschlechtliche Arbeitsteilung das Anbausystem, wobei die Arbeiten komplementär aufeinander bezogen waren; dies wurde auch von den Mende selbst so beschrieben. Zudem kam in der Arbeitsteilung die gesellschaftliche Stellung jeder Person zum Ausdruck.

Die Arbeit der Männer begann im Dezember mit der Auswahl geeigneter Anbauflächen, deren Größe von der sozio-ökonomischen Stellung der Familien und der Zahl der Arbeitskräfte in einem Haushalt abhängig waren. Über die Landverteilung der *Kpaa-wa*, der Familienfelder, entschieden die Lineageleiter der landbesitzenden Familien; Landzugang erhielten aber auch zugewanderte Familien.

Bei der Auswahl der Fläche war das Anbauwissen der einzelnen Männer gefordert, denn es galt die "Reife" des Sekundärwaldes, d.h. der Flächen, die zwischen 10 und 15 Jahren brach gelegen hatten, zu bestimmen. Orientierungspunkte dabei waren der spezifische Pflanzenbewuchs und die Bodenqualität (Engel/Karimu 1984:25). Die Kenntnisse der Mende in diesem Zusammenhang kommen auch in den sprachlichen Differenzierungen zum Ausdruck: Grundsätzlich wurde nur eine bebaute und umzäunte Fläche als *Kpaa wa*, als "Farm" bezeichnet, im geschwendeten Zustand hieß sie *Ndoeke*, "neugeborene Fläche",

---

39 Zur Gestaltung und Bedeutung der einzelnen Masken des *Poro*-Bundes sowie ihrem Verhältnis zu den Masken des *Sande*-Bundes s. Schäfer 1990:149ff.
40 Zum Vergleich sei auf den Bedeutungswandel des *Sande*- und *Poro*-Bundes der Kpelle und Gola in Liberia verwiesen: Hier wird kritisch diskutiert, inwieweit der Bund Entwicklungsträger und Kraft im Demokratisierungsprozeß sein kann, da er letztlich nur partikularen Interessen dient und die Initiation auch heute noch auf Geheimhaltung und Unterordnung aufbaut (Schröder 1988:66ff.). Der Wandel des *Poro*-Bundes des Senufo im Norden der Elfenbeinküste ist hauptsächlich auf wirtschaftspolitische Maßnahmen der Regierung zurückzuführen: Gezielt versuchen staatliche Entwicklungsgesellschaften mit agrarpolitischen Maßnahmen die Redistributionsbeziehungen, die traditionell zur sozialen Sicherung dienten, zu untergraben. Dieses Sicherungssystem brach ein, das in den verkürzten Initiation vermittelte Wissen wurde aus dem kulturellen Kontext gelöst; die Weltanschauungen des Bundes umfassen heute nicht mehr die gesamte Gesellschaftsorganisation und der Bund erleidet einen Bedeutungsverlust (Förster 1987:211ff.).
41 Zur Domestikation von Oryza glaberrima in Westafrika und zur Verbreitung von Oryza sativa an der westafrikanischen Küste durch die Portugiesen im 16. Jahrhundert s. Volz 1990:40 und 59f.

nach dem Brand wurde sie *Motii* genannt (Richards 1990b:32). Nach der Ernte hieß das Landstück *Mbombi*, das dann wieder zum Buschland, zum *Ndogbo*, wurde. *Ndogbo* und *Ngole*, der ursprüngliche Regenwald, wurden von den Menschen aber auch zur Holzssuche und zum Sammeln von medizinischen Heilkräutern oder Pflanzen zur Ernährungssicherung in Krisenzeiten genutzt.[42] Vom Wald wurde jeweils nur temporär ein Teilstück als *Kpaa wa* genutzt und ihm dann wieder zurückgegeben. Der Wald galt als dunkel, feucht und kalt, aber auch als lebensspendend und wurde von den Dörfern, *Teihu*, als hell, trocken und warm abgegrenzt. Die Grenzen waren jedoch keineswegs starr, sondern die Bereiche bildeten ein Kontinuum, das sich in der Lage der Anbauflächen zeigte. Diese konnte man nur erreichen, wenn man den Wald durchquerte, was wegen der dortigen Geister als nicht ganz ungefährlich galt. Daher waren bestimmte Verhaltensvorschriften zu beachten und Frauen gingen aus Sicherheitsgründen oft gemeinsam auf die Felder (Little 1967:225).

Die nährstoffarmen Böden erforderten zum Erhalt ihrer geringen Fruchtbarkeit lange Brachen; die Dauer der Brache orientierte sich traditionell am Erfahrungswissen der Bauern.[43] Im Januar bildeten befreundete Männer Arbeitsgruppen, *Tele*. Wenn sie sich auf Haushaltsebene bzw. darüberhinausgehend zusammenschlossen, aber von einem Haushaltsleiter angeführt wurden, wurden die Gruppen bei der Rekrutierung junger Männer *Gboti* genannt und *Bembei*, wenn es sich um erwachsene, sehr engagiert arbeitende Männer handelte. Insbesondere letztgenannte wurden für schwere Arbeitsaufgaben angesprochen.[44] Alle Arbeitsgruppen

---

42 Die Verhandlungsmacht der Frauen, insbesondere der Hauptfrau, gegenüber dem Ehemann war schon beim Schwenden wichtig, denn nach dem Abschlagen der Vegetation und der Durchführung des Brands richtete sich die Arbeit der Frauen beim Jäten. Gleichzeitig mußten sie sich für das Weiterwachsen bestimmter Baumarten einsetzen, die ihnen, wenn das Landstück wieder zur Brache und damit zum "Busch" wurde, Früchte und Samen zum Sammeln lieferten. Hierbei sind die Samen des Pentaclethra macrophylla, des Coelocaryon sp. oder des Pterocarpus santalinoides und die Früchte des Parinari excelsa als Beispiele zu nennen (Leach 1991b:126). Ihre Nutzung in Krisenzeiten war - ähnlich wie das Sammeln von wildem Honig oder Pilzen oder das Ausgraben von wildwachsendem Yam - zwar auch für die Männer wichtig, doch standen auf dem Reisfeld die Bäume in Konkurrenz zu den Reispflanzen der Männer.
43 Was das indigene Wissen der Mende betrifft, so ist nach Alter, Geschlecht und sozialem Status sowie nach Fakten, Symbolen und Werten zu differenzieren. Die Wissensvermittlung war traditionell in die Sozialisation eingebunden und wurde als Teil des sozialen Kohäsion- und Kontrollsystems verstanden (Richards 1980:185). Bei der Frage der Anpassungsfähigkeit des Wissens an den wirtschaftlichen Wandel ordnet Richards das Wissenssystem der Mende seiner Kategorie des "local knowledge" zu, das er durch Risikoreduzierung, aber auch durch Experimente und Innovationsbereitschaft kennzeichnet. Dieses progressive Element wertet er als Entwicklungspotential. Das als eher statisch charakterisierte "indigenous technical knowledge" erschwert hingegen eine Berücksichtigung in ländlichen Entwicklungsprojekten (Richards 1992:33). Richards befaßt sich aber vor allem mit dem Anbauwissen der Männer, vermutlich weil er als männlicher Ethnologe auch eher Zugang hierzu hat als zum Wissen der Frauen. Zum indigenen Wissen bäuerlicher Gruppen in Westafrika (Senufo, Bwa und Dogon in Mali) und ihrer Innovationsbereitschaft s. auch Krings 1991a. Zu den Innovationen und zur Rationalität in traditionellen Anbausystemen s. auch Elwert 1983:39f.
44 S. Richards 1990b:13. Weitere Kooperationsformen der Männer waren die *Yenge*, Arbeitsgruppen die sich zur Anlage und Säuberung der Wege oder zur Jagd trafen und dabei vom

mußten für ihre Arbeiten, wie das Schwenden der Anbaufläche, mit Naturalien entlohnt werden. Die kulturelle Einbindung der Arbeitsgruppen zeigt sich in ihren Organisationsprinzipien, in der musikalischen Begleitung zur Steigerung ihrer Arbeitsproduktivität und in Sprichworten, die die Notwendigkeit des Lernens und der Kooperation im Anbau verdeutlichen (Richards 1989:39ff.).

Bei der Festlegung der Reihenfolge der zu schwendenden Flächen waren sowohl ökologische, als auch gesellschaftliche Gesichtspunkte entscheidend, dazu zählten die Lage und die Bodeneigenschaften der Felder sowie die sozio-ökonomische Stellung und das Verhandlungsgeschick der an den Gruppen beteiligten Personen.[45]

Die Trockung der abgeschlagenen Vegetation dauerte je nach der Wetterentwicklung eines Jahres etwa zwei Monate, dann wurde die Anbaufläche abgebrannt. Falls der erste Brand sich als unzureichend erwiesen hatte, wurde ein zweiter durchgeführt, da hiervon die Bodenqualität und der Unkrautbewuchs während des Anbauzyklus abhängig waren. Ein guter Farmer wurde daran gemessen, inwieweit er den richtigen Zeitpunkt des ersten Brands einzuschätzen in der Lage war, um weitere Brände zu vermeiden (Richards 1985:59).

Nach dem Abbrennen bauten die Männer ein Farmhaus, das zum Schutz während der Regenzeit, zur Rast und zum Kochen während des gesamten Anbauzyklus diente, da insbesondere die Frauen bis zur Ernte einen Großteil des Tages auf den Feldern, die oft weit von den Dörfern entfernt waren, verbrachten. Im April begannen die Frauen mit dem Pflanzen von Maniokstecklingen und der Aussaat von Mais. Ende April bzw. Anfang Mai säte der *Mawai-Mui*, der Haushaltsvorstand, den Reis - oder besser gesagt die Reissaat, dazu Gemüse u.a. Pflanzen. Der Zeitpunkt der Aussaat orientierte sich am Erfahrungswissen der Mende über den Beginn der Regenzeit, die unregelmäßig einsetzte; Hinweise in der Natur, wie das Knospen bestimmter Pflanzen oder Wind- und Vogelbeobachtungen waren hierfür Bestimmungsfaktoren.[46] Vergleichsweise große Abweichungen im Beginn der Regenzeit und der Stärke der Regenfälle wurden auf den Schöpfergott *Ngewo* zurückgeführt, als Vorsichtsmaßnahme waren religiöse Handlungen notwendig.

Während der Bergreis in den Kompetenzbereich der Männer fiel, hatten die Frauen die Verfügungsgewalt über die Zusatzpflanzen. Entsprechend waren die

---

Häuptling angeleitet wurden; Die *Kombi*, Gruppen junger Männer, halfen sich bei der Ableistung der Brautdienste (Richards 1990b:15). Zudem gab es Dorfarbeitsgruppen aller Männer, die gemeinsam ein Bergreisfeld bebauten, der geerntete Reis wurde zur Beköstigung von Gästen und zur Ernährungssicherung in Notzeiten verwendet.

45 Wildwachsende Ölpalmen wurden stehengelassen, ebenso wurden die Baumwurzeln und Stümpfe nicht entfernt, um die Bodenerosion zu begrenzen (Richards 1985:59). Die Abholzung erforderte viel Arbeitseinsatz und Sorgfalt, außerdem mußte gleichzeitig die Ernte und Verarbeitung der Palmfrüchte durchgeführt werden. Es galt, die unterschiedlichen Aufgaben zu koordinieren.

46 S. Richards 1985:59. Die Vogelbeobachtung hat sich bis heute erhalten. Während meiner Forschung 1990 wurde mir erklärt, daß Vögel, die die Regenzeit ankündigen *Jama sobai* genannt werden und Vögel, die auf den Beginn der Trockenzeit hinweisen, mit dem Sammelbegriff *Gili* bezeichnet werden.

Männer für die tägliche Reisversorgung der Familien zuständig, die Frauen für die Versorgung mit Gemüse.

Vor der Aussaat waren die als Familienfelder deklarierten Anbauflächen von den Ehefrauen eines Mannes eingeteilt worden, indem die leitende Ehefrau einzelne Gebiete in Anbauparzellen untergliederte und die rangniedrigste Frau sich dann zuerst eine Parzelle aussuchen konnte. Die einzelnen Bereiche des nach außen hin gemeinsamen Familienfeldes waren für die Frauen durch Besonderheiten in der Natur wie Termitenhügel, Bäume oder Steine markiert. Es waren Zeichen, die für die beteiligten Frauen als Grenzen erkennbar waren, auch wenn sie einem Außenstehenden keineswegs als solche auffallen würden. Die Frauen begründen auch heute noch diese Aufteilung der Familienfelder in eigene Verantwortungsbereiche mit der innerfamiliären Konfliktvermeidung, dementsprechend wird diese Methode vor allem in polygynen Haushalten mit latenten Konflikten praktiziert. In der Literatur über das traditionelle Anbausystem der Mende, die vorrangig von männlichen Ethnologen verfaßt wurde, ist diese Praxis nicht dokumentiert, während meiner Forschung wurde sie mir von Frauen erklärt.

Die Feldeinteilung erhielt durch die Gestaltung der Aussaat und die Nutzung der Felder während mehrerer Wachstumsjahre durch die Frauen eine weitere Bedeutungsdimension. Denn die Frauen hatten das Recht, Saat von Getreide wie Sorghum und Hirse sowie von Gemüsesorten wie Chili, Kürbis, Tomaten, Bohnen, Okra und lokale Blattgemüse unterzumischen. Außerdem wurden Sesam, Erdnüsse und Baumwolle gesät.[47] Auch Guineayams und Süßkartoffeln wuchsen auf den Feldern, wobei die Yamspflanzen an den Farmhäusern rankten. Die Mischkulturen wirkte sich sehr positiv auf das Pflanzenwachstum und die Bodenqualität der nährstoffarmen Böden aus, denn die Bodenerosion, Pflanzenkrankheiten und Schädlingsbefall wurden reduziert sowie mögliche Arbeitsengpäße beim Jäten und Ernten verringert.

Über die genannten Pflanzen konnten die Frauen verfügen, sie boten ihnen als mehrjährige Pflanzen auch im zweiten Wachstumsjahr Ernährungssicherheit und ermöglichten eigene wirtschaftliche Aktivität. Die Frauen versuchten zudem die "second year plots" während des Jahresverlaufs mit Küchenabfällen zu düngen, die sie auf die Felder trugen. Diese Maßnahme beeinflußte die Bodenqualität so positiv, daß oft sogar eine Nutzung der Anbaufläche im dritten Jahr möglich war. Mit Küchenabfällen gedüngt wurden in erster Linie die Hausgärten, die eine Zusatzversorgung mit unterschiedlichen Gemüsesorten und Süßkartoffeln boten und für ältere oder kranke Frauen, denen die Arbeit auf den Familienfeldern zu beschwerlich war, eine kontinuierliche Ernährungssicherheit gewährleisteten.

Die Männer bezeichneten die Anbauflächen im zweiten Jahr schon wieder als *Njopoi*, eine Vorstufe des *Ndogbo*, des "Busches", da eine zweite Reisernte dort nicht mehr ertragreich gewesen wäre; für die Frauen waren die sogenannten "second year plots" wegen der alleinigen Verfügungsgewalt über die dort wach-

---

47 Die aus der Baumwolle angefertigten Decken, sogenannte "country cloth" dienten als Sparguthaben der Familien in Notzeiten (Richards 1990a:270).

senden Pflanzen besonders interessant; es waren weiterhin ihre Felder, eine Form der *Kpaa wa*, der kultivierten Flächen, und keineswegs "Busch" im Sinne der Männer. Dies verdeutlicht die unterschiedlichen Anbauperspektiven und Interessen von Männern und Frauen und zeigt zugleich, daß bei den vieldiskutierten geschlechtsspezifischen Unterschieden in der Grenzziehung zwischen Natur- und Kulturräumen auch eine zeitliche Dimension wichtig sein kann, was aber in der Forschung bislang noch kaum beachtet wurde.

Zur Ressourcenbeschaffung überschritten die Frauen die von Männern gezogenen Grenzen und brachten damit ihre Flexibilität und Mobilität zum Ausdruck. Bemerkenswert ist, daß die Männer in der Zeit zwischen den Ernten, der sogenannten "hungry season", in der der gespeicherte Reis verbraucht und der neue Reis noch nicht reif war, auf die Anbauprodukte der Frauen angewiesen waren. Diese wurden vorrangig von den "second year plots" geerntet, es waren Maniok und Gemüse, die durch das Gemüse der Hausgärten und die meist geringen Erträge des sogenannten *Yaka*-Reis aus den drainagelosen Sumpfreisfeldern der Frauen ergänzt wurden.[48] Dies ist mitzuberücksichtigen, wenn man die Auseinandersetzungen über die Saatmischung zwischen Männern und Frauen bei der Aussaat von Reis beachtet.

Die Zusammensetzung der Saatmischung für die Bergreisfelder zeichnete sich durch eine große Flexibilität aus und richtete sich nach der Ernte jeder einzelnen Frau im Vorjahr, den aufgesparten Samen und ihrem Wissen über die Saateignung für die spezifische Bodenqualität bzw. Hanglage, also nach ihren Anbaufähigkeiten im weitesten Sinn. Diese Kenntnisse wurden wesentlich während der Sozialisation, also der Mitarbeit auf den Feldern der Mütter, und durch den traditionellen *Sande*-Frauenbund vermittelt, denn während der Initiation lernten die Mädchen die Anbautätigkeiten nicht nur als Gehilfin, sondern als selbstverantwortliche Produzentin durchzuführen und trotzdem die Kooperation mit anderen Frauen zu bewahren. Die Wichtigkeit des letztgenannten Aspektes kommt beispielsweise darin zum Ausdruck, daß bei der Zusammensetzung der Saatmischung auch dem Austausch mit verwandten oder befreundeten Frauen Bedeutung zukam; weitere Faktoren, die die Saatmischungen bestimmten, waren die Arbeitskapazität, die Bedürfnisse der Frauen und ihr Verhandlungsgeschick gegenüber den Männern. Diese versuchten den Umfang der Zusatzpflanzen auf ihren Feldern möglichst gering zu halten, um eine hohe Reisernte und damit Prestige als fähige Farmer zu erzielen. Andererseits war ihnen aber auch die Bedeutung

---

48 Die Mende lehnten den Naßreis und die Arbeit auf den Naßreisfeldern während der Regenzeit wegen der geringen Erträge und der Gesundheitsgefährdung durch Bilharziose, Fieber oder Rheuma ab. Diese Einschätzung wurde nicht dadurch gemindert, daß die Arbeit nicht so schwer war wie die auf den Bergreisfeldern und daher auch gegebenenfalls von Einzelpersonen durchgeführt werden konnte (vgl. Leach 1990:154). Naßreis diente nur zur Ernährung in Notzeiten und konnte nicht für soziale oder rituelle Zwecke, wie in Tauschbeziehungen und Geschenken zur Konsolidierung verwandtschaftlicher und freundschaftlicher Beziehungen, bei Initiationen oder Opfern, verwendet werden. Das zeigt sich allein schon sprachlich daran, daß diese Felder noch nicht einmal als *Kpaa wa*, also Farm oder Anbaufläche, bezeichnet wurden (Jonny/Karimu/Richards 1981:603).

der Pflanzen der Frauen zur Ernährungssicherung bewußt. Dies förderte ihre Bereitschaft zu Zugeständnissen.[49]

Das traditionelle Anbauwissen der Mende zeigte sich in der Entwicklung von über vierzig unterschiedlichen Bergreisvarietäten, die angepaßt an die Bodenstruktur und die Hanglage gepflanzt wurden (Richards 1990a:265 und 1992:34). Jeder Mann säte zwischen acht und zehn unterschiedliche Reisvarietäten auf einer Anbaufläche. Es waren Varietäten, die er teils selbst getestet und selektiert hatte und teils durch reziproke Austauschbeziehungen mit anderen Männern im Dorf erhalten hatte. Hierbei spielten sowohl freundschaftliche oder nachbarschaftliche Beziehungen eine Rolle, als auch die Quantitäten von frisch geerntetem Reis, der bei besserbemittelten Personen im Dorf als Saat geliehen wurde. Dieser Austausch konnte sich positiv auf die Verbreitung neuer Varietäten auswirken.[50] Die Selektion bewährter und das Experimentieren mit neuen Varietäten auf abgetrennten Bereichen der Bergreisfelder, das als *Hungoo* oder *Saini* bezeichnet wurde, förderte die Entwicklung eines ideal angepaßten Reisanbaus. Dieser wurde jedoch nicht als "status quo" betrachtet, sondern als Prozess, bei dem sich die Mende selbst - unter Berücksichtigung der übernatürlichen Kräfte - als Handelnde verstanden, und den sie mit der Entwicklung der Familien über die Generationen verglichen.[51] Einen Hinweis hierauf gibt die Selektion des Saatreis aus dem Zentrum eines Feldes und die Bezeichnung dieser Saat als "Mutter", die von "Kindern" umgeben ist. Grundsätzlich galten Farmversuche als Teil der Mende-Kultur.[52]

Zur Aussaat des Bergreises wurden bestimmte Zeremonien durchgeführt, u.a. Opfer an die *Tumbuisia*, Geister der früheren Bewohner des Landes, die mit *Nomoli*-Steinfiguren in Beziehung gesetzt wurden.[53] Zur Vermeidung von Ertragsrisiken und von Arbeitsengpäßen bei der Ernte wurde die Saat zunächst auf den unteren Hanglagen ausgebracht, dann auf den höhergelegenen Bereichen eines Feldes. Der unterste Hangbereich war als der nährstoff- und ertragreichste bekannt, mit dem dort geernteten Reis mußten soziale Pflichten z.B. die Rück-

---

49 Die mangelnde Bereitschaft der Männer, die Interessen der Frauen im Umfang der Mischsaat sowie in der Größe der Felder zu berücksichtigen, konnte ein Scheidungsgrund sein (Leach 1990:145).

50 Im Unterschied zu den Kpelle, einer anderen reisanbauenden Ethnie in Sierra Leone, war das Wissen über die unterschiedlichen Varietäten und der Zugang zu entsprechendem Saatgut nicht bei Führungspersonen zentralisiert, sondern allen zugänglich (Richards 1985:104 und 1993:68).

51 Ein Hinweis auf die Rationalität bei diesen Experimenten ist das Abmessen der Saatmenge und der Erntemenge mit dem gleichen Gefäß, so ließen sich die Erträge unterschiedlicher Varietäten vergleichen. Der Ernteertrag war einer der vielen Faktoren, die bei der Einbeziehung neuer Varietäten in das Anbausystem entscheidend waren (Richards 1992:37).

52 Die kulturelle Bedeutung des Bergreis zeigt sich auch in Geschichten der Mende; so gibt es Mythen über die Herkunft bestimmter Varietäten, die an besondere Erfahrungen anknüpfen, z.B. erhielt der *Helekpoi*-Reis seinen Namen, da er im Wald bei der Elefantenjagd entdeckt wurde und von Elefanten durch Verzehr und Ausscheidung verbreitet worden war. Der *Tokpoehun*-Reis, wurde bei der Ernte von Ölpalmfrüchten auf Bäumen gefunden, Vögel brachten ihn dorthin (Richards 1992:34).

53 S. Little 1967a:225. Die Figuren wurden in den Feldern gefunden, dort wurden ihnen auch Schreine errichtet.

zahlung von Reisanleihen während der "hungry season" getätigt werden, weshalb diesem Reis auch eine besondere soziale Bedeutung zukam (Richards 1990a:270). Die Saatmenge richtete sich nach der Bodenqualität und den Keimeigenschaften der jeweiligen Reisvarietät, die den Mende bekannt war. Arbeitsgruppen junger Männer, die sich nach denselben Organisationsprinzipien wie beim Schwenden formierten, arbeiteten den Reis mit Hacken in den Boden ein. Bei dieser schonenden Form der Bodenbearbeitung, die als Flachsaat zu bezeichnen ist, wurde auch das erste Unkraut entfernt. Bei Arbeitsengpäßen mußten auch die Frauen mitarbeiten, eigentlich waren sie beim Schwenden und Sähen jedoch nur für die Versorgung der Arbeitsgruppen mit gekochten Bergreisgerichten zuständig.

Die Arbeitsaufgaben der Frauen begannen mit dem anschließenden, arbeitsintensiven Unkrautjäten, das vielerorts von ihren reziproken Arbeitsgruppen durchgeführt wurde und sich über mehrere Wochen hinzog. Organisationsprinzipien dieser Arbeitsgruppen, die wie die reziproken Gruppen der Männer auch *Tele* genannt wurden, konnten sowohl die Altersgleichheit, und damit die Bindung durch die gemeinsame Initiation sein, als auch freundschaftliche, nachbarschaftliche oder verwandtschaftliche Kontakte. Die Zusammenarbeit diente der Bindung und Festigung der sozialen Beziehungen.

Das Unkraut auf den Farmen wurde mit dem Oberbegriff *Ngulu*, Wald, bezeichnet; damit sollte die Verbindung der Farm mit dem Wald und die temporäre Nutzung eines Waldstückes zum Anbau deutlich werden. Denn viele der "Unkräuter" waren nachwachsende Pflanzen der zuvor geschwendeten Vegetation.[54] Das ausgezogene Unkraut wurde auf den beim Schwenden stehengelassenen Baumstümpfen getrocknet und teilweise als Mulchmaterial zum Erosionsschutz und zur Sicherung der Bodenfruchtbarkeit verwendet.

Während des Jätens waren die Männer für das Umzäunen der Felder mit Palmblattzäunen und für das Fallenstellen verantwortlich. Diese Maßnahmen sollte Ernteverluste durch die Rohrratten ("Cutting Grass" bzw. Thyronomys swinderianus) vermeiden. Die gefangenen Tiere dienten als willkommene Fleischnahrung. Zudem mußte der reifende Reis vor dem Vogelfraß geschützt werden. Das Vertreiben der Vögel mit Steinschleudern war Aufgabe der Kinder und Jugendlichen; teilweise wirkten hierbei auch die Frauen mit. Bei den Vögeln handelte es sich vor allem um Webervögel, deren zerstörerische Wirkung ihrer Bedeutung als Glücksbringer entgegenstand. Daher wurde nur versucht, sie zu vertreiben und nicht, sie gezielt zu töten (Richards 1990b:20).

Mit der Aussaat von Reis und der Anlage von Schutzzäunen war für die Männer die Arbeit an einer Anbaufläche erledigt, wohingegen die Frauen während des Jätens weiter an der Gestaltung und der Vollständigkeit der *Kpaa wa* arbeiteten, indem sie Jungpflanzen an freie oder wachstumsgünstigere Stellen ihres jeweiligen Feldbereiches verpflanzten. Teilweise holten sie das Pflanzmaterial auch von den Feldern des Vorjahres oder tauschen es mit anderen Frauen. Dieses Vor-

---

54 Die Kategorisierung als *Ngulu* traf auch auf Gräser im Feld zu, außerhalb der Felder wurden die gleichen Arten *Kpiti*, Gras, genannt (Richards 1990b:33).

gehen war Teil ihrer Anbaukenntnisse, die sie dadurch ebenfalls austauschten und erweiterten (Leach 1990:272f. und 1992:87). Für die Frauen bildete also nicht nur der Übergang vom Wald oder Busch zur Anbaufläche und dann zur Brache stärker ein Kontinuum als für die Männer, auch die Arbeit auf einem Feld - von der Anlage eines variierenden Mosaiks von Mischkulturen bis zur Ernte - hatte für sie eher kontinuierlichen Charakter.

Die Reisernte begann frühestens Mitte September, meist im Oktober. Zur Ernte schlossen sich gemeinsame Arbeitsgruppen von Frauen und Männern zusammen, die *Mbele* (Richards 1990b:13). Mit einem Messer wurden die reifen Ähren einzeln abgeschnitten und zu sogenannten "bushels" zusammengebunden. Diese Methode trug zur Auswahl gesunder Ähren und zur zeitlichen Dehnung der Erntephase bei. Zunächst wurden die Büschel, die ein durchschnittliches Gewicht von 38 Kilogramm hatten, beim Farmhaus zusammengetragen und dann von den Frauen als Kopflasten in die Dörfer transportiert. Das Dreschen erfolgte durch Treten mit den Füßen. Hierbei waren Varietäten mit langen Grannen verhaßt, weil sie die Füße aufschnitten. Der getrocknete Reis wurde zum Trocknen in der Sonne auf Matten ausgebreitet und dann unter den Dächern der Küchenhäuser gelagert. Dort wurde nicht nur der Reis zur Ernährung, sondern auch zur Aussaat in der nächsten Anbauphase aufbewahrt. Der Speicherplatz war ideal für beide Verwendungszwecke, da dort der Reis nachtrocknete, der Rauch beim Kochen vor Insektenbefall schützte, aber die Keimfähigkeit nicht zerstörte.

Das Gemüse und die anderen Pflanzen der Trockenreisfelder wurden von den Frauen nach Bedarf geerntet; dies traf auch auf die Ernte in den Gärten zu. Wenn eine Sorte schlechte Erträge gebracht hatte, wandten sich die Frauen an Freundinnen, Verwandten oder Mitfrauen, mit denen sie sich gut verstanden, um die Versorgungsvielfalt zu gewährleisten. Die Saat wurde ebenfalls auf Matten getrocknet und unter dem Küchendach gespeichert, teilweise wurden so auch verderbliche, geerntete Anbauprodukte konserviert. Tomatensamen genossen eine besondere Art der Trocknung; Fruchtfleisch mit Samen ausgewählter, reifer Tomaten wurde an die rauhen Lehmhauswände gestrichen, nach der Trocknung durch die Sonne wurden die Samen einfach abgekratzt und eingesammelt.[55]

Für die Speicherung und die gerechte Verteilung des Familienreises war die Hauptfrau verantwortlich; dies verschaffte ihr entsprechende Macht über den innerfamiliären Ressourcenfluß. Die gerechte Verteilung der Reisernte zwischen den Mitfrauen galt als Zeichen einer guten Ehe. Eine Hauptfrau konnte auch den Umfang des Reises bestimmen, den der Ehemann zur Einladung und Beköstigung von Gästen erhielt, womit er seine gesellschaftliche Stellung zum Ausdruck brachte und soziale Beziehungen festigte.

---

[55] Diese Methode konnte ich während meines Forschungsaufenthaltes 1990 noch in einigen Dörfern beobachten.

Der Ernte der Trockenreisfelder schloß sich die der Naßreisfelder an, die meist von einer Frau allein durchgeführt wurde. Da die Felder nicht begradigt und nicht drainiert waren, blieben die Erträge gering.[56]

Während der Trockenzeit fand auch die Gewinnung von Palmöl aus den Früchten wildwachsender Ölpalmen statt. Palmöl war ein wesentlicher Bestandteil der Ernährung, aber auch wichtig für Ahnenopfer und Initiationszeremonien. Das Abschlagen der Fruchtstände war Aufgabe der Männer, die Verarbeitung der Früchte und die Ölgewinnung gehörte in den Kompetenzbereich der Frauen. Sie beschafften Wasser und Holz zum Aufkochen der Früchte, trennten Fruchtfleisch und Kerne und extrahierten das Öl aus dem Perikarp der Früchte. Es waren Arbeitsschritte, bei denen verwandte und befreundete Frauen sich gegenseitig halfen. Kenntnisse über die Ölgewinnung wurden über den *Sande*-Bund vermittelt; das Erfahrungswissen von Frauen in diesem Bereich wie auch in der Weiterverarbeitung des Öls zu Medizin oder zu Seife wurde ebenfalls über diesen Frauenzusammenschluß weitergereicht. Auch die Ressourcenkontrolle der Frauen über das Palmöl war durch den *Sande*-Bund gesichert (Leach 1990:203). Die Hauptfrau kontrollierte das Öl zum gesamten familiären Verbrauch, jede einzelne Frau hatte aber das Anrecht auf eine festgelegte Menge Öl als Entlohnung für ihre Arbeit sowie auf einen Teil der Palmkerne. Oft konnten die Frauen auch unbemerkt etwas Öl für den eigenen Handel abschöpfen. Die Palmkerne wurden gelagert, in Krisenzeiten mit Steinen aufgeknackt und das gewonnene Öl wurde direkt verwendet, getauscht, verschenkt oder gehandelt.

Während der Trockenzeit gingen die Frauen auch gemeinsam zum Fischfang. Sie bildeten dabei oft über mehrere Jahre hinweg stabile, informelle Gruppierungen auf der egalitären Basis von Freundschaften oder der gemeinsamen Zugehörigkeit zu einer Altersgruppe. Der Fischfang war nicht nur für die Proteinversorgung wichtig, sondern auch beim Aufbau und der Bewahrung sozialer Beziehungen zwischen den Frauen. Sie konnten sich ungestört austauschen und einander von ihren Alltagssorgen berichten. Im Unterschied zu sonstigen Phasen im Jahr waren nun vergleichsweise wenige Arbeiten auszuführen, so daß den Frauen relativ viel Zeit zur Verfügung stand. Die Bedeutung der mit dem Fischfang verbundenen sozialen Nähe für den Zusammenhalt und das Wohlbefinden der Frauen kam in der Überreichung von Fanggeräten, wie Netzen und Körben, während der Initiation in den *Sande*-Bund zum Ausdruck. Diese als *Mbembe* bezeichneten Geräte wurden als Symbol der Weiblichkeit betrachtet und von älteren Frauen aus Raphiabastfasern hergestellt.

Außschließlich Frauen, die Führungspositionen im *Sande*-Bund innehatten, fischten mit Fischgift, dessen Herstellungsgeheimnis nur sie kannten.[57]

---

56 Raphiapalmen, die in Sümpfen wuchsen, wurden von den Frauen bei der Anlage und Nutzung der Sumpfreisfelder nicht beschädigt, denn ihre Fasern dienten zur Herstellung von Werkzeug und Alltagsgerät sowie als Baumaterial.
57 Geheim und mit bestimmten Verhaltensvorschriften verbunden war die Jagd der Männer, die auch vorrangig in der Trockenzeit auf die Tiere des Waldes, wie Elefanten, Leoparden, Antilopen oder Buschferkel durchgeführt wurde. Sie galt als gefährlich.

Insgesamt waren die traditionelle Wirtschaftsweise und das Anbausystem sehr gut an die naturräumlichen Gegebenheiten angepaßt; die Anbaustrategien der Frauen und Männer zeichneten sich durch umfangreiches Wissen aus und waren in ihrer diversifizierten Gestaltung durch Risikovermeidung, aber auch durch Aufgeschlossenheit gegenüber Neuerungen geprägt. Mit geschlechtlich getrennten Arbeitsgruppen, in denen sich gesellschaftliche Organisationsprinzipien widerspiegelten, wurden Arbeitsengpäße auf sinnvolle Weise überwunden. Die Ernten reichten für eine ausgewogene Ernährung der Menschen aus. Erst durch den Bevölkerungsdruck, der eine Reduzierung der Brache erforderte und den Rückgang der Bodenfruchtbarkeit zur Folge hatte, wurde in diesem Jahrhundert die Möglichkeit der Selbstversorgung eingeschränkt.

Wandel im Anbausystem und die Folgen für die Frauen

Grundsätzlich läßt sich eine Tendenz vom Subsistenz- zum Marktfruchtanbau feststellen, die durch die monetären Bedürfnisse und Notwendigkeiten mitbedingt ist (vgl. Engel/Karimu 1984:110). Die Wandlungsprozesse haben nicht nur Auswirkungen auf die geschlechtliche Arbeitsteilung und den Ressourcenzugang bzw. die -kontrolle der Frauen, sondern auch auf ihre wirtschaftliche Aktivität und Kooperation. Die traditionelle Aufgabenkomplementarität von Männern und Frauen im Anbau versuchen die Frauen durch Mischkulturen unterschiedlicher Gemüsearten auf den Trockenreisfeldern zu bewahren, womit sie an traditionelle Nutzungsrechte anknüpfen. Der Vorteil dieser Anbaustrategie liegt u.a. in der Nutzung der zur Verfügung stehenden Arbeitszeit, da eine Verbindung der Sorge für den Familienreises und für andere Anbaufrüchte, über deren Verwendung die Frauen selbst entscheiden können, möglich ist. Je nach ihrer Bedürfnislage verwenden die Frauen diese zur familiären Ernährung oder zum Verkauf. Ihre wirtschaftlichen Handlungsmöglichkeiten versuchen sie zusätzlich zu erweitern, indem sie eigene Felder anlegen. Hierbei kommt neben den Hausgärten und regenbewässerten Naßreisparzellen vor allem den sogenannten "second year plots", also der Nutzung von Anbauparzellen im zweiten Pflanzjahr, große Bedeutung zu. Denn Zugang und Kontrollmöglichkeiten über Trockenreisfelder und deren Reiserträge haben nur wenige ältere Frauen in ihrer Funktion als Haushaltsleiterinnen, einer Aufgabe, die in Ausnahmefällen von Frauen ausgeführt werden darf (Massalli/Wuseni/Adams 1986:8).

Mit zunehmendem Marktfruchtanbau geht die Kontrolle der Frauen über Ressourcen verloren (Beoku-Betts 1990:28). Die Eigenverantwortung der Frauen für die Naßreisfelder und "second year plots" bedingt es, daß sie auch für alle Arbeitsprozesse zuständig sind; männliche Hilfe, z.B. zum Abschlagen des nachgewachsenen Unterholzes, muß entlohnt werden. Der Zugang zu entlohnten Arbeitsgruppen ist nicht nur von der sozio-ökonomischen Stellung einer Frau, sondern auch von ihrem Alter und ihrer Autorität abhängig. Bei anderen Arbeitsaufgaben helfen sich Frauen gegenseitig. Hierbei ist meist die Kooperation in *Tele*, reziproken Arbeitsgruppen auf Freundschafts- oder Nachbarschaftsbasis, ausschlaggebend. Die *Tele*-Mitarbeit bietet für die beteiligten Frauen eine Möglichkeit, dringende Arbeiten überhaupt zu erledigen. Grundsätzlich sind jedoch ihre Kooperationsmöglichkeiten durch die Erweitung der Arbeitsaufgaben im Anbau zeitlich begrenzt. Wegen der Überschneidung von Arbeitspflichten sind die Frauen an verbesserten Sorten mit kurzer Wachstumsphase interessiert; zusätzlichen Mineraldünger können sie nicht finanzieren. Aufschlußreich ist, daß sich das Interesse der Frauen an Sorten mit einer kurzen Wachstumsperiode nun auch auf den Naßreis bezieht, bei dessen Anbau sie aus Gründen der Arbeitskapazität keine Bewässerungstechnik praktizieren. Oft bleibt ihnen auch keine Zeit, Anzuchtbeete anzulegen, was die Erträge reduziert. Naßreisfelder bieten jedoch den Frauen eine Alternative, denen der Zugang zu anderen Anbauflächen erschwert ist, denn die Arbeit in den Naßreisfeldern ist auch heute noch sozial verachtet (Jonny/Karimu/Richards 1981:600).

Die Anlage von Gemüsegärten in den Naßreisfeldern während der Trockenzeit ist nicht unproblematisch. Nur wenige Pflanzenarten haben eine so kurze Wachstumsphase, um bis zum Beginn der nächsten Regenzeit zu reifen. Zudem sind die Frauen während dieser Zeit mit der Mädcheninitiation befaßt; es ist der einzige Zeitraum, in dem sie sich von der letzten Ernte erholen und auf die neue Anbauphase vorbereiten können und den sozial wichtigen, gemeinsamen Flußfischfang praktizieren.

Ihre Einnahmen beziehen die Frauen heute aus dem Verkauf ihrer Anbauprodukte und der Verarbeitung der Palmkerne oder der Herstellung von "Gari", geröstetem Maniokmehl. Im handwerklichen Bereich sind die Seifenherstellung und das Stoffefärben zu nennen (vgl. Frey-Nakonz 1983:2). Das Einkommen variiert saisonal, auch unterscheiden sich die einzelnen Einnahmequellen in ihrer Kontinuität und erschweren dadurch eine Finanzplanung. Im einzelnen Fall ist deswegen zwischen den Handlungs- und Kontrollmöglichkeiten der Frauen zu unterscheiden; zu berücksichtigen sind Faktoren wie ihr Alter, ihr sozio-ökonomischer und familiärer Status sowie die damit zusammenhängenden Möglichkeiten und Pflichten. So läßt sich eine Tendenz zur Finanzierung der Schulgelder durch die Mütter feststellen, die daher großes Interesse an eigenen wirtschaftlichen Einkünften haben.

Daraus erklärt sich der Wunsch älterer Frauen nach einer Mitfrau, weil damit eine Reduzierung ihrer familiären Arbeitspflichten verbunden ist. Außerdem erhoffen sie sich durch die Integration einer jüngeren Frau in die Familienbeziehungen, den Mann von Liebschaften mit anderen Frauen abzuhalten und den damit verbundenen Abzug von Ressourcen aus dem Familienbudget einzuschränken. Die wachsende Individualisierung der Beziehungen zwischen den Frauen zeigt sich darin, daß die Erstfrauen nicht mehr die Initiationsgebühren für die Kinder - insbesondere für die Töchter - der Mitfrauen zahlen, obwohl dies traditionell üblich war. Natürlich ist dies auch eine Folge der Begrenzung der wirtschaftlichen Möglichkeiten insgesamt, die mit einer Erweiterung ihrer finanziellen Pflichten einhergeht. Jüngere Frauen bevorzugen heute monogame Ehen, um nicht die Einkünfte des Ehemannes mit weiteren Frauen und deren Kindern teilen zu müssen. Ein Nachteil dieser Prozesse ist die Intensivierung der Kontrolle durch den Ehemann; zudem bleibt ihnen kaum noch Zeit zur Arbeit in den Arbeitsgruppen.[58]

Entscheidungen über Anbau- und Vermarktungsfragen werden mit den Männern ausgehandelt. Wegen der vielfältigen, unterschiedlichen ökonomischen Interessen der Haushaltsmitglieder läßt sich heute nur noch bedingt von dem *Mawei*, der Familie bzw. dem Farmhaushalt als Einheit, sprechen. Berücksichtigt werden müssen auch die gesellschaftliche Differenzierung sowie die Patron-Klientel-Beziehungen im Landzugang.

Die sozio-ökonomischen Veränderungen beeinflussen die spezifische Verbindung von Subsistenz- und Marktfruchtanbau, d.h. die Variationen in der Anbaugestaltung. Grundsätzlich hat noch immer der Trockenreisanbau Priorität, doch im Anbausystem zeigen sich auch individuelle Interessen einzelner Familienmitglieder (Engel/Karimu 1984:119f.). Die Männer favorisieren den Anbau von Marktfrüchten, wie Kaffee oder Ölpalmen, wobei letztere wegen ihres Werts als Altersversorgung insbesondere von älteren Männern geschätzt werden.

Mit den durch den Marktfruchtanbau erzielten Einnahmen sind eigentlich die Männer für die Finanzierung von Schulgebühren, medizinischer Versorgung, Hochzeiten und Bestattungen verantwortlich; auch ist es ihre Pflicht, die Steuern für ihre Familien zu zahlen. Inwieweit sie diesen Aufgaben tatsächlich nachkommen, hängt ab von ihren Möglichkeiten, ihrem Verantwortungsgefühl und ihrem Interesse an Konsumgütern, die ihnen individuell Prestige bringen. Darüberhinaus ist die Verhandlungsmacht der Ehefrau bzw. Ehefrauen entscheidend (Massaly/Wuseni/Adams 1986:3).

Der durch die Anpflanzung mehrjähriger Pflanzen und die individuellen Landrechtsansprüche mitverursachte Landdruck bedingt die Reduzierung der Brache und einen Rückgang der Trockenreiserträge.[59] Die Erweiterung des Anbausystems durch bewässerten Naßreisanbau in Sümpfen und durch Anlage von Maniok-Monokulturen sind die Folge (B/P RDP 1990b:11).[60] Grundsätzlich wird die Naßreiskultivierung in den jahreszeitlich überfluteten Binnenlandsümpfen oder flußnahen Sümpfen bzw. sogenannten Boliland-Sümpfen, deren Bodenfurchtbarkeit große Variationen aufweist, nach wie vor gering bewertet. Dies hängt mit der traditionellen Ablehnung dieser Arbeit als Tätigkeit armer Frauen

---

58   Bei den meisten polygynen Ehen sind heute zwei Frauen mit einem Mann verheiratet, nur ein Fünftel aller Ehen der Region umfaßt drei oder mehr Frauen (Engel/Karimu 1984:18).

59   Frauen haben nur in Ausnahmefällen Zugang zu Baumkulturen für den Verkauf, denn die Festlegung der Besitzrechte für Frauen wird von Männern vor dem Hintergrund einer möglichen Scheidung zu vermeiden versucht (Leach 1991a:21). Auch Kontrollmöglichkeiten der Frauen über die Kaffeeernte sind kaum gegeben; zudem müssen sie ihre Rechte auf Fruchtbäume, wie Zitrusfrüchte, Guaven oder Mangos, die meist zur Ernährungsergänzung dienen und gelegentlich auch zu eigenem Einkommen beitragen, oft mühsam sichern.

60   Versuche zur Intensivierung des Trockenreisanbaus in Form von Pflanzreihen wurden als zu arbeitsintensiv verworfen. Das vollständige Entfernen der Baumstümpfe wäre notwendig gewesen, was zu viel Arbeitsaufwand erfordert und die Anlage von traditionellen Mischkulturen auf den Feldern verhindert hätte. Damit wäre ein wichtiger Wirtschaftsbereich der Frauen, der schon durch den Wandel des Anbausystems reduziert wurde, völlig zerstört worden (Leach 1991a:21).

zusammen, die ein hohes Gesundheitsrisiko mit sich bringt. Die zusätzliche Arbeitsbelastung durch die Anlage der Felder und das Verpflanzen der Reissetzlinge, der Kapitaleinsatz für Saatgut und Dünger sowie die Forderungen durch das Wassermanagement werden von den Mende-Farmern kritisiert (Donhauser 1986:83). Zudem ist das Problem des Arbeitskraft- und Landzugangs zu berücksichtigen. Die Arbeit auf den Naßreisfeldern kollidiert zeitlich in vielen Arbeitsschritten mit den Aufgaben auf den Trockenreisfeldern und führt zu Arbeitsengpässen; davon sind insbesondere die Frauen betroffen. Individuelle, bewässerte und drainierte Naßreisfelder befinden sich meist in der Verfügungsgewalt relativ wohlhabender Bauern, wodurch die soziale Differenzierung in den Dörfern verstärkt wird. Der Reis wird als geschmacklich minderwertig eingeschätzt, seine Kocheigenschaften werden im Vergleich mit dem Trockenreis negativ bewertet. Naßreis kann daher nicht für die Erfüllung sozialer Pflichten verwendet werden, selbst zur Beköstigung der Arbeitsgruppen wird er nur ungern akzeptiert (Richards 1985:124). Daher wird die Ernte überwiegend verkauft; die beim Reisverkauf erzielbaren Gewinne sind jedoch wegen der staatlich kontrollierten Preise gering.

In den letzten Jahren ist trotzdem eine Zunahme der Naßreisfelder im Verhältnis zu den Trockenreisfeldern feststellbar. Gründe hierfür sind die höheren Erträge mit verbesserten Sorten auf den Naßreisfeldern und Arbeitsengpäße auf den Trockenreisfeldern, denn die Rekrutierung von Arbeitsgruppen wird zunehmend schwieriger. Durch die Abschaffung der Haussklaverei Ende der 20er Jahre und durch die Migration in die Minengebiete oder Städte haben sich die Haushaltsgrößen kontinuierlich reduziert. Daher sind insbesondere die *Tele*, die reziproken Arbeitsgruppen junger Männer in ihrer Bedeutung stark zurückgegangen und oft nur noch als Spar- und Kreditgruppen aktiv. Entlohnte Arbeitsgruppen von Männern mittleren Alters und dorfübergreifende Arbeitsgruppen bestehen zwar fort, doch werden erstgenannte nun finanziell entlohnt.[61] Die Macht wohlhabender Bauern, diese Gruppen gewinnbringend zu rekrutieren, wurde mit der Abwanderung der jungen Männer und dem damit verbundenen Ausbrechen aus den Klintelbeziehungen eingeschränkt. Der Handlungsspielraum in der Arbeitskraftfrage hat sich vergrößert, im Landzugang sind einzelne Landbesitzer aber weiterhin dominant.

Die Ausweitung der Naßreisfelder wird auch durch die intensivierte Bepflanzung der Hanglagen mit verbesserten, niedrigwachsenden Ölpalmen und Kaffeebäumen bedingt.[62] Dieser Trend trägt trotz der relativ hohen Preise, die sich durch den Kaffeeverkauf erzielen lassen, bei vielen Familien zur Verschuldung bei, da sie keine ausreichenden Kapazitäten haben, die arbeitsintensiven Aufgaben wie das Beschneiden der Kaffeebäume oder das Pflücken der Bohnen selbst durchzuführen und daher Lohnarbeiter bezahlen müssen (vgl. Scherler 1986:45).

---

61   Zum Bedeutungswandel und zur Monetarisierung traditioneller Arbeitsgruppen von Männern (*Ton*) bei Mande-Gesellschaften in Mali sowie ihren heutigen Aufgaben im Anbau s. Krings 1991a:252.
62   Für den Anbau von Kakao ist das Gebiet wegen seiner spezifischen Bodenverhältnisse ungeeignet (Engel/Karimu 1984:43).

Die sozialen Differenzen zwischen den Haushalten werden durch diese Prozesse verstärkt. Die Komplexität der Ressourcenflüsse zeigt sich beispielhaft daran, daß die Einkünfte aus der Kaffeernte zum Kauf von importierten Reis verwendet werden, der zur Finanzierung männlicher Lohnarbeitsgruppen bei der Feldbestellung oder zur Beköstigung von Arbeitsgruppen bei der Anlage der Felder notwendig ist.[63] Oft reichen die Erträge der Naßreisfelder nicht zur Eigenversorgung oder werden direkt nach der Ernte zu niedrigen Preisen verkauft, um dringende Schulden zu bezahlen. Zusätzlich fehlen den Menschen in den abgelegenen Dörfern oft genaue Informationen über die Preisentwicklung, so daß sie den Zwischenhändlern, die in die Dörfer kommen, ausgeliefert sind. Diese kaufen die Ernte nicht selten zur Hälfte der staatlich festgesetzten Preise auf. Eine eigene Vermarktung in den Städte würde sich aber für die Bauern nicht lohnen, da die von ihnen angebotenen Mengen oft sehr klein sind (vgl. Engel/Karimu 1984:100f.).

In der eigenen Ernährung vieler ärmerer Familien haben Maniok und Gemüse schon weitgehend den Reis ersetzt. Zur Verbesserung ihrer Einkommenssituation arbeiten viele Männer saisonal als Minenarbeiter oder als Palmfruchtpflücker auf den Pflanzungen reicher Bauern. Manche intensivieren auch ihre traditionelle Sammeltätigkeit bei der Ernte der wildwachsenden Palmfrüchte, wenngleich diese Arbeit beschwerlicher und weniger ergiebig ist; die Verarbeitung dieser Früchte obliegt den Frauen. Je nach Gestaltung der Ehebeziehung versuchen die Frauen, Öl von ihren Ehemännern zu erhalten oder sie wenden sich mit der Bitte um Ölfrüchte für den Verkauf an ihre Liebhaber.

Zur Ernährungssicherung oder zur Erwirtschaftung eines eigenen, wenn auch meist sehr geringen Einkommens, beziehen sie verstärkt ihre traditionelle Sammeltätigkeit von Pflanzen und Früchten des Waldes in ihre Überlebensstrategien ein. Hierbei kommt bestimmten Baumsamen oder Früchten sowie Pilzen große Bedeutung zu.[64] In manchen Fällen müssen die Frauen selbst die tägliche Grundversorgung mit Reis und Palmöl von den Männern einfordern. Traditionell war die Versorgung mit Reis Teil der reziproken sozialen Beziehungen.[65] Wegen der nun entstandenen ökonomischen Unsicherheiten sind die Frauen zur Sicherung der Versorgung vermehrt auf eigene wirtschaftliche Aktivitäten angewiesen.

---

63 Die Versorgung mit Naßreis wird von den Arbeitsgruppen nur ungern akzeptiert, grundsätzlich bevorzugen sie auch heute noch Bergreis für ihren Arbeitseinsatz.

64 Da der ursprüngliche Regenwald in den meisten Teilen des Mende-Landes bereits abgeholzt ist, sind die Frauen auf die Pflanzen des nachwachsenden Sekundärwaldes angewiesen und versuchen daher ihren traditionellen Einfluß auf die Intensität des Schwendens durch die Männer zu verstärken, um das Überleben bestimmter Pflanzen und Baumarten für das rasche Nachwachsen während der Brachezeit zu sichern. In Dörfern, die eine Verkehrsanbindung haben, nutzen die Männer den Wald zum Schlagen von Brennholz, das dann verkauft wird. Obwohl das Brennholzsammeln traditionell eine Frauentätigkeit war und bis heute im Bereich des Eigenbedarfs geblieben ist, haben die Männer diesen Bereich als Einkommensquelle übernommen (Leach 1991a:20 und 1991b:128).

65 Zum Verständnis der Ressourcenbewegungen auf der Mikroebene ist auch eine Auseinandersetzung mit den Makroprozessen notwendig, wie der staatlich bestimmten Reispreise und den mangelnden Möglichkeiten, Reis nach der Ernte zu lagern und erst nach Monaten zu höheren Preisen zu verkaufen. Zudem schaffen die monetären Bedürfnisse der Familienversorgung wirtschaftliche und finanzielle Sachzwänge (Donhauser 1986:95).

Der Komplexität und den Dynamiken des Wandels muß die Planung und Durchführung von Projekten der ländlichen Entwicklung gerecht werden, ohne Frauen ökonomisch zu verdrängen oder sie mit zusätzlicher Arbeit zu belasten (Schneider 1986:136).

Die Forcierung des Ölpalmanbaus bedeutet jedoch Mehrarbeit für die Frauen bei der Verarbeitung der Palmfrüchte, da sie mehr Wasser und Holz für das zur Ölgewinnung notwendige Aufkochen beschaffen müssen. Verschiedene Entwicklungshilfeorganisationen haben zu Versuchszwecken hydraulische Palmfruchtpressen eingeführt, die aber durch die spezifische Verarbeitungstechnik die Ansprüche der Frauen auf das Öl untergraben.[66] Ähnlich problematisch waren Experimente mit Geräten zum Knacken der Palmfurchtkerne, da die Frauen immer noch Kerne und Schalen trennen mußten. Dies führte neben den Anschaffungskosten zu einer geringen Akzeptanz der neuen Technik.[67]

Auch Versuche mit neuen Techniken zur Maniokverarbeitung gehen meist zu Lasten des Einkommens von Frauen (vgl. Koller 1986:17). Einkommensmöglichkeiten durch Maniok- und Erdnußanbau veranlassen junge Männer die traditionelle Zuordnung dieser Pflanzen zu Frauen zu durchbrechen und sie für den eigenen Gewinn anzubauen. Dabei ist sogar eine Tendenz zur Mitbenutzung der "second year plots" der Frauen feststellbar, was entsprechende Konflikte zur Folge hatte.

Zur Verbesserung ihrer Verhandlungsposition gegenüber den Männern gründen Frauen vielerorts auf der Basis der traditionellen Frauenzusammenschlüsse wirtschaftlich orientierte Gruppen, die sich gemeinsam Landzugang sichern und arbeitsintensive Aufgaben gemeinsam durchführen. Diese Art der Interessenvertretung geht allerdings auf Kosten der ganz armen Frauen, die schon deshalb leicht in eine Außenseiterposition gedrängt werden, weil ihnen wegen ihrer beständigen Arbeit zum reinen Überleben kaum Zeit zur Gruppenarbeit bleibt.

---

66 Außerdem wird die neue Technik von den Männern meist nicht richtig beherrscht. Für die effiziente Nutzung der Pressen ist eine bestimmte Menge an Palmfrüchten verbesserter Sorten (Tenera-Ölpalmen) notwendig, die jedoch nur in wenigen Fällen zur Verfügung stehen (vgl. Adams 1986:14). Da das mit den neuen Pressen extrahierte Öl nicht den traditionellen Anforderungen an gutes Öl entspricht, lassen sich auf dem lokalen Markt auch nicht die erwarteten Preise erzielen. Auch darf dieses als minderwertig geltende Öl ebensowenig wie das Öl hochertragreicher Ölpalmsorten für soziale Austauschprozesse oder rituelle Zwecke, z.B. im Rahmen von Initiationen oder bei Opferungen an die Ahnen, verwendet werden (Leach 1990:195).

67 S. Adams 1986:5. Als wesentliche Analysekriterien zur Akzeptanz angepaßter Technologien nennt Stevens: 1. Zugang bzw. Verfügbarkeit, 2. technische Handhabung 3. Wirtschaftlichkeit (1985:289). Diese gelte es in Zusammenhang mit der geschlechtlichen Arbeitsteilung, der Arbeitslast der Frauen, den sozialen Normen und der sozio-ökonomischen Differenzierung in den Dörfern zu beachten. Gemeinsam mit der Zielgruppe sollten die Anschaffungskosten, die Nutzungs-, Wartungs- und Reparaturbedingungen sowie Fragen zum erwünschten Einkommensgewinn und zur Zeitersparnis diskutiert werden (Stevens 1985:309ff.).

2. Projektbeispiel: Das Bo-Pujehun Rural Development Project in Sierra Leone

Ökonomische und politische Rahmenbedingungen

Die Republik Sierra Leone war seit 1971 bis zum Militärcoup Ende April 1992 eine Präsidialdemokratie, bei der der "All Peoples Congress" (APC) als Staatspartei sehr einflußreich war.[68] Von der Unabhängigkeit im Jahr 1961 bis zur 1967 bestimmte die von der Mende geprägte "Sierra Leone People's Party" (SLPP) die Politik des Landes maßgeblich mit, denn zwischen 1961 und 1978 war Sierra Leone ein Mehrparteienstaat (EIU 1990:1). Das politische Leben wird auch durch Patron-Klient-Beziehungen geprägt; das Paramount-Chief-System trägt zur politischen Integration bei, ein wesentlicher Faktor angesichts der ethnischen Heterogenität. Die Planungs- und Verwaltungsstruktur des Landes ist schlecht entwickelt, die Ziele des Fünf-Jahres-Planes von 1973 konnten nicht verwirklicht werden und der Entwicklungsplan von 1981 scheiterte schon in der Konzeptionsphase. Daran offenbart sich die mangelnde Koordination der staatlichen Wirtschaftsplanung (Mühlenberg/Wolff 1993:393).

Diese heutigen Verwaltungsprobleme sind durch endogene, wirtschaftspolitische Faktoren und durch die Übernahme der britischen, kolonialen Verwaltungsstrukturen geprägt. So wurden die Einteilung in Provinzen und Distrikte und das Paramount-Chief-System, das Teil der "indirect rule" war, beibehalten. 1898 hatten die Briten das Hinterland von Sierra Leone zum Protektorat erklärt. Bereits 1808 erhielt die Halbinsel um Freetown den Status einer Kronkolonie, was die dortigen Bewohner zu britischen Staatsbürgern werden ließ. Dieser Status blieb den Hinterlandbewohnern verwehrt, die jedoch zur Zahlung von Hüttensteuern verpflichtet wurden. Auch im Bereich der Infrastruktur wurden regionale Ungleichheiten geschaffen, Neuerungen wie der Bau einer Eisenbahnlinie orientierten sich an der Ausschöpfung der natürlichen Ressourcen und stellten keinen Beitrag zu einer eigenständigen Entwicklung des Hinterlandes dar.[69] Wirtschaftlich zählt Sierra Leone seit 1991 nach der UNDP-Einteilung zu den "Least Developed Countries" (LLDC), obwohl es im innerafrikanischen Ländervergleich über verhältnismäßig viele Bodenschätze wie alluviale Diamanten, Gold, Rutil und Bauxit verfügt. Das Land ist auf internationale Unterstützung angewiesen; hierbei sind multilaterale Kreditgeber, wie die Weltbank und ihre Internationale Entwicklungsagentur (IDA) zu nennen; auch der bilateralen Hilfe kommt große Bedeutung zu. "Über Vierfünftel des Staatshaushaltes wird von Außenhilfe finanziert. Mit über 20 % Anteil am

---

[68] Zu den Hintergründen der Absetzung Präsident Momohs und der Machtübernahme durch den jungen Captain Valentine Strasser, der in der Süd- und Ostprovinz gegen die liberanischen Rebellen gekämpft hatte s. Zack-Williams/Riley 1993:91ff.

[69] Die Eisenbahnlinie wurde 1974 stillgelegt, die Schienen und Züge an die Volksrepublik China verkauft.

gesamten Hilfsaufkommen ist die Bundesrepublik Deutschland der größte Geber in Sierra Leone." (Engel/Karimu 1984:20)

Die Wirtschaft des Landes ist heterogen entwickelt: Es gibt eine hierarchische Anordnung der einzelnen Wirtschaftssektoren, doch selbst der Bergbau trägt nicht zur Entwicklung eines Binnenmarktes bei; vor allem der Landwirtschaftssektor ist subsistenzorientiert. Räumliche Disparitäten in der Verteilung der Bodenschätze sowie regionale Unterschiede in der Qualität der landwirtschaftlichen Flächen erschweren zusammen mit der schlecht ausgebauten Infrastruktur die Entwicklung des Landes. Durch die produzentenfeindliche Agrarpolitik und die steigende Inflation hat sich ein Parallelmarkt mit grenzüberschreitendem Schmuggel entwickelt. Dieser war bis zum Bürgerkrieg in Liberia ein wichtiger Wirtschaftsfaktor in den Südprovinzen des Landes und Teil der in den letzten 25 Jahren zu beobachtenden Illegalisierung und Informalisierung der politischen Ökonomie (Mühlenberg/Wolff 1987:62 und 1993:393). Geschmuggelt wurden nicht nur landwirtschaftliche Produkte, sondern vor allem Diamanten und Gold. Da am Diamantenschmuggel fast ausschließlich die Zwischenhändler verdienten, wurde der Staat in einer seiner wichtigen Einnahmequellen beschnitten (Momoh 1989:1520f.).

Nicht nur beim Diamanten-, sondern auch beim Reishandel versucht die Regierung durch die staatlich festgesetzten Preise profitsüchtige Privathändler auszuschalten, da die gleichbleibende Reisversorgung der städtischen Bevölkerung ein innenpolitischer Stabilitätsfaktor ist (Donhauser 1986:104). Die Vermarktung landwirtschaftlicher Erzeugnisse ist durch das "Sierra Leone Product Marketing Board" (SLPMB) staatlich monopolisiert (Kargbo 1983:24). Es setzt im Bereich des Reisaufkaufs Mindestpreise fest, kann aber deren Einhaltung politisch nicht kontrollieren. Daher zahlen die lizensierten Aufkäufer den Bauern oft weniger für den Reis als offiziell vorgeschrieben. Ein komplexes Handelsnetz von zahlreichen Zwischenhändlern verteuerte den Reis, so daß er bis Mitte der 80er Jahre für die städtischen Verbraucher staatlich subventioniert werden mußte. "Anstatt jedoch die Rahmenbedingungen für effiziente Agrarvermarktung zu schaffen, beteiligt sich der Staat unmittelbar auf vielen Agrarmärkten. Auf die Agrarerzeugerpreise wirken die staatlichen Interventionen fast ausnahmslos negativ." (Donhauser 1986:181f.) Die niedrigen Erzeugerpreise reduzieren das landwirtschaftliche Einkommen und bedingen eine stagnierende Agrarentwicklung.

Die begrenzten Einkommensmöglichkeiten führen vielerorts zur saisonalen Migration der Männer, seit den 50er Jahren hauptsächlich in die Bergbaugebiete. Die Entlohnung der Diamantenschürfer steht jedoch in keinem Verhältnis zu den Gewinnen, die die Minenbetreiber erzielen können. Zudem sind die Auswirkungen der Abwanderung in die Minen für die Arbeitsanforderungen in der Landwirtschaft sehr negativ, vor allem die Frauen haben unter dem Aufbrechen der traditionellen Arbeitsteilung zu leiden; darüberhinaus ist ein Ertragsrückgang bei den Ernten festzustellen (Beoku-Betts 1990:22f.).

Bis 1955 konnte sich die Bevölkerung Sierra Leones mit eigenem Reis versorgen, seitdem müssen zusätzliche Reisimporte die Versorgung sichern. Ähnlich wie die Erzeugerpreise und die Anbauvermarktung sind jedoch auch die Importpreise und die Verteilung politisch nicht ausreichend abgesichert, so daß die Preisentwicklung von Händlern bestimmt wird.

Zur Sicherung der Versorgung mit dem Grundnahrungsmittel Reis und zur Reduzierung der Erosion auf den Bergreisfeldern wurde bereits ab 1945 von der britischen Kolonialmacht versucht, verbesserten Naßreisanbau auf drainierten Flächen auszuweiten (Jonny/Karimu/Richards 1981:596). Dieses Bestreben wurde in den 70er Jahren in "Integrierten Landwirtschaftlichen Entwicklungsprojekten" durch finanzielle Unterstützung der Weltbank fortgesetzt. Die dabei durchgeführten Bewässerungsprojekte waren rein technisch ausgerichtet und trugen wegen ihrer mangelnden Berücksichtigung der lokalen Agrarstrukturen und Anbausysteme nur wenig zur Existenzsicherung bei (Bah-Bundu 1989:550). Die Frauen wurden bei diesen Projekten nur als mithelfende Familienmitglieder betrachtet und im Ressourcenzugang benachteiligt, der Komplexität der geschlechtlichen Arbeitsteilung wurde keineswegs entsprochen. Die begrenzte Akzeptanz dieser Projekte zeigt sich beispielhaft daran, daß noch Anfang der 80er Jahre über 75% des lokal produzierten Reises auf Bergreisfeldern angebaut wurde (Spencer 1981:176). Erst in den 80er Jahren versuchten "Integrierte Ländliche Regionalentwicklungsprojekte" einen umfassenderen Entwicklungsansatz zu verwirklichen, derartige Projekte waren jedoch auf eine Verbesserung der regionalen Planung und der Agrarpolitik angewiesen.

1986 trat ein vom Internationalen Weltwährungsfond (IWF) erarbeiteter Wirtschaftsentwicklungsplan in Kraft, der Subventionierungen von Grundnahrungsmitteln, Reis und Treibstoff strich und die Staatsausgaben im Sozialbereich und in der medizinischen Grundversorgung drastisch kürzte. Die Strukturanpassungsmaßnahmen hatten politische Unruhen zur Folge. Langfristig verschlechterten sich die sozio-ökonomische Situation, die Ernährungssicherung und die medizinische Versorgung (Longhurst/Kamara/Mensurah 1988:25ff.). Weitere Faktoren hierbei waren die durch die steigenden Transportkosten reduzierten Einnahmen der Bauern beim Reisverkauf und die höheren Reispreise in den Städten.

Sierra Leone hielt nicht die ausgehandelten Konditionen ein, was eine Einstellung der Kreditzahlungen durch den Internationalen Weltwährungsfond zur Folge hatte (Zack-Williams/Riley 1993:92f.). 1989 kam es zu neuen Verhandlungen und 1992 zu einem "Resozialisierungsprogramm" zwischen dem IWF und Sierra Leone; dieses umfaßt u.a. technische Hilfen im Makromanagement, ein Reformprogramm für den öffentlichen Dienst und Rationalisierungsmaßnahmen öffentlicher Unternehmen. Jetzt wird wird vor allem auf die Einhaltung der sozialen Orientierung bei den Sozialausgaben geachtet (Mühlenberg/Wolff 1993:400). Es ist jedoch zweifelhaft, ob diese Sanierungsprogramme sich verwirklichen lassen, da zwar auf politisch-administrative Probleme eingegangen wird, nicht aber auf politisch-soziale und endogen ökonomische, wobei über die ökonomischen Prozesse in Sierra Leone kaum Informationen zugänglich sind. Das erschwert Planungen enorm. Fraglich ist, welche eigenen Problemlösungsmöglichkeiten das Land noch hat, insbesondere seit Beginn des von liberianischen Rebellen verursachten Bürgerkriegs in der Süd- und Ostprovinz des Landes.

Zur Konzeption des "Bo-Pujehun Rural Development Projects" der "Deutschen Gesellschaft für Technische Zusammenarbeit" und seinen Auswirkungen auf die Interessen der Frauen[70]

Das Bo-Pujehun Projekt wurde zunächst als intersektorales, integriertes landwirtschaftliches Entwicklungsprojekt vom Ministerium für Landwirtschaft, natürliche Ressourcen und Forstwirtschaft Sierra Leones konzipiert; es war Teil der 1972 begonnenen und durch die Weltbank geförderten Strategie, das gesamte Land mit derartigen Projekten abzudecken. Wegen ihrer rein anbautechnischen Orientierung, die vor allem auf Kreditvergabe bzw. auf Beratung im Bewässerungsreisanbau ausgerichtet war und nur von wenigen reichen Bauern angenommen werden konnten, hatten diese Versuche nur begrenzte, kurzfristige Erfolge. Daher wurde das Bo-Pujehun-Projekt 1981 vom Landwirtschaftsprojekt zum integrierten, ländlichen Entwicklungsprojekt erweitert und sollte zur eigenständigen Entwicklung ländlicher Räume beitragen; hierbei war die Kooperation mit der "Deutschen Gesellschaft für Technische Zusammenarbeit" (GTZ) in der Finanzierung, Planung, Durchführung und technischen Hilfe maßgeblich. Diese Zusammenarbeit soll bis 1995 fortgesetzt werden.[71] Die Ausführung aller Aktivitäten lag bei den einheimischen Ministerien wie dem Ministerium für Landwirtschaft und Forstentwicklung (MAF) oder dem Ministerium für Soziales und für ländliche Entwicklung (MSWRD).

Das oberste Ziel war die Erhöhung des Lebensstandards der Bevölkerung, was durch Maßnahmen in den Bereichen Landwirtschaft, Fischerei, Gesundheitsversorgung sowie durch die Verbesserung der Wasserversorgung und Infrastruktur erreicht werden sollte. Im folgenden werden die Maßnahmen im Landwirtschaftssektor im Betrachtungsmittelpunkt stehen, da hierbei gezielt Frauengruppen gefördert wurden und Frauen durch die geschlechtliche Arbeitsteilung auch in viele Aufgaben im Anbau und der Verarbeitung von Nahrungsmitteln einbezogen sind. Im Landwirtschaftsbereich wurden Ertragssteigerungen und Einkommensverbesserungen angestrebt. Dazu wurden sogenannte "Programmpakete" entwickelt. Sie umfaßten die gleichzeitige Versorgung mit verbessertem Saatgut, mit Dünger und technischen Gerät sowie die Beratung in neuen Agrartechniken beim Anbau von Sumpfreis, Ölpalmen, Kaffee, Süßkartoffeln und Erdnüssen (GTZ 1990:3). Zur Zielverwirklichung sollten die Fachministerien gestärkt und ihre Kooperation gefördert werden. Auch sollte die Zielbevölkerung in ihren eigenen Problemlösungen unterstützt werden.

Das Projekt wurde für die beiden Distrikte Bo und Pujehun in der Südprovinz des Landes mit insgesamt über 40.000 ländlichen Haushalten, d.h. für etwa 2200 Dörfer in 27 Häuptlingstümern geplant. Die Personenzahl in den Haushalten wird

---

[70] Zur organisatorischen und institutionellen Struktur der GTZ, die für diese Arbeit bei Projekten im Bereich der Frauenförderung von Interesse ist s. meine Ausführungen über Frauenförderung im Rahmen der deutschen Entwicklungszusammenarbeit.

[71] Zur Erörterung der Konzeption und Umsetzung von Programmen und Projekten der "Integrierten Ländlichen Regionalentwicklung" s. Fischer/Mühlenberg/Werth 1981.

mit durchschnittlich 6.2 beziffert (Mühlenberg/Wolff 1987:160).[72] Das Projektgebiet umfaßt 9400 Quadratkilometer und wird den humiden Tropen zugerechnet; klimatisch ist es durch eine Durchschnittstemperatur von 26,6 Grad Celsius und eine hohe Niederschlagsmenge über 2000 mm geprägt. Die Regenzeit dauert von April und Oktober; die Variabilität der Niederschläge und der Beginn der Regenzeit sind in hohem Maße entscheidend für die landwirtschaftlichen Erträge.

Das Projektgebiet ist das Siedlungsgebiet der Mende, also eine ethnisch relativ homogene Bevölkerung. Im Verlauf der Projektumsetzung wurde die Notwendigkeit der Zielgruppenorientierung deutlich. Der Ansatz, die erfolgreichsten und einkommensstarken sogenannten "Masterfarmer" in den Dörfern als Kontraktfarmer mit neuen Varietäten zu fördern und auf eine Vorbildfunktion dieser Maßnahmen zu hoffen, stellte sich wegen der sozio-ökonomischen Unterschiede in den Dörfern als wenig sinnvoll heraus. Die Zielgruppe der Kleinbauern mußte also weiter differenziert werden, z.B. nach ihrem Landzugang und dem Umfang des Marktfruchtanbaus (Schneider 1986:131). Um eine Verschärfung der sozialen Unterschiede zu verhindern, wurde ab 1988 verbessertes Saatgut für ertragreiche Ölpalmen oder Reisvarietäten an wirtschaftlich kooperierende Männergruppen vergeben; der Reis wurde vorrangig auf Gemeinschaftsfeldern gepflanzt, die Ölpalmen der individuellen Pflege unterstellt.

Dies waren wichtige Teilbereiche des Mehrkomponentenansatzes im Landwirtschaftsprogramm, das damit die Unterstützung des diversifizierten Anbausystems zur Gewährleistung der Ernährungssicherung anstrebte. Dabei wurde versucht, die bestehenden Zusammenschlüsse für die Anlage von drainierten Naßreisfeldern als Gruppenfelder zu gewinnen.[73] Bereits 1989 wurde mit nahezu hundert Gruppen zusammengearbeitet (B/P RDP 1989:80). Traditionell waren diese gemeinsamen Arbeitsgruppen aller Männer eines Dorfes für Trockenreisfelder zuständig, deren Erträge vom Dorf gemeinsam für unterschiedliche Zwecke genutzt wurden.[74] Die Erträge der heutigen Felder werden gruppenintern aufge-

---

72 Die Zahl der Zugewanderten, die in die Haushalte landbesitzender Lineages integriert werden, und über diese Landnutzungrechte erhalten, wird in vielen Dörfern mit über 40% angegeben (vgl. Engel/Karimu 1984:XI). Im Projektgebiet sind außerdem 16 andere staatliche oder nicht-staatliche Organisationen tätig, die meist einzelne, kleine Maßnahmen durchführen; z.B. propagiert UNICEF die Intensivierung des Sesamanbaus zur Verbesserung der Kleinkinderernährung . Die Aktivitäten der verschiedenen Organisationen sind nicht in eine übergeordnete, regionale Entwicklungsplanung integriert; die Zusammenarbeit der einzelnen Ministerien ist administrativ hierzu nicht ausreichend (Scherler 1987:21).

73 Zwar legten die Gruppen drainierte Naßreisfelder an, oft fehlten jedoch die Arbeitskapazitäten zur Anlage von Saatanzuchtbeeten und dem Verpflanzen des Reises, daher wurde die Saat vielerorts gleich auf den Anbauflächen ausgebracht, auch wenn dies Ernteeinbußen zur Folge hatte. Das konnte auch durch die Vergabe von Anbaugerät zu subventionierten Preisen nicht verhindert werden.

74 In diesem Zusammhang wird diskutiert, mit welcher der traditionellen Gruppen am sinnvollsten zusammenzuarbeiten sei, damit die Projektförderung trotz der sozio-ökonomischen Differenzierung in den Dörfern möglichst gleichmäßig alle Menschen erreicht. Dabei werden die Entwicklungspotentiale der *Tele* oder der *Gbotei* oder *Bembei* analysiert (Richards 1990b:13ff). "Diese Gruppen bieten oft ihre Arbeitskraft bei Bauern an, die für die erhaltenen Leistungen bezahlen. Dadurch können die Jugendlichen zusätzliche Erfahrungen in dem

teilt oder für gemeinsame Interessen und Projekte in den Dörfern verwendet. Manche Gruppen erkannten den allgemeinen Bedarf an verbessertem, ertragreichen und schnellwachsenden Reis; sie wollten sich auf die Saatzucht spezialisieren und die Saat an einzelne Bauern verkaufen.[75] Wegen des Interesses an verbessertem Saatgut wurden auch die lokal veranstalteten Schulungskurse des Landwirtschaftsprogramms im Bo-Pujehun Projekt von den Bauern gut besucht. Da die Auswahl der Reissaat traditionell eine Männeraufgabe war, nahmen hieran ausschließlich Männer teil. Die Schulungskurse waren auch deshalb so attraktiv, weil sie auch die Auswahl von Saatgut auf den Trockenreisfeldern in die Konzeption einbezogen. Damit sollte zur Stabilisierung des Anbaus auf den Trockenreisfeldern, dem zur Risikoreduzierung im Anbau noch immer die größte Bedeutung zugemessen wurde, beigetragen werden. Die Bauern zeigten großes Interesse an Varietäten mit kurzer Wachstumszeit, um die Reisversorgung während der sogenannten "hungry season" zu verbessern und die Zeitspanne zwischen den Reisernten zu reduzieren. In den dabei durchgeführten Beratungen wurden die Konservierungsmethoden für Saatreis erörtert, da die Aussaat einer ausreichenden Menge an Saatreis die Grundvoraussetzung für eine gute Ernte ist (vgl. Engel/Karimu 1984:31). Dieser traditionell auch als bedeutend erkannte Faktor konnte jedoch durch die wirtschaftlichen Engpässe keineswegs immer gewährleistet werden. Daher wurden in den Schulungen auch die Problematik des Verzehrs von Saatreis in Krisenzeiten und Möglichkeiten zur Überwindung der Krisen, z.B. durch die Ernährung mit Maniok, Gemüse und Fisch, thematisiert.

Großen Zuspruch erhielten daher auch die "On Farm Trials", Versuche mit unterschiedlichen Bergreisvarietäten, die auf den Feldern interessierter Bauern durchgeführt wurden und den traditionellen Methoden der Varietätentests und der Forderung nach partizipativen Forschungen entsprachen.[76] Der Gruppenansatz erwies sich schon nach kurzer Zeit als sehr erfolgreich, zumal von den Beratern, und insbesondere auch vom deutschen Experten des Landwirtschaftsprogramms, großer Wert auf Gruppendiskussionen gelegt wurde, um die Bedürfnisse, Ziele und Probleme zu erörtern.[77] Die Unterstützung der Gruppen mit subventioniertem Saatgut und Material gestaltete sich für das Projekt jedoch angesichts der sich verschlechterten wirtschaftlichen Lage und der politischen Spannungen in Sierra

---

im Dorf vorzufindenden Spektrum der Verfahren und den natürlichen Rahmenbedingungen landwirtschaftlicher Produktion sammeln." (Donhauser 1986:199)

75 Insgesamt wurde in der Versuchsstation Rokpur, aus der auch das Bo-Pujehun-Projekt seine Saat bezog, mit 105 unterschiedlichen Reisvarietäten experimentiert. Dabei wurden auch traditionell entwickelte Varietäten in die Versuche einbezogen (B/P RDP 1989:74). Initiativen zur Eigenversorgung mit Saatreis und Saatgut sind hinsichtlich der Nachhaltigkeit der Projektmaßnahmen wichtig.

76 S. Richards 1985:151. Vgl. hierzu Krings, der die Betonung der traditionellen Anbaukenntnisse sowie des Innovationspotentials autochthoner Agrarsysteme in der Entwicklungsplanung und Gestaltung von Entwicklungsprojekten betont (Krings 1991:253f.).

77 Neben dem Zugang zu verbessertem Saatgut und Speichermöglichkeiten wurde der Versorgung mit Arbeitsgerät, wie Hacken, Macheten, mit Fallen zum Fang der Rohrratten und Gewehren zur Reduzierung der Ernteverluste durch Schimpansen u.a. Primaten von den Mende große Bedeutung zugemessen (vgl. Engel/Karimu 1984:199).

Leone zunehmend schwieriger (B/P RDP 1989:65). Zudem kam die Agrarpreispolitik der Regierung keineswegs den Interessen der Erzeuger entgegen.
Experimente im Bereich der Agroforstwirtschaft zum Schutz der Bodenqualität, wie das Pflanzen von Leguminosen auf den Ölpalmplantagen, die mancherorts anzutreffende mangelnde Pflege dieser Plantagen und das unzureichende Beschneiden der Kaffeebäume sind durch die Begrenzungen der Arbeitskapazität begründet. Diesem Problem sollte durch das Pflanzen einzelner ertragreicher verbesserter Ölpalmvarietäten und Kaffeesträucher auf den Trockenreisfeldern insbesondere bei Bauern mit geringen Anbauflächen und wenigen Arbeitskräften, entgegengewirkt werden.

Auch die Anlage von Fischteichen zur Verbesserung der Proteinversorgung ließ sich wegen der begrenzten Kapazitäten der Bevölkerung in ihrem Zugang zu Arbeitskräften und technischen Gerät bzw. Know-How kaum über die Versuchsphase hinaus verwirklichen (B/P RDP 1989:92f.). Nur einige Personen hatten vor Projektbeginn selbst Fischteiche angelegt. Sie waren wegen ihrer relativ hohen Einkünfte in den Dörfern häufig als Geldverleiher tätig, was die reservierte Haltung der Dorfbevölkerung ihnen gegenüber erklärte. Es wurde versucht, die Familien mit Fischteichen durch Dorfentwicklungsprogramme stärker in ihre lokale Verantwortung einzubinden.

Zur Förderung der Entwicklung im Sinne der Betroffenen wurde angestrebt, die Projektmaßnahmen in den einzelnen Sektoren besser zu koordinieren, Maßnahmen zur Verarbeitung und Speicherung der Ernte intensiviert. Da der Bau von Speichern und anderen Einrichtungen in den Aufgabenbereich des "Community Action Fund" fiel, wurde eine stärkere Kooperation mit diesem beabsichtigt. Im "Community-Development", also der Entwicklung der dörflichen Infrastruktur, wurden Wasserpumpen, Latrinen, Brücken, Speicher, Dorfgemeinschaftshäuser, Schulen und Gesundheitsstationen angelegt, wobei die Prioritäten der Bevölkerung ausschlaggebend sein sollten (B/P RDP 1989:160). Die Projektmitarbeiter berieten in technischen Fragen, die Umsetzung selbst erfolgte in Eigenleistung der Bevölkerung. Das sollte ihr Selbsthilfepotential und die Identifikation mit den Maßnahmen stärken, was jedoch nicht im gewünschten Umfang geschah. Daher distanzierte sich das Projekt von diesem Ansatz und ging Ende der 80er Jahre zur Planung auf lokaler Ebene über, bei dem die Entwicklungsbedürfnisse der einzelnen Interessengruppen in den Dörfern erörtert wurden. Nach Erreichung eines Konsenses wurden konkrete Entwicklungspläne erstellt, bei denen dann die Selbsthilfe gewährleistet war (Fischer 1990:13ff.). Nun wurden auch die Frauen als bedeutende Interessengruppe erkannt und entsprechend gefördert.

Die Zusammenarbeit zwischen dem Landwirtschaftsprogramm, insbesondere dem "Women's Unit" des Programmes, und dem Gesundheitssektor sollte verstärkt werden, um die Verbindung der Ernährungssituation mit dem Gesundheitszustand aufzuzeigen. Auch wurde das "Women's Unit" im Landwirtschaftsprogramm mit der Verbreitung von verbesserter Erdnuß- und Gemüsesaat in die Projektaktivitäten einbezogen, was nicht nur dessen Bestreben nach einer Intensivierung der Kooperation entsprach, sondern auch der Konzeption, die Anbaudiversifizierung zu fördern.

Förderung landwirtschaftlicher Frauengruppen im Rahmen des Landwirtschaftsprogramms

1983 wurde die Frauenförderung als Komponente in das seit 1980 bestehende integrierte ländliche Regionalentwicklungsprojekt einbezogen, die Benachteiligung der Frauen, die auch durch Projektaktivitäten mitbedingt worden war, sollte kompensiert und überwunden werden.[78] Das "Women's Unit" wurde mit einer sierra leonischen Leiterin und zwei landwirtschaftlichen Beraterinnen besetzt. Hintergrund dieser Ergänzung der Projektkonzeption war die Erkenntnis, daß die Frauen als tragende Kräfte der Zielgruppe auch an den Förderungsmaßnahmen des Projektes teilhaben und ihre Selbsthilfe- und Problemlösungspotentiale gestärkt werden sollten. Das sollte über die Verbesserung des Beratungsdienstes, orientiert an den Bedürfnissen der Frauen, und durch die Förderung der Frauengruppen gewährleistet werden.[79] Der Gruppenansatz galt als geeignet, eine möglichst große Zahl von Frauen zu erreichen, zumal die Frauenzusammenschlüsse schon bestanden und nicht erst von außen gegründet werden mußten. Mit der Einstellung von lokalen Beraterinnen sollte der Geschlechtertrennung und den unterschiedlichen Kompetenzbereichen von Frauen und Männern in der Mende-Gesellschaft Rechnung getragen werden.

Darüberhinaus sollten alle Projektbereiche in ihren Auswirkungen auf Frauen analysiert werden, um die Frauenförderung zu verwirklichen und die Arbeit des "Women's Unit" erfolgreich zu gestalten. Eine Koordination der landwirtschaftlichen Förderung und der Unterstützung der Frauen auf anderen Projektebenen wurde ebenso angestrebt wie die Sensibilisierung der Projektmitarbeiter für die Interessen der Frauen (B/P RDP 1990a:7). Hierbei stellte sich der fehlende direkte Zugang zu den anderen Sektorprogrammen des Projektes, wie der Dorfentwicklung oder dem Gesundheitsbereich sowie zu den Fachministerien als problematisch heraus. Informationen über die Mitgliedschaft und Zielsetzung der Gruppen sowie über die Dorfstruktur wurden als notwendig erkannt.

Die gezielte Förderung der Frauen umfaßte im technischen Bereich den Zugang zu subventioniertem, verbessertem Saatgut, Dünger und Arbeitsgerät zur Feldarbeit und im Finanzbereich den Zugang zu Krediten.[80] Es handelte sich vor allem um Erdnuß- und Gemüsesorten mit kurzer Wachstumszeit. Erstgenannte wurden in der Regenzeit angepflanzt und waren von den Frauen sehr favorisiert, da sie sowohl zur Verbesserung der Ernährungssituation während der sogenannten "hungry season" und zum Verkauf verwendet werden konnten. Die Frauen-

---

78 S. Frey-Nakonz 1983:6. Zur Abgrenzung zwischen Frauenkomponenten, frauenspezifischen Maßnahmen und der Integration von Frauen in die gesamte Projektkonzeption s. die Ausführungen zur Frauenförderung in dieser Arbeit.
79 S. Schneider 1986:127. Erst durch die Frauendekade wurde in Sierra Leone die Notwendigkeit der Schulung und des Einsatzes von Beraterinnen in der Zusammenarbeit mit Frauen diskutiert. 1983 waren 48 Frauen und 522 Männer im landwirtschaftlichen Beratungsdienst tätig. Für die Beraterinnen gestaltete sich ihre Arbeit wegen der begrenzten Mobilität, der familiären Pflichten und des herrschenden Frauenbildes oftmals sehr schwierig, auch wenn die Frauen in den Dörfern Beraterinnen bevorzugten (Beoku-Betts 1990:30).
80 Zudem bot das Projekt den Zugang zu subventionierten Fallen für die als "cutting grass" bezeichneten Rohrratten, die die Ernteerträge sehr schädigten.

gruppen wurden von den Projektmitarbeiterinnen beraten, die Erdnüsse möglichst früh zu pflanzen, um eine Zerstörung durch Schädlinge wie die Aphidfliegen, die die Rosette-Viren übertragen, zu verhindern. Schädlinge stellten eine grundsätzliche Gefahr der Gruppenarbeit dar, insbesondere bei Erdnüssen, die als Monokulturen angepflanzt wurden.

Die vorsichtige Ernte, die eine Zerstörung der Nußschalen verhindern sollte, die Trockung und das Rösten der Nüsse zur Vermeidung von Schimmelpilzbefall bedeuteten zusätzliche Arbeit in einer Zeit, in der viele Arbeitsanforderungen koordiniert werden mußten. Diese Aufgaben, die gruppenintern geteilt wurden, konnten die beteiligten Frauen bewältigen, da sie überwiegend die Erstfrauen polygyner Haushalte waren. Sie waren zwischen 25 und 50 Jahren alt; die Gruppen umfaßten meist 10 bis 20 Frauen, die alle Analphabetinnen waren. Eine solche Gruppengröße sahen die Frauen als ideal an, um den Zusammenhalt, die Überschaubarkeit und die Effektivität der gemeinsamen Arbeit zu gewährleisten. Ihre relativ hohe sozio-ökonomische Stellung war dadurch gekennzeichnet, daß ihre Ehemänner Marktfrüchte anbauten und sie im wirtschaftlichen Bereich die Möglichkeit hatten, über den reinen Subsistenzbereich hinaus tätig zu werden. Sie verfügten über eine relativ gute Verhandlungsposition gegenüber den Dorfautoritäten und konnten sich Zugang zu Anbauflächen für die Erdnußkulturen verschaffen. Bei der Landverteilung war auch die Einstellung des Dorfhäuptlings gegenüber den Frauenzusammenschlüssen ein entscheidender Faktor. Wenn er sich bei den unterschiedlichen Interessengruppen der Männer für eine fruchtbare Anbaufläche als gemeinsames Feld der Frauen einsetzte, war dies sehr vorteilhaft für den Erfolg ihrer gemeinsamen einkommenschaffenden Aktivitäten. In manchen Fällen ging die Unterstützung durch den Häuptling sogar so weit, daß die Landnutzung kostenlos war und die Männer von ihm aufgefordert wurden, das Land zur Bestellung vorzubereiten. Hiermit knüpfte er an die Tradition der Arbeitsgruppen der Männer an. Unterstützung durch die Dorfbevölkerung war also auf rechtlicher und auf arbeitspraktischer Ebene wichtig für die Gruppenarbeit.

Wenn hingegen der Landzugang ein Problem war, konnte dies zu Nachteilen wie einer zu späten Aussaat oder zu gruppeninternen Konflikten über die Arbeitsleistungen führen. Das wiederum konnte die Einkommenserwartungen und den Gruppenerfolg eines Jahres negativ beeinflussen, selbst wenn die Gruppen grundsätzlich durch das relative Alter und die Lebenserfahrung der Frauen in sich gefestigt waren und die Kooperation auch grundsätzlich durch den *Sande*-Bund eingefordert wurde. Die Gruppen wählten Frauen, die als einflußreiche und starke Persönlichkeiten galten, zu ihren Leiterinnen, da sie sich von ihnen eine energische Interessenvertretung gegenüber dem Häuptling und einflußreichen Männern in den Dörfern erhofften. Bezeichnenderweise waren diese Frauen oft *Sande*-Leiterinnen und verfügten über entsprechende Autorität. Wenn sie schon sehr alt waren, ernannten sie mancherorts eine jüngere Frau mit Schulbildung zur Stellvertreterin, um in Verhandlungen mit offiziellen Stellen die Gruppeninteressen zu vertreten. Das Innovationspotential der *Sande*-Leiterinnen war in der Regel beachtlich, denn sie hatten sogar die Gründung von einkommenschaffenden Gruppen angeregt und setzten sich selbst für die Einbeziehung verbesserter Sorten oder Varietäten und neuer Pflanztechniken in die Anbaustrategien der Frauen ein, wenn sich diese auf den Gruppenfeldern bewährt hatten.[81] Grundsätzlich war der *Sande*-Bund, bzw. dessen Leitung, nach wie vor für die Vermittlung und Bewahrung von Anbaukenntnissen der Frauen zuständig - und angesichts der veränderten wirtschaftlichen Notwendigkeiten war das Innovationspotential in diesem Bereich auch existenzsichernd.[82] Die Zusammenarbeit der Frauen war zudem von einem verbindenden Arbeitsethos und dem Stolz auf ihre gemeinsamen Arbeitsleistungen geprägt.[83]

Die genannten Faktoren galten zusammen mit dem Engagement der Gruppenmitglieder als wichtige Entwicklungspotentiale. Solche konnten die informellen *Tele*-Arbeitsgruppen junger Frauen nicht in der Form vorweisen. Das erschwerte ihre wirtschaftliche, einkommenschaffende Aktivität über die reine Reziprozität an Arbeitsleistungen hinaus.

Zur Erleichterung der Erdnußvermarktung half das Bo-Pujehun Projekt in vielen Fällen beim Transport der Ernte zu den Märkten, insbesondere zum städtischen Markt nach Bo. Dadurch wurde auch die Abhängigkeit vom Aufkauf durch Zwischenhändler, die gelegentlich in die Dörfer kamen, ausgeschaltet. Ein großer Vorteil der verbesserten Erdnußvarietäten war es, daß die Frauen sie auch auf ihren individuellen Feldern, wie auf den sogenannten "second year plots", verwenden konnten. Zwar war die Förderung des Anbaus auf diesen Feldern nicht direkt eine Maßnahme des Projektes und wurde daher in projektbegleitenden Studien als zu intensivierende Aktivität gefordert, damit die Frauen die Kontrolle über diese Felder mit ihrer Anbau- und Nutzungsvielfalt bewahrten. Doch auf dem indirekten Wege über die Gruppenfelder hatten die Frauen auch Zugang zu Saatgut für ihre eigene wirtschaftliche Aktivität. Einen Schutz vor der Übernahme durch die Männer bot die Zusammenarbeit des "Women's Unit" mit den Leiterinnen der Frauenzusammenschlüsse, die häufig auch in Personalunion führende Positionen in der traditionellen Frauengeheimgesellschaft *Sande* inne hatten.

Der Zugang zu verbessertem Saatgut und Arbeitsgerät entsprach den dringendsten Bedürfnissen der Frauen, denn sie konnten auch individuell diese Angebote nutzen. Die gemeinsamen Erfahrungen mit den Neuerungen reduzierten das indi-

---

81 Priorität im Anbausystem haben die Familienfelder und die individuellen Felder der Frauen. Die Anbauflächen, die von den Gruppen gemeinsam bestellt werden, gelten als zusätzliche, wirtschaftliche Tätigkeitsbereiche.

82 Wenn eine *Sande*-Leiterin nicht den gestellten Erwartungen entsprechen sollte und Gelder veruntreut, was wegen ihrer Machtposition ein Problem sein kann, so führt dies zum Aufbrechen der Gruppen. Als Konfliktvermeidungsstrategie wird mancherorts einem sehr reichen Mann im Dorf die Gruppenkasse anvertraut, in der Annahme, daß wohlhabende Menschen keinen Grund zum Vertrauensmißbrauch haben. Dies zeigt die Verbindungen der Gruppen- und Dorfstrukturen und damit zusammenhängende Probleme.

83 In manchen Gruppen geht bei entsprechendem Zeitbudget die Kooperation auch über die wirtschaftliche Zusammenarbeit auf den Feldern hinaus, die Frauen bilden gemeinsame Spargruppen, treffen sich zudem, um traditionelle Seife herzustellen oder anderen Arbeitstätigkeiten, wie der Baumwollverarbeitung, gemeinsam nachzugehen. Eine Gruppe baute gemeinsam den Initiationsbereich der Mädchen, den *Kpanguima*. Dies ist ein Beispiel dafür, wie weitreichend die Kooperation unter Rückbezug auf Formen traditioneller Zusammenarbeit sein kann.

viduelle Risiko der Übernahme. Die Ernteerträge wurden in den Gruppen aufgeteilt und zur individuellen Ernährung der Mitglieder bzw. für familiäre Zwecke, wie der Hilfe im Krankheitsfall, der Finanzierung des Schulgeldes oder der Initiationsgebühren für die Töchter verwendet. Ein Teil der Erträge diente als Saatgut für die Gruppenfelder oder die individuellen Anbauflächen. Grundsätzlich betonten die Frauen die Vorteile eigener Einkommensmöglichkeiten zur Reduzierung der finanziellen Abhängigkeit von den Männern, was ihnen auch zur Bewahrung eines positiven Selbstbildes half. Viele Gruppen setzten gezielt einen Teil der Gewinne für gemeinsame Projekte, wie den Bau eines Brunnens, einer Gesundheitsstation oder eines Gemeindespeichers ein. Diese entsprachen ihren dringendsten Bedürfnissen und waren auch ein Beitrag zur Dorfentwicklung. Die Frauen zeigten damit ihr Engagement für die Dorfbelange und wirkten potentieller Kritik der Männer über zu viel Eigenständigkeit entgegen. Darüberhinaus boten diese gemeinsamen Zielsetzungen auch eine verbindende Orientierung, die den Gruppenzusammenhalt stärkte.

Das prozentuale Verhältnis der Aufteilung der Gruppenerträge orientierte sich an den jeweiligen Bedürfnissen der Mitglieder. Die Eigenversorgung mit Saatgut verbesserter Erdnußvarietäten sollte vom Bo-Pujehun-Projekt vor dem Hintergrund der gewünschten Nachhaltigkeit der Projektmaßnahmen besonders gefördert werden; dies war eine Zielsetzung, die auch beim Reisanbau der Männer gestellt wurde (Engel/Karimu 1984:184). Zudem wurde Wert gelegt auf intensivere Beobachtungen und Forschungen über die zunehmende Verunkrautung der "second year plots" und über den Schädlingsbefall der Naßreisfelder bei ihrer Nutzung für den Gemüseanbau während der Trockenzeit (Richards 1990b:11f.).

Die Notwendigkeit der Verbesserung ihrer Einkommenssituation war der Grund für die Bereitschaft der Frauen, nun auch in der Trockenzeit Süßkartoffeln und Gemüse wie Tomaten, Chili, Okra, Kürbis oder bestimmte Bohnenarten wie die Schwarzaugen- bzw. Chinabohnen anzubauen, zumal die Saat höhere Erträge lieferte und das Saatgut von Varietäten mit kurzer Wachstumszeit vom Projekt erhältlich waren. Besonders groß war das Interesse an verbesserten Süßkartoffelvarietäten, da es gute Vermarktungsmöglichkeiten für sie gab und Frauen auch schon traditionell Süßkartoffeln in ihren privaten Gärten angepflanzt hatten. Aufschlußreich ist, daß die vom Projekt dabei vorgeschlagenen Reihen- und Beetpflanzungen von den Frauen für ihre individuellen Felder übernommen wurden, da die Ertragssteigerungen auf den Gruppenfeldern sie vom Sinn dieser Anbaumethode überzeugte.[84] Als Anbauflächen dienten die in der Zeit zur Verfügung stehenden Sümpfe, die gemeinsam bepflanzt wurden. Die Aufteilung der Ernteerträge wurde gruppenintern geregelt, die Kriterien waren dabei die gleichen wie bei der Erdnußernte.

Traditionell war die Trockenzeit durch gemeinsame kulturelle Aktivitäten, wie die Mädcheninitiation, bestimmt und bot den Frauen die Möglichkeit zum Kräftesammeln für den nächsten Anbauzyklus. Die wirtschaftlichen Notwendigkeiten

---

84 Wenn Frauen die Reihenpflanzung von traditionell in Mischkulturen angebauten Gemüsesorten in ihren privaten Gärten nicht übernahmen, begründeten sie dies mit ihrer Arbeitslast.

erklärten nun die Bereitschaft der Frauen zur Anlage von Gemüsefeldern in dieser Zeit. Zudem umfaßt die Mädcheninitiation heute auch in abgelegenen Dörfern nicht mehr einige Monate, sondern nur noch Wochen. Der Erhalt dieses wichtigen Bereiches ihrer Kultur hat für die Frauen zwar Priorität, doch wegen ihrer ständig wachsenden ökonomischen Verantwortung sehen sie sich gezwungen, weitere Aufgaben im Anbau zu übernehmen. Die Möglichkeit zur Regeneration und der traditionell in dieser Zeit stattfindenden, für die sozialen Beziehungen der Frauen bedeutsamen, gemeinsamen Flußfischerei wurde dadurch aber eingeschränkt. Diese Vor- und Nachteile der Gemüseproduktion während der Trockenzeit wurden vom "Women's Unit" reflektiert. Auch die Handelstätigkeit der Frauen in der "parallelen Ökonomie", nämlich im Schmuggel, wurde mitberücksichtigt, wenngleich darüber kaum detaillierte Informationen erhältlich waren.

Grundsätzlich sollte mit der Förderung der Frauen ihrer Benachteiligung im Zugang zu Land, Technik und Kapital entgegengewirkt, ihre Arbeitsüberlastung überwunden sowie ihre Ernährungs- und Einkommenssituation verbessert werden (Schneider 1986:128). Die Unterstützung wurde auch als Beitrag zur Statusverbesserung der Frauen verstanden. Ihre Partizipation an der Maßnahmengestaltung sollte durch Gruppendiskussionen und ein gezieltes Training gewährleistet werden (Kai-Kai 1988:1). Entsprechend wurden Ausbildungskursen für Vertreterinnen von Frauengruppen große Bedeutung beigemessen, sie dienten nicht nur der Vermittlung von neuen, anbautechnischen Kenntnissen zur Anlage von Saatbeeten für Gemüse oder zur Schädlingsbekämpfung; vor allem standen Verarbeitung, Speicherung und Vermarktung auf dem Schulungsprogramm. Ebenso sollten die Vertreterinnen der Gruppen in der Finanzverwaltung und im Gruppenmanagement gefördert werden. Dabei wurde auch auf den Erfahrungsaustausch und die Suche nach gemeinsamen Problemlösungsstrategien Wert gelegt. Die Teilnehmerinnen der Schulungen, die von den Gruppen nach ihren didaktischen Fähigkeiten ausgewählt wurden, schätzten nicht nur die Erweiterung ihrer Kenntnisse, sondern vor allem den Austausch und die Kommunikation mit Frauen aus anderen Orten. Die Möglichkeit zur Mobilität wurde gegenüber ihren Ehemännern legitimiert durch das Projektangebot und nicht durch Zeremonien des *Sande*-Bundes oder familiäre Verpflichtungen, wie es traditionell der Fall war. Auch entsprach die Aussicht auf einen wohlverdienten, arbeitsfreien Tag durchaus ihren Interessen.

1988 förderte das Projekt insgesamt 37 Gruppen, die im ganzen Projektgebiet verteilt waren (vgl. B/P RDP 1989:82). 1990 waren es bereits 65. Als grundlegendes Problem wurde die Verkehrssituation erkannt.[85] Entsprechend bot das Projekt den Transport der erzielten Erträge an (Kai-Kai 1989:3). Zur Reduzierung gruppeninterner Schwierigkeiten sollten die Fähigkeiten der Gruppenleiterinnen sowie die Homogenität und der Zusammenhalt der Gruppen gestärkt wer-

---

85 Nur in einem einzigen Fall versuchte eine Frauengruppe aus einem Dorf an einer wichtigen Verbindungsstraße einen kleinen Marktplatz anzulegen. Die meisten Gruppen hatten hierzu nicht die Kapazitäten und Kenntnisse, auch lagen die Orte zu peripher, als daß sich ein derartiges Unterfangen gelohnt hätte.

den. Es gab Überlegungen zur Stabilisierung der Gruppen durch finanziell-technische Maßnahmen etwa in Form nicht-landwirtschaftlicher, einkommenschaffender Aktivitäten. So wurde die Einbeziehung des gemeinsamen Fangs von Süßwasserfischen mit *Mbembe*, traditionellem Fanggerät der Frauen, in die Projektförderung diskutiert. Die Umsetzung derartiger Ideen scheiterte jedoch an der begrenzten Personalkapazität und Mittelausstattung des "Women's Unit" (B/P RDP 1990a:7; Schneider 1986:141). Dies war ebenfalls die Handicaps bei der Verbreitung arbeitssparender Technologie, z.B. von Schälmaschinen für Maniok. Vorhandene hand- oder dieselmotorbetriebene Modelle hätten an den Bedürfnissen und Kapazitäten der Frauen orientiert werden müssen.[86] Auch wäre es notwendig gewesen, die Kontrolle durch die Frauen sicherzustellen, wozu detaillierte Kenntnisse der jeweiligen dörflichen Strukturen erforderlich gewesen wären. Diese Aufgabe konnte das Frauenprogramm aus Kapazitätsgründen nicht leisten (vgl. Koller 1986:16ff.).

Auch die angepaßte Technologie zur Reduzierung der Arbeitslast bei der Palmölverarbeitung ließ sich nicht über die Experimentierphase hinaus entwickeln. Die Verbreitung von Palmölpressen scheiterte u.a. an den begrenzten finanziellen Kapaziäten und am Ernteumfang; Faktoren, die zu einer effektiven Nutzung notwendig waren (Ndanema 1986:24ff.). Zudem deuteten die Versuche die Gefahr einer Übernahme durch die Männer und den Kontrollverlust der Frauen über diese wichtige wirtschaftliche Tätigkeit an.[87]

Grundsätzlich wurde reflektiert, inwieweit der Gruppenansatz eine angemessene Strategie war, um die Frauen zu erreichen. Gruppendiskussionen über die Ziele, Bedürfnisse und Probleme der Frauen sollten zu ihrer Partizipation an der Projektgestaltung beitragen. Dabei äußerten die meisten befragten Frauen den Wunsch nach einer Verbesserung der Wasserversorgung und der Einrichtung von Gesundheitsstationen. 1989 wurden in mehr als 50 Dörfern Wasserpumpen und Latrinen installiert, dazu mußte die Bevölkerung einen geringen finanziellen Beitrag aufbringen, ebenso sollte sie an anfallenden Reperaturkosten beteiligt werden. Darüberhinaus wurden Schulungen zur Wartung der Anlagen und über praktische Hygienemaßnahmen durchgeführt, Frauen wurden zu Vertreterinnen von Brunnenkomitees gewählt. Dies sollte ihre Partizipation im öffentlichen Leben der Dörfer stärken (B/P RDP 1989:117f.).

Des weiteren hatte die Verbesserung der Speichermöglichkeiten und der Infrastruktur Priorität; daher beteiligten sich die Frauengruppen am Aufbau und der Finanzierung dieser Einrichtungen, um die Lagerverluste zu reduzieren und die Vermarktungsmöglichkeiten zu verbessern. Zudem trafen die Projektmitarbeiter auf große Aufgeschlossenheit für die Schulungsangebote in der Gesundheitsbera-

---

86 Hierbei ist zu erwähnen, daß befragte Frauen vom Bo-Pujehun Projekt Maniokvarietäten mit einem möglichst geringen Feuchtigkeitsgehalt wünschten, um die "Gari"-Herstellung zu erleichtern und den zum Rösten notwendigen Holzbedarf zu reduzieren.

87 S. Vgl. Engel/Karimu 1984:62ff. Weitere einkommenschaffende Aktivitäten, wie die Seifenproduktion, das Nähen oder die Färberei sollte von den Frauen durch den "Community Action Fund" in den Dörfern finanziert werden; wegen der geringen Beratungskapaziäten waren sie aber nur begrenzt erfolgreich (Adams 1986:4f.; vgl. Stevens 1985:307f.).

tung und der Fortbildung traditioneller Hebammen. Allein 1989 nahmen über 300 traditionelle Hebammen an den Veranstaltungen des Gesundheitssektors teil (B/P RDP 1989:107). Sie und die Leiterinnen des *Sande*-Bundes wurden angehalten, Basiswissen über Gesundheitsfragen und Vorsorgeuntersuchungen während einer Schwangerschaft im Rahmen der Initiationen an die Mädchen weiterzugeben. Außerdem wurden die Teilnehmerinnen der Schulungen im Gesundheitsbereich motiviert, die lokale Bevölkerung für landesweite Impfkampagnen zu gewinnen. Diese sollten vor allem zur Reduzierung der Säuglings- und Kindersterblichkeit beitragen.[88]

Zusammenfassung

Bei dem hier vorgestellten Projekt handelt es sich um ein großflächig, übersektoral und langfristig angelegtes Programm der integrierten ländlichen Agrarentwicklung, das von der sierra leonischen Regierung und mit technischer und finanzieller Unterstützung der GTZ durchgeführt wurde. Es umfaßte die Südprovinz des Landes, das Siedlungsgebiet der Mende; folglich bildeten die Mende die Zielbevölkerung, denn das Projekt sollte die Lebenssituation aller Bewohner des ausgewiesenen Projektgebietes verbessern. Entsprechend wurden Maßnahmen im Landwirtschafts-, Infrastruktur und Gesundheitsbereich durchgeführt. Im Zentrum der Projektaktivitäten stand die Landwirtschaft, denn Anbauveränderungen sollten zur Ernährungssicherung und zur Verbesserung der Einkommensituation beitragen.

Dabei gingen die Projektplaner von der Familie als Betriebseinheit aus und förderten anfänglich sogar besonders wohlhabende Bauern als Masterfarmer, wobei sie jedoch die sozio-ökonomischen Differenzen in den Dörfern und die geschlechtliche Arbeitsteilung im Anbau völlig unterschätzten. Die Erkenntnis dieser Zusammenhänge als Ursache für die reservierte Haltung der Bevölkerung und eine unzureichende Akzeptanz der Projektmaßnahmen bedingte die Veränderung der Projektkonzeption zur Förderung von bestehenden Dorfgruppen. Hierbei konzentrierten sich die Planer aber zunächst nur auf die Männer. Naßreisfelder mit kontrollierter Bewässerung und ertragreichen Reisvarietäten sollten von den Gruppen angelegt werden; als Anreiz zur Mitarbeit in den Sumpffeldern, die gesellschaftlich negativ besetzt war, erhielten die einzelnen Mitglieder Zugang zu ertragreicher Ölpalm- oder Kaffeesaat, Dünger und Gerät für ihre eigenen Felder. Der Anbau dieser Baum- und Strauchkulturen auf den Flächen, die zuvor als Familienfelder mit Bergreis und Gemüsemischkulturen genutzt worden waren, hatte eine Individualisierung der Landnutzungsrechte der Männer und eine Reduzierung der Anbauflächen zur familiären Ernährung zur Folge. Grundsätzlich wurde Landmangel zum Problem, da die Baumkulturen ein Feld über mehrere Jahre beanspruchten. Diese Maßnahmen benachteiligten die Mende-Frauen in

---

[88] Gemeinsam mit UNICEF und dem Gesundheitsministerium setzte sich das Gesundheitsprogramm des Projektes für die Versorgung der Region mit Medikamenten ein. Davor waren fliegende Händler die einzige Versorgungsquelle der Dörfer mit Tabletten, deren Verfallsdatum oft schon seit Jahren abgelaufen war.

vielerlei Hinsicht, denn ihre traditionellen Ansprüche auf die Gemüsemischkulturen auf den Familienfeldern wurden ebenso eingeschränkt, wie ihr Zugang zum Bergreis, der in den Kompetenzbereich der Männer auf den Familienfelder fiel. Darüberhinaus wurde ihre Arbeitslast gesteigert durch ihre notwendige Mitarbeit auf den neu erschlossenen Sumpfreisfeldern und den Anbauflächen mit den Baumkulturen. Zusätzliche Arbeit kam auf die Frauen auch durch die Verarbeitung der Ernte zu, wie der Gewinnung von Palmöl aus den Ölfrüchten, denn die verbesserten Sorten brachten viel höhere Erträge, als die traditionell kultivierten bzw. wildwachsenden. Inwieweit die Frauen auch an den Einkünften aus dem Verkauf partizipierten, hing ab von innerfamiliären Entscheidungsstrukturen, ihrer Verhandlungsmacht gegenüber den Männern und den Preisen eines Jahres.

Gleichzeitig wurde mit dieser Entwicklung aber noch stärker als zuvor die Ernährungssicherung zu einem Problem, das insbesondere die Frauen belastete, denn der Naßreis entsprach nicht den Vorstellungen der Mende von gutem Reis und konnte auch nicht für soziale oder religiöse Anlässe, in Form von Geschenken zur Sicherung der sozialen Beziehungen oder zu rituellen Handlungen im Rahmen der noch immer sehr bedeutsamen Initationen in die Geheimbünde, benutzt werden. Dies waren Aspekte, die in der Projektkonzeption unberücksichtigt blieben; der Naßreis diente vorrangig zum Verkauf. In der Hoffnung auf zusätzliches Einkommen waren daher die Männer und ihre Arbeitsgruppen bereit zur Mitarbeit auf den Naßreisfeldern - selbst wenn die staatlich festgesetzten Reispreise sehr niedrig waren und von Zwischenhändlern oft noch nicht einmal gezahlt wurden.

Der Bergreis behielt aber für die Männer wegen der traditionellen Bedeutung seine Priorität, auch wenn Anbauflächen durch die Baumkulturen eingeschränkt oder wenn wegen des beginnenden Landmangels die Brachezeiten verkürzt wurden. Verständlich ist, daß der Druck auf die Bergreisflächen die Verhandlungsmöglichkeiten der Frauen bezüglich der Aussaat von Gemüsemischkulturen verringerte und Konflikte mit den Männern die Folge waren, da diese den Umfang des Gemüseanbaus zur Intensivierung ihrer Reiskulturen beschränken wollten. Entsprechend aufgeschlossen zeigten sich die Männer bei der Verbreitung neuer, ertragreicher Reisvarietäten durch das Bo-Pujehun-Projekt, zumal diese im Rahmen von Farmversuchen und Schulungen zur Saatselektion angeboten wurden - Maßnahmen, die ihren traditionellen Verfahren zur Entwicklung angepaßter Reisvarietäten entsprachen.

Zur Sicherung der Gemüseversorgung blieb den Frauen die Intensivierung ihrer Nutzung der "second year plots", der Hausgärten und die Erweiterung der Gemüsekulturen auf die Sumpfreisfelder während der Trockenzeit; diese wiesen durch die in der Regenzeit aus höheren Lagen angeschwemmten Nährstoffe dazu auch die notwendigen Voraussetzungen auf.

Verständlich ist daher das Interesse der Frauen an verbessertem Gemüsesaatgut durch das GTZ-Projekt. Die Bedürfnisse der Frauen, die sich teilweise durch spezifische Projektauswirkungen entwickelt hatten, wurden erst im Projektverlauf erkannt. Durch die Einbeziehung des "Women's Unit" in das Landwirtschaftsprogramm versuchte man diesen Prozessen Rechnung zu tragen. Entsprechend konzentrierte sich dessen Arbeit auf die Verbreitung von verbessertem Saatgut für Erdnüsse, Süßkartoffeln oder lokale Gemüsesorten an bestehende Frauengruppen. Diese Pflanzen wurden von den Frauen bevorzugt, da sie sowohl für den Eigenbedarf als auch zum Verkauf verwendet werden konnten und je nach Bedürfnislage zur Ernährungs- oder Einkommenssicherung dienten. Die Entscheidungsbefugnis über diesen Bereich unterstützten die sierra leonischen Projektmitarbeiterinnen, indem sie die in den Gruppen bedeutenden *Sande*-Leiterinnen in ihrer Aufgabe als Vermittlerinnen von Anbauwissen ansprachen. Somit erkannten und stärkten sie deren Autorität, was eine Übernahme durch die Männer und weitere Benachteiligungen der Frauen verhindern sollte. Dies zeigte den Bedeutungswandel, das Innovationspotential und die Anpassungsfähigkeit des gesellschaftlich noch immer einflußreichen Bundes bzw. seiner Leitung. Traditionell bewährte Formen der Kooperation und des Austauschs, aber auch der Hierarchie wurden den neuen Erfordernissen und dem ökonomischen Wandel angepaßt; orientiert an den gewandelten Bedürfnissen ergänzten sich Bewahrung und Innovation.

Wegen der alters- und sozialbedingten Aufgabenteilung zwischen den Mende-Frauen konnten nicht alle *Sande*-Mitglieder an den wirtschaftlich aktiven Gruppen partizipierten, so beteiligten sich vor allem Frauen mittleren Alters mit relativ hohem gesellschaftlichem Status und vergleichsweise viel Zeit zur Gruppenarbeit. Denn sie sahen gerade wegen ihrer Position und den damit zusammenhängenden sozialen Verpflichtungen, wie der Finanzierung des Schulgeldes und der Initiationsgebühren der Kinder oder der Unterstützung von Verwandten, die Notwendigkeit zum Einkommenserwerb in weitaus größerem Maße als die jüngeren Frauen. Der Gruppenzusammenhalt verdeutlicht sich daran, daß sich viele Gruppen nicht nur zu wirtschaftlichen Zwecken, wie der gemeinsamen Arbeit oder Sparen trafen, sondern auch zum sozialen Austausch. Dies zeigt, daß es zur Interessenverwirklichung von Frauen im Rahmen von Frauenförderung keineswegs gewährleistet ist, tatsächlich allen Frauen in gleicher Weise gerecht zu werden, sondern daß von außen geplante Maßnahmen auf bestehende Strukturen und Unterschiede treffen und Gegensätze teilweise sogar noch intensivieren können. Selbst die Zusammenarbeit mit bestehenden traditionellen Frauenzusammenschlüssen, in diesem Fall dem *Sande*-Bund der Mende, ist keine Gewähr dafür, tatsächlich alle Frauen zu erreichen. Zwar verstand sich der Bund als Interessenvertretung aller Frauen, was auch in der verbindlichen Mitgliedschaft zum Ausdruck kam, doch die Vorteile der wirtschaftlichen Kooperation blieben den armen Frauen verschlossen. Schon im traditionell hierarchischen Aufbau des Bundes spiegelten sich die innergesellschaftlichen, sozio-ökonomischen Unterschiede wider. Dieses Charakteristikum konnte sich in wirtschaftlichen Umbruchzeiten verschärfen. So war das Spannungsverhältnis zwischen Mitgliedschaft und Interessenvertretung aller Frauen im Bund - also seiner gesellschaftseinenden Aufgabe - und dem Ausschluß armer Frauen aus den wirtschaftlich kooperierenden Gruppen während der wirtschaftspolitischen Krise Sierra Leones Anfang der 90er Jahre besonders ausgeprägt. Spezielle Maßnahmen für Mitfrauen oder ärmere

Frauen wurden nicht in die Projektkonzeption eingeplant, solche Maßnahmen wären auch wegen der gesellschaftlichen Strukturen kaum realisierbar gewesen.

Nichtsdestoweniger erwies sich die Zusammenarbeit mit der Organisation als eine Möglichkeit, Floueninteressen in gewissem Rahmen zu verwirklichen, ihr Wissen zu schützen und dabei auch den Zusammenhalt der bestehenden Gruppen zu stärken. Die Förderung wurde maßgeblich von den weiblichen Lokalkräften des Projektes getragen, denen die Geschlechterproblematik vertraut war.

Ihrer grundsätzlichen Benachteiligung durch die Projektkonzeption und den vorrangig an Männern orientierten Maßnahmen konnten die Frauen in Teilbereichen entgegenwirken, indem sie aus den Projektangeboten solche auswählten, die ihren Prioritäten entsprachen. Der Zugang zu verbessertem Saatgut oder Arbeitsgerät war dabei für sie von besonderem Interesse, da diese Neuerungen sowohl ihren gemeinsamen als auch den individuellen Bedürfnissen im Anbau entgegenkamen. Zudem betonten sie als weiteren Vorteil der Gruppenförderung die Möglichkeit, neue Sorten oder Anbautechniken auf den Gruppenfeldern zu testen und bei Erfolg risikolos auf den eigenen Felder oder Gärten zu übernehmen. In diesen Bereichen zeigten sich das Innovations- und Entwicklungspotential sowie die Interessen der Gruppen.

Diesen stand die Mitarbeit auf den Feldern der Männer entgegen und vielfach war der innerfamiliäre Druck so stark, daß die Frauen sich nur schwer widersetzen konnten; zudem erhofften sie sich eine Beteiligung an den aus dem Marktfruchtverkauf erzielten Erträgen; teilweise forderten sie diese energisch ein, sicherten sich im Fall der Palmölgewinnung gleich einen eigenen Anteil für ihre Arbeit oder ließen sich ihre Gruppenarbeit auf den Feldern der Männer bezahlen. Der arbeitserleichternden Technologie, z.B. verbesserten Reiben zur Herstellung von "Gari", geröstetem Mehl aus Maniokknollen, widmete sich das "Women's Unit" aus Kapazitätsgründen nicht im erforderlichen Maß. Möglicherweise hätte auch hier die Zusammenarbeit mit den bestehenden Frauengruppen eine Übernahme durch die Männer verhindern können.

Der Umfang und Erfolg der Gruppenarbeit im Erdnuß- und Gemüseanbau hing von einem komplexen Zusammenwirken unterschiedlicher externer und gruppeninterner Faktoren ab; wesentlich war die Autorität der Gruppenleiterin, die Homogenität der Gruppen, die Einstellung der Männer und die Haltung des Dorfhäuptlings gegenüber den Aktivitäten der Frauen. Denn gerade der Häuptling und die einzelnen Interessengruppen der Männer bestimmten maßgeblich den Zugang der Gruppen zu Land und zu Arbeitskräften. Grundsätzlich achteten die Häuptlinge die Aufgaben und der Frauen. Ihr Amt verpflichtete sie zum gesellschaftlichen Zusammenhalt und dem Ausgleich zwischen einzelnen Interessengruppen in den Dörfern, ihr Durchsetzungsvermögen für die Belange der Frauen hing von der Dominanz und der Haltung anderer einflußreicher Männer des Dorfes ab.

Zur Stärkung ihrer Verhandlungsposition bezogen die Frauen auch Maßnahmen zur allgemeinen Verbesserung der dörflichen Infrastruktur in ihre Zielsetzungen ein, hierzu zählte beispielsweise der Bau von Brunnen, Gemeinschaftsspeichern oder Krankenstationen, die auch ihre eigenen Prioritäten im Infrastrukturbereich waren. Dies verdeutlicht das taktische Vorgehen der Frauen zur Interessenverwirklichung und kann auch als Beispiel gewertet werden für die traditionelle und fortdauernde Orientierung des *Sande*-Bundes am Allgemeinwohl. Bei möglichen Konflikten z.B. im Landzugang für ihren Erdnuß- oder Gemüseanbau konnten sich die Frauen auf diese dorfverbindenden Zielsetzungen berufen und mögliche Kritik der Männer entkräften.

Zudem betonten manche Frauen, daß das Interesse des Bo-Pujehun Projektes an ihrem gemeinsamen Anbau, welches sie als Achtung ihrer Arbeit verstanden, sie in ihrer Verhandlungsposition und in ihrer Mobilität stärkte. Dies war beispielsweise bei Fragen des Landzugangs und der Teilnahme an Schulungen der Fall, die letztlich durch die Projektziele legitimiert wurden.

Exkurs: Projektbeispiel: Förderung von Temne-Fischerfrauengruppen in Tombo, Sierra Leone durch das "Tombo Fisheries Project" der "Deutschen Gesellschaft für Technische Zusammenarbeit"

Die traditionelle Fischverarbeitung

Traditionell wurde der Fisch mit gesetzten Netzen von Einbäumen aus gefangen; Leinenfischerei und die Verwendung von Reusen waren weitere Fangtechniken (Steady 1987:214). Die gefangenen Fischarten waren vorrangig sogenannte *Bonga* (Ethmalosa Fimbriata) und Sardellen (Sardinella Aurita) (Geoffrey 1966:6ff.). Bereits am Ufer kauften Frauen den gefangenen Fisch auf, wobei es feste Vermarktungsbeziehungen zwischen bestimmten Fischern und den Hauptfrauen polygyner Haushalte gab. In der Mehrheit der Fälle wurde der Fisch von den eigenen Ehemännern erworben. Die Wirtschaftsbereiche blieben dabei aber getrennt und oft bestanden neben den Abnahmebeziehungen zwischen Ehepartnern auch Vereinbarungen mit drei oder vier anderen Fischern. Der erworbene Fisch wurde noch am Ufer gesäubert; hierfür waren, ebenso wie für den Transport ins Dorf die Mitfrauen eines polygynen Haushalts zuständig. Zur Konservierung wurde der Fisch dann auf Räuchergeräte geschichtet. Traditionell waren diese *Banda* genannten Holzgestelle von rechteckigen Lehmziegelmauern umgeben. Sie hatten eine Größe von 1,5 Metern bis 7,5 Metern Länge und 1 bis 2,5 Metern Breite, konnten bis zu 800 Kilogramm Fisch fassen und waren im Besitz der Hauptfrauen, die auch die Kontrolle über den gesamten Räucherprozeß hatten (Steady 1985:53).

Unter dem Gestell wurde von einer Hauptfrau ein Feuer entfacht und mit ausgewählten Holzarten beschickt, die von Temne-Händlern und Händlerinnen gekauft worden waren. Zur gleichmäßigen Räucherung, die etwa 12 Stunden dauerte, mußten die Fische wiederholt gewendet werden. Dies war ein sehr arbeitsintensiver Prozeß, der viel Erfahrungswissen über den richtigen Zeitpunkt des Wendens und die zugeführte Energiemenge voraussetzte. Die Hauptfrau trug die Verantwortung und koordinierte die einzelnen Aufgabenbereiche, die sie an einzelne Mitfrauen delegierte. Die Arbeit war wegen der großen Rauchentwicklung gesundheitsschädigend; dies traf insbesondere für Kleinkinder zu, deren Verletzungsgefahr in der Ofennähe sehr groß war. Nach diesem Räuchervorgang wurden die Fische in einem Speicherhaus aufbewahrt, um nach einigen Tagen erneut geräuchert zu werden. Das sollte die bakterielle Zersetzung einschränken und die Fische lager- und transportfähig machen. Es waren Kriterien, die die Preise beim Handel mitbestimmten.

Der geräucherte Fisch wurde in den umliegenden Ortschaften landeinwärts verkauft bzw. gegen Anbauprodukte eingetauscht. Die Polygynie war die organisatorische Grundlage für diese komplexe Wirtschaftsform, welche die Kooperation vieler Frauen erforderte. Die Hauptfrauen eines Haushalts waren oft auch Leiterinnen oder Amtsträgerinnen in der lokalen *Bondo*- bzw. *Bundu*-Geheimgesellschaft der Temne und Sherbro.[89] Durch die Handelsverbindungen mit den umliegenden Orten sowie durch die aktive Mitgliedschaft in den Geheimgesellschaften ihrer Herkunftsdörfer verfügten die Frauen über große Mobilität.

Der Wandel der Küstenfischerei und der Arbeitsweise der Fischerfrauen in Tombo

Tombo wurde 1812 von den Sherbro gegründet, 1920 wanderten Temne ein, die bald darauf mit über 70% die Bevölkerungsmehrheit bildeten. Die Sprache der Temne wurde zur Umgangssprache; ihre Kultur und Religion - sie waren bereits islamisiert - prägten die Gesellschaft Tombos. Patrilinearität und Virilokalität lösten die bilineare Deszendenzregelung der Sherbro ab; große, polygyne Haushalte bestimmten noch intensiver als zuvor die Arbeitsorganisation in Fischfang und -verarbeitung. Seit der Einführung der Hüttensteuer im Jahr 1890 wurde eine Ausweitung der Handelstätigkeit der Frauen erforderlich. So bauten bereits die Sherbro-Frauen Handelsbeziehungen bis zum 45 Kilometer entfernten Freetown und bis nach Waterloo auf (Kievelitz 1987:76). Die Handelsnetzwerke wurden von den Temne-Frauen intensiviert, wobei ihnen die Familienorganisation in großen polygynen Haushalten zur Hilfe kam, denn mehrere Frauen konnten größere Mengen Fisch verarbeiten und einzelne Mitfrauen die Fischvermarktung für

---

[89] S. Steady 1987:220; Kotnik 1982:26ff. Zur ausführlichen Erörterung der gesellschaftlichen Bedeutung des *Bundu*-Bundes der Sherbro und des *Bondo*-Bundes der Temne s. Schäfer 1990:95ff. Als wesentliche Charakteristika sei hier auf die Kontrolle des Bundes über die Fruchtbarkeit der Frauen, die Initiation der Mädchen sowie die lineageübergreifende und gesellschaftseinende Bedeutung der Bünde verwiesen. Der *Bundu*-Zusammenschluß war mit der Interessenvertretung der Frauen und der Vertretung ihrer Rechte beauftragt. Die Bund-Leiterinnen hatten große wirtschaftliche und politische Macht (MacCormack 1982:52 und 1983:273). Der *Bondo*-Bund der Temne zeichnete sich vorrangig auch durch die Sicherung der weiblichen Fruchtbarkeit aus, die in die Kosmologie des Volkes und in die komplexen Vorstellungen der Geschlechterkomplementarität eingebunden war (Lamp 1985:29 und 1988:217).

eine Familie übernehmen. Deren Versorgungspflichten waren damit erfüllt, ihre Kinder wurden während der Abwesenheit von den anderen Frauen betreut (Steady 1987:214; Kotnick 1982:15).

Die Handelsverbindungen wurden nach dem 1. Weltkrieg intensiviert, denn während des Krieges war eine Straße gebaut worden. Da aber die kleingewerbliche Küstenfischerei nicht gefördert wurde und ab 1945 sogar Trawler europäischer Fischereigesellschaften in Sierra Leones Gewässern kreuzten, blieb die Fangquote weiterhin gering. Ab Mitte der 50er Jahre kamen Mfantse-Fischer aus Ghana nach Tombo und wurden schnell in die örtliche Gemeinschaft integriert. Sie waren in ganz Westafrika als erfahrene Fischer bekannt und führten in Tombo den Heringsfang mit Ringnetzen ein. Neue, motorisierte Fangboote wurden angeschafft und die Bootsmannschaften vergrößert. Dies hatte einen saisonalen Bevölkerungsüberschuß junger Männer während der Hauptfischfangzeit von Januar bis April zur Folge. In der Regenzeit wanderten sie wieder in andere Gebiete des Landes ab.

Die Steigerung der Fangquote erforderte auch eine Verbesserung der Fischverarbeitung. Größere Räuchergestelle aus Ziegeln mit Maschendraht und Metallrahmen wurden eingeführt. Einige Frauen gelangten durch diese Intensivierung der Fischverarbeitung und des Handels zu Reichtum und kauften sich selbst Boote, die sie an erfolgreiche Fischer vermieteten, ärmeren Frauen blieb aber weiterhin nur der lokale, wenig lukrative Handel (Kayser 1992:54). Insgesamt zeichnete sich eine Tendenz zur gesellschaftlichen Differenzierung und zu entsprechenden Unterschieden in der Haushaltszusammensetzung ab. Teilweise kamen sogar Fischgroßhändlerinnen aus Freetown nach Tombo und kauften dort die Ware auf; Tombo wurde zu einem bedeutenden Fischereizentrum an der Küste. Handelsnetzwerke von Frauen erstreckten sich bis ins Hinterland und schlossen die Märkte dortiger Städte wie Kabala oder Makeni ein, teilweise wurde auch Fisch nach Liberia gehandelt, da dort höhere Preise zu erzielen waren. 1965 wurden die Mfantse-Fischer des Landes verwiesen, doch beherrschten die Temne und Sherbro zu dieser Zeit bereits die neuen Techniken.

Trotzdem blieb die Bevölkerung insgesamt arm, denn die Fischerei bot nur eine unsichere, saisonale Wirtschaftsbasis. Erzielte Überschüsse wurden zur Deckung der Ausgaben verwendet oder mußten reinvestiert werden; auch waren die Haushalte sehr groß, so daß der Fang und Verkauf in der Regel nur zum Überleben reichte (Kievelitz 1987:79). 1976 gründeten 200 Fischerfrauen eine gemeinsame Vermarktungsorganisation, die an die bestehenden *Bundu* und *Bondo*-Lokalgruppen anknüpfte. Zur Interessenvertretung der Frauen auf lokaler Ebene waren einige geachtete Leiterinnen der Frauenzusammenschlüsse auch im Dorfkomitee vertreten.[90] Die neue, wirtschaftlich ausgerichtete Organisation sollte die Preispolitik bestimmen und kontrollieren; die landesinterne Vermarktung wurde zwischen den beteiligten Frauen aufgeteilt, gemietete Fahrzeuge si-

---

90 S. Kotnik 1982:37f. Die einfachen Mitglieder der Bünde schätzen darüberhinaus auch heute noch die Initiation, die sie trotz Schulbildung für ihre Töchter zur Integration in die Frauenrollen für notwendig erachteten, und den Austausch sowie die Geselligkeit bei den Zusammenkünften (Kayser 1992:54).

cherten den Transport. Die manuelle, arbeitsintensive Fischverarbeitung fand weiterhin auf familiärer Ebene statt.

Das "Tombo-Fisheries-Project" der GTZ

Das "Tombo-Fisheries-Project" zur Unterstützung der Küstenfischerei begann als Pilotprojekt im Jahr 1977 und wurde bis Ende 1992 durch GTZ-Experten beraten.[91] Die Trägerorganisation war die Fischereiabteilung des sierra leonischen Ministerium für natürliche Ressourcen. Technisch und finanziell wurde es von der GTZ gefördert, die auch einen Buchhalter, einen Fortbildungsleiter und einen Sozialwissenschafter als Experten entsandte.

Projektziele waren die Förderung des Fischfangs zur Verbesserung der Ernährung und die Verbesserung der Lebensbedingungen im Fischerdorf Tombo. Zur Zielverwirklichung sollten auf technischer Ebene neue Fanggeräte und Boote sowie angepaßte Technologie zur Verarbeitung und Konservierung von Fisch verbreitet werden. Dabei läßt sich eine zeitliche Abfolge der Maßnahmen feststellen: Während die Förderung der Männer von 1977 bis 1981 im Mittelpunkt stand und dabei verbesserte Netze und Bootstypen verbreitet wurden, um die Fangerträge zu erhöhen, ohne aber gleichzeitig die Kosten für die Boote zu steigern, kristallisierte sich dann durch sozio-ökonomische und sozio-kulturelle Studien die Notwendigkeit der Frauenförderung heraus. Dies verdeutlicht "die Notwendigkeit der Einbeziehung ethnologischen Sachverstands" (Kievelitz 1987:73). Denn die Frauen waren die tragenden Kräfte im Bereich der durch die vermehrte Fischmenge zu intensivierenden Fischverarbeitung und Konservierung.

Während der Projektdurchführung wurde auch mit dem Gesundheits- und dem Energieministerium sowie mit dem Institut für Meeresbiologie zusammengearbeitet, nahezu dreißig Lokalkräfte wurden im technischen und handwerklichen Bereich eingestellt. Die Gemeinde wurde an das Elektizitätsnetz angeschlossen, zudem wurde die Infrastruktur im Bereich der Wasser- und Gesundheitsversorgung verbessert. Diese Maßnahmen wurden von den Frauen in Gruppendiskussionen gefordert und waren neben der direkten Förderung im Fischereisektor zur Hebung des Lebensstandards notwendig, denn die Wasserversorgung war zum Reinigen großer Mengen Fisch nicht ausreichend, und der Gesundheitszustand der Bevölkerung bedurfte wegen häufiger Infektionskrankheiten medizinischer Unterstützung. Die Frauen nutzten die Diskussionen auch als Forum, um ihrer Sorge über den Rückgang der Fischbestände durch das intensivierte Abfischen Ausdruck zu verleihen, denn die regelmäßige Fischversorgung war eine Voraussetzung für ein geregeltes Einkommen (Steady 1985:56f.).

Im Bereich der Arbeitserleichterung wurden verbesserte Räucherherdmodelle, sogenannte Altona-Öfen, aus Ghana eingeführt, mit den Fischerfrauen getestet

---

91 In meinen Ausführungen beziehe ich mich auf Projektunterlagen, ethnologische Studien und Evaluierungsberichte sowie auf Informationen von einem GTZ-Projektmitarbeiter und einer Expertin die im Rahmen eines Alphabetisierungsprogrammes auch in Tombo gearbeitet hat und dadurch die Interessen und Probleme der Frauen, sowie die Arbeit des Projektes kannte.

und - soweit möglich - an die lokalen Bedingungen und Bedürfnisse angepaßt.[92] Die Altona-Öfen wurden aus lokal gebrannten Ziegelsteinen gebaut und mit Räucherebenen aus Metallgittern beschickt. Entscheidende Kriterien bei der Verbesserung des Räuchergeräts waren die Verwendung lokaler Materialien, die Reduzierung der Energie- und Reperaturkosten und die Verringerung des Arbeitsaufwands. Die dabei gemeinsam gesammelten Erfahrungen sollten die Frauen motivieren, die Herde auch individuell zu übernehmen. Hierbei wurde mit den traditionellen Frauenzusammenschlüssen des Ortes zusammengearbeitet (Kievelitz 1987:77).

Problematisch hierbei war, daß sich nur die wohlhabenden Fischerfrauen wegen der relativ hohen Anschaffungskosten einen derartigen Herd leisten konnten. Auch mußten sie erst den sicheren Umgang mit der neuen, vergleichsweise komplizierten Technologie lernen. Das Räuchern selbst lag meist in den Händen der Mitfrauen, die die Nachteile der Öfen, wie die schweren Gitter, eher zu spüren bekamen als die leitenden Frauen. In einigen Haushalten wurde eine parallele Verwendung der traditionellen und der modernen Räuchergeräte beobachtet; manche Frauen modifizierten auch ihre alten Geräte nach dem Vorbild der neuen.[93]

Von Seiten der Experten wurde auf die Verbreitung der neuen Geräte und die Problemreduzierung durch Erfahrungswissen gehofft. Als dies nicht geschah, ging man zur Verbesserung der bestehenden *Banda*-Geräte über, was sich als sehr erfolgreich herausstellte. Vorteile der veränderten Öfen waren die deutliche Reduzierung der Unterhalts- und Energiekosten sowie die längere Lebensdauer im Vergleich zu den traditionellen *Banda*-Öfen. Darüberhinaus wurden die Räucherdauer und der Arbeitseinsatz beim Räuchern reduziert. Die gleichmäßige Rauchverteilung verbesserte die Haltbarkeit der Fische und nutzte die eingesetzte Energie optimal aus. Die Gesundheitsbelastung durch den Rauch wurde verringert.

Zur Verbesserung der Vermarktung wurde 1982 die Gründung einer Kooperative angeregt. Sie sollte die Arbeit der bestehenden Vermarktungsorganisation der Frauen erweitern und die Finanzlage der Frauen verbessern. 65 Frauen wurden

---

92 S. Kievelitz 1987:81. Zu den Erfahrungen der Ga- und Fanti-Fischerfrauen mit Altona-Öfen u.a. Räucherofenmodellen s. ATRCW 1984:13ff.; Zakaria-Ali/Bhalla 1987:27ff. Versuche mit Solartrockenöfen für Fisch, die von der deutschen Nicht-Regierungs-Organisation "Aktionsgemeinschaft Solidarische Welt e.V." Mitte der 80er Jahre bei Ga-Fischerfrauen in Ghana finanziell gefördert wurden, fanden wegen der hohen Anschaffungskosten, der fremdartigen Technik und Reparaturanfälligkeit nur geringe Akzeptanz, daher wurde die Unterstützung auf die Verbesserung der Räucherherde umgestellt. Die Ga-Frauen kauften ähnlich wie die Temne- und Sherbro-Frauen den Fisch von Männern ab, um ihn weiterzuverarbeiten und zu verkaufen. Auch beim Fischräuchern und Inlandshandel bildeten die polygynen Haushalte die organisatorische Basis (Robertson 1974; 1975 und 1976). Zu den Handels- und Vermarktungsstrategien der Fanti-Händlerinnen in Ghana s. Quinn 1978; zur Organisation von Fanti-Fischerei Verbänden in der Elfenbeinküste s. Tregel 1990.

93 S. Kargbo 1986:59. Eine ähnliche Taktik ist auch bei Kikuyu-Frauen im Umgang mit neuen technischen Herden zum Kochen festzustellen, die unter der Federführung der GTZ entwickelt und verbreitet wurden: Traditionelle und neue Herde wurden parallel verwendet, oder die neuen Herde so verändert, daß sie den jeweiligen Bedürfnissen entsprachen. Grundsätzlich war die Akzeptanz für die neuen Herdmodelle sehr gering, wie die detaillierte Analyse des Projektes an anderer Stelle in dieser Arbeit aufzeigt.

Mitglieder und ließen sich offiziell als Kooperative registrieren: Dies verschaffte ihnen Zugang zu Krediten der nationalen Bank für Kooperativen (Steady 1985:58). Über die Kreditnutzung entschieden die beteiligten Frauen eigenständig. Zur Reduzierung der Transportkosten beim Fischhandel wurde mit Hilfe der GTZ ein eigenes Fahrzeug auf Kreditbasis angeschafft, das sich bereits nach einem Jahr amortisiert hatte (Kargbo 1986:59). Auch die neuen Öfen waren relativ schnell abbezahlt, da ihre Anschaffung wegen der hohen Kosten nur prosperierenden Haushalten möglich waren. Die Besitzerinnen der neuen Räucheröfen beteiligten sich ihrerseits an der Finanzierung von Infrastrukturmaßnahmen, wie der bereits erwähnten Verbesserung der Wasserversorgung und an der Elektrifizierung (Kotnik 1982:45). Auf persönlicher bzw. individueller Ebene sparten sie für die Finanzierung der Schulgebühren ihrer Kinder, denn das Bildungsideal war bei allen Fischerfrauen, die selbst meist Analphabetinnen waren, verbreitet (Kayser 1992:55). Die Frauenkooperative brach zwar Ende der 80er Jahre wegen der sich verschärfenden Konkurrenzsituation zwischen den Händlerinnen - bedingt durch die Verschlechterung der gesamtwirtschaftlichen Lage - auseinander. Bestehen blieben aber die gemeinsame Fischvermarktung und Netzwerke mit Fischhändlerinnen in den Städten zur Sicherung der Preise.

Zusammenfassung und Vergleich

Das "Tombo-Fisheries Project" hatte die Verbesserung der Ernährungs- und Einkommenssituation der dort lebenden Fischerfamilien zum Ziel. Es setzte zunächst an der Erneuerung der Fangmethoden an und arbeitete daher mit den Fischern zusammen; neue Boote und Netze wurden gegen Kredit verbreitet. Erst während der Zusammenarbeit erkannten die Projektplaner die Bedeutung der Frauen in der Fischverarbeitung und Vermarktung. Zusätzliche Maßnahmen zur Verbesserung der Fischräucherung und technische Hilfe zur Erleichterung der Vermarktung wurden in das Projekt einbezogen, dabei wurde mit den bestehenden Frauenzusammenschlüssen des Ortes zusammengearbeitet und auf eine individuelle Übernahme der Neuerungen gehofft.

Die Akzeptanz der neuen Räuchergeräte war hingegen sehr zurückhaltend. Dies war durch technische und gesellschaftliche Faktoren begründet. In Reaktion auf das Verhalten der Frauen begannen die Prokjektmitarbeiter, Verbesserungsmöglichkeiten der traditionellen *Bandas* zu entwickeln und bezogen nun das Erfahrungswissen und die Kenntnisse der Frauen ein; entsprechend groß war die Akzeptanz der Geräte.[94]

Bei diesem Projekt wurde also im nachhinein erkannt, wie wichtig die Beachtung der getrennten Wirtschaftsbereiche der Geschlechter ist, und wo die Möglichkeiten und Grenzen der Zusammenarbeit mit bestehenden Frauenzusammenschlüssen liegen. Die Projektmaßnahmen wurden von Projektseite mehrfach kor-

---

94 Da die bevölkerungsmäßig überwiegenden Temne-Frauen und die prozentual wenigen Sherbro-Frauen die gleichen Fischverarbeitungs- und Vermarktungsstrategien benutzten, wird von Seite der Projektmitarbeiter auch bei der Übernahme der neuen Techniken nicht nach ethnischen Unterschieden gefragt, was jedoch nicht ausschließt, das es diese gab.

rigiert und damit an die Bedürfnisse der Frauen angepaßt. Dabei arbeitete man zunächst mit den Bund-Leiterinnen als Ansprechpartnerinnen und Interessenvertretung der Frauen bei der Entwicklung von Herdmodellen zusammen. Durch die mangelnde Akzeptanz der neuen Modelle mußte die Projektleitung aber erkennen, daß sie nicht die eigentliche Räucherarbeit leisteten. Erst daraufhin reagierte man auf das vorhandene Innovationspotential der Mitfrauen und wertete damit ihre Eigenleistungen auf. Sinnvoll wäre gewesen, diese von Anfang an in die Projektplanung einzubeziehen, was auch einer anfänglichen Verschärfung der sozialen Gegensätze zwischen den Hauptfrauen und den Mitfrauen entgegengewirkt hätte.

Insgesamt war aber die gesellschaftliche Position der Frauen durch ihre Dominanz im Fischhandel sehr stark. Diese wurde durch die Projektmaßnahme der Anschaffung eines Transportfahrzeugs gefördert. Eine Übernahme durch die Männer stellte wegen der genannten Faktoren, der strikten Trennung der Wirtschaftsbereiche und der Interessenvertretung und durch die traditionellen Frauenzusammenschlüsse keine Gefahr dar.

Im Vergleich mit dem Bo-Pujehun Projekt wurden auch hier erst während des Projektverlaufs Maßnahmen zur Frauenförderung in die Projektgestaltung einbezogen, mit einer derartigen Korrektur wollte man der mangelnden Beachtung und offensichtlichen Benachteiligung der Frauen entgegenwirken. Zwar fanden beide Projekte im gleichen Land statt und wurden in Zusammenarbeit mit den lokalen Frauenzusammenschlüssen durchgeführt, dennoch waren die Auswirkungen für die Frauen sehr unterschiedlich. Trotz Nachbesserungen wurde im Bo-Pujehun-Projekt den Fraueninteressen nur in Teilbereichen entsprochen; ihre Wünsche zur Anschaffung arbeitssparender Technologie bezog man aus genannten Gründen nicht in die Projektmaßnahmen ein, daher wurde ihre Arbeitslast nicht reduziert, auch die Einkommensverbesserung durch den gemeinsamen Erdnuß- oder Gemüseanbau blieb gering. Denn grundsätzlich war und blieb das Bo-Pujehun Projekt an den männlichen Arbeits- und Einkommensbereichen in der Landwirtschaft orientiert und die geschlechtliche Arbeitsteilung war hier so miteinander verknüpft, daß die Mende-Frauen keiner einkommenschaffenden Tätigkeit in größerem Umfang nachgehen konnten. Die Frauen in Tombo hingegen waren für den Einkommenserwerb eigenverantwortlich zuständig und hatten dadurch vergleichsweise viel Einfluß. Daher konnten auch hier ihre Zusammenschlüsse viel weitreichendere Forderungen durchsetzen, als es bei den Mende-Frauen der Fall war. Doch auch dort sicherte der *Sande*-Bund traditionell die Interessen der Frauen und bemühte sich, die Neuerungen im Anbau vor einer Übernahme durch die Männer zu schützen. Dies verdeutlicht, daß keineswegs nur die jeweiligen gesellschaftlichen Gegebenheiten oder die konkrete Gestaltung der Geschlechterverhältnisse die Akzeptanz von Neuerungen beeinflußt, sondern auch die Auswahl der zu fördernden Wirtschaftsbereiche sehr wichtig ist. Die genaue Zusammensetzung der Unterstützung im Anbau, in der Vermarktung oder im Technologiezugang kann nur durch die Orientierung an den Problemen und Zielsetzungen der Frauen gewährleistet werden. Dazu können ethnologische Studien vor und während eines Projektes beitragen.

In beiden Fällen reagierten die Frauen innovativ auf die Projektangebote; die Zusammenarbeit half vor allem den Mende-Frauen, Erfahrungen mit den Vorschlägen von außen zu sammeln und diese dann relativ risikolos individuell zu übernehmen. Es zeigte sich aber in beiden Projekten, daß die durchgeführten Maßnahmen keineswegs allen Frauen in gleicher Weise zugute kamen; also dem Ziel der Frauenförderung nur begrenzt entsprochen wurde. Dies war vor allem auf die hierarchischen Strukturen in den Frauenzusammenschlüssen und die Dominanz sozio-ökonomisch relativ gut gestellter Frauen zurückzuführen. Während im Bo-Pujehun-Projekt das Problem der Benachteiligung armer oder junger Frauen mit niedrigem Status ungelöst blieb, wurde in Tombo den Interessen der sozial untergeordneten Mitfrauen eher entsprochen. Dies war durch ihre zentrale Rolle in der Arbeitsteilung und ihr eigenes innovatives Engagement im Technologiebereich begründet.

Sowohl die Mende-Frauen als auch die Frauen in Tombo setzten sich für die Verbesserung der Infrastruktur des Ortes ein und unterstützten diese auch finanziell; Priorität hatte dabei die Wasserversorgung und der Bau einer Krankenstation, also Maßnahmen, die sowohl ihren eigenen Bedürfnissen als auch denen der gesamten Dorfbevölkerung entsprachen. Hierin zeigte sich einerseits die Orientierung der Frauenzusammenschlüsse am Gemeinwohl und ihre gemeinschaftsverbindenden Zielsetzungen, die auf die traditionellen Aufgaben aufbauten. Anderseits wurde dadurch auch möglichen Konflikten mit den Männern über die Verwendung der Gruppengelder der Boden entzogen, selbst wenn die Temne-Frauen wegen ihrer unabhängigen Handelstätigkeit eine bessere Verhandlungsposition hatten als die Mende-Frauen.

Die Gründung einer eigenständigen Kooperative in Tombo, die über die wirtschaftliche Zusammenarbeit bei der Vermarktung und Preisfestsetzung hinausging, hatte nur eine begrenzte Lebensdauer, da die Entwicklung der nationalen Wirtschaft die Einkommensmöglichkeiten der Händlerinnen sehr beschränkte. Daraus wird deutlich, daß in die Erörterung des Erfolgs oder Mißerfolgs der gemeinsamen Aktivitäten von Frauen keineswegs nur gesellschaftliche oder projektbezogene, sondern auch politische und nationalökonomische Aspekte einzubeziehen sind.

Sechstes Kapitel
Frauenzusammenschlüsse der Mandinka

1. Traditionelle Organisationsformen

Räumlicher und ethnographischer Überblick

Die Mandinka, auch Mandingo genannt, sind die westlichste Gruppe der Mande-Völker; in ihrer Mythologie ist der Mande-Ursprung, also die Herleitung aus dem Malireich wichtig.[1] Ihre Sprache zählt zur Mande-Sprachfamilie, die der Niger-Kongo-Gruppe zugerechnet wird. Sie sind nicht nur im Gambiatal, sondern auch im Senegal ansässig und gelten mit den Fulani und den Diola als eine der wichtigsten Ethnien des Landes (Schaffer 1980:3). 1993 waren 42% der 900.000 Bewohner Gambias Mandinka (Schmittlein/Meier 1993:214). Ihre Wirtschaftsgrundlage bildet der Naßreis- und Hirseanbau.

Frauenzusammenschlüsse im gesellschaftlichen Kontext

Zu den Wesensmerkmalen der Gesellschaftsorganisation zählte neben Patrilinearität, Polgynie und Virilokalität die gesellschaftliche Schichtung. Diese zeigte sich in Patron-Klientbeziehungen zwischen der Gründerlineage und allen zugewanderten Lineages. Darüber hinaus bestimmten die Altersklassen die gesellschaftliche Stellung und die Aufgaben einer Person. Traditionell waren die Eheschließungen endogam, d.h. die Partnerinnen wurden in den eigenen Dörfern gesucht.

Wichtige Untereinheiten der *Kabilo*, der Patrilineages, waren die Residenzeinheiten, *Kunda*, und die Konsumeinheiten der Frauen, *Sinkiro*, die sich an den Haushalten orientierten. Sie konnten auch die Ausgangsbasis zur Bildung von Produktionseinheiten sein, indem sich Mitfrauen untereinander oder Frauen mit ihren unverheirateten Töchtern und Schwiegertöchtern zusammenschlossen (Carney 1988:64).

Es gab sowohl Mädchen- als auch Jungeninitiationen, die von den Altersklassen durchgeführt wurden, wobei die der Mädchen alle drei und die der Jungen alle fünf Jahre während der Trockenzeit stattfand. An den Jungeninitiationen war die Leiterin der Altersklassen der Frauen beteiligt und bei der Mädcheninitiation der Lineageälteste des Dorfes vertreten; dies sollte die Ge-

---

1 In der Ethnogenese der Mandinka wird von zwei Siedlungswellen ausgegangen, einer vor der Gründung des Malireiches und einer während bzw. nach dessen Existenz (Wright 1977:12ff.). Die Herleitung der Mandinka aus dem Malireich war auch für die Assimilierung bzw. ethnische Konversion von Serer, Wolof u.a. im Niumu-Küstenreich im 16. Jahrhundert entscheidend; es war dort prestigeträchtig, ein Mandinka zu sein (Wright 1977:57ff.).

schlechterkomplementarität zum Ausdruck bringen und zur Einigung der unterschiedlichen Interessengruppen in den Dörfern beitragen (Weil 1971:287).

Im Rahmen der Mädcheninitiationen nahm die *Ngansingba*, die Leiterin der Altersklassen der Frauen, Klitorisbeschneidungen vor, die für den Status der erwachsenen Frauen und ihre Aufnahme in das Altersklassensystem wichtig waren. Die *Ngansingba* galten als Hüterinnen der Fruchtbarkeit, sie unterwiesen die Mädchen im richtigen Rollenverhalten und ermahnten sie zur Wahrung des Senioritätsprinzips (Schaffer 1980:94ff.). Die Altersgrade der Frauen gliederten sich in die *Sunkutu nding kafo* (10 bis 14 Jahre), die *Sunkutu kafo* (14 Jahre bis zur Eheschließung) und die *Foro musa kafo* (Eheschließung bis zur Menopause). Aus der Gruppe der ältesten Frauen wurde die *Ngansingba* als Autorität und Interessenvertretung der Frauen gewählt (Dey 1982:385).

Die *Foro musa kafo* bildeten die Grundlage für die Aufteilung in Arbeitsgruppen, *Barakiyo*, deren Leiterinnen hohes gesellschaftliches Ansehen genossen. In diesen Gruppen wurden Anbaukenntnisse weitervermittelt, somit halfen die Gruppen nicht nur Arbeitsengpäße zu reduzieren, sondern trugen zu guten Ernteerträgen und damit zur Ernährungssicherung bei.

Der Wandel der Gesellschaftsorganisation und der Frauenzusammenschlüsse korrespondiert mit den Veränderungen im Wirtschaftsleben. Seit Mitte der zwanziger Jahre ist bei den Eheschließungen eine Tendenz von endogamen zu exogamen Ehen feststellbar. Zugang zu Land für Naßreisfelder erhofften sich die Männer durch Ehen mit Frauen aus anderen Dörfern. Diese Tendenz erforderte die Integration der zugeheirateten Frauen in die jeweilige Dorfgemeinschaft. Bezeichnenderweise geschah dies nicht durch die bestehenden Altersklassen der Frauen, sondern indem sich eine neue, parallele Organisationsform bildete, die *Kanyalang-Kafo*. Hierbei handelt es sich um einen freiwilligen Zusammenschluß, in den Frauen individuell durch eine einwöchige Initiation aufgenommen werden.[2] Mitglieder sind unfruchtbare Frauen bzw. Frauen, die schon mehrere Kinder verloren haben, und Frauen, die hohe Anbauerträge erzielen. Vielfach treffen beide Kriterien gleichzeitig auf die Mitglieder zu.[3] Die Verbreitung der *Kanyalang-Kafo* wird als Reaktion der Frauen auf den wirtschaftlichen Wandel verstanden, als Rückgriff und Transformation traditioneller Organisationsprinzipien und weiblicher Werte. Denn Frauen werden nicht direkt an marktwirtschaftlichen Einkommens- und Einflußmöglichkeiten beteiligt, sondern müssen vielmehr deren negative Folgen auffangen. Bemerkenswert ist

---

2 Bei den Mandinka im Senegal gab es neben den Altersklassen der Frauen den *Dembajasa*, einen Zusammenschluß von Frauen, von deren Kindern schon mehr als drei gestorben waren. Eine Mitgliedschaft in diesem Zusammenschluß sollte böse Geister vertreiben (Schaffer 1980:60). Zum Zusammenwirken von Mandinka- und Diola-Elementen auf die *Kanyalang-Kafo* s. Weil 1976:184.

3 Dies erklärt sich aus den traditionellen Aufgaben und Rechten der Frauen. Denn wenn Frauen als Gebärerinnen und hauptverantwortliche Versorgerinnen ihrer Familien "versagen", so muß ihr Bestreben groß sein, andere Aufgaben besonders gut zu erfüllen und sich dadurch die gesellschaftliche Achtung zu sichern. Mitglieder werden über die Verwandtschaft, die Altersgruppen, die Nachbarschaft und auch über die gemeinsamen Arbeitsgruppen der Frauen rekrutiert.

auch, daß die *Kanyalang-Kafo* nicht nur für landwirtschaftliche Arbeit zuständig sind, sondern auch islamische Elemente integriert haben.

Ihre Rolle im Geschlechterverhältnis wird deutlich in Tanzauftritten anläßlich islamischer Festtage und der Jungeninitiation. Dabei treten Tänzerinnen in Männerkleidung auf und parodieren männliche Dominanzansprüche; auch können sie männliches Fehlverhalten bestrafen und Kompensationen bei Verstößen gegen Frauenrechte fordern (Weil 1976:191). Leiterinnen der Organisation sind vielerorts die Leiterinnen der traditionellen Altersklassen, also sehr geachtete Frauen.[4] Zur Verbindung der einzelnen Lokalgruppen untereinander finden jährliche Treffen während der Trockenzeit statt, bei denen Austausch und Gebete zur Sicherung der Fruchtbarkeit wichtig sind.[5]

Religiöse und politische Organisationsformen

Ein wichtiges Phänomen in der traditionellen Religion der Mandinka waren Maskenauftritte der Männer, *Kankurang* genannt. Die Maskenträger übernahmen bei der Initiation der Jungen wichtige Aufgaben, übten soziale Disziplinierungsfunktionen aus und traten bei jährlichen Regenzeremonien auf. Die Masken sollten Frauen verborgen bleiben, da eine negative Wirkung auf ihre Fruchtbarkeit befürchtet wurde. Falls dies dennoch passierte, mußte der Maskenbund *Kankurang-Kafo*, in dem die Männer der niedrigsten Altersklasse vertreten waren, mit entsprechende Riten reagieren.

Der Islam spielt seit Anfang des Jahrhunderts eine immer stärkere Rolle im Leben der Mandinka. Die Marabouts, islamische Heilige, führen Zeremonien durch und wirken als religiöse Berater und Heiler. Die Adaption des Islams zeigt sich beispielsweise in der Verwendung von Koransprüchen zum Schutz der Felder und im Erhalt von Elementen des Maskenkultes.[6] Teilweise wurden die Masken profanisiert und politisiert, so treten sie heute zur Unterstützung der "Peoples Progressive Party" (PPP) auf (Weil 1971:291).

Die politische Organisation der Mandinka war von der Autonomie der Dörfer geprägt. Neben dem ältesten männlichen Vertreter der Gründerlineage eines Dorfes, *Alkalo*, kam dem Ältestenrat große Bedeutung zu. Ältere Frauen konnten ebenfalls politisch partizipieren (Schaffer 1980:56). Die Interessen der Frauen vertrat darüberhinaus die Leiterin der Altersklassen der Frauen; sie wurde von

---

4   Sie werden von Distrikt-Leiterinnen, den *Kanyalang-Kafo-Keba*, gefragt, ob sie die Gründung einer Lokalgruppe der *Kanyalang-Kafo* zulassen und deren Leitung übernehmen würden. Dies schließt Schulungen zur Herstellung spezieller Medizin für die Sicherung der weiblichen Fruchtbarkeit ein.
5   Zwar besteht die Möglichkeit, daß die Gruppen gemeinsam Reis vermarkten könnten, doch ob dies real der Fall ist, könnte nur in weiteren Studien erfaßt werden (Weil 1976:194). Auf nationaler Ebene gibt es die "Gambia Women's Federation", die als Dachverband der Frauenzusammenschlüsse 1960 gegründet wurde und sich für die Verbesserung der sozialen und wirtschaftlichen Situation der Frauen einsetzt. Sie versteht sich als ethnienübergreifend. Über die Bedeutung traditioneller Frauenzusammenschlüsse in dieser Föderation werden keine näheren Angaben gemacht (Jawara 1965:79f.).
6   Auf Papier geschriebene Koransprüche werden in Flaschen gesteckt und dann in den Feldern eingegraben (Stief 1987:117).

den Frauen eines Ortes gewählt und war wegen ihrer Macht über die weibliche Fruchtbarkeit bei den Männern geachtet. Die politischen Mitsprachemöglichkeiten von Frauen wurden mit der Einrichtung des britischen Protektorats im Jahr 1888 untergraben (Schmittlein/Meier 1993:215). Selbst nach der Unabhängigkeit im Jahr 1965 fand keine angemessene Beteiligung der Frauen am politischen Leben statt (Dey 1981:115).

Traditionelle wirtschaftliche Kooperation von Frauen

Die traditionelle Wirtschaftsweise der Mandinka war von dem an die jährliche Regenzeit im Sommer und an die Trockenzeit im Winter angepaßten Anbau bestimmt (Weil 1970:232). Männer waren für das Schwenden und Abbrennen von Nutzungsflächen sowie den Anbau von Sorghum, Fingerhirse und Mais zuständig, Frauen für den Naßreisfeldbau (Dey 1981:110). Sie hatten zudem die Möglichkeit, auf den Feldern der Männer im zweiten oder dritten Anbaujahr Fonio und lokale Gemüse anzubauen. Die Arbeiten der Frauen und der Männer waren traditionell aufeinander bezogen. Beim Reisanbau handelte es sich vor allem um den Regenzeitanbau in Sumpfgebieten.[7]

> "Der afrikanische Reis (Oryza glaberrima) wurde sowohl als Bergreis im Regenzeitfeldbau (tendako) kultiviert und, noch intensiver, als Naßreis in überschwemmten Frischwassersümpfen (bafo and wamifaro), auf periodisch überflutetem Flachland (leofaro), und in Senken (bantafaro). Die indigene Reisanbautechnologie ... schloß komplexe Eindeichungs- und Einebungssysteme, Wasser- und Salzmanagement, ausgewählte Flächenanlagen, Verpflanzen und zwei Pflanzzyklen ein." (Carney/Watts 1991:654)

Die Frauen hatten eine Vielzahl von Reisvarietäten gezüchtet und umfangreiche Kenntnisse über den an die jeweiligen Bodenverhältnisse angepaßten Anbau entwickelt. Als Arbeitsgerät diente den Frauen eine kurzstielige Hacke, *Dabada*, und als Erntegerät für den Reis ein Messer, *Muro* (Stief 1987:90). Zur Bewältigung der Arbeitslast bildeten sie Arbeitsgruppen, *Barakiyo*. Diese rekrutierten sich aus den *Kafos*, den Altersklassen der Frauen; wichtig waren auch nachbarschaftliche, verwandtschaftliche und freundschaftliche Bindungen.[8] Eine dieser

---

7 Sümpfe entlang des Gambiaflusses unterlagen als Schwemmland dem Gezeiteneinfluß und dem Wandel der Brackwasserfront in der Trockenzeit.

8 Vgl. hierzu den Naßreisanbau der Diola-Frauen am unteren Casamance-Fluß im Senegal: Ähnlich wie die Mandinka-Frauen waren auch sie eigenverantwortlich für den Naßreisanbau zuständig. Die Frauen hatten zahlreiche Oryza Glaberrima-Varietäten entwickelt und den von den Portugiesen eingeführten Oryza Sativa in ihr Anbausystem einbezogen, das Saatgut tauschten sie auf Freundschafts- und Verwandtschaftsbasis aus (Linares 1981:565 und 1985:84; vgl. Hammer 1983:46f.; vgl. Volz 1990:155ff.). Jede Diola-Frau baute traditionell sechs bis fünfzehn unterschiedliche Naßreis-Varietäten an. Die Taktik der Sortenverpflanzung - angepaßt an zeitliche und räumliche Kriterien - richtete sich nach der Regenzeit eines Jahres. Zur Vermeidung von Arbeitsengpäßen bildeten die Frauen Arbeitsgruppen auf verwandtschaftlicher Basis. Diese als *Sikuf* bezeichneten reziproken Gruppen wurden unterteilt in *Kusek* und *Furimen*-Gruppen, wobei die *Kusek*-Mitglieder sich aus polygyn verheirateten Frauen rekrutierten, die *Furimen* bauten auf die gemeinsame Abstammung auf

Verbindungen bezog sich auf die gemeinsamen Konsumeinheiten, *Sinkiro* (Carney 1988:64). Grundsätzlich boten die *Barakiyo* jedoch über die Verwandtschaftsebene hinaus Frauen den Zugang zu Arbeitskräften; in manchen Fällen arbeiteten sie in der gleichen Besetzung das ganze Leben lang zusammen. Durch die vereinenden Aufgaben, wie die reziproken Arbeitseinsätze auf den Feldern der Mitglieder, hatten die *Barakiyo* auch lokalpolitische Bedeutung. Die Arbeitsgruppen konnten von Individuen angefordert werden, die die *Barakiyo* in Naturalien entlohnten. Nur kranken Frauen oder Frauen in Notlagen wurde ohne Gegenleistung geholfen (Dey 1981:112 und 1982:386).

Daneben gab es Arbeitsgruppen junger Männer, *Dabada*, die sich ebenfalls familienübergreifend bildeten.[9] Landzugang wurde durch die landbesitzende Lineage geregelt (Weil 1971:284). Landflächen, die von einer Residenzgruppe urbar gemacht und zur gemeinsamen Nutzung beansprucht wurden, *Maruo*-Land, wurde von individuell genutztem Land, *Kamanyango*-Flächen, abgegrenzt. Für erstgenannte konnte der männliche Familienvorstand die Mitarbeit der Frauen seiner Familien verlangen. Erträge der *Maruo*-Felder wurden von der Hauptfrau gespeichert und an alle Frauen nach der Ernte anteilsmäßig aufgeteilt.

Kamanyango hießen die Naßreisfelder der Frauen, die sie entweder allein zur Nutzung vorbereitet oder von ihren Müttern geerbt hatten. Diese Felder reduzierten die Abhängigkeit der Frauen von den Männern. Die erzielten Erträge waren bedeutsam im weiteren sozialen Kontext, wie für Geschenke, Eheschließungen, Namenszeremonien und Bestattungen (Dey 1981:112). Des weiteren dienten sie zur Beköstigung der *Barakiyo*-Gruppen oder zur Mitgift für die Töchter. Oft wurde auch die familiäre Ernährung durch *Kamanyango*-Erträge bereichert. Grundsätzlich sollte diese ebenso wie die Finanzierung von Hochzeiten durch die Erträge der *Maruo*-Felder sichergestellt werden, das wurde als Pflicht der männlichen Familienleiter betrachtet.

In diesen unterschiedlichen Landnutzungssystemen und den Differenzen im Zugang zu Arbeitskräften kam das Konzept konträrer Kräfte im Gesellschafts- und Weltbild der Mandinka zum Ausdruck: *Badingya*, Harmonie und Kooperation, im Kontrast zu *Fadingya*, Konkurrenz und Individualismus. Die Spannung zwischen beiden Konzepten galt als förderlich für die gesellschaftliche Entwicklung (Braun/Webb 1989:516).

(Linares 1981:567). Die erzielten Reisüberschüsse ermöglichten den Frauen die Sicherung sozialer Netzwerke, Opfergaben zur Mädcheninitiation oder Opfer im Rahmen des *Awasen*-Rituals (Linares 1985:92). An diesem Ritual konnten alle eingeheirateten Frauen eines Ortes partizipieren. Es diente zur Sicherung ihrer Fruchtbarkeit und wurde am *Sihun*-Schrein von einer *Awasena* durchgeführt, einer Frau, die auch als Interessenvertretung aller Frauen, insbesondere der eingeheirateten, wirkte und gemeinsame Proteste bei Fehlverhalten der Männer organisieren konnte (Linares 1988:480f.; vgl. Hammer 1983:187; Reveyrand 1986:134ff. und 1987:115ff.). Zu den *Dembajasa*-Frauenzusammenschlüssen der Diola s. Weil 1976:184 und Schaffer 1980:60.

9   Auffallend ist die gleiche Bezeichnung für die Arbeitsgruppen junger Männer und die Hacken, ohne daß in der einschlägigen Literatur eine Erklärung dafür zu finden wäre.

Wirtschaftlicher Wandel und die Folgen von Entwicklungsprojekten für Frauen

Der Wandel der Wirtschaft setzte bereits um 1830 ein und beschleunigte sich nach dem 2. Weltkrieg (Weil 1970:232). Es handelt sich vor allem um die Folgen der Einführung von Erdnüssen als Marktfrüchten für den Außenhandel; der Erdnußexport begann 1843, doch 1867 exportierte Gambia schon 34.000 t Erdnüsse nach Europa.[10] Die Intensivierung des Erdnußanbaus hing auch mit der Ende 1893 erstmals eingeführten allgemeinen Steuerpflicht zusammen (Swindell 1992:163). Zunächst war die Intensivierung des Reisanbaus der Frauen in Erwägung gezogen worden, wobei von britischer und französischer Seite die mit Bewunderung entdeckten Anbaukenntnisse zugrunde gelegt wurden. Durch die Umorientierung auf die lukrativere Erdnußproduktion gab es ab 1843 keine Reisexporte mehr. Männer bauten die Erdnüsse als Monokulturen an, womit sie sich aus dem traditionellen Anbau von Sorghum, Hirse und Mais als Subsistenzpflanzen zurückzogen.[11] Auch beanspruchten nun die Erdnüsse die Anbauflächen der Nahrungspflanzen. Die Frauen mußten nun die Sicherung der Versorgung allein übernehmen und den Naßreisanbau intensivieren, womit ihre Arbeitslast erhöht wurde und die Geschlechterverhältnisse sich insgesamt wandelten. Denn die Frauen waren nun gezwungen, die familiären Pflichten der Männer einzufordern, da diese persönlich über die Erdnußerträge verfügten.

Der Reisbedarf stieg zudem durch die Versorgung der Wanderarbeiter, die für die Arbeit auf den Erdnußfeldern aus den Nachbarländern rekrutiert wurden und über deren Arbeitseinsatz vor allem der Leiter der Gründerlineage eines Ortes bestimmte (Swindell 1992:162). Die Größe der Landflächen für den Reisanbau wurde durch den hohen Bedarf an Land für den Erdnußanbau reduziert, Frauen mußten um Anbauflächen kämpfen. Ihre traditionellen Landnutzungsrechte, insbesondere auf *Kamanyango*-Land, wurden dadurch untergraben, an einzelne Fa-

---

10 S. Carney/Watts 1990:209. Erdnüsse kamen im 16. Jahrhundert aus Amerika nach Gambia, sie wurden zunächst als Nahrungspflanzen zwischen Hirse und Sorghum gepflanzt, erst im 19. Jahrhundert begann die Forcierung ihres Anbaus als Cash-Crop. Dies hing mit dem Verbot des Sklavenhandels zusammen, in der Intensivierung des landwirtschaftlichen Exports sah man eine Handelsalternative. Zum Erdnußanbau wurden u.a. Haussklaven eingesetzt (Dey 1981:111 und 1982:378).
11 S. Carney/Watts 1991:657. Vgl. hierzu auch die Entwicklungen bei den Diola am unteren Casamance-Fluß im Senegal: Dort wurden die Männer relativ spät in den Erdnußanbau zur Vermarktung einbezogen, was jedoch auch wegen der geschlechtlichen Arbeitsteilung im Anbau eine Benachteiligung der Frauen zur Folge hatte und Mehrarbeit für sie bedeutete. Auch hatten die Frauen kaum Zugang zu Land außerhalb der Sumpfflächen, um selbst Erdnüsse anzubauen, die kulturelle Bedeutung des Reis blieb aber bewahrt (Linares 1985:85f. und 92). Dieser Entwicklung wurde durch staatliche, landwirtschaftliche Bildungsprogramme, die sich vorrangig an die Männer richteten und den Frauen zwar Saat für neue Gemüsesorten anboten, jedoch nicht die Infrastruktur zur Vermarktung verbesserten, keineswegs entgegengewirkt. Denn die von den Frauen gewünschten technischen Geräte zur Arbeitserleichterung, wie Reisschälmaschinen, wurden nicht verbreitet (Hammer 1983:101ff.). Zu den ersten positiven Ansätzen in der Förderung von Diola-Frauengruppen im Bereich der angepaßten Technologie und der Vermarktung durch UNICEF s. Young-Yoon 1983:133ff.

milien delegiert oder individualisiert.[12] Inwieweit die Frauen weiterhin ihre traditionellen Ansprüche geltend machen konnten, hing von einer Vielzahl wirtschaftlicher, politischer und gesellschaftlicher Faktoren ab (Carney/Watts 1990:207).

Zur Sicherung der Ernährung wurde auch billiger, burmesischer Reis importiert, die Bevölkerung sollte ihn mit den Einkünften aus dem Erdnußanbau bezahlen.[13] Viele Männer dürften daran kaum interessiert gewesen sein, da auch westliche Konsumgüter in Gambia angeboten wurden, die für sie als individuelle Statussymbole attraktiver waren. Forschungen zeigen in der Tat auf, daß sich mit dem gestiegenen Einkommen die Ernährungssituation keineswegs verbesserte (Braun 1988:1084).

Seit den 40er Jahren unterstützte die britische Kolonialmacht den Bewässerungsreisanbaus, denn die neue Technik sollte zur Ernährungssicherung und damit zur Stabilisierung der Wirtschaftspolitik beitragen. So begann 1949 die "Colonial Development Corporation" (CDC) mit der kommerziellen Anlage von bewässerten Reisfeldern, was eine Meinungskollision mit den lokalen politischen Autoritäten zur Folge hatte (Dey 1982:379). Da sich viele Männer zunächst weigerten, selbst auf den Reisfeldern zu arbeiten, weil die Arbeitsanforderungen sich zeitlich mit denen auf den Erdnußfeldern überschnitten, wurden über 20.000 Migrationsarbeiter rekrutiert.[14] Die Männer erwirkten gegenüber der Kolonialverwaltung, daß neugewonnene Anbauflächen als *Maruo*-Land deklariert wurden und so in ihre Verfügungsgewalt kamen; dabei betonten sie ihre Aufgaben als Familienvertreter, ohne jedoch die Leistungen der Frauen zu erwähnen. Dem individuellen Landzugang und den damit verbundenen Rechten der Frauen wurde durch die Anbauintensivierung nicht Rechnung getragen, obwohl sie mit ihrer zusätzlichen Arbeit einen größeren Anteil an der Existenzsicherung leisteten als zuvor (Dey 1981:115). Die zur Bestellung der neuangelegten Felder erforderlichen Kenntnisse wurden in nur begrenztem Maße über die traditionellen Arbeitsgruppen und über neuentstandene Frauenzusammenschlüsse, *Kanyalang-Kafo*, an Frauen vermittelt (Weil 1973:28 und 1976:183).

Mit den traditionellen Arbeitsgruppen, *Barakiyo*, arbeitete ein Entwicklungsprojekt der niederländischen Regierung in den 60er Jahren zusammen, das sich um die Ernährungssicherung bemühte. Als besonders problematisch stellte sich heraus, daß alte Frauen noch über umfangreiche Anbaukenntnisse verfügten, jedoch nicht mehr die Kräfte hatten, sie umzusetzen und jungen Frauen dagegen oft das Wissen zur Anbauintensivierung fehlte. Eine Abhilfe für dieses Dilemma wäre gewesen, einen intensiven Gruppenaustausch anzuregen. Dieses erkannte

---

12 S. Weil 1970:255 und 1971:290; Braun/Webb 1989:525; Carney 1988:65. Nur ganz wenige, sehr wohlhabende Männer gewährten ihren Frauen den Zugang zu *Kamanyango*-Feldern, doch auch diese Flächen waren verschwindend klein (Braun 1988:1091). Zudem schufen sich die *Dabada*, die Arbeitsgruppen junger Männer, Landzugang.
13 Zu den ökologischen und ökonomischen Aspekten, die die Erträge der Reis- und Erdnußernte um die Jahrhundertwende prägten s. Swindell 1992:170ff; Dey 1982:379.
14 S. Beißner/Hemmer/Schleich 1981:56; vgl. Haswell 1991:146f. Für Erdnüsse konnten zudem höhere Preise beim 1949 gegründeten, und auf Erdnüsse spezialisierten "Gambia Produce Marketing Board" (GPMB) erzielt werden.

die Projektleitung aber ebensowenig wie die Geschlechterfragen und sozioökonomischen Differenzen in der Landrechtsproblematik (Weil 1979:28).

In erster Linie befaßten sich die Entwicklungsprojekte der 60er Jahre, wie die Großprojekte Taiwans (1966-1974), der Weltbank (1973-1976) und der Volksrepublik China (1975-1979), vor allem mit der technischen Seite des Bewässerungsanbaus, wohingegen Landnutzungsfragen und die Lösung des Arbeitskräfteproblems in den Hintergrund rückten.[15]

Zwischen 1984 und 1987 wurde von der gambischen Regierung mit Unterstützung des "International Fund for Agricultural Development" (IFAD) das Bewässerungsreisprojekt "Jahaly-Pacharr" in der Nähe von Sapu, 280 km östlich der Landeshauptstadt Banjul, auf einem Gebiet von 1500 Hektar durchgeführt. Damit wollte die gambische Regierung ihren Beitrag zur Erfüllung der nationalen Entwicklungspläne leisten, die schon in den 70er Jahren auf Subsistenzsicherung, Importreduzierung und Einkommensverbesserung abzielten.[16] Erstmals wurde in den 70 Dörfern des Gebietes die Geschlechterungleichheit im Rechtssystem thematisiert und diskutiert (Carney/Watts 1990:222). Denn bei zahlreichen Projekten, die zuvor durchgeführt wurden, waren Frauen zwar als Arbeitskräfte angesprochen worden, die Landnutzung wurde jedoch in Form der *Maruo*-Rechte in männlicher Verwaltung definiert, da man in Verkennung der realen Gegebenheiten von Haushalten und Familien als wirtschaftlichen Einheiten ausging (Dey 1981:109ff. und 1982:382). Die Mißachtung der traditionellen Differenzierungen der Rechtsansprüche hatte einen Verlust der *Kamanyango*-Rechte und der Ressourcenkontrolle zur Folge.

Nun sollten Frauen gezielt als Vertragsfarmer gewonnen und mit neuem technischen Gerät und Dünger versorgt werden. Die Projektplaner des "Jahaly-Pacharr Project" erkannten, daß neben den technischen Fragen vor allem das Land- und Arbeitskraftproblem zu lösen war. Zur Verbesserung der Ernährungssituation mußten Geschlechterfragen Beachtung finden (Braun 1988:1086). Das internationale Interesse an diesem Projekt motivierte die Mandinka-Frauen, sich öffentlich gegen ihre bisherige Benachteiligung auszusprechen und sich für eine Stärkung ihrer Rechtsposition einzusetzen. Die vom "Jahaly-Pacharr Project" er-

---

15 S. Carney/Watts 1990:213. Dies hatte eine Verschärfung der sozialen Ungleichheit in den Dörfern zur Folge. Die Gefahr der Unterstützung bestimmter Interessengruppen durch Außenförderung bestand auch bei "Community Development Projekten", die von deutscher Seite von der Nicht-Regierungs-Organisation "Weltfriedensdienst" unterstützt wurden und in Verkennung der Interessendifferenzen der Dorfbevölkerung von Dörfern als Interesseneinheiten ausgingen. Machtfragen und Geschlechterunterschiede hätten auch innerhalb bestehender Selbsthilfegruppen, mit denen bei der Dorfentwicklung zusammengearbeitet wurde, erörtert werden müssen (Luig 1981/82:36ff.).

16 S. Schmittlein/Meier 1993:217. Die gleichzeitige Erfüllung dieser Ziele stellte sich jedoch wegen der Präferenz der Mandinka für Erdnüsse gegenüber dem Naßreis als Cash-Crop als illusorisch heraus. Die Intensität des Reisanbaus für den eigenen Verbrauch richtete sich nach den Arbeitskapazitäten einer Familie bzw. eines Haushalts. Verfehlungen der Landwirtschaftspolitik zeigen sich daran, daß in viel zu geringem Maße verbesserte Reis-, Sorghum und Hirsevarietäten für die Subsistenz entwickelt und verbreitet wurden. Zudem war das gesamte Vermarktungssystem auf den Erdnußverkauf angelegt (Beißner/Hemmer/Schleich 1981:51ff.).

schlossenen Felder wurden zwar auf die Namen der Frauen registriert, aber den Männern gelang es dennoch, durch die Betonung ihrer Rolle als Familienversorger und durch bestehende Geschlechterungleichheiten, sich die Ressourcenkontrolle über die Erträge faktisch anzueignen. Diesen Entwicklungen hat das Projekt ebensowenig gegengesteuert wie der Verstärkung der sozialen Differenzen, die es auslöste. Die komplexen Prozesse der Ressourcenverteilung wurden nicht in die Projektgestaltung einbezogen (Braun/Webb 1989:525f.). Die Problematik zeigte sich auch im Zugang zu Arbeitskräften, wobei die Frauen wieder nur als familiäre Arbeitskräfte betrachtet wurden. Hierbei wurde völlig außer Acht gelassen, daß familienübergreifende Arbeitsgruppen von Frauen sehr wohl zur Überwindung von Arbeitsengpäßen beitrugen und dies insbesondere für die Arbeit auf den *Kamanyango*-Feldern zutraf, mit deren Erträgen die Frauen zur familiären Existenzsicherung beitrugen.[17]

Viele Männer gingen davon aus, daß sie den alleinigen Verfügungsanspruch auf die *Maruo*-Felder und deren Erträge hatten, wodurch die Geschlechterungleichheiten verschärft wurden. Eine Alternative hätte sich eröffnet, wenn sich das Projekt an den *Kamanyango*-Nutzungsrechten, den *Sinkiro*-Wirtschaftseinheiten und den *Barakiyo*-Arbeitsgruppen der Frauen orientiert hätte, um die traditionellen Rechtsansprüche der Frauen und ihre Rolle im Anbau zu stärken. In Reaktion auf die fortdauernde Beschränkung ihrer Rechtsansprüche bei gleichzeitiger Erweiterung ihrer Arbeitslast forderten die Frauen die Entlohnung ihrer Arbeitsleistungen. Darin offenbarten sich die ökonomischen Konflikte innerhalb der Haushalte und in den Familien. Bezeichnend ist, daß die traditionellen Arbeitsgruppen und Altersklassen der Frauen ihre Interessen vertraten.

"Da die Frauen von ihrem Reisland vertrieben worden waren, arbeiteten sie nun, um ein Stück Land der Projektflächen zu pachten und die Kafos rekrutierten Arbeitsgruppen zur Überwindung von Arbeitsengpäßen. Die Kafos boten den organisatorischen Rahmen zur Zusammenarbeit beim Verpflanzen, Jäten, Ernten und Dreschen. Die dabei erhaltene Entlohnung wird nicht mehr zur gegenseitigen Unterstützung gemeinsam gespart, sondern als Lohn individuell aufgeteilt." (Carney/Watts 1990:229)

Die gemeinsamen wirtschaftlichen Aktivitäten der Frauen förderten ihre politische Formierung; so schickten sie Protestschreiben und Petitionen an das Ministerium für Kooperativen, um auf ihre Probleme aufmerksam zu machen. Sie gründeten zwar keine Produktionskooperativen, aber gemeinsame Gruppengärten; Initiativen, die sowohl von staatlicher als auch von nicht-staatlicher Seite unterstützt wurden. Die gambische Regierung entwickelte in Zusammenarbeit mit dem "Women's Bureau" ein spezielles Gemüseanbauprogramm für Frauengruppen. Denn das "Women's Bureau" ist gemeinsam mit der "Women's Programme Unit" im "Department of Community Development", einer Unterabteilung des Ministeriums für Wirtschaftsplanung und industrielle Entwicklung, für die Koordination aller staatlichen und nicht-staatlichen Frauenförderungsmaßnahmen zu-

---

17 S. Carney 1988:72; Dey 1982:390; Haswell 1991:162.

ständig (Ceesay-Marenah 1982:290). Das Programm beschäftigte sich zwar mit ökologischen Fragen oder dem Nährwert der für Mischkulturen ausgewählten Gemüsesorten; im Mittelpunkt stand aber die Förderung der Frauengruppen als Produzentinnen, wobei die Gruppen auch als Informationskanäle, als Kredit- und Sparvereinigungen und Systeme zur sozialen Sicherung verstanden wurden. Zur Stärkung ihrer Entwicklungsbemühungen wurde in Schulungen und bei gegenseitigen Besuchen der Erfahrungs- und Wissensaustausch der Frauen gefördert (Noren/Russo/Sambou 1987:312). Als problematisch erwies sich die nach wie vor mangelnde Unterstützung der Frauen im Landzugang und in der Versorgung mit Saatgut durch die staatlichen Träger; auch wurde ihre Arbeitslast durch die Arbeiten auf den Feldern der Männer und der Familienfelder nicht ausreichend berücksichtigt, was die Projekterfolge einschränkte.[18]

Auch Nicht-Regierungs-Organisationen, wie die 1969 entstandene "Freedom From Hunger Campaign" (FFHC) oder die "Action Aid The Gambia" (AATG) unterstützten die Frauengruppen der Mandinka; die Bemühungen der 70er und 80er Jahre zielten auf eine bedürfnisorientierte Förderung der Frauen ab. Dazu wurden vor Projektbeginn Studien über ihre Organisationsstruktur und die Machtverhältnisse in den Dörfern durchgeführt, die zu einer möglichst gleichberechtigten Beteiligung der gesamten Dorfbevölkerung beitragen sollten. Die Projekte sollten erstens die familiäre Ernährungssituation verbessern und zweitens die Arbeitslast der Frauen im Anbau und bei der Verarbeitung der Ernte reduzieren (Elcoat 1988:110; Martius von Harder 1986:45ff.).

Zu diesem Zweck wurden Gruppengärten für den Gemüseanbau während der Trockenzeit technisch und finanziell gefördert. Zwar bestellte jede Frau darin eigenverantwortlich eine Parzelle, doch die Gärten waren insgesamt in Gruppenbesitz und wurden von den Nicht-Regierungs-Organisationen mit dem Bau von Wasserpumpen, der Vergabe von Saatgut, Arbeitsgerät und Krediten unterstützt (Poulton/Cham 1988:78). Der Erfolg dieses Projektansatzes wurde der Verbindung gemeinsamer und individueller Interessen zugeschrieben. Der gemeinsame Gartenbau der Frauen führte nicht zu Konflikten mit den Männern, denn die Erträge wurden zu zwei Dritteln der familiären Ernährung zugeführt und nur zu einem Drittel verkauft. Zur Vermarktung richteten Frauen in einzelnen Orten eigene wöchentliche Märkte ein.[19] Die Stabilisierung der Ernährungsversorgung durch einen artenreichen Gemüseanbau in Gärten wurde insbesondere Mitte der 80er Jahre bedeutsam, als eine Dürre die Reis- und Erdnußerträge sinken ließ und trotz der - unter dem Druck der Weltbank - von der staatlichen Vermarktungsbehörde angehobenen Produzentenpreise die Selbstversorgung zurückging.[20]

---

18 Zur finanziellen Existenzsicherung arbeiteten die Gruppen als Lohnarbeitsgruppen, auch wurden sie in nicht-landwirtschaftlichen Bereichen, wie der Seifenherstellung oder im handwerklichen Bereich aktiv. Eine neugegründete, von der Weltbank unterstützte Vermarktungsgesellschaft versucht, die Konkurrenz der Frauen im Handwerk zu verhindern (Ceesay-Marenah 1982:289f.).
19 Ungelöst bleibt, inwieweit arme Frauen an den Projekten, in diesem Fall den Gärten, beteiligt werden und an den Vorteilen der Förderung partizipieren können.
20 S. Schmittlein/Meier 1993:218. Zu den Handlungsstrategien der Frauen gehörte auch die Veränderung der Anbauprodukte, wie das Anpflanzen von Maniok und von Fruchtbäumen

Zur Arbeitserleichterung wurde mit neuen Techniken der Feldbestellung und
Ernteverarbeitung experimentiert. Dabei war es recht schwierig, die Anspannung
von Pflugochsen einzusetzen. Auch bei der Nutzung von Eseln als Zugtieren für
den Erntetransport reagierten die Frauen zurückhaltend, da dies gegen die geschlechtliche Arbeitsteilung verstieß.[21] Die Nicht-Regierungs-Organisationen versuchten, die Frauen zum Erwerb der Tiere zu gewinnen und Kurse zur Schulung
im Umgang mit den Tieren anzubieten, doch selbst dann wurde festgestellt, daß
Frauen Männer als Arbeitskräfte für Arbeiten mit den Zugtieren einstellten
(Poulton/Cham 1988:83). Die Zurückhaltung der Frauen bei der Annahme neuer
Technologien läßt sich durch die unzureichende Anpassung dieser an ihre Bedürfnisse und Arbeitsanforderungen erklären (Baker 1992:198). Damit trugen die
technischen Maßnahmen im Unterschied zum gemeinsamen Gemüseanbau kaum
zur Unterstützung der Frauen in ihren Versorgungspflichten bei, auch konnte ihre
Verhandlungsposition in Konflikten auf familiärer und dörflicher Ebene nicht gestärkt werden (Elcoat 1988:110).

2. Projektbeispiel: Frauenförderung durch die "Deutsche Welthungerhilfe" im integrierten Ernährungssicherungsprogramm in Gambia

Zur Arbeit der "Deutschen Welthungerhilfe"

Die "Deutsche Welthungerhilfe" wurde 1962 als nicht-staatliche Organisation der
Entwicklungszusammenarbeit gegründet, ihr Jahresbudget beträgt ca. 75 Millionen DM, die sich etwa zur Hälfte aus Spenden und aus Zuschüssen der Bundesregierung und der Europäischen Gemeinschaft zusammensetzen. Die "Deutsche
Welthungerhilfe" arbeitet im Bereich Not- und Katastrophenhilfe, führt "Food for
Work" Projekte und Ernährungssicherungsprogramme durch (Baum/Reckers
1992:109). Letztgenannte zielen vor allem auf die Selbsthilfe und den Einsatz angepaßter Technologien ab und versuchen Frauen als Nahrungsmittelproduzentin-
nen zu stärken. Dabei wird die tragende Rolle von Frauengruppen als förde-

---

wie Mangos, die nicht arbeitsintensiv waren, geringe Ansprüche an die Bodenqualität stellten und zur Ernährungssicherung bzw. zum Verkauf verwendet werden konnten. Diskutiert
wird in jüngster Zeit auch das Anpflanzen von Nutzholz zum Verkauf als Brennholz, damit
soll auch der Abholzung entgegengewirkt werden (Baker 1992:193f.). Konzepte in diesem
Bereich werden aber bislang noch nicht umgesetzt.
21 Erste Ansätze zur Einführung von Zugtieren gab es bereits in den 60er Jahren. Hierbei
wurde die Ochsenanspannung als Statussymbol verbreitet, die Zugtiere waren aber nur für
reiche Farmer erschwinglich. Ein Faktor für die Akzeptanz der neuen Technik war das
Arbeitskraftproblem, also die begrenzte Verfügbarkeit über *Dabada*, männliche Arbeitsgruppen. Ein Nachteil war der extensive Flächenverbrauch der mit den Pflügen bestellten
Felder. Konflikte im Landzugang und soziale Differenzen wurden verschärft (Weil
1970:233ff.; vgl. Haswell 1991:151; vgl. Starkey 1991).

rungswürdig erkannt (DWWH 1991a:18f.). Ziel der Hilfe ist die langfristige Verbesserung der Eigenversorgung und der Einkommenssituation der Bevölkerung, dazu werden auch Projekte zur Grundbedürfnisbefriedigung, der Kleingewerbeförderung, der Aus- und Weiterbildung und zum Umweltschutz durchgeführt. Die "Deutsche Welthungerhilfe" arbeitet nach dem Antragsprinzip und fördert Projekte von Nicht-Regierungs-Organisationen in 45 Ländern. Fachkräfte werden nur in Ausnahmefällen entsandt, nämlich wenn die Partnerorganisation über kein eigenes, entsprechend geschultes Personal verfügt.

Die Zusammenarbeit mit traditionellen Arbeitsgruppen der Mandinka-Frauen

1976 begann im Gebiet der Lower River Division ein Projekt zur Ernährungssicherung der ländlichen Bevölkerung Gambias. Die "Deutsche Welthungerhilfe" unterstützte die "Freedom from Hunger Campaign" (FFHC), eine Nicht-Regierungs-Organisation als lokale Trägerorganisation in ihrer Arbeit in 30 Projektdörfern.[22] Die dem Landwirtschaftsministerium nahestehende FFHC versuchte durch eine Förderung im Bewässerungsreisanbau die Eigenversorgung der Mandinka mit dem Grundnahrungsmittel Reis zu verbessern und damit die Abhängigkeit von Nahrungsmittelimporten zu reduzieren.[23] Seit 1990 untersteht das Projekt der gambischen Leitung durch die "Freedom From Hunger Campaign", so daß es möglich ist, ein Fazit über die bisherigen Projektaktivitäten, die Rolle der Arbeitsgruppen und die Projektauswirkungen auf die Mandinka-Frauen zu ziehen.

In der ersten Projektphase von 1976 bis 1984 wurden Infrastrukturmaßnahmen zur Erschließung und Erleichterung der Erreichbarkeit der Felder durchgeführt. Im Rahmen von "Food for Work"-Programmen wurden bis 1986 407 km Wege,

---

22 S. Börgel/Riedel 1988. In meinen Aufführungen beziehe ich mich auf die Auswertung von Projektunterlagen sowie auf ein Gespräch mit der zuständigen Referentin der "Deutschen Welthungerhilfe". Bei ihrer Förderung wurde die "Deutsche Welthungerhilfe" auch vom Bundesministerium für wirtschaftliche Zusammenarbeit finanziell unterstützt. Neben dem hier zur Diskussion stehenden Projekt zur Unterstützung von Reisbäuerinnen in Gambia arbeitete die "Deutsche Welthungerhilfe" beispielsweise auch mit dem "Kenya Freedom From Hunger Council" zusammen und unterstützte zwischen 1986 und 1989 Luo-Frauengruppen am Viktoriasee im Gemüseanbau (DWHH 1991b:13f.). Zur Situation der Luo-Frauengruppen s. Donner-Reichle 1986b:7ff.

23 Die Abhängigkeit von Reisimporten verdeutlichen die Zahlen von 1988: 23.520 t wurden in Gambia selbst angebaut, 30.000 t gegen Bezahlung importiert, 11.000 t waren Hilfsgüterlieferungen (Brosi/Nothdurft/Njie 1990:50). 1989/1990 wurden 49.000 t aus dem Ausland aufgekauft und 20.000 t als Nahrungsmittelhilfe verteilt (Schmittlein/Meier 1993:219). Hilfsgüterlieferungen wurden schon in den Jahrzehnten zuvor von verschiedenen Organisationen wie dem "Catholic Relief Service" oder dem Welternährungsprogramm in Mutter-Kind-Programmen oder durch Schulspeisungen verteilt, teilweise wurde auch das gambische "Produce Marketing Board" mit der Verteilung beauftragt. Getreidebanken oder andere Maßnahmen zur Ernährungssicherung wurden jedoch nicht konzipiert (Beißner/Hemmer/Schleich 1981:62 und 76). Grundsätzlich verdeutlicht dies die Notwendigkeit, bei einem Entwicklungsprojekt auch politische und makroökonomische Prozesse, wie die staatliche Agarplanung und Preispolitik sowie die Weltmarktpreise, zu beachten.

17,8 km Brücken und 11 Wehre gebaut und über 5000 Hektar Land zum Reisanbau erschlossen.[24] Die "Food for Work"-Konzeption wurde durchaus kritisch diskutiert, da nicht bekannt war, wie die verteilten Nahrungsmittel genutzt wurden, nachdem man sie den Männern ausgehändigt hatte. Es gab Hinweise auf Reisschmuggel. Studien über die Verteilungsprozesse in den Haushalten wurden nicht durchgeführt; zudem blieben die Entscheidungen über die Verteilung der neuerschlossenen Felder männlichen Machtpersonen in den Dörfern überlassen; inwieweit sie bei der Landvergabe auch Bedürftigkeit und Fraueninteressen einbezogen, hing von ihrem Verantwortungsbewußtsein ab. Dies war jedoch ein zentraler Aspekt, der sowohl zur Produktionssteigerung als auch zur Ernährungssicherung wichtig war (Beißner/Hemmer/Schleich 1981:10 und 68).

Die Konzentration auf einen forcierten Ausbau der Infrastruktur wurde bereits Mitte der 80er Jahre als unzureichend für das Projektziel der Ertragssteigerung im Reisanbau erkannt.[25] Seit 1984 wurde daher eine weitere Dimension in die Projektarbeit einbezogen: Durch Beratungs- und Fortbildungsmaßnahmen sollten Frauen im Rahmen eines "Women Agricultural Programme" als tragende Kräfte im Reisanbau gefördert werden.[26] Die Arbeit mit den Frauengruppen sollte nicht länger als Unterprogramm der Infrastrukturmaßnahmen erscheinen, sondern in den Mittelpunkt der Projektaktivitäten rücken.

Hierbei wurden die bestehenden Arbeitsgruppen der Mandinka-Frauen für Maßnahmen, wie die Verbreitung von verbessertem Saatgut, arbeitserleichternder Technologie und Krediten angesprochen; sie sollten auf der mikro-ökonomischen Ebene in ihren Aufgaben unterstützt werden (Börgel/Riedel 1988:20). Zu diesem Zweck wurden schnellwachsende und ertragreiche Reissorten, Sicheln und Hand- bzw. Pedaldrescher den Gruppen auf Kreditbasis zur Verfügung gestellt. Die Anschaffung von Eseln als Zug- und Tragtiere wurde den Frauen nahegelegt; die Anschaffung von Booten für den Transport und die Anlage von Dreschplätzen wurden erörtert.

1986 forderten Entwicklungsexperten in einer projektbegleitenden Studie eine stärkere Einbeziehung der Bedürfnisse der Frauen, die Beratung sollte in den Mittelpunkt gestellt und ihre Organisationsfähigkeit gestärkt werden. Ihre Partizipation an der Projektgestaltung sollte eine Überstrapazierung des Selbsthilfepotentials verhindern. Die finanziellen und personellen Aufwendungen von deutscher Seite wurden bereits seit 1988 reduziert und die Zahl der Projektdörfer auf 53 beschränkt, die Umstrukturierung des Projektes kommt in der Umbenennung vom Ernährungssicherungs- zum Reisentwicklungsprogramm zum Ausdruck (Brosi/Nothdurft/Njie 1990:6). Seit der Übergabe der Projektleitung an die

---

24 Die Zahl der in die Projektaktivitäten einbezogenen Dörfer war zu dem Zeitpunkt auf 105 angestiegen, die Projektregion war damit auf die Gebiete North Bank und MacCarthy Island ausgedehnt worden. 70.000 Menschen waren von den Projektaktivitäten betroffen (Börgel/Riedel 1988:4ff.).
25 Es wurden Komitees gewählt, an die die Verantwortung für den Erhalt der Infrastrukturmaßnahmen delegiert wurde (Börgel/Riedel 1988:8).
26 Das "Women Agricultural Programme" wurde 1990 mit der Übergabe des Projektes an die gambische Trägerorganisation FFHC in "Women Rice Project" umbenannt.

FFHC im Jahr 1990 ist nur noch eine von ursprünglich drei Beraterinnen im Auftrag der "Deutschen Welthungerhilfe" in Gambia tätig.

Erneut forderten projektbegleitende Studien eine strukturiertere Konzeption zur Klärung der Projektschwerpunkte, die bis 1990 ungeordnet nebeneinander standen. Dem FFHC als Projektträger wurden fachliche, technische, organisatorische und personelle Schwächen vorgeworfen.[27] Analysen der sozio-ökonomischen Differenzen in den Dörfern und der Geschlechterunterschiede sollten zur Koordination einzelner Projektaktivitäten durchgeführt werden, da diese sich in unterschiedlichem Umfang an Frauen oder Männer als Zielgruppe wandten und somit zu Verschärfung der Ungleichheiten beitrugen. Vor Projektbeginn waren keine deratigen Studien erstellt worden, so zeichnete sich erst in Forschungen Mitte bzw. Ende der 80er Jahre ab, daß die komplexen Arbeitsanforderungen an die Frauen und ihre Arbeitsgruppen die Erträge nicht im erhofften Umgang steigen ließen. Zwar wurde mit der Verbreitung verbesserter, schnellwachsender Reissorten einem zentralen Bedürfnis der Frauen entsprochen, der hohe Zeitaufwand zum Verpflanzen, Jäten und zum Vertreiben der Vögel als Schädlingen wurde jedoch nicht frühzeitig erkannt (Börgel/Riedel 1988:53).

Ähnlich problematisch gestalteten sich die Projektmaßnahmen zur Erweiterung der Anbauflächen. Die neu erschlossenen Felder konnten von den Frauen wegen ihrer begrenzten Arbeitskapazitäten und der erforderlichen Handarbeit nur teilweise bestellt werden.[28] Die angebotenen arbeitssparenden Technologien entsprachen auch nur unzureichend den Möglichkeiten der Frauen im Rahmen der traditionellen geschlechtlichen Arbeitsteilung. So wurden Zugtiere, selbst wenn es Esel waren, nur zögernd akzeptiert. Vielerorts wurde die Arbeit mit den Eseln und ihre Versorgung an junge Männer delegiert und mußte entsprechend entlohnt werden, obwohl eine Arbeitserleichterung der Frauen beim Transport von Reis, Wasser und Feuerholz beabsichtigt war (Brosi/Nothdurft/Njie 1990:68). Ähnlich problematisch war die finanzielle Förderung der Frauengruppen beim Kauf von Booten, da auch hier traditionelle Vorstellungen sie davon abhielten, die Boote selbst zu fahren und zu warten. Die erweiterte Mobilität und Erleichterungen im Transportwesen mußten mit einer größeren Abhängigkeit von den Männern bezahlt werden (Börgel/Riedel 1988:57f.).

---

27 S. Brosi/Nothdurft/Njie 1990:60f. Grundsätzlich stellt sich bei langfristig ausgerichteten Ernährungssicherungsprogrammen immer die Frage, geeignete Träger zu finden, insbesondere wenn von staatlicher Seite, wie auch im Fall Gambia, keine praktikable Planung zur Ernährungssicherung auf nationaler Ebene stattfindet (Beißner/Hemmer/Schleich 1981:81f.).

28 Zwar war es bei neuerschlossenen Feldern theoretisch möglich, auch benachteiligten Personen Nutzungsrechte zu gewähren, de facto gestaltete sich dies jedoch wegen der bestehenden sozialen Ungleichheiten und Geschlechterdifferenzen in den Dörfern schwierig, denn in den *Musu*, den Dorfkomitees zur Verteilung des neuerschlossenen Landes, waren vor allem reiche Personen vertreten (Stief 1987:37). Auch ökologisch war die umfangreiche Erschließung neuer Anbauflächen in den Sümpfen nicht unproblematisch, denn die Mangroven bzw. der zwischen den Baumstümpfen angesammelte Schlamm hatte zuvor Schutz gegen die Erosion und das während der Trockenzeit weit ins Landesinnere vordringende Brackwasser geboten, durch das viele Böden bei geringen Niederschlägen sonst zu versalzen drohten (Brosi/Nothdurft/Njie 1990:9).

Die Verbreitung von Sicheln als Erntegeräte und von Pedal- oder Fuß-Dreschmaschinen, für deren Herstellung lokale Schmiede geschult wurden und deren Anschaffung vielerorts mit der Anlage eines Dreschplatzes in Feldnähe gekoppelt war, wurde von den Frauen auch nur für die Ernte und Bearbeitung der verbesserten Reissorten genutzt, der größte Teil der Ernte wurde nach traditionellem Muster mit einem Messer geerntet, in Büscheln ins Dorf getragen und dort gedroschen. Die zusätzlichen Ernte- und Lagerverluste, die beispielsweise durch zu spätes Ernten wegen Arbeitskräftemangels entstanden, konnten nicht überwunden werden.

Grundsätzlich wurde in projektbegleitenden Studien eine Verbesserung und Diversifizierung der Beratung für notwendig erachtet, dazu waren auch bessere Kenntnisse der Beraterinnen notwendig. In das Schulungsprogramm sollte der Gemüseanbau der Frauengruppen miteinbezogen werden, da er zur Bereicherung des Nahrungsangebotes beitrug und als Trockenzeitanbau sich nur geringfügig mit anderen Anbau- bzw. Arbeitsanforderungen der Frauen überschnitt. Gemüse, über das die Frauen im Unterschied zum Reis eigenverantwortlich verfügen konnten, kamen ihren Bedürfnissen nach der Sicherung der familiären Versorgung und der Erwirtschaftung von eigenem Einkommen entgegen. Der Austausch und die Koordination mit anderen internationalen Organisationen, die - wie bereits erläutert - auch mit Frauengruppen im Gemüseanbau arbeiteten, erwies sich als notwendig (Börgel/Riedel/Njie 1990:36f.).

Zusammenfassung

Bei dem hier vorgestellten Projekt handelte es sich um die Zusammenarbeit mit Frauenzusammenschlüssen im Rahmen eines Ernährungssicherungsprogrammes der "Deutschen Welthungerhilfe" mit der gambischen Nicht-Regierungs-Organisation "Freedom From Hunger Campaign". Problematisch war die anfängliche Ausrichtung der Projektmaßnahmen auf den Ausbau der Infrastruktur als "Food for Work Programm". Die Nicht-Beachtung der sozio-ökonomischen Differenzen und der Geschlechterkonflikte in Landrechtsfragen hatte eine Benachteiligung der Frauen zur Folge. Der Landzugang und die Verfügungsgewalt der Frauen über ihre Erträge im Reisanbau wurden drastisch eingeschränkt und ihre Arbeitslast auf den nun künstlich bewässerten Feldern der Männer vergrößert. Daher führte die Erschließung neuer Anbauflächen nicht zur erwünschten Ertragssteigerung und Ernährungssicherung.

Studien, die während des Projektverlaufs durchgeführt wurden, zeigten diese Nachteile auf. Daher wurde ein eigenes Frauenförderungsprogramm nachträglich in das Projekt einbezogen, das der zentralen Rolle der Mandinka-Frauen im Reisanbau Rechnung tragen sollte. Die Angebote für die Frauen, z.B. arbeitssparende Technologien, entsprachen aber nur in begrenztem Umfang ihren Bedürfnissen. Vergleichsweise unangepaßt war auch die Einführung von Zugtieren, die den Frauen den Transport erleichtern sollten; wegen der geschlechtlichen Arbeitsteilung konnten sie keinen Nutzungsanspruch auf die Tiere durchsetzen. Dieser Fehler hätte vermieden werden können, wenn die Frauen nach ihren Interessen und Problemen befragt worden wären und wenn eine Auseinandersetzung mit bereits durchgeführten Projekten stattgefunden hätte. Die von den Mandinka-Frauen geforderten, technischen Verbesserungen im Bereich der Lagerung wurde nicht zur Kenntnis genommen, obwohl diese zu einer Reduzierung von Ernteverlusten notwendig gewesen wären.

Nur im Gemüseanbau entsprachen die nachträglich in das Projekt einbezogenen Maßnahmen den Bedürfnissen der Frauen, da sie über das Gemüse eigenständig verfügen. Der Gemüseanbau bedeutete jedoch auch eine zusätzliche Arbeitsbelastung, die in keinem Verhältnis zu den vergleichsweise niedrigen Einkünften aus dem Verkauf stand; den relativ lukrativen Erdnuß- und Reisverkauf dominierten weiterhin die Männer.

Problematisch an diesem Projekt war also die unzureichende Analyse der spezifischen Gestaltung der geschlechtlichen Arbeitsteilung sowie der Landrechts- und Landnutzungsfragen. Die Akzeptanz der Projektmaßnahmen bei den Frauen und der Erfolg des Projektes waren entsprechend gering. Die Frauenzusammenschlüsse wurden für bestimmte Maßnahmen eingesetzt, was ihre Arbeitskapazitäten belastete, ihnen aber nur geringe Vorteile im Ernährungs- oder Einkommensbereich brachte. Auch wurde ihre Eigenständigkeit und ihre Verhandlungsposition gegenüber den Männern nicht gestärkt. Nur im Gemüseanbau, einem marginalen Bereich im Rahmen der Gesamtkonzeption des Projektes, sahen die Frauen ihre Interessen angesprochen. Die selektive Mitarbeit bzw. Verweigerung der Frauen bei einzelnen Projektbereichen war also - vor dem Hintergrund ihrer spezifischen Situation und ihrer gesellschaftlichen Möglichkeiten - durchaus rational und im Bereich der Adaption von Neuerungen auch innovativ.

Eine detaillierte Analyse hätte die Aufgaben und Zielsetzungen der Frauenzusammenschlüsse aufzeigen und eine partizipative Projektplanung erleichtern können. Die alleinige Einbeziehung existierender Arbeitszusammenschlüsse von Frauen und die Zusammenarbeit mit einer lokalen Nicht-Regierungs-Organisation boten keine Garantie für die Verbesserung der Versorgungslage. Zwar zielte die "Freedom From Hunger Campaign" in ihrem Selbstverständnis auf die Ernährungssicherung ab, beachtete jedoch nicht die lokalen Konfliktpotentiale. Auf diese strukturellen Probleme konnten auch die deutschen Beraterinnen nur begrenzt Einfluß nehmen. Darüberhinaus waren der unzureichende Etat für die inhaltlich sinnvollen Ansätze der offiziellen Frauenförderung, die mangelnde staatliche Agrarplanung und die Preispolitik hinderlich für eine Maßnahmengestaltung im Sinne der Mandinka-Frauen.

Siebtes Kapitel
Frauenzusammenschlüsse im Kameruner Grasland

1. Traditionelle Zusammenschlüsse

a. Frauenzusammenschlüsse der Kom

Räumlicher und ethnographischer Überblick

Die Kom sind eines der größten Völker im nordwestlichen Kameruner Grasland.[1] Ihr Siedlungsgebiet liegt in einer durchschnittlichen Höhe von 1500 Metern und umfaßt 725 Quadratkilometer. Die Böden der dortigen Grassavanne sind sehr fruchtbar. Es herrscht ein gemäßigtes Klima mit einer Regenzeit von April bis Oktober und einer Trockenzeit von November bis März (Westermann 1992:30).

Die Kom zählen mit den Nso (Nsaw), Bum, Bafut und einigen kleinen Ethnien zu den sogenannten "Tikarvölkern".[2] Zur Herleitung ihrer politischen Organisationsformen, wie des Häuptlingstums, beziehen sie sich auf einen gemeinsamen Ndobo-Ursprung am oberen Mbamfluß.[3] Die Hauptstadt der Kom war Laikom. Die heutige Ausdehnung des Gebietes der Kom geht auf *Foyn* Yuh (1865-1912) zurück. Außergewöhnlich in der hierarchisch strukturierten Gesellschaftsorganisation der Kom waren traditionell matrilineare Tendenzen im

---

1 Der von den deutschen Kolonialherren geprägte Begriff "Grasland" umfaßte die Bamileke-Häuptlingstümer, das Königreich von Bamum sowie das Gebiet der Tikar-Völker. Der Begriff "Bamenda" wurde ebenfalls in der Kolonialzeit geprägt, er bezeichnete zunächst einen Bezirk, zu dem u.a. das Gebiet der Tikarvölker, das Königreich Bamum und die Region Bamileke gehörten. Dann wurde es eine "Division", später wurde der Name für die Provinz verwendet (Chilver/Kaberry 1969:123). Nach der Unabhängigkeit Kameruns im Jahre 1961 wurde das Siedlungsgebiet der Kom, Nso und anderer Völker des Graslandes Teil der Nord-West-Provinz.

2 Für die vorkoloniale Zeit wurden die Kom auf 15-20.000 Menschen geschätzt (Nkwi 1976:15). Sie werden in der älteren Literatur von den weiter östlich siedelnden "eigentlichen Tikar" unterschieden (Geary 1976:9). Beide Termini sind jedoch umstritten, da es sich um Gruppen mit kulturellen Ähnlichkeiten handelt, die aber keine politische oder sprachlich bzw. ethnische Einheit bilden. Die genannten Völker sind alle Nachbarn der Kom.

3 S. Chilver/Kaberry 1969:127 und 1970a:249. Über die Kom wurde, ähnlich wie über andere Völker des Kameruner Graslandes, wegen der schweren Zugänglichkeit ihres Siedlungsgebietes erst relativ spät berichtet. Mit der Geschichte, den politischen Systemen sowie mit der Wirtschaftsweise einzelner Ethnien im Kameruner Grasland befaßten sich ab den 50er Jahren die britischen Ethnologinnen Phyllis Kaberry und Elizabeth Chilver während umfangreicher Feldforschungen (Chilver/Kaberry 1969; 1970a und 1970b). Kaberry widmete sich insbesondere der wirtschaftlichen Rolle der Frauen und der Bedeutung der traditionellen Frauenorganisationen (Kaberry 1952).

Unterschied zu patrilinearen bei ihren Nachbarethnien.[4] Die Sprache der Kom, *Ngkom*, zählt in der Einteilung deutscher Afrikanisten zu den Semi-Bantu-Sprachen; in der englischsprachigen Literatur wird sie als bantoid bezeichnet (Chilver/Kaberry 1969:127).

Die wirtschaftliche Bedeutung der Frauen und ihrer Organisationsformen

Grundlage der Wirtschaftsweise war traditionell der Anbau, für den die Frauen die Verantwortung trugen (Kaberry 1952:26). Die Kenntnisse über die Anbautechniken wurden von den Müttern an die Töchter vermittelt und galten als schützenswertes Erbe der Ahnen bzw. Ahninnen (Westermann 1992:146). Fähigkeiten im Anbau waren wesentliche Faktoren für die gesellschaftliche Anerkennung und den Status einer Frau.

Zu den Anbauprodukten zählten Mais, Sorghum, Taro, Maniok, Süßkartoffeln, Egusi und Erdnüsse; Fingerhirse hatte rituelle Bedeutung.[5] Die Anlage der Pflanzparzellen erfolgte vertikal zu den oft sehr steilen Hängen, dadurch sollte der Abfluß des Regens gewährleistet werden. Zur Düngung verwendeten die Kom-Frauen die Asche verbrannter Gräser bzw. Grasmulche, zum Bodenschutz wurden bestimmte Feuerholzbäume auf die Anbauflächen gepflanzt (Chilver 1992:113). Ihr traditionelles Anbausystem war angepaßt an die Gegebenenheiten des Landes. Die Frauen hatten großes Interesse, Überschüße zu erzielen, denn diese konnten sie für die Beitrittszahlungen im *Afaf*-Frauenzusammenschluß nutzen; die Treffen des *Afaf*-Bundes trugen zur Redistribution der Anbauprodukte bei. Überschußproduktion ermöglichte zudem Prestigeerwerb in diesem Frauenbund und auf gesellschaftlicher Ebene (Kaberry 1952:101). Zur Sicherung der Ernte und zur Erzielung von Überschüssen führte der *Afaf*-Bund auch Fruchtbarkeitsriten durch. Der genaue Beginn des jährlichen Anbauzyklus sowie der Ernte wurde vom *Kwifoyn*-Bund, einem Männerbund, festgelegt.[6] Die Männer waren auch für das Abbrennen von Brachland und Hilfe bei der Ernte zuständig (Hahner 1982:21). Landzugang erhielten Frauen über ihre Ehemänner oder durch Erbe von ihren Müttern; grundsätzlich lag die Landverteilung in den Händen der Lineageleiter.

Während der Kolonialzeit wurden kaum Anstrengungen zur wirtschaftlichen Nutzung des Kom-Gebietes unternommen, denn das Kameruner Grasland galt als zu abgelegen. Wohl aber wurde versucht, Arbeitskräfte für Plantagen im waldreichen Süden Kameruns zu gewinnen (Chilver 1961:255). Ab Mitte der 40er Jahre des 20. Jahrhunderts wurde der Kaffeeanbau für den Export im gesamten Kameruner Grasland gesteigert, so auch im Gebiet der Kom. Dabei wurden jedoch nur Männer angesprochen. Individualisierung des Landzugangs und Verlust

---

4   Von der Matrilinarität sollte jedoch nicht automatisch auf eine hohe gesellschaftliche Stellung der Frauen geschlossen werden (Westermann 1992:41).
5   Nur Bananenstauden und Kolanußbäume zählten zum Aufgabenbereich der Männer.
6   S. Nkwi 1976:91; Davor wurden vom *Foyn*, dem Herrscher der Kom, Fruchtbarkeitsriten durchgeführt, die auch das Pflanzen von Fingerhirse einschlossen. Der *Foyn* galt als Besitzer des ganzen Landes und war letztlich für die Sicherung der Fruchtbarkeit verantwortlich.

der Landrechte der Frauen waren die Folge. Ihr Zugang zu Anbauflächen nahe der Dörfer wurde erschwert. Die einzelnen Anbauparzellen lagen bis zu 10 Kilometern von den Siedlungen entfernt, was enorme Mehrbelastungen für die Frauen mit sich brachte.

1955 beschloß das Native Authority Council, ein der Kolonialmacht unterstelltes Entscheidungsgremium, in dem aber keine traditionellen Autoritäten vertreten waren, das Verbot der Vertikalbepflanzung der Hügel und der Grasabbrennung. Diese Maßnahmen wurden offiziell als Erosionsschutz gerechtfertigt, standen aber auch im Zusammenhang mit der Ausweitung des Exportfruchtanbaus (Westermann 1992:146). Die Frauen billigten die neuen Anbauforderungen keineswegs, sie waren Anlaß zum sogenannten *Anlu*-Aufstand von 1958. Zwar wurden die Anbauvorschriften daraufhin vorübergehend wieder zurückgenommen, die tragende Bedeutung der Frauen in der Ernährungssicherung wurde aber nicht unterstützt.[7] Erst seit 1974 versucht die kamerunische Regierung die Anbautätigkeit der Frauen und die Zusammenarbeit von Frauengruppen durch spezifische landwirtschaftliche Entwicklungsprogramme zu fördern. Doch wurde auf die Problematik des Landzugangs und der Vermarktung nur unzureichend eingegangen (Chilver 1992:120ff.). Die Unterstützung von Kom-Frauen in der Landwirtschaft ist jedoch wegen ihrer wachsenden familiären, montären Pflichten notwendig.

Gemeinsame religiöse Riten von Frauen

Bedeutend im religiösen Weltbild der Kom waren Fruchtbarkeitsriten für das Land und zum Wohl des Volkes, sie wurden vom *Foyn*, dem *Afaf*-Frauenbund und dem *Kwifoyn*-Männerbund ausgeführt. Beide Bünde verfügten über Medizinen, die im Fall des Frauenbundes zur Sicherung der Fruchtbarkeit und vom Männerbund als Mittel gegen Hexerei eingesetzt wurden. Im Mittelpunkt der religiös-rituellen Praktiken stand bei beiden der Erhalt der gesellschaftlichen Ordnung. Der *Kwifoyn*-Bund war zudem mit Reinigungsriten, der Suche nach Ursachen von Mißernten oder Geburtenrückgang beauftragt.

Rituelle Macht übten die Kom-Frauen auch im *Anlu*-Ritus aus, der im folgenden ausführlich behandelt werden wird. Mit bezug auf den *Anlu*-Mythos wurde die rituelle Bestrafung eines Vergehens gegen die Rechte der Kom-Frauen legitimiert. Bestrafung individueller Verstöße gegen die gesellschaftliche Moral waren notwendig, da sonst die Ordnung bedroht wurde und die Strafe der Ahnen zu befürchten war. Im *Anlu*-Ritus schützten die Frauen darum nicht nur ihre Rechte, sondern trugen auch zum Erhalt der ganzen Gesellschaft bei.[8]

---

7   Die detaillierte ethnologische Studie über die wirtschaftlichen Tätigkeiten der Frauen im Grasland, mit der Phyllis Kaberry schon Ende der 40er Jahre von der britischen Kolonialverwaltung beauftragt wurde, blieb offensichtlich unberücksichtigt (Kaberry 1952).
8   Den Abschluß einer *Anlu*-Zeremonie bildeten Reinigungszeremonien, die denjenigen, der gegen Gesetze verstoßen hatte, wieder rehabilitierten (Westermann 1992:142). Strittig ist, inwieweit daran auch der *Kwifoyn*-Bund beteiligt war (Nkwi 1976:92; Ritzenthaler 1960:151).

Die Religion und religiös legitimierte Institutionen der Kom wurden durch die christliche Mission beeinflußt. 1913 eröffnete die Basler Mission eine Missionsstation und eine Schule in Laikom; 1924 kam eine Missionsstation der Baptisten hinzu. Sie trugen dazu bei, daß junge, gebildete Männer die religiöse Legitimität des *Foyn* in Frage stellten. Auch die Macht des *Kwifoyn* wurde nicht mehr anerkannt und die *Anlu*-Riten als heidnische Handlungen verboten. Konflikte zwischen traditionellen und christlichen Autoritäten, zwischen Christen und Nicht-Christen sowie zwischen Mitgliedern der verschiedenen Konfessionen waren die Folge (Westermann 1992:71). Im *Anlu*-Protest der Frauen von 1958 traten sie zutage; gleichzeitig verdeutlicht er aber auch, wie sich die traditionellen Riten trotz christlichen Einflusses erhalten haben (Chilver/Kaberry 1969:125).

Frauenzusammenschlüsse im gesellschaftlichen Kontext

Die Gesellschaft der Kom war in vorkolonialer Zeit hierarchisch gegliedert. Dem *Foyn* unterstanden seine matrilinaren Verwandten, *ndo-foyn*, gefolgt vom freien Volk und den Sklaven.[9] Die Lineageorganisation war matrilinear und exogam; Virilokalität regelte die Residenz.

Die gesellschaftliche Stellung der Frauen wurde nach ihrem Status in der Matrilineage (*Wul-ndo*), nach ihrer Stellung in der Verwandtschaftsgruppe ihres sozialen Vaters (*Wain-ndo*) und in der Lineage des Ehemannes (*Wien-ndo*) bestimmt. In polygynen Ehen konnten Frauen als "Hauptfrau" viel Einfluß erwerben. Die Lebensbereiche der Geschlechter waren getrennt, aber komplementär aufeinander bezogen (Westermann 1992:38f.). Bedeutsam für die gesellschaftliche Stellung der Frauen waren die traditionellen Frauenzusammenschlüsse und die Disziplinierungstechniken bei Verstößen gegen die Rechte von Frauen. Die Frauenzusammenschlüsse *Afaf* und *Fümbuen* waren auf Dorfebene organisiert, wobei die erstgenannte Organisation als die wichtigere und dominierende galt (Chilver/Kaberry 1969:141). Die Mitgliedschaft stand allen erwachsenen, verheirateten Frauen offen und wirkte damit gesellschaftsverbindend, einte folglich die Frauen unterschiedlicher Schichten.[10] Für die Mitgliedschaft in einer *Afaf*-Gruppe war die Mutterschaft eine zusätzliche Voraussetzung. An der Erwirtschaftung der Aufnahmegebühren waren vor allem Mitglieder der Matrilineage beteiligt.

Da die Überschußproduktion als Beweis der Anbaufähigkeiten der Frauen gewertet wurde, einem letztlich gesellschaftstragenden Faktor, konnten die Frauen darüber nicht nur individuell einen hohen Status erwerben, sondern auch gemeinsam politisch Einfluß nehmen. Die *Afaf*-Gesellschaft vertrat die Interessen der Frauen, auch wenn sie keine formelle politische Institution war.[11] Zu den Aufgaben dieses Frauenzusammenschlußes zählte auch die Herstellung traditioneller

---

9   Die Klane des Volkes wurden ebenso wie die matrilineare Gesellschaftsorganisation mythologisch hergeleitet (Nkwi 1976:35). Sie waren jedoch weder politische, rituelle noch lokale Einheiten; Einfluß hatten nur die Ältesten der Sub-Clane (Chilver/Kaberry 1969:138).
10 Die Frauenorganisationen wurden nach Aussage von Kom-Frauen aus dem Fungom-Gebiet übernommen (Kaberry 1952:99).
11 S. Kaberry 1952:101; Westermann 1992:46; Nkwi 1976:129.

Medizin zur Sicherung der Fruchtbarkeit sowie die Gestaltung von Bestattungsfeiern und die Ahnenverehrung. Die Mitgliedschaft in den Gruppen galt als Möglichkeit, den Ahnenstatus zu sichern (Hahner 1982:94).

Die Leitung der *Afaf*-Gruppen lag in den Händen der Mutter oder Schwester eines Dorfvorstehers. Sie wurde *Na'faf* genannt und verfügte über die Musikinstrumente der Organisation, mit denen zu gesellschaftlichen Anlässen aufgespielt wurde. Auch oblag ihr die Herstellung der traditionellen Medizin; darüberhinaus tauschte sie sich mit den Ältesten eines Dorfes aus. Ihr Amt war mit hohem Prestige verbunden und der Großteil der Initiationszahlungen stand ihr zu. Treffen hielt sie im Hof ihres Bruders oder Mutterbruders ab, deren Häufigkeit zwischen den Jahreszeiten variierte. Nach einer Ernte konzentrierten sich die Zusammenkünfte.

Die Leitung der *Fümbuen*-Gruppen stand der Hauptfrau des Dorfvorstehers zu, sie wurde mit den Ehrentitel *Na'fümbuen*, Mutter des *Fümbuen*, angeredet. Andere führende Frauen assistierten ihr bei ihren Aufgaben, die sich auf Streitschlichtung und Durchführung von Bestattungszeremonien erstreckten (Kaberry 1952:99). In der internen Gruppenstruktur wird die Parallelität zu den männlichen Bünden betont (Westermann 1992:47). Diese Komplementarität war in ähnlichen Aufgabenbereichen und Organisationsformen begründet.

Die politische Partizipation von Frauen

Die politische Organisation der Kom war durch ein sehr komplexes Gefüge politisch-religiöser Ämter gekennzeichnet. An der Spitze stand der *Foyn*, der aus dem Gründerclan der Kom gewählt durch eine Inthronisierung als sakraler Herrscher anerkannt wurde. Er galt als Symbol für die Einheit des Volkes und verkörperte die überlieferten Werte. Das Gegengewicht im Mächteverhältnis bildete der Männerbund *Kwifoyn*, der beratende, richterliche und rituelle Autorität innehatte.[12]

Neben dem *Foyn* und dem *Kwifoyn* übte die Herrschermutter *Nafoyn* beachtliche politische Macht aus. Sie hatte das zweithöchste politische Amt im Staat inne und beriet sowohl den *Foyn* als auch den *Kwifoyn*; bei der Inthronisierung eines *Foyn* wirkte sie rituell mit (Shanklin 1990:167). Zu diesem prestigereichen Amt wurde entweder die leibliche Mutter, eine ihrer Schwestern oder eine Schwester des *Foyn* ernannt. In der Mythologie kommt der *Nafoyn* als Leiterin der Wanderung ins heutige Siedlungsgebiet große Bedeutung zu, es wird überliefert, daß sie bei einem Angriff der Mejang die Kom-Frauen siegreich im Kampf anführte.[13]

---

12 Der *Kwifoyn* konnte den *Foyn* zwar disziplinieren, aber nicht absetzen. Neben dem *Kwifoyn*-Bund war der *Chong*-Bund bedeutsam im Palastleben. Der mit einer Ämterhierarchie unterteilte *Njong*-Bund war vor allem für militärische Belange zuständig (Nkwi 1976:121ff.; Chilver/Kaberry 1969:142)

13 S. Nkwi 1985:183. Als es am oberen Mbam-Fluß zu politischen Auseinandersetzungen mit den dort siedelnden Bamessi kam und der Kom-Herrscher Suizid beging, leitete seine Schwester die Kom ins heutige Siedlungsgebiet. Ihr Sohn Jinabo wurde der erste dortige Herrscher, dadurch wird die matrilineare Erbregelung erklärt. Historisch wird die Wanderung auf den Zeitraum um 1750 datiert (Westermann 1992:35; Chilver/Kaberry 1969:141).

Die Macht der *Nafoyn* war in der politischen Hierarchie der des *Foyn* untergeordnet und eher informeller Art. Bislang ist unklar, inwieweit die *Nafoyn* die Belange aller Frauen vertrat oder nur die bestimmter gesellschaftlicher Gruppen. Politisches Zentrum war der Palast des *Foyn* in Laikom. Hier lebten auch die Frauen des *Foyn* (Chilver/Kaberry 1969:143). Grundsätzlich hatten Eheschließungen mit dem *Foyn* politische Bedeutung für den Zusammenhalt unterschiedlicher Lineages und Interessengruppen; ähnlich gehörten Entscheidungen über die Ehepartner seiner Töchter zur Allianzpolitik des *Foyn*.

Ein *Foyn* hatte das Recht, einzelnen Männern die politische Leitung eines Dorfes zu übertragen.[14] In der lokalen Politik waren auch Frauen einflußreich, Die *Na'faf*, die Leiterinnen der *Afaf*-Frauenzusammenschlüsse, vertraten direkt die Interessen der Frauen und konnten darüberhinaus als Schwestern oder Mütter der Ortsvorsteher indirekt Einfluß auf deren Entscheidungen nehmen. Indirekte politische Partizipation war auch den *Na'fümbuen*, den Leiterinnen der *Fümbuen*-Gesellschaft, möglich, denn sie waren die Hauptfrauen der Dorfvorsteher.

Große Veränderungen in der politischen Organisation der Kom brachte die Kolonialzeit. 1905 kam das Gebiet der Kom unter militärische Herrschaft der Deutschen, 1916 wurde es britischer Kontrolle unterstellt und Süd-Nigeria zugeordnet. Die traditionelle, politische Struktur löste sich allmählich auf, denn der *Kwifoyn*-Bund verlor durch neueingerichtete koloniale Institutionen an Bedeutung, und der *Foyn* als "Native Authority" wurde von der neuentstandenen Bildungselite nicht mehr anerkannt (Nkwi 1976:190). Diese war ab 1949 im "Kom Clan Council" vertreten, in dem der *Foyn* nur beratende Funktion hatte. Die britischen Kolonialherren reduzierten die politische Mitsprache von Frauen durch die Nicht-Beachtung des Amts der *Nafoyn* und des politischen Einflusses der *Na'faf* bzw. der *Nafümbuen*. Ungeachtet der gemeinsamen politischen Proteste der Frauen waren sie am Ende der Kolonialzeit nur in einer verschwindend geringen Zahl in politischen Institutionen vertreten. Auch nach der Unabhängigkeit im Jahr 1961 wurden Frauen kaum in die offizielle Politik einbezogen (Konde 1990:2).

Im 1949 gegründeten "Wum Divisional Authority Council" saßen sowohl Vertreter der neuen Elite als auch Vertreter der britischen Kolonialverwaltung. Sie beschlossen 1955 das Gesetz der "Contour Farming Regulation", das 1958 den *Anlu*-Aufstand der Frauen auslöste. Ab Mitte der 50er Jahre gewann auch die Parteipolitik Einfluß auf das politische Leben der Kom. Während die 1953 gegründete, hauptsächlich von baptistischen Kom-Politikern getragene Partei "Kamerun National Congress" (KNC) den Anschluß an Nigeria festschreiben wollte, lehnte die 1955 von der KNC abgespaltene "Kamerun National Democratic Party" (KNDP) diesen ab und forderte die Wiedervereinigung mit "Französisch Kamerun" (Westermann 1992:81f.; Nkwi 1976:176). Das Gewirr unterschiedlicher traditioneller und moderner Herrschaftsmuster führte zu einem

---

14   Der Dorfvorsteher wurde vom Ältestenrat und der auf Dorfebene organisierten Männergeheimgesellschaft *Akum* (pl. *Mukum*) in der Bewahrung der dörflichen Ordnung unterstützt. Sie besprach bei wöchentlichen Treffen Dorfbelange, unterstand der Autorität des *Foyn* und galt als lokales Pendant zum *Kwifoyn*-Bund (Chilver/Kaberry 1969:140; Nkwi 1976:112).

Machtvakuum, das den Kom-Frauen ermöglichte, während des sogenannten *Anlu*-Aufstand im Jahr 1958 temporär politische Herrschaft auszuüben.

Der Anlu-Frauenprotest

Der traditionelle Anlu-Ritus

Der traditionelle *Anlu*-Ritus nimmt Bezug auf den *Anlu*-Mythos, dem zufolge die Kom nach der Besiedlung ihres heutigen Gebietes in der Zeit um 1740 den Mejang Tribut zollen mußten (Hahner 1982:90). Die Mejang versuchten den Widerstand der Kom zu brechen. Während der *Foyn* sich mit den Männern aus Laikom auf einer großen Jagd befand, griffen sie die Stadt an. Die Kom-Frauen nahmen als Männer verkleidet den Kampf auf und besiegten die Mejang, die nun ihrerseits gegenüber den Kom tributpflichtig wurden.[15] *Anlu* wurde in der Folgezeit eine effektive, rituelle Disziplinierungstechnik der Frauen gegen Personen, die ihre Rechte mißachteten und damit die tradierte soziale Ordnung störten.

"Im Ritus wird das kollektive Gedächtnis der Gemeinschaft aktiviert: Jede Anlu-Zeremonie erinnert an die Existenzbedingungen der Kom-Gesellschaft. Indem Elemente und Strukturen der Ursprungslegende im Ritual aktualisiert werden, ist Anlu immer auch und unabhängig von seinem besonderen Anlaß und Zweck die Vergegenwärtigung der identitätsstiftenden Macht der Geschichte der Kom. Der Ritus selbst ist Symbol, symbolische Einheit, auf die hin sich die symbolischen Elemente ordnen, die in seinem Vollzug auftreten." (Westermann 1992:139)

Vergehen gegen die Rechte der Frauen, die die Durchführung des *Anlu*-Ritus zur Folge hatten, waren verbale Obszönitäten gegenüber den Eltern, das Schlagen von schwangeren Frauen, Inzest, der Mißbrauch alter Frauen, eine Schwangerschaft während einer Abstinenzzeit von zwei Jahren und das Zeigen auf die Geschlechtsorgane einer Person während eines Kampfes.[16]

Der erste Schritt bei derartigen Vorkommnissen war ein Gespräch mit dem Beschuldigten. Bei Eingeständnis des Fehlverhaltens und der Bereitschaft, eine Ziege oder ein Schaf als Abgabe zu leisten, wurde die Sache als beigelegt betrachtet (Shanklin 1990:168; Hahner 1982:91). In dem Fall aber, daß der Beklagte seine Schuld nicht eingestand, ergriffen die Frauen drastischere Maßnahmen. Die traditionelle Sanktionierungstechnik *Anlu* war dadurch gekennzeichnet, daß alle Frauen Männerkleidung anlegten, ihre Gesichter bemalten und eine

---

15 Diese Verteidigung der Kom-Gesellschaft gegen äußere Feinde durch die Kom-Frauen wird als Beginn des *Anlu*-Ritus betrachtet (Nkwi 1985:184; Konde 1990:8; Shanklin 1990:164; Wipper 1985:25).
16 S. Ritzenthaler 1960:151. Wenn eine Frau Vergehen dieser Art erlebte, rief sie durch einen sogenannten "Kriegsruf" alle Frauen eines Dorfes zusammen (vgl. Wipper 1985:18). Wenn ein Mann Übergriffe der genannten Form sah, berichtete er davon seiner Hauptfrau, die mit älteren Frauen ihres Dorfviertels beriet, ob man zur Tat schreiten sollte (Ardener 1973:428).

wildwachsende, als ungenießbar geltende Pflanze sammelten, von der angenommen wurde, daß sie zur Dehydration führte (Westermann 1992:57). Damit wurde der Hausrat des Beschuldigten symbolisch verunreinigt. Während des Ritus gingen die Frauen nicht ihren häuslichen Pflichten nach, die mußten von den Männern übernommen werden. Die soziale Ächtung brachten die Frauen in Liedern und Tänzen zum Ausdruck, damit verhöhnten sie den Beschuldigten. Es waren Handlungen, die von den Frauen als "sozialer Tod" gedeutet wurden, da der leibliche Tod eine Verbindung mit den Ahnen, also eine neue Form der Existenz, begründet hätte. Die *Anlu*-Riten wurden als härteste Strafe aufgefaßt. "Anlu war sehr gefürchtet und gegen seine Gesetze gab es kein Entrinnen. Wenn jemand sich völlig uneinsichtig zeigte, konnte er des Landes verwiesen werden." (Chilver/Kaberry 1969:141)

Der Beschuldigte hatte jedoch jederzeit die Möglichkeit, in den Ablauf des rituellen Geschehens aktiv einzugreifen, indem er seine Schuld eingestand und sich zur Zahlung einer Abgabe bereit erklärte. Daraufhin wurde er von den Frauen in einem Fluß rituell gereinigt, auch sein Hof wurde einer Reinigung unterzogen. Somit wurde die gesellschaftliche Ordnung wieder hergestellt (Ritzenthaler 1960:152). Die Durchführung des *Anlu*-Ritus konnte einige Tage, aber auch mehrere Monate dauern, der Umfang war abhängig von der Einsicht der Beschuldigten. Während dieser Zeit hatten die Frauen die Kontrolle über das politische und soziale Leben, die Geschlechterrollen wurden umgekehrt.[17]

Zum Verständnis der Sanktionen ist eine Kenntnis der organisatorischen Prinzipien der Frauen im *Anlu*-Ritus Voraussetzung: Die hierarchische Struktur der Kom-Frauen im *Anlu*-Ritus korrespondierte mit dem *Anlu*-Mythos und wurde als komplementär zum Aufbau der Männergesellschaft *Njong* betrachtet. Die Leiterin der Frauen wurde als *Na'anlu*, Mutter der *Anlu*, bezeichnet; dieser Titel lehnte sich an den Titel der *Nafoyn* an. Sie war die älteste oder eine der ältesten Frauen der Siedlung und koordinierte alle Aktivitäten. Zur Information über Ereignisse im Dorf setzte sie "Spioninnen" ein, sogenannte *Ügwesü*, die von einer *Na'ügwesü*, Mutter der *Ügwesü*, angeleitet wurden (Nkwi 1976:132 und 1985:184).

Der traditionelle *Anlu*-Ritus wird unterschiedlich interpretiert: Aus feministischer Perspektive wird er als Machtmittel betrachtet, bei dem die Frauen zur Wahrung ihrer spezifisch weiblichen Rechte ihre Geschlechtlichkeit strategisch einsetzten (Ardener 1973:432). Nicht feministisch ausgerichtete Interpretationen heben seine Bedeutung für den Erhalt der gesellschaftlichen Ordnung hervor, in die die Frauenrechte eingebunden waren (Shanklin 1990:169; Westermann 1992:61). Hierbei wird nicht nur die temporäre Umkehrung der Normalität zur Wiederherstellung der gesellschaftlichen Ordnung betont, sondern es werden auch die wirtschaftlichen Aufgaben und Rechte der Frauen in die Interpretation der Symbolik des *Anlu*-Ritus einbezogen.

---

17 Die Frauen verhöhnten die Potenz der Männer und verletzten gesellschaftliche Tabus, vor allem aber wiesen sie auf die Bedeutung ihrer Gebährfähigkeit (Ardener 1973:432).

Offen bleibt, inwieweit bei der Durchführung des traditionellen *Anlu*-Ritus nur von einer Disziplinierungstechnik der Kom-Frauen oder von einem zu diesem Zweck gebildeten Frauenzusammenschluß gesprochen werden kann. Zwar sind besondere Initiationsriten nicht bekannt, alle Frauen konnten am *Anlu*-Ritus teilnehmen. Doch die hierarchische Organisierung der Frauen und die Durchführung des Ritus nach einem festgelegten Ablauf, die Bitte um Unterstützung der Ahnen vor Beginn sowie die Durchführung von Reinigungszeremonien zum Abschluß des Ritus legen es nahe, von einem Frauenzusammenschluß, der zu bestimmten Anlässen aktiv wird, zu sprechen.[18] Ausschlaggebend dafür sind die Kriterien und Charakteristika mit denen Frauenorganisationen definiert werden, wie ihre interne Organisationsstruktur, die Aktivitäten und Ziele.

Der Anlu-Aufstand der Kom-Frauen von 1958

Der Aufstand der Kom-Frauen begann am 4. Juli 1958 während einer öffentlichen Sitzung des "Njinikom Village Council". Auf der Tagesordnung standen die Bußgelder, die Frauen wegen des Verstoßes gegen die neuen Anbauregelungen zu zahlen hatten (Nkwi 1976:180). Schon am 1. Juli 1958 waren Frauen zum *Foyn* gegangen und hatten sich über das Verhalten von Agrarassistenten beschwert, die Pflanzen aus traditionell angelegten Feldern rissen und Frauen damit zur Übernahme der neuen Anbautechniken zwingen wollten.[19] Der *Foyn* wurde als Bewahrer des Wohls und der Fruchtbarkeit von Menschen und Land aufgefordert, diesen Verstößen gegen die Anbaurechte und Versorgungspflichten der Frauen Einhalt zu gebieten. Bei der daraufhin zusammengerufenen Sitzung vertrat der *Foyn* aber nicht die Interessen der Frauen, vielmehr hatten gebildete Kom-Männer das Sagen. Der Lehrer und Vertreter der KNC-Partei, Chia Kejam Bartholomew, verteidigte die neuen Anbauvorschriften und wies darauf hin, daß die Schulkinder den Premier Endeley bei seinem geplanten Besuch am 11. Juli 1958 willkommen heißen sollten. Diese Äußerungen wurden von den anwesenden Frauen mißbilligt. Sie sahen ihre Rechte im Anbau und ihre Erziehungsaufgaben für die Kinder in Frage gestellt, darauf reagierten sie mit ihrer traditionellen Sanktionstechnik (Ardener 1973:430).

Die anwesenden Frauen zogen zu einem nahegelegenen Hügel, wo sie ein Demonstrationsfeld nach ihren traditionellen Anbauprinzipien anlegten, also in Form vertikal ausgerichteter Beete. Am 7. Juli drangen die Frauen in die Schule in Njinikom ein, um ihren Protest gegen den geplanten Empfang Endeleys durch ihre Kinder zum Ausdruck zu bringen.

Bereits am 8. Juli gab es eine Großdemonstration von Frauen aus dem ganzen Kom-Gebiet auf dem Markt in Belo. Lehrer, die dem KNC zugehörten, sollten entlassen werden, sie wurden gebannt und ihre Höfe wie im traditionellen *Anlu*

---

18 S. Ardener 1973:428; Hahner 1982:90; Westermann 1992:61.
19 S. Shanklin 1990:173. Auch die Vorgehensweise der britischen Hygienebeauftragten, auf den Märkten Lebensmittel, die in ihren Augen verdorben waren, zu vernichten, sahen die betroffenen Kom-Frauen als Mißachtung ihrer Aufgaben und Rechte an (vgl. Wipper 1985:20).

gekennzeichnet. Auf dem Markt wurde der *Anlu*-Ritus öffentlich verkündet, zu den damit verbundenen Forderungen zählten: Die Bewahrung der traditionellen Anbauregeln, die Aberkennung der Macht des *Foyn* und des *Kwifoyn* als traditionellen Autoritäten, die Schließung aller europäischen Einrichtungen und der Rückzug aller Ausländer aus dem Kom-Gebiet (Ritzenthaler 1960:154). In der Folgezeit wurden die *Anlu*-Riten durchgeführt. Dazu knüpften die Frauen in ihrer Organisation an die traditionelle Ämterverteilung an und erweiterten diese teilweise unter Bezug auf koloniale Verwaltungspositionen.[20]

Am 11. Juli 1958 kam Premier Endeley nach Laikom, obwohl ihm vom Besuch abgeraten worden war. Außer einigen männlichen Sympathisanten empfing ihn niemand, denn die Frauen hatten den Boykott des Besuches durchgesetzt. Sie griffen dabei auch auf ihre traditionellen, symbolischen Strafandrohungen zurück (Nkwi 1985:191).

Zu einer weiteren Massendemonstration am 14. Juli kamen 5-6000 Frauen nach Njinikom, nachdem dort eine Anhörung über "den Unmut der Frauen" durch den Distrikt Officer als Vertreter der britischen Kolonialmacht anberaumt worden war (Ritzenthaler 1960:155). Sowohl die Polizei als auch der *Foyn* verloren die Kontrolle über die Veranstaltung; die politische Macht ging in die Hände der Frauen über. Der *Foyn* versuchte einzulenken, indem er das Gerücht des Landverkaufs an Igbo dementierte und die kolonialen Regierungsvertreter nahmen die neuen Anbauvorschriften bis auf weiteres zurück. Trotzdem setzten die Frauen ihre Proteste fort. Ende Juli und Mitte November 1958 wurden einige Frauen verhaftet, was nur eine Eskalation des Protestes zur Folge hatte, denn zur Vorladung des Superintendenten der Polizei in Bamenda erschienen nicht nur die *Anlu*-Leiterinnen, sondern mehrere tausend Frauen machten sich auf den Weg.[21] Am 22. November 1958 marschierten sie nach Bamenda, nachdem sie zuvor eine Wahrsagerin über die Notwendigkeiten eines erfolgreichen Marsches konsultiert hatten.[22] Von der Kolonialverwaltung in Bamenda verlangten sie die Freilassung der Frauen und die Achtung ihrer Rechte. Als großen Sieg feierten sie die Zusi-

---

20 S. Ardener 1973:430. Dabei hatten Madame Nawain Fuam als *Na-anlu*, die in Anlehnung an den Titel der englischen Königin als "Queen of *Anlu*" bezeichnet wurde, und ihre Sprecherin Madame Nawain Muana Kfusala, die den vieldeutigen Titel "District Officer" erhielt, leitende Funktionen inne (Nkwi 1985:191). Beide lebten in Wombong, das zum Zentrum des *Anlu*-Aufstandes wurde. Madame Nawain Muana Kfusala vertrat die Beschlüsse der Frauen gegenüber traditionellen und kolonialen Institutionen. Jedes Dorf hatte einen *Anlu*-Zusammenschluß der Frauen sowie Informantinnen bzw. sogenannte "Spioninnen", die für die Kommunikation mit den leitenden Frauen zuständig waren. Zusätzlich zu diesen Ämtern, die denen im traditionellen *Anlu* entsprachen, gab es bei den *Anlu*-Versammlungen sogenannte "Sanitaries", die bei den Versammlungen der Frauen die für die Markthygiene eingesetzten "Sanitary Inspectors" der Kolonialverwaltung parodierten (Westermann 1992:105).

21 Zu den Zahlen der Frauen, die in Njinikom warteten und deren, die nach Bamenda marschierten, gibt es unterschiedliche Angaben: Westermann spricht von 5-6000 Frauen, Ritzenthaler von 2000 (Westermann 1992:113; Ritzenthaler 1960:430; vgl. Shanklin 1990:173).

22 Ihren Anweisungen folgend legten sie die 55 Kilometer zu Fuß zurück, wobei sie sich nur mit Kom-Produkten ernährten und unterwegs zu niemandem Kontakt aufnahmen (Ardener 1973:430; Hahner 1982:114).

cherung der Polizei, nicht mehr gegen *Anlu* einschreiten zu wollen (Wipper 1985:22).

In der Folgezeit festigten die *Anlu*-Führerinnen ihre Macht, sie gaben Direktiven zur Wahl des Native Authority Council im Jahre 1959 aus, bei dem die KNDP an die Macht kam. Einige Frauen wurden an der lokalen Verwaltung und Rechtssprechung beteiligt. Trotz der Neuverteilung der Ämter und der Neugestaltung der Parteienlandschaft nach den Wahlen von 1959 wurden die Proteste wieder aufgenommen, sobald die Kom-Frauen ihre Interessen mißachtet sahen. Die Kom-Frauen fühlten sich von der KNDP, der sie 1959 zum Wahlsieg verholfen hatten, keineswegs repräsentiert. Diese Partei führte die umstrittene Anbauregelung mit entsprechender Bestrafung bei Nichtbeachtung wieder ein, obwohl sich gerade daran der Protest von 1958 entzündet hatte. Erst im Januar 1975 fand eine offizielle Beendigungs- und Reinigungszeremonie zum *Anlu*-Protest statt. Bei einem Interview im Jahre 1988 gab die Sprecherin jedoch an, daß nicht alle der *Anlu*-Gegner von 1958 sich den Reinigungszeremonien unterzogen hätten. *Anlu* sei damit zwar tot, aber noch nicht begraben.[23]

Der *Anlu*-Ritus von 1958 wird unterschiedlich interpretiert: Einerseits wird der Protest als politisches Instrument einiger Kom-Männer in der parteipolitischen und nationalistischen Auseinandersetzung vor den Wahlen von 1959 betrachtet: Demnach waren einige Vertreter der KNDP-Partei die Drahtzieher des Protestes (Konde 1990:2; Nkwi 1985:192). Dem wird entgegengehalten, daß diese Betrachtungsperspektive keineswegs die Komplexität des *Anlu*-Protestes von 1958 erfasse. Viele tausend Kom-Frauen hätten sich nicht leichtfertig für parteipolitische Ziele mobilisieren lassen, zumal sie während der Kolonialzeit nicht politisch aktiv gewesen waren (Wipper 1985:24).

Eine weitere Interpretation sieht den Aufstand als nativistische Bewegung, als Aktivierung von Traditionen zur Überwindung des Kolonialismus (Ritzenthaler 1960:155; Shanklin 1990:164). Doch gab es durchaus unterschiedliche Positionen gegenüber europäischen Einrichtungen wie Schulen, öffentlichen Maismühlen oder Entbindungshäusern; auch wurde Europäern oder ihren Niederlassungen kein Schaden zugefügt. Zudem richtete sich der Protest nicht gegen das Kolonialsystem als solches, sondern gegen spezifische Gesetze, die die landwirtschaftliche Tätigkeit der Frauen zur Existenzsicherung betrafen. Auch wehrten sich die Kom-Frauen gegen das Fehlverhalten traditioneller Autoritäten wie des *Foyn*. Allerdings ging es um Kritik an der individuellen Amtsausübung und nicht um eine pauschale Ablehnung der Männer in politischen Machtpositionen. Diese Tatsache läßt sich auch einer Interpretation des *Anlu*-Aufstandes als Ausdruck weiblicher Militanz zur Bewahrung spezifischer Rechte von Frauen entgegenhalten.

"Die innovative Erweiterung des traditionellen Ritus basierte auf der konservativen Prämisse der Wiederherstellung des status quo ante. Daß bei der Verfolgung dieses Ziels kurzzeitig quasi-revolutionäre Ansätze von Frauenherrschaft möglich wurden, muß auf das beste-

---

[23] "Nawain Mwana betont: 'Anlu ist noch immer im Bewußtsein der Frauen und kann jederzeit wieder aktiviert werden'." (Shanklin 1990:175)

hende Machtvakuum und die traditionsfeindliche Haltung der modernen Elite zurückgeführt werden." (Westermann 1992:147)

Darum ist die langfristige, emanzipatorische Wirkung des Aufstands umstritten.[24] Nachvollziehbar ist dagegen die Deutung des *Anlu*-Protests als Fortsetzung der traditionellen *Anlu*-Disziplinierungstechnik mit ähnlichen Mitteln, wobei nur Unterschiede in der Zielsetzung und in der Verbreitung und Zentralisierung des Protestes festgestellt werden. Denn 1958 wurden die Frauenrechte nicht nur von einzelnen Männern mißachtet, sondern auch durch politische Gesetze, die das ganze Volk der Kom betrafen. Entsprechend war der Protest gegen den schwachen *Foyn* oder einzelne Vertreter der KNC sowie gegen Entscheidungen der britischen Kolonialverwaltung gerichtet und überregional organisiert. Es ging den Frauen um die Achtung ihrer Rechte, keineswegs aber um eine Aufhebung traditioneller Institutionen:

"Die Reziprozität zwischen den Strafpraktiken des traditionellen Anlu und dem Verhalten des Täters (oder der Täter) ist im politischen Anlu aufgehoben. Die Zeit des politischen Anlu ist eine Zeit des Umbruchs, eine symbolische Zeit für eine historische Phase struktureller Anormalität. Sie ist nicht wie der traditionelle Ritus wiederholbar, sondern einmalig. ... Die Zeit des politischen Anlu ist gleichzeitig eine Phase, in der ein Zusammenprall zwischen verschiedenen sozialen und ökonomischen Systemen stattfindet, in der traditionelle Symbole und Strukturen umgedeutet und soziale Rollen neu definiert werden." (Westermann 1992:143)

Die traditionellen, rituell geprägten Anbaustrategien der Frauen standen im Widerspruch zu den modernen, auf Produktionsmaximierung ausgerichteten Anbautechniken mit entsprechend unterschiedlichen Rationalitätsprinzipien.[25] Der qua-

---

24 Eine andere Interpretation des Protests als Mittel zur Wiederherstellung traditioneller politischer Macht von Frauen geht von einer idealisierten Form weiblicher Autorität durch die *Nafoyn* aus, sie wird jedoch der komplexen, aber ungleichen politischen Partizipation von Frauen und Männern nicht gerecht (Westermann 1992:135). Als Beispiel einer politischen Organisationsform, bei der Frauen und Männer in gleicher Weise an der Macht beteiligt sind, sei auf die Ide am Fuße des Wum Plateaus verwiesen (Masquelier 1985:105).

25 Auch in den südlich des Kom-Gebietes liegenden Häuptlingstümern Kedjom Keku und Kedjom Ketinguh formierten Frauen 1958 einen gemeinsamen Protest, der mit dem *Anlu*-Aufstand verglichen werden kann. Ob es sich hier um eine Ausweitung des Protestes der Kom-Frauen handelt oder um eine eigenständige Aktivität, bleibt offen. Interviewte Kedjom-Frauen betonen, daß sie ohne Außenanregung aktiv wurden. Zwischen Mai 1958 und Januar 1959 fanden Massenveranstaltungen statt; eine Frauen-Delegation protestierte zwei Wochen lang vor dem britischen Verwaltungsgebäude in der Distriktshauptstadt Bamenda und forderte die Achtung ihrer Anbaurechte. Ähnlich wie beim *Anlu*-Protest der Kom-Frauen trugen die Frauen Männerkleidung sowie Pflanzenfasern und hatten ihre Gesichter gefärbt (Diduk 1989:342). Der Protest der Frauen wurde vom traditionellen Frauenzusammenschluß *Fombuen* getragen, der ihre wirtschaftlichen Interessen vertrat, ihre gesellschaftliche Anerkennung sicherte und Bestattungen durchführte (Diduk 1989:342). Die Hintergründe des Protestes waren ähnlich wie bei den Kom im ökonomischen Wandel begründet. Kejom-Frauen hatten vor allem unter der Zerstörung ihrer Felder durch Fulani-Rinderherden und freilaufende Rinder lokaler Führungspersonen zu leiden. Diese Vergehen wurden von den Häuptlingen nur unzureichend geahndet, da sie oft Absprachen mit den Fulani getroffen hatten. Zudem lag die Intensivierung der Rinderzucht im Interesse der

litative Wandel weiblicher Militanz ist im Zusammenhang zu sehen mit den spezifischen Prozessen in der Geschichte der Kom; womit dem Vorurteil der Passivität afrikanischer Frauen im politischen Wandel ebenso widersprochen wird wie einer genuin weiblichen Militanz.

Zum Wandel der Frauenzusammenschlüsse

Während Kom-Frauen selbst die Wiederbelebung des gemeinsamen *Anlu*-Protestes für möglich halten, wird sie von Kom-Männern bezweifelt. Unstrittig ist hingegen, daß die *Afaf*- und *Fümbuen*-Frauenzusammenschlüsse durch christliche Einflüsse verdrängt wurden (Nkwi 1976:199). Neue Organisationen für Mitglieder mit christlichem Hintergrund bildeten sich. Sie übernahmen teilweise die Aufgaben der traditionellen Zusammenschlüsse, wie die Sicherung der gesellschaftlichen Ordnung und Durchführung von öffentlichen Arbeiten. Der gesellschaftliche Wandel führte aber auch zur Gründung neuer Assoziationen, wie Spar- und Kreditringen, die den geänderten ökonomischen Erfordernissen entsprachen. Dabei wurden viele traditionelle Elemente übernommen und damit zum Erhalt der Kom-Kultur beigetragen.[26] In neugegründeten städtischen Zusammenschlüssen traten auch religiöse oder parteipolitische Differenzen auf.

Der wirtschaftliche Wandel hatte bereits in den 50er Jahren die Gründung von Kooperativen zur Folge, deren Mitglieder vorrangig männliche Kaffeeproduzenten waren. 1964 wurde von 25 Frauen die "Wombong Women's Co-operative Society" gegründet, die sich für den Anbau von Grundnahrungsmitteln einsetzte. Neben der gemeinsamen Anbauvermarktung richteten sie zwei Läden zur Verbesserung der Güterversorgung ein. Diese Frauenvereinigung war sehr erfolgreich und hatte Vorbildfunktion für andere Gruppen (Nkwi 1976:210).

Die traditionellen Formen der Zusammenarbeit von Frauen wurden aktiviert, als in den 50er Jahren die Gründung von wirtschaftlich orientierten Frauenzusammenschlüssen zur gemeinsamen Betreibung von Maismühlen unterstützt wurde (vgl. O'Kelly 1973:97ff.). Die Anregung dazu gab vor allem Phyllis Kaberry mit ihrer Studie über die wirtschaftliche Tätigkeit der Frauen bei einzelnen Völkern im Kameruner Grasland. Denn sie zeigte Entwicklungsmöglichkeiten auf, zu denen die Förderung der Anbautätigkeit der Frauen und

---

britischen Kolonialherren. Die Frauen protestierten gegen die großzügige Vergabe von Weiderechten und gegen Kedjom-Autoritäten, die nicht mehr die Anbauaufgaben der Frauen schützten. Der Protest war somit Ausdruck gegensätzlicher Landnutzungsrationalitäten; im Unterschied zum *Anlu*-Aufstand hatte er jedoch keine parteipolitische Dimension. Die Dispute zwischen Anbauenden und Herdenbesitzern über die Landnutzung sind wegen der unklaren Rechtslage nach wie vor aktuell:1982 und 1983 kam es erneut zu Protesten der *Fombuen*-Organisation gegen die Mißachtung der Landnutzungsaufgaben von Frauen. Inwieweit die Frauen die gemeinsame Interessenvertretung bei zunehmender Individualisierung der Produktion beibehalten können, bleibt offen (Diduk 1989:352).

26 Dies trifft zu, auch wenn ihr interner Aufbau stärker formalisiert war als bei traditionellen Gruppen und viele der neugegründeten Gruppen beiden Geschlechtern offenstanden. Einige Organisationen, die spezielle Entwicklungsziele z.B. im Infrastrukturbereich verfolgten, wurden von gebildeten Kom gegründet, etwa die "Kom Improvement Association" (Dwight 1986/87:129).

die Verbesserung der Ernteverarbeitung sowie Maßnahmen zur Arbeitserleichterung gehörten. Da die tragende Rolle der Frauen im Anbau mit der bevorzugten Schulung junger Männer in landwirtschaftlichen Einrichtungen vernachläßigt werde, forderte Kaberry zur Interessenverwirklichung der Frauen die Zusammenarbeit mit Vertreterinnen der Frauenorganisationen sowie den Hauptfrauen im Familienverband (1952:154). Dieser Ansatz, der die Förderung lokaler Frauengruppen als wesentlichen Entwicklungsbeitrag wertet, war für jene Zeit außergewöhnlich fortschrittlich und weitsichtig. Er ist in der Diskussion über Frauenförderung in Kamerun in den 80er Jahren nach wie vor aktuell, wie im folgenden am Beispiel eines GTZ-Projektes gezeigt werden wird.

b. Frauenzusammenschlüsse der Nso

Räumlicher und ethnographischer Überblick

Das Siedlungsgebiet der Nso schließt sich östlich an das der Kom an und umfaßt nahezu 2300 Quadratkilometer. Landschaftlich prägend ist die Grassavanne in einer Höhenlage von 1400 bis 1700 Meter mit ihren fruchtbaren Böden (Kaberry 1950:307; Goheen 1992:391). Die Nso werden heute auf insgesamt 200.000 Menschen geschätzt. Zu Beginn der deutschen Kolonialherrschaft im Jahre 1906 wurde ihre Zahl mit 20.000 angegeben (Chilver/Kaberry 1970b:89). Die Sprache der Nso, das *Lam Nso*, wird, wie das *Ngkom*, den Semi-Bantu-Sprachen zugerechnet.[27] Die Nso leiten sich wie die Kom von einem Ndobo-Ursprung am oberen Mbam-Fluß her und werden zu den sogenannten Tikar-Völkern gezählt.

Der wirtschaftliche Einfluß der Frauen

Eine detaillierte Darstellung der Wirtschaft der Nso findet sich in Phyllis Kaberry's 1952 erschienener Arbeit: "Women of the Grassfields".[28] Sie stellt die Vielfalt der Kulturpflanzen der Nso, wie Hirsen, Mais, Taro, Maniok, Süßkartoffeln und lokale Grüngemüse vor und erläutert den Pflanzkalender sowie die Anbautechniken des Schwend- und Hackbaus in den steilen Hanglagen des Gebietes. Darüberhinaus unterstreicht sie die entscheidende Rolle der Frauen im Anbau und wertet ihre Anbaukenntnisse als angepaßt an geographische Gegebenheiten (Kaberry 1950:307 und 1952:53; Goheen 1988:98). Ein wichtiges Anbauprinzip war traditionell die Risikoreduzierung durch Anlage von Mischkulturen auf kleinen Parzellen mit unterschiedlichen Bodenarten, wobei die Fruchtbarkeit der alluvialen Böden optimal genutzt wurde. Die Größe und Anzahl der Anbauflächen

---

27 Zur Bezeichnung dieser Ethnie wird sowohl der Terminus *Nsaw* als auch *Nso* verwendet, wobei der zweite vor allem in der neueren Literatur zu finden ist.
28 Zum Werk und zur Person Phyllis Kaberrys s. die Ausführungen zur ethnologischen Frauenforschung im ersten Teil dieser Arbeit.

richtete sich nach der Zahl der Personen, die eine Frau zu versorgen hatte, aber durchschnittlich wurden acht Parzellen mit einer Fläche von insgesamt etwa einem Hektar bestellt.[29]

"Die Frauen führen ihre Aufgaben mit Freude, Interesse und Stolz durch - es sind Haltungen, die den Töchtern schon im jungen Alter vermittelt werden. ... Die Verantwortung der Frauen im Anbau wird weder von ihnen noch von den Männern als Hinweis auf einen niederen Status gewertet. Im Gegenteil, sie verleiht Status und ist Ausdruck des weiblichen Selbstbewußtseins und der Würde." (Kaberry 1952:53)

Aufgaben im Anbau wurden von weiblichen Arbeitsgruppen übernommen, wenn Arbeiten auf weit entfernt liegenden Feldern auszuführen waren oder wenn eine Frau schwanger oder krank war. Diese Gruppen orientierten sich an Verwandtschaftsprinzipien. Daneben gab es weibliche Arbeitsgruppen auf Freundschaftsbasis oder auf der Grundlage der Altersgleichheit. Sie wurden *Siiri Kiwo* genannt, bildeten sich im Bedarfsfall und waren nach dem Rotations- bzw. Reziprozitätsprinzip organisiert. Diese wirtschaftlichen Arbeitsgruppen entstanden unabhängig von den anderen Frauenzusammenschlüssen und verdeutlichen damit zwei unterschiedliche Organisationsziele der Frauen: einerseits die wirtschaftliche Kooperation und andererseits den gesellschaftlichen Zusammenhalt.

Eine weitere Form der Zusammenarbeit fand auf Anfrage einer einzelnen Frau statt, z.B. bei der Hirseernte. Die an diesen Gruppen beteiligten Frauen wurden mit Naturalien entlohnt. Die Verteilung von Überschüssen wurde auch durch die Zahlung von Mitgliedsbeiträgen im Frauenzusammenschluß *Tsong* erzielt (Kaberry 1952:101). Grundsätzlich trugen diese Austauschprozesse zur wirtschaftlichen Redistribution sowie zur Verbreitung von Anbaukenntnissen bei.[30]

Die komplementäre Verbindung der Geschlechtersphären im Anbau zeigte sich sich in der geschlechtlichen Arbeitsteilung, wie dem Schwenden der Felder durch die Männer und der anschließenden Bestellung durch Frauen, und in den Landrechten. "Die Männer besaßen das Land, die Frauen die Pflanzen." (Kaberry 1952:34) Durch die Eheschließung erhielten Frauen Landnutzungsrechte. Sie konnten zudem in eigener Verantwortung beim Lineageleiter um Land anfragen, denn der Landbesitz lag in den Händen der Lineages. Rechtlich galt der *Fon* als eigentlicher Besitzer des Landes. Landnutzungsrechte konnten Frauen auch von ihren Müttern erben. Daher waren sie daran interessiert, daß die Felder, zu denen sie über den Ehemann Zugang hatten, in Dorfnähe lagen, und die geerbten Parzellen nach einer Eheschließung erreichbar blieben (Kaberry 1950:312; Goheen 1992:403). Für Witwen bestand der Anspruch auf Landnutzung in der Lineage des Ehemannes auch nach dessen Tod fort. Die Landnutzungsrechte waren also

---

29 *Sum* war die Bezeichnung für die bebauten Flächen, *Ngvon* für das Brachland und *Nsaic* für die Erde (Kaberry 1950:314). Diese Differenzierung verdeutlicht die Wichtigkeit der Brache und gibt Hinweise auf die Anbaukenntnisse der Frauen.
30 Mit Nahrungsmittel wurden auch die gemeinsamen Arbeitsleistungen von Frauen einer polygynen Familie entlohnt, die nach einer weiteren Eheschließung die Felder für die neue Frau vorbereiteten; hierzu war der Ehemann verpflichtet (Kaberry 1952:49).

vom sozialen Beziehungsgefüge abhängig, durch die vielfältigen Möglichkeiten des Landzugangs waren die Nutzungsrechte der Frauen relativ gesichert.

Der wirtschaftliche Wandel der Frauenaufgaben und die heutigen Bedeutung gemeinsamer Arbeitsgruppen

Im 19. Jahrhundert blühte die Handelstätigkeit der Nso auf.[31] In den 40er Jahren des 20. Jahrhunderts wurde der Kaffeeanbau eingeführt und änderte das Anbau- und Landrechtssystem. Während zuvor Männer nur Nutzungsrechte auf einzelne Bananenstauden, Kolabäume oder Raphiapalmen besaßen, beanspruchten sie nun ganze Kaffeeplantagen. Daraus resultierten Konflikte mit den Lineageleitern, die für eine gerechte Landvergabe zuständig waren und mit den Frauen, insbesondere wenn es um Landparzellen in Dorfnähe ging (Goheen 1992:391; Kaberry 1950:322).

Die Lage wurde noch verkompliziert durch unterschiedliche Nutzungsvorstellungen der anbauenden Nso und der Fulani-Hirten, die ab 1900 in das Nso-Gebiet kamen. Immer wieder wurden Felder der Frauen zerstört, ohne daß die lokalen Machthaber Gegenmaßnahmen ergriffen hätten, da sie oft Abkommen mit den Fulani geschlossen hatten. Kompensationen wurden in den seltensten Fällen gezahlt (Diduk 1989:348; Goheen 1992:393).

Die Landnutzungsproblematik dramatisierte sich, als die kamerunische Regierung die individuelle Landnutzung gesetzlich erlaubte. Sie sollte die Abwanderung junger Männer in die Städte verhindern und einen Anreiz für die Rückwanderung bieten. Auch den Frauen sollte der Landzugang erleichtert werden, da man ihre tragende Rolle in der Nahrungsmittelversorgung der Bevölkerung erkannt hatte und das Kameruner Grasland, also auch das Siedlungsgebiet der Nso, als sehr fruchtbar galt. Aber mit der Landindividualisierung wurden die im traditionellen Verwandtschaftssystem verankerten Landnutzungsrechte der Frauen als Töchter, Ehefrauen oder Mütter untergraben (Goheen 1988:94). Aufgrund der im Gesetzestext nicht ausreichend verankerten Rechtsansprüche der Frauen erwarben vielerorts einzelne, reiche Männer große Landflächen. Der Druck auf die Arbeitsleistungen der Frauen wurde verstärkt, zumal die ihnen zugänglichen Anbauflächen für die Subsistenzproduktion immer weiter außerhalb der Dörfer lagen, in Entfernungen zwischen 10 bis 20 Kilometer. Gleichzeitig stiegen die wirtschaftlichen Anforderungen, weil die Nso-Frauen immer mehr monetäre Bedürfnisse der Familie, wie Ausbildungskosten für die Kinder, zu erfüllen hatten. Die traditionelle Trennung der Wirtschaftsbereiche der Ehepartner brach somit zum Nachteil der Frauen auf (Goheen 1988:91). Zur Reduzierung der Arbeitslast haben sich zahlreiche Frauengruppen gebildet, die *Njangi* genannt werden.

> "Heute haben die Arbeitsgruppen der Frauen die Aufgabe, saisonale Arbeitsengpäße zu überwinden, z.B. indem sie gewährleisten, daß alle Felder für die Aussaat vor der Regenzeit vorbereitet werden. Die

---

31 Davor wurde zur Ernährungssicherung während der Regenzeit vor allem Mais aus Bamum importiert. Zur Handelstätigkeit der Nso im 19.Jahrhundert s. auch Chilver 1961:233ff.

steigende Arbeitslast ist ein Ergebnis der vergrößerten Anbauflächen, wobei auch der Marktfruchtanbau den Arbeitseinsatz der Frauen erfordert." (Goheen 1988:100)

Angesichts der Häufigkeit der gemeinsamen Arbeitseinsätze und der Verfestigung des internen Zusammenhalts gewinnen die Arbeitsgruppen heute an Bedeutung. Die *Njangi*-Gruppen fungieren zudem als Spar- und Kreditgruppen und unterstützen Frauen bei größeren finanziellen Belastungen ihrer Familien.[32] Die Frauengruppen werden zwar von Regierungsseite mit verbessertem und hochertragreichem Saatgut gefördert; die Landrechtsproblematik wird aber nicht gesetzlich entschärft, obwohl die Unsicherheit im Landzugang die Arbeitskapazitäten der Nso-Frauen und ihrer Gruppen belastet (Goheen 1988:95f.).

Einfluß der Frauen im religiösen und politischen Bereich

Der *Fon* war als sakraler Herrscher verantwortlich für das Wohl des Volkes und die Fruchtbarkeit des Landes. Gemeinsam mit Priesterinnen und Priestern führte er Ahnenopfer durch (Kaberry 1959:139) Zentral war im traditionellen religiösen Weltbild der Nso die göttliche Kraft *Nyuy*, die als Atem gedacht wurde und form- bzw. geschlechtslos war.[33] Die übernatürliche fruchtbare Kraft *Sem* wurde mit dem weiblichen Körper in Verbindung gebracht, sie konnte sich in vielerlei Gestalt, u.a. in Kindern, äußern. In der Kosmologie bildeten Gegensatzpaare eine Einheit: Frau und Mann galten als komplementär, ähnlich wie der *Fon* und die Herrschermutter oder der *Fon* und das Volk.[34]

Hexen, *Virim*, wurden wegen ihrer unberechenbaren zerstörerischen Kräfte gefürchtet. Hexerei galt als schweres Verbrechen, vergleichbar war auch Inzest ein Vergehen gegen die Erde und die Lineageahnen und wurde entsprechend bestraft. Die Nso wurden christianisiert, in ihrem Gebiet richteten die Basler Mission, die katholische Kirche und die amerikanischen Baptisten Missionstationen und Schulen ein (O'Kelly 1973:106; vgl. Kaberry 1969:179).

Die politische Organisation der Nso ist komplexer als die der Kom.[35] Traditionell hatte nicht nur der *Fon* als sakraler Herrscher politische und rechtliche

---

32 Zu den Entwicklungspotentialen der Spargruppen von Frauen in Kamerun s. DeLancey 1978:9ff. Diese Gruppen werden von den befragten Nso-Frauen gegenüber den gemischtgeschlechtlichen Credit Unions bevorzugt, da sie vielfach schlechte Erfahrungen mit der dort verbreiteten Korruption gemacht haben.

33 Diese übernatürliche Kraft manifestierte sich im Wind, in Föten, in Ahnengeistern und Zwergen; sie konnte sich in stillen Grotten und schnell fließenden Flüssen zeigen. Einen speziellen *Nyuy*-Schrein gab es aber nicht (Ifeka 1992:137).

34 Im rituellen Kontext wurde Weiblichkeit mit der linken Hand, dem Körper und der Erde assoziiert; im Gegensatz zur rechten Hand, die als männlicher Pol mit Kampf und Tod in Verbindung gebracht wurde. Als Einheit von Gegensätzen wurden Zwillinge verehrt (Ifeka 1992:141).

35 Die Mythologie der Nso geht auch von einer Herkunft am oberen Mbamfluß aus, auf der Wanderung in ihr heutiges Siedlungsgebiet war zunächst Kovifem die Hauptstadt. Nach Auseinandersetzungen mit den Fulani Ende des 19. Jahrhunderts wurde der Palast des *Fon* als politisch-religiöses Zentrum nach Kimba verlegt (Kaberry 1959:139; Chilver/Kaberry

Autorität inne, sondern auch die *Ya* (pl. *Aya*), seine leibliche Mutter oder Schwester, sowie der hohe Priester *Tawon*, die hohe Priesterin *Yewon* und die Leiter der Patriclane *Kibai* (pl. *Vibai*).[36] Direkt bzw. indirekt konnte auch die Leiterin des *Tsong*-Bundes in Kimba, die *Ayinko*, politisch partizipieren; sie war eine der Ehefrauen des *Fon*. Grundsätzlich hatten Ehen mit dem *Fon* gesellschaftspolitische Bedeutung.[37] Bei wöchentlichen Audienzen war der *Fon* vor allem an der Meinung des Volkes interessiert, dabei wurden auch Streitfälle geschlichtet; Diskussionen über politische Belange fanden zudem an Markttagen statt. Die Beziehung zwischen dem *Fon* und dem Volk wurde von gegenseitigen Verpflichtungen getragen (Kaberry 1959:139).

Auf dörflicher Ebene hatte der *Tantee*, der Dorfleiter, die Kontrolle über lokale Belange. Er gehörte zur Gründerlineage und war gegenüber dem *Fon* weisungsgebunden (Hahner 1982:21).

Die heutige Gebietsausdehnung und politische Zentralisierung des Häuptlingstums Nso geht auf *Fon* Sem II. in der Mitte des 19. Jahrhunderts zurück (Goheen 1992:392).[38] 1909 erließ die deutsche Kolonialmacht ein Steuergesetz, damit sollten letztlich Arbeiter für die Plantagen im Süden Kameruns rekrutiert werden.[39] 1915 kam das Gebiet der Nso unter die koloniale Herrschaft der Briten. Das Prinzip der "indirect rule" wurde eingeführt, *Fon* Bifon wurde als "Sole Native Authority" zum "District Head" ernannt. Dabei wurde die traditionelle, politische Machtbalance zwischen den verschiedenen Instanzen mißachtet, weder die Macht der *Aya* noch der politische Einfluß führender Männer und der Geheimgesellschaften wurden berücksichtigt (Chilver/Kaberry 1970b:92ff.). Mit den ständig steigenden Steuerforderungen der Kolonialregierung kam es zu Konflikten mit lokalen Führern, einige erklärten sich unabhängig. Die Auseinandersetzungen eskalierten mit der steigenden Landknappheit und dem Bevölkerungs-

---

1970a:255). Dem eigentlichen Herrschaftsgebiet des *Fon* schlossen sich einige unabhängige Häuptlingstümer, sogenannte *M'tar*, an (Kaberry 1950:308).

36   S. Chilver/Kaberry 1970b:84. Durch rituelle Aufgaben legitimierten die *Aya* ihre politische Position. Gemeinsam mit dem ältesten Lineageleiter und dem *Fon* führte sie jährlich Opfer für die verstorbenen Herrscher in der früheren Hauptstadt Kovifem durch (Kaberry 1950:308). Die politische Mitsprache von Frauen wird unter Bezug auf die kosmologischen Vorstellungen als komplementär eingeschätzt. Fraglich ist jedoch, ob das Amt der *Ya* als Institution ausreicht, um von einer allgemeinen politischen Partizipation von Frauen zu sprechen (Ifeka 1992:142).

37   Für die vorkoloniale Zeit wird die Zahl der Ehefrauen des *Fon* auf mehrere Hundert geschätzt, 1945 trugen hundert Frauen den Titel *Wiinto*, Frau des *Fon* (Chilver/Kaberry 1970b:87). Die Mitglieder der Männergeheimgesellschaft *Nwiron*, aus der sich die höfischen Beamten rekrutierten, gaben ihre erstgeborenen Töchter dem *Fon* zur Frau. Teilweise heiratete nicht er selbst diese Frauen, sondern verheiratete sie aus allianzpolitischen Gründen mit anderen einflußreichen Männern. Neben der Männergeheimgesellschaft *Nwiron* war auch die Militär- und Jagdgemeinschaft *Manjong* politisch bedeutsam.

38   Von 1901 bis 1902 kam es zu einem Krieg mit dem Königreich Bamum, ausgelöst durch dessen Landansprüche im Gebiet der Nso. Auf der Seite der Bamum griffen die Deutschen ein. Der *Fon* wurde geschlagen, behielt aber die Hegemonie über sein Volk.

39   Konflikte zwischen den Lineageleitern bzw. den Leitern des Männerbundes *Manjong* und dem *Fon* über die Steuereintreibung und Nutzung der Steuern waren die Folge (Chilver/Kaberry 1970b:90).

druck und dauerten bis in die 70er Jahre an. Politische Partizipationsmöglichkeiten für Frauen blieben auch nach der Unabhängigkeit Kameruns marginal.

Frauenzusammenschlüsse im gesellschaftlichen Zusammenhang

Die Gesellschaft der Nso war traditionell in unterschiedliche Schichten gegliedert: Die *Wonto* und *Wir duiy* waren Verwandte des *Fon* bzw. Personen, die Verwandtschaft mit einem *Fon* nachweisen konnten. Die *Nshilafsi*, wurden von der Gruppe der Amtsträger am Palast des *Fon* bzw. deren Nachkommen gebildet, die *Wir M'tar* umfaßte das gemeine Volk.[40] Der soziale Status einer Person wurde durch die Zugehörigkeit zu einer dieser Schichten geprägt; sie war für die gesellschaftliche Position wichtiger als die Geschlechtszugehörigkeit. Dies kommt auch in der Mitgliederzusammensetzung der einzelnen Frauenorganisationen zum Ausdruck.

Die Nso-Gesellschaft war im Unterschied zu den matrilinearen Kom patrilinear. Lineageexogamie herrschte jedoch auch hier, Lineages konnten 20 bis 70 Personen umfasse. Wichtig für das gesellschaftliche Gleichgewicht war die Reziprozität der Lineagebeziehungen (Ifeka 1992:144). Eheschließungen waren nicht an einen festgelegten Brautpreis gebunden, vielmehr wurden Dienstleistungen und Geschenke an den Lineageleiter der Ehefrau und die Schwiegermutter erwartet. Virilokalität prägte die Residenzregelung der polygynen Ehen. Die Frauen wurden zwar vollständige Mitglieder in der Patrilineage des Ehemannes; Kontakte mit der Natalfamilie blieben nach der Eheschließung aber weiterhin legitim und wurden intensiv genutzt, um Rechtsansprüche auf das Land der Mütter zu bewahren. Das Geschlechterverhältnis galt als komplementär. Frauen bezogen ihren Stolz und ihre gesellschaftliche Achtung aus ihrer Rolle als Mütter und aus ihrer Anbautätigkeit. Besonders anerkannt waren die leitenden Frauen in einer polygynen Ehegemeinschaft, *Yelaa* (Kaberry 1950:316).

Zu den traditionellen Frauenzusammenschlüssen der Nso zählten der *Lalir*-Bund und der *Tsong*-Bund. Der *Lalir*-Bund war ein Zusammenschluß von Töchtern und Enkelinnen des *Fon*. Zum Erwerb der Mitgliedschaft mußten Naturalien als Initiationsgebühr entrichtet werden. An den Initiationsfesten nahmen nicht nur Mitglieder des *Lalir*-Bundes oder Frauen teil, die mit dem *Fon* verwandt waren, sondern auch Frauen aus dem einfachen Volk hatten das Recht zu partizipieren. Die Initiationsgebühren erforderten eine entsprechende Überschußproduktion, zu der die Frauen somit angeregt wurden. Das Abhalten großer Feste und die Durchführung sogenannter *Kilooviy*-Tänze waren die Hauptaufgaben des *Lalir*-Bundes (Kaberry 1952:99).[41]

Der *Tsong*-Bund stand nicht nur weiblichen Mitgliedern der *Fon*-Familie, sondern allen Frauen offen. Die Mitgliedschaft und der Aufstieg in der internen Hierarchie konnten, ähnlich wie beim *Lalir*-Bund, durch Zahlung von Nah-

---

40 S. Kaberry 1950:309. Zu den unterschiedlichen Benennungen der einzelnen sozialen Schichten s. Ifeka 1992:141.
41 Über eine interne Hierarchie und über mögliche Formen der Zusammenarbeit mit dem *Tsong*-Bund finden sich nirgends genauere Angaben.

rungsmitteln erworben werden. Die zusammengetragenen Nahrungsmittel wurden bei großen Festen, an denen alle Frauen teilnehmen konnten, verzehrt. Die Initiationen der *Tsong*-Gruppe in Kimba fanden in den Frauenunterkünften des Palastes statt; in einer speziell errichteten Hütte wurden der Initiantin am Abend des Initiationsfestes die rituellen Objekte des Bundes gezeigt. Diese bestanden aus einem großen schwarzen Stein (*tsong*), einem kleinen Korb (*nka-siib*), Kalebassen (*bar-siib*), Bambusstäben und eingekerbten Holzstöcken (*kikwakwar ke siib*), die als Musikinstrumente zur Tanzbegleitung dienen (Kaberry 1952:98). Diese Gegenstände waren reich mit Kaurischnecken verziert. Der Sammelbegriff für die rituellen Objekte war *Siib*, was auch "Medizin des *Fon*" bedeutet.[42] Die Verantwortung für die Sib trug Leiterin des Bundes *Ayinko*. Dieses Amt bekleidete in Kimba meist eine der Frauen des *Fon*. *Tsong*-Gruppen in anderen Orten waren selbst für ihre Objekte verantwortlich.

Die Gruppen hatten verschiedene Funktionen, grundsätzlich vertraten sie die Interessen der Frauen. In wirtschaftlicher Hinsicht boten sie den Anreiz, Überschüsse zu erwirtschaften. Frauen konnten durch ihre Leistungen und Kenntnisse im Anbau eine Respektposition außerhalb ihrer Familie aufbauen. Sie brachten in Festen die Verfügungsgewalt über ihre angebauten Produkte zum Ausdruck. Alltagsentscheidungen über die Landnutzung lagen in den Händen der Frauen, auch wenn Männer rechtlich die wirtschaftlichen und gesellschaftlichen Strukturen dominierten. Dieses Phänomen ist ein Beispiel dafür, daß zum Erkennen der Situation der Frauen und der Bedeutung ihrer Zusammenschlüsse eine Betrachtung der formalen gesellschaftspolitischen Strukturen nicht ausreicht (Kaberry 1952:147).

Im Vergleich mit den Frauenzusammenschlüssen der Kom zeigt sich, daß die Organisationsformen dort nicht so eng an den Herrscherhof gebunden waren. Die personellen Verbindungen der Nso-Zusammenschlüsse mit dem Hof boten grundsätzlich eine Basis zur direkten bzw. indirekten Mitsprache. Im Vergleich der Frauenzusammenschlüsse der Kom und der Nso ist auch bemerkenswert, daß bei den letztgenannten mehr über die rituellen Objekte bekannt ist. Dies kann durch Differenzen in ihrer Bedeutung, aber auch durch Unterschiede im Informationszugang der Forscherinnen und Forscher begründet sein.

Zum Wandel der Frauenzusammenschlüsse und der Gesellschaftsorganisation

In Unterschied zur umfangreichen Literatur, die sich bei den Kom mit Fragestellungen zum Wandel der Frauenorganisationen befaßt, finden sich für die Nso nur wenige Hinweise. So wird von gemeinsamen Protesten der Frauen gegen Zerstörungen ihrer Felder durch Fulani-Rinder berichtet. Frauen töteten Ende der 50er Jahre Rinder, um auf die Zerstörung ihrer Existenzgrundlage aufmerksam zu ma-

---

42 Inwieweit in rituellen Handlungen auf den *Fon* Bezug genommen, Handlungen für ihn durchgeführt wurden oder mit diesem Begriff nur Besitzverhältnisse zum Ausdruck kamen, ist nicht bekannt.

chen. Auch forderten sie den *Fon* zu Gegenmaßnahmen auf (Diduk 1989:348). Auch wenn sie keinen Massenprotest organisierten, so zogen dennoch einige Frauengruppen zum District Officer und brachten ihr Anliegen vor. Ihre erfolgreiche Einforderung von Kompensationen zur Bewahrung ihrer wirtschaftlichen Rechte wird auf ihren organisatorischen Zusammenhalt zurückgeführt.[43]

Die protestierenden Gruppen waren häufig Frauenzusammenschlüsse, die gemeinsam eine handgetriebene Maismühle unterhielten. Bei der Einführung der Mühlen seit dem Jahre 1952 wurde gezielt versucht, an bestehende, traditionelle Strukturen anzuknüpfen (O'Kelly 1973:109). Wie auch bei anderen Ethnien des Graslandes ging die Einführung dieser arbeitserleichternden Technologie bei den Nso auf die Studie von Phyllis Kaberry zur wirtschaftlichen Tätigkeiten der Frauen und die Möglichkeiten ihrer Unterstützung zurück (1952:154).

In zahlreichen Dörfern schafften Frauengruppen gemeinsam eine Maismühle zur Reduzierung ihrer Arbeitslast an; selbst die Frauen des *Fon* bewirtschafteten gemeinsam eine Mühle. Der Kauf der Mühlen wurde häufig durch die Anlage von Gruppengärten finanziert (Nagel 1987:83f.). Dort erwirtschaftete Gewinne ermöglichten einigen Frauen die Einzäunung ihrer Felder zum Schutz gegen Rinder. Bemerkenswert ist, daß diese Gruppen Entwicklungsziele verfolgten und die Grundlage ihrer Zusammenarbeit der Anbau war, ähnlich wie bei den traditionellen *Tsong*-Gruppen. Die Gruppengröße wurde erweitert, die Mühlen wurden zum sozialen Treffpunkt der Frauen und trugen darüberhinaus als technische Neuerungen zu ihrem Statuserwerb bei.[44] Kommunikation und Austausch zwischen den Gruppen förderten die Verbreitung der Mühlen. Gemeinsame praxisbezogene Schulungen von Stellvertreterinnen der Gruppen brachten ihr Innovationspotential in Gesundheits- und Alphabetisierungsmaßnahmen zum Ausdruck (O'Kelly 1973:112f.). Manche Gruppen begannen auch mit einkommenschaffenden Aktivitäten im außerlandwirtschaftlichen Bereich, wie der Seifenherstellung oder dem Bau von Wassertanks. Grundsätzlich wurden die Gruppenaktivitäten von den Männern begrüßt. Zur langfristigen Effektivität der Gruppen fehlte jedoch mancherorts die wirtschaftliche und technische Beratung im Management der Mühlen, wodurch ihre Eigenständigkeit erschwert wurde.[45] Heute sind auch Nso-Frauengruppen in das landwirtschaftlich orientierte GTZ-Projekt in der Nord-West-Provinz Kameruns einbezogen.

---

43 Über Proteste gegen neue Anbauvorschriften wie bei den Kom wird in diesem Zusammenhang nicht berichtet. Die Zerstörung der Felder der Frauen durch Rinder stellte für die Nso auch ein weitaus größeres Problem dar als für die Kom.
44 S. Bryson 1979:35. Hinsichtlich der sozialen Zusammensetzung der Gruppen kann man vermuten, daß sie wegen der erhobenen Mitgliedsbeiträge vor allem Frauen mit Einkünften offenstanden, inwieweit auch arme Frauen vertreten waren, ist nicht bekannt.
45 S. Nagel 1987:84. Die Bedeutung der heutigen Frauengruppen im Kameruner Grasland wird auch in der Entwicklung neuer Geschlechter- und Gesellschaftsbilder gesehen (Dwight 1986/87:129).

c. Frauenzusammenschlüsse der We

Ethnographische Einordnung und wirtschaftliche Charakteristika

Das vergleichsweise kleine Dorfhäuptlingstum We liegt nord-westlich von Kom auf einer Höhe von 1068 Metern und umfaßt ein Gebiet von 35 Quadratkilometern. Es ist ein Teil der unter deutscher Kolonialherrschaft entstandenen und von den Briten übernommen Verwaltungseinheit Fungom. Ethnisch werden die We zu den sogenannten Tikar gezählt. Ihre Sprache gehört zu den Semi-Bantu-Sprachen.[46]

Die Landschaft zeichnet sich durch die für das Kameruner Grasland typischen fruchtbaren Böden aus. Die Vorbereitung der Felder wurde meist von den Söhnen oder Schwiegersöhnen einer Frau durchgeführt wurde und gehörte zu den Brautdiensten; nur in Ausnahmefällen half der eigene Ehemann. Mischkulturen mit den bei den Nso und Kom genannten Pflanzen wurden von den Frauen angelegt; sie verfügten über sehr gute Anbaukenntnisse (Geary 1976:53). Die Männer pflanzten nur einige fruchttragende Bäume oder Stauden an. Zu ihren Aufgaben gehörten die Jagd und handwerkliche Tätigkeiten. Die Güterverteilung wurde in vorkolonialer Zeit weniger über den Markt als vielmehr durch Geschenke, Brautpreiszahlungen und die Entrichtung von Gebühren zur Mitgliedschaft in den Bünden geregelt. Ab 1900 wurde der Maisanbau verbreitet. In der Kolonialzeit begann der Kaffeeanbau, in der Regel durch Kaffeekooperativen.

Frauen im religiösen und politischen Leben

Fruchtbarkeitsriten waren zur Sicherung einer guten Ernte wichtig. Zur jährlichen Eröffnung der Pflanzzeit säte die *Na'tum*, die älteste Frau von We und Vertreterin der Frauen, gemeinsam mit dem Häuptling Sorghum aus. Zu Beginn der Ernte brachte die *Na'tum* dem Häuptling die ersten reifen Pflanzen als Gaben. Auch der Ahnenkult war ein zentrales Element im religiösen Denken der We. Die Mitgliedschaft in den Bünden sollte den Zugang zum Ahnenreich sichern, die Bünde wirkten auch bei Bestattungszeremonien rituell mit.[47]

---

46   S. Geary 1976:8. Christraud Geary bezieht sich in ihren Ausführungen auf ihre Feldforschung von 1970 bis 1971 in We (1979:53). Die Personenzahl von We wird 1970 mit 4000 angegeben (Geary 1976:12).

47   S. Geary 1976:109. Zum Wandel der Religion trug die Einrichtung von Missionsstationen bei: Seit 1931 war die Basler Mission im Gebiet der We tätig; in den 60er Jahren kam die presbyterianische Kirche hinzu. Aufgrund des Polygynieverbotes, das die wirtschaftlichen Möglichkeiten der Familien beschränkte, traten zunächst nur wenige We zum Christentum über. Inzwischen ist es ein Statussymbol, eine christliche Schulbildung genossen zu haben (Geary 1976:19).

In der traditionellen politischen Organisation gab es eine Machtbalance zwischen dem Häuptling, *Ba'tum*, dem Ältestenrat und dem *Kweifo*-Bund.[48] Die meisten Männer des Ältestenrates waren auch Mitglieder im *Kweifo*-Bund. Zu dessen Aufgaben zählte die Durchführung von Jagden und Rechtsprechung bei kleineren Vergehen. Bei Bestattungen der Bundmitglieder traten *Kweifo*-Masken auf. Über eine direkte politische Partizipation von Frauen ist nichts bekannt. Es gibt jedoch einige Hinweise auf die politische Bedeutung der Hauptfrau des Häuptlings und der ältesten Frau der Matrilineage des Häuptlings. Sie hatte eine hohe Position im Frauenbund *Köfab* inne und konnte daher die Interessen der Frauen auf informellem Wege gegenüber dem Häuptling vertreten.[49] Noch bedeutender war die älteste Frau der Matrilineage des Häuptlings, *Na'tum*, die rituell bei dessen Amtseinsetzung mitwirkte. *Na'tum* war auch der Titel für die Leiterin des *Köfab*-Frauenbundes, sie galt als Interessenvertretung aller Frauen.[50]

Durch die deutsche - und später durch die britische Kolonialherrschaft - wurden traditionelle politische Institutionen aufgelöst. Die Macht wurde zentralisiert und der Häuptling zum alleinigen politischen Repräsentanten erklärt. Er erhielt nach der Kolonialzeit einen Sitz in der Lokalverwaltung in Wum und wurde damit zur Ausführung von deren Beschlüssen in We verpflichtet (Geary 1976:19). Der politische Einfluß von Frauen wurde geschwächt.

Frauenzusammenschlüsse im gesellschaftlichen Kontext

Die traditionelle Gesellschaft war nicht nur durch exogame Patrilineages strukturiert, sondern auch durch Matrilineages mit einflußreichen Mutterbrüdern. Im Lauf der Zeit begannnen jedoch die Patrilineages das Verwandtschaftssystem zu dominieren. Die Frauenorganisationen bewahrten Verbindungen zwischen den regional verteilten Matrilineages (Geary 1976:29). Insgesamt wurde die Gesellschaftsorganisation durch ein ausgeprägtes Bundwesen gekennzeichnet, dessen Bedeutung vor allem in der Integration unterschiedlicher, migrierender Gruppen in die We-Gesellschaft lag; zudem boten die Bünde Möglichkeiten zum Statuserwerb.[51] Zu den Frauenbünden zählten *Köfab* und *Fümbwi*. *Köfab* war der Bund

---

48 Das Siedlungsgebiet der We gliederte sich in vorkolonialer Zeit in fünf Bezirke, *Ukoli* (Geary 1976:27). Die We wandelten innerhalb von zwei Jahrhunderten einen lockeren Zusammenschluß von Siedlungen in ein straff organisiertes Häuptlingstum um. Ob sie ursprünglich vom oberen Mbam-Fluß eingewandert sind oder mit dieser Herkunftsangabe sich nur in die Reihe der Nachbarvölker stellen, ist strittig (Geary 1976:209). Zu den Charakteristika der Bundorganisation s. Geary 1976:107.
49 Die anderen Ehefrauen des Häuptlings waren wie alle anderen Frauen in We für die Feldbestellung zuständig. Mit den erwirtschafteten Überschüssen wurden Gäste bewirtet und Feste für das ganze Volk veranstaltet. Sie schufen somit die wirtschaftliche Basis für die politische Macht des Häuptlings und genossen großes Prestige (Geary 1976:166).
50 Inwieweit die älteste Frau der Matrilineage des Häuptlings automatisch dieses Amt übernahm, oder ob zur Wahl der Leiterin des *Köfab*-Bundes weitere Kriterien erfüllt sein mußten, ist nicht bekannt.
51 Geary differenziert zwischen: 1.) Männervereinigungen: *Djiitisem* und *Okum*, die vor allem wirtschaftlich bedeutsam waren; 2.) Kriegerbünden: *Samba* und verschiedenen *Ndau*-Bünde mit jungen Männern als Mitgliedern; 3.) Geheimbünden: *Kweifo*, einem Bund politisch und

verdienter, älterer Frauen, *Fümbwi* dessen Vorstufe. Vermutlich wurden beide Organisationen durch Kontakte mit den Kom gegründet (Hahner 1982:86). Bei dem auf Dorfviertelebene organisierten *Fümbwi*-Zusammenschluß ermöglichten Zahlungen von Nahrungsmitteln den Beitritt; dabei halfen die Väter und älteren Brüder den meist jungen Initiantinnen. Das bedeutendste rituelle Objekt, das einer Frau beim Eintritt in einen *Fümbwi*-Zusammenschluß gezeigt wurde, war ein dreieckiger Stein, der in einem Fluß im Nordosten des We-Gebietes gefunden worden war, und als rituelles Musikinstrument diente. In jedem Viertel besaßen zwei Frauen einen solchen Stein, der ihre Leitungsaufgaben legitimierte.

Eine wesentliche Aufgabe des *Fümbwi*-Bundes war die Erwirtschaftung von Überschüssen und ihre Verteilung bei Festen an alle Bund-Mitglieder. Auch die Bestattung zählte zum Aufgabenspektrum, zudem gewährte der Bund einen Zugang zum Reich der Ahnen. Die Mitgliedschaft im *Köfab*-Bund war freiwillig. Im Unterschied zu dem in autonome Einheiten organisierten *Fümbwi*-Bund gab es nur einen einzigen *Köfab*-Bund im ganzen Häuptlingstum We. Voraussetzung für einen Beitritt waren die Mutterschaft und die Zahlung hoher Beiträge in Naturalienform.

> "Mehr als bei fümbwi liegt der Akzent auf Zahlungen, die man für die Mitgliedschaft erbringen muß, denn man mißt den Verdienst einer Frau an ihrer Fähigkeit, hohe Ernteerträge einzubringen. Die Fruchtbarkeit eines Feldes steht in direkter Verbindung mit der Frau, die es gepflanzt hat." (Geary 1976:49)

Die Erwirtschaftung der Mitgliedsbeiträge erstreckte sich über Jahre, Frauen einer Matrilineage halfen sich dabei gegenseitig. Die unterstützenden Frauen erwarteten ihrerseits Hilfe, falls sie die Mitgliedschaft im *Köfab* erwerben wollten. Auch die Ehemänner der Kandidatinnen mußten sich an den Gebühren beteiligen, indem sie Raphiawein und Fleisch zur Verfügung stellten. Reziprozität kennzeichnete ebenfalls diese Leistungen. Mit der festlichen Aufnahme in den *Köfab*-Bund erwarb eine Frau den Zugang zu den rituellen Objekten des Bundes und erhielt eine spezielle Medizin, die zur Sicherung der Fruchtbarkeit eingesetzt wurde. Zusammenkünfte fanden vor allem für Aufnahmezeremonien und zu Bestattungsfeiern statt.

Der Kulturwandel der We äußert sich beispielsweise im Bedeutungsverlust der Bünde, durch die Umgestaltung der gesellschaftlichen und politischen Institutionen und die Schulbildung der jungen Generation. Das Gebiet der We zählt auch

---

rechtlich einflußreicher Männer; 4.) Kultbünden zur Sicherung der Fruchtbarkeit; 5.) Tanzbünden von Frauen und Männern und 6.) Frauenbünden als Pendant zu den Männerbünden (Geary 1976:44). Folgende Aufgaben kamen in den Bünden in unterschiedlicher Zusammensetzung zum Tragen: Die Konfliktschlichtung, die Prestigezuschreibung, die Güterverteilung mit Anreiz zur Überschußproduktion, die Verteidigung, die Durchführung von Ritualen oder Bestattungen, die Interessenvertretung der Mitglieder und Geselligkeit (Geary 1979:55). Ausgehend von der Regelmäßigkeit der Zusammenkünfte differenziert Geary zwischen Assoziationen und Gesellschaften, wobei sich nur letztgenannte kontinuierlich treffen (Geary 1979:55). Frauenbünde ordnet sie den Assoziationen zu. Zur theoretischen Erfassung der Geheimbünde s. Hahners Diskussion über ihre latenten, manifesten und zugrundeliegenden Funktionen (1982:5ff.).

zu der Region, in dem die GTZ heute mit Frauengruppen im Bereich der ländlichen Entwicklung zusammenarbeitet.

d. Frauenzusammenschlüsse in Kamerun im Vergleich

Frauenbünde anderer Ethnien des Graslandes

Auch wenn bei der Untersuchung der Frauenbünde der Kom, Nso und We viele Fragen offen bleiben, so sind sie im Vergleich mit Frauenzusammenschlüssen anderer Ethnien relativ gut dokumentiert. Denn von vielen Gruppen ist nicht mehr als der Name bekannt.[52] Bei den Bamileke gab es zwei Frauenzusammenschlüsse: Der *Mason* wurde von der *N'gop*, Hauptfrau des *Fon*, geleitet und stand nur Frauen gesellschaftlich einflußreicher Familien nach Zahlung hoher Mitgliedsgebühren offen; den *N'dala*-Bund leitete die Mutter des *Fon*, *Mafo*, ihm gehörten etwa 100 angesehene Frauen an. Beim Tod eines *Fon* wurden beide Bünde aufgelöst und von der Hauptfrau bzw. Mutter seines Nachfolgers neugegründet (Hahner 1982:82).

Insgesamt war für die Frauenzusammenschlüsse der Ethnien des Kameruner Graslandes, wie der Bamileke, der Widekum oder der Nsunguli neben der Orientierung am Amt des Herrschers und der Zuständigkeit für die Bestattungen der Mitglieder der Anreiz zur Überschußproduktion durch die Gruppen charakteristisch. Da diese zum Statuserwerb der Frauen beitrug, wirkte sich die Gruppenmitgliedschaft positiv auf das gemeinsame Selbstbild der Frauen als Trägerinnen des Anbaus und Versorgerinnen der Familien aus.

Frauenzusammenschlüsse bei Ethnien außerhalb des Graslandes

Bünde der Pangwe

Zum Verständnis der Frauenbünde der Pangwe, wie des *Mevungo*-Bundes der Fang, des *Oguda*-Bundes oder des *Ngas*-Bundes der Beti ist die Kenntnis des religiösen Weltbildes dieser Völker notwendig.[53] Zentrale Bedeutung kam den

---

52 Über den *Ndju*-Bund der Nsungli weiß man nur, daß die Leiterin die Hauptfrau eines Lineageleiters war und sie das Recht hatte, das Musikinstrument des Bundes zu spielen. Vom *Fungwera*-Frauenzusammenschluß der Beba, einer Untergruppe der Widekum, ist nicht mehr bekannt, als daß er von der Mutter des *Fon* geleitet wurde (Kaberry 1952:98). Im Fungom-Gebiet gab es in einigen Dörfern *Njan* bzw. *Tsain*-Gruppen, denen nur Frauen eines Matriklanes angehören konnten, und *Nsama*-Gruppen, in denen sich verheiratete Frauen durch Beitrittszahlungen ihre Mitgliedschaft erwerben konnten (Kaberry 1952:99).

53 Die Pangwe, ein wenn auch nicht unstrittiger Begriff für verschiedene Ethnien wie die Fang oder die Beti im südlichen Kamerun, werden sprachlich der Nord-West-Bantu-Gruppe zugerechnet. Sie waren traditionell Hackbauern im tropischen Regenwald. Angebaut wurden Bananen, Yams, Maniok und Süßkartoffeln. Regionaler Handel war wichtig. Die politischen

Ewu, den übernatürlichen Kräften zu, über die ein Mensch von Geburt an verfügte. Frauen mit außergewöhnlichen Kräften übernahmen leitende Funktionen in den Bünden und genossen gesellschaftlich hohes Ansehen. Die Bünde sollten auf die positive Wirkung der Kräfte Einfluß nehmen. Vergleichbar mit den Frauenbünden des Graslandes verteilten die Frauenzusammenschlüsse der Pangwe Überschüsse und verschaffte den Mitgliedern gesellschaftliche Anerkennung (Hahner 1982:50).

Während einer 10tägigen Initiation in den *Mevungo* wurde die Initiantin in der Bedeutung der weiblichen Fruchtbarkeit unterrichtet. Als Fruchtbarkeitssymbol wurde ein Päckchen aus Kräutern und Früchten hergestellt, das dann rituelle Verwendung fand. Mancherorts wurde es verbrannt und die Asche im Dorf und auf den Felder verstreut. *Mevungo* trug zum Wohl der Frauen und der ganzen Gemeinschaft bei, denn auch in Notzeiten oder bei Streitfällen wurden Riten durchgeführt. Darüberhinaus boten die rituellen Zusammenkünfte und Feste den Frauen gesellschaftliche Freiräume.

Zu den Aufgaben des *Oguda*-Bundes der Beti gehörte der Schutz vor schädlichen Mächten. Die Aufnahme in den hierarchisch gegliederten Bund war mit einem Initiationsfest verbunden. Der *Ngembe*-Frauenzusammenschluß der Mvele und Evundo, zweier Untergruppen der Beti, hatte ebenfalls rituelle Aufgaben und vermittelte den Frauen gesellschaftliche Anerkennung. Durch die Christianisierung verloren die Bünde an Bedeutung, teilweise rückte die Aufklärung junger Mädchen ins Zentrum der Aufgaben (Hahner 1982:47).

Frauenzusammenschlüsse der Küstenstämme

Prominente Frauenzusammenschlüsse der Küstenstämme waren der *Djengu* der Duala und der *Liengu* der Bakwiri.[54] Im Unterschied zu den Frauenbünden der Pangwe konnte die übernatürliche Kraft *Ewu* während der Initiation in den Bund erworben werden und galt nicht als angeboren. Ausschlaggebend für die Mitgliedschaft im *Djengu*-Bund war die Besessenheit junger Frauen von Wassergeistern, *Mengu* (pl. *Djengu*). Diese wurden anthropomorph gedacht und in Wasserströmungen an der Küste lokalisiert. Sie versprachen Männern, die sich ihren Regeln fügten, Reichtum und drohten mit Unglück, wenn ein Mann eine Verbindung mit ihnen abbrach (Wendl 1991:84). Frauen konnten von diesen mächtigen *Mengu*-Geistern besessen werden, ihre Besessenheit äußerte sich in apathischen Zuständen und Schmerzen. Individuell durchgeführte Heilriten, die auf die jeweiligen Geistwesen abgestimmt waren, ermöglichten den besessenen Frauen auch die Mitgliedschaft im *Djengu*-Bund. Art und Umfang der Heilriten, insbesondere der rituelle Bäder, korrespondierte mit der Stellung der Frauen in der

---

Belange regelte der Ältestenrat, Patrilinearität prägte das Verwandtschaftssystem. Während der Kolonialzeit wurden sie christianisiert.

54 Die Duala und Bakwiri (auch Bakweri, Kwiri oder Kpe genannt), die sprachlich zu den Nord-West-Bantu-Gruppen gerechnet werden, waren traditionell Fischer und Feldbauern nahe der Küstenstadt Duala bzw. am Kamerunberg. Kennzeichen der Gesellschaftsorganisation der Bakwiri war das doppelte Deszendenzsystem (Ardener 1972:154).

Bundhierarchie, die den Mitgliedern gesellschaftliche Anerkennung vermittelte. Der *Djengu*-Bund war auch für Fruchtbarkeitsriten, Riten zu Beginn der jährlichen Fischfangsaison, für Schutzriten nach Zwillingsgeburten und für Bestrafungen bei Hexerei zuständig (Ittmann 1957:174; Hahner 1982:71).

Sobald die Aufgaben und Rechte der Frauen durch Entscheidungen der Männer mißachtet wurden, leistete der *Djengu*-Bund Widerstand, zudem vertrat die Bundleiterin die Interessen der Frauen im Ältestenrat.[55] "Innerhalb der Duala-Gesellschaft erwies sich der Kult als eine politische Kraft, die die verschiedenen Verwandtschaftsgruppen umspannte und miteinander vereinte." (Wendl 1991:85)

Ähnliche Charakteristika und Strukturen waren auch im *Liengu*-Bund bei den Bakwiri zu finden. Die Mitgliedschaft wurde angestrebt, wenn Krankheitssymptome einer meist jungen Frau auf Besessenheit hindeuteten. *Liengu* ist im Kontext der Weltsicht, des Gesellschafts- und Selbstbildes der Bakwiri-Frauen zu betrachten und ermöglicht damit eine Auseinandersetzung mit unterschiedlichen Natur-Kultur-Perspektiven von Frauen und Männern.[56] Zentral war dafür der Gedanke, daß die Männer in ihrer Grenzziehung zwischen Natur und Kultur Bereiche als Natur ausklammerten, die die Frauen sehr wohl in ihr Kultur-Konzept miteinbezogen, da sie zu ihrer Aktionssphäre gehörten. Hierzu ist der Wald zu nennen, in dem die Frauen anbauten und den sie zum Zweck der Handelsreisen durchquerten.[57]

Vergleichbar mit dem *Djengu* der Duala nutzten auch die *Liengu*-Mitglieder ihre Beziehungen zu den Wassergeistern als Zugang zur Fruchtbarkeit. Der *Liengu*-Bund war nicht nur für die Heilung spezifisch weiblicher Krankheiten zuständig, wie die Bakwiri-Männer annahmen, sondern vor allem mit rituellen Aufgaben befaßt (Ardener 1972:146f.). Zur Interessenvertretung verfügten die Frauen zudem über eine Bestrafungstechnik, die mit dem *Anlu*-Ritus der Kom vergleichbar ist. Mißachtung ihrer Aufgaben als Mütter oder Beleidigungen des weiblichen Geschlechts erwiderten Frauen mit gesellschaftlich legitimierten Ächtungspraktiken, den *Titi ikoli*. Hierzu wurden alle Bakwiri-Frauen eines Ortes zusammengerufen, was die verwandtschaftsübergreifende Bedeutung des gemeinsamen Strafritus zum Ausdruck brachte. Zur Verteidigung ihrer verbindenden Geschlechterinteressen verkleideten sich die Frauen symbolisch mit grünen Pflanzenteilen (Ardener 1973:426). Traditionell wurde der Beschuldigte von den

---

55 S. Hahner 1982:67ff. Wegen der Auswirkungen der Wassergeister auf Männer konnten diese in den Bund aufgenommen werden. Junge Männer lernten bei der Initiation wichtige Bereiche der Geschichte des Volkes kennen; sie wurden beschnitten und skarifiziert (vgl. Ittmann 1957:159ff.). Männer hatten jedoch nur wirtschaftliche und keine rituellen Funktionen inne (Hahner 1982:55). Der *Djengu*-Bund hat durch die christliche Mission an Bedeutung verloren.

56 Hiermit will Ardener auch zur Revision ethnologischer Methoden anregen, die die männliche Weltsicht als das Weltbild einer Gesellschaft darstellen und dabei die Perspektive der Frauen außer acht lassen. Er diskutiert zudem die Initiation in den Bund unter Bezug auf unterschiedliche Erklärungsansätze, wie Nubilitäts-, Pubertäts- und Fertilitätsriten sowie Heilzeremonien (Ardener 1972:151ff.).

57 "Die Bakweri-Frauen definieren die Grenze ihrer Welt in der Weise, daß sie als Frauen teilweise in der von Männern als Wildnis definierten Welt leben und teilweise innerhalb der Männerwelt wie den umzäunten Dörfern." (Ardener 1972:153)

Frauen selbst verurteilt. Die Rechtssprechung liegt heute zwar in der Hand staatlicher Gerichte, doch ist bemerkenswert, wie häufig im Bakwiri-Gebiet Übergriffe gegen Frauen als Zivilprozesse verhandelt und mit hohen Bußgeldern bestraft werden. Heute wird von *Mami Wata*-Geistern gesprochen, die in der Gestalt eitler, reicher Europäerinnen auftauchen und einzelne Menschen besessen machen. Heilriten dienen auch hier zum Aufbau einer friedlichen Beziehung zu diesen Geistwesen, da sie sich nicht einfach austreiben lassen (Wendl 1991:88).

2. Projektbeispiel: Einführung und Förderung der Zugtiernutzung in der Nord-West-Provinz: Zusammenarbeit mit Frauengruppen im Kameruner Grasland

Zwischen 1976 und 1988 kooperierte die "Deutsche Gesellschaft für Technische Zusammenarbeit" (GTZ) mit der halbstaatlichen, kamerunischen landwirtschaftlichen Beratungsinstitution "Wum Area Development Authority" (WADA) in Wum. Mit dieser Trägerorganisation wurde das "Draught Animal Program", das die Verbreitung der Ochsenanspannung zum Ziel hatte, durchgeführt.[58] Der Einsatz von Zugochsen sollte die landwirtschaftliche Produktion steigern und der Anbau von Grundnahrungsmitteln im Kameruner Grasland intensivieren; dazu wurden Kredite vergeben, Schulungen und Beratungen organisiert. Zunächst beschränkte man sich darauf, die Männer der Region als Farmer anzusprechen, dadurch sollte auch die Arbeitslast der Frauen im Anbau reduziert werden (Zweier 1986:14). Einer Vorlaufphase von vier Jahren, bei der technische Fragen im Mittelpunkt standen, folgte 1980 eine Pilotprojektphase von zwei Jahren. Dabei wurde das Ziel der Einführung und Nutzung der Ochsenanspannung zugunsten der Verbesserung der landwirtschaftlichen Bodenbearbeitung modifiziert; die Zugtiernutzung blieb aber die wichtigste Komponente. Ergänzungen gab es im Bereich der Anlage von Konturlinien und deren Bepflanzung, der ökologischen Düngung, der Intensivierung von Mischkulturen und der Anlage von Dauerkulturen (Schneider 1986:71ff.).

Die Ausbildung mit den Ochsengespannen dauerte sechs Wochen; hierbei wurden Männer aus dem Einzugsgebiet der "Wum Area Development Authority" im Einsatz der Tiere, ihrer Pflege und Fütterung sowie in der Wartung der Geräte unterrichtet.[59] Am Ende wurden sie mit günstigen Kreditkonditionen zum Kauf

---

58 Dabei wurden neben der finanziellen Unterstützung zwei deutsche Experten zur personellen Zusammenarbeit eingestellt. Die Trägerorganisation WADA führte bereits seit den 60er Jahren landwirtschaftliche Ausbildungskurse und technische Beratungen durch; auch war sie für Feldtests mit verbesserten Anbausorten für die Subsistenz und den Export zuständig. Diese Aktivitäten sollten zur Verbesserung der Lebensverhältnisse im ländlichen Raum beitragen. Sie sind daher auch mit der regionalen Umsetzung der ländlichen Entwicklungspläne Kameruns und der Partizipation der Bevölkerung an der ländlichen Entwicklung in Beziehung zu setzen (Hemmersmeier 1976:110ff.).

59 Bei der Auswahl der Schulungsteilnehmer wurde nicht ethnisch differenziert. Voraussetzung zur Teilnahme an den Trainingskursen war eine schriftliche Bewerbung und der Nachweis

eines Ochsengespannes ermutigt; die kostenlose veterinärmedizinische Versorgung der Tiere wurde vom Projekt zugesichert.[60] Die Nachbetreuung der Ochsenbauern durch das lokale Beratungspersonal war sehr intensiv. Der Besitz eines Ochsengespanns galt als Statussymbol und die Felder in fruchtbaren Tallagen wurden für den Einsatz der Ochsen bevorzugt, die Verstärkung der sozialen Ungleichheit durch die Ochsenanspannung wurde aber nicht problematisiert.[61]

Die Einbeziehung der Männer in den sehr diversifizierten Anbau von Grundnahrungsmitteln ließ die geschlechtliche Arbeitsteilung aufbrechen und verdrängte Frauen aus ihrer gesellschaftlich anerkannten Rolle als Produzentinnen. Ihre Degradierung zur familiären Hilfskraft durch die Förderung der Männer als Ochsenfarmer wirkte sich nachteilig auf das Selbstwertgefühl der Frauen aus (Bruchhaus 1984a:22).

Besonders problematisch war, daß die Anbauflächen durch den Einsatz der Ochsen als Pflugtiere vergrößert wurden und die Frauen im Bestellen und Jäten der Familienfelder somit mehr Arbeit zu bewältigen hatten, bei der die Männer nicht mithalfen. Die zusätzliche Arbeitslast reduzierte die Größe der eigenen Felder der Frauen und damit die Möglichkeit, eigenes Einkommen zu erwirtschaften. Einen Verfügungsanspruch auf das gemeinsam erwirtschaftete, familiäre Einkommen, das von den Männern verwaltet wurde, mußten die Frauen eingefordern. Es gab keine kompensatorischen Maßnahmen für ihre Anbaueinbußen. Zudem wurden weder die Inhalte, noch die Durchführung der Beratung der Komplexität des traditionellen Anbausystems gerecht (Schneider 1986:81).

Ab 1984 wurde versucht, den negativen Effekten des Projektes für die Frauen durch ihre Einbeziehung in die Projektaktivitäten entgegenzuwirken. Frauen wurden gemeinsam mit ihren Männern in der Zugtiernutzung geschult. Diese Maßnahmen zur Überwindung der Benachteiligung sind der Kategorie der Frauenkomponenten im Rahmen der Frauenförderung zuzuordnen.[62] Personell wurde das Beratungsteam von 10 Männern durch zwei Beraterinnen ergänzt. Schulungen für männliche Berater sollten auch deren Bereitschaft zur Beratung von Frauen sensibilisieren (Zweier 1986:14).

Der Geschlechterungleichheit wurde jedoch nicht entgegengewirkt, da die Männer als Kreditnehmer und "Besitzer des Ochsengespannes" galten. Daher wurde dann verstärkt die Schulung bestehender Frauengruppen in der Zugtierhaltung angestrebt. Die gemeinsam angeschafften Gespanne sollten sowohl auf den Gruppenfeldern als auch auf den individuell bestellten Feldern der Frauen

---

    von drei Hektar Betriebsfläche (Mansfeld 1980:8; vgl. Alberti 1979:5). Doch nur 11 % aller Familien konnten diese Betriebsgröße vorweisen.
60 Zur Gefahr der Verschuldung der Bauern bei schlechten Ernten s. Alberti 1979:15.
61 S. Schneider 1986:72; vgl. Mansfeld 1980:15; vgl. Etienne-Ahl 1989:22. Zur Problematik der Verschärfung sozio-ökonomischer Gegensätze durch Zugtieranspannung bei den Senufo in Mali s. auch Krings 1991a:40ff.
62 S. Bruchhaus 1984a:15. Diese Umorientierung war möglich gewesen, weil das Projekt insgesamt nicht sehr groß war (Schneider 1986:83). Zur Erörterung der Unterscheidung zwischen den frauenspezifischen Maßnahmen, den Frauenkomponenten und der Integration von Frauen in die gesamte Projektgestaltung s. die Ausführungen zum Konzept der Frauenförderung in der Entwicklungspolitik im zweiten Teil dieser Arbeit.

zum Einsatz kommmen und damit die Abhängigkeit von den Männern reduzieren. Dabei gingen die Evaluierungsberichte lediglich davon aus, daß es landwirtschaftlich arbeitende Gruppen gab, ohne deren interne Strukturen, Arbeitsweisen und Ziele näher zu analysieren. Da die Frauen grundsätzlich am Zugtiereinsatz interessiert waren und anscheinend traditionelle geschlechtliche Aufgabenzusweisen ihnen nicht die Arbeit mit Zugtieren verwehrten, wurden keine genaueren Forschungen über die traditionelle Bedeutung, die Möglichkeiten und Grenzen der Gruppenarbeit durchgeführt (vgl. Bruchhaus 1984a:22). Auch eine ethnische Differenzierung fand nicht statt, so daß keine Klarheit darüber erlangt werden konnte, ob es Unterschiede im Interesse und in der Umsetzung der Projektangebote durch die Frauengruppen einzelner Ethnien wie der Kom, Nso oder We gab.

Wohl aber wurde von Seiten der Projektleitung erkannt, daß Frauen, die über die Ausbildung mit ihren Ehemännern von der Zugtieranspannung erfahren hatten, oft die Verbindung zwischen den Gruppen und dem Projekt herstellten; so wurden 1986 insgesamt 30 Frauengruppen gefördert. Explizit wurde angestrebt, die Leistungsfähigkeit der Frauen nicht zu überfordern und ihre traditionellen Organisationsformen zu stärken. Ungeklärt blieb aber weiterhin, ob diejenigen Frauen, deren Ehemänner selbst ein Ochsengespann hatten und die gleichzeitig auch in Frauengruppen aktiv waren, nicht erheblich mehr Arbeit zu bewältigen hatten.

Die Schulung von Frauengruppen galt neben der Unterrichtung von Ehepaaren als zusätzliche Möglichkeit, Frauen für die Projektaktivitäten zu gewinnen. Als problematisch erwies sich für die Schulung der Frauengruppen bereits nach einiger Zeit die Lage der Gruppenfelder wegen ihrer großen Entfernung von den Dörfern und ihren steilen Hanglagen, auf denen Zugochsen nur begrenzt zum Einsatz kommen konnten; ähnliches galt für den Einsatz auf den individuellen Feldern der Frauen. Aus dieser Erkenntnis heraus wurde den Gruppen vorgeschlagen, nicht selbst Ochsen anzuschaffen, sondern für bestimmte Arbeiten die Gespanne der Männer auszuleihen.[63]

Entwicklungsexpertinnen stellten in Studien fest, daß den Projektverantwortlichen die Hintergründe der Zusammenarbeit und die Organisationsprinzipien der Frauenzusammenschlüsse einzelner Ethnien unbekannt waren, auch hatte man sich noch nicht damit befaßt, in welchem Umfang die Frauen mit den Erträgen auf den Gruppenfeldern zur familiären Versorgung beitrugen und wie dieser durch ihre Mehrarbeit auf den Feldern der Männer reduziert wurde (Bruchhaus 1984a:24). Unberücksichtigt blieb auch, wie sich die Tendenzen zur Individualisierung des Anbaus auf die Gruppenstrukturen auswirkten, ob die Organi-

---

63 S. Schneider 1986:82. Dies wurde auch durch die Beobachtung gefördert, daß manche Gruppen die Tiere nicht richtig versorgten (vgl. Etienne-Ahl 1989:52). Hierfür wurde pauschal die geschlechtliche Arbeitsteilung verantwortlich gemacht, ohne daß genauer hinterfragt worden wäre, ob möglicherweise die Ausbildung im Umgang mit den Zugtieren unzureichend war, andere Prioritäten der Frauen oder schlicht Zeitmangel hierfür die Ursachen waren. Es wurden auch keine Detailanalysen zur Benutzung der Zugtiere, wie beispielsweise über ihren möglichen Einsatz als Lasttiere erstellt. Die Frauen wurden auch nicht zu den Auswirkungen der Zugtiere auf die Gruppenarbeit befragt.

sationsfähigkeit und der Erfahrungs- und Wissensaustausch im Anbau sowie die wirtschaftliche Kooperation und Eigenständigkeit der Frauen dadurch belastet wurden (Schneider 1986:84). Dies zeigt, daß die Existenz von Kooperationsformen der Frauen vorrangig unter dem Gesichtspunkt der Arbeitsbewältigung und Ertragssteigerung betrachtet wurde.

Als die Frauengruppen für projektbegleitende Studien nach ihren Bedürfnissen im anbautechnischen Bereich befragt wurden, äußerten sie den Wunsch nach verbessertem Saatgutzugang, dem Erlernen verbesserter Anbaumethoden sowie nach der Förderung im Gemüseanbau und der Vermarktung ihrer Erträge; darüberhinaus wurde Unterricht in der Seifenherstellung gewünscht. Im Bereich der Arbeitserleichterung erhofften sich die Frauen Zugang zu Getreidemühlen und Maniokreiben als arbeitssparender Technologie. Projektbegleitende Studien forderten, diese Wünsche stärker in die Beratungen einzubeziehen; hierbei sollten möglichst weibliche Beraterinnen eingesetzt werden, da Frauen in anbautechnischen Fragen als kompetenter galten. Sie sollten auf die traditionellen Anbaukenntnisse eingehen und die Frauengruppen auch bei Managementfragen beraten (Bruchhaus 1984a:29ff. und 1984b:21).

Weitere Projekte im Kameruner Grasland

Zu den Aktivitäten von kirchlichen Organisationen zählt die Arbeit des Frauenverbands der "Presbyterianischen Kirche", in dem über 200 Frauengruppen der Nso, Kom und Bafut organisiert sind. Er trägt nicht nur zur Unterstützung von jungen Müttern und Witwen in Notlagen bei, sondern ermutigt Frauen zur Kommunikation über traditionelle Frauenrollen und Geschlechtervorstellungen. Den Frauengruppen sollen ihre Leistungen zur familiären Versorgung bewußt werden, sie sollen auch die Vertretung der Rechte fördern. Darüberhinaus wird ein ethnienübergreifender Austausch angestrebt (Gewecke 1992:62). Schulungen für Gruppenleiterinnen sollen deren wirtschaftliche und organisatorische Kompetenz fördern (Nagel 1987:116). Grundsätzlich wird die Rolle der Frauen als Mütter betont, doch angesichts der heutigen wirtschaftlichen Notwendigkeiten werden die Frauen darüber hinaus im ökonomischen Bereich unterstützt. Selbsthilfeaktivitäten zur Verbesserung der eigenen Lebenssituation und der gesamten dörflichen Infrastruktur werden auch von katholischen Frauenorganisationen durchgeführt, die der Diözese Bamenda zugeordnet sind. Die Anschaffung von arbeitssparender Technologie wie Getreidemühlen wird von den kirchlichen Hilfswerken "Misereor" oder "Brot für die Welt" unterstützt (Misereor/Brot für die Welt 1993).

Neben kirchlichen Institutionen führen auch andere Nicht-Regierungs-Organisationen Maßnahmen zur Förderung von Frauengruppen durch. Mit Ausnahme der Nso-Frauengenossenschaft, die sich bereits Anfang der 60er Jahre zur lokalen Vermarktung von Palmöl und angebauten Produkten bildete, waren die Genossenschaftsgründungen durch den Frauenflügel der "Cameroon National

Union" (NCNU) in den frühen 70er Jahren wenig erfolgreich.[64] Zwar sollte die Abhängigkeit von den Palmölhändlern reduziert werden, doch entsprach dies nicht den dringendsten Bedürfnissen der Frauen, da der Palmölhandel nur eine von vielen wirtschaftlichen Tätigkeiten war und die mit der Gründung der Kooperativen verbundenen bürokratischen und managementbezogenen Probleme die Aktivitäten in diesem Bereich erschwerten (Kordylas 1989:17f.). Frauengenossenschaften wurden nicht in dem Maße von der Genossenschaftsabteilung des Landwirtschaftsministeriums unterstützt wie die Männer, was den Aufbau tragfähiger Strukturen erschwerte (Nagel 1987:83).

Grundsätzlich ist für den Erfolg wirtschaftlich aktiver Frauenzusammenschlüsse die Absatz- und Vermarktungsproblematik entscheidend. Die ökonomische Eigenständigkeit der Frauen und ihrer Gruppen kann ihre familiäre und gesellschaftliche Verhandlungsposition stärken und einen bedeutenden Beitrag zum Wandel leisten. Wichtig für Projekte und Unterstützungsmaßnahmen ist es daher, den Landrechtsfragen und Infrastrukturproblemen Beachtung zu schenken (Balla 1985:130ff.).

Staatliche Institutionen und ihre Vertretung in der Region

Im staatlichen Verwaltungswesen ist die Abteilung für "Community Development", die 1976 dem Agrarministerium angegliedert wurde, für Maßnahmen zur Frauenförderung im ländlichen Raum zuständig. In dessen Konzeptionen kommt der Beratung und technischen Unterstützung von Frauen und ihren Gruppen in der Landwirtschaft große Bedeutung zu (Brandt-Gerbeth 1985:105f.). Diese Bekundungen entsprechen jedoch nicht der finanziellen Ausstattung des Frauenförderungsbereiches; ebenso ist die Verbreitung arbeitserleichternder Technologie unzureichend (Nagel 1987:60; Lewis 1990:187). Darüberhinaus kritisieren Expertinnen der Entwicklungszusammenarbeit, daß die Agrarberatungsdienste in der Nord-West-Provinz wegen ihrer Exportorientierung und Männerzentrierung nicht den Bedürfnissen und Interessen der Frauengruppen angepaßt sind. Frauen sind vom Zugang zu Land, Saatgut und Vermarktung fast völlig ausgeschlossen, auch der Kreditzugang wird ihnen erschwert; dies betrifft vor allem investitionsbereite Frauengruppen (Lachenmann 1989:39). Wichtig wäre es, die Beratungen für die Frauengruppen zu verändern, so daß ihre gemeinsame landwirtschaftliche Tätigkeit wirklich zur Verbesserung der Lebenssituation beiträgt.[65] Die Förderung der

---

64 S. Nagel 1987:85. Die nicht-staatliche Frauenorganisation "Women's Organization of the Cameroon National Union" (WCNU) ist in verschiedene Untergruppen gegliedert und bemüht sich um die Einkommens- und Bildungsverbesserung, sowie den Erhalt des kulturellen Erbes der Frauen. Aufgabenstellungen dieser Organisation liegen in der Verbesserung der Infrastruktur und Technologie (Endeley 1978:67f.).

65 S. Nagel 1987:70. Landwirtschaftliche Ausbildung von Bauern und Bäuerinnen findet auch in den von Jesuiten gegründeten Instituten zur sozialen und wirtschaftlichen Entwicklung, INADES, statt. Neben der Verbesserung der Anbautechnik, der Buchführung und Vermarktung wird dort auch dem Erfahrungsaustausch zwischen Frauengruppen Beachtung geschenkt (Nagel 1987:131).

Frauen als Produzentinnen sollte zudem in der Ausbildung der Beraterinnen und Berater mehr Gewicht bekommen.

Die Ausbildung der Beraterinnen fällt in den Kompetenzbereich des 1983 gegründeten Frauenministeriums, das auch die landwirtschaftlichen Beratungsprogramme koordiniert. Doch seine Finanzmittel und personellen Kapazitäten sind begrenzt und seine politische Stellung gegenüber anderen Ministerien ist schwach. Entsprechend verfügt das Frauenministerium kaum über Möglichkeiten zur Durchsetzung einer frauenfördernden Agrarpolitik.[66] Unter unzureichenden Finanzmitteln und politischen Einflußmöglichkeiten leidet auch die 1961 gegründete und 1967 zum Dachverband aller Frauenverbände erklärte nationale Frauenorganisation OFRDPC. Sie unterliegt den Direktiven der Einheitspartei und daher ist es fraglich, inwieweit sie Biue Fraueninteressen durchsetzen kann (Göser-Huber 1982:168).

Zusammenfassung

Beim "Draught Animal Program" unterstützte die GTZ technisch und finanziell die Schulungen zur Verbreitung der Zugochsenanspannung im Kameruner Grasland, die von der halbstaatlichen "Wum Area Development Authority" getragen wurde. Das Programm hatte Ertragssteigerungen durch Anbauintensivierung in dem als sehr fruchtbar bekannten Gebiet der Kom, Nso und We zum Ziel; es war Teil der agrarpolitischen Planung der Regierung.

Ungeachtet der geschlechtsspezifischen Arbeitsteilung der genannten Ethnien und der tragenden Rolle der Frauen im Anbau wurden Männer für die Anschaffung von Zugochsen angesprochen und in einem Ausbildungszentrum in Wum geschult. Dies führte jedoch zu einer Verschärfung der gesellschaftlichen Ungleichheit und der Geschlechtergegensätze. Frauen wurden in vielerlei Hinsicht benachteiligt, beispielsweise wurden sie in weit abliegende Gebiete mit schlechten Böden verdrängt.[67] Die Beschleunigung der Arbeitsabläufe der Männer und die Erschließung von immer größeren Feldern durch das Pflügen mit den Zugochsen bedeutete Mehrarbeit für die Frauen, da ihre Aufgaben, wie Pflanzen, Jäten oder Ernten, nicht durch neue Techniken erleichtert wurden. Die traditionelle Kontrolle der Frauen über die von ihnen angebauten Nahrungsmittel wurden durch die Einbeziehung der Männer reduziert. Dies hatte auch einen Verlust ihres Selbstwertgefühls als Produzentinnen zur Folge, auf das aber ihre Identität, ihre Organisationsformen und ihre gesellschaftliche Mitsprache aufbauten.

Das Ignorieren ihrer Leistungen und Kenntnisse, die traditionell auch für den Austausch und die Anerkennung in den Frauenbünden wichtig waren, kritisierten die Frauen ebenso wie ihre Verdrängung aus dem Anbau. Auffällig ist, daß diese Kritik bei Befragungen und Projektevaluierungen geäußert wurde, jedoch nicht in gemeinsame Aktivität umgesetzt wurde. Sie brachte die Resignation der Frauen

---

66 S. Brandt-Gerbeth 1985:180; Nagel 1987:46; Lewis 1990:181f.
67 Zur Problematik der Einführung von Zugochsen in afrikanischen Agrarkulturen s. auch Starkey 1991.

zum Ausdruck und war weniger ein engagierter Protest gegen die Benachteiligung, wie er insbesondere von den Kom-Frauen bei Mißachtung ihre Rechte und Verantwortung durch den Anbau formiert wurde. Die traditionelle Rolle der Frauen im Anbau, die Bedeutung ihrer Zusammenschlüsse und ihr Widerstandspotential wurden in den projektbegleitenden Studien nicht thematisiert. Es bleibt nur bei der Aussage, daß Frauen traditionell im Anbau bedeutend waren.

Es gibt keine schlüssige Erklärung für den Widerspruch zwischen der traditionell starken gemeinsamen Interessenvertretung und der nun anzutreffenden reservierten Haltung der Frauen. Gründe hierfür könnten sowohl im politischen, als auch im wirtschaftlichen, religiösen oder gesellschaftlichen Bereich und in der Projektgestaltung liegen. Der Anlu-Protest von 1958 fand in einem politischen Machtvakuum statt, angesichts der heutigen politischen Repression in Kamerun hätten die Frauen sicherlich keine Chance, einen derartigen Protest ungestraft zu organisieren. Vielleicht schloß also das Wissen über das politische System öffentliche gemeinsame Proteste aus. In wirtschaftlicher Hinsicht ist zudem der Landbesitz bereits stärker individualisiert als es Ende der 50er Jahre der Fall war. Auch dies kann den Zusammenhalt der Frauen negativ beeinflußt haben, denn ihre gemeinsame wirtschaftliche Verhandlungsmacht scheint gering zu sein, da die Gruppenfelder auf vergleichsweise unfruchtbaren Hängen fernab der Dörfer angelegt wurden. Zudem wäre es möglich, daß der intensivere kirchliche Einfluß die traditionelle, religiöse Herleitung des Anbaus, wie sie insbesondere bei den Kom-Frauen anzutreffen war, verdrängt hat, denn dies wird in ähnlicher Weise für den Bedeutungsverlust des *Afaf-* und *Fümbuen*-Bundes angenommen.

Die Projektkonzeption war so angelegt, daß zunächst mit einzelnen Männern aus unterschiedlichen Dörfern und verschiedenen Ethnien zusammengearbeitet wurde. Mögliche Benachteiligungen von Frauen und Geschlechterkonflikte fanden also im familiären Rahmen statt, dies verhinderte eine Solidarisierung der Frauen. Ein gemeinsamer Protest ließ sich nur noch schwer entwickeln.

Die Mehrbelastungen der Frauen und ihre kritische Haltung gegenüber der Ochsenanspannung wurden von der Projektleitung erst zur Kenntnis genommen, als die erwarteten Ertragssteigerungen ausblieben. Zur Korrektur der Projektkonzeption und zur Überwindung der Benachteiligung von Frauen wurden dann Ehepaare im Einsatz der Zugochsen geschult, denn ein prinzipielles kulturelles Verbot im Umgang mit Zugtieren für Frauen, wie es im Reisanbauprojekt bei den Mandika erkannt werden mußte, konnte nicht festgestellt werden. Hier waren vielmehr die intensivierten innerfamiliären Machtverhältnisse sowie die Verdrängung der Frauen durch die unausgewogenen und vom westlichen Familien- und bäuerlichen Betriebsmodell ausgehenden Projektmaßnahmen entscheidend.

Doch weder durch die Schulung von Ehepaaren noch durch die dann folgende Einbeziehung bestehender Frauengruppen ließ sich die Dominanz der Männer im Umgang mit den Gespannen überwinden. Denn die Frauen konnten keinen Anspruch auf die Felder in Tallagen geltend machen und die Tiere konnten damit auf ihren steilen Feldern kaum eingesetzt werden. Schließlich schlug die Projektleitung sogar vor, daß sich die Frauengruppen Zugtiere bei den Männern ausleihen sollten. Dies war jedoch eher ein Ausdruck der Unkenntnis der Charakteristika von Frauenzusammenschlüssen einzelner Ethnien und der Bedürfnisse der Frauen, als daß es den ausgelösten Ungleichheiten entgegengewirkt hätte. Zwar beteiligten sich einige Frauengruppen an den Programmen, doch dabei war weniger die Ochsenanspannung, als vielmehr der Zugang zu verbessertem Gemüsesaatgut für sie von Interesse.

Die Mehrbelastungen zur Intensivierung des Gemüseanbaus auf eigenen Feldern wurde aber nicht durch arbeitssparende Technologien zur Ernteverarbeitung kompensiert. Auf Erfahrungen und Erfolge mit gemeinsam betriebenen Getreidemühlen konnten Nso- und Kom-Frauen in vielen Dörfern jedoch schon seit den 50er Jahren zurückblicken, nachdem sich die Ethnologin Phyllis Kaberry als Konsequenz aus ihrer Studie über die wirtschaftlichen Tätigkeiten und Kooperationsformen von Frauen im Kameruner Grasland für die Anschaffung derartiger Geräte zur Reduzierung der Arbeitsbelastung eingesetzt hatte.

Ein Grund für die mangelnde Berücksichtigung der Interessen von Frauen in der kamerunischen Landwirtschaft ist die personelle und inhaltliche Ausrichtung des landwirtschaftlichen Beratungswesens und der staatlichen Landwirtschaftspolitik auf den Exportfruchtanbau. Damit werden Ungleichheiten geschaffen und Frauen im Zugang zu Saatgut, Technik, Krediten und Vermarktungsmöglichkeiten benachteiligt. Eine Umorientierung wird von Entwicklungsexpertinnen gefordert. Hier zeigt sich, wie wichtig detaillierte Kenntnisse über die sozio-ökonomischen und kulturellen Gegebenheiten bereits vor Projektbeginn sind. Denn die Zielsetzungen und Bedürfnisse von Frauenzusammenschlüssen sind im Kontext der politischen Möglichkeiten bzw. Grenzen ihrer Umsetzung zu sehen. Dabei ist auch zu berücksichtigen, ob und inwieweit die nationalen Frauenorganisationen oder die staatlichen Institutionen zur Frauenförderung als Lobby der Fraueninteressen wirken und damit die Handlungsmöglichkeiten der Frauenzusammenschlüsse stärken können.

Zur Arbeit der nicht-staatlichen Organisationen, in diesem Fall der kirchlichen Institutionen, ist zu sagen, daß sie zwar nicht im anbautechnischen Bereich, wohl aber in der Verbreitung arbeitssparender Technologie engagiert sind und damit einem dringenden Bedürfnis der Frauen entsprechen. Darüber hinaus bemühen sie sich um die Intensivierung der sozialen Beziehungen zwischen den Frauen und wirken damit einer Individualisierung entgegen. Auch auf interethnischer Ebene wird dieser Austausch angestrebt. Er kann zum besseren gegenseitigen Verständnis beitragen sowie die Organisationsfähigkeit und eigenen Entwicklungsbestrebungen von Frauen fördern.

Achtes Kapitel
Händlerinnen-Assoziationen der Yoruba

1. Traditionelle Organisationsformen

Räumlicher und ethnographischer Überblick

Der Lebensraum der Yoruba, eines der bedeutendsten Völker in Süd-Nigeria, erstreckt sich zwischen dem Niger-Unterlauf und dem Golf von Guinea, der heutigen Western Region des Staates Nigeria. Regenwald bzw. Sekundärwald prägt die Vegetation des Gebietes in den südlichen Teilen, nach Norden hin geht sie mit abnehmender Niederschlagsmenge in Feuchtsavanne über.[1] Charakteristisch für die Wirtschaft und Kultur der Yoruba war traditionell weniger der Anbau als der Handel, der von den Frauen getragen wurde.[2]

Verbindende Elemente der Yoruba-Kultur waren die vergleichbaren politischen Organisationsformen der an sich eigenständigen Stadt-Staaten, der politisch-religiöse Abstammungsmythos von Ile-Ife sowie religiöse Vorstellungen.[3] Auch die zu den Kwa-Sprachen zählende gemeinsame Sprache wirkte verbindend.[4] Ursprünglich kannten die Yoruba keine allgemeine Selbstbezeichnung, sondern benannten sich nach den jeweiligen Stadt-Staaten wie Oyo, Ife oder Ondo.[5]

---

1   S. Fadipe 1970:24; Bascom 1969:4. Bei einem Zensus von 1931 wurden insgesamt 3.000.000 Yoruba gezählt, 1965 wird ihre Zahl mit 6.000.000 angegeben, 1981 mit 12-15 Millionen; die Bevölkerungsdichte variiert regional (Forde 1962:3).
2   Die relativ späte Aufnahme von Handelsbeziehungen zwischen Yoruba und Europäern wird durch die Schwierigkeiten in der Schiffbarkeit von Flüssen und Küste erklärt (Lloyd 1965:551).
3   Hierzu zählte die Achtung des Oni von Ife als religiösem Führer und die Verehrung Oduduwas oder Oduas als vergöttlichtem Kulturheroen und gemeinsamem Urahn.
4   Die Yoruba-Sprache zählt gemäß Greenberg's Unterteilung zu den östlichen Kwa-Sprachen der Niger-Kongo-Sprachgruppe (Bascom 1969:8).
5   Darauf basiert auch die Unterteilung in die Oyo mit den Ibadan und Ilorin im Nordwesten (heutige Oyo- und Ilorin-Provinz), die Ife im Zentrum, die Owe im Nordwesten, die Ekiti im Südosten (Ondo-Provinz), die Ondo, die Ijebu um Lagos und die Egba im Südwesten; die Nago leben in Dahomey und Togo (Forde 1962:2). In der Literatur sind unterschiedliche Unterteilungen zu finden (vgl. Basom 1969:5; Obayemi 1976:209). Schulz-Weidner differenziert zwischen folgenden Yoruba-Untergruppen: Oyo, Ketu, Nago, Ahori, Egba, Idjebu, Ondo, Ife, Ijesa, Ekiti und Itsekiri (1975:382). Fadipe geht von zwei unterschiedlichen Untergruppen aus: den Yoruba in Ile-Ife und denen in Oyo, Nachkommen der Einwanderer, die aus dem Osten in das Gebiet kamen, dabei weist er auf kulturelle Unterschiede der Gruppen hin (1970:5ff.).

Geschlechtliche Arbeitsteilung im Anbau

Im traditionellen Anbau kam dem Guinea-Yams große wirtschaftliche und religiös-kulturelle Bedeutung zu (Bascom 1982:19). Zwischen die Yamshügel wurde im ersten Jahr einer Flächenbestellung Mais gepflanzt, im zweiten Jahr eine Mischkultur aus Mais, Erdnüssen, Bohnen, Chili, Kochbananen, Kolanüssen sowie Baumwolle und im dritten Wachstumsjahr diente eine Anbaufläche dem Maniokanbau. Auch die Pflege von Ölpalmen zählte zu den Feldarbeiten. Schwendbau war die traditionelle Landnutzungstechnik, die Brachezeiten betrugen vier bis fünf Jahre. Land galt als nicht zu veräußerndes Lineage-Eigentum. In erster Linie waren junge Männer mit dem Anbau befaßt, viele Tätigkeiten wurden von ihren reziproken Arbeitsgruppen, *Egbe*, durchgeführt. Zusätzlich gab es die Möglichkeit, für bestimmte Arbeiten eine Gruppe von Arbeitskräften auf ein Feld zu bestellen und ihre Tätigkeit mit Naturalien zu vergüten. Solche Arbeitsgruppen wurden *Aro* genannt (Mann 1991:687). Frauen waren im Anbau nur mit der Ernte befaßt. Ihre wirtschaftliche Tätigkeit bezog sich vor allem auf die Verarbeitung der Ernte, wie der Herstellung von Palmöl oder "Gari", geröstetem Maniokmehl.[6] Auch versorgten sie Geflügel, Ziegen und Schafe und vermarkteten Überschüsse. Letztere kauften sie von den Männern auf, wegen der Gütertrennung galt dies sogar für die Überschüsse der eigenen Ehemänner. Männer waren verpflichtet, ihren Ehefrauen Startkapital zum Handel zur Verfügung zu stellen, dessen Umfang auf die Handelsgüter bezogen war.

Zu den traditionellen Handwerksbereichen der Männer zählten die Baumwollweberei an horizontalen Webstühlen, die Schnitzerei und das Schmieden.[7] Handwerkliche Tätigkeiten der Frauen umfaßten die Töpferei, das Spinnen, das Färben und Weben von Baumwolle am vertikalen Webstuhl (Cervantes 1982:68; Beier 1955:41). Handwerk und Handel mit landwirtschaftlichen Produkten ermöglichten ihre wirtschaftliche Eigenständigkeit, welche durch die handwerkliche Spezialisierung einzelner Städte und die Teilnahme am überregionalen Handel intensiviert wurde. Dem Marktwesen kam insgesamt eine große Bedeutung zu in der Güterverteilung und Versorgung der meist städtischen Bevölkerung. Dies zeigt sich auch in der räumlichen Anlage der Märkte, so befand sich der Hauptmarkt der Stadt Oyo direkt vor dem Palast des *Alafin*, des Herrschers der Stadt (Callaway 1981:176).

Mit der Abschaffung des Sklavenhandels wurde der Anbau von Kakao und Palmöl für den Export intensiviert. Das Besitz- und Erbrechtssystem im Landzugang wandelte sich; eine Individualisierung der Landbesitzrechte ist für die Kolonialzeit feststellbar, wobei Männer bevorzugt wurden. Frauen wurden während der Kolonialzeit verstärkt in die Verarbeitung der Exportprodukte einbezogen. Trotz regionaler Variationen läßt sich grundsätzlich sagen, daß sie nur ge-

---

6   Die Technik zur "Gari"-Herstellung, eine der wichtigsten Innovationen zur Ernährungssicherung im tropischen Westafrika, insbesondere im städtischen Raum, wurde von zurückkehrenden, ehemaligen Yoruba-Sklaven aus Brasilien mitgebracht (Richards 1985:15).
7   Die technischen Kenntnisse wurden innerhalb der Lineages vererbt. Handwerksgilden schlossen an die Lineageorganisation an, sie dienten der Preisabsprache und Interessenvertretung (Adepoju 1977:130; Lloyd 1953:43f. und 1965:557).

ringfügig an den Handelseinnahmen teilhatten und diese von den Männern einfordern mußten (Afonja 1986a:82ff.). Auch wurde die Nahrungsmittelproduktion zugunsten des Exportfruchtanbaus eingeschränkt, was für die Handelstätigkeit der Frauen weitere Nachteile brachte und ihre Interessenverwirklichung erschwerte.[8]

Die Rolle von Händlerinnen im Handelssystem der Yoruba

In der Annäherung an die Komplexität des Marktwesens der Yoruba, der tragenden Rolle der Händlerinnen und ihrer Zusammenschlüsse sind grundsätzlich Unterscheidungen zu treffen. Eine Klassifikation differenziert zwischen der räumlichen Verteilung und der Periodizität.[9] Dabei wird zwischen Stadt- und Landmärkten, deren Häufigkeit und Uhrzeit unterschieden, wobei die erstgenannten größer und wirtschaftspolitisch bedeutender waren. Entsprechend lassen sich schon für die vorkoloniale Zeit fünf Haupttypen feststellen:
1. der städtische, tägliche Markt, wie er für größere Städte wie Ibadan typisch ist,
2. der städtische Abendmarkt, anzutreffen in Städten unterschiedlicher Größe, teilweise sogar zusätzlich zum Tagesmarkt,
3. der abendliche Landmarkt, der in regelmäßigen Abständen stattfindet,
4. der tägliche Landmarkt, der meist der Frischfleischversorgung dient,
5. Der Landmarkt, der in regelmäßigen Abständen wöchentlich stattfindet und oft in ein Marktringsystem eingebunden ist (Hodder 1962:104; Sudarkasa 1973:42ff.).
Die wesentliche wirtschaftliche Funktion aller Märkte war die Güterverteilung und damit die Sicherung der Versorgung. Die Lage der ländlichen Märkte bot keinen Maßstab für die Bedeutung eines Ortes, ausschlaggebend war vielmehr die Erreichbarkeit des Marktplatzes von maöglichst vielen Siedlungen, weshalb ländliche Marktplätze sogar auf offenem Feld standfanden. Mancherorts hat sich umgekehrt eine Siedlung um einen Marktplatz gebildet (Hodder 1962:105). Während in vorkolonialer Zeit vor allem die Wasserwege die Verbindungen herstellten und damit die Anlage eines Marktplatzes beeinflußten, sind es heute die Straßen. Viele Landmärkte waren traditionell Teil eines regionalen Marktringsystems

---

8   S. Zdunnek 1987:3. Die Entwicklung von großen Haushalten, "Ologun", in denen Sklavenarbeit vorherrschte, hin zu kleineren Produktions- und Konsumtionseinheiten begann um die Jahrhundertwende (Clark 1981:217f.).
9   S. Hodder 1971:347. Wegweisend für die Marktforschung in Afrika war die 1962 erschienene Aufsatzsammlung "Markets in Africa" von Paul Bohannan und George Dalton. Märkte wurden als wirtschaftlich und gesellschaftlich bedeutende Institutionen erkannt. Differenziert wurde zwischen 1.) marktlosen Gesellschaften, 2.) Gesellschaften mit periodischen Märkten und 3.) Gesellschaften, die über Märkte verfügen und deren Wirtschaftsweise nach marktwirtschaftlichen Mechanismen gestaltet ist (Bohannan/Dalton 1962:2ff.). Kontrovers diskutiert wurde die Entstehung lokaler Märkte. Sie wurden entweder aus dem endogenen Tauschbedarf oder der exogenen Implementierung, d.h. durch den Fernhandel, hergeleitet. Wirtschaftstheoretische, ethnologische und geographische Arbeiten der 60er Jahre, die sich vor allem mit der Entstehung, räumlichen Verteilung und Periodizität der Märkte befaßten, wurden in den 70er und 80er Jahren von Analysen zur Komplexität und zum Wandel einzelner Märkte abgelöst (vgl. Knissel-Weber 1989:102).

und fanden entsprechend im Vier-, Acht-, Fünf- oder Neun-Tagesrhythmus am selben Ort statt.[10] Teilweise läßt sich eine Spezialisierung des Produktangebotes auf einzelnen Märkten feststellen. Vielfalt und Umfang des Angebots wurden in vorkolonialer Zeit durch die jeweiligen Ernteerträge und den jahreszeitlichen Ablauf beeinflußt; zu besonderen Festtagen fanden große Märkte statt (vgl. Sudarkasa 1973:56).

Die Handelstätigkeit lag - und liegt auch heute noch - grundsätzlich in den Händen der Frauen. Wirtschaftliche und soziale Aspekte, wie Austausch und Kommunikation, sind auf den Märkten miteinander verknüpft. In der Partizipation der Männer waren durch deren Aufgaben im Anbau tageszeitliche und jahreszeitliche Schwankungen festzustellen, Männer waren häufiger auf den Abendmärkten anzutreffen.[11] Die Einnahmen aus der Handelstätigkeit der Frauen waren gering, weil sie sich an der Kopflast und am jahreszeitlichen Angebot der Anbauprodukte orientierten (Cervantes 1982:70). Auch wenn die Preise durch Feilschen ermittelt wurden, bewegten sie sich für die Frauen in einer berechenbaren Preisspanne. Die angebotenen Produktmengen entsprachen schon in vorkolonialer Zeit den Bedürfnissen der Käuferinnen; teilweise wurden Waren über Zwischenhändlerinnen gehandelt. Insbesondere ältere Frauen verkauften Fertigwaren und importierte Güter. Viele Frauen auf den Landmärkten übten die Handelstätigkeit nicht hauptberuflich aus, sondern verbanden sie mit anderen Aufgaben. Das erklärt, warum sich dort keine Händlerinnenzusammenschlüssen bildeten. In einer ganz anderen Ausgangsposition und Interessenlage waren die städtischen Händlerinnen, bei denen die Handelseinnahmen zur Existenzsicherung dienten.

Unterschiedliche Handelsformen stellten die Verbindungen zwischen den Produzenten auf dem Land, den Landmärkten und städtischen Märkten her. Hierbei sind nach wie vor der Direktaufkauf, der Zwischenhandel, der Handel über Marktringe und der Fernhandel die bedeutendsten Formen. Importgüter wurden über die Handelsverbindungen auch auf den Landmärkten angeboten. Da die Handelstätigkeit der Frauen schon traditionell institutionalisiert war, kann auch für die vorkoloniale Zeit zwischen Groß-, Zwischen- und Kleinhändlerinnen unterschieden werden (Zdunnek 1987:73). Zu letztgenannten zählten die Straßenhändlerinnen, die keinen festen Stand auf einem städtischen Markt besaßen.

Die Händlerinnentypen unterscheiden sich bis heute in Art und Umfang ihres Warenangebotes und im damit zusammenhängenden Verkaufsrisiko (Heine 1974:105). Die Gruppen der Klein-, Zwischen- und Großhändlerinnen entsprechen einer altersbezogenen Differenzierung, denn junge Frauen mit Kindern wa-

---

10 Entscheidend für die Häufigkeit der Märkte war und ist vor allem die Besiedlungsdichte sowie in der Gegenwart auch die Infrastruktur einer Region. Hodder vertritt die These, daß die Urbanisierung eine Verkürzung der Periodizität der Markttage zur Folge hatte: Aus Acht-Tages-Märkten seien vielerorts, etwa um Ibadan, Vier-Tages-Märkte geworden (1971:356). Die Bedeutung periodischer Märkte und Marktringe mit unterschiedlicher Größe bei ausgewählten, westafrikanischen Ethnien diskutiert Smith. Er bezieht sich bei den wirtschaftlichen, sozialen und politischen Funktionen der Märkte für das Hinterland auf Christallers Modell der zentralen Orte (Smith 1971:336).
11 Für die Einhaltung der Marktordnung war traditionell der *Bale*, der männliche Ortsvorsteher, verantwortlich.

ren Kleinhändlerinnen oder Straßenhändlerinnen. Ältere Frauen dominierten aufgrund ihrer größeren Mobilität und ihres leichteren Zugangs zu Startkapital den Zwischen- und Großhandel, einige waren auch als Fernhändlerinnen tätig. Das Handelssystem zeichnete sich durch große Flexibilität aus; ein Wechsel zwischen den einzelnen Waren- bzw. Produktgruppen war möglich und wurde von den Frauen nach Abwägung der Möglichkeiten und Notwendigkeiten ihrer jeweiligen Lebensphase praktiziert (Hoffmann 1983:40ff.).

Die Märkte in den Städten, die zwischen Morgen-, Tages- und Abendmärkten unterschieden wurden, boten zusätzlich zum Handel eine Vielzahl von Dienstleistungen an, wie Transport, Lagerung und Konservierung von Waren oder den Zugang zu Krediten. Wichtig war auch die Kommunikation und der soziale Austausch. Das Angebot auf den Märkten war schon traditionell nach Warengattungen gegliedert, die wiederum in Produktgruppen unterteilt wurden. An diese Differenzierung knüpften Händlerinnen-Assoziationen an.

Händlerinnen-Assoziationen

Grundsätzlich spielte der Handel im Leben aller Yoruba-Frauen eine wichtige Rolle, er trug zu ihrem Selbstbewußtsein und Status bei. Die Händlerinnen-Assoziationen organisierten sich nach dem Prinzip der von ihnen jeweils vertretenen Warengattungen. Ihre interne Struktur war von Solidarität und einer formellen Hierarchie gekennzeichnet; jede Warengattung wählte eigene Leiterinnen, wobei das Senioritätsprinzip entscheidend war. Die Leiterinnen wiederum waren der *Iyalode* als gemeinsamer Interessenvertretung unterstellt. Daraus ergab sich vielerorts ein Zusammenschluß der Händlerinnengruppen (Callaway 1981:176). Die Intensität der Zusammenschlüsse war bei den Marktfrauen besonders ausgeprägt, gemeinsame Treffen mit der *Iyalode* dienten auch dem Austausch mit Groß- und Zwischenhändlerinnen, die tendenziell wegen der spezifischen Anforderungen ihrer Handelstätigkeit eher eigenständig arbeiteten.

Die Assoziationen legten die Preise fest, organisierten teilweise den Transport und die Lagerung der Waren. Sie entschieden über den Zugang neuer Händlerinnen zur Waren- bzw. Produktgruppe: die Mitgliedschaft in einer Händlerinnen-Assoziation war entsprechend obligatorisch (Heine 1974:93). Hiermit wird deutlich, daß die Händlerinnen-Assoziationen traditionell den Gütertransfer im gesamten Yorubagebiet regelten und damit wesentlich zur Versorgung der städtischen Bevölkerung beitrugen. Das förderte den gesellschaftlichen Einfluß der Frauen. Regelmäßige Treffen dienten dem Informationsaustausch. Grundsätzlich vertraten die Gruppen die Interessen der Mitglieder gegenüber den städtischen Autoritäten. Zu diesem Zweck schlossen sich mancherorts, wie in Ibadan, die Marktfrauen-Assoziationen einer ganzen Stadt zusammen.[12] In sozialer Hinsicht

---

12 Der gesamtpolitische Einfluß der Assoziationen variierte dementsprechend regional und zeitlich. Neben der 1957 gegründeten "Ibadan Market Women's Association", in der über 100 Marktfrauen-Assoziationen vertreten sind, gründeten die Händlerinnen Ende der 50er Jahre die *"Egbe Omo Ibile*-Assoziation", die gemeinsam den Bau einer Mutterschaftsklinik

unterstützten die Assoziationen ein Mitglied bei Familienfesten, daran nahmen auch Vertreterinnen der Assoziation teil, was wiederum das soziale Prestige der betreffenden Frau erhöhte. Die Mitgliederzahlen variierten naturgemäß von Gruppe zu Gruppe. Mitgliedsbeiträge wurden für gemeinsame Aktivitäten verwendet oder für die Kreditvergabe an einzelne Mitglieder bzw. zur Unterstützung in Notlagen gespart.[13]

Zur finanziellen Absicherung waren die meisten Händlerinnen gleichzeitig auch Mitglieder in *Esusu*-Spar- und Kreditgruppen (Fadipe 1970:256). Die interne Gruppenstruktur wurde von gegenseitigem Vertrauen der Mitglieder sowie der regelmäßigen Zahlung und Verteilung der Beiträge geprägt. Jede Person konnte eine *Esusu*-Gruppe gründen, Gruppengründerinnen übernahmen häufig auch deren Leitung, *Olori*.[14] Mitglieder wurden im Freundes- und Bekanntenkreis rekrutiert. Die *Esusu*-Gruppen wurden in "offene" und "geschlossene" Gruppen unterteilt. Bei "offenen" Gruppen konnte jede Person durch Beitragszahlungen die Mitgliedschaft erwerben, bei "geschlossenen Gruppen" waren soziale Kriterien ausschlaggebend.[15] Die Zahl der Mitglieder, die Höhe der Beiträge, die Häufigkeit der Treffen konnte ebenso variieren, wie der Bekanntheitsgrad der Mitglieder. Auch konnte eine Person durch die Zahlung entsprechend hoher Beiträge mehrere Mitgliedschaften in einer Gruppe erwerben und dadurch großen Einfluß gewinnen.

Die *Esusu*-Gruppen sind heute besonders wichtig, weil sie im Fall plötzlicher Notlagen über große Geldmengen verfügen und die Zugangsmöglichkeiten zum formellen Kreditsystem selbst für Händlerinnen-Assoziationen begrenzt sind. Neben der Zugehörigkeit zu *Esusu*-Gruppen sind in heutiger Zeit viele Händlerinnen Mitglieder in Kirchengemeinden, in religiösen Vereinigungen, in Gruppen von Migranten eines Ortes und in Gruppen gleichaltriger Frauen.[16] Dabei werden wirtschaftliche, soziale und religiöse Interessen verbunden.

Der Wandel der Handelstätigkeit von Frauen und die Bildung neuer Zusammenschlüsse

Seit der Erklärung Süd-Nigerias zum britischen Protektorat im Jahre 1893 wurden die Preise für europäische Handelswaren von den europäischen Handelsgesellschaften bestimmt. Dies beeinträchtigte nicht nur die wirtschaftliche Autono-

---

finanzierte. Diese wurde 1970 fertiggestellt und der Stadt Ibadan übergeben, die das Personal stellte und die laufenden Kosten übernahm (Zdunnek 1987:83).
13   Hoffmann spricht von 30 bis 100 Mitgliedern, erörtert leider nicht, an welchen Kriterien sich die unterschiedlichen Mitgliederzahlen orientieren (1983:166).
14   S. Sudarkasa 1973:95. Es gab *Esusu*-Gruppen von Frauen und von Männern, die nach vergleichbaren Strukturmerkmalen aufgebaut waren.
15   So wird bei den geschlossenen Esusu-Gruppen beispielsweise zwischen denen der Ehefrauen eines Gehöftes "ipade obinrin ile" und denen der Töchter eines Gehöftes, "ipade omoobinrin ile" differenziert, regelmäßige Treffen zum Einsammeln und Verteilen der Beitragszahlungen waren für beide prägend. Geleitet wurden erstgenannte Gruppen von der Hauptfrau, der *Iyale* (Bascom 1952:66).
16   Für all diese Gruppen verwendet Hoffmann den Begriff *Egbe*, der sich ursprünglich nur auf Arbeitsgruppen junger Männer bezog (1983:170).

mie der Händlerinnen, sondern beschränkte auch ihre Gewinnspanne (Bascom 1969:26). Die Preise für Exportprodukte gab der 1930 gegründete "West African Produce Control Board" (WEAPCB), ein Vermarktungsmonopol, vor. Beides hatte negative Einflüsse auf die Händlerinnen, die gegen diese Tendenzen gemeinsam Widerstand leisteten.[17] Proteste, an denen teilweise mehrere tausend Frauen beteiligt waren, formierten sich auch in den 40er Jahren gegen die Mechanisierung des Getreidemahlens auf den Landmärkten. Die Mühlen gehörten überwiegend Männern, Frauen mußten für die Dienstleistung bezahlen (Heine 1974:93).

Zwar hatte sich die Möglichkeit zum Handel durch den Kontakt mit Europäern erweitert, doch blieben die meisten Frauen im lokalen oder regionalen Kleinhandel tätig. Entsprechend gilt der Zugang zum Markt nicht als ausreichendes Kriterium zur Beurteilung der wirtschaftlichen Tätigkeit der Frauen; die Art der Waren und die Höhe der Einnahmen, die durch den Handel erzielt werden können, müssen ebenfalls berücksichtigt werden. Der lukrativere Fernhandel mit Exportprodukten wie Palmöl oder Kakao, der ursprünglich in den Händen reicher Händlerinnen lag, wurde während der Kolonialzeit von Männern übernommen, denn den meisten Frauen fehlte das nötige Kapital zur Ausweitung ihrer Handelstätigkeit.[18] Die Geschlechterungleichheit wurde durch diese Außeneinflüsse verstärkt. Wegen der weiblichen Benachteiligung im Bildungswesen haben Frauen auch seither kaum Zugang zum formellen Sektor erhalten (Afonja 1990:209).

Nur wenigen Frauen gelang es während der Kolonialzeit, durch den Handel wirklich Reichtum zu erwerben.[19] Ihren öffentlichen Einfluß und ihre Kontakte mit den Europäern nutzten manche dieser Frauen zur Verbesserung der Situation aller Marktfrauen.

Handelstätigkeit hat in heutiger Zeit den Vorteil, daß sich diese wirtschaftliche Tätigkeit leichter mit den Versorgungspflichten für die Kinder vereinbaren läßt, als dies bei einer Arbeit im formellen Sektor möglich wäre, da es an Einrichtungen wie Kindergärten mangelt. Dennoch ist es schwierig, ein regelmäßiges Einkommen in ausreichender Höhe zur Erfüllung der familiären Pflichten und zur Finanzierung der Ausbildungskosten der Kinder zu erwirtschaften. Dies erfordert wirtschaftliche Effizienz, obwohl der Handel in Zeiten, wenn die Kinder noch

---

17 S. Johnson 1986:241. Von den Ölexporten Nigerias, die Mitte der 60er Jahre die landwirtschaftlichen Exporte in ihrer gesamtwirtschaftlichen Bedeutung verdrängten, profitierte in erster Linie der Staat und nur eine Minderheit der nigerianischen Bevölkerung. Als Anfang der 80er Jahre die Weltmarktpreise für Erdöl fielen, verschärfte sich die wirtschaftliche Krise Nigerias (Zdunnek 1986:11).

18 Zudem hatten die Männer Vorteile beim Landzugang und beim Aufbau wirtschaftlich bedeutender, politischer Beziehungen. Zu den Bemühungen und Problemen reicher Händlerinnen, Grundstücke und Häuser in den Städten zu erwerben um damit ein kontinuierliches Einkommen zu sichern s. Mann 1991:693; Barnes 1990:255ff.

19 Meist waren solche reichen Händlerinnen sehr bekannt, wie im Fall der Madame Tinubu von Abeokuta. Eine andere war Alhaja Humuani Alaga, eine islamisierte Händlerin, die 1932 in Ibadan als erste Frau ein Textiliengeschäft eröffnete. Zwar war sie Analphabetin, sie pflegte jedoch weitreichende witschaftliche Beziehungen und vergab Stipendien zur Ausbildung von Mädchen (Callaway 1981:176).

klein sind, nicht sehr intensiv sein kann. Die Einkünfte sind heute oft so gering, daß selbst erfolgreiche Händlerinnen Schwierigkeiten haben, in ihre Handelstätigkeit zu reinvestieren (Hoffmann 1983:155; Sudarkasa 1973:120). Zur Effektivierung wechseln die Frauen zuweilen ihre Produkt- oder Warengruppe oder suchen sich eine ganz andere wirtschaftliche Betätigung.

Das wirtschaftliche Überleben einzelner Frauen erfordert in Zeiten ökonomischen Wandels den Zusammenschluß von Händlerinnen. Gemeinsam gestalten sie die Preispolitik; grundsätzlich helfen die Zusammenschlüsse, ihre tragende Rolle im Handel zu bewahren.[20] Die Einkommensunsicherheit trifft insbesondere die meist noch nicht organisierten Straßenhändlerinnen. Ihnen kommt jedoch in der Verarbeitung und Verbreitung von Nahrungsmitteln große Bedeutung zu, weil sie damit wesentlich zur Versorgung der im formellen Sektor Beschäftigten beitragen.[21]

Religiös-rituelle Aufgaben von Frauen

Die traditionelle Religion der Yoruba war in der Vielfalt ihrer Glaubensvorstellungen, kultischen bzw. rituellen Handlungen sehr komplex. Eines der zentralen Elemente war die Vorstellung eines fernen Schöpfergottes, der als *Olorun* bzw. *Olodumare* bezeichnet und als Himmelsgott gedacht wurde (Forde 1962:29). Er hatte keine eigene Priesterschaft, auch gab es keine speziellen Schreine für Opfer. Diesem Schöpfergott war das Götterpantheon der *Orishas* untergeordnet. Manche *Orishas* wurden mit der politischen Herrschaft einzelner Städte in Verbindung gebracht, z.B. *Odudua*, erster Herrscher von Ife, oder *Oranmiyan*, Gründer und erster Regent von Oyo.[22] In den Schöpfungsmythen der Yoruba kommt der Gegensatz von Erde und Himmel bzw. Meer und Land zum Ausdruck.[23]

---

20 S. Johnson 1986:238. Händlerinnen-Assoziationen haben in den 80er Jahren in Lagos und Ibadan die von den Stadtverwaltungen beabsichtigten Sanierungen der Märkte und damit verbundene Vertreibungen vieler Händlerinnen bzw. Verteuerungen der Standgebühren zu verhindern versucht.
21 Vgl. Heine 1974:105. Da es sich hierbei um einen Bereich des informellen Sektors handelt, mit dem sich Frauen Einkommen zur Familienversorgung erwirtschaften, sollten Ansätze zur Selbstorganisation dieser Straßenhändlerinnen durch städtische Verwaltungen unterstützt werden. Beispielsweise könnte der gemeinsame Einkauf und die Bildung von Spar- und Kreditgruppen von Frauen, die das gleiche Produkt verkaufen, angeregt werden. Informationen und Schulungen in diesen Bereichen lassen sich, wie in Ile-Ife bereits teilweise erfolgt, mit Aufklärung über gesundheitliche Fragen verbinden. Eine Zusammenarbeit von Straßenhändlerinnen und städtischer Verwaltung kann auch die Position der Frauen bei Polizeikontrollen stärken (Pearce/Kujore/Agboh-Bankole 1988:385ff.).
22 Sie sollen einst dem Schöpfergott nahe gewesen sein und auf der Erde gewirkt haben; grundsätzlich wurden sie anthropomorph gedacht (Cervantes 1982:91). Teilweise wurden die *Orishas* mit Naturphänomenen, wie Steinen, Bächen, Bäumen assoziiert (Lloyd 1965:574). Entsprechend wurden an diesen Stellen Schreine errichtet, wo ihnen von Priesterinnen oder Priestern geopfert wurde.
23 Vgl. Cervantes 1982:91. "In einer Mythenversion wird von Oduduwa als Muttergottheit gesprochen, der Schöpferin der Yoruba, ihr Ehemann Obtala tritt dann als Schöpfer der Erde auf. Die meisten Mythen betrachten jedoch Oduduwa als männlichen Gott." (Odugbesan 1969:199) In anderen Darstellungen wird dagegen die Homologie von Erde, *Ile aiye*, und

Das Götterpantheon war in sich hierarchisch gegliedert, wobei *Ogun*, dem Gott der Schmiede, des Eisens und Krieges, *Shango*, dem Gott des Donners, *Olunmila*, dem Gott der Harmonie und Ordnung und der Trickstergottheit *Eshu* besondere Macht zugesprochen wurde (Bascom 1969:84). Von zentraler religiöser Bedeutung war das *Ifa*-Orakel, das auf *Orunmila* zurückgeführt wurde. *Orunmila* und *Eshu* verkörpern hierin diametrale Gegensätze.[24] Das Weltbild der Yoruba war gekennzeichnet durch eine Homologie zwischen religiösen Vorstellungen, der Gesellschaftsorganisation und der räumlichen Gestaltung der Welt (Callaway 1981:172).

Die Verbindung von Religion, Kosmologie und Geschichte kam im *Shango*-Kult zum Ausdruck. Dieser bezog sich auf *Shango*, den mythischen *Alafin* von Oyo, der mythologisch als Donnergott weiterwirkte.[25] Sowohl Männer als auch Frauen konnten Priesterfunktion im *Shango*-Kult übernehmen; Frauen bekleideten die höchsten Ämter (vgl. Afonja 1986b:148; Hoffmann 1983:49). Der *Iya Shango*, der Mutter des Shango, wurde großer Respekt gezollt, wegen ihrer rituellen Aufgaben hatte sie weitreichenden gesellschaftlichen Einfluß.[26] Frauen übernahmen zudem im *Eshu*-Kult eine tragende Rolle; sie sangen Preislieder bei Festen und die *Eni Oja*, eine Frau, die für den Marktfrieden verantwortlich war, sorgte durch Opfer an die Gottheit Eshu für dessen friedvolles Verhalten während des Marktgeschehens. Eshu-Figuren wurden sowohl in Marktschreinen als auch am Eingang zum Schrein anderer Götter aufgestellt, da Eshu auch als Götterboten wirkte. Grundsätzlich war die Trickstergottheit *Eshu* sowohl für die weibliche Fruchtbarkeit als auch für Hexerei verantwortlich (Hoch-Smith 1978:250).

Egun-Stäbe stellten die Einheit des männlichen und weiblichen Prinzips dar und dienten dem Leiter des *Ogboni*-Geheimbundes zur Klärung von Schuldfragen, dazu zählten Vergehen gegen die Fruchtbarkeit der Erde, für deren Schutz dieser Bund zuständig war. Der *Ogboni*-Bund übernahm darüber hinaus zentrale

---

Himmel, *Ile orun*, als Welt und Gegenwelt, die letztlich eine Einheit bildeten, betont (Callaway 1981:172).

24 Auf einem runden Holzbrett, das in seiner Gestalt auf die Stadt Ile-Ife als mythologischen Ursprungsort der Yoruba bezug nahm, wurde mit 16 Palmkernen die Zukunft vorhergesagt. Dafür wurden die göttlichen Kräfte an Kardinalpunkten verortet: *Shango* im Westen, *Eshu* im Osten, *Otala* im Süden, *Ogun* im Norden (Odugbesan 1969:200). Für die Vorhersage einzelner Ereignisse im Leben eines Menschen, dessen Schicksal durch *Olodumare* bestimmt war, konnten Priester des *Ifa*-Orakels konsultiert werden. Der *Babalawo* warf die Palmkerne in die Höhe und interpretierte die Konstellationen auf dem Orakelbrett im Kontext poetischer Lebensweisheiten, *Odu* (vgl. Forde 1962:30). Gegebenenfalls schlug er Opfergaben für die positive Beeinflussung zukünftiger Vorhaben vor (Bascom 1951:492; Fadipe 1970:273). Zur Rolle von Priesterinnen im *Ifa*-Orakel in Oyo s. Afonja 1986b:150.

25 S. Lloyd 1965:576. *Oya*, seine Frau, wurde als Ursprung bzw. Göttin des Niger betrachtet. Auch der saisonale Wind, der die Regenzeit mit entsprechenden Gewittern ankündigte, wurde als ihre Manifestation gewertet (Odugbesan 1969:200).

26 S. Beier 1955:40. Als Amtsinsignium trug sie einen *Shango*-Stab, dessen Gestaltung in der Literatur unterschiedlich interpretiert wird (Thompson Drewal 1990:47). In der Darstellung stillender Frauen wurde die Fruchtbarkeit betont, damit werde, so Afonja, die rituelle Wirkungskraft des Stabes gesteigert, denn diese "kühle" andere Kräfte (Afonja 1990:204). Eine umstrittende Interpretationsvariante geht davon aus, daß die *Shango*-Priesterin selbst auf dem Stab abgebildet wurde (Odugbesan 1969:208).

rituelle Aufgaben im Zusammenhang mit der sakralen Herrschaft des *Alafin* von Oyo.[27] Auch die *Ogboni*-Priesterin, *Iya Nkolara*, übte wegen ihrer rituellen Macht eine gewisse Kontrolle über den *Alafin*, seinen Rat sowie den *Ogboni*-Bund aus (Afonja 1986b:148).

Mütter führten mit holzgeschnitzten Zwillingsfiguren, *Ere-Ibeji*, rituelle Handlungen zur Erinnerung an ein verstorbenes Zwillingskind durch. Die Figuren wurden wie ein lebender Säugling symbolisch versorgt und sollten so weitere Todesfälle von Kindern verhindern (Bascom 1969:74; vgl. Cervantes 1982:49).

Wichtig im Ahnenkult der Yoruba war das Auftreten der *Egungun*-Masken bei jährlichen Ahnengedenkfesten, die den Zuschauern Zugang zur übernatürlichen Welt und ihren Kräften eröffneten. *Egungun*-Masken galten als Repräsentationen bzw. visuelle Manifestationen der Ahnen-Geister.[28]

Seit Anfang des 19. Jahrhunderts breitete sich mit dem *Jihad* Osman dan Fodios der Islam auch im Gebiet der Yoruba aus; er wurde jedoch individuell und nicht als Staatsreligion übernommen.[29] Stärker als der Islam trugen christliche Kirchen zum Wandel religiöser Vorstellungen der Yoruba bei. Frauen gründeten vielerorts Kirchengruppen für karitative und soziale Zwecke, die auch sozial integrativ wirkten (Mba 1982:59; vgl. Balley 1983:46). Die *Aladura*-Kirchen bildeten sich nach einer Grippe-Epedemie im süd-westlichen Nigeria im Jahr 1914 und breiteten sich rasch aus.[30] Auch wenn Frauen kein Priesteramt übernehmen können, so sind sie doch durch ihre Aufgaben im religiösen Leben, etwa der Leitung der Ortskirchenkomitees, einflußreich und bestimmen in der Kirchenpolitik mit. Frauen betonen die Bedeutung der mit diesen Aufgaben verbundenen Kontinuität, da die Sozialbeziehungen sehr dynamisch und unsicher geworden sind.

Die Tatsache, daß während der Menstruation der Frauen von den Kirchenmitgliedern umfangreiche Riten durchgeführt werden, ist aufschlußreich, denn die traditionell ambivalente Haltung der Yoruba gegenüber der Menstruation hat den Ausschluß der Frauen vom Priesteramt zufolge. Den Hintergrund dieser Regelung bilden Widersprüche in den gegensätzlichen Rollen der Frauen,

---

27 S. Morton-Williams 1960:367. Hierzu zählten beispielsweise Riten zur Inthronisierung und Bestattung. Im Schrein des *Ogboni*-Bundes, *Iledi* genannt, wurde in Oyo jährlich beim *Orun*-Fest das Orakel nach dem Schicksal des *Alafin* befragt. Mit einem Opfer bat der *Alafin* die Erde um weitere Unterstützung seiner Herrschaft. Zu den Charakteristika und zum Wandel der Kultgruppen der Yoruba s. Forde 1962:17.
28 Sie dienten den Toten zur Ehre und wirkten auch bei Bestattungsfeiern mit (Thompson Drewal 1990:46). Weibliche Besessenheitskultgruppen, *Afoshi* bzw. *Kabba* genannt, führten Bestattungen ihrer Mitglieder durch. Eine Mitgliedschaft ermöglichte die Interessenvertretung der Frauen, z.B. bei Scheidungen (Forde 1962:31). Da nur Forde von diesen Gruppen berichtet, bleibt fraglich, ob es sich um lokale Gruppierungen oder allgemein anzutreffende Institutionen handelte.
29 Für seine Übernahme waren die Erlaubnis der Polygynie, die relativ leichte Befreiung von Sünden und die Bedeutung der Magie mitentscheidend (Fadipe 1970:294).
30 Callaway weist darauf hin, daß vor allem der schwierige Prozeß der Urbanisierung zur Bildung der *Aladura*-Kirchen beigetragen hat (1980:322). Sie erläutert auch die lokalspezifischen Variationen im institutionellen Aufbau der Kirchen.

etwa der Händlerin und der Hausfrau.[31] Traditionell fand die Auseinandersetzung der Männer mit der vielschichtigen Bedeutung des Menstruationsblutes als lebensspendende oder zerstörende Kraft im *Gelede*-Tanz, Gesang und der dazugehörenden Kostümierung ihren Ausdruck (Hoch-Smith 1978:250ff.). Die Kopfmaske repräsentierte die große Mutter, *Iyanla*, die mit den heiligsten und geheimsten Aspekten der Zeremonien befaßt ist.[32]

Die lebensspendende Kraft verlangte Respekt und Distanz, denn sie konnte auch negativ, nämlich für Hexerei, genutzt werden. Bemerkenswert ist, daß sich der *Gelede*-Kult vor allem entlang der Handelsrouten im 18. Jahrhundert verbreitete und jährlich zum Beginn eines neuen Anbauzyklus stattfand.[33] Der traditionelle *Gelede*-Kult geriet jedoch in Konflikt mit dem christlichen Weltbild. Mit der Einbindung von Menstruationstabus und Riten zur Sicherung der weiblichen Fruchtbarkeit in die christliche Religion wurde aber eine Problemlösung gefunden.

Die Sicherung weiblicher Fruchtbarkeit und die Heilung von Krankheiten sind auch zentrale Elemente der *Cherubim and Seraphim Society*, die 1927 in Ibadan als Abspaltung der dortigen *Aladura*-Kirche entstand. Mit christlichen Gebeten wird göttlicher Beistand erfleht; Krankheiten werden nicht nur in körperlichen Symptomen erkannt, sondern ihre Ursachen im gesamtgesellschaftlichen Kontext gesucht. Heilzeremonien können von Frauen durchgeführt werden, sie verfügen dadurch über gesellschaftlichen Einfluß. Hiermit werde, so Callaway, in einer neuen Artikulationsform an die traditionellen religiösen Ämter von Frauen als Priesterinnen angeknüpft (1981:229).[34] Es ist also grudsätzlich eine Kontinuität religiöser Vorstellungen unter gewandelten Vorzeichen erkennbar.

---

31 In ihren Ausführungen zu diesem Phänomen übernimmt Crumbley die Interpretation des Menstruationstabus als gesellschaftlicher Konstruktion, wie sie in der theoretischen Arbeit von Buckley und Gottlieb "Blood Magic" (1988) vertreten wird (1992:512). Sie erklärt ihr Interesse an diesem Thema als afro-amerikanische Ethnologin durch ihren biographischen Hintergrund: Ihre Mutter war rituelle Spezialistin in einer afro-christlichen Kirche in den USA (Crumbley 1992:505).
32 S. Afonja 1990:202. Dieses Amt haben meist ältere Frauen inne. Die *Gelede*-Maskenauftritte werden u.a. als Ausdruck der Angst vor Impotenz oder als Transvestismus gedeutet (LeVine 1966:191); oder als Rebellionsrituale und soziale Dramen, die die unterschiedlichen Machtstrategien von Männern und Frauen zum Ausdruck bringen und letztlich zum Erhalt der sozialen Ordnung beitragen (Cervantes 1982:102ff.).
33 Cervantes verweist auf die Wertvorstellungen der Yoruba, die individuelle Verwendung von Reichtum negativ einschätzen. Reiche Händlerinnen werden daher kritisch betrachtet. Dies kommt in den *Gelede*-Tänzen als sozialen Dramen zum Ausdruck (Cervantes 1982:42f.). Die weibliche Dominanz auf den Marktplätzen bedingt heute insbesondere bei ärmeren Männern das Gefühl, von der Macht ausgeschlossen zu sein. Sie sind Addressaten von Theaterstücken zu diesem Thema, das auch in modernen Erzählungen behandelt wird (Hoch-Smith 1978:265).
34 Zum Bedeutungsverlust der Priesterinnen durch das Christentum s. Afonja 1986:154.

Frauenrollen im gesellschaftlichen Kontext

Prägend in der Verwandtschaftsorganisation der Yoruba war das *Idile*, das segmentäre Lineagesystem mit exogamen Patrilineages.[35] Die Lineagegröße variierte, Lineagebeziehungen waren für die Heiratspolitik und wirtschaftlichen Beziehungen entscheidend.[36] Der Lineageleiter, *Bale*, wurde nach dem Senioritätsprinzip bestimmt; ihm oblagen juristische und rituelle Pflichten. Die Untergruppen jeder Lineage hatten spezielle Aufgaben zu erfüllen; sie prägten den Status des Einzelnen, der wiederum mit gesellschaftlicher Verantwortung verbunden war.[37]

Sowohl in agnatischen als auch in konsanguinen Verwandtschaftsbeziehungen und im Geschlechterverhältnis war die Bewahrung des Senioritätsprinzips von großer Bedeutung (Fadipe 1970:103). Es orientierte sich an der durch Virilokalität und Polygynie geprägten Residenzeinheit, dem *Agbo ilé*, dem Hof und prägte das Verhältnis der verheirateten Frauen. Die Achtung der Seniorität kam in den Anredetermini zum Ausdruck: Der allgemeine Begriff *Aya*, Ehefrau, wurde in *Iyalé* für die zuerst geheiratete Frau und *Iyawo* für die weiteren Frauen differenziert. Treffen der Frauen einer Lineage wurden alle zwei Monate abgehalten, sie wurden von den *Iyalé* organisiert.[38]

Die im *Agbo ilé* lebenden Personen konnten sich in unterschiedliche Haushalte unterteilen; deren Mitgliedschaft setzte sich aus verwandten Personen und aus temporären Bewohnern oder Arbeitskräften zusammen.[39] Die Variationsmöglichkeiten der Haushaltsgestaltung wurden vor allem durch den Haushaltszyklus geprägt; dabei war die Nuklearfamilie nur ein Übergangsphänomen. Alter und Geschlecht bzw. die soziale und räumliche Geschlechtertrennung prägten die Aufgabenteilung; Reziprozität bildete eine wichtige Grundlage der Beziehungen zwischen den Haushaltsmitgliedern. Will man die Rolle der Frauen in der traditionellen Yoruba-Gesellschaft verstehen, so muß man das Augenmerk auf die Eheschließung richten; Ziel einer Ehe war das Gebären von Kindern, die zum Lineageerhalt und als Arbeitskräfte wichtig waren.[40] Über die Partnerwahl wurde traditionell im Verwandtschaftssystem entschieden, auch an den

---

35 S. Forde 1962:12. Für die Yoruba in Ondo wird auch von bilateraler Deszendenz gesprochen. Der Ressourcenzugang der Frauen sei dort leichter und die Scheidungsrate höher als in anderen Gebieten (Afonja 1990:204; Lloyd 1965:560 und 1968:79f.).
36 Zur kulturellen Auseinandersetzung mit den Wesenszügen der Gesellschaftsorganisation und der Interpretation besonderer gesellschaftlicher Ereignisse in der oralen Tradition, wie den *Oriki*-Erzählungen, und der Erzählkunst älterer Frauen s. Barber 1991:7ff.
37 Zum Statuserwerb waren neben dem Senioritätsprinzip, die individuelle Qualifikation, materieller Reichtum und gesellschaftliche Kontakte wichtig. Reichtum verpflichtete zu Abgaben (Bascom 1951:500).
38 S. Cervantes 1982:55; vgl. Hoffmann 1983:61. Ob sich aus diesen Treffen weiterreichende Organisationsstrukturen entwickelten, wird in der Literatur nicht berichtet. Sudarkasa weist darauf hin, daß ältere Frauen in der Natalgruppe großen Einfluß ausüben konnten; über gemeinsame Organisationsformen informiert auch sie nicht (1973:111).
39 S. Bender 1971:223. Hausklaven waren ein Zeichen für einen reichen Haushalt (Fadipe 1970:182ff.).
40 S. Mann 1991:700; Callaway 1981:182; Adepoju 1977:127ff. Zu den Geburtsriten und Beschneidungen in frühester Kindheit s. Bascom 1969:55f.

Brautpreiszahlungen waren zahlreiche Personen beteiligt. Bei einer Scheidung hätten die Frauen den Brautpreis und die persönlichen Geschenke zurückgeben müssen; letztere nutzen sie jedoch häufig als Startkapital für ihre Handelstätigkeit, was Scheidungen entsprechend erschwerte. Das Levirat regelte die Versorgung von Witwen.

Die alltäglichen familiären Aufgaben und Sozialbeziehungen von Yoruba-Frauen und ihre Handelstätigkeit beeinflußten sich gegenseitig; entsprechend variierten Umfang und Formen des Handels mit dem Alter, den Versorgungsaufgaben und der Stellung einer Frau in einer polygynen Ehegemeinschaft (Mintz 1971:261). Manche Frauen bevorzugen auch heute polygyne Ehen, weil die damit verbundene Arbeitsteilung die zum Handel notwendige Mobilität erleichtert und zur wirtschaftlichen Autonomie beiträgt.[41] Die Frauen eines Mannes handeln meist nicht mit denselben Gütern, um Streitigkeiten zu vermeiden. Unterstützung im Handel erhalten Frauen auch in der Gegenwart vor allem von weiblichen Verwandten ihrer Natalgruppe (Sudarkasa 1973:160).

Europäische Einflüsse, wie die christliche Missionierung, lösten einen Wertewandel aus, die Einführung neuer Institutionen und die zunehmende Verstädterung brachen traditionelle Loyalitäten auf.[42] Die Polygynie wurde verboten, von vielen Händlerinnen wurde sie jedoch aus genannten Gründen weiterhin favorisiert.[43] Scheidungen werden heute vor staatlichen Gerichten verhandelt. Ein Hauptmotiv, das zur Scheidung führt, ist vor allem die unzureichende Versorgung durch die Männer.[44]

Veränderte soziale Verhältnisse bringen neue Gruppierungen hervor. Im städtischen Kontext sind Assoziationen von Personen aus einem Ort zu nennen, die durch soziale Kontakte und finanzielle Unterstützung die Integration in das städtische Leben erleichtern und die Beziehungen zum Herkunftsort bewahren.[45] Zur

---

41 S. Beier 1955:40; Hoffmann 1983:73; Balley 1983:35.
42 S. Heine 1974:154. Konflikte zwischen traditionellen und modernen Werten sind insbesondere für gebildete, reiche Personen ausgeprägt. Traditionelle Autoritätsstrukturen, wie die Kontrolle durch die Lineages, wurden untergraben (Schwab 1970:168ff.). Die neu entstandene soziale Schichtung habe, so Mba, das Zusammengehörigkeitsgefühl der Frauen aufgebrochen (1982:291).
43 Das Ideal der Nuklearfamilie mit dem Mann als Versorger ist eine Vorstellung, die einerseits die weibliche Autonomie einschränkt, andererseits von Frauen in Konfliktfällen strategisch genutzt werden kann. So begründeten Frauen, die in Missionsstationen Unterstützung zum Verlassen ihres Mannes suchten, ihre Entscheidung mit einer unfreiwilligen Eheschließung oder Verboten des Mannes zum Kirchgang der Frauen (Mann 1991:703).
44 Da bei den Yoruba nicht von der Einheit von Haushalt und Familie ausgegangen werden kann und die Haushaltshaltsmitglieder keineswegs eine Interesseneinheit bilden, werden Unterstützungsprogramme für Frauen zur Erfüllung ihrer weitreichenden Aufgaben gefordert (Fapohunda 1987:281). Um eine Scheidung zu erwirken, versuchen Frauen gegebenenfalls den Brautpreis aus eigenen Handelseinnahmen oder mit Unterstützung eines Liebhabers zurückzuzahlen (Lloyd 1968:80).
45 Zur Analyse der vielfältigen neugegründeten Organisationen in Lagos s. Barnes 1975. Sie differenziert zwischen ethnisch bzw. regional, wirtschaftlich, religiös und sozial-kommunikativ orientierten Gruppen. Zusammenschlüsse, die sich über eine gemeinsame regionale Herkunft definieren, sind vor allem bei Migranten, die neu in eine Stadt kommen, zu finden. Mit der Integration in die städtischen Beziehungsnetzwerke gibt es eine Umorientierung an anderen Gruppierungen (Barnes 1975:75ff.).

gegenseitigen Hilfe bei außergewöhnlichen finanziellen Belastungen durch Hochzeiten oder Bestattungen sowie zum alltäglichen Austausch sind *Egbe*-Gruppen bedeutsam (vgl. Forde 1962:15). Auch Gruppen von Frauen gleichen Alters, die sich auf Freundschaftsbasis bilden und für die Frauen wegen der virilokalen Residenzregelung und der Migration der Männer sozio-psychologisch wichtig sind, werden als *Egbe* bezeichnet. Grundsätzlich tragen diese Gruppen zum gesellschaftlichen Zusammenhalt bei (Lloyd 1965:564).

Die politische Partizipation von Frauen

Die voneinander unabhängigen Stadtstaaten der Yoruba variierten in vorkolonialer Zeit hinsichtlich ihrer Größe, teilweise übten sie Hegemonialherrschaft über andere Städte aus. Dies ist für Oyo belegt.[46] Geleitet wurden diese Staaten vom *Oba*, einem sakralen Machthaber. Besonders bedeutend waren der *Oni*, Herrscher des politisch-religiösen Zentrums Ife, und der *Alafin*, Herrscher von Oyo.[47] Zu seinen politischen und rituellen Aufgaben zählten die Verteidigung, die Bewahrung des inneren Friedens und der politischen Stabilität sowie die rituelle Sicherung des gesellschaftlichen Wohls.

Bei politischen Entscheidungen wirkten unterschiedliche Kräfte und Instanzen mit, wie der Rat der Häuptlinge oder der *Ogboni*-Geheimbund; ihr Einfluß auf die Entscheidungen eines *Oba* variierte regional. Zugang zu politischen Ämtern ermöglichten das Erbsystem sowie individuelle Fähigkeiten und Leistungen. In der Anlage des Palastes eines *Oba*, dem politischen Zentrum eines Stadtstaates, spiegelte sich das Weltbild der Yoruba wider.[48] Frauen wurden im Palast besondere Aufgaben und Räumlichkeiten zugewiesen. Im Inneren des Hofes, nahe dem *Alafin*, residierten acht hohe Amtsträgerinnen. Eine von ihnen war die *Iya Kere*, die Hüterin der königlichen Insignien, sie krönte den *Alafin* bei dessen Thronbesteigung (Mba 1982:4). "Die Iya'kere war ranghöher als die Ratgeber des Staates und nahm an Beratungen mit dem Premierminister, dem Basorun, teil. Sie war mächtiger als die Königsmutter, auch wenn dieser mehr Ehrerbietung gezollt wurde."(Afonja 1986b:148) Von Amts wegen wurde von ihr erwartet, daß sie unverheiratet und kinderlos blieb. Aus dem Kreis der acht hohen Amtsträgerinnen nahm eine an den Beratungen und Treffen des *Ogboni*-Bundes, der politisch und religiös einflußreichen Geheimgesellschaft der Yoruba, teil.[49] Sie war die Berichterstatterin beim *Alafin* über die Entscheidungen des Bundes;

---

46 Die großen Stadt-Staaten büßten durch die Sklavenjagden und Kriege mit Dahomey ab 1700 an Macht ein, es entwickelten sich unabhängige politische Gebilde.
47 S. Forde 1962:2; Fadipe 1970:40; Obayemi 1976:208. Ein *Oba* hatte das Recht, eine Vielzahl von Frauen zu ehelichen, war andererseits aber auch verpflichtet, gebrechliche Frauen seines Stadt-Staates zu versorgen (Beier 1955:43).
48 Die architektonische Anlage des Palastes in Oyo nahm auf das *Ifa*-Orakel und die Kosmologie bezug (Callaway 1981:174). Zur Geschichte von Oyo und seiner Bedeutung im Sklavenhandel s. Lloyd 1965:552f.
49 Zur Mitgliedschaft und den Führungspositionen im *Ogboni*-Bund s. Morton-William 1960:362; zum Vergleich des *Ogboni*-Bundes in einzelnen Städten s. Fadipe 1970:232ff.; zum Bedeutungsverlust des *Ogboni*-Bundes während der Kolonialzeit s. Afonja 1986:153.

dem *Alafin* selbst war aufgrund der politischen Kräfteverteilung die Teilnahme verboten.[50] An der Leitung des *Ogboni*-Bundes waren die *Erelu*, sechs ältere Frauen als Repräsentantinnen und Interessenvertretung der Frauen, beteiligt. Sie zeichneten sich durch persönliche Führungsqualitäten sowie ihren Einsatz für das Wohl der Gemeinschaft aus und wirkten an den *Ogboni*-Beratungen über die städtischen Belange mit (Callaway 1981:175; Mba 1982:5).

Der Überlieferung zufolge hatten zwei Frauen in Ife das höchste Amt der Yoruba *Oni von Ife* innegehabt.[51] Darüber hinaus sind mehrere weibliche Herrscherinnen in der Geschichte einzelner Yoruba-Städte namentlich bekannt.[52]

Als politische Interessenvertretung und gewählte Repräsentantin aller Frauen einer Stadt wirkte die *Iyalode*, sie nahm Einfluß auf die Entscheidungen des *Oba* und männlicher Amtsträger, in deren Rat sie vertreten war; vergleichbar mit ihnen trug sie eigene Herrschaftsinsignien. Sie hatte legislative, judikative und exekutive Macht.[53] Ihre konkreten Machtbefugnisse im politischen, administrativen oder rituellen Bereich und damit auch ihre politische Autorität variierten regional und waren - ähnlich wie bei männlichen Amtsträgern - nicht nur von ihren persönlichen Fähigkeiten und ihrem politischen Geschick, sondern vor allem vom Zentralisierungsgrad eines Stadtstaates und dessen Politik in einer Epoche abhängig.[54] Besonders ausgewogen war das Kräfteverhältnis zwischen der männlichen und weiblichen Autorität in Ondo.[55] Zum Verantwortungsbereich einer *Iyalode* zählte grundsätzlich die Streitschlichtung im Handels- und Marktwesen sowie die Koordination der Belange und Aktivitäten der Frauen einer Stadt (Awe 1977:148). Zu diesem Zweck arbeitete sie mit einem Rat von Frauen zusammen. "Darin wa-

---

50 In einem äußeren Hof residierte die *Iyamede*, die den Kontakt zu den königlichen Ahnen bewahrte und vom *Alafin* mit *Baba*, einem eigentlich männlichen Ehrentitel, angeredet wurde. Zur Diskussion über die politische Interessenvertretung aller Frauen durch diese weiblichen Amtsträgerinnen am Hof des *Alafin* s. Awe 1977:151.
51 S. Beier 1955:39; vgl. Mba 1982:2. Der ältesten Frau der Stadt kam in Ife das politische Amt der *Yeye Ojumu* zu. Ihr assistierte die *Yeyeloya*, die sogenannte Mutter der Märkte (Bascom 1969:33).
52 Dazu zählen Eyo Aro, die in Akure von 1393 bis 1419 regiert hat; Eyemohin, die dort zwischen 1705 und 1735 Herrscherin war und das Marktwesen der Stadt förderte. Amaro, die 1850-1851 in Akure herrschte, unterstützte das Färbehandwerk der Frauen. Im benachbarten Stadt-Staat Ado-Ekiti dehnte Yeyenirewu während ihrer Regentschaft von 1511 bis 1522 das Herrschaftsgebiet aus und gründete neue Siedlungen (Afonja 1986b:143). Von Madame Tinubu in Abeokuta, einer einflußreichen Palmöl- und Elfenbeinhändlerin, wird berichtet, daß sie 1864 bei Angriffen des Königs Glele von Dahomey ein Soldatenregiment anführte (Callaway 1980:330; vgl. Mba 1982:9).
53 S. Zdunnek 1987:15. "Daher trug sie in manchen Yoruba-Städten spezielle Titel wie 'Eiyelobinrin' ('Mutter aller Frauen') in Akure und 'Arise loran obinrin' ('die Zuständige für Frauenbelange') in Ilesa." (Awe 1977:147)
54 Auch der wirtschaftliche Außenhandel eines Stadt-Staates beeinflußte die politische Mitsprache von Frauen (Afonja 1986:153). Zwar gibt die orale Tradition nur in Fragmenten Auskunft über die Bedeutung der *Iyalode*, die schriftlichen Quellen im 19. Jahrhundert sprechen diesem Amt jedoch großen Einfluß zu (Callaway 1981:174).
55 Die *Iyalode* in Ondo wurde *Olobun* bzw. *Lobun* genannt. Sie hielt mit ihren weiblichen Häuptlingen Rat über die Festsetzung der Markttage ebenso wie über außenpolitische Entscheidungen. Sie nahm an den Versammlungen *Osemawes*, des *Oba* von Ondo, teil und boykottierte gemeinsam mit den Frauen Ondos Entscheidungen, die gegen Fraueninteressen verstießen (Hoffmann 1983:82).

ren Handwerkerinnen und Händlerinnen organisiert. Jede Stellungsnahme gegenüber politischen Autoritäten zu Handelsbelangen oder anderen politischen Angelegenheiten wurden von diesen mit Respekt verfolgt". (Fadipe 1970:253)[56]

Die Bedeutung des Amtes der *Iyalode* für die politische Partizipation der Frauen wird unterschiedlich eingeschätzt: Für die einen gilt es als Beispiel für die direkte politische Mitsprache der Frauen; andere sehen darin eine Besonderheit in einer insgesamt männlich dominierten politischen Struktur.[57] Grundsätzlich ist das Amt der *Iyalode* im Kontext der Ämtervielfalt von Frauen sowie des traditionellen Macht- und Autoritätskonzeptes der Yoruba zu analysieren: *Agbara*, die Stärke, basierte auf Alter, Ämtern, Titeln, Mitgliedschaft in Assoziationen und Reichtum. Frauen waren an Entscheidungsprozessen beteiligt und konnten Autorität ausüben, auch wenn die Yoruba keine geschlechtsegalitäre Gesellschaft waren. Zur Selbstverwaltung der Frauen trugen die Frauenzusammenschlüsse bei.

"Diese Interessengruppen, die verwandtschaftsübergreifend organisiert waren, erlaubten Frauen, effektive Kontrollmechanismen über ihr eigenes Leben zu entwickeln und ihre eigenen Vorstellungen zu vertreten. Marktfrauenorganisationen, Händlerinnengilden und Altersklassen sind Beispiele weiblicher Selbstverwaltung in der vorkolonialen Yoruba-Gesellschaft."(Afonja 1986b:149)

1863 wurde das Gebiet der Yoruba britisches Protektorat.[58] Lagos war nach Auseinandersetzungen über das 1808 erlassene Verbot des Sklavenhandels 1861 von den Briten zur Kolonie erklärt worden. Im Jahre 1900 wurde das gesamte südliche Nigeria zum Protektorat erklärt, erst 1914 wurden die Protektorate Nord- und Süd-Nigeria und die Kolonie Lagos zusammengeführt. 1959 erhielt Nigeria die Unabhängigkeit.

Die Macht der *Oba* und anderer politischer Instanzen, wie des *Ogboni*-Bundes oder der *Iyalode* wurde geschwächt. Daher fehlt den Frauen heute eine eigene politische Repräsentanz. Ein Machtverlust der Frauen ist selbst dort feststellbar, wo das Amt der *Iyalode* formell noch existiert.[59] Die Ursachen hierfür sind in der Kolonialzeit zu suchen, als Frauen aufgrund des viktorianischen Frauenbildes der Briten systematisch aus politischen und wirtschaftlichen Einflußsphären verdrängt im im Zugang zu Bildung benachteiligt wurden (Awe 1977:146 und 1989:316). Bis 1950 blieb ihnen das Wahlrecht versagt. Die Bedeutung von

---

56 In seiner Untersuchung öffentlich einflußreicher Organisationsformen weist Fadipe auf die Existenz parallel existierender Altersklassen von Männern und Frauen bei den Ekiti- und Ijebu-Yoruba hin (Fadipe 1970:252; vgl. Forde 1962:16). Afonja stellt für die weiblichen Altersklassen in Ekiti fest, daß ihre Mitgliedschaft mit der Initiation begann, während der Ehephase unterbrochen und im Alter fortgesetzt wurde. Die Ältesten waren mit rituellen sowie sozialen Aufgaben betraut (Afonja 1986:149).
57 S. Awe 1077:144; Afonja 1990:204; Callaway 1981:176; Johnson 1986:239.
58 Zur politischen Geschichte der Yoruba sei beispielweise auf die Kriege mit Dahomey ab Ende des 17. Jahrhunderts sowie die Rivalitäten und militärischen Auseinandersetzungen zwischen einzelnen Yoruba-Stadtstaaten zwischen 1830 und 1855 hingewiesen (Bascom 1969:13; vgl. Obayemi 1976:250ff.). Dabei wurden auch neue Städte wie Ibadan gegründet (vgl. Mann 1991:685).
59 S. Zdunnek 1987:3; Hoffmann 1983:82; Beier 1955:46. Die Marktordnung wird nun in der Regel von den städtischen Verwaltungen kontrolliert.

Frauen-Assoziationen als Interessenvertretung im politischen Bereich wurde von der Kolonialverwaltung mißachtet, sie nahmen nur deren soziale Bedeutung zur Kenntnis (Johnson 1986:329).

Am Beispiel der Marktfrauen-Assoziationen läßt sich erkennen, daß Frauen diese jedoch weiterhin als politische Interessenvertretung verstehen; dazu trägt vor allem die männlich orientierte Politik der nigerianischen Parteien bei, in denen Frauen unterrepräsentiert sind. Eine Chance zum Erwerb bzw. zur Reaktivierung der politischen Partizipation und Interessenvertretung von Frauen auf breiter Ebene wird in der Bildung solcher Zusammenschlüsse auf lokaler, regionaler und nationaler Ebene gesehen, die sich als soziale Bewegungen verstehen (Mba 1982:304; vgl. Zdunnek 1987:35).

Politische Aktivitäten der Händlerinnen-Assoziationen während der Kolonialzeit und nach der Unabhängigkeit

Die Yoruba-Händlerinnen setzten sich gegen die Besteuerung der Marktstände und die Preisdiktate durch die britischen Kolonialherren zur Wehr, denn diese Maßnahmen hätten ihre wirtschaftliche Existenz gefährdet; ökonomische und politische Interessen waren also eng verbunden. In ihrem Protest knüpften die Händlerinnen an die traditionellen Formen gemeinsamer Interessenvertretung an, wie sie die Händlerinnen-Assoziationen und die *Iyalode* darstellten (Mba 1982:291).

Die "Lagos Women's League" (LWL) und "Lagos Market Women's Association" (LMWA)

Gegen Besteuerungsversuche für Händlerinnen in Lagos wehrte sich die "Lagos Women's League" (LWL), geleitet von Madame Pelewura. Sie war eine einflußreiche Fischhändlerin auf dem Ereko-Markt, dem wichtigsten Markt in Lagos, wo sie 1920 zur *Alaga*, zur Leiterin der Händlerinnen, gewählt wurde. In wichtigen Fragen und bei Auseinandersetzungen mit der Stadtverwaltung berieten sich die *Alagas* der einzelnen Märkte mit der *Iyalode*. Gemeinsam mit den Vertreterinnen einzelner Warengruppen, den *Olori Egbe*, waren sie für die Marktordnung zuständig und entschieden auf regelmäßigen Treffen über Marktbelange, bis 1923 die "Lagos Women's League" als formelle Interessenvertretung der Händlerinnen gegründet wurde.[60]

Madame Pelewura war Mitglied im Rat der Amtsträger und beriet sich mit dem *Oba* über die städtischen Belange; dabei konnte sie Anfang der 30er Jahre dessen Unterstützung gegen die Besteuerung der Händlerinnen gewinnen. Im Januar 1932 trafen sie und eine Delegation von Marktfrauen mit C.M. Lawrence zusammen, dem Vertreter der Kolonialverwaltung, der bestritt, daß Steuerforde-

---

60 S. Zdunnek 1987:27; Mba 1982:194; Heine 1974:171; Kordylas 1989:10. Schon 1908 formierten sich die Händlerinnen von Lagos zu einem gemeinsamen Protest gegen die Wassersteuer.

rungen beabsichtigt waren. Auf dieses Dementi berief sich die "Lagos Women's League" im Jahre 1940 in einem Massenprotest von einigen tausend Händlerinnen gegen die Besteuerung reicher Händlerinnen. Die politische Dimension des Protestes zeigt sich in dem Slogan: "Wahlrecht für Frauen, keine Besteuerung ohne Repräsentation" (Johnson 1982:142). Während des zweiten Weltkriegs gab es Vorstöße der britischen Verwaltung, die Preise für Grundnahrungsmittel zu reduzieren, um die Versorgung von Großstädten wie Lagos zu gewährleisten; sie wurden nach dem zuständigen Vertreter der britischen Kolonialverwaltung A.P. Pullen "Pullen Price Scheme" genannt. Der Regierungsplan mißachtete die Flexibilität der traditionellen Handelsnetzwerke sowie die Grundkosten für Transport und Lagerung, was insbesondere die Kleinhändlerinnen sehr benachteiligte.

Auch hierbei formierte die "Lagos Women's League" den Widerstand der Marktfrauen. 1944 wurden zwei Drittel der Bevölkerung über den Schwarzmarkt versorgt. Der Protest war so effektiv, daß es zu einem Treffen zwischen A.P. Pullen, dreitausend Marktfrauen und dem *Oba* von Lagos in dessen Palast kam. Pullen versuchte vergeblich, Madame Pelewura zur Unterstützung des Preiskontrollschemas zu überreden. Die Aufgabe der Preiskontrolle im Jahre 1945 kann deshalb als Erfolg der "Lagos Women's League" gewertet werden. Die Märkte wurden in jener Zeit politisiert, denn die Assoziation beteiligte sich an der Versorgung der Streikenden des politisch motivierten Generalstreiks, bei dem zur Selbstverwaltung Nigerias aufgerufen wurde (Zdunnek 1987:33). Die Verbindung von wirtschaftlichen und politischen Interessen der Marktfrauen zeigt sich vor allem in der Unterstützung der "Nigerian National Democratic Party" (NNDP), der ersten politischen Partei Nigerias, die 1923 von Herbert Macaulay gegründet wurde. Viele Händlerinnen wurden Mitglieder in der Partei und diskutierten auf den Parteitreffen ihre Belange; zur Wahl waren sie jedoch nicht zugelassen. Selbst nachdem Frauen als Kandidatinnen aufgestellt werden konnten, blieben die Händlerinnen unberücksichtigt (Mba 1982:208). Ähnliches wird von den anderen Parteien während der Kolonialzeit berichtet.[61] Die Mehrheit der Yoruba-Frauen versuchte daher ihre Interessen weiterhin über ihre gemeinsamen Zusammenschlüsse zu verwirklichen. So wurde vor den Wahlen von 1950 die "Lagos Market Women's Association" als Erweiterung der traditionellen Frauenorganisationen gegründet. Diese sollte der Bewahrung der Frauenrechte unter geänderten wirtschaftspolitischen Bedingungen dienen (Zdunnek 1987:32; Johnson 1982:143).

Diskutiert wird in diesem Zusammenhang, inwieweit "gender", im Sinne verbindender Fraueninteressen, stärker vereint, als parteipolitische Ideologien dies

---

61 Sowohl bei dem 1934 gegründeten "Nigerian Youth Movement" (NYM), als auch bei dem 1944 gegründeten "National Council of Nigeria and the Cameroons" (NCNC) und bei der 1950 gegründeten "Action Group" zählten Händlerinnen zu den unterstützenden Mitgliedern, meist bildeten sie Frauenflügel in den Parteien, in den Führungspositionen waren sie jedoch kaum vertreten (vgl. Zdunnek 1987:33).

könnten.⁶² So waren die Parteiziele der "Nigerian Women's Party", wie Erweiterung der Bildungsmöglichkeiten für Frauen oder gleiche Lohnzahlungen für nigerianische und europäische Frauen im formellen Sektor, zu speziell, als daß sie alle Händlerinnen angesprochen hätten. Bezeichnend ist daher, daß in der Partei überwiegend christlich gebildete Mittelschichtfrauen und einige reiche Händlerinnen vertreten waren.⁶³ Das spiegelt sich auch in dem Wahlergebnis zum "Lagos Town Councils" im Jahr 1950 wieder, als erstmals Frauen mitwählen konnten und die "Nigerian Women's Party" vier Kandidatinnen aufstellte, von denen jedoch keine einen Sitz erhielt. 1956 löste sich die Partei u.a. wegen interner Auseinandersetzungen auf. Zwei Jahre später riefen unterschiedliche Frauenorganisationen in Lagos den parteipolitisch unabhängigen und gesellschaftlich orientierten nationalen Dachverband "National Council of Women's Societies" (NCWS) ins Leben (Johnson 1986:249).

Die "Abeokuta Women's Union" (AWU)

Die Händlerinnen in Abeokuta schlossen sich 1946 zur "Abeokuta Women's Union" (AWU) zusammen. Ihr Motto war: Einheit, Kooperation, Demokratie und soziale Unterstützung. Zu ihren Zielen gehörte die Interessenvertretung und der Rechtsschutz auch der minderjährigen Händlerinnen. Der Widerstand gegen Besteuerung zählte ebenso zum Programm der AWU wie die Forderung nach einer Verbesserung der Infrastruktur und der Bildung für Frauen. Ebenso wurden politische Rechte und die Reform des Kolonialsystems verlangt (Zdunnek 1987:38; Johnson 1982:148).

Wegen kolonialer Einflußnahmen hatten Frauen in Abeokuta alle traditionellen institutionalisierten Mitsprachemöglichkeiten verloren. Frauengruppen und Händlerinnen-Assoziationen wehrten sich nun gemeinsam gegen die Entrechtung und übten in den 40er Jahren einen enormen Einfluß auf die Lokalpolitik aus. Führend in dieser Organisation war Funmilayo Anikulapo Ransome Kuti, eine gebildete Frau, die die Grenzen zwischen Mittelschichtfrauen und ärmeren Frauen zu überwinden versuchte, und sich dabei vor allem an den Bedürfnissen der Händlerinnen orientierte.⁶⁴ Um traditionelle Organisationsmuster und mo-

---

62 Johnson analysiert dazu die Entwicklung der "Nigerian Women's Party" (NWP), die 1944 von Oyinkan Abayomi, der Ehefrau des Leiters der "Nigerian Youth Movement", gegründet wurde (Johnson 1986:245; vgl. Zdunnek 1983:30). Die Mitgliederzahl bewegte sich zwischen 500 und 2000, wohingegen in der "Lagos Market Women's Association" 8000 bis 10.000 Frauen organisiert waren. Die Partei versuchte, traditionelle Strukturen mit neuen Organisationsformen zu verbinden (Johnson 1982:143). Die Kolonialpolitik wurde nicht prinzipiell in Frage gestellt, sie sollte durch Einbeziehung von Frauenrechten reformiert werden.
63 Welche Rolle die Unterschiede in der Religionszugehörigkeit der christlichen Parteifrauen und der meist islamischen Händlerinnen hierbei spielte, wird leider nicht erläutert.
64 S. Johnson 1982:147f. Frau Kuti hatte 1944 den "Abeokuta Ladies Club" gegründet, in dem sich zunächst Mittelschichtfrauen zum sozialen Austausch trafen, jedoch weiterreichende soziale Ziele hatten und sich den Bedürfnissen der Händlerinnen zuwandten. Frau Kuti orientierte sich am Programm der britischen Labour Party und entwickelte ein eigenes feministisches, antikoloniales Konzept (Mba 1982:147). In der Öffentlichkeitsarbeit und in Ver-

derne politische Aktivitäten zu verbinden, wurden in die Leitung der "Abeokuta Women's Union" bewußt auch Händlerinnen einbezogen, selbst wenn sie nicht alphabetisiert waren.

Die Händlerinnen waren in Abeokuta bis zum Jahre 1946 noch nicht märkteübergreifend vereint, entsprechend punktuell war ihr Widerstand gegen die kolonialen Steuerforderungen und das "Pullen Price Control Scheme", welches hier mit Zustimmung des traditionellen politischen Herrschers, des *Alake* von Abeokuta durchgesetzt wurde.[65] Erst mit der Gründung der AWU, in die auch die *Egba*-Gruppen und die *Iyalode* der Stadt einbezogen wurden, wehrten sich die Händlerinnen gemeinsam gegen die Willkür des *Alake* und gegen die Steuerlast. Ein Komitee der Vertreterinnen der Marktfrauen ermöglichte deren effektive Mobilisierung. Zu den Protestformen zählten Demonstrationen, bei denen 1947 über 10.000 Frauen vor den Palast des *Alake* zogen und - unter Bezug auf traditionelle Symbolismen - seine Macht mißachteten (Johnson 1986:251). Als auch die Männer der Stadt die Forderungen der Händlerinnen unterstützten, lenkte der *Alake* ein; er wollte von den Steuerforderungen absehen und Frauen an politischen Entscheidungen beteiligen. Doch die AWU forderte seine Absetzung, die sie am 3. Januar 1949 erwirkte. Vier Frauen der AWU, darunter Kuti, waren an einer Übergangsregierung beteiligt, die die Besteuerung der Marktfrauen abschaffte. Für den Erfolg der AWU in der Änderung der politischen Strukturen wird das Zusammenwirken von Frauen unterschiedlicher sozialer Schichten für wesentlich erachtet, weshalb in diesem Fall auch von einer sozialen Bewegung gesprochen wird (Mba 1982:163; Zdunnek 1987:35). Ende der 40er Jahre hatte die AWU 20.000 Mitglieder; sie verstand sich als Dachverband der Frauengruppen und als ihre zentrale Interessenvertretung.

1949 organisierte sich die AWU über Abeokuta hinaus auch in anderen Städten, wobei der Name in "Nigerian Women's Union" geändert wurde. Zu den Zielen zählten zunächst die Nichtbesteuerung von Frauen, das Frauenwahlrecht sowie ihre politische Partizipation. Mit der Generalisierung spezifisch weiblicher Ziele verloren die Frauen gleichzeitig aber an politischem Einfluß.[66]

---

handlungen mit der städtischen Verwaltung bzw. dem *Alake* selbst war Kuti wegen ihrer Kenntnisse der westlichen politischen Organisationsstrukturen führend, ihr wurde Loyalität gezollt.

65 Wegen der hier eingeführten Form der "indirect rule" in Form der "Sole Native Authority" (SNA) war der *Alake* Ademola II. ohne traditionelle Kontrollinstanzen, an denen auch Frauen beteiligt gewesen waren, zum Alleinherrscher geworden (Zdunnek 1987:35). Er bereicherte sich sogar persönlich an den Markthändlerinnen, indem er während der Zeit des zweiten Weltkriegs Nahrungsmittel konfiszierte.

66 Fraglich ist, ob sie heute stärker an der Politik beteiligt wären, wenn sie sich in der Unabhängigkeitsbewegung direkt engagiert und keine separaten Organisationen gegründet hätten (Johnson 1982:155).

Die "Nigerian Women's Union"

Die "Nigerian Women's Union" (NWU) war eine Föderation einzelner lokaler und regionaler Gruppen, die autonom ihre jeweiligen Interessen durchzusetzen versuchten. Nur das Nationale Exekutiv-Komitee, das Frau Kuti als Präsidentin leitete, befaßte sich mit nationalen Belangen und war der internationalen Frauenorganisation "Women's International Democratic Federation" (WIDF) angegliedert, was von der nigerianischen Regierung als politische Aktivität bewertet und kritisch beobachtet wurde.[67] Als zahlreiche Mitglieder der NWU ab 1950 in der nationalen Parteipolitik aktiv wurden, ohne in den männlich dominierten Strukturen wirklich an der Macht beteiligt zu werden, erschütterte dies den Zusammenhalt der Organisation.

Die "Federation of Nigerian Women's Societies"

1953 fand in Abeokuta eine Konferenz nigerianischer Frauenorganisationen statt, zu der Frau Kuti eingeladen hatte. Es kamen 400 Delegierte verschiedener Organisationen, die gemeinsam die "Federation of Nigerian Women's Societies" (FNWS) gründeten und Resolutionen für die politische Mitbestimmung von Frauen verabschiedeten. Die FNWS verstand sich dabei als parteipolitisch unabhängige Organisation; die landesweite Verbesserung der Frauenbildung war ein weiteres wichtiges Ziel (Mba 1982:176).

Der "National Council of Women's Societies"

Der 1958 gegründete "National Council of Women's Societies" (NCWS) definiert sich als nicht-politischer Dachverband von Frauenorganisationen, welche die Verbesserung der Lebenssituation von Frauen im Sozial-, Bildungs- oder Wirtschaftsbereich zum Ziel haben.[68] Während der Militärherrschaft in Nigeria zwischen 1966 und 1979 waren alle politischen Aktivitäten verboten, der NCWS wurde als konservativ und unpolitisch geltende Interessenvertretung der Frauen von diesem Verbot ausgenommen. Die Arbeit und innere Struktur der Organisation wurde ähnlich wie die AWU zunächst durch charismatische Leiterinnen ge-

---

67 S. Johnson 1986:252. In Abeokuta war Frau Kuti gleichzeitig die Leiterin des lokalen Zweiges der NWU. Dortige Ziele der Gruppe bezogen sich auf lokalpolitische Belange z.B. auf die Wassergebühren (Mba 1982:166). Eine Gegenspielerin von Frau Kuti war Adeyemi Adekogbe, die 1952 in Ibadan das sogenannte "Women's Movement" gründete. Diese Organisation hatte die Verbesserung der Situation der Frauen, insbesondere der Händlerinnen zum Ziel und versuchte das Frauenwahlrecht zu erwirken. Sie verstand sich als parteipolitisch unabhängig und versuchte einen nationalen Dachverband der Frauenorganisationen aufzubauen, blieb aber nur lokal bedeutend (Zdunnek 1987:50).

68 S. Enabulele 1985:189. Eine weitere überregionale Organisation ist die "Women in Nigeria" (WIN), die 1983 gegründet wurde. Zielsetzung ist die Überwindung von sozialer Ungerechtigkeit und die Verteidigung der Frauenrechte; auch der Bildungszugang der Frauen soll erleichtert werden. Grundsätzlich sieht sich WIN in der Tradition der vorkolonialen Frauenzusammenschlüsse der Igbo und Yoruba und versucht durch Öffentlichkeitsarbeit zur Verbesserung der Situation der Frauen beizutragen (WIN 1983:138f.).

prägt, die jedoch nur in wenigen Fällen und nur auf lokaler Ebene die Interessen von Frauen vertraten (Mba 1982:302).

Diese Organisation ist in regionale, autonome Zweige gegliedert und führt auch selbst Projekte durch. Dazu zählt die Einrichtung von Gesundheitszentren, Kindergärten und die Unterstützung von Frauen im landwirtschaftlichen bzw. handwerklichen Bereich. Die unterschiedlichen Frauengruppen, die sich in diesem Dachverband zusammengeschlossen haben, variieren in ihrer Mitgliederzahl und ihren Zielen. Zu ihnen gehören religiös orientierte Gruppen, wie die "Muslim Women's Association" oder christliche Frauengruppen ebenso wie Händlerinnen-Assoziationen. "Der National Council of Women's Societies übt also eine wichtige Funktion als Bindeglied zwischen den traditionellen und "modernen" Verbänden aus und dient zur Einführung von Neuerungen in die traditionellen Verbände." (Hoffmann 1983:178)

Insbesondere in den 60er Jahren setzte sich der NCWS für die Belange der Händlerinnen ein, Kleinhändlerinnen wurden vor einer Verdrängung durch große europäische Firmen geschützt. Zudem bot der NCWS Alphabetisierungskurse für Händlerinnen an.[69] Händlerinnen ohne Schulbildung sind vor allem in den traditionellen Händlerinnen-Assoziationen vertreten, während gebildete zu christlichen Gruppen bzw. modernen Verbänden tendieren. Inwieweit dies zu Konflikten im "National Council of Women's Societies" führt und langfristig eine Schwächung der Händlerinnen-Assoziationen zur Folge haben kann, ist nicht bekannt. Die Probleme können nur durch eine Zusammenarbeit zwischen Händlerinnen und Elitefrauen überwunden werden; wegen der sozialen Differenzierung und der Verschlechterung der Lebenssituation der Frauen ist dies jedoch sehr unwahrscheinlich (Zdunnek 1987:113). Die Verantwortung der modernen Verbände besteht in ihrem Zugang zu internationalen Organisationen und deren Förderungsmöglichkeiten. Diesen Zugang sollten sie auch traditionellen Organisationen eröffnen sollten, um damit einer Verdrängung der Händlerinnen aus dem Wirtschaftsleben entgegenwirken.

Verbindende Elemente zwischen den unterschiedlichen Gruppen sind Aktivitäten zur Unterstützung von Frauen in sozialen Notlagen, die Verbesserung der Gesundheitsversorgung und der Bildung von Mädchen und Frauen. Die Aufgabe des NCWS besteht darin, dem Rollenbild der Hausfrau entgegenzuwirken und die Frauen in ihren wirtschaftlichen Aufgaben der Familienversorgung zu stärken.

Die einzelnen Frauenassoziationen tragen ebenso wie der Dachverband NCWS auf nationaler Ebene zur sozialen Wohlfahrt und zur nationalen Entwicklung bei, sie werden daher als dynamische Kräfte der Gesellschaft betrachtet. So beteiligte sich Mitte der 80er Jahre der NCWS an einem nationalen Programm zur Verbesserung der Lebenssituation der Frauen, ihres Ressourcen- und Technikzugangs und ihrer Partizipation im öffentlichen Leben. Die nigerianische Regierung sollte daher diese und andere Frauenorganisationen im technischen Bereich, aber auch

---

69 Am Fallbeispiel von Ondo erläutert Hoffmann, daß Schulbildung bei den Händlerinnen-Assoziationen keine Voraussetzung für den Handel, wohl aber für den Geschäftsumfang und Handelserfolg ist (1983:192).

im Austausch untereinander stärker unterstützen (Enabulele 1985:192). Grundsätzlich ist zwar die Regierung für die soziale Wohlfahrt verantwortlich, doch die im NCWS zusammengeschlossenen Gruppen sollten auch angeleitet werden, Anträge für eigene Projekte zu stellen.

Inwieweit die Frauengruppen bzw. der NCWS die Regierung in die Pflicht nehmen kann, ist strittig. Zur Bildung einer gemeinsamen Lobby sollten die Frauengruppen Differenzen in spezifischen Zielrichtungen bzw. regionalen oder religiösen Orientierungen überwinden und sich gemeinsam gegen Geschlechterungleichheit auf den verschiedenen Ebenen wehren. Dazu wäre auch eine Politisierung des NCWS erforderlich (Awe 1989:327). Dem Einfluß der Mittelschichtfrauen in den Organisationen und ihrer Bereitschaft soziale Differenzen zu überbrücken, wird hierbei ein große Bedeutung beigemessen. Eine stärkere Zusammenarbeit der Gruppen wird gerade in wirtschaftlichen Krisenzeiten, von denen insbesondere die Händlerinnen betroffen sind, für notwendig erachtet (Abdullah 1993:34).

Entwicklungspolitische Vorstellungen zur Verbesserung der Situation der Händlerinnen

Wegen der tragenden Rolle der Händlerinnen im Wirtschaftsleben und der gesellschaftlichen Bedeutung der Märkte wird eine Verbesserung der Infrastruktur der Märkte gefordert, wobei vor allem die Regierung und die Lokalverwaltungen angesprochen sind. Händlerinnen sollten auch praktisch in Fragen der Buchführung und im Kreditzugang unterstützt werden (Balley 1983:56; UN 1987:74). Auch Verbesserungen ihrer politischen Mitspracheöglichkeiten, ihrer Rechtsposition und steuerlichen Situation wären notwendig. Dies wird vor allem vom Staat Nigeria gefordert, denn ein von 1962 bis 1968 durchgeführter Entwicklungsplan ging nicht auf die spezifischen Interessen der Händlerinnen und die Verbindung ihrer Handelstätigkeit mit Aufgaben der Familienversorgung ein. Kritisch wird auch das Programm zur Verbesserung der Lebenssituation der Frauen, das sogenannte "Better Living Programme", welches ab 1986 durchgeführt wurde, eingeschätzt.[70] Nur durch die Initiative der Frauenorganisationen fand eine Annäherung an die Bedürfnisse und Ziele einzelner Interessengruppen statt, von staatlicher Seite wurde nicht nach den unterschiedlichen Erfordernissen differenziert (Abdullah 1993:32). Veränderungen ihrer Situation müssen von den Zusammenschlüssen selbst eingefordert werden, dazu wäre die Formulierung gemeinsamer Entwicklungsziele ein erster Ansatz.[71] Die Frauenzusammenschlüsse der Yoruba

---

70 Das Programm wurde unter der Direktion der Verwaltungsstelle für ländliche Infrastruktur durchgeführt und zielte auf die Verbesserung des Technik- und Kreditzugangs für Frauen ab. Wegen geringer finanzieller, personeller und materieller Ausstattung wird ihm jedoch nur begrenzter Erfolg bescheinigt (Thomas-Emeagwali 1991:151).
71 S. Awe 1989:329f. Kritisch werden die Gründungen von Kooperativen diskutiert, da die von außen herangetragenen Strukturen der spezifischen Problemsituation der Frauen kaum gerecht werden. Traditionelle Organisationsformen entsprechen eher ihrer Bedürfnislage (Thomas-Emeagwali 1991:153). Als Hindernisse für den Erfolg von Kooperativen gelten unzureichende Unterstützung durch die Regierung sowie zu große Außenkontrolle

sind inzwischen auch auf nicht-staatlicher Ebene aktiv geworden. Sie bemühen sich um die Verbesserung der Lebenssituation der Frauen durch internationale Entwicklungshilfe.

2. Projektbeispiel: Förderung von Yoruba-Frauengruppen in Nigeria durch den "Marie-Schlei-Verein"

Zur Frauenförderung des "Marie-Schlei-Vereins"

Der "Marie-Schlei-Verein" wurde 1984 als Nicht-Regierungs-Organisation, die sich der Frauenförderung widmet, gegründet.[72] Die Initiative zur Gründung ging auf eine Anregung der Arbeitsgemeinschaft Sozialdemokratischer Frauen zurück, die Frauen in der "Dritten Welt" als tragende Kräfte der Entwicklung betrachtet. Der Verein, dessen Namensgebung an die erste und einzige Frau im Amt eines Entwicklungshilfeministers in der Bundesrepublik erinnern soll, unterstützt Kleinprojekte, die von Frauen in Afrika, Asien oder Lateinamerika geplant und durchgeführt werden und eine Verbesserung der Lebensbedingungen anstreben (Randzio-Plath 1990:3). Dazu zählen vor allem Ausbildungsmaßnahmen sowie einkommenschaffende Tätigkeiten im landwirtschaftlichen und handwerklichen Bereich, die zur Armutsbekämpfung beitragen sollen. Beabsichtigt ist auch die Stärkung des Selbstbewußtseins der Frauen sowie die Unterstützung ihrer gesellschaftlichen Mitsprache und politischen Interessenvertretung.

Die Förderung von Graueninitiativen richtet sich nach dem Antragsprinzip, d.h. interessierte Frauengruppen müssen selbst Projektanträge stellen, Projektkonzeptionen entwickeln und bei materiell-technischer Unterstützung die Wirtschaftlichkeit ihrer Vorhaben verdeutlichen (Randzio-Plath 1990:30).[73] Dies soll verhindern, daß Frauen sehr viel Arbeit in Projekte investieren, die dann doch nicht zur erwünschten Einkommensverbesserung beitragen. Gruppeninterne Diskussionen zur Wirtschaftlichkeit der beabsichtigten Maßnahmen sollen die demokratische Beteiligung aller Mitglieder und die gemeinsame Verantwortung fördern. Kontakte zum "Marie-Schlei-Verein" werden über Nicht-Regierungs-Organisationen der jeweiligen Länder oder über Vertreter deutscher Institutionen

---

(Grant/Anthonio 1973:7ff.). Oft wird der Komplexität der Frauenaufgaben nicht Rechnung getragen, auch sind die Homogenität der Mitglieder, die individuelle Gewinnausschüttung sowie umfangreiche verwaltungstechnische Kenntnisse selten gewährleistet (Akande 1992:66f.).

72 In der vorliegenden Darstellung beziehe ich mich auf Veröffentlichungen dieser Nicht-Regierungs-Organisation zur Projektarbeit in afrikanischen Ländern, insbesondere in Nigeria, auf ein Gespräch mit einer Mitarbeiterin und auf ein Interview mit Frau Ogunleye, der Koordinatorin der Frauenorganisation COWAN, einem Dachverband von Yoruba-Frauenzusammenschlüssen, während einer Tagung in Bonn.

73 Die Förderungshöchstgrenze für eine Gruppe oder ein Projekt beträgt 10.000 DM jährlich.

der Entwicklungszusammenarbeit geknüpft, letztere überprüfen häufig auch die Vorhaben auf ihre Realisierbarkeit.

In Afrika werden Frauengruppen im Sengal, in Tanzania, Burkina Faso und Nigeria unterstützt. Die Förderung umfaßt z.b. die Verbesserung der Anbautechnik, die Verarbeitung und Vermarktung von Nahrungsmitteln im Senegal oder den Aufbau eines selbstverwalteten Busunternehmens, eines Ladens, einer Schweinemast und einer Näherei in Tanzania.[74] Hervorzuheben ist die Alphabetisierung und Ausbildung in der Baumwollverarbeitung für Witwen und Frauen, die der Hexerei verdächtigt und aus ihren Dörfern vertrieben wurden; die einkommenschaffenden Tätigkeiten sollen ihnen in einem Frauenzentrum in Ouagadougou, Burkina Faso, einen neuen Start ermöglichen (Randzio-Plath 1990:16f.).[75]

Förderung von Yoruba-Frauen in der Country Women Association of Nigeria

Der Zusammenschluß von Yoruba-Frauen, Country Women Association of Nigeria (COWAN) genannt, wurde 1982 in der Ondo-Provinz gegründet und umfaßte 1991 nahezu 500 lokale Yoruba-Frauengruppen. Die Hauptaufgabe des Zusammenschlusses ist die Koordination der Arbeit der einzelnen Gruppen, die Vertretung nach außen und die Durchführung von praxisorientierten Schulungen. Auch nimmt er Anträge auf Unterstützung von den beteiligten Gruppen an und leitet die erhaltende Außenförderung an diese weiter. Der Zusammenschluß versteht sich als Basisorganisation und legt Wert auf die Verbindungen zu traditionellen Organisationsformen wie den Händlerinnen-Assoziationen oder den *Esusu*-Gruppen. Zahlreiche Gruppen bilden auch gemeinsame Sparfonds zur Versorgung in Krankheitsfällen; vielerorts werden die Ehemänner in die Beitragszahlungen einbezogen. Zudem werden ausgewählte Frauen als Basisgesundheitshelferinnen ausgebildet (Ogunleye 1991:24). Mit ihrer breitgefächerten Konzeption will diese Organisation der Bedürfnis- und Problemkomplexität der Frauen gerecht werden und deren eigene Entwicklungsaktivitäten stärken. Die Bildung einer übergeordneten Interessenvertretung erwies sich als notwendig, da einzelne lokale Frauengruppen oft nur schwer Zugang zu Außenförderung - sowohl staatlicher als auch nicht-staatlicher Art - erhalten. Dies trifft insbesondere bei neugegründeten ländlichen Gruppen zu. Gemeinsame Entwicklungsaktivitäten von Yoruba-Frauen, wie Infrastrukturmaßnahmen der Händlerinnen-Assoziationen, haben eine lange Tradition.

Frau Ogunleye, die gewählte Koordinatorin von COWAN, erläuterte auf eine Frage der Autorin nach der Zusammensetzung der Gruppen und nach den Auswirkungen der Gruppenarbeit auf die Geschlechterbeziehungen, daß vor allem

---

74 Dort widmet sich eine Förderungsmaßnahme der praxisbezogenen Ausbildung von Mädchen, die während ihrer Schulzeit schwanger geworden sind.
75 350 Frauen leben auf dem Gelände des Frauenzentrums, die gemeinsame Arbeit soll den Frauen helfen, ihr Selbstvertrauen wiederzugewinnen. Der "Marie-Schlei-Verein" unterstützte sie im Kauf von Material und der Anschaffung von Webstühlen.

Frauen mittleren Alters und ältere Frauen, die vorrangig mit der Nahrungsmittelverarbeitung und dem Handel befaßt sind, in den Gruppen vertreten sind. Jüngere Frauen mit kleineren Kindern seien dagegen unterrepräsentiert. Dies entspreche ihrer Meinung nach der Altersstruktur vieler traditioneller Zusammenschlüsse von Yoruba-Frauen, so hätten insbesondere ältere Händlerinnen die Sicherheiten durch die gemeinsamen Zusammenschlüsse zu schätzen gewußt. Die Altersverteilung spiegele sich heute auch in der Teilnahme an Schulungen wider. Die jüngeren Frauen seien stärker durch die familiären Versorgungspflichten gebunden und die Frauen mittleren Alters könnten auch leichter ihre Interessen gegenüber den Männern vertreten. Die Reaktion der Männer auf die Zusammenschlüsse und die Entwicklungsbemühungen der Frauen seien vom Erfolg der gemeinsamen Aktivitäten abhängig. Als wichtiges Kriterium für den Gruppenerfolg sieht Frau Ogonleye die Vertrautheit der Gruppenmitglieder und die gegenseitige soziale Kontrolle, was eine relativ begrenzte Gruppengröße von etwa zehn bis zwanzig Frauen bedinge. Daher sind in größeren Orten und Städten mehrere Gruppen zu finden. Sie hebt auch den Wissens- und Erfahrungsaustausch, sowie die Bedeutung der Vernetzung der Gruppen für den Erfolg ihrer Entwicklungsaktivitäten hervor. Die Gruppen können einende Kräfte in der gesamten sozio-ökonomischen Entwicklung sein. Die Organisation will nach eigenem Bekunden der Benachteiligung der Frauen durch gezielte Unterstützung entgegenwirken und setzt sich für ihre gleichberechtigte Partizipation an den Vorteilen der Entwicklung Nigerias ein (Ogunleye 1991:17). Dabei beziehen sich die Yoruba-Frauen darauf, daß ihnen die Eigeninitiative in der Lebensgestaltung kulturell und traditionell erlaubt ist.

Die Förderung der lokalen Frauengruppen umfaßt sowohl den technischen und finanziellen Bereich, als auch die Bildung. Zudem soll die politische Eigenständigkeit sowie ihre Rechtsvertretung gestärkt werden. Regierungsprogramme zur Unterstützung der Frauen und zur Verbesserung ihres Ressourcen- und Kreditzugangs werden gefordert; als erster, wenn auch begrenzter, Ansatz wird das von der nigerianischen Regierung beschlossene Gesundheits- und Wohlfahrtsprogramm betrachtet. Bis zur weitreichenden Verbesserung der Lebensumstände sind die Frauen auf ihre Selbsthilfe und eigene Bemühungen um Außenförderung angewiesen. Grundsätzlich versteht sich der Dachverband COWAN als parteipolitisch unabhängige Organisation, die sich einzig um die Interessen der Mitglieder bemüht. Die Kontakte mit anderen nigerianischen Frauenorganisationen sind wegen deren unterschiedlicher Orientierung begrenzt, eine Zusammenarbeit wird aber in Fragen zur Verbesserung der allgemeinen Lebenssituation praktiziert.

Der "Marie-Schlei-Verein" fördert seit Ende der 80er Jahre diesen Dachverband von Yoruba-Frauen. Die Unterstützung bezieht sich auf deren Bildungsarbeit und die Verbreitung angepaßter Technologie, insbesondere zur Verarbeitung von Maniok zu "Gari", gerösteter Mehl. Dies ist eine wichtige Aufgabe der Frauen, da "Gari" eine ihrer bedeutensten Handelswaren ist und die "Gari"-Herstellung in den Händen der Frauen selbst liegt. Somit trägt die Förderung direkt zur Arbeitserleichterung der Händlerinnen bei und entspricht damit einem ihrer existentiellen Bedürfnisse. Bei der Auswahl der Technologie wird darauf

Wert gelegt, daß sie lokal anzufertigen und zu reparieren ist und die Frauen die Kontrolle über sie behalten. Die Schulungen haben die Verbesserung der wirtschaftlichen und buchhalterischen Kenntnisse der Frauen zum Ziel; damit soll ihre tragende Rolle im Anbau, im Transport und in der Verteilung von Nahrungsmitteln, also in der Versorgung der Bevölkerung, gestärkt werden. Beabsichtigt ist damit auch eine Unterstützung des Selbstbewußtseins und der Interessenvertretung der Frauen. In finanzieller Hinsicht werden die *Esusu* Spar- und Kreditgruppen in ihrer Geldverwaltung beraten, zudem werden Kredite an investitionswillige Frauen vergeben (vgl. Ogunleye 1991:24).

Zusammenfassung

Der "Marie-Schlei-Verein" unterstützt explizit Entwicklungsbemühungen von Frauenzusammenschlüssen, wie des Dachverbandes lokaler Frauengruppen der Yoruba in Nigeria. Dieser versteht sich als übergeordnete Interessenvertretung der Lokalgruppen und koordiniert deren Anträge zur Förderung eigener Entwicklungsaktivitäten, da die einzelnen Gruppen oft nicht über die notwendigen Kontakte und Kenntnisse zur Beantragung von Außenförderung verfügen und ihre Innovationen sich in vielen Fällen ohne Außenförderungen kaum verwirklichen ließen.

Die Unterstützung ist direkt an den Bedürfnissen der Yoruba-Frauen orientiert, da die Prioritäten der Förderung von den Frauen selbst formuliert werden. Die beantragten Maßnahmen, beispielsweise im Bereich der arbeitssparenden Technologie, entsprechen den Aufgaben der Frauen in der Verknüpfung von Nahrungsmittelverarbeitung und Handel. Sie werden den individuellen und gemeinsamen Bedürfnissen der Frauen gerecht, auch ist die Kontrolle über die Neuerungen durch die Gruppen gewährleistet. In vorbereitenden Schulungen durch Vertreterinnen des Dachverbands werden die Frauen für damit zusammenhängende Wirtschaftlichkeits- und Verwaltungsfragen unterrichtet, um mögliche Probleme in diesen Bereichen zu vermeiden. Insgesamt wird also die traditionelle wirtschaftliche Autonomie und damit ihre überlieferte, einflußreiche gesellschaftliche Stellung gestärkt. Auch ihr Innovationspotential sowie ihre Eigenleistungen werden gefördert und damit wird ihren Interessen und Bedürfnissen, die sie durch eigene Kommunikationskanäle, wie sie der Dachverband darstellt, entsprochen. Ohne Rückbezüge auf die traditionellen Organisationsformen, die die Yoruba-Frauen schon in vorkolonialer Zeit auszeichneten und die sie auch während der Kolonialzeit gewahrt und zur politischen Artikulation entfaltet haben, wäre das heutige gemeinsame Engagement der Frauen kaum denkbar.

Neuntes Kapitel
Frauenzusammenschlüsse der Kikuyu

1. Traditionelle Organisationsformen

Räumlicher und ethnographischer Überblick

Der Siedlungsraum der Kikuyu liegt in der heutigen Central Province des kenianischen Hochlands. Auf einer durchschnittlichen Höhe von 1500 Metern bieten fruchtbare Böden eine wichtige Existenzgrundlage für die intensive landwirtschaftliche Nutzung; die gute Ernährungsbasis ermöglicht eine relativ dichte Besiedlung. Prägend für diesen wirtschaftlichen Gunstraum sind zudem hohe Niederschläge von über 1000 mm im Jahr. Auch Viehzucht ist möglich, da das Gebiet frei von Tse-Tse-Fliegen ist.[1]

Die patrilinear und polygyn organisierten Kikuyu, auch Gikuyu oder Agikuyu genannt, sind mit über drei Millionen Menschen die größte Gruppe der Nord-Ost-Bantu. Ethnisch, sprachlich und kulturell sind sie mit den benachbarten Akamba verwandt. Bereits im 12. bis 14. Jahrhundert sind Vorfahren der Kikuyu am Mount Kenya nachweisbar; eine weitere Besiedlungswelle gab es im 16. und 17. Jahrhundert. Den eigenen Ursprung führen die Kikuyu auf den Urahn *Gikuyu* und dessen Frau *Mumbi* zurück, deren neun Töchter die Gründerinnen der neun Kikuyu-Klane gewesen sein sollen.[2]

Aufgaben und Kooperationsformen von Frauen im wirtschaftlichen Kontext

Die Kikuyu lebten in vorkolonialer Zeit vor allem vom Anbau. Rinderhaltung diente in erster Linie sozialen Zwecken, Männer bezogen entsprechend ihr Prestige aus der Größe der Rinderherden (Stamp 1986:28; Abbott 1974:28). Traditionell waren die Frauen für den Anbau verantwortlich. Im Weltbild der Kikuyu wurde die weibliche Fruchtbarkeit mit der Fruchtbarkeit des Bodens in Verbindung gebracht. Die *Mbari*, Patrilineages, galten als Verwalter des Landes, das letztlich im Besitz der Ahnen war.[3] Landnutzungsrechte wurden an einzelne Familien vergeben. Wesentlich für den Umfang der Rechte war die Stellung der Familie bzw. ihres Leiters in einer Lineage. Familien, die einer Siedlungseinheit zugewandert waren, konnten als *Ahoi*, Pächter, oder *Muthami*, Abhängige, Land-

---

[1] S. Hecklau 1989:621; Manshard 1988:160; Vorlaufer 1990:16.
[2] Zur Mythologie und ethnischen Einordnung der Kikuyu s. Middleton/Kershaw 1965:15; Leakey 1977:48.
[3] Das gesamte Land einer Lineage wurde zwischen unterschiedlichen Kategorien von Nutzflächen und Brachland differenziert. Je nach Bodenfruchtbarkeit wurde eine Anbauparzelle vier bis sieben Jahre genutzt; die Brachezeit dauerte bis zu zehn Jahren (Kershaw 1972:54).

zugang bei einer reichen Lineage erhalten. Das Land bildete somit eine wesentliche Basis für soziale Bindungen, die über verwandtschaftliche Beziehungen hinausreichten. Zur Klärung von Landrechtsfragen wählte jede Lineage zwei autorisierte Vertreter. Grundsätzlich war der Landzugang mit sozialen Pflichten verbunden (Davison 1988b:162).

Der *Muramati*, der männliche Familienvorstand, teilte jeder Frau Anbauflächen zu. Durch die Bestellung mehrerer kleiner Parzellen reduzierten sie das Verlustrisiko einer Ernte. Die gesamte Größe der Anbauflächen richtete sich nach den Versorgungspflichten und der Lebensphase einer Frau, denn jede Frau bildete zusammen mit ihren Kindern eine *Nyumba*, einen Haushalt als kleinste Sozialeinheit. Ihre Landnutzungsrechte in der Lineage des Mannes konnten auch Witwen geltend machen, darüber hinaus blieben Ansprüche gegenüber der eigenen Natalgruppe bestehen.

Zu den Pflanzen der Frauen zählten neben Taro, die als typisch weibliche Pflanze galt, vor allem Hirse, Sorghum, Mais, Bohnen, Süßkartoffeln und lokales Grüngemüse (Routledge 1968:46). Teilweise bestellten die Frauen eines Mannes zusätzlich ein gemeinsames Familienfeld, das sie in einzelne Parzellen gliederten und dessen Ernte sie aufteilten. Zudem bearbeiteten sie die Anbauflächen mit den Pflanzen der Männer, wie Bananen, Tabak, Zuckerrohr und gelegentlich Yams oder Maniok, deren Erträge die Männer verfügten.

Die Frauen halfen sich in reziproken Arbeitsgruppen, *Ngwatio*, gegenseitig bei der Feldbestellung. Daneben bildeten sich für besonders schwere Aufgaben sogenannte *Gutmana Wira*-Gruppen (Middleton/Kershaw 1965:20; Mackenzie 1986:388). Frauen tauschten untereinander Anbaukenntnisse und Saatgut aus; diese Kommunikations- und Kooperationsformen waren in ihre gesellschaftlichen Zusammenschlüsse eingebunden (Staudt 1978:451). Anbauentscheidungen über die Größe der Felder oder die Auswahl der Mischkulturen wurden sowohl auf Familienebene, als auch von jeder einzelnen Frau als Leiterin eines eigenen Haushalts getroffen. Der Umfang der Ressourcenkontrolle richtete sich nach dem Senioritätsprinzip und damit der Lebensphase einer Frau sowie den internen familiären Strukturen. So besaßen Frauen mittleren Alters nicht nur eigene Anbauflächen und Speicher, sondern auch Kleinvieh, wie Ziegen, die sie auf Handelsreisen zu den Maasai gegen ihre erzielten Anbauüberschüsse, Töpferwaren oder Honig eingetauscht hatten.[4] Zu mehrtägigen Handelsreisen schlossen sich einzelne Frauen zusammen; die Leitung einer derartigen Handelsreise verschaffte einer Frau große Achtung.

---

4   S. Ventura-Dias 1985:172; Der Kleinhandel war vor allem zur Überwindung lokaler und temporärer Versorgungsengpäße bedeutsam (Presley 1986a:42; Kershaw 1972:146). Kikuyu-Frauen pflegten auch Handelskontakte mit Nachbarethnien wie den Akamba. Die Beziehungen zu den Maasai waren häufig gespannt, Konflikte gab es wiederholt durch Viehdiebstahl; mythologisch fühlen sich die Kikuyu allerdings mit den Maasai verbunden und in Friedenszeiten suchten Kikuyu-Frauen auch Maasai bei Handelsreisen auf (Leakey 1977:37). Kikuyu-Frauen hatten Entscheidungsbefugnisse über ihren eigenen Kleinviehbesitz, auch wenn die Tiere von Jungen gehütet wurden (Routledge 1968:48). Zu den handwerklichen Tätigkeiten der Kikuyu-Frauen zählte neben der Töpferei die Korbherstellung, die jedoch im Unterschied zu den Akamba weniger elaboriert war (Middleton/Kershaw 1965:21).

Zur Bedeutung der Herdstelle im wirtschaftlichen und kulturellen Kontext[5]

Traditionell wurde auf Drei-Steine-Herden gekocht; die Steine, die *Mahiga* genannt wurden, holten die Frauen aus einen Fluß. Der Herdbau gehörte zu den Handlungen, die für eine Eheschließung notwendig waren. Für die Beschaffung der Steine waren die Brautmütter verantwortlich. Beim Bau und dem Erstbezug eines neuen Hauses wurde ein neues Feuer zwischen den neubesorgten Herdsteinen entfacht; bereits verwendete Steine sollten im neuen Haus nicht mehr benutzt werden. Das Feuer durfte während der ersten Nacht nach dem Einzug der Bewohner nicht erlöschen.

In ihrer Anordnung konnten die Steine an unterschiedliche Topfgrößen angepaßt werden. Die Nahrungszubereitung fand abends statt, dann wurde auch die wichtigste Mahlzeit des Tages eingenommen. Je nach Jahreszeit und Witterung wurde außerhalb bzw. innerhalb des Hauses gekocht, dies war Ausdruck der Flexibilität der Frauen und zeigte die Vorteile einer transportablen Herdstelle. Das Feuer entfachten die Frauen mit einem Quirlbohrer aus dem Holz des heiligen *Muguma*-Baumes, Ficus Natalensis oder Ficus Capensis.[6] Glut konnte auch im Rahmen reziproker Austauschprozesse von Nachbarinnen oder Verwandten einer Siedlungseinheit geliehen werden, was Ausdruck des sozialen Zusammenhalts war. Die Holzstücke zum Beschicken des Ofens wurden systematisch aufgeschichtet, so daß die Energie optimal für das Garen der jeweiligen Speisen genutzt und beim Kochen im Haus die Brandgefahr reduziert wurde.

Nicht nur die Herdstelle, sondern auch das Kochgeschirr - wie Tontöpfe oder Kalebassenschalen - wählten die Frauen nach ihren jeweiligen Bedürfnissen aus. Die Tontopfgröße variierte je nach Art der Speise und der Personenzahl, die bekocht wurde. Zum Abdecken der Speisen beim Kochen wurden große Blätter verwendet.

Bei Dunkelheit dienten die hausinternen Feuer auch zur Raumbeleuchtung und zum Wärmen. Nachts wurden die Zwischenräume der Feuerstellen mit kleinen Steinen abgedeckt, so daß niemand sich an der Glut verletzen konnte. Der Rauch zog vor allem durch die Haustür ab. Über der Feuerstelle, die das Zentrum eines Hauses bildete, waren Lebensmittel und Holz zum Trocknen auf einer hölzernen Zwischendecke gelagert. Sie schützte auch das Grasdach vor einem Brand.

Feuerholz wurde von Frauen individuell oder gemeinsam gesammelt; *Matega*, das gemeinsame Sammeln, brachte die soziale Gemeinschaft und gegenseitige Unterstützung zum Ausdruck, insbesondere wenn eine Frau ein Kind geboren hatte (Stamp 1986:24). Im Alter teilte sich eine Frau häufig mit einer Schwiegertochter eine Feuerstelle, Hilfe und Unterstützung beim Holzsammeln und Kochen waren hierbei die grundlegenden Prinzipien.

---

5   Da ein GTZ-Projekt die Kikuyu-Frauen über ihre bestehende Zusammenschlüsse heute zur Anschaffung brennholzsparender Herde auffordert, ist die Erörterung der traditionellen Bedeutung der Herdstelle und der Kochpraktiken notwendig.
6   S. Davison 1989:16; Leakey 1977:146; Middleton/Kershaw 1965:22. Zur symbolischen Bedeutung der Feuererzeugung, zu technischen und sozialen Aspekten der Feuerstellen sowie den ökologischen Faktoren der Brennholznutzung bei den kenianischen Ethnien Turkana und Marakwet s. Best 1993:22ff.

Reaktionen der Frauen auf den wirtschaftlichen Wandel

Während es Mitte des 19. Jahrhunderts durch die Einbeziehung in den Fernhandel mit der Küste vor allem im südlichen Kikuyugebiet zu einer Anbauintensivierung und wirtschaftlichen Blüte kam, brachen diese Entwicklungen durch den Beginn des Eisenbahnbaus von Mombasa nach Nairobi im Jahr 1896 und dem damit verbundenen Bedeutungsverlust des Karawanenhandels sowie durch die Rinderpest und andere Epedemien um die Jahrhundertwende schnell wieder ab. Einschneidende Veränderungen der traditionellen Wirtschaft der Kikuyu resultierten aus der britischen Kolonialpolitik, denn 1894 wurde der "British Land Acquisition Act" erlassen, der das gesamte brachliegende Land zum öffentlichen Eigentum erklärte und zur Nutzung für den Eisenbahnbau freigab.[7] 1897 kamen durch den "Crown Land Act" etwa eine Million Hektar Land unter britische Kontrolle, wovon der Großteil im Kikuyu-Gebiet lag. Dieses meist sehr fruchtbare Land wurde britischen und burischen Siedlern durch Landzeitpachtverträge oder unrechtmäßigen Kauf zur Nutzung übereignet (Davison 1988b:163f.; Kershaw 1972:176f.).

Die Kikuyu wurden dadurch eines Großteils ihrer Gebietsansprüche sowie ihrer Existenzgrundlage beraubt und in Reservate mit vergleichsweise unfruchtbaren Böden abgedrängt. Wegen der hohen Bevölkerungsdichte in den Gebieten wurden sie mit der Bodenerosion als einem neuen Problem konfrontiert. Die Subsistenzsicherung gestaltete sich immer schwieriger, zumal alle arbeitsfähigen Männer über 16 Jahren nach der Einführung der Hüttensteuer im Jahr 1902 und der Kopfsteuer im Jahr 1910 registriert wurden, um als Lohnarbeiter auf den Kaffee- oder Teeplantagen der Siedler rekrutiert werden zu können.[8] Die Arbeitsleistungen der Männer mußten nun von den Frauen übernommen werden, weshalb der Anbau der weniger arbeitsintensiven und anspruchsvollen Pflanzen Maniok und Mais die traditionellen Grundnahrungsmittel Hirse und Sorghum verdrängte (Mackenzie 1986:383). Der geringe Lohn, den die Männer für ihre Arbeit erhielten, bot keinen Ausgleich für den Verlust ihrer Arbeitskraft im Subsistenzbereich. Zusätzlich belastend für die Frauen war ihre Rekrutierung als Kaffeepflückerinnen, die mit dem ersten Weltkrieg begann.[9]

Während der Weltwirtschaftskrise zu Beginn der 30er Jahre verfielen die Kaffeepreise, was sich auch in den sowieso schon geringen Löhnen niederschlug. Auf einigen Plantagen organisierten Frauen Streiks, dabei wandten sie eine traditionelle Sanktionstechnik an: das *Muthirigo*, das Verhöhnen von Fehlverhalten der Männer in Liedern und die Aberkennung ihrer sozialen Macht.

Diese Protestform richteten sie nun gegen lokale Häuptlinge, Regierungsbeamte und das Rekrutierungspersonal der Plantagenbesitzer. Es handelte sich jedoch nur um punktuelle Aktivitäten, da die Frauen prinzipiell auf die Löhne

---

7   Die britische Kolonialherrschaft etablierte sich 1890, als das Siedlungsgebiet der Kikuyu unter die Protektoratsverwaltung kam (Krabbe/Meyer 1991:182).
8   S. Barnes 1983:46. Die Registrierung wurde *Kipande* genannt, betraf Männer aller gesellschaftlicher Schichten (Presley 1986a:7 und 1986b:259).
9   S. Abbott 1974:28. Zur Arbeit, den Geschlechterverhältnissen auf den Plantagen und der Bedeutung weiblichen Spargruppen s. Adagala 1991:205ff.

angewiesen waren, um das Schulgeld für die Kinder zu zahlen.[10] Zudem lehnten bereits christianisierte Frauen anti-europäische Aktivitäten ab. Mitte der 40er Jahre versuchte die britische Kolonialregierung Terrassierungen zum Erosionschutz und zur Anbausicherung anlegen zu lassen, auch dagegen formierten Frauen gemeinsamen Widerstand, weil diese Maßnahmen ihre Arbeitskapazitäten überstiegen hätte. Nach einer große Demonstration am 14.4.1948 in Nairobi, an der mehr als 2500 Frauen teilnahmen, wurden die Maßnahmen wieder zurückgenommen. Diese Aktion einte die Frauen unterschiedlicher Patrilineages, daher ist zu vermuten, daß die traditionellen Zusammenschlüsse der Frauen einer Lineage diesen Protest planten (Maas 1986:57; Kanogo 1987:83).

Mit der Industrialisierung wanderten zwar zahlreiche Männer in die Städte ab, der Zugang zu vertraglich abgesicherten Arbeitsplätzen wurde ihnen jedoch durch mangelnde Ausbildung erschwert.[11] Die Frauen blieben auf dem Land, wurden wegen der Landrechtsproblematik von unsicheren und unregelmäßigen Unterhaltszahlungen ihrer Männer abhängig und verloren ihre traditionelle Selbstverantwortung und Ressourcenkontrolle im Anbau. Auch ihr Selbstbild wurde dadurch negativ beeinflußt (Stamp 1975:26).

Die 1954 durchgeführte Bodenreform, der sogenannte "Swynnerton Plan", der die Individualisierung der bis dahin im Lineagebesitz befindlichen Landflächen vorsah, konnte keineswegs eine Verbesserung der Eigenversorgung erreichen.[12] Denn ungeachtet der bereits veränderten Bevölkerungszusammensetzung ging der Plan noch von der Familie als Betriebseinheit aus. Der Landkauf stand faktisch aber nur wenigen reichen Männern offen. Sie waren die einzigen, die aus dem seit 1950 auch für Afrikaner erlaubten Anbau von Cash-Crops wie Kaffee höhere Einkommen erzielen konnten. So hatte die Individualisierung der Landrechte die Abwanderung vieler Familien zur Folge.[13] Insgesamt wurden die sozialen Gegensätze auf dem Land verschärft und die Frauen besonders benachteiligt, da sie allein kaum eine Möglichkeit hatten, Land zu erwerben und Kredite als Startkapital für den Kaffeeanbau aufzunehmen.[14] Grundsätzlich registrierte die britische Kolonialverwaltung die Landtitel immer auf den Namen der Männer, selbst wenn eine Frau allein den Boden bestellte (Abbott 1974:85ff.). Landzugang und Landnutzungsrechte gestalteten sich vor allem für Witwen immer schwieriger.

---

10 S. Presley 1986a:98; vgl. Davison 1989:27f. Da es sich hier nur um kleinräumige Proteste in den Distrikten Kiambu und Fort Hall handelte, gab die britische Kolonialregierung keine weiteren Forschungen über die Hintergründe in Auftrag. Die Informationen über das Organisationspotential der Kikuyu-Frauen während der Kolonialzeit sind somit begrenzt (vgl. Wipper 1989:301).
11 S. Kershaw 1975:187; vgl. Hofmeier 1993:106. Zur Abwanderung der Frauen im zeitlichen und regionalen Vergleich s. Vorlaufer 1985:128ff.
12 S. Hecklau 1989:622; Vorlaufer 1990:151. Zu einer eher positiven Einschätzung des Swynnerton-Planes s. Manshard 1988:161f.
13 S. Kanogo 1987:79. Zur marginalen Rolle von Frauen in Kaffee-Kooperativen, die sich seit den 60er Jahren bildeten s. Bager 1980:91ff.
14 Kritisch werden auch Großprojekte der 60er Jahre zur landwirtschaftlichen Ertragssteigerung beurteilt. So wurden Frauen im Bewässerungsreisprojekt Mwea am Mount Kenya nur als mithelfende Ehefrauen betrachtet, ihre Belastungen durch Markt- und Subsistenzanbau wurden nicht erkannt (Hanger/Morris 1973:230ff.).

In Auseinandersetzung mit dem wirtschaftlichen Wandel bilden Frauen Zusammenschlüsse, insbesondere wenn sie die familiäre Verantwortung allein tragen. Die gemeinsame Arbeitsbewältigung und das Ziel des gemeinsamen Landerwerbs sind zwei zentrale Anliegen der vielfältigen Aktivitäten. Zur Unterstützung dieser existenzsichernden Gruppen, die auch neue Anbaukenntnisse erwerben und austauschen, fordern Ethnologinnen und Entwicklungsexpertinnen Verbesserungen im Zugang zu Krediten, Saatgut und Technik, außerdem verbesserte und bedarfsorientierte Beratungen.[15] Darin sehen sie die Grundlage zur Entfaltung des gesamtwirtschaftlich wichtigen Entwicklungspotentials der Zusammenschlüsse.[16]

Religiöse Einflußmöglichkeiten von Frauen

Von großer religiöser und sozialer Bedeutung war der Ahnenglaube, weil die Ältesten unter Bezug auf die Religion ihre Entscheidungen legitimierten. Es gab Fruchtbarkeitszeremonien für das Pflanzenwachstum und Meidungsgebote während des Anbaus. Bei Epidemien und während individueller Lebenskrisen wurden auch dem Schöpfergott *Ngai* Opfer gebracht. Für Reinigungszeremonien und für die Herstellung von Medizin war ein Medizinmann verantwortlich. Insgesamt läßt sich sagen, daß traditionell die Männer das religiöse Leben dominierten.

Änderungen der traditionellen Glaubensvorstellungen wurden vor allem durch den Einfluß der christlichen Mission ausgelöst. Seit den zwanziger Jahren waren neben der katholischen auch protestantische Kirchen an der Missionierung beteiligt, z.B. die Kirche von Schottland, die African Inland Mission, die Methodistische Missionsgesellschaft. Energisch wurde versucht, gegen die Klitorisbeschneidung bei Frauen und gegen die Polygynie vorzugehen, die aber wichtige Elemente im Leben der erwachsenen Kikuyu-Frauen darstellten. Seit den 20er Jahren bildeten sich unabhängige, christliche Bewegungen, die in Reaktion auf den Konflikt beide Bräuche weiterhin erlaubten (Middleton/Kershaw 1965:16). Heute bieten kirchliche Dachverbände, wie der protestantische "National Council of Churches", Möglichkeiten einer übergeordneten Organisation und Entwicklungsförderung von christlich orientierten Frauenzusammenschlüssen auf dem Land.[17]

---

15 S. Staudt 1978:442; Monsted 1978:57; Chitere 1988:63. Nicht nur der verstärkte Einsatz weiblicher Beraterinnen wird dazu für notwendig erachtet, ebenso wichtig sei die genaue Analyse der Pflanzen, die Frauen anbauen und - wie am Beispiel von Bohnen deutlich wird - je nach Bedingungen als Nahrungsmittel oder zum Verkauf nutzen. Die herkömmliche Unterteilung von Food-Crops in Frauenhand und Cash-Crops als Männerdomäne greift für viele untersuchte Kikuyu-Frauengruppen nicht mehr. Dem sollte die Agrarberatung und Außenförderung gerecht werden (Stamp 1975:86).
16 S. Wipper 1975:117. Zur Entwicklungsproblematik Kenias im Konflikt zwischen Exportorientierung und Subsistenzanbau s. Hofmeier 1993:99f.
17 S. Neubert 1990:308; Berger 1989:1020. Zwar erheben Krabbe und Meyer den Anspruch, die Auswirkungen von Entwicklungsprojekten auf die Kikuyu-Familien zu untersuchen, doch zum Einfluß der Maßnahmen durch kirchliche Träger erwähnen sie nur, daß es punktuelle, personelle Zusammenarbeit durch "Dienste in Übersee" und die "Arbeitsgemeinschaft für Entwicklungshilfe" gibt. Dabei steht die Verbesserung des Beratungswesen im Mittel-

Gemeinsame politische Partizipation von Frauen

Politische Entscheidungen wurden traditionell von den *Athuuri*, den Ältesten, im *Kiama*, dem Rat der Männer getroffen. *Ndundu* hießen die einberufenen Treffen des Rates. Der Einfluß der Ältesten reichte nicht über die lokalpolitische Ebene hinaus, ihre Aufgabe bestand in der Vermittlung zwischen den Interessen unterschiedlicher Lineages. Der gewählte Sprecher des Ältestenrates war weisungsgebunden und hatte keinen eigenen Entscheidungsspielraum (Kershaw 1972:73). Es gab keine Machtzentralisierung, etwa im Amt eines Häuptlings.

Frauen standen zwar nicht formelle, politische Partizipationsmöglichkeiten offen, wohl aber konnten sie über ihre gesellschaftlich bedeutsamen Zusammenschlüsse als organisatorischer Basis Protest formieren und durch traditionelle Sanktionierungstechniken ihren Widerstand gegen Entscheidungen, die gegen ihre Interessen verstießen, zum Ausdruck bringen (Leakey 1977:9; Lambert 1956:100). Zu diesen Sanktionsmöglichkeiten zählte das *Muthirigo*, Spottgesänge zur Verhöhnung von Männern, die für jene Entscheidungen verantwortlich waren, und das *Gutamira*, die gemeinsame Entblößung ihrer Geschlechtsteile vor einem Mann als Zeichen der Mißachtung seiner sozialen Stellung und Autorität.

Während der Kolonialzeit organisierten Frauen selbst Proteste und brachten damit ihren Unmut gegen kolonialpolitische Entscheidungen, das erlassene Beschneidungsverbot und die Verschlechterung ihrer wirtschaftlichen Situation zum Ausdruck. Dabei entwickelte sich der traditionelle Frauenrat, der eigentlich nur für die Regelung frauenspezifischer Belange verantwortlich war, zu einem Forum politischer Diskussion. Mit ihren Widerstandsformen bewiesen die Frauen die Dynamiken ihrer Sanktionsformen als politische Interessenartikulation und stellten damit, wenn auch nur temporär, männliche Machtansprüche in Frage (Kanogo 1987:82).

Auf den politischen Einfluß von Frauen wurde die britische Kolonialregierung aufmerksam beim Protest gegen die Verhaftung von Harry Thuku im März 1922. Thuku, Gründer der East African Association, die gegen die Siedlerinteressen die nationale Einheit forderte, hatte sich energisch gegen das *Kipande*, die Registrierung der Männer als Lohnarbeiter, sowie gegen die Arbeit der Frauen auf den Plantagen ausgesprochen und ihre schlechte Behandlung und häufige Vergewaltigungen verurteilt.[18] Angesichts seines Engagements für ihre Rechte war seine Verhaftung auch für Frauen Anlaß zum Protest. Vor der Polizeistation in Nairobi fand am 15.3.1922 eine Versammlung von 7-8000 Menschen statt, an der sich auch 150 Frauen beteiligten. Besonders energisch forderten diese Frauen Thukus Freilassung. Sie drohten die Polizeistation zu stürmen, wobei sie die traditionellen Sanktionstechniken der Kikuyu-Frauen anwandten und eigenständig agierten.[19] Sie kritisierten sogar den mangelnden Einsatz der Männer. Die Polizei be-

---

punkt, über konkrete Auswirkungen auf Frauen werden keine weiteren Informationen gegeben (Krabbe/Meyer 1991:238f.).
18 Zum Programm und politischen Werdegang Thukus s. Wipper 1989:301ff.
19 Dazu zählte neben dem Singen von Spottliedern und der Entblößung der Geschlechtsteile die Aufforderung an die Männer, die Kleidung mit den Frauen zu tauschen und die Hosen als Symbol männlicher Macht abzulegen, da sie die weiblichen Interessen nicht ausreichend

fürchtete, dem Protest nicht gewachsen zu sein und eröffnete das Feuer, wodurch 56 Menschen getötet wurden (Presley 1986a:213).

Zur Rolle der Kikuyu-Frauen in der Mau-Mau-Bewegung zwischen 1952 und 1955 gibt es unterschiedliche Einschätzungen. Manche Autoren gehen davon aus, daß die Frauen nur im Versorgungs- und Informationssystem tätig waren, dessen Bedeutung für die Kontinuität des jahrelangen Widerstandes dann aber unterstrichen wird; andere betonen dagegen auch eine militärische Partizipation von Frauen. Die Tatsache, daß 1954 - zwei Jahre nach Ausrufung des Ausnahmezustandes - 800 Frauen wegen ihrer Mau-Mau-Aktivitäten inhaftiert wurden, wird als Hinweis auf ihre weitreichende Rolle gewertet (Kershaw 1986:69). Einigkeit besteht über die begrenzte Wirkung des Aufstands hinsichtlich einer langfristigen Verbesserung der politischen Mitbestimmung von Frauen und einer Anerkennung ihrer gesellschaftlichen Bedeutung. Die Geschlechterverhältnisse haben sich in der Kikuyu-Gesellschaft trotz des gemeinsamen Widerstandes kaum gewandelt.

"Der Einfluß der Frauen auf die Ressourcennutzung und auf politische Entscheidungsprozesse ist nach wie vor indirekt. Obwohl Frauenorganisationen die Verhandlungsmöglichkeiten der Frauen und ihren Lebensstandard verbesert haben, konnten sie nicht direkt zur Verbesserung ihrer Mitbestimmung in der lokalen oder nationalen Politik beitragen." (Moore 1988:164)

Auf nationaler Ebene haben Frauen zwar das Wahlrecht erhalten, doch in politischen Ämtern und Entscheidungsgremien sind sie auch heute noch deutlich unterrepräsentiert.[20]

Frauenzusammenschlüsse im gesellschaftlichen Kontext

Eine zentrale Stellung in der sehr komplexen Gesellschaftsorganisation der Kikuyu hatten traditionell die *Mbari* inne; es waren exogame Patrilineages, die das Land verwalteten und Landnutzungsrechte verteilten.[21] Lineages waren keine Residenzeinheiten, sondern regional verbreitet. In einer Residenzeinheit, *Rugongo* (pl. *Ngongo*), die als Streusiedlung auf einer Anhöhe angelegt war und von verschiedenen Gehöften, *Mucii*, gebildet wurde, lebten darum Vertreter verschiedener Lineages. Die Gehöfte wurden von erweiterten Familien bewohnt und setzten sich wegen der polygynen Eheform aus Haushalten von Frauen mit ihren Kindern, *Nyumbas*, zusammen. Diese bildeten die kleinsten sozialen Einheiten (Middleton/Kershaw 1965:25f.). In größeren Siedlungen gab es darüber hinaus

---

verteidigten. Audrey Wipper vergleicht diese Protestform, die auf traditionelle Sanktionsmechanismen aufbaut, mit dem Widerstand der Kom- und Igbo-Frauen gegen koloniale Gesetzgebungen, die den Aufgaben der Frauen widersprachen und ihre Arbeitslast überforderten (Wipper 1989:319ff.).
20 S. Presley 1986a:284. Zur Rolle der Kikuyu in der Politik Kenias s. Hofmeier 1993:92ff.
21 Die Klane, die überregional organisiert waren, achteten auf die Einhaltung von Meidungsvorschriften. Die gegenseitigen Verpflichtungen der Klanmitglieder waren relativ begrenzt, sie reichten kaum über die allgemein übliche Gastfreundschaft hinaus (Leakey 1977:7; Routledge 1968:12).

eine aus mehreren Gehöften bestehende Untereinheit der *Rugongo*, die *Miaki*. Der Sinn dieser Zusammenschlüsse war der gegenseitige Austausch von Glut zum Feuerentfachen, aber auch Hilfe in Notlagen.

Eine wichtige, aus Vertretern verschiedener Lineages zusammengesetzte Organisationsform waren die Altersklassen der Männer. Sie gliederten sich in die *Kiama kia Kamatimu*, bzw. *Aanake*, die initiierten, unverheirateten Männer, die *Kiama kia Mathathi*, die Männer, die Vater von mindestens einem Kind waren und die *Kiama kia Maturanguru*, bzw. *Akuru*, Männer, die mindestens ein bereits beschnittenes Kind hatten.[22] Zeremoniell begleitet wurde der Generationswechsel von einer Ältestengruppe zur nächsten.[23]

Die Altersklassen der Frauen gliederten sich in: *Muiriti*, beschnittene Frauen ohne Kinder, *Muhiki*, junge, verheiratete Frauen ohne Kinder, *Mutumia wa kang'ei* verheiratete Frauen mit Kindern, *Nyankinyua*, Frauen mit mindestens einem beschnittenen Kind.[24] Ihre Zugehörigkeit zu einer Altersgruppe brachten die Frauen in Kleidung und Schmuck zum Ausdruck. Die *Nyankinyua* waren gesellschaftlich sehr geachtet, hatten große Autorität in den Frauenzusammenschlüssen und wirkten in vielen Fällen als Hebammen.

"Letztere fällten alle Entscheidungen, die die Frauen gemeinsam betrafen, sie organisierten Feste, führten Frauentanzgruppen an, entschieden, ob sie einer Frau gemeinsam bei der Feld- oder Hausarbeit helfen sollten (ngwatio)." (Tietmeyer 1991:96)

Im Unterschied zu den Männern wurden Initiationen in das Altersklassensystem der Frauen regelmäßig durchgeführt, und zwar jährlich nach der Aussaat im Frühling. Die gemeinsam initiierten Mädchen bildeten eine Solidargemeinschaft, die oft auch wirtschaftlich miteinander kooperierte und damit eine der Grundlagen der *Ngwatio*-Gruppen schuf. Unklar ist der Institutionalisierungsgrad der Altersklassen der Frauen. Die Tatsache, daß sie gemeinsam unter Leitung einer anerkannten Frau ihre Interessen und Rechte verteidigten, läßt auf eine vergleichsweise hohe Institutionalisierung schließen. Möglicherweise existierten sogar Zusammenschlüsse über die Lokalgruppe hinaus (Lambert 1956:100).

Neben den Räten der männlichen Ältesten gab es auch einen Rat der Frauen. Der *Ndundu ya Atomia* war ein Zusammenschluß aller Frauen einer Lineage, der von der ältesten Frau geleitet wurde. In ihm wurde über Initiationszeremonien entschieden, das Verhalten der Frauen untereinander beobachtet und Fehlverhal-

---

22 S. Presley 1986a:51. Zum Altersklassensystem der Kikuyu s. auch Henderson Stewart 1977:174ff. Die Terminologie der Altersklassenbenennung variierte teilweise regional s. Lambert 1956:4ff. Die Gruppe gemeinsam initiierter Männer hieß *Riika* (pl. *Mariika*); sie wurde nach besonderen Ereignissen, die ein Beschneidungsjahr kennzeichneten, benannt und hatte lokale Bedeutung.
23 S. Kershaw 1972:153; Lambert 1956:8. Das gesellschaftspolitisch bedeutsame Altersklassensystem löste sich in der Kolonialzeit weitgehend auf, denn die jungen Männer wurden ab dem 16. Lebensjahr als Arbeitskräfte zur Plantagenarbeit rekrutiert; auch die Schulausbildung hatte hierauf Einfluß (Leakey 1965:14). Altersklassenzugehörigkeit ist mittlerweile auch für Eheschließungen unwichtig geworden.
24 S. Stamp 1975:26. Teilweise sind in der Literatur unterschiedliche Benennungen der einzelnen Altersklassen zu finden s. Tietmeyer 1991:96.

ten einzelner Frauen gemaßregelt (Maas 1986:39). Eine der gefürchtesten Sanktionen war der Ausschluß aus den reziproken *Ngwatio*-Gruppen, die von den Frauen zur Feldbestellung gegründet wurden. Dies hatte nicht nur die soziale Isolierung zur Folge, sondern konnte bei Arbeitsengpäßen auch die Versorgungsaufgaben einer Frau beeinträchtigen. Daneben konnten einflußreiche, ältere Frauen einer Lineage Frauen versammeln und zur Arbeit auf ihren Feldern anstellen. Durch den Arbeitseinsatz war ein prestigereicher Aufstieg in der *Kang'ei* genannten Organisation möglich (Stamp 1986:28). Grundsätzlich bildeten alle Frauenzusammmenschlüsse verbindende Klammern für Frauen unterschiedlichen Alters, sie einten Frauen über die Ebene der Altersklassen oder Verwandtschaft hinaus.

Die Auswirkungen des Altersklassensystems auf die Geschlechterbeziehungen zeigten sich im Heiratssystem: Eheschließungen sollten zwischen Frauen und Männern stattfinden, die nicht derselben Altersklasse angehörten, auch sollte der Ehemann nicht der Altersklasse des Vaters der Braut zugerechnet werden.[25] Brautpreiszahlungen waren für eine Eheschließung erforderlich. Die Residenz in den polgynen Ehen wurde virilokal geregelt; besonders einflußreich war die Stellung der Hauptfrau. Scheidungen waren bei Brutalität, Ehebruch, Unfruchtbarkeit und Vernachlässigung der ehelichen Pflichten möglich.[26]

Heute verliert die Polygynie als Eheform an Bedeutung; familiäre bzw. verwandtschaftliche Bindungen und Sicherungssysteme brechen auf.[27] Auch werden die Aufgaben der Altersgruppen von neuen gesellschaftlichen Einheiten wahrgenommen und an die veränderten sozio-ökonomischen Bedingungen angepaßt.[28] Dies ist nicht nur auf dem Land, sondern auch in den Städten zu beobachten, etwa in den Slums von Nairobi. Dort haben Kikuyu-Frauen, die meist als weibliche Haushaltsvorstände leben, auf der Basis von Nachbarschaft und Freundschaft reziproke Zusammenschlüsse gebildet, die für ihr wirtschaftliches Überleben und zur sozialen Sicherung notwendig sind. Sie vertreten nicht nur die Interessen der vom Bierbrauen lebenden Frauen, sondern führen auch selbst Entwicklungsprojekte, wie den Bau von Kindergärten, durch.[29]

---

25 S. Lambert 1956:12. Zu den Mitspracheemöglichkeiten junger Frauen bei der Partnerwahl s. Davison 1989:46ff. Zur Bedeutung und zum Wandel der Gynaegamie in der Kikuyu-Gesellschaft s. Tietmeyer 1991.
26 S. Middleton/Kershaw 1965:43. Männer waren zur Bewahrung ihres gesellschaftlichen Status auf die Unterstützung ihrer Frauen angewiesen: nur wenn sie halfen, Gäste zu bewirten und männliche Arbeitsgruppen für bestimmte Aufgaben bei der Feldbestellung zu beköstigen, konnte ein Mann seine Stellung sichern (Wipper 1989:325).
27 Krabbe und Meyer sehen einen Trend zur Nuklearfamilie und prognostizieren eine Verbesserung der wirtschaftlichen Situation der Frauen durch ihren Zugang zur Bildung (1991:328).
28 S. Abbott 1974:35. Zu den Selbsteinschätzungen über die Motive, Ziele und Interessen von Kikuyu-Frauen unterschiedlichen Alters und familiären Hintergrunds in den Frauengruppen und über ihre Lebensbilder sowie Erfahrungen mit dem gesellschaftlichen Wandel s. Davison 1988a:23ff.
29 S. Nelson 1981:86ff. Zur Forschung über weibliche Haushaltsvorstände, ihrer Verbreitung bei städtischen und ländlichen Kikuyu, ihren Handlungsspielräumen, Kooperationsformen und der Gefahr der Verarmung s. auch Clark 1984:338ff.

Moderne Frauenorganisationen der Kikuyu

Als Reaktion auf den wirtschaftlichen, gesellschaftlichen und politischen Wandel bildeten sich schon während der Kolonialzeit neue Frauenzusammenschlüsse auf lokaler Ebene. Ihre Gründung, mit der die Frauen oft auf eine aktuelle Notlage reagieren, ist als gemeinsame Strategie der Frauen zu verstehen, den Möglichkeiten und Grenzen des Wandels zu begegnen und eine eigene Ressourcenkontrolle zu bewahren. Die Gruppen bauen auf traditionelle Kooperationsformen auf und gelten als ihre Nachfolgeorganisationen. Sie greifen selektiv auf bewährte Formen der Zusammenarbeit zurück und passen diese reziproken Unterstützungsformen an neue Bedürfnisse an. Dabei haben sie ihr Aufgabenspektrum, wie die gemeinsame Feldbestellung oder die gegenseitige Hilfe nach der Geburt eines Kindes, beibehalten und - angepaßt an die Erfordernisse der gewandelten Lebensverhältnisse - erweitert (Mwaniki 1986:218; Wacker 1991:142).

> "Ngwatio hat heute die Erwirtschaftung von Geldern für Selbsthilfeprojekte, wie Kindergärten oder Maßnahmen zur Verbesserung der Wasserversorgung zum Ziel. Damit soll die Arbeitslast der Frauen reduziert und die Lebenssituation verbesert werden. Mit dem erwirtschafteten Gruppengeldern richten manche Frauen auch kleine Geschäfte ein. Matega besteht als Unterstützungsform zur Hilfe der Gruppenmitglieder bei Hochzeiten, Geburten und Bestattungen fort."
> (Stamp 1986:40)

Die *Matega*-Gruppen arbeiten dabei als gemeinsame Spar- und Kreditgruppen, Spareinlagen werden im Rotationsprinzip ausgezahlt. Das Geld wird von den Frauen zur Verbesserung der Familienversorgung verwendet. Wegen ihrer begrenzten Möglichkeiten im Landzugang sowie des geringen und meist unregelmäßigen Einkommens der Männer sehen die Frauen in der Zusammenarbeit eine Chance, ihre familiären Pflichten zu erfüllen. Diese Orientierung bietet ihnen in Konflikten mit Männern Argumente gegen den Vorwurf zu großer Eigenständigkeit. Der emotionale und soziale Rückhalt sowie das in den Gruppen vermittelte Selbstwertgefühl ermutigt die Frauen, bei derartigen Problemen Stellung zu beziehen, da die Gruppenarbeit keineswegs auf den rein persönlichen Nutzen ausgerichtet, sondern vielmehr an der familiären Existenzsicherung und am Allgemeinwohl orientiert ist. Somit füllen die Gruppen das soziale Vakuum aus, das durch den Wandel entstanden ist.

Inzwischen wird dieses auch von den meisten Männern erkannt, denn die Frauen müssen wegen der veränderten sozio-ökonomischen Verhältnisse immer mehr Aufgaben aus dem zuvor männlichen Aufgabenbereich übernehmen, z.B. die Ausbildungskosten der Kinder.[30]

---

30 S. Kariuki 1985:227. Mancherorts streben einzelne Männer sogar eine Mitgliedschaft in wirtschaftlich erfolgreichen Gruppen an, die ihnen in der Regel verweigert wird, da die Frauen die Selbstbestimmung über ihre Aktivitäten und Ressourcen bewahren wollen (Meyer-Mansor 1985:191). Viele Verhaltensweisen der Männer sind Ausdruck ihrer eigenen, durch den Wandel bedingten sozio-ökonomischen Problemlage. Dies muß in einer Diskussion über die Geschlechterkonflikte mitberücksichtigt werden.

Die Normen und Werte der Frauenzusammenschlüsse sowie die gruppeninterne Konsensbildung werden noch immer durch ältere Frauen beeinflußt, auch wenn ihre Macht heute eher informell ist. Denn die Christianisierung und die kolonialen Gesetze haben sie aus rituellen Aufgaben verdrängt. Durch die soziale Kontrolle auf dem Land herrscht aber weiterhin ein gewisser Konformitätsdruck, der in der Anerkennung der älteren Frauen deutlich wird. Die Altersverteilung der Gruppenmitglieder hat sich jedoch gewandelt; die vertikale Altersorientierung wurde von einer eher horizontalen abgelöst, d.h. im Gegensatz zu den traditionellen Altersgraden bzw. dem Altersklassensystem sind die heutigen Frauengruppen meist auf eine Generation eingegrenzt (Tietmeyer 1991:98). Die Gruppenaktivitäten und Ziele entsprechen vor allem den Bedürfnissen von Frauen mittleren und höheren Alters (Davison 1989:56ff.). Jüngere Frauen sind entweder durch kleine Kinder stark gebunden oder - wenn sie nicht verheiratet sind - verfügen über größere räumliche und soziale Mobilität als ältere Frauen.

Es haben auch neue Orientierungen in den Gruppen Einzug gehalten, wegen des Aufbrechens der verwandtschaftlichen Sicherungssysteme wird nun die Selbstverantwortung der Frauen betont. Verwandtschaftliche Bindungen haben als Organisationsbasis an Bedeutung verloren, heute bestimmt die gemeinsame Residenz stärker die Gruppenmitgliedschaft. Einzelne lokale Gruppen stehen miteinander in Kontakt und sind in den meisten Fällen überregional verbunden. Die heutigen Frauenzusammenschlüsse wirken auf vielschichtige Weise den zentrifugalen Kräften des Wandels entgegen.

"Es ist vor allem das sozial verbindende Gefühl der Zusammengehörigkeit und der gegenseitigen Hilfe in einem gesellschaftlichen System, das sie diskriminiert und in dem sie nur mit einem Maximum an Fähigkeiten und Wissen mithalten können. Sie wissen, daß sie allein dieser Konkurrenzsituation hilflos ausgeliefert sind." (Meyer-Mansor 1985:73)

Soziale und wirtschaftliche Orientierungen sind in den Gruppen oft komplex miteinander verwoben, vor allem wegen der Eigeninitiative gelten sie als tragende Kräfte im Entwicklungsprozeß. Zur Frage ihrer Entwicklungspotentiale ist eine differenzierte Auseinandersetzung mit der Vielfalt der Organisationsformen und Gruppenaktivitäten notwendig: In der Analyse der Gruppen sind der Einfluß der jeweiligen ökologischen und ökonomischen Gegebenheiten, der Tradition, der gesellschaftlichen und geschlechtlichen Arbeitsteilung und der Machtverhältnisse wichtige Kriterien (Mutiso 1987:5). Neben diesen äußeren beeinflussen interne Faktoren die Gruppenarbeit, z.B. die Motive zur Gruppengründung, die Homogenität, der sozio-ökonomische Hintergrund und das Bildungsniveau der Mitglieder, ihre Bedürfnisse, Kapazitäten, Entscheidungsprozesse und Zielsetzungen sowie die Führungsqualitäten der Leiterinnen. Das Entwicklungspotential der Gruppen ist dann besonders hoch einzuschätzen, wenn die Gruppen relativ homogen sind und Solidarität die gemeinsamen Aktivitäten trägt; grundsätzlich sollte also das Selbstverständnis der Gruppen berücksichtigt werden (Kayongo-Male 1983:88; Muzaale/Leonard 1985:22). Von der Gruppenleitung wird Engagement,

Vertretung der Gruppeninteressen und Achtung des Vertrauens der Mitglieder verlangt.

Schulungen zur Förderung der Kompetenz der Leiterinnen, die an die spezifischen Bedürfnisse und Fähigkeiten angepaßt sind sowie gezielt und praxisnah auf die Belange nicht-alphabetisierter Gruppenleiterinnen eingehen, wird ein hoher Stellenwert zugesprochen. Noch wichtiger ist nach Meinung von Entwicklungsexpertinnen der Erfahrungsaustausch und die Wissensübermittlung zwischen den Mitgliedern unterschiedlicher Gruppen; dies gilt insbesondere für Gruppen, die im landwirtschaftlichen Bereich aktiv sind (Chitere 1988:55). Gegenseitige Besuche können Fehlschläge vermeiden helfen und zur Entwicklung von Problemlösungen in Anbautechnik oder Vermarktung beitragen. Zudem soll die Gründung von Dachverbänden die Kommunikation zwischen den Gruppen und die Koordination ihrer wirtschaftlichen Aktivitäten verbessern. Fraglich ist, inwieweit die bestehenden Dachverbände zur Überwindung der Benachteiligung von Frauen, zur Förderung ihrer Selbstbestimmung und der Formulierung gemeinsamer Entwicklungsziele beitragen können (Wichterich 1992:11).

Es gibt unterschiedliche Kategorisierungen der kenianischen Frauengruppen, dabei werden die Frauengruppen der Kikuyu wegen ihrer weitreichenden Bedeutung besonders häufig genannt.[31] Die Unterteilungen sind Beleg für die Vielfalt und Komplexität der Zusammenschlüsse. Es kann unterschieden werden zwischen 1.) traditionellen und modernen, 2.) wohlfahrtsorientierten und einkommensorientierten, 3.) selbstinitiierten und fremdinitiierten und 4.) nicht-formalisierten und formalisierten Gruppen.

Zu den traditionellen Gruppen zählen Altersklassen, weibliche Verwandtschaftsgruppen und Arbeitsgruppen im Anbau, zu den modernen Gruppen werden Gruppen mit einkommenschaffenden Tätigkeiten gezählt.

Wohlfahrtsorientierte Gruppen sind Zusammenschlüsse, die nur mit sozial-karitativen Aufgaben befaßt sind, sie lassen sich von rein wirtschaftlich orientierten,

---

31 Die unterschiedlichen Kategorisierungen sind Ausdruck der verschiedenen Betrachtungsperspektiven der Autorinnen. In Kenia gibt es eine Vielzahl von Frauenorganisationen, die sich durch eine hohe Motivation zur Verbesserung der Lebenssituation auszeichnen (Davison 1985:273). Dies trifft insbesondere bei den Kikuyu und Akamba zu, wo die Gruppen auf traditionelle Kooperationsformen aufbauen (Monsted 1978:15). Auch bei den Kipsigis, einer Kalenjin-sprechenden Ethnie im Kericho Distrikt ist der Wandel traditioneller Frauenzusammenschlüsse orientiert an heutigen Erfordernissen feststellbar: *Morik*, traditionelle reziproke Arbeitsgruppen von Frauen unterschiedlicher Familien bestehen mit einem erweiterten Aufgabenspektrum fort. Dazu zählt das gemeinsame Sparen oder die Feldarbeit gegen Entlohnung. In Reaktion auf den sozio-ökonomischen Wandel bieten die Gruppen Einkommensverbesserungen und Unterstützung in Konflikten mit den Männern. Eine Differenzierung nach Alter und sozio-ökonomischem Hintergrund ist bei den Gruppen charakteristisch: Frauen mittleren Alters sind vor allem bei den einkommenschaffenden Gruppen zu finden, sie verfügen bereits über finanzielle Kapazitäten zur Reinvestition in eigene Aktivitäten. Mancherorts beginnen sie auch mit Projekten, wie Teeplantagen, die eigentlich dem männlichen Tätigkeitsbereich zuzurechnen sind und damit die Geschlechtergrenzen überschreiten. Junge, ärmere Frauen sind überwiegend in Spargruppen vertreten (Sorensen 1992:555; Bülow 1992:540; Komma 1984:156). Die sozio-ökonomische Differenzierung zwischen den Frauen wird als Hindernis im Wandel der Geschlechterverhältnisse gewertet.

also einkommenschaffenden, abgrenzen (Feldman 1984:68; Donner-Reichle 1977:70).

Unter selbstinitiierten Gruppen sind sowohl traditionelle als auch moderne Gruppen aufzuführen. Eine Fremdinitiierung kann durch engagierte Einzelpersonen oder Institutionen, wie landwirtschaftliche Beratungseinrichtungen oder Kirchen erfolgen, entsprechend breitgefächert ist das Spektrum außeninitiierter Gruppen (Meyer-Mansor 1985:84).

Zu den nicht-formalisierten zählen Gruppen, die im sozialen oder kulturellen Bereich aktiv sind oder die sich zur Bewältigung einer aktuellen Problemsituation bilden. Den formalisierten Gruppen werden Zusammenschlüsse mit festgelegten internen Strukturen und gemeinsamen wirtschaftlichen Aktivitäten zugerechnet. Als Übergangsform zwischen beiden Gruppierungen werden Spar- und Kreditgruppen betrachtet, für die sowohl der soziale Zusammenhalt, als auch die ökonomische Kooperation charakteristisch sind (Barrett 1987:435).

Inwieweit diese Gliederungsansätze die komplexe Vielschichtigkeit der Gruppen entwirren können und ein brauchbares Raster darstellen, ist fraglich, denn es gibt einige Organisationsformen, wie die Spargruppen, die sich wegen ihrer breitgefächerten Merkmale durchaus in unterschiedliche Kategorien einordnen ließen.

Grundsätzlich wird das Entwicklungspotential der Gruppen daran festgemacht, ob sie durch die Bewältigung einer Problemlage zu gemeinsamen einkommenschaffenden Tätigkeiten übergehen und damit längerfristige Entwicklungsziele verfolgen. Die meist landwirtschaftlich orientierte Zusammenarbeit sollte gefördert werden, so daß sie für die Gruppen wirtschaftlich lukrativ ist (Muzaale/Leonard 1985:19). Die Lernprozesse im wirtschaftlichen Bereich, die auf eine Verbesserung der Lebenssituation der Frauen abzielen, können auch ihr Selbstwertgefühl stärken. Frauengruppen bieten somit eine Alternative zu den rein technisch orientierten Planungsstrategien und ermöglichen die Entfaltung der Entwicklungspotentiale von Frauen (Davison 1985:278).

Einkommenschaffende Gruppen bilden die organisatorische Basis zur Mobilisierung privater und öffentlicher Ressourcen. Oft bieten sie für Frauen den einzigen Zugang zur Außenförderung in Form von Zuschüssen, Sachmitteln oder Informationen.[32]

Die Aktivitäten der Frauengruppen sind an den spezifischen sozio-ökonomischen Bedürfnissen und Kapazitäten der Mitglieder bzw. eines Dorfes orientiert. Sie bauen auf die traditionellen Frauenrollen und Aufgaben auf und erweitern diese vielfach um neue Tätigkeitsbereiche. Damit kann auch ihre Partizipation am öffentlichen Leben verbessert werden. Die Tätigkeitsbereiche lassen sich unter-

---

32 Eigentlich käme dem Staat insbesondere in der landwirtschaftlichen Förderung eine große Verantwortung zu, da die Frauen die Existenzgrundlage und Ernährung der Familien sichern; dieser kommt er jedoch nur unzureichend nach. Die Existenzsicherung können die Frauen angesichts der Verschlechterung der wirtschaftliche Situation langfristig kaum aus eigener Kraft bewältigen; eine weitreichende und geplante Förderung der Frauengruppen kann aber zur notwendigen Effizienz ihrer Tätigkeiten beitragen (Mackenzie 1986:396; Barnes 1983:395).

scheiden in 1.) den landwirtschaftlichen und handwerklichen Bereich; 2.) Maßnahmen zur Verbesserung der Wasserversorgung, z.b. durch Anlage von Wassertanks und Wasserleitungen; 3.) Bauvorhaben zur Verbesserung der Wohnsituation, wie der Anschaffung und Installierung von Wellblechdächern; 4.) die Errichtung von Gebäuden zur Verbesserung des Bildungs- und Gesundheitswesen, z.b. den Bau von Kindergärten, Schulen und Krankenstationen. Daneben bilden zahlreiche Gruppen Spar- und Kreditgemeinschaften, führen Kurse zur Alphabetisierung und Schulungen im Basisgesundheitswesen oder zur Familienplanung durch.[33] In vielen Gruppen ist eine Kombination unterschiedlicher Aktivitäten feststellbar.[34]

Hohe Motivation, Selbstständigkeit und Flexibilität kennzeichnen die Zusammenarbeit. Wenn z.B. die Anschaffung von Wellblechdächern das ursprüngliche Ziel einer Gruppe war, kann sie nach erfolgreichem Abschluß zu Maßnahmen im landwirtschaftlichen oder Infrastrukturbereich übergehen. Die Verbesserung der Wasserversorgung hat dabei Vorrang.[35]

Eine große Rolle spielt natürlich auch der Erfolg oder Mißerfolg bei gemeinsamen Vorhaben sowie Erfahrungen mit Außenförderung. Fehlschläge können schlimmstenfalls ein "Aus" für die gemeinsamen Gruppenaktivitäten bedeuten. Die Frustrationstoleranz und die Bereitschaft zu einem neuen Anfang sind im allgemeinen jedoch als sehr hoch einzuschätzen, da die Frauen auf die soziale Sicherheit in den Gruppen vertrauen, durch deren demokratische Strukturen ihre Interessen vertreten werden und es für die meisten Frauen kaum eine Alternative

---

33 S. Riria-Ouko 1985:191; Donner-Reichle 1977:75. Zur Notwendigkeit angepaßter Familienplanungsprogramme insbesondere für junge Mädchen und junge, unverheiratete Frauen, zu den Konflikten mit Männern und Möglichkeiten und Grenzen der Vermittlerrolle lokaler Frauengruppen s. Poelchau 1985.
34 S. Davison 1985:277; Feldman 1984:68. Förderinstitutionen und andere koordinierende Instanzen sollten darauf achten, daß sich die Gruppenaktivitäten nicht überschneiden (Mwaniki 1986:212). Zur Vielfalt der Selbsthilfeorganisationen, der gemeinnützigen Organisationen und der Trägerorganisationen, die die entwicklungspolitische Landschaft Kenias bestimmen s. Neubert 1990:299ff.; zur kritischen Auseinandersetzung mit dem 1973 gegründeten Zusammenschluß von zwölf kenianischen Nicht-Regierungs-Organisationen "Voluntary Agencies Development Assistance" (VADA), dem Anspruch der Frauenförderung, des Management-Trainings für Gruppen und den internen Problemen in der Organisationsstruktur s. Bratton 1990:87ff.; zur positiven Beurteilung der Tototo-Nicht-Regierungs-Organisation, die vor allem an der kenianischen Küste mit lokalen Frauengruppen arbeitet s. Launer 1987:103.
35 S. Thomas 1985:172 und 1988:407; Maas 1986:18. Zur Verbesserung der Wasserversorgung zählt die Anlage von Wassertanks, Rückhaltebecken, Brunnen und der Anschluß an Wasserleitungen. Dadurch tragen Frauengruppen zur Sicherung der Trinkwasserversorgung der ganzen Dorfbevölkerung bei; sie führen auch Maßnahmen zur gemeinsamen Feldbewässerung durch. Hierbei ist neben ihrer Arbeitsleistung technische Ausbildung und finanzielle Hilfe von außen notwendig, die, wie Studien zeigen, langfristig positiv wirkt (Anderson 1985:309ff.). Dazu trägt auch die gezielte Orientierung der Förderung an den Bedürfnissen der Gruppen bei, diesen nähert sich die Nicht-Regierungs-Organisation "Kenia Water and Health Organization" (KWAHO) durch die Forschungsmethode des "Participatory Rural Appraisal" an. Zu den positiven Ergebnissen für die Kikuyu-Frauen im Laikipia-Distrikt s. Wacker 1991:141ff.; für die Akamba-Frauen im Machakos-Distrikt vgl. POWWESS/UNDP 1991:129ff.; Thomas-Slayter 1992:136ff.

in der Existenzsicherung gibt. Dadurch kommt der externen Förderung eine große Verantwortung zu.[36]

Das gemeinsame Engagement im landwirtschaftschaftlichen Bereich hat Priorität; denn dabei geht es zunächst, vergleichbar mit den traditionellen *Ngwatio*-Gruppen, um gegenseitige Hilfe zur Überwindung von Arbeitsengpäßen. Dies ist besonders wichtig, wenn die Männer zur Lohnarbeit abgewandert sind und die Frauen ihre Aufgaben übernehmen müssen. Da die meisten Frauen durch die Individualisierung der Landrechte, den damit verbundenen Verlust traditioneller Rechte zur Landnutzung und die Benachteiligung der Frauen im Landbesitz unter Landmangel leiden, bemühen sich viele Frauengruppen um gemeinsamen Zugang zu Land über Landpacht oder Landkauf (Mwaniki 1986:221). Das notwendige Kapital versuchen sie über den Verkauf von Nahrungsmitteln und handwerklichen Produkten oder durch die gemeinsame Lohnarbeit auf Plantagen zu erwirtschaften.[37] Mit dem Land in Gruppenbesitz streben die Frauen die Verfügung über die erwirtschafteten Erträge und die Sicherung ihrer Altersversorgung an, die nicht mehr durch verwandtschaftliche Bindungen gewährleistet ist. Sie zielen auf eine Vererbung ihres Anteils am Gruppenland an ihre Töchter ab und versuchen damit deren Unterstützung für den gemeinsamen Anbau zu gewinnen. Außerdem ist Sicherheit im Landzugang besonders wichtig für Witwen und geschiedene Frauen, die allein für ihre Kinder verantwortlich sind (Moore 1988:1959).

Bei den unterschiedlichen Aktivitäten ist den Gruppen gemeinsam, daß sie wirtschaftliche Risiken vermeiden und an langfristigen Entwicklungszielen orientiert sind.[38] Dies verdeutlicht die weitreichende sozio-ökonomische Wichtigkeit der Gruppen, die auch eine organisatorische Basis für außerlandwirtschaftliche Aktivitäten bieten (Stamp 1975:26). Grundsätzlich arbeiten die Gruppen sehr kontinuierlich zusammen und die Mitglieder tauschen untereinander ihre Erfahrungen und Kenntnisse aus, was durch die Verknüpfung gemeinsamer und indivi-

---

36 S. Mutiso 1987:8; Wichterich 1992:11. Leider gibt es keine detaillierten Studien über die Folgen der Auflösung von Gruppen für die Mitglieder.
37 S. Mackenzie 1986:396; vgl. Scottas 1992:290. Nur wenige Gruppen mit vergleichsweise reichen Mitgliedern haben die Kapazität Cash-Crops wie Kaffee anzubauen. Die damit zusammenhängenden Risiken wie Marktabhängigkeit und hoher Kapitaleinsatz für Dünge- und Pflanzenschutzmittel sind ihnen durchaus bewußt (Donner-Reichle 1977:83). Ein ähnlich unsicheres Unterfangen ist auch die Kleintierhaltung, bei der Tierkrankheiten oder ein Preisverfall die Gruppenkapazitäten erschöpft (vgl. Kayongo-Male 1985:295; Monsted 1978:57; Meyer-Mansor 1985:187).
38 Zum Vergleich sei hier auf die Aktivitäten der modernen Frauengruppen der Taita in Kenia hingewiesen. Auch sie bauen auf traditionelle Kooperationsformen auf, die permanent oder temporär existierten und sich auf nachbarschaftlicher Basis bildeten; sie haben das Aktivitätsspektrum zur Befriedigung der heutigen Bedürfnisse erweitert (Hössel 1987:23ff.): Im ländlichen Raum steht die langfristige Verbesserung der Infrastruktur im Mittelpunkt und im städtischen Bereich die Sicherung der Existenzgrundlage. Wesentliche Kriterien für den Erfolg sind: der soziale Zusammenhalt, die gemeinsamen wirtschaftlichen Interessen und Problemlösungskapazitäten der Mitglieder. Die oft sehr innovativen und kreativen Projekte der Gruppen reichen mancherorts über die traditionellen Frauenaufgaben hinaus. So hat 1975 eine Frauengruppen in Mraru gemeinsam ein erfolgreiches Busunternehmen gegründet, einzelne Gruppenmitglieder bemühten sich selbst um eine Ausbildung als Busfahrerinnen und Mechanikerinnen (Hössel 1987:88ff.; Kneerim 1980:1ff.).

dueller Interessen begünstigt wird.[39] Diese Faktoren sind neben der hohen Motivation, Lernbereitschaft und Offenheit gegenüber Neuerungen - auch im technischen Bereich - grundsätzlich wichtige Aspekte, um die Frage nach den Entwicklungspotentialen der Gruppen beantworten zu können.[40]
Es muß jedoch zwischen ärmeren und reicheren Mitgliedern bzw. Gruppen differenziert werden. Selbst wenn die Gruppen grundsätzlich auch arme Frauen einbeziehen und bei individuellen Notlagen Unterstützung gewährleisten, sind die Kapazitäten und Ressourcen der meisten Gruppen zur Hilfe während lang andauernder ökologischer und ökonomischer Krisen begrenzt. Daher sind, wie ein Vergleich unterschiedlicher Frauengruppen der Kikuyu Mitte der 70er Jahre zeigt, über 70% der Gruppenmitglieder solche Frauen, die - im Unterschied zu landlosen Frauen - noch Landzugang haben, in der Lebensmitte stehen und, wegen der Abwesenheit ihrer in den Städten arbeitenden Männer, de facto Haushaltsleiterinnen sind (Thomas 1988:407). Junge, unverheiratete Frauen sind eher am individuellen Fortkommen, etwa der Schulbildung, interessiert.

Junge, verheiratete Frauen mit Kindern finden oft über ihre Mütter den Weg in eine Frauengruppe, sie sind aber ebenso wie ganz arme Frauen in den Gruppen unterrepräsentiert. Sie haben nur begrenzte Kapazitäten, um an den Gruppen partizipieren zu können und auch um auf deren langfristige Entwicklungserfolge zu hoffen, da sie um das tägliche Überleben kämpfen müssen (Barnes 1983:60; Wamalwa 1991:249).

Eine Lösung dieses prinzipiellen Problems einer Einbeziehung der Ärmsten der Armen ist nicht in Sicht. Ein solcher Beitrag zur Armutsbewältigung bzw. -bekämpfung wird aber sowohl von staatlicher, als auch von nicht-staatlicher Geberseite bei einer Vielzahl von Projekten erhofft. Als richtungsweisend kann der Vorschlag Muzaales und Leonards gelten, landwirtschaftliche Versuchsflächen auf den Feldern ärmster Frauen einzurichten, dort die Schulungen zu veranstalten und die Felder von den Gruppen gemeinsam bearbeiten zu lassen. Das hätte die Unterweisung der Frauen vor Ort sowie die Reduzierung der Arbeitslast für die ärmeren Frauen zur Folge, überdies könnte ihre Integration in die Gruppen verfestigt werden (Muzaale/Leonard 1985:27). Voraussetzung für diese Maßnahmen ist aber immer noch, daß die ärmeren Frauen über Landzugang verfügen. Zudem müßte vorab geklärt werden, wer die Folgekosten bei Fehlschlägen auf den Ver-

---

39 S. Mutiso 1987:7; Muzaale/Leonard 1985:19; Wachtel 1975:77. Fraglich sei, so Meyer-Mansor, inwieweit die christliche Moraltheologie der Negation momentaner Bedürfnisse zum Zweck zukünftigen Glücks Einfluß auf die Einstellung der überwiegend christlichen Gruppenmitglieder hat (1985:197).
40 Zur Kontrolle über arbeitserleichternde und einkommenschaffende Technologien sind technische Schulungen und Kurse in Buchführung und Kalkulationen notwendig. Ebenso fordern die Gruppen selbst finanzielle und materielle Hilfe nicht nur im technischen Bereich, sondern für ihre gesamten Aktivitäten zur Überwindung der wirtschaftlichen Benachteiligung (Ventura-Dias 1985:209; Mackenzie 1986:395). Der unzureichende Kreditzugang ist ein großes Problem, denn selbst zur 1973 gegründeten Kenyan Union of Savings and Credit Cooperatives, die den Anspruch hat, gemeinsame Entwicklungsvorhaben finanziell zu fördern, haben Frauen kaum Zugang (Hubbert 1988:16).

suchsfeldern trägt, so daß ein derartiges Projekt ärmere Frauen nicht noch weiter benachteiligt.

Als weiterer Ansatz wäre zu diskutieren, inwieweit eine erhöhte und angepaßte Außenförderung der Gruppen deren Kapazitäten zur Unterstützung der ärmsten Mitglieder langfristig verbessern kann. Zugang zur Außenförderung können nur formell institutionalisierte Gruppen erreichen, daher streben viele lokale Frauenzusammenschlüsse eine Registrierung beim kenianischen Ministerium für Kultur und Soziale Dienste an.[41] Zwar sind sich die Frauengruppen bewußt, daß eine Registrierung gleichzeitig auch eine Außenkontrolle über ihre internen Strukturen und Aktivitäten impliziert, doch bleibt ihnen oft zur Durchführung ihrer geplanten Vorhaben keine Alternative.[42]

Die Mbati-Gruppen

Während der 60er Jahre entwickelten insbesondere Kikuyu-Frauen eine neue Organisationsstruktur, die sogenannten *Mbati*-Gruppen. Es handelte sich hierbei um Zusammenschlüsse von Frauen auf der Basis von Residenz oder Verwandtschaft, die durch gemeinsames Sparen Wellblechdächer für die Häuser jeder einzelnen Frau anschafften (Donner-Reichle 1977:72). Diese wurden von den Frauen auch selbst angebracht, denn traditionell war das Decken und Instandhalten der Grasdächer gemeinsame Frauenarbeit. Da langes Gras in den Reservatsgebieten, in die die Kikuyu durch die britischen Landgesetze abgedrängt wurden, kaum wuchs und die Dächer nur schwer repariert werden konnten, fanden die Frauen in den Wellblechdächern eine Alternative, die für die Hausbesitzerinnen zudem zum Prestigesymbol wurde (Chitere 1988:59). In diesem Beispiel zeigt sich das Innovationspotential und die Aufgeschlossenheit der Frauen gegenüber technischen Neuerungen. Solche positiven Gruppenerfahrungen motivierten zu weiteren gemeinsamen Entwicklungsaktivitäten.

---

41 S. Moore 1988:162. Dazu ist eine Gruppenmindestgröße von 15 Personen, der Nachweis einer gewählten Gruppenleitung, einer Satzung sowie einer gemeinsam durchgeführten Maßnahme im wirtschaftlichen Bereich erforderlich (Wamalwa 1991:249). Mit der Registrierung ist vielfach auch eine Mitgliedschaft der Gruppen in der nationalen Frauenorganisation "Maendeleo ya Wanawake" verbunden, die Motive hierzu sind hauptsächlich ökonomischer Art.
42 S. Udvary 1988:221; Wipper 1975:114. Eine Gefahr für die Eigenständigkeit der Gruppen ist das Machtkalkül einzelner Politiker, die versuchen, die Frauen als Wählerinnen zu gewinnen und durch die im öffentlichen Leben Kenias verbreiteten Klientel-Beziehungen Kontrolle über mögliche Außenförderung der Gruppen zu erhalten. Dies ist insbesondere bei reicheren Gruppen der Fall. Sie versuchen, den Einfluß jener Politiker durch das politische Engagement der Leiterinnen als Interessenvertretung und durch eine Intensivierung der Beziehungen zwischen den Frauengruppen einzuschränken. Auch ist die Haltung der lokalen, politischen Autoritäten bei derartigen Machtkonflikten mitentscheidend (Moore 1988:163f.).

Frauengruppen und Harambee-Selbsthilfe

Im Zuge der Unabhängigkeit Kenias im Jahre 1963 wurde der *Harambee*-Entwicklungsgedanke (*Harambee*: "Zusammmenarbeit und Aufbau") von der kenianischen Regierung unter dem Präsidenten Jomo Kenyatta, der selbst Kikuyu war, gefördert (Maas 1986:23). Die Grundidee war, die Entwicklung auf den Land zunächst durch Initiativen der Bevölkerung selbst in Gang zu setzen; der Staat wollte dann die begonnenen Maßnahmen unterstützten.[43] So wurden Schulen und Krankenstationen in Eigenleistung und aus eigener finanzieller Kraft gebaut, die laufenden Kosten für Lehrer oder Ärzte übernahm der Staat. Frauen und Frauengruppen waren mit ihrem Arbeitseinsatz die tragenden Kräfte dieser Entwicklungsbemühungen, Tendenzen zur staatlichen Vereinnahmung ihres Engagements werden dabei kritisiert (Thomas 1985:193). Auch die Frauenorganisation "Maendeleo ya Wanawake" verbreitete den *Harambee*-Gedanken. Die sozioökonomische Situation der Frauen hat sich jedoch nicht verbessert, ihr Einsatz für die nationale Entwicklung hat nicht zu mehr Mitsprache beigetragen.[44] Die Veränderung der Machtverhältnisse wird jedoch als unerläßlich angesehen für einen grundsätzlichen Wandel. Damit die Frauengruppen dies einfordern können, müßten sie sich neu vernetzen. Die dazu notwendige Bewußtseinsbildung in einzelnen Gruppen scheint vorhanden. Fraglich ist jedoch, ob die kenianische Regierung solche Ansätze zu einer sozialen Bewegung dulden würde (Wichterich 1992:19).

Die nationale Frauenorganisation "Maendeleo ya Wanawake" (MyW)

1952 wurde die Frauenorganisation "Maendeleo ya Wanawake", "Fortschritt für Frauen", als Zusammenschluß lokaler Frauengruppen gegründet. Die einzelnen Gruppenaktivitäten sollten koordiniert und die Situation der Frauen verbessert werden. Da die ersten Gruppen, die sich zusammenschlossen, entweder von einer europäischen Siedlerfrau geleitet wurden oder auf die Initiative und Zusammenschlüsse weißer Frauen während der 40er Jahre zurückgingen, waren die Vorstellungen zur Verbesserung der Lebenssituation der afrikanischen Frauen durch

---

43 Die politische Dimension dieser Projekte bestand darin, daß sie die Lücke zwischen den Erwartungen an die Regierung nach der Unabhängigkeit und der tatsächlichen sozialen Leitungsfähigkeit des Staates schließen sollten. Darüber hinaus nutzten einzelne Politiker Versprechungen zur Unterstützung von *Harambee*-Aktivitäten zum Sammeln von Wählerstimmen (Donner-Reichle 1977:71; Wanyande 1987:101). Anstatt eine Einigung des Landes auf nationaler Ebene zu erreichen, wurden regionale Disparitäten und soziale bzw. ethnische Unterschiede verschärft, dazu trug nicht nur die praktische Umsetzung dieses Konzepts im Rahmen bestehender Klientel-Beziehungen, sondern auch die Veruntreuung von Geldern bei (vgl. Neubert 1990:307f.; Hofmeier 1993:110). Inwieweit hier also von einer partizipativen oder selbstbestimmten Entwicklung gesprochen werden kann, wie positive Interpretationen behaupten, ist äußerst fragwürdig, zumal die Regierungsunterstützung im Lauf der Jahre auf bestimmte Entwicklungsmaßnahmen reduziert wurde (Winans/Haugerud 1977:334ff.; Holmquist 1984:80ff.; Moore 1988:156). Kritische Stimmen fordern ein nationales Entwicklungskonzept (Thomas 1987:478).
44 S. Wamalwa 1991:250f. Die Anerkennung der Arbeitsleistungen der Frauen wird auch von den Kirchen gefordert (Stamp 1975:30).

das europäische Hausfrauenideal geprägt. Entsprechend orientierten sich die ersten Entwicklungsbemühungen der Gruppen an Schulungen zur Verbesserung der Haushaltsführung, Hygiene und Kinderversorgung. Zu dieser Zeit arbeitete die Organisation eng mit dem kolonialen "Department of Community Development and Rehabilitation" zusammen.[45] Während des Mau-Mau Widerstands geriet "Maendeleo ya Wanawake" in das politische Konfliktfeld. Die Nähe dieser Organisation zur kolonialen Verwaltung zeigte sich in Maßnahmen im Infrastrukturbereich, die gezielt gegen Mau-Mau-Aktivitäten gerichtet waren, wie der Anlage von Wegen zur Überwachung der Wälder als Aufenthaltsorte von Mau-Mau-Kämpfern. Dieses Engagement wurde aus naheliegenden Gründen von der Kolonialregierung gefördert (Chitere 1988:59).

Die Mitgliedschaft in den Maendeleo-Gruppen wurde in jener Zeit zum politischen Bekenntnis der Frauen. Wegen der weitverbreiteten Sympathie mit den Zielen der Mau-Mau Kämpfer war die Bereitschaft zur Teilnahme an Maendeleo-Gruppen nur gering, zumal die Gruppen nur minimal zur Lösung der existentiellen Probleme der Frauen beitragen konnten.

Auch heute noch ist die Orientierung an den Bedürfnissen der Landfrauen kaum mehr als ein Lippenbekenntnis städtischer Elitefrauen, die diese Organisation auf nationaler Ebene seit der Unabhängigkeit Kenias leiten (Mungai/Jones 1983:101; Wipper 1975:99). So gehört eine notwendige Verbesserung des landwirtschaftlichen Beratungswesens, das sich an den Bedürfnissen der Frauen orientiert, nicht zu ihren Forderungen. Viele lokale Gruppen haben daher die Mitgliedschaft in dieser nationalen Frauenorganisation aufgekündigt und orientieren sich z.B. an kirchlichen Verbänden.[46] Andere bewahren eine lockere Zugehörigkeit, da sie darin eine der wenigen Möglichkeiten im Zugang zu Außenförderung sehen. Die offiziellen Zahlen der Maendeleo-Gruppen sind darum mit Vorsicht aufzunehmen.[47] Eine effiziente Arbeit und langfristige, organisatorische Planung, damit aber die gezielte Unterstützung der einzelnen Gruppen, wird für "Maendeleo ya Wanawake" dadurch erschwert, daß sie von der Regierung keinen regelmäßigen Etat erhält, sondern nur sporadisch finanzielle Unterstützung in geringer Höhe.[48] Die Abhängigkeit wurde 1988 noch vergrößert, als "Maendeleo ya Wanawake" der Regierungspartei KANU direkt unterstellt wurde. Dadurch

---

45 S. Donner-Reichle 1977:78; Udvary 1988:219; Maas 1986:62. Die Wohlfahrtsorientierung der Gruppen zeigte sich auch in der Ausbildungsunterstützung für besonders fähige Schüler.
46 S. Wichterich 1992:14. Aufgrund der politischen Orientierung der nationalen Frauenorganisation und der geringen finanziellen Förderung ging im Machakos Distrikt, also im Akamba-Gebiet, die Mitgliedschaft zwischen 1954 und 1967 von 94 auf 74 Gruppen zurück. Daneben gab es 112 eigenständige, traditonell orientierte Gruppen mit insgesamt 12.847 Mitgliedern (Chitere 1988:61).
47 1954 gab es offiziell landesweit 300 Gruppen, 1964 1.120 Gruppen und 1986 15.000 Gruppen mit 550.000 Mitgliedern (Chitere 1988:50). 1978 werden die Gruppen in der Central Province, dem Siedlungsgebiet der Kikuyu, auf 2.488 mit 108.562 Mitgliedern beziffert, 1980 waren es schon 3150 Gruppen in mit 127.143 Mitgliedern (Meyer-Mansor 1985:68). Über die Zahl der nicht im "Maendeleo ya Wanawake" organisierten Gruppen liegen leider keine näheren Informationen vor.
48 S. Moore 1988:169; Wipper 1975:102. Darüber hinaus versucht die Regierung Einfluß auf die Personalentscheidungen der Organisation zu nehmen.

wurde auch die Kontrolle über die Entwicklungsaktivitäten verschärft und der Alleinvertretungsanspruch der nationalen Leitung unterstrichen. Der Etat dieser Organisation wurde trotzdem nicht erhöht und viele Frauengruppen sehen ihre Interessen kaum noch vertreten.

"Women's Bureau"

Erste Bemühungen von Regierungsseite zur Integration der Frauen in die Entwicklung des Landes gab es in Kenia im Zuge der Frauendekade. 1976 wurde das "Women's Bureau" im Ministerium für Kultur und Soziale Dienste eröffnet, zudem wurde die Förderung der Frauen in den nationalen Entwicklungsplan von 1974 bis 1978 einbezogen (Moore 1988:156). Hierfür sei, so meinten einige kritische Stimmen, die Entdeckung der politischen Bedeutung der Frauengruppen zur Mobilisierung der Wählerschaft mitentscheidend gewesen (Wanyande 1987:98; Wamalwa 1991:246). Denn die offiziellen Bekenntnisse zur Frauenförderung schlugen sich keinesfalls in einem entsprechend umfangreichen Etat und qualifizierter, personeller Besetzung des "Women's Bureaus" zur finanziellen oder materiellen Unterstützung der zahlreichen Frauengruppen in ihren Entwicklungsansätzen nieder.[49] Dies hemmte die Arbeit der Frauengruppen, die sich in der Zeit mit der Hoffnung auf Unterstützung bildeten und verhinderte Ansätze zu einer gleichberechtigten Entwicklung. Zudem blieben die lokalen Entwicklungsinstitutionen, wie die "District Development Commitees" nach wie vor von Männern dominiert. Erst ab 1980 wurden Unterkomitees als Diskussionsforen für die Entwicklungsbestrebungen und Ziele von Frauen eingerichtet. Sie hatten sich aber den Entwicklungsleitlinien der Regierung unterzuordnen, was die Möglichkeit einer eigenständigen Interessenartikulation verhinderte.

Auch das "Special Rural Development Program", das ab 1971 unter Leitung verschiedener Ministerien in unterschiedlichen Regionen Kenias - auch im Kikuyu-Gebiet - durchgeführt wurde, bot keine gleichberechtigte Entwicklungsbeteiligung für Frauen. In Schulungskurse wurden in erster Linie die Ehefrauen von Regierungsbeamten und reicheren Farmern aufgenommen, die jedoch nicht die Frauen auf dem Land repräsentierten und nur selten als Kommunikationsträgerinnen wirkten. Der Wissens- und Erfahrungsaustausch zwischen den bestehenden Frauenzusammenschlüssen wurden nicht gefördert (Wamalwa 1991:246).

Positiv ist anzumerken, daß die Leistungen der Frauen im Anbau erkannt wurden. Insgesamt stand aber die Unterweisung der Frauen als mithelfende Ehefrauen im Mittelpunkt, lukrative Einkommensmöglichkeiten wurden nicht thematisiert. Heute wird eine Orientierung der Beratung an den spezifischen Bedürfnissen der unterschiedlichen lokalen Frauengruppen gefordert. Darüber hinaus müßte die bedeutende Rolle der Frauengruppen für die Erwirtschaftung des Bruttosozialproduktes viel stärker gewürdigt und unterstützt werden, eine Aufgabe für die sich auch das "Women's Bureau" mehr engagieren sollte. Auf na-

---

49 S. Kayongo-Male 1985:282; Mwaniki 1986:224; Riria-Ouko 1985:191.

tionalpolitischer Ebene wäre die Förderung der Frauengruppen durch den staatlichen Etat und ihre institutionelle Verankerung im Wirtschaftsministerium ein Schritt, der die Ernsthaftigkeit der Regierung in ihren politischen Bekundungen unter Beweis stellen könnte (Meyer-Mansor 1985:113).

Die nationale Frauenorganisation: "National Council of Women of Kenya" (NCWK)

Ähnlich kritisch wie die Arbeit des "Women's Bureau" ist auch die Orientierung des Dachverbands "National Council of Women of Kenya" (NCWK) einzuschätzen, der 1964 unter der Leitung der Tochter des damaligen Präsidenten Kenyatta gegründet wurde. Der Anspruch, Frauengruppen zu koordinieren, damit diese noch stärker zur nationalen Entwicklung beitragen, wurde verkündet. Dabei ging es jedoch keineswegs um die Verwirklichung spezifisch weiblicher Interessen (Donner-Reichle 1977:78; House-Midaba 1990:46). Nur in Teilbereichen, wie der Verbesserung der Wasserversorgung, wurde den Bedürfnissen der Frauen entsprochen. Aus diesem Dachverband ist das "Green-Belt-Movement" hervorgegangen, eine Nicht-Regierungs-Organisation, die sich mit ökologischen Problemen Kenias befaßt und Wiederaufforstungsprojekte mit Frauengruppen durchführt.

2. Projektbeispiel: Das "Women and Energy Project": Zur Zusammenarbeit der "Deutschen Gesellschaft für Technische Zusammenarbeit" (GTZ) mit der nationalen kenianischen Frauenorganisation "Maendeleo ya Wanawake" (MyW) und Frauengruppen der Kikuyu

Rahmenbedingungen

Von 1983 bis 1989 führte die GTZ in Kenia ein Sonderenergieprogramm durch.[50] Es war Teil eines weltweit in 11 Ländern angelegten Programmes zur Nutzung regenerativer Energiequellen, zur Reduzierung des Energiebedarfs und der Abhängigkeit von Energieimporten.[51] Neben der Energieeinsparung gehörte

---

50 In den folgenden Ausführungen beziehe ich mich auf veröffentlichte und unveröffentlichte Studien, in die ich bei der GTZ Einblick nehmen konnte, sowie auf ein Gespräch mit einer GTZ-Expertin zur integrierten Haushaltsenergieversorgung.
51 S. Mildeberger 1988:20. Zu den Ländern, in denen Projekte zur Nutzung regenerativer Energiequellen wie Biogas, Wind- oder Sonnenenergie und Maßnahmen zur Holzeinsparung durchgeführt wurden, zählten neben Kenia: Tansania, Sudan, Niger, Burkina Faso, Mali, Senegal, Philippinen, Indonesien, Kolumbien und Peru (vgl. Reuber 1985:75). Die Koordination der nationalen Energieprogramme, die Sensibilisierung der Bevölkerung und die Schulungen der Mitarbeiter in den Verbreitungsinstitutionen waren wesentliche Elemente der

in Kenia, wo grundsätzlich mit dem Ministerium für Energie und regionale Entwicklung kooperiert wurde, auch die Wiederaufforstung zum Programm.[52] Holz deckt dort 90 % des Energiebedarfs ländlicher Haushalte und die Abholzung, mitbedingt durch das Bevölkerungswachstum, reduzierte die Waldfläche Kenias zwischen 1970 und 1980 von 4 auf 2,8 % (SEP 1989:4).[53]

Im Rahmen der integrierten Haushaltsenergieversorgung (IHV) sollten energiesparende Technologien ökologisch und gesellschaftlich angepaßt werden.[54] Der Brennholzbedarf Kenias sollte durch die Verbreitung "verbesserter" Herde reduziert werden, denn die meiste Energie wurde beim Kochen auf traditionellen Drei-Steine-Herden verbraucht (Klingshirn 1991:3). Technische Berechnungen ergaben eine voraussichtliche Energieeinsparung von 20 bis 30 % bei sachgemäßer Benutzung der neuen Herde.[55] Eine landesweite Verbreitung der Herde wurde langfristig angestrebt, um die Energieversorgung Kenias zu sichern.[56] Dazu wurden in fünf ökologisch unterschiedlichen Distrikten (Kakamega, Murang'a, Kisii, Meru, Lamu) ab 1983 Pilotprojekte zur Herdverbreitung durchgeführt. Die zwei erstgenannten sind von Kikuyu besiedelt, daher beziehe ich mich in den folgenden Ausführungen auf sie (SEP 1989:5). Die Durchführungsphase des Projektes begann 1985, 1989 wurde es dem kenianischen Ministerium

---

Programme. Die Bereitschaft der Regierungen dieser Länder, sich an Programmen im Energiebereich zu beteiligen, ist keineswegs nur als Ausdruck ihres "ökologischen Bewußtseins" zu werten, sondern steht im Zusammenhang mit den Konditionen der internationalen Kreditvergabe, die in den 80er Jahren auf die Energiekrise in Dritte-Welt-Ländern abhob. Im Unterschied zur Vorgehensweise in Kenia wurde andernorts keineswegs nur mit Frauengruppen zusammengearbeitet (Westhoff 1989:39ff.). Zu den Rentabilitätsrechnungen der Brennholzeinsparung im ländlichen und städtischen Raum Malis, Burkina Fasos und Nigers s. Habermehl 1992. Zu den traditionellen Techniken der Lyela-Frauen in Burkina Faso beim Kochen mit dem Drei-Steine-Herd Holz zu sparen und den sozio-kulturellen Gründen, die ihre geringe Akzeptanz neuer Herdmodelle erklären s. Steinbrich 1987b:97ff.

52 Zur Analyse der komplexen Problematik ökologischer, sozio-ökonomischer, institutioneller und technischer Aspekte zur Reduzierung des Energieverbrauchs, der Abholzung und Wiederaufforstung s. auch Manshard 1992:203.
53 Die GTZ war nicht die einzige Institution, die Projekte zur Energieeinsparung durchführte und die Verbreitung brennholzsparender Herde zum Ziel hatte, auch US-AID und UNICEF arbeiteten in diesem Bereich (vgl. Hyman 1992:140ff.). UNICEF bildete beispielsweise im städtischen Raum Handwerker zur Herstellung von Metallkochern aus Altmetall aus (Reuber 1985:86).
54 Herdprojekte können eine Komponente aller Projekte sein, die sich an ärmere Bevölkerungsschichten in Stadt und Land wenden. Sie sind z.B. gut integrierbar in Basisgesundheitsprogramme, Frauenförderungsprogramme oder ländliche Regionalentwicklungs- und Forstprojekte (Krosigk 1992:237). Zur den Aufgaben der Koordinations- und Beratungsstelle "Integrierte Haushaltsenergieversorgung" (IHV) des Deutschen Zentrums für Entwicklungstechnologien (GATE) der GTZ wie der technischen und sozialwissenschaftlichen Forschung, der Information und Beratung, der Zusammenarbeit und Weiterbildung s. Krosigk 1992:235.
55 Zu den zahlreichen, unterschiedlichen Herdmodellen aus Keramik, Ziegelsteinen oder Metall, die seit Ende der 70er Jahren in Burkina Faso, Mali, im Senegal und in Kenia verbreitet wurden, ihrer Akzeptanz und ihrer Brennholzeinsparung s. Bruchhaus 1984d:14ff; vgl. Westhoff 1989:13.
56 Zu den wirtschaftspolitischen Problemen Kenias und der Bedeutung der Entwicklungshilfe bi- bzw. multilateraler Geber für den Staatshaushalt sowie die Entwicklung des Landes s. Hofmeier 1993:103ff.

für Energie und Regionale Entwicklung übergeben.[57] Dessen Umsetzungsagenten, wie das Agrarministerium oder die Frauenorganisation "Maendeleo ya Wanawake", sollten dann die Herdverbreitung weiterführen.[58]

Als Trägerorganisation für die Projektdurchführung wurde die nationale Frauenorganisation "Maendeleo ya Wanawake" gewonnen, personell konnte auf die Mitarbeit von "Extension-Workern" des Forst- bzw. Landwirtschaftsministeriums zurückgegriffen werden. Von deutscher Seite wurde es durch eine Expertin der GTZ aus der Abteilung für angepaßte Technologie (GATE) bzw. eine Entwicklungshelferin des "Deutschen Entwicklungsdienstes" (DED) koordiniert. Sie sahen ihre Aufgabe vor allem in der Entwicklung eines integrierten und nachhaltigen Ansatzes zur Herdverbreitung unter Partizipation der Zielgruppe, Verwendung lokalen Materials und Know-Hows (Melchers/Keil 1986:96).

Die Zielgruppe des Projektes waren Frauen, da Brennholzsammeln und Kochen ihre Aufgaben waren; dementsprechend wurde das Projekt als "Women and Energy Project" bezeichnet (SEP 1989:9). Bestehende Kommunikationsformen zwischen Frauen, hierzu zählten vor allem Frauenorganisationen, sollten zur Verbreitung der Herde genutzt werden. Aufgrund verwaltungstechnischer Bedingungen konnte die nationale Frauenorganisation nur solche Frauengruppen für eine Zusammenarbeit gewinnen, die bereits beim Ministerium für Kultur und Soziales registriert waren (Blum 1990:65).

Zur Projektgestaltung: Frauengruppen und Herdverbreitung

Ziel des Projektes war es, innerhalb von fünf Jahren in den ausgewählten Distrikten 10.000 neue Herde in Betrieb zu nehmen; dazu sollten Frauengruppen als Multiplikatoren gewonnen werden. In der Pilotprojektphase zwischen 1983 und 1985 wurden unterschiedliche Herdmodelle getestet, im Mittelpunkt standen dabei technische Fragen zur Reduzierung des Brennholzbedarfs. Zwei standardisierte Modelle wurden entwickelt; beides Variationen eines Keramikeinsatzes, der mit einem Lehmmantel ummauert wurde und dadurch den Brennholzbedarf beim

---

57 Dabei spielten die Distriktverwaltungen eine besondere Rolle, denn sie mußten den intersektorellen Ansatz des Sonderenergiekonzeptes koordinieren und umsetzen. Sie delegierten die praktischen Aufgaben an ein Distriktverwaltungskomitee, das jedoch finanziell nur unzureichend ausgestattet wurde. Der Forderung nach Dezentralisierung wurde wegen der Beibehaltung politischer und finanzieller Entscheidungen bei den Ministerien faktisch nur begrenzt entsprochen (Blum 1990:33; vgl. Melchers/Keil 1986:94). Auch NGO's sind in Kenia mit der Verbreitung brennholzsparender Herde und anderen Maßnahmen zur Energieeinsparung befaßt: Zum Herdverbreitungskonzept der kenianischen Nicht-Regierungs-Organisation KENGO an Schulen, Hospitälern und anderen Institutionen s. Davidson/Dankelman 1990:106.

58 Die Frauenorganisation wertete das Herdprojekt als Beitrag zur Sicherung der Energieversorgung des Landes, zur Verbesserung der Lebenssituation der Frauen und als einkommenschaffende Maßnahme (Reuber 1985:75). Allerdings wurde erkennbar, daß das Herdprojekt nur einen begrenzten Ansatz hierzu bot und nationalwirtschaftliche Probleme dadurch keineswegs überwunden wurden. In den letzten Jahren konzentrierte sich das Projekt daher vor allem auf die Verbesserung der Lebenssituation der ländlichen Bevölkerung und weniger auf die gesamtnationale Energiesituation (Schultz 1989:81).

Kochen reduzieren sollte. Die Modelle wurden von Töpferinnen und Töpfern gebaut, die vorab für diese Aufgabe geschult wurden.[59] Die Vermarktung der Einsätze verlief halbkommerziell über das Projekt, da die Preise möglichst einheitlich und gering gehalten werden sollten, um somit auch ärmeren Frauen die Anschaffung eines Herdeinsatzes zu ermöglichen.[60]

Traditionelle Drei-Steine-Herde waren kostenlos erhältlich, daher war eine Sensibilisierungs- und Beratungskampagne notwendig, die die Frauen von der Notwendigkeit der Anschaffung eines neuen Herdes überzeugen sollte. Kosten für die neuen Herde mußten von den Frauen selbst getragen werden, da das Kochen als ihr Aufgabenbereich galt. Der Kauf eines neuen Herdes hing also von den Prioritäten der Frauen, ihrer Haushaltsplanung und den Vorteilen ab, die sie sich von einer Herdanschaffung erhofften.[61]

Zwar wurden im Rahmen der Kampagne in ganz Kenia zwischen 1985 und 1988 über 20.000 und bis 1989 nahezu 30.000 Herde verbreitet, die Zahlen allein konnten keineswegs als Maßstab für eine Berechnung der Brennholzeinsparung dienen; denn die Akzeptanz der Herde war und blieb gering. Daher wurde während des Projektverlaufs versucht, an die Bedürfnisse der Frauen anzuknüpfen, wie einige Studien - auch von Ethnologinnen - es forderten.[62] Wegen der technischen Ausrichtung des gesamten Projektes hatte die Betonung der Herdvorteile wie der Brennholzreduzierung, der Erleichterung der Arbeitslast oder der Rauchminderung jedoch nur begrenzten Erfolg. Auch die Vergrößerung der Sicherheit beim Kochen und die Hebung der Küchenqualität waren für die Kikuyu-Frauen keine überzeugenden Argumente. Zwar wurde die Herdverbreitung von Expertenseite als Beitrag zur Verbesserung der Lebenssituation der Frauen verstanden, doch wurde das Projekt der Komplexität der Lebensbereiche der Frauen in ihren ökonomischen, ökologischen und gesellschaftlichen Bezügen und Problemstellungen nicht gerecht.[63]

---

59 Die Schulungen sollten zur Garantie von Qualitätskriterien beitragen, die unerläßliche Voraussetzung für eine tatsächliche Brennholzeinsparung waren. Außerdem sollte damit Töpferinnengruppen eine Einkommensquelle geboten werden (SEP 1989:98).
60 Dies begründete die reservierte Haltung von Töpferinnen und Töpfern für das Projekt zu arbeiten, bei der Herstellung von Gefäßen für den Marktverkauf konnten sie höhere Preise für ihre Arbeit erzielen.
61 S. Blum 1990:26 und 70. Bruchhaus weist darauf hin, daß eine allgemeine Hebung der Einkommensverhältnisse den Frauen die finanziellen Möglichkeiten schaffen würde, alternative Energiequellen zu verwenden (1984d:16).
62 S. Mildeberger 1988:20; SEP 1989:96. Diese Angaben beziehen sich auf die Distrikte insgesamt, es gab aber deutliche Akzeptanzunterschiede zwischen einzelnen Distrikten: Vergleichsweise viele Herde wurden in Gebieten mit gut organisierten Frauengruppen verbreitet, große Akzeptanzprobleme gab es in Trockenräumen und bei nomadischen Gruppen, die nur einen geringen Organisationsgrad der Frauen aufwiesen (vgl. Blum 1990:22; Reuber 1985:4ff.).
63 S. SEP 1989:5; vgl. Reuber 1985:5. Zu den gesundheitlichen Implikationen der Herde wurden zwischen 1988 und 1990 in einer Emissionsstudie die Carbon-Monoxide, die Hydrocarbone und Nitrogenoxide bei traditionellen und neuen Herden verglichen. Die Studie ergab eine Reduzierung der Rauchgase um 50% bei vorschriftsmäßiger Nutzung der verbesserten Herden. Gemessen wurde auch die Schädlichkeit von Gasen unterschiedlicher Holzarten (Brocket Mutere 1991:14ff.). Diese Studie wurde vom Weltgebetstag der Frauen finanziert,

Die Analyse der geringen Herdakzeptanz erfordert eine Auseinandersetzung mit der Herdverbreitungstrategie, den damit befaßten Institutionen und deren politischen, wirtschaftlichen sowie gesellschaftlichen Interessen.[64] Mitarbeiterinnen der Frauenorganisation "Maendeleo ya Wanawake" wurden zur Herdverbreitung eingestellt und geschult. Schulungen fanden auch für Mitarbeiter des Landwirtschaftsministeriums statt, die normalerweise mit anbautechnischen Aufgaben betraut waren. Die Mitwirkung von männlichem Beratungspersonal in einem Arbeitsbereich der Frauen erwies sich jedoch als problematisch, da sie sich nur schwer auf die Situation der Frauen einstellen konnten. Insgesamt verhinderte das hierarchische Verhältnis zwischen Beratern des Landwirtschaftsministeriums und den Frauengruppen Erfahrungsaustausch und Diskussionen. Schwierig war es auch, Leiterinnen der lokalen Frauengruppen für Herdvorführungen und den Selbstbau der Herde zu gewinnen. Die Gruppen erklärten sich nur bereit, für ältere Frauen kostenlos einen Herd einzurichten; alle anderen Gruppenmitglieder sollten für die Arbeit zahlen. Dieses läßt sich als Indiz für die geringe Akzeptanz der neuen Herde bewerten, da die Frauen offensichtlich keinen Sinn darin sahen, ihre Arbeitsleistungen und ihr Geld in Neuerungen zu investieren, deren Nutzen zweifelhaft für sie war. Demotivierend wirkte zudem die Tatsache, daß die Mitarbeiterinnen der nationalen Frauenorganisation "Maendeleo ya Wanawake" im Unterschied zu den lokalen Frauen für ihre Arbeit entlohnt wurden.

Die Vielfalt der Frauengruppen, ihre breit gefächerten Motivationen zur Zusammenarbeit, ihre internen Entscheidungsprozesse, Bedürfnisse und Möglichkeiten wurden nicht analysiert, was zur erfolgreichen Verbreitung der Herde eine Vorbedingung gewesen wäre. Viele Gruppen entsprachen nicht den Erwartungen des Projektes, Multiplikatoren zu sein (Schultz 1989:101). Außerdem wollten viele Frauen sich nicht mit der Anschaffung eines Herdes verschulden, in manchen Frauengruppen gab es sogar Konflikte, da Gelder veruntreut wurden. Mancherorts wurden auch bereits bezahlte Herdeinsätze wegen der häufig unzulänglichen Buchführung in den Töpferinnengruppen nicht geliefert (SEP 1989:100). Die freiwillige Mitarbeit konnte daher nur in begrenztem Maße durch Hinweise auf den Beitrag der Frauen zur dörflichen und nationalen Entwicklung mobilisiert werden.[65]

Die Beratung im Bau und in der Benutzung der Herde war eine Voraussetzung, um die Energieeinsparung und die Reduzierung der Gesundheitsbelastung durch Rauch zu gewährleisten (Mildeberger 1988:19; Krosigk 1992:234). Der nachhaltige Erfolg dieses, wie auch vieler anderer Projekte, hing vom Verhaltenswandel der Frauen ab, der durch die spürbare Reduzierung der Arbeitslast angeregt werden sollte (SEP 1989:10). Erhofft wurde zudem eine Sensibilisierung des ökologischen Bewußtseins der Frauen durch die Herdverbreitung.

---

dies verdeutlicht die Möglichkeiten der gemeinsamen Förderung von Maßnahmen durch staatliche und nicht-staatliche Organisationen.
64 S. Blum 1990:20; vgl. Kapiyo/Thairu/Chiuri 1984:120f.; vgl. Agarwal 1986:63ff.
65 Mancherorts wurde daher gegen Ende der Projektlaufzeit versucht, die Herdverbreitung mit anderen Maßnahmen, etwa einer gemeinsamen Ausbildung im Nähen als einkommenschaffender Tätigkeit, zu koppeln (Bruchhaus/Njunji Hinga 1993:41).

Selbst wenn Frauen im Bau und in der Benutzung der Herde geschult wurden, diese Schulungen auch praxisorientiert und an die lokalen Gegebenheiten angepaßt waren, war die Ansschaffung eines neuen Herdes kein Kriterium zur Energieeinsparung. Denn diese war von der Einhaltung der Benutzungsanleitung abhängig. So konnte mancherorts beobachtet werden, daß Frauen den neuen Herd und den traditionellen Drei-Steine-Herd parallel verwendeten oder die Löcher zur Holzbeschickung ausdehnten, was die Einsparung stark reduzierte. Neue, reparaturbedürftige Herde besserten die Frauen nicht aus, denn die Energieeinsparung war nicht ihr dringlichstes Problem (Reuber 1985:157; vgl. Bruchhaus 1984d:16).

Zudem sprachen die vielseitigen Verwendungsmöglichkeiten des traditionellen, transportablen Drei-Steine-Herdes für unterschiedliche Topfgrößen und Kochvorgänge sowie seine Beschickung mit unterschiedlichen Holzgrößen gegen die Annahme eines neuen Herdes. Auch wurde die traditionelle Nutzung der Feuerstelle als Licht- und Wärmequelle nicht beachtet, die Herdstelle wurde in ihrer Funktion auf das Kochen mit bestimmten Holz- und Kochtopfgrößen beschränkt (vgl. Kapiyo/Thairu/Chiuri 1984:122). Darüber hinaus blieb die symbolische Bedeutung des Drei-Steine-Herdes bei Eheschließungen unberücksichtigt. In den manchen ländlichen Gebieten wurde zwar die kostenlose Feuerholzbeschaffung schwieriger, die Frauen bewahrten sich aber Handlungsspielräume, um auf diese Krise zu reagieren, wie die Reduzierung der warmen Mahlzeiten, die Einschränkung im Abkochen des Trinkwassers oder das Kochen mit minderwertigem Brennmaterial, z.B. Resten landwirtschaftlicher Erzeugnisse (Schimmel 1993:132f.).

Forderungen an die Forschung

Kritisch ist zu diesem Projekt anzumerken, daß die Kenntnisse der Frauen über die Verwendung ausgewählter Holzarten zum Kochen bestimmter Speisen, ihre Kreativität in der Entwicklung eigener, angepaßter Herdmodelle und damit ihre Fähigkeit, Probleme selbst zu lösen in projektvorbereitenden Forschungen und Konzeptionen nicht ausreichend berücksichtigt wurden. Da es um die flächendeckende Verbreitung bestimmter Herdmodelle ging, wurde auf regionale oder lokale Variationen und eigene Entwicklungsansätze von Frauen kaum eingegangen. Dabei hatten Frauen schon selbst experimentiert, Drei-Steine-Herde zu verbessern. Sie sparten Brennholz ein und schützten das Feuer unter freiem Himmel vor dem Wind, indem sie kleine Steine in die Zwischenräume des Drei-Steine-Herdes legten oder die Feuerstelle vertieften (Reuber 1985:90). Darüber hinaus hatten Frauen in Reaktion auf das Energieproblem selbst schon brennholzsparende Herdeinsätze gebaut. *Ngungus* waren Tontöpfe, die beim Kochen im Lauf der Zeit Löcher bekommen hatten und dann von den Frauen mit Steinen und einem Lehmmantel ummauert und als Herdstelle verwendet wurden (Schultz 1989:84).

Das Innovationspotential der Frauen sollte, so die Forderung an zukünftige Haushaltstechnologie-Projekte, mehr Berücksichtigung finden. Die Gefahr der Einschränkung der Experimentierbereitschaft von Frauen durch die Einführung standardisierter Herdmodelle sollte geprüft werden. Angeregt werden sollte auch das partizipative Lernen und der Erfahrungsaustausch zwischen den Frauen. Technische Faktoren, die analysiert werden sollten, sind z.b. Art und Größe der Kochtöpfe, Garzeit der Speisen, Anforderungen an die Stabilität des Herdes. Studien vor Projektbeginn oder während der Pilotprojektphase sollten zudem folgende Aspekte in ihrer Komplexität erörtern: das Kochverhalten der Frauen, ihre Körperhaltung beim Kochen, die individuelle oder gemeinsame Benutzung der Herdstelle und die Tageszeit, zu der gekocht wird (Reuber 1985:15 und 92; vgl. Agarwal 1983:367). Funktionen der Herdstelle, die über den reinen Kochvorgang hinausgehen, wie der Schutz vor Insekten durch den Rauch oder das Konservieren von Speisen, die an einem Platz über der Herdstelle gelagert werden, sollten ebenfalls Berücksichtigung finden. Von wesentlicher Bedeutung wäre es auch, den Brennholzbedarf, die Familiengröße und -zusammensetzung sowie die innerfamiliären Entscheidungsprozesse und die Ressourcenkontrolle von Frauen und Männern zu analysieren; auch sollten ökonomische und politische Rahmenbedingungen nicht unbeachtet bleiben (Kapiyo/Thairu/Chiuri 1984:128ff.). All diese Faktoren beeinflussen ebenso wie die jeweilige Arbeitsbelastung und die Bedürfnisse der Frauen ihre Einstellung zur Einführung neuer Technologien, in diesem Fall brennholzsparender Herde.[66]

Baumschulen und Wiederaufforstung

Seit 1985 wurde neben der Herdverbreitung ein zweiter Aspekt in der Projektgestaltung stärker betont: die Einrichtung von Baumschulen und die Wiederaufforstung. Sie wurden als langfristiger Beitrag zur Brennholzversorgung betrachtet, Frauen waren entsprechend ihrer traditionellen Aufgaben in diesem Bereich auch bei diesen Maßnahmen die Zielgruppe (vgl. Sepp 1986:22). Das Projekt arbeitete wegen der bestehenden institutionellen Strukturen abermals mit der nationalen Frauenorganisation "Maendeleo ya Wanawake" und mit deren Lokalgruppen zusammen.[67]

---

66 Zur Erfassung der Akzeptanz brennholzsparender Herde sind unter Einbeziehung dieser Fakten geeignete Evaluierungskriterien zu erarbeiten. Die Energieeinsparung läßt sich nur in Langzeitstudien, die die Verwendung der Herde analysieren, feststellen (Bliss/Gaesing 1992:158).

67 Die finanzielle Außenförderung sollte nach Projektende von den Kirchen oder anderen Nicht-Regierungs-Organisationen übernommen werden, als Trägerorganisation wurde das "Council for Human Ecology Kenya" (CHECK) gewonnen (Bruchhaus/Njunji Hinga 1993:25). Kenianische Nicht-Regierungs-Organisationen, die im Wiederaufforstungsbereich aktiv waren, wie das "Green-Belt-Movement", kooperierten nicht nur, aber vor allem mit Frauengruppen. Damit wollten sie gezielt die Leistungen der Frauen in der ressourcenschonenden Baumnutzung als Entwicklungsbeitrag anerkennen (Obel 1989:15). Das "Green-Belt-Movement" ging 1977 aus dem "National Council of Women of Kenya" (NCWK) hervor und arbeitet mit diesem zusammen; es wird von norwegischen und dänischen staatlichen Entwicklungshilfeorganisationen sowie von der deutschen und der kanadischen Botschaft finanziell unterstützt (Maathai 1985:10; Bliss/Gaesing 1992:120). Das "Green-Belt-Movement" arbeitet mit Schulen, Jugendgruppen und soziale Einrichtungen zusammen und verbindet die Wiederaufforstung mit Bildung und sozialer Wohlfahrt (Maathai 1985:5ff.).

Das staatliche Forstministerium konnte wegen begrenzter personeller und finanzieller Kapaziäten seinen Aufgaben kaum nachkommen. Die meist männlicher Berater fühlten sich auch nicht für die Frauengruppen und deren Baumschulen zuständig; selbst die wenigen Beraterinnen mußten erst speziell ausgebildet werden.[68] Neben der praktischen Beratung mußten vor allem die Nutzungsrechte über die Bäume und das Holz für die Frauen geklärt werden. Dies sollte gewährleisten, daß die Frauen nicht nur als Arbeitskräfte zum Baumpflanzen rekrutiert wurden, sondern auch von ihrer Arbeit profitierten.[69] Die von den Frauengruppen gezogenen Bäume wurden auf öffentlichen Flächen, z.b. an Wegrändern, gepflanzt und den Frauen die Nutzung garantiert. Trotzdem kam es wiederholt zu vernichtenden Übergriffen durch Viehhirten und Landbesitzer. Nachforschungen über derartige Vorfälle mußten die Frauen bei den lokalen Behörden energisch einfordern.[70]

Die Frauen waren vor allem an der Anlage von Windschutzhecken und kleinen Wäldchen interessiert, Maßnahmen zum "Agroforestry" waren für sie zu pflegeintensiv; sie befürchteten dabei auch Einbußen der Feldkulturen.[71] Traditionell hatten Frauen umfangreiche Kenntnisse über die Verwendung der Hölzer, der Blätter und Rinde einzelner Baumarten; nun galt es, das in den Baumschulen erworbene Know-How in den Wissenstransfer einzubeziehen (vgl. Cernea 1985:288). Hierum bemühte sich die vor Ort tätige Entwicklungshelferin besonders intensiv. Baumschulen galten aus der Sicht der Projektplaner als Möglichkeit, Außenförderung an die Gruppen zu leiten sowie die Kooperation der Frauen zu fördern.[72] Sie erhofften nicht nur eine Einsparung an Brennholz, sondern auch

---

68   Dazu wurde eine deutsche Baumschulistin als Entwicklungshelferin eingestellt, sie war auch für die Arbeit mit Frauengruppen, die an einer Baumschule interessiert waren, zuständig. Das Material für ihre Arbeit wie Gießkannen, Pflanztüten, Samen und Dünger wurde vom Weltgebetstag der Frauen finanziert (Schimmel 1993:137; vgl. Davidson/Dankelman 1988:90f.).
69   S. Sepp 1986:24. Dazu handelte die Entwicklungshelferin Verträge mit lokalen Verwaltungen aus. Die Baumschulen führten zur temporären Mehrarbeit der Frauen, langfristig sollten sie jedoch durch die Erleichterung der Brennholzversorgung und als Erosionsschutz ihre Arbeitslast reduzieren. Diese Problematik wird leider nur selten diskutiert (Bliss/Gaesing 1992:157).
70   S. Schimmel 1993:141; Bruchhaus/Njunji Hinga 1993:25f. Die Frage der Land- und Baumnutzungsrechte ist zentral für den Erfolg von Wiederaufforstungsmaßnahmen. Projekte sollten entsprechend darauf achten, daß Frauen die Verfügungsgewalt über die von ihnen angepflanzten Bäume haben; vielerorts bieten "ökologische Nischen" wie Wegeränder oder Gärten Möglichkeiten zur Bewahrung der Kontrolle über die Bäume (Bliss/Gaesing 1992:148).
71   Zu den Baumarten, die aufgezogen und gepflanzt wurden, zählten vor allem Grevillea- und Leucaena-Arten. Zur geschlechtlichen Arbeitsteilung und der Rechtslage sowie den Kenntnissen, Bedürfnissen und Präferenzen der Frauen im Forstbereich und in der Agro-Forstwirtschaft, s. Rocheleau 1991:158f.
72   S. Obel 1989:15. Grundsätzlich sollen Baumschulprojekte an die Bedürfnisse, Arbeitskapazitäten und Kontrollmöglichkeiten von Frauen angepaßt sein. Auf jeden Fall soll vermieden werden, sogenannte "Busch" zu Baumschulen umzugestalten, da diese Frauen Pflanzenteile sammeln, da diese Sammeltätigkeit in Krisenzeiten zur Ernährungssicherung beiträgt. Frauen sind in alle Projektphasen einzubeziehen, nur so kann man ihren Interessen gerecht werden und einen Beitrag zum "social forestry" leisten. Zudem sollten die Projekte der Vielzahl der Verwendungsmöglichkeiten von Holz Rechung tragen (Bliss/Gaesing 1992:144).

einen Einkommensgewinn für die beteiligten Frauen. Sowohl der Verkauf von Jungpflanzen als auch der Brennholzverkauf aus den angepflanzten Hecken mit Feuerholzarten sollten zur Verbesserung der Finanzsituation beitragen. Die Einkünfte blieben jedoch wegen der staatlich vorgeschriebenen, niedrigen Preise für Jungpflanzen sehr gering.[73]

Zum Verständnis der Gruppenprozesse und der schwierigen Rahmenbedingungen der Gruppenarbeit wäre eine Analyse der Rolle der Gruppenleiterinnen in der internen Interessenkoordination und Außenvertretung sowie im Landzugang der Gruppen sinnvoll gewesen (vgl. Obel 1989:25). Die im Projekt tätige Entwicklungshelferin hatte nur geringen Einfluß auf die Landnutzungskonflikte. Da die Frauen nur schwer die Verfügung über die gepflanzten Bäume durchsetzen konnten und die Baumschulen zusätzliche Arbeitsbelastungen, aber keine Einkommensverbesserungen zur Folge hatten, blieb die Akzeptanz dieses Projektes sehr gering.

Zusammenfassung

Die Problematik des Projektes zur Verbreitung angepaßter Haushaltstechnologie an Kikuyu-Frauen lag in seiner technischen Ausrichtung. Mit dem Ziel der Energieeinsparung wurden Frauengruppen zum Bau und zur Nutzung brennholzsparender Herde angesprochen. Da die Adaptionsfähigkeit und das Engagement zur Verbesserung der eigenen Situation die bestehenden Gruppen auszeichnet, ist es erklärungsbedürftig, warum die Akzeptanz der neuen Herde so gering war.

Die Zurückhaltung der Frauen bei der Anschaffung eines von der GTZ in Zusammenarbeit mit der nationalen Frauenorganisation "Maendeleo ya Wanawake" entwickelten, standardisierten Herdmodells war durch eine Vielzahl von Gründen bedingt. Die Brenneinsätze mußten von ihnen selbst finanziert werden, was eine zusätzliche Belastung ihres meist geringen, eigenen Budgets bedeutete, denn die traditionellen Drei-Steine-Herde waren kostenlos erhältlich. Da es sich um eine Anschaffung für den Haushaltsbereich handelte, konnten die Frauen nicht auf Unterstützung durch die Männer hoffen. Die Anschaffung eines neuen Herdes zur Reduzierung des Brennholzbedarfs zählte jedoch nicht zu den dringendsten Bedürfnissen der Frauen, Priorität hatte vielmehr der Wunsch nach einer Verbesserung der Wasserversorgung oder ihrer Einkommenssituation.

Für die meisten Frauen zählte das Holzsammeln nur zu einer von vielen Arbeitsaufgaben, so daß die Arbeitsreduzierung durch geringeren Holzverbrauch in keinem Verhältnis stand zu den hohen Anschaffungskosten der Herde. Darüber hinaus waren Krisen in der Holzversorgung im Kikuyu-Gebiet noch keine weitverbreiteten Probleme, sondern eher auf einzelne Orte begrenzt; dort begegneten die Frauen der Verknappung innovativ, z.B. mit der Verwendung minderwertigen Brennmaterials oder der Reduzierung der Kochvorgänge. Zudem

---

73 Da die Wiederaufforstung zur Energieeinsparung im Mittelpunkt des Interesses stand, wurden Obstbäume, für die sich höhere Preise erzielen ließen und die für die Ernährungssicherung sinnvoll gewesen wären, kaum in das Angebot der Baumschulen einbezogen.

verstanden sie es, die traditionellen Herde so zu bauen, daß die Energie optimal genutzt wurde.

Auf diese Strategien wurde aber bei der Konzeption des neuen Herdmodells nicht zurückgegriffen; auch die lokalen Variationen in der Brennholzverwendung und der Herdgestaltung blieben unberücksichtigt. Zudem wurde kein Austausch der eigenen Innovationen von Frauen angeregt, was jedoch zur Anerkennung ihrer Leistungen und Förderung ihrer Entwicklungsansätze notwendig gewesen wäre und die Gruppenkooperation gestärkt hätte. Die Partizipation der Frauen beschränkte sich auf die Ausführung von vorgegebenen Anweisungen zum Bau von Ummantelungen der neuen, standardisierten Herdeinsätze. Dies war eine Aufgabe, die nur unter Anleitung geschehen konnte, was eine entsprechende Ausbildung vorraussetzte. Da die Qualität der Schulungen, die in den Zuständigkeitsbereich der nationalen Frauenorganisation "Maendeleo ya Wanawake" oder des Agrarministeriums fielen, oft nicht den gegebenen Anforderungen entsprach, trug der Herdbau wenig zur Akzeptanz und zum Erfolg des Projektes bei. Dafür war auch die regierungsnahe Frauenorganisation "Maendeleo ya Wanawake" mitverantwortlich, die trotz offiziellen Anspruchs keineswegs die Interessen der Frauen auf dem Land vertrat und auch nicht deren Entwicklungsaktivitäten unterstützte.

Projektbegleitende Studien u.a. von Ethnologinnen zeigten, daß die neugebauten Herde oft nicht der zur Einsparung notwendigen Gestaltung entsprachen, reparaturbedürftige Herde nicht ausgebessert wurden und manche Herde sogar ungenutzt blieben. Dies zeigt, daß die Frauen auf ihre Art und aus ihrer Perspektive innovativ und rational mit den neuen Herden umgingen, da die neuen Herde den Erfordernissen einer flexiblen Nutzung nicht entsprachen.

Insgesamt wurde mit den neuen Herdmodellen der komplexen, sozio-kulturellen Bedeutung der Feuerstelle bei den Kikuyu nicht Rechnung getragen. Das konnten auch Argumentationen von Projektseite über die hygienischen Vorzüge oder die nationale Bedeutung der Energieeinsparung nicht ändern. Es waren Aspekte, die den Problemen und Interessen der Frauen und ihrer Zusammenschlüsse kaum gerecht wurden.

Die Projektplanung berücksichtigte auch nur unzureichend die gruppeninternen Konflikte, die durch die gemeinsame Finanzierung der Herdanschaffung verursacht wurden. Dies verdeutlicht, daß es bei der Zielsetzung weniger um die Partizipation der Frauen ging, als vielmehr um die technischen Fragen der Herdverbreitung und Energieeinsparung. Die Förderung der Mitbestimmung wurde ausgeblendet, auch der Handlungsspielraum der bereits sehr engagierten und innovativen Gruppen wurde nicht erweitert.

Zudem fand im Bereich der Wiederaufforstung, bei der mit bestehenden Frauengruppen zur Einrichtung von Baumschulen zusammengearbeitet wurde, wegen der Betonung der ökologischen und nationalökonomischen Faktoren nur sehr begrenzt eine Auseinandersetzung mit Problemen der Frauengruppen statt. Dazu zählte die meist unsichere Landrechtsfrage, die zusätzliche Arbeitsbelastung, die geringen Verdienstmöglichkeiten durch die Baumschulen sowie der zu langfristig orientierte Zweck der Maßnahmen. Der Problemkomplexität konnte die dort tätige, engagierte Entwicklungshelferin auch nur sehr begrenzt entgegenwirken.

Dies verdeutlicht, wie notwendig eine Auseinandersetzung mit den Interessen und der spezifischen Problemsituation von Frauen - unter Berücksichtigung der jeweiligen sozio-ökonomischen und politischen Gegebenheiten - ist, um Projekte im Bereich des Ressourcenschutzes oder der Haushaltstechnologie in ihrem Sinne durchzuführen. Zum Erkennen der Komplexität dieser Faktoren, zur Erfassung der Innovationspotentiale und der Ursachen für eine reservierte Haltung gegenüber Neuerungen, die von außen herangetragen werden, sind ethnologische Studien erforderlich, deren Ergebnissen Projekte in der Gestaltung ihrer Maßnahmen dann auch Rechnung tragen sollten.

Zehntes Kapitel
Frauenzusammenschlüsse der Akamba

1. Traditionelle Organisationsformen

Räumlicher und ethnographischer Überblick

Das Siedlungsgebiet der Akamba, Ukamba bzw. Ukambani genannt, liegt in den beiden Distrikten Machakos und Kitui der Central Province Kenias östlich der Hauptstadt Nairobi (Hobley 1971:2). In der teilweise trockenen Region von durchschnittlich 1500 Metern Höhe bestimmen zwei Regenzeiten das Klima; entscheidend für den Anbau ist die erste zwischen März und Juni.

Die Ursprungsmythen der Akamba weisen auf Wanderungswellen verschiedener Gruppen aus dem Süden hin, die sich auf die erste Hälfte des 18. Jahrhunderts datieren lassen, sowie auf ethnische Verwandtschaft mit den Nyamwezi und Kikuyu. Die Akamba verstehen sich als ethnische Einheit mit der Eigenbezeichnung "Akamba". Ihre Sprache, das *Kamba*, zählt zum Nord-Ost-Bantu (Middleton/Kershaw 1965:65f.).

Geschlechtliche Arbeitsteilung in der Wirtschaft

Anbau und Rinderhaltung bildeten traditionell die Lebensgrundlage der Akamba. Rinder wurden in den Hochlagen gehalten, da diese Tse-Tse-Fliegen frei waren. Demgegenüber herrschte der Anbau entlang der Flußläufe vor, wobei die Felder zusätzlich über Irrigationsgräben bewässert wurden. Für die Feldvorbereitung waren die Männer, für den eigentlichen Anbau und die Ernte die Frauen zuständig. Die *Anake*, die Altersgruppe junger Männer, versorgte die kurzhörnigen Zebu-Rinder. Diese waren vornehmlich im gesellschaftlichen Kontext wichtig, da die Herdengröße den Status eines Mannes bestimmte (Middleton/Kershaw 1965:69). Ältere Männer brauten Bier aus Honig oder Zuckerrohr, das zu wichtigen Anlässen von ihnen getrunken wurde.[1]

Melken und Buttern war Frauenarbeit, ebenso wie der Anbau von Fingerhirse, Sorghum, Mais, Bohnen und Kürbis. Als Anbaumethode war der Schwendbau verbreitet. Die Ehemänner teilten die Anbauflächen für ihre Frauen ein; lange Brachezeiten sicherten die Bodenfruchtbarkeit. Viele Feldarbeiten erledigten die Frauen gemeinsam, die Ernte wurde dagegen individuell und nach Getreidearten getrennt in großen, geflochtenen Körben gespeichert (Nzioki 1982:14; Lindblom 1920:505). In den Aufgabenbereich der Frauen fiel darüber hinaus die oft sehr

---

[1] Die Akamba züchteten selbst Bienen, deren Honig und Wachs gehandelt wurde (Hobley 1971:32; Lindblom 1920:498ff.).

mühsame Wasser- und Feuerholzversorgung.[2] Frauen prägten den lokalen und regionalen Güteraustausch und pflegten Handelsbeziehungen mit den Nachbarethnien, wie den Kikuyu oder Maasai, wobei in erster Linie Tongefäße oder Körbe als Handelswaren dienten. In Notzeiten trug der Handel zur Ernährungssicherung bei, dann wurden vorrangig Nahrungsmittel gegen die angebotenen Waren eingetauscht. Männer dominierten im Fernhandel mit Arabern oder Swahili. Elfenbein stellte ihr wichtigstes Handelsgut dar.

Veränderungen der traditionellen Wirtschaft begannen mit dem Eisenbahnbau von Mombasa nach Nairobi im Jahr 1896. Ab 1903 drangen britische und burische Siedler in das Gebiet der Akamba vor und gründeten Farmen, auf denen sie Akamba als Lohnarbeiter einstellten (Middleton/Kershaw 1965:68). Während der 30er Jahre versuchte die britische Kolonialregierung eine Rinderkontingentierung durchzusetzen, um der Bodenerosion entgegenzuwirken. Mit massiven Protesten im Jahr 1937 konnten die Akamba dieses Vorhaben verhindern.

Handwerkliche Tätigkeiten von Frauen

Die Akamba-Frauen waren auf die Töpferei und vor allem auf das Korbflechten spezialisiert.[3] Zu den handwerklichen Tätigkeiten der Männer zählte das Schmieden von Werkzeug und Waffen, die Metallschmuckherstellung sowie die Holzschnitzerei. Vor der Einführung des Sisalanbaus im Jahr 1920 wurden zum Korbflechten Rinden lokaler Baumarten, wie Arcacia- oder Cordiorcas-Arten oder Fasern des Baobab verwendet (Lindblom 1920:540). Die traditionelle Verzierung bestand aus Streifenmustern; um sie herzustellen wurde ein Teil der Fasern vor dem Flechten mit Ruß, Rotholzpulver oder einem Sud aus ausgewählten Blättern gefärbt. Die Verarbeitung der Rinde, das Zwirnen der Fäden und das Flechten der Körbe waren Tätigkeiten, die die Frauen parallel zu anderen Arbeiten durchführten oder zu denen sie sich mit anderen Frauen trafen (Nzioki 1982:24). Grundsätzlich waren die Akamba-Frauen bestrebt, ihr handwerkliches Geschick und ihr ästhetisches Empfinden in der Korbgestaltung auszudrücken, da dies ihnen persönliche Anerkennung verschaffte; unsauber oder unförmig gearbeitete Körbe wurden als *Mutatu* abgewertet.

Die Mütter gaben ihre Kenntnisse der Handwerkstechniken an ihre Töchter weiter. Für die Korbherstellung mußten bestimmte Verhaltensvorschriften beachtet werden: Der Beginn der Flechtarbeiten sollte den Männern nicht gezeigt werden, er galt als "Schambereich der Körbe". Auch durfte sich kein Mann auf

---

2 Die Feuerstellen wurden über Nacht nicht gelöscht, sondern mit Asche oder Erde abgedeckt; die dabei entstandene Holzkohle wurde regional gehandelt. Ein neues Feuer in einem Drei-Steine-Herd, dem Mittelpunkt eines Hauses, wurde nur beim Einzug in ein neues Haus entfacht (Middleton/Kershaw 1965:70).

3 Die Korbflechterei der Frauen soll hier näher vorgestellt werden, da sich ein Entwicklungsprojekt mit einem Mitarbeiter des "Deutschen Entwicklungsdienstes", das im folgenden näher erläutert werden soll, hierauf bezieht. Während wenige Frauen wegen der dafür notwendigen, spezifischen Kenntnisse als Töpferinnen tätig waren, stellten alle Frauen selbst Körbe her (Lindblom 1920:526).

einen Korb setzen, denn das hätte zu Geburtsproblemen oder zur Unfruchtbarkeit der Korbbesitzerin geführt.

Die Körbe, die zum Transport oder zur Speicherung von Nahrungsmitteln dienten, wurden symbolisch mit der weiblichen Fruchtbarkeit in Verbindung gebracht. Körbe zum Transport von Opfergaben, die *Kathunga ka Kathambi* hießen, durften nur von Frauen nach der Menopause angefertigt werden, als Herstellungsmaterial durften sie nur Feigenrinde verwenden. Die aus dünngezwirnter Schnur gearbeiteten Körbe wurden *Chondo* (pl. *Ukondo*) genannt (Hobley 1971:29). Körbe zum Transport der Ernte hießen *Mukuo* und kleine Körbe für den alltäglichen Bedarf *Nthungi*. Grundsätzlich dienten Lederstreifen zum Tragen und zur Dekorierung der Körbe. Die Körbe wurden auf dem Rücken getragen. Ein lederner Stirnriemen, der bei schweren Lasten mit beiden Händen zusätzlich gestützt wurde, ermöglichte den Transport. Kopflasten wären in diesem oft unwegsamen Gebiet schwierig zu balancieren gewesen. *Muthili* waren Körbe, in denen Handelswaren transportiert wurden. Die Akamba-Frauen verzierten sie mit Glasperlen und Metallstückchen. Beim Gehen schlugen diese aneinander und ihr Klang machte auf eine nahende Händlerin aufmerksam (Nzioki 1982:25). Sorgfältig gearbeitete und reich verzierte Körbe, die neben dem Bett eines Mannes aufgehangen wurden, zählten zur Mitgift einer Braut bei Eheschließungen. Nicht nur Transport-, auch große, stabile Vorratsgefäße für Getreide wurden geflochten. Ein *Kiinga* konnte bis zu 360 Kilogramm fassen und seine Herstellung dauerte über einen Monat. Zum Schutz gegen Insekten und Ungeziefer färbten die Frauen die Körbe mit einem Sud aus bestimmten Blättern und bestrichen sie außen mit Kuhdung (Lindblom 1920:541). Die Körbe wurden zur Lagerung der Ernte in Speicherhäusern benutzt.

Religiöser Einfluß von Frauen

Ein Kennzeichen der Religion der Akamba war der Glaube an den fernen Himmelsgott und an Geisterwesen, die Einfluß auf die Fruchtbarkeit der Frauen und das gesamte menschliche Leben nahmen. Zu diesen Geisterwesen zählten auch die Ahnen. Die Ahnengeister wählten *Mundo Mwio* aus, die als Wahrsager und Opferbringer tätig waren; bei letzteren handelte es sich häufig um Frauen (Middleton/Kershaw 1965:87). Sie waren nicht nur für Heilriten bei Besessenheit, sondern auch für Zeremonien mit der Bitte um Regen verantwortlich, dies wird durch die Verantwortung der Frauen für den Anbau erklärt. An den Riten konnten alle verheirateten Frauen partizipieren, sie mußten jedoch Getreide von der letzten Ernte mitbringen (Beresford-Stooke 1928a:139). Die Ältesten der Männer und der Frauen brachten an heiligen Hainen gemeinsame Dankopfer nach einer guten Ernte oder Bittopfer in Katastrophenfällen dar. Die traditionellen religiösen Vorstellungen der Akamba wandelten sich durch die Christianisierung. Ab 1891 wirkten die Leipziger Evangelisch Lutheranische Mission und die katholische Mission im Akamba-Gebiet.

Gesellschaftliche und politische Bedeutung von Altersklassen

Von zentraler Bedeutung für die Gesellschaftsstruktur war ein Klansystem mit 25 Klanen, deren Mitglieder sich an die Klanexogamie und bestimmte Meidungsgebote halten mußten (Middleton/Kershaw 1965:73). Die Klane waren nicht territorial organisiert, mehrere Gruppen von erweiterten Familien bildeten eine selbstverwaltete Lokaleinheit.

Traditionell prägten Patrilinearität, Lineageexogamie und Virilokalität die Verwandtschaftsorganisation der Akamba. Die Ehen waren polygyn, Brautpreiszahlungen erstreckten sich oft über mehrere Jahre. Jungen Frauen kam gleichwohl ein Mitspracherecht in der Partnerwahl zu. Während einer Schwangerschaft und einer Geburt mußten bestimmte Tabus beachtet und Riten durchgeführt werden; Fruchtbarkeit war wichtig für das Selbstverständnis der Frauen (Kabwegyere 1977:190). Bei Unfruchtbarkeit einer Frau konnten gynaegame Ehen geschlossen werden.[4]

Das Altersklassensystem wies gesellschaftliche Positionen zu. Mit der Initiation, die nicht an die physische Reife gebunden war, wurden Jungen zwischen acht und zwölf Jahren der *Anake*, der Altersgruppe junger Männer, zugeordnet. Diese war für die Rinderherden zuständig, führte öffentliche Arbeiten durch und stellte gleichzeitig die Krieger. Ein Mann gehörte ihr bis zur Beschneidung seines ersten Sohnes an; dann konnte er mit der Opfergabe von Tieren in die *Nzama*, die nächsthöhere Altersklasse, aufsteigen. Im Alter hatte ein Mann die Möglichkeit, den Status eines *Atumia ma Kivalo* zu erwerben und damit an bedeutenden politischen Verhandlungen teilzunehmen. Die Ältesten dieser Gruppe wiederum trugen gemeinsam mit den ältesten Frauen die Verantwortung für Opfer in Notzeiten.[5] Politische Macht lag beim Ältestenrat, der für Rechtsfragen sowie für innere und äußere Belange zuständig war.[6] Frauen konnten nur indirekt auf politische Entscheidungen Einfluß nehmen, wobei ihre Interessenvertretung grundsätzlich durch das Altersklassensystem geregelt wurde.

Parallel zu den Altersklassen der Männer gab es Altersklassen bzw. -grade der Frauen, welche vorrangig die gesellschaftliche Stellung von Frauen bestimmten. Zur Aufnahme in den ersten Altersgrad fand eine Initiation für eine Gruppe von Mädchen statt. Während einer kurzen Seklusion wurden Klitorisbeschneidungen durchgeführt und die Mädchen, die *Mwiitu* genannt wurden, in den Rechten und Pflichten erwachsener Frauen unterwiesen; dazu zählte auch Unterricht in der Korbflechterei (Hobley 1971:74). Die Initiation von Mädchen und Jungen wurde zeitgleich abgehalten. Verheiratete Frauen mit Kindern zählten zu den *Kesati*.

---

4 S. Middleton/Kershaw 1965:79f. Zu den gynaegamen Ehen zwischen Akamba- und Kikuyu-Frauen s. Tietmeyer 1991:172.
5 S. Lindblom 1920:31ff. und 143f.; Nzioki 1982:18.
6 Nicht nur die Seniorität entschied über die Mitgliedschaft im Ältestenrat, es mußten auch Beiträge gezahlt werden. Die politische Organisation der Akamba wandelte sich während der Kolonialzeit, nachdem sich 1892 die "Imperial British East African Company" etabliert hatte; 1895 wurde das Akamba-Gebiet zum britischen Protektorat erklärt (Middleton/Kershaw 1965:68).

Nur die *Iveti*, die Altersklasse der ältesten Frauen, war institutionalisiert und hatte vor allem rituelle Aufgaben (Lindblom 1920:143).

Für den Wandel der Gesellschaftsorganisation ist neben dem Einfluß christlicher Ehe- und Familienvorstellungen vor allem die Arbeitsmigration der Männer und damit das Aufbrechen der traditionellen familiären Bindungen verantwortlich.[7]

2. Projektbeispiele: Förderung von Akamba-Frauengruppen im Machakos-Distrikt

Im folgenden werden die gemeinsamen Entwicklungsbemühungen von Akamba-Frauengruppen vorgestellt. Es handelt sich um selbstinitiierte Projekte, die zur Verbesserung der gemeinsamen Produktion und Vermarktung handgeflochtener Körbe beitragen und damit die Einkommenssituation der Frauen stärken, sowie um Aktivitäten zur Erweiterung der Infrastruktur; dazu zählt der Bau von Wassertanks oder -leitungen.

Die Unterstützung im handwerklichen Bereich wurde auf personeller Ebene durch den "Deutschen Entwicklungsdienst" (DED) geleistet. Entsandte Entwicklungshelfer sollten die Frauen vor allem in der Bewahrung der Qualität ihrer Körbe, der Vermarktung und in der Buchführung beraten. Neben der Einkommensverbesserung stand die Unterstützung eines bedeutenden traditionellen Frauenhandwerks der Akamba im Mittelpunkt. Zur Durchführung der Infrastrukturmaßnahmen haben Frauengruppen finanzielle Unterstützung beim "Weltgebetstag der Frauen", einer deutschen, kirchlichen Entwicklungshilfe-Organisation, beantragt. Der Kontakt wurde über die Diözese Machakos bzw. den nationalen Kirchenrat hergestellt.

Die nun folgenden Beispiele geben Hinweise auf die Charakteristika von Frauenzusammenschlüssen der Akamba in heutiger Zeit, ihre Innovationsbereitschaft und ihre Entwicklungspotentiale. Vor allem eröffnen die ausgewählten Projekte einen Einblick in das Spektrum der selbstinitiierten Entwicklungsbemühungen der Frauen; zudem wird die Auswirkung staatlicher, personeller Hilfe und kirchlicher Finanzhilfe auf die Gruppenaktivitäten und internen Gruppenprozesse deutlich.

---

7 Die Familiengröße und Kinderzahl wird heute neben sozialen und persönlichen Gründen vor allem durch wirtschaftliche Überlegungen bestimmt. Einerseits sind Kinder willkommene Arbeitskräfte, die zur Sicherung der Altersversorgung beitragen. Andererseits schränkt der Landmangel die Zahl der Kinder, die ein Ehepaar versorgen kann, ein. Eine Tendenz zur Kleinfamilie zeichnet sich hauptsächlich bei gebildeten und christianisierten Akamba ab (Kabwegyere 1977:210).

Das "Machakos Handicraft Project" - personelle Förderung durch den "Deutschen Entwicklungsdienst"

Rahmenbedingungen

Zunächst werden die Rahmenbedingungen des "Machakos Handicraft Projects" erläutert, da sie sich auf die Arbeit der Gruppen, ihre einkommenschaffende Tätigkeit und die Vermarktung ihrer Produkte auswirkten, ebenso beeinflußten sie die Rolle des Entwicklungshelfers gegenüber den Gruppen sowie seine Möglichkeiten, den lokalen, kulturellen Gegebenheiten Rechnung zu tragen.[8] Zwar war die Konstellation der Problemlage projektspezifisch, grundsätzlich sind Interessenkonflikte, wie sie im folgenden dargestellt werden, jedoch kein Einzelfall. In ihrer gelungenen Lösung sollen sie auch im Hinblick auf andere Projekte erörtert werden.

Das "Machakos Handicraft Project" begann 1981 mit der Projektplatzbesetzung durch einen Entwicklungshelfer des "Deutschen Entwicklungsdienstes" (DED). Das kenianische "Department of Social Services" hatte den DED um die Entsendung einer Person gebeten, die die handwerklichen Tätigkeiten der Akamba-Frauengruppen im Machakos-Distrikt beraten und koordinieren sollte. Zudem galt es, ein Vermarktungssystem aufzubauen und dadurch den Frauen eine faire Bezahlung für ihre Arbeit, also zusätzliches Einkommen, zu ermöglichen.[9] Diese Aufgabe war ein Teil des "Machakos Integrated Development Programme" (MIDP), an dem auf kenianischer Seite mehrere Ministerien beteiligt waren und das von der EG finanziell gefördert wurde. Somit war das MIDP offizieller Träger des "Machakos Handicraft Project", das bis 1992 durch einen Entwicklungshelfer bzw. eine -helferin des DED betreut wurde.

---

8   Bei meinen Ausführungen beziehe ich mich auf das Aktenstudium von Projektbeschreibungen, jährlichen Arbeitsplatzberichten der jeweiligen Entwicklungshelfer bzw. -helferinnen, Gesprächen mit einem zuständigen Entwicklungshelfer, der zu Projektbeginn und zum Projektabschluß im Projekt tätig war, sowie auf eine Ausstellung über das traditionelle Handwerk der Akamba-Frauen, die 1992 in Frankfurt und Berlin zu sehen war und die der Entwicklungshelfer unter Mitwirkung einiger Akamba-Frauen zusammengestellt hatte.

9   Zur Zielsetzung, zum Selbstverständnis und zu den Aufgaben des "Deutschen Entwicklungsdienstes" (DED) im Zusammenhang, die hier im Rahmen der Frauenförderung und der Unterstützung von Frauengruppen von Interesse sind s. meine Ausführungen zur Frauenförderung in der deutschen Entwicklungszusammenarbeit im ersten Teil dieser Arbeit. Zur Mitarbeit von Freiwilligen des DED in Kenia s. Melchers/Keil 1986. Seit 1966 sind regelmäßig zwischen 25 und 40 Freiwillige in unterschiedlichen Bereichen wie Land- und Forstwirtschaft, Technik und Handwerk, Bildung oder Gemeinwesenentwicklung in Kenia tätig, ihr Einsatz wird vom zuständigen kenianischen Ministerium genehmigt. Der Ausbildung lokaler Kräfte und Gruppen kommt eine große Bedeutung zu (Melders/Keil 1986:22f.). In den letzten Jahren arbeitet der DED vor allem mit Frauengruppen zusammen, da sie im Selbsthilfebereich wesentliche Beiträge leisten, Trägerorganisationen sind inzwischen vorrangig auch Nicht-Regierungs-Organisationen. Eine in diesem Jahr erstellte Studie sollte analysieren, inwieweit bei dieser Zusammenarbeit Frauenförderung verwirklicht und der Organisationsgrad der Frauen, sowie ihre Selbstständigkeit gestärkt wird und welche Rolle die Entwicklungshelfer bzw. -innen dabei spielen (Bruchhaus 1993:56). Das Machakos-Projekt wurde in diese Studie einbezogen, obwohl es zu dem Zeitpunkt schon abgeschlossen war.

Das "Machakos Handicraft Project" sollte sich möglichst selbst finanzieren, d.h. die Personalkosten für den kenianischen Manager, den Buchhalter, den Lagerverwalter, zwei Berater und einen Fahrer durch den Verkauf von Handwerksprodukten allein tragen können. Das MIDP war recht vage in der Vorstellung über die zu verkaufenden Handwerksgegenstände, schnell kristallisierte sich aber für den Entwicklungshelfer heraus, daß die einkommenträchtigste Tätigkeit der Akamba-Frauen der Verkauf traditionell hergestellter Körbe war.

Im Rahmen der Kenianisierung des Projektes, also seiner Übergabe in kenianische Verantwortung, wurde 1987 eine Managerin eingestellt, die intensiv auf ihre Aufgabe vorbereitet wurde. Der Entwicklungshelfer, der zuvor auch nur als Berater wirken sollte, dem jedoch de facto als Manager des Projektes die Verantwortung übertragen wurde, übernahm damit auch real einen Beraterstatus. Das trug grundsätzlich zur Klärung der Kompetenzen und Befugnisse bei. Dieses Verwaltungsmodell hatte jedoch nur begrenzten Erfolg, nicht nur weil eine, der Managerin unterstellte, kenianische Projektmitarbeiterin sich am Korbverkauf privat zu bereichern versuchte, sondern vor allem weil der Leiter des "Machakos Integrated Development Project" gegen die Managerin intrigierte (vgl. Bruchhaus 1993:24).

Zwar führte das Projekt ein eigenes Konto, dafür war jedoch auch der Leiter des MIDP zeichnungsberechtigt. Sein politisches Machtkalkül erschwerte die engagierte Arbeit der Managerin und des Entwicklungshelfers mit den Frauengruppen. Zur Krise in der Projektpolitik kam es Ende 1989, als zwei Leiter des MIDP bestrebt waren, das "Machakos Handicraft Project" einem Kooperativenverband zu unterstellen, um es somit unter ihre private Kontrolle zu bringen. Der auf die Managerin ausgeübte Druck führte zu ihrer Kündigung. Nur massiver Protest der Frauengruppen und ein Eingreifen des damaligen Entwicklungshelfers konnten verhindern, daß das Projekt und damit die Vermarktung in private Hände gelangte, was Abhängigkeiten der Frauengruppen in deren Preispolitik zur Folge gehabt hätte. In Reaktion darauf bildete sich ein Komitee der Leiterinnen der Frauengruppen. Unterstützt von dem Entwicklungshelfer trat es für die Anerkennung einer uneigennützigen Assoziation der korbherstellenden Frauengruppen ein, die dann selbst die Verantwortung für die Vermarktung ihrer Produkte übernehmen und keiner staatlichen Stelle direkt unterstellt sein sollte; mögliche Finanz- oder Managementprobleme wollte man intern lösen. Die Genehmigung zur Änderung des formellen Rahmens und die Gründung einer Nicht-Regierungs-Organisation lokaler Frauengruppen nahm eineinhalb Jahre in Anspruch; sie scheint aber den äußeren Widrigkeiten standzuhalten. Das wirkte sich positiv auf die Fortdauer des Projektes und die Eigenständigkeit der Frauengruppen auch nach Vertragsende des Entwicklungshelfers im Sommer 1992 aus.

Zum Projektverständnis und zur konkreten Arbeit mit den Frauengruppen

1982 betreute das Projekt 20 Frauengruppen, deren Zahl bis 1991 auf 69 anwuchs; sie wurden im vier- bis sechs-wöchigen Rhythmus regelmäßig von dem Entwicklungshelfer oder von Projektmitarbeitern besucht (vgl. Bruchhaus

1993:20). Insgesamt belief sich die Zahl der von den Frauengruppen hergestellten und über das "Machakos Handicraft Project" vermarkteten Körbe 1982 auf 3.300, im Jahr 1986 waren es 14.000 und 1991 handelte es sich sogar um 17.600 Körbe; Zweidrittel des Verkaufs gingen in die USA und nach Europa, der Rest wurde in Kenia vermarktet. Die Kontakte für den Absatz wurden vom deutschen Entwicklungshelfer aufgebaut, dies war eine seiner vielfältigen Aufgaben neben den Besuchen bei den Frauengruppen (vgl. Melchers/Keil 1986:28).

Das Einzugsgebiet des Projektes bildete einen Radius von etwa 100 Kilometern um Machakos. Damit wurden auch Gruppen erreicht, die aufgrund der schlechten Infrastruktur kaum eine Vermarktungsmöglichkeit hatten. Am Projekt waren Gruppen beteiligt, die sich schon vor Projektbeginn für gemeinsame Aktivitäten formiert hatten, oft auf eine gemeinsame Basis im christlichen Bereich aufbauten und beim Ministerium für Kultur und soziale Dienste registriert waren. Bei den Besuchen wurden die in der Zwischenzeit hergestellten Körbe, die bestimmten Qualitätskriterien entsprechen mußten, aufgekauft. Die Frauen erhielten das Geld für ihre Arbeit sofort ausbezahlt. Neben Fragen zur Buchführung standen vor allem Gespräche über die Korbherstellung selbst im Mittelpunkt der Besuche. Alle zum Verkauf an das Projekt angefertigten Körbe wurden in den jeweiligen Dörfern öffentlich ausgestellt und die Qualität der einzelnen Körbe, ihre Gestaltung und ihr Muster von den Frauen erörtert. Die wesentlichen ästhetischen Kriterien der Frauen waren: eine Vielzahl feiner und festgezwirnter Fäden, ein sauber gearbeiteter Korbrand und ein möglichst abwechslungsreiches Muster mit mindestens fünf, harmonisch aufeinander abgestimmten Farben. Diese Bewertungsmaßstäbe stammten aus der Korbflechtertradition der Frauen. Als Material diente Sisal, Fasern der Sisalagave, die während der Kolonialzeit um 1920 aus Mittelamerika nach Kenia kam und seitdem dort angepflanzt wird.[10]

Einzelne Frauen erhielten bei der Korbpräsentation Anerkennung für ihre Sorgfalt und ihre Ideen aus der jeweiligen Gruppe. Ungleichmäßig gearbeitete Körbe wurden als *Mutatu* disqualifiziert. Großhändlern, die Körbe für den Verkauf an Touristen in großen Mengen, jedoch zu niedrigsten Preisen und in unregelmäßigen Abständen aufkauften, wurden aber auch solche Körbe angeboten, da sie keinen Wert auf Qualität legten, wie die Akamba-Frauen schnell feststellen konnten.

Der Entwicklungshelfer diskutierte mit den Frauen traditionelle Muster und Formengebung. Auch erörterte er das Variationsspektrum, wodurch die gruppeninterne Kommunikation gefördert werden sollte. Er verstand sich hierbei als Berater und sah die Frauen als Expertinnen ihres Handwerks an. Kein neues technisches Wissen unterrichten zu müssen, sondern auf traditionelle Kenntnisse aufbauen zu können, wurde vom Entwicklungshelfer als sehr positiv gewertet.

Ein zentrales Anliegen sowohl des "Machakos Handicraft Project" als auch des Entwicklungshelfers war es, die traditionelle Gestalt der Akamba-Körbe zu bewahren. Entsprechend verstand sich das Projekt als Beitrag zum Erhalt der mate-

---

10 Sisalagaven haben den Vorteil, daß sie auch als Umzäunung oder zur Feldbegrenzung gepflanzt werden können und als Erosionsschutz dienen.

riellen Kultur der Akamba, insbesondere der Leistungen der Frauen. Der erste im Projekt tätige Entwicklungshelfer zeichnete sich durch großes ethnologisches Interesse an der Herstellung und Färbung der Körbe aus. Er war es auch, der sich bei seinem Zweiteinsatz Ende der 80er Jahre für die Gründung einer uneigennützigen Assoziation der Frauengruppen-Leiterinnen einsetzte. Die Gruppenleiterinnen nahmen dazu an Fortbildungen teil, deren Inhalte auf ihre spezifische Situation und Bedürfnisse zugeschnitten war.[11]

Vorteilhaft bei diesem Projekt war, daß die Frauen mit lokal vorhandenem, kostenlos erhältlichem Material sowie mit einer in ihrer Kultur verankerten Technik Einkommen erzielen konnten und gleichzeitig Anerkennung für ihre Arbeit und Kreativität von anderen Frauen sowie von Außenstehenden erhielten. Die Akamba-Frauen waren stolz auf die Achtung ihrer Leistungen. Des weiteren ist positiv hervorzuheben, daß das Projekt keine Produktionsquote festsetzte, sondern die Zahl der verkauften Körbe von den Frauen selbst bestimmen ließ. Gezielt war das Projekt als Maßnahme für zusätzliches Einkommen geplant und nicht als Einkommensgrundlage. Auch sollten die Frauen nicht vom Korbverkauf an das "Machakos Handicraft Project" abhängig werden, sondern sich weiterhin auch andere Verkaufskanäle, etwa über Zwischenhändler oder -händlerinnen, offenhalten. Im Unterschied zu diesen zahlte das Projekt jedoch bei der Abnahme direkt, war zuverlässig im Aufkauf und legte auch Wert auf einen inhaltlichen Austausch über die Arbeit. Das waren Bedingungen, die von den beteiligten Gruppen sehr geschätzt wurden und die Attraktivität des Projektes bei anderen Gruppen steigerten. Da die Kapazitäten des Projektes aber sowohl personell als auch materiell beschränkt waren und von Anfang an keine Erweiterung geplant war, konnte den Anfragen vieler Gruppen auf Zusammenarbeit nicht entsprochen werden. Zudem war es kaum möglich, einen Austausch zwischen den vom Projekt betreuten Gruppen anzuregen.[12]

Die Zahl der von den Frauen produzierten Körbe war von den jahreszeitlichen Gegebenheiten und Arbeitsanforderungen auf den Feldern abhängig, sie hing auch ab von der individuellen Lebenssituation und den jeweiligen, familiären Verpflichtungen. Entsprechend variierte die Arbeitszeit für einen Korb. Während der Pflanz- oder Erntezeit konnte eine Frau meist nur einen Korb im Monat herstellen, in der Trockenzeit konnten es hingegen je nach Größe drei oder vier sein. Viele jüngere Frauen fanden nur abends Zeit zum Korbflechten, im Unterschied zu älteren, die in die Arbeitsabläufe nicht mehr so eingebunden waren. Grund-

---

11 Diese Fortbildungen wurden von der "Friedrich-Ebert-Stiftung" getragen und in Kenia durchgeführt (Bruchhaus 1993:26). Dies verdeutlicht die Möglichkeiten der Zusammenarbeit nichtstaatlicher Organisationen, die in der Entwicklungszusammenarbeit tätig sind: Die personelle Hilfe durch den DED wurde durch die Erfahrungen der "Friedrich-Ebert-Stiftung" ergänzt, da der Fortbildungsbereich einer ihrer Förderschwerpunkte ist.

12 S. Bruchhaus 1993:33. Problematisch war zudem die Beschaffung großer Mengen an Leder für die Trageriemen der Körbe, das lokal vorhandene Material reichte dazu nicht aus. Es stand nur ein Fahrzeug zum Besuch der Gruppen zur Verfügung, das die "Deutsche Welthungerhilfe" finanziert hatte, dies verdeutlicht ähnlich wie bei der Fortbildung der Frauen durch die "Friedrich-Ebert-Stiftung" die Kooperationsmöglichkeiten einzelner Nicht-Regierungs-Organisationen bei praktischen Fragen.

sätzlich beherrschten noch alle Frauen die Korbflechterei, manche favorisierten jedoch individuell bestimmte Formen für den Verkauf. Zahlreiche Frauen wiesen darauf hin, daß die Möglichkeit zur Korbvermarktung über das Projekt, das Wert auf die Korbqualität legte, zum lebendigen Erhalt ihrer Tradition beitrug. Denn die großen Körbe zur Speicherung von Getreide werden heute wegen des Arbeitsaufwands und des Zugangs zu anderen Speichermöglichkeiten kaum noch hergestellt.

Inwieweit das erzielte Einkommen von den Gruppen gemeinsam oder individuell verwendet wurde, entschieden die Mitglieder selbst. In den meisten Fällen verwendeten es die Frauen für Schulgeldzahlungen und den Kauf von Kinderkleidung (Bruchhaus 1993:28).[13] Bei der Frage nach ihren Entwicklungsvorstellungen und Wünschen nannten Akamba-Frauen unterschiedlichen Alters als Priorität die Verbesserung der Wasserversorgung, des Gesundheitswesens und der Infrastruktur, z.b. durch bessere Verkehrsverbindungen; jüngere Frauen betonten die Bedeutung der Schulbildung.[14] Verbindend war auch der Wunsch nach Landzugang und der Besitz eigener Anbauflächen, was jedoch aufgrund der begrenzten finanziellen Kapazitäten nicht zu realisieren war. Da die Einkünfte aus dem Korbverkauf als Zusatzeinkommen galten, konnte der Landkauf damit kaum realisiert werden. Die individuellen Ausgaben waren so hoch, daß die durch die Korbherstellung erzielten Einkünfte dafür vollständig verwendet wurden und nicht für langfristige Projekte gespart werden konnten.

Förderung durch kirchliche Organisationen: Das "National Council of Churches" (NCCK)

Der kenianische Rat protestantischer Kirchen war eine bedeutende kirchliche Kraft in der Unterstützung von Frauengruppen und eine Alternative zur nationalen und regierungstreuen Frauenorganisation "Maendeleo ya Wanawake". Der Rat schuf 1974 die Stelle für einen Entwicklungs-Koordinator, der sich an die Gemeinden wandte und mit ihnen in Gruppendiskussionen ihre wichtigsten Entwicklungsprioritäten erarbeitete, die gezielt unterstützt wurden. 1978 begann ein spezielles Programm zur Integration der Frauen. Die mit ihnen durchgeführten Maßnahmen waren in den Bereichen Wiederaufforstung, Wasserversorgung, Speicherung der Ernte und im Gesundheitswesen angesiedelt. Große Bedeutung wurde der Erwachsenenbildung beigemessen und Programmen, die einkommenschaffende Maßnahmen mit Unterstützung bei der Vermarktung kombinierten. Die Alphabetisierungskurse erwiesen sich über ihren eigentlichen Zweck hinaus

---

13 Die Ergebnisse des Entwicklungshelfereinsatzes lassen sich nur schwer quantitativ messen, überprüfen lassen sich jedoch die Beratungserfolge in der Aus- und Weiterbildung der Frauen nicht nur im handwerklichen, sondern auch im kaufmännischen Bereich (Bruchhaus 1993:28).

14 Zur Arbeit der Nicht-Regierungs-Organisation "Kenia Water and Health Organization" (KWAHO) im Machakos-Distrikt s. UNDP 1991:129ff.; Thomas-Slayter 1992:136ff.

als Diskussionsforen über Bedürfnisse und Entwicklungsmöglichkeiten (Wiguaraja 1990:146).[15]

Im Zusammenhang mit der Ausbildung von Gruppenleiterinnen wurden spezielle Programme zur Schulung besonders armer Frauen entwickelt. Das "National Council of Churches" förderte zudem den Erfahrungs- und Informationsaustausch zwischen den Frauengruppen und sah darin einen wichtigen Beitrag zur Nachhaltigkeit von Neuerungen. Die Gruppen wurden angeregt, lokale Ressourcen für ihre Aktivitäten einzusetzen, um Außenabhängigkeiten zu vermeiden. Zur Durchführung größerer Projekte konnten sie Zugang zu Krediten erhalten (Neubert 1990:308; Berger 1989:1020).

Unterstützung von Frauengruppen durch das "National Council of Churches" und der Diözese Machakos im Machakos Distrikt

Die Diözese Machakos, die im NCCK vertreten ist, erstreckt sich über das ganze Distriktgebiet, das mehrheitlich von Akamba bewohnt wird. Sie erhielt von UNICEF und westlichen, kirchlichen Entwicklungshilfe-Organisationen Gelder für eine Arbeit, die als vorbildlich für andere Distrikte galt (Wiguaraja 1990:148).

Zur Koordinierung der Arbeit mit den zahlreichen, kirchlichen Frauengruppen in der Diözese Machakos wurde 1981 Theresia Kavita eingestellt, eine engagierte und kompetente Frau, die sich als Vermittlerin der Belange von Frauengruppen gegenüber den männlichen Amtsträgern der Kirchen und gegenüber internationalen Organisationen verstand. Ziel ihrer Arbeit war die reale Verbesserung der Lebenssituation der Frauen und die Stärkung in Entscheidungsprozessen. Sie stellte gemeinsam mit bestehenden Gruppen Anträge zur Finanzierung lokaler Entwicklungsvorhaben, die auf deutscher Seite vom "Weltgebetstag der Frauen" gefördert wurden.

Der "Weltgebetstag der Frauen"

Der "Weltgebetstag der Frauen", eine im Bereich der Entwicklungszusammenarbeit tätige Nicht-Regierungs-Organisation, ist ein Zusammenschluß christlicher Frauengemeinschaften der evangelischen und katholischen Kirche.[16] Ziel ist heute die Förderung der ökumenischen Zusammenarbeit auf lokaler, nationaler und internationaler Ebene sowie die Unterstützung von Frauengruppen in Afrika, Asien und Lateinamerika; dazu werden internationale Kontakte mit christlichen,

---

15   Kritischer beurteilt Wichterich die Entwicklungsansätze des NCCK, denn vielen Frauengruppen sei finanzielle Unterstützung für die Kirchenausstattung wichtiger als die Verbesserung des eigenen Lebensstandards. Auch müßten Vermarktungsstudien vor der Durchführung einkommenschaffender Maßnahmen intensiviert werden (Wichterich 1992:10).

16   Die Anfänge dieser internationalen Organisation mit nationalen Komitees in 127 Ländern reichen bis Ende des 19. Jahrhunderts zurück, als in den USA erste Gebetstage von Frauen zur Unterstützung benachteiligter Frauen unterschiedlicher Konfessionen durchgeführt wurden. Nach dem zweiten Weltkrieg etablierte sich diese Organisation auch in der Bundesrepublik.

aber auch mit nicht-religiösen Frauenorganisationen gepflegt. Am ersten Freitag im März findet jährlich weltweit ein Gottesdienst statt, bei dem über die Situation von Frauen in einem bestimmten Land informiert wird. Christliche Frauen sollen sich dadurch mit der Situation von Frauen in anderen Ländern auseinandersetzen und deren Entwicklungsansätze unterstützen (Schmidt-Biesalski 1986:13).

Die Kollekte der Gottesdienste wird auf nationaler Ebene gesammelt und bildet die finanzielle Basis für die Förderung von Frauengruppen. So gab es in der Bundesrepublik im Jahr 1991 ein Spendenaufkommen von 4 Millionen DM, 136 Projektanträge von Frauengruppen aller Kontinente wurden beim deutschen Komitee eingereicht. Die Vergabe der Mittel richtet sich nach dem Antragsprinzip, das heißt, Frauengruppen können für die Durchführung gemeinsamer Projekte Unterstützung bis zu 50.000 DM beantragen (Donner-Reichle 1992:5).[17] Es geht gezielt um die Förderung von Kleinstmaßnahmen von Frauengruppen, die sonst kaum einen Zugang zu Förderung haben. Dabei werden nicht nur christlich orientierte Frauengruppen, sondern auch andere, die sich um die Verbesserung ihrer Lebensbedingungen bemühten, unterstützt. Bei der Antragsbewilligung beraten Expertinnen der deutschen Entwicklungszusammenarbeit, die bei staatlichen oder nicht-staatlichen Organisationen tätig sind, den "Weltgebetstag der Frauen"; sie haben auch die Kriterien zur Mittelvergabe erstellt. Dazu zählt die selbstverantwortliche Projektdurchführung von Frauen und die einmalige, bis auf drei Jahre begrenzte, Förderung von Projekten. Diese soll gewährleisten, daß möglichst viele Maßnahmen unterstützt werden können. Dazu zählt die Unterstützung einkommenschaffender Maßnahmen, die Ausbildung der Frauen, die Förderung des Erfahrungsaustauschs zwischen Frauengruppen, die Stärkung ihrer Organisationsfähigkeit, die Rechtsberatung sowie die Unterstützung von Frauen aus Minderheitengruppen. Die Förderung zielt also sowohl auf die konkrete Situationsverbesserung ab, als auch auf Beiträge zu einer frauengerechteren Entwicklung. Betont wird damit der gesellschaftliche Bezug, der weit über den kirchlichen Auftrag hinausreicht.

Die Unterstützung von Frauengruppen durch den "Weltgebetstag der Frauen"

In der Förderung von Akamba-Frauengruppen im Machakos-Distrikt lassen sich Prioritäten der Förderung erkennen.[18] Von insgesamt 50 Anträgen, die zwischen 1978 und Dezember 1992 zur Förderung von Frauengruppen in Kenia bewilligt wurden, stammten neun von Gruppen, die von Theresia Kavita auf den

---

17 Wenn die Kosten diese Grenze überschreiten, werden die Anträge an andere Organisationen weitergeleitet, in der Bundesrepublik sind das vor allem kirchliche Organisationen wie Misereor oder Brot für die Welt. Dadurch soll verhindert werden, daß Anträge für sinnvolle Entwicklungsbemühungen von Frauen nicht aus finanztechnischen Gründen abgelehnt werden.

18 Im Rahmen der Recherche zu meiner Arbeit hatte ich die Möglichkeit zu einem Aktenstudium beim Deutschen Komitee des "Weltgebetstags der Frauen" in Nürnberg, dabei habe ich mich vor allem mit der Unterstützung von Frauengruppen in Kenia befaßt.

"Weltgebetstag der Frauen" aufmerksam gemacht worden waren. Fünf weitere Anträge stellten Frauengruppen über andere kirchliche Einrichtungen oder internationale Institutionen, die auch in ihrem Gebiet vertreten waren.[19]

Die im Machakos-Distrikt unterstützten Maßnahmen für Gruppen, die sich über den "National Council of Churches" an den "Weltgebetstag der Frauen" wandten, geben in ihrer Vielfalt Hinweise auf das breite Aktivitätsspektrum der Gruppen. In ihren Selbstdarstellungen, um die sie in den Projektanträgen gebeten wurden, gingen die Frauen weniger auf die sozialen Hintergründe der Mitglieder ein; auch wurde das ethnische Selbstverständnis als Akambafrauen nicht thematisiert, was vermutlich durch die offizielle Betonung einer nationalen Einheit der kenianischen Bevölkerung bedingt war. Vielmehr unterstrichen die Frauen, daß sie sich als christliche Gruppen verheirateter Frauen verstehen, die nicht an eine bestimmte Kirche oder Konfession gebunden waren und grundsätzlich allen Frauen eines Ortes offen standen, wenn diese sich an den Aktivitäten beteiligen wollten. Gruppen mit mehr als 20 Mitgliedern gaben an, sich für die Durchführung bestimmter Aufgaben aufzuteilen und für die Koordination Vertreterinnen von Untergruppen zu ernennen.

Die Unterstützung der Gruppen erstreckte sich auf die Finanzierung von Wassertanks, den Kauf einer Maismühle, die Einrichtung eines Eisenwarengeschäftes, die Anschaffung eines Gerätes zur Ziegelherstellung, die Verbreitung von Nähmaschinen und Ausbildung im Schneidern und Nähen, die Finanzierung von Baumaterial zur Fertigstellung zweier Frauengemeinschaftshäuser, die Unterstützung von Fortbildungen für Gruppenleiterinnen und die Beteiligung an Gehaltszahlungen für die Koordination der Frauenförderung.

Die Gruppe, die 1983 um die Unterstützung zur Verbesserung der Wasserversorgung bat, hatte bereits selbst den Rat eines Technikers zur Durchführung eingeholt und konnte entsprechend konkrete Vorschläge unterbreiten.

Der Antrag zur Finanzierung einer Maismühle wurde von einer Frauengruppe gestellt, die dazu sehr detailliert die Wirtschaftlichkeit der Mühle kalkuliert hatte und die Ausbildung einer Mühlenwärterin plante. Die Frauen betrieben bereits eine Baumschule, begonnen hatte die 35-köpfige Gruppe mit dem Korbflechten und der gemeinsamen Korbvermarktung. Die Mühle, zu deren Anschaffung sie auch einen Teil ihrer Einnahmen aus der Baumschule beisteuern wollten, sollte zur Arbeitserleichterung und weiteren Einkommenssicherung dienen. Vorrangig sollte damit das Schulgeld für die Kinder gezahlt werden, auch Investitionen in die Bewässerung der Baumschule waren geplant.

Die Frauengruppe, welche 1989 die Einrichtung eines Eisenwarengeschäftes plante, bestand seit 1987 und hatte erfolgreich im Bereich der Wasserversorgung gearbeitet und damit zur Verbesserung des Gesundheitszustands der ganzen Bevölkerung des Ortes beigetragen. Die Einrichtung eines Eisenwarenladens sollte von den überteuerten Waren der Händler im Dorf unabhängig machen, zur Leitung des Ladens sollte eine Frau gezielt ausgebildet werden. Bereits nach einigen

---

19 Für fünf Anträge zeichnete sich die Koordinatorin des "All African Congress of Churches", Julia Mulaha, verantwortlich, sie kamen aber nicht aus dem Machakos-Distrikt.

Monaten schickte die Gruppe einen Rechenschaftsbericht an das deutsche Komitee des "Weltgebetstags der Frauen", die gute Resonanz auf den neuen Gemeinschaftsladen war ihr eigener Erfolg.

Mit der Anschaffung einer Maschine zur Dachziegelherstellung, die als angepaßte Technologie einfach zu bedienen und leicht von lokalen Schmieden repariert oder nachgebaut werden konnte, wurde 1991 als einmaliges Vorhaben versucht, eine Alternative zwischen den Grasdächern und den Wellblechdächern für die Häuser zu finden.

1981 wurden insgesamt dreihundert mechanische Nähmaschinen an Frauengruppen im Machakos Distrikt verteilt, die die katholische Frauengemeinschaft Deutschlands gesammelt hatte. Der "Weltgebetstag der Frauen" übernahm die Transportkosten, die Verteilung der Maschinen vor Ort koordinierte Theresia Kavita. Sie war auch für die Durchführung von Schulungen im Schneidern und Nähen verantwortlich, deren Ziel die Reduzierung der Bekleidungskosten und die Anfertigung von Schuluniformen war. Die Gruppen, an die die Nähmaschinen verteilt wurden, hatten sich bereits durch eigenständige Projektaktivitäten ausgezeichnet.[20]

Die Frauengruppen, welche sich 1980 um die Errichtung von Frauengemeinschaftshäusern bemühten, zeichneten sich durch langjährige, erfolgreiche Aktivitäten im einkommenschaffenden Bereich aus, wie der gemeinsamen Feldbestellung, Korbflechterei, Bienenzucht oder Hühnerhaltung. Die Gruppen verstanden ihre Aktivitäten als Beitrag zur Verbesserung der familiären wirtschaftlichen Situation; die Gemeinschaftshäuser sollten zu Treffen während der Regenzeit genutzt werden.

Zur Erweiterung der Kenntnisse und zum Austausch zwischen den Leiterinnen von Frauengruppen dienten Fortbildungen, deren Unkosten 1985 vom "Weltgebetstag der Frauen" übernommen wurden. Die Schulungen wurden regional im Machakos-Distrikt organisiert und sollten die Frauen in der Artikulierung ihrer Bedürfnisse und in ihrer tragenden Rolle im Entwicklungsprozeß auf lokaler Ebene stärken.

Weitere Projektanträge aus dem Machakos-Distrikt betrafen die Anschaffung von medizinischem Gerät (1980), Kauf einer Hirsemühle zur Arbeitserleichterung und Einkommensschöpfung (1990), Finanzierung eines Ausbildungszentrums für Frauen (1990), Anlage einer Imkerei, einer Baumschule mit Fruchtbäumen und einer Hühnerfarm (1990) sowie Tagungen zum Thema Frauen und Demokratisierung (1991).[21]

---

20 Hierzu zählten 62 Gruppen, die Maßnahmen zur Verbesserung der Wasserversorgung durchgeführt hatten, 52 Gruppen, die gemeinsam Hühner und 3 Gruppen, die Bienen hielten. Die meisten Gruppen, eine konkrete Zahl wird leider nicht genannt, waren mit der Korbflechterei und gemeinsamen Vermarktung von Körben befaßt. Diese gestaltete sich wegen der schlechten Infrastruktur für die Frauen recht schwierig. Aus diesem Grund war beim Nähmaschinenprojekt auch die Beschaffung von Ersatzteilen problematisch.
21 Angesichts der Finanzprobleme der Diözese Machakos stellte die Zahlung von Gehältern einen Unsicherheitsfaktor dar. Da jedoch die Koordination der Aktivitäten von über 600 Frauengruppen unabdingbar war, gewährte der "Weltgebetstag der Frauen" 1985 hierzu einen finanziellen Beitrag. Annerkannt wurde damit die Koordination der Gruppen in teil-

Zusammenfassung

Vor dem Hintergrund der Kultur der Akamba ist beim "Machakos-Handicraft-Project" positiv hervorzuheben, daß es gezielt versuchte, eine traditionelle, mit kulturellen Werten verbundene, Handwerkstätigkeit der Frauen zu unterstützen. Die Korbherstellung wurde als Nebenerwerbsquelle gefördert, um die wirtschaftliche Handlungsfähigkeit der Frauen zu erweitern ohne jedoch Abhängigkeiten von dieser Tätigkeit zu schaffen und die Aufgaben der Frauen im Anbau, also der direkten Existenzsicherung, zu beeinträchtigen. Durch die Offenheit des Projektes gegenüber dem Umfang der Korbproduktion der einzelnen Frauen und Gruppen, konnten diese selbst bestimmen, wieviel Körbe sie in Koordination mit anderen Arbeitsaufgaben zu den jeweiligen Jahreszeiten herstellten. Diese bedarfsorientierte Korbflechterei baute auf traditionelle Einbindung des Handwerks in andere Arbeitsprozesse auf. Die Sicherheit, daß ihre Arbeit sich auszahlte, hatten die Frauen durch die Aufkaufgarantie des Projektes. Über das zusätzliche Einkommen konnten sie selbst verfügen und ihre monetären Pflichten oder Wünsche erfüllen.

Dieses Projekt trug zum Erhalt und - durch die Erarbeitung von Qualititätskriterien und den Austausch von Mustern - sogar zur Förderung der Handwerkstechniken und Kenntnisse bei. Das internationale, kunsthandwerkliche Interesse stärkte das kulturelle Bewußtsein der Frauen und den Stolz auf ihre eigenen Traditionen. Durch die Förderung wurde darüber hinaus der Zusammenhalt der Frauengruppen gestärkt und die Anerkennung der einzelnen Frauen durch die Qualität ihrer Körbe gefördert. Diese war auch traditionell ein wichtiger Faktor für das Selbstwertgefühl und die gesellschaftliche Achtung der Frauen.

Die Bewahrung ihres wirtschaftlich autonomen Bereiches und der damit verbundenen Anerkennung stärkte die Frauen auch, sich gegen die korrupten Mitarbeiter des übergeordneten MIDP zu stellen und das "Machakos Handicraft Project" in Eigenregie weiterzuführen, um dadurch eine angemessene Belohnung ihrer Arbeit und den Erhalt ihrer Korbflechtertradition zu gewährleisten. Die positiven Erfahrungen der wirtschaftlichen Kooperation und die Anerkennung ihrer Leistungen motivierte also ihre Bereitschaft zur Interessenvertretung auch gegenüber männlichen Vertretern staatlicher Institutionen.

In der Komplexität der erreichten Ziele kann das Projekt als sehr erfolgreich bezeichnet werden. Eine tragende Rolle spielte hierbei der für ethnologische Fra-

---

weise schwer zugänglichen Gebieten. Über die Förderung von Frauengruppen im Machakos-Distrikt hinaus unterstützte der "Weltgebetstag der Frauen" in anderen Gebieten Kenias beispielsweise ein Ausbildungsprogramm für eine Selbsthilfegruppe junger, unverheirateter Mütter (1981) und ein Frauenzentrum, das durch einkommenschaffende Aktivitäten Prostituierten eine alternative Existenzgrundlage ermöglichen wollte (1986). Workshops zum Thema Gewalt in Ehe und Familie wurden durchgeführt (1992). Aufschlußreich ist, daß im Bereich der Wiederaufforstung nicht nur mit kirchlichen Partnern zusammengearbeitet wurde. Baumschulen, die in mehreren Distrikten durch das "Women and Energy Program" der nationalen kenianischen Frauenorganisation "Maendeleo ya Wanawake" und der "Deutschen Gesellschaft für Technische Zusammenarbeit" betreut wurden, erhielten vom deutschen Komitee des "Weltgebetstag der Frauen" im Jahr 1986 und 1992 finanzielle Unterstützung bei Material- und Personalkosten.

gen und die Kultur der Akamba aufgeschlossene Mitarbeiter des DED. Seine Engagement bezog sich dabei keineswegs nur auf technische Fragen, sondern er verstand es auch, die vielschichtige Problematik der Frauengruppen zu erkennen und sie an den richtigen Stellen zu unterstützen, ohne ihre Selbstbestimmung zu beschränken. Gerade weil er das kulturelle Bewußtsein über eine den Frauen eigene Technik und ihre bestehenden Organisationsstrukturen förderte, war auch sein Einsatz für die Gruppen sinnvoll. Die Besetzung dieses Projektplatzes mit einem männlichen Entwicklungshelfer war keineswegs problematisch.

Im Vergleich der Förderungstätigkeit unterschiedlicher Entwicklungshilfeorganisationen in einer Region kristallisieren sich die Bedürfnisse und Zielsetzungen von Frauengruppen besonders deutlich heraus: Während Gruppen, die sich an "Machakos Handicraft Project" wandten, dort im einkommenschaffenden, handwerklichen Bereich von einem Entwicklungshelfer des DED unterstützt wurden, bemühten sich die Frauen, die Förderungsanträge an den "Weltgebetstag der Frauen" richteten, um Verbesserungen der Infrastruktur, insbesondere der Wasserversorgung, aber auch um Arbeitserleichterungen im Haushalt sowie um Ausbildungsmöglichkeiten, welche mit einkommenschaffenden Tätigkeiten verknüpft waren. Diese Kombination verdeutlicht die Verbindung der Zielorientierungen. Die Komplexität der Bedürfnisse war auch ein Grund für die zahlreichen unterschiedlichen Gruppenaktivitäten, wie die Beispiele aus den Selbstdarstellungen der vom "Weltgebetstag" geförderten Frauen zeigten. Die Flexibilität in der Zusammenarbeit und die Vielfalt der gemeinsamen Projekte zeigt das Innovationspotential der Gruppen sowie ihre Entwicklungsprioritäten. Zur Gestaltung und Verwirklichung dieser selbstbestimmten Entwicklung waren die den Entscheidungsspielraum beeinflussenden, äußeren Rahmenbedingungen prägend, z.B. die Kontakte zu Entwicklungshilfeinstitutionen in der Region.

Auch wenn man aus gutem Grund nicht erfährt, ob eine Frauengruppe mehrere Organisationen um Unterstützung zur Realisierung bestimmter Entwicklungsvorhaben gebeten hat, so kann gemäß der Erfahrungen vor Ort und in der Zusammenarbeit einzelner Entwicklungshilfeorganisationen von dieser Strategie ausgegangen werden. Angesichts der unterschiedlichen Förderungskriterien einzelner Organisationen bleibt vielen Gruppen auch keine andere Wahl, als bei mehreren Organisationen um Hilfe anzufragen. Der "Weltgebetstag der Frauen" legte Wert auf eine Förderung von Projektanträgen, die von den Gruppen selbst gestellt wurden, um Entwicklungsbestrebungen, die ihren Interessen entsprachen, zu fördern. Im Kontakt mit den Gruppen wurde dann erarbeitet, inwieweit sie mit ihren Vorstellungen die Förderkriterien der Organisation erfüllen. Die Kommunikation zwischen den Gruppen und der Organisation sollte, auch wenn sie nur auf schriftlichem Wege stattfand, zur gruppeninternen Diskussion der Entwicklungsvorstellungen und Problemhierarchien beitragen. Die Kontakte zu Institutionen und die Einbindung in übergeordnete Strukturen, wie die Kirchen, sollte des weiteren bei der Interessenartikulation auch auf offizieller Ebene helfen.

Bemerkenswert bei den Frauengruppen, die selbst Anträge an kirchliche Organisationen gestellt haben, war die Betonung, christliche Gruppen zu sein, aber für

Frauen unterschiedlicher Konfessionen offenzustehen. Das religiöse Element war also Teil dieser an gemeinsamen praktischen Entwicklungszielen orientierten Zusammenschlüsse. Auch in den traditionellen Altersklassen der Frauen waren neben dem Alter und dem familiären Status auch die gemeinsame religiöse Aktivität wichtig. Heute bietet der Rückbezug auf einen "christlichen Rahmen" den Frauen eine relativ lockere gemeinsame Klammer für ihre Aktivitäten, ohne einem Konformitätsdruck und engen Kontrollmechanismen zu unterliegen, wie es bei der Zugehörigkeit zur staatlichen Frauenorganisationen der Fall wäre. Zudem lassen sich über die internationalen kirchlichen Kontakte Fördermittel für eigene Entwicklungsvorhaben beantragen. Des weiteren kann die Bildung einer Gruppe unter Berufung auf eine gemeinsame christliche Basis auch zur Rechtfertigung der eigenen Organisationen gegenüber Männern dienen.

Für alle in den Gruppen getroffenen Entscheidungen sowie für interne Finanzfragen sind die Frauen selbst verantwortlich. Motive für die Gruppenarbeit sind vielfach die familiären Versorgungspflichten der Frauen, doch ihre Entscheidung, diesen durch Kooperation und nicht durch andere Handlungsmuster nachzukommen, gibt Hinweise darauf, daß Frauen sich an Zusammenschlüssen orientieren, wenn auch unter anderen Vorzeichen als es traditionell der Fall war.

Schlußbetrachtung

Im ersten Teil der Arbeit wurden die theoretischen Ansätze der ethnologischen Frauenforschung in ihren Aussagen über die Geschlechterverhältnisse und Frauenzusammenschlüsse verglichen. Der Schwerpunkt dieser Erklärungsmodelle zur Frauenrolle lag auf der Erörterung der Geschlechterverhältnisse und weniger auf der Untersuchung von Frauenzusammschlüssen. Erst neuere theoretische Arbeiten der ethnologischen Frauenforschungen widmen sich detailliert Fragen der Kooperation von Frauen sowie den Zielsetzungen und internen Strukturen der Zusammenschlüsse.

Des weiteren wurden im ersten Teil der Arbeit Forschungstrends über die Rolle von Frauen in afrikanischen Gesellschaften und die Gestaltung der Geschlechtervorstellungen aufgezeigt und Forschungserkenntnisse über afrikanische Frauenorganisationen und ihre Aufgaben in den Bereichen Gesellschaft, Religion, Wirtschaft oder Politik analysiert. Diese umfassen beispielsweise die Initiation, die Sicherung der weiblichen Fruchtbarkeit, den Zugang zu Ressourcen sowie die Möglichkeit zu wirtschaftlicher Eigenständigkeit und die politische Interessenvertretung. Dabei wurden Detailforschungen in ihren Aussagen über Frauenzusammenschlüsse verglichen.

Der zweite Teil widmete sich der Problematik der Anwendung ethnologischer Kenntnisse in der Entwicklungszusammenarbeit. Dabei wurde die heutige Kontroverse über das Verhältnis von Ethnologie und Entwicklungszusammenarbeit aufgezeigt. Erörtert wurden in diesem Kontext auch die sogenannten "sozio-kulturellen Schlüsselfaktoren" sowie die Bedeutung der Frauenrollen und Geschlechterverhältnisse.

Zum Verständnis der entwicklungspolitischen Hintergründe in der Zusammenarbeit mit Frauengruppen wurde das Konzept der Frauenförderung vorgestellt und der Beitrag ethnologischer Forschungen unter inhaltlichen bzw. methodischen Gesichtspunkten diskutiert.

Im dritten Teil der Arbeit wurde an ausgewählten Fallbeispielen der Mende, Mandinka, Kom, Nso, Yoruba, Kikuyu und Akamba die Vielfalt traditioneller Frauenzusammenschlüsse aufgezeigt. Sie wurden in ihrer Bedeutung aus dem jeweiligen kulturellen Kontext heraus erklärt, besondere Aufmerksamkeit wurde dabei ihren Aufgaben und dem Wandel gewidmet.

Der Schwerpunkt der Arbeit lag nicht nur auf einer vergleichenden Analyse der traditionellen Zusammenschlüsse, sondern auch auf der differenzierten Betrachtung unterschiedlicher Beispiele der Förderung von Frauengruppen im Rahmen der Entwicklungszusammenarbeit. Daher soll die Komplexität der damit zusammenhängenden Problematik hier zusammenfassend aufgezeigt werden. Vielfältige Faktoren aus dem Bereich der traditionellen Gesellschaftsstruktur, der Wirtschaft sowie deren Wandel sind zu erfassen. Sie müssen mit den wirtschaftspolitischen Rahmenbedingungen und staatlichen Maßnahmen im Bereich der Landwirtschaft, des Beratungswesens, der Infrastruktur oder der Frauenförderung und der jeweiligen Förderintention staatlicher oder nicht-staatlicher Entwicklungszusammenarbeit in Beziehung gesetzt werden. In der Verknüpfung dieser Bereiche ist die Analyse eines ausgewählten Projektes nicht ausreichend, sondern ein Vergleich unterschiedlicher Projektkonzeptionen und Förderungspraktiken ist sinnvoll und notwendig. Denn erst in der Gegenüberstellung kristallisieren sich wichtige Variablen zum Verständnis und zur Beurteilung der Frauenförderung durch die Zusammenarbeit mit Frauengruppen heraus, die in einem einzelnen Projekt möglicherweise verzerrt erscheinen würden oder übersehen werden könnten. Zentrale Bedeutung kommt den Traditionen und dem Bedeutungswandel der bestehenden Frauenzusammenschlüsse zu, denn erst im Vergleich zeigt sich das Spektrum des Innovations- und Entwicklungspotentials der Gruppen bei deren gleichzeitigem Bemühen um Kontinuität und Traditionserhalt. Dies kann nur eine ethnologische Studie aufzeigen. Analysekriterium ist dabei vor allem die Frage, welches die Bedürfnisse und Interessen der Frauen in der jeweiligen Situation sind.

In der Praxis der staatlichen Entwicklungszusammenarbeit hat die Erkenntnis der mangelnden gesellschaftlichen Integration fremdinitiierter Gruppen und der daraus resultierenden Fehlschläge geplanter Projektmaßnahmen das Bewußtsein für die notwendige Mobilisierung bestehender Gruppen geschärft. Die alleinige Existenz von Frauenzusammenschlüssen gilt nun schon als hinreichend für eine Förderung zur Sicherung der Ernährungs- oder Einkommenssituation oder zur Überwindung der Benachteiligung von Frauen, wie sie durch wirtschaftliche Entwicklungen oder erst durch falsch geplante Projektansätze hervorgerufen wurde. Wenn überhaupt, dann wird nur nach den wirtschaftlichen Aktivitäten der Gruppen gefragt, ihre interne Struktur und die traditionellen bzw. heutigen Zielsetzungen sind noch immer kein Forschungsthema für projektvorbereitende oder projektbegleitende Studien. Dies wäre jedoch notwendig für eine nachhaltige Verbesserung der Existenzgrundlage und der Lebenssituation der Frauen und ihrer Familien. Im Unterschied zur staatlichen Förderung unterstützen die Nicht-Regierungs-Organisationen Projekte, die von den Frauen selbst beantragt werden, dabei werden die Gruppen aufgefordert, ihre gemeinsamen Zielsetzungen zu formulieren und Wesenszüge ihrer Zusammenschlüsse zu erläutern. Derartige Darstellungen können als Ausdruck ihres Selbstverständnisses und ihrer eigenen Problemeinschätzungen gewertet werden. Dies gibt eher die Gewähr, daß die geplanten Maßnahmen den Bedürfnissen der Frauen von Anfang an tatsächlich entsprechen. Inwieweit die Gruppen damit auch ihre Interessen verwirklichen können, hängt vom jeweiligen Handlungsspielraum der Frauen ab, der durch die gesamte Kultur und deren Wandel, sowie durch äußere Rahmenbedingungen geprägt ist, wie die hier vorgelegte vergleichende Analyse für den afrikanischen Kontext zeigt.

Tradition und Wandel der Frauenzusammenschlüsse

Die gegenseitige wirtschaftliche Unterstützung und die damit vergrößerte soziale Sicherheit werden von den Frauen als zentrale Motive für ihre Mitgliedschaft in den Zusammenschlüssen genannt. Neben diesen beiden Elementen sind der Erfahrungsaustausch und die Kommunikation mit vertrauten Personen in vergleichbaren Situationen für die Bewältigung ökonomischer oder sozialer Krisen wichtig. Viele Frauen betonen auch, durch den Rückhalt in den Zusammenschlüssen in ihrer Interessenartikulation gestärkt zu werden.

Dabei bauen die bestehenden Gruppen, wie die vorgestellten Beispiele zeigen, in ganz vielfältiger und unterschiedlicher Weise auf traditionelle Zusammenschlüsse auf. Bewährte Grundlagen der Organisation, wie die Zugehörigkeit zu einem Bund oder einer Altersgruppe, werden modifiziert und überlieferte Kooperationsformen, wie die der reziproken Arbeitsgruppen, mit neuen wirtschaftlichen oder sozialen Bedürfnissen verknüpft. Die Flexibilität und Anpassungsfähigkeit der Gruppen an die heutigen Erfordernisse zeigt sich auch in der Wahl der Gruppenleitung, denn die traditionellen weiblichen Autoritäten, deren gesellschaftlicher Einfluß oft auf dem Senioritätsprinzip aufbaute, werden heute durch Auswahlkriterien wie Durchsetzungsvermögen und Kompetenz in aktuellen Problemlösungen ergänzt.

Die Gruppen umfassen aus Gründen der Überschaubarkeit und Absprache meist nicht mehr als zwanzig Frauen. Auch verbinden die Gruppen Frauen unterschiedlicher Verwandtschaftsgruppen, selbst wenn die meisten Gruppen heute nicht mehr alle Frauen einer Residenzeinheit integrieren, sondern vor allem die Frauen mittleren Alters.

Die traditionellen Tendenzen zu Egalität oder Hierarchie in den Zusammenschlüssen setzen sich auch in den heutigen Gruppen fort. Viele Gruppen, wie die der Akamba-Frauen, versuchen die individuelle Verarmung durch die Zusammenarbeit aufzufangen, doch teilweise droht die Gefahr, die sozio-ökonomischen Unterschiede zwischen den Frauen durch die Orientierung der Gruppenmitglieder an den Bedürfnissen und Handlungsmöglichkeiten von Frauen mittleren Alters und vergleichsweise hohem gesellschaftlichen Status zu verschärfen. Dies ist, wie sich im Fall der Mende zeigen läßt, durch die traditionellen Strukturen der dortigen Frauenorganisation und der gesellschaftlichen Hierarchie, aber vor allem auch durch die wachsenden wirtschaftlichen Probleme und die spezifische Gestaltung der Projektmaßnahmen bedingt, welche ärmere und sozial niedrigstehende Frauen nicht erreicht, die traditionell in den *Sande*-Bund integriert worden waren, wenn auch nur in untere Positionen. Grundsätzlich ist die Integration wirtschaftlich benachteiligter Frauen, die häufig auch soziale Randpositionen innehaben, ein gruppeninternes Kapazitätsproblem und eine noch ungelöste Herausforderung für die Frauenförderung, die möglichst allen Frauen zugute kommen soll und will.

Hierbei ist die Orientierung und das Angebot der jeweiligen Fördermaßnahmen in Beziehung zu setzen mit Faktoren wie der jeweiligen Gruppenkonstellation, der Art und dem Erfolg ihrer Aktivitäten im wirtschaftlichen Bereich, sowie der Haltung der Männer und der dörflichen Autoritäten. Dies trifft sowohl für die von den Frauen selbst beantragte, als auch von außen geplante Förderung zu.

Aktivitäten

Die Zusammenarbeit der Frauen ist breitgefächert und knüpft an traditionelle Frauenaufgaben und vertraute Tätigkeiten in Anbau, Verarbeitung, Handwerk und Handel an - reicht aber oft über diese hinaus. Ein ganz wesentlicher Bereich ist der Anbau, wobei zwischen der Kooperation in Form reziproker Arbeitsgruppen und der gemeinsamen Bewirtschaftung von Gruppenfeldern zu unterscheiden ist; diese ergänzen einander aber in vielen Fällen, z.B. bei den Mandinka oder Mende. Wegen der zentralen Bedeutung der Frauen im Anbau wird dieser hier detailliert betrachtet.

Anbau

Es wurde aufgezeigt, wie wichtig es ist, Variationen im Landzugang, also den Nutzungsrechten, der Arbeitslast der Frauen und der Einkommensmöglichkeiten von Männern und Frauen rechtzeitig zu erkennen und in die Planung einzubeziehen. Denn haushaltsinterne Entscheidungsprozesse über den Ressourcenzugang, die Ressourcenkontrolle, den Einsatz der Arbeitskräfte und die Aufteilung der Einkünfte wirken sich auf die Gruppenarbeit und deren Erfolge aus. Die Gefahr außeninitiierter Projekte liegt darin, die Arbeitslast der Frauen durch die Orientierung der Fördermaßnahmen an dem von Männern kontrollierten Marktfruchtanbau zu vergrößern. Erst im nachhinein stellte sich bei den Mende und Mandinka heraus, daß die Frauen an den gestiegenen Einkünften nur bedingt beteiligt wurden und die Entlohnung ihrer Arbeit sowie den Beitrag der Männer zur familiären Versorgung nachdrücklich einfordern mußten. Damit wurden nicht nur neue Ungleichgewichte in der Arbeitsteilung geschaffen und bestehende Geschlechterdifferenzen im Ressourcenzugang verschärft, sondern auch neue Kontrollmöglichkeiten für die Männer aufgebaut. Zudem führte die Nichtbeachtung der traditionellen Frauenbereiche sogar dazu, daß ihr mit diesen verbundener gesellschaftlicher Einfluß abnahm. Die durch die Projektmaßnahmen bedingte reduzierte Anerkennung ihrer Leistungen im Anbau wirkte sich negativ auf ihr Selbstwertgefühl aus, wie Frauen im Kameruner Grasland berichteten. Ihre traditionellen Kenntnisse und ihre Arbeit für die Versorgung der Familien wurden durch die Förderung der Männer im Nahrungsmittelanbau nicht genutzt, was ihre Verdrängung aus diesem Bereich zur Folge hatte. Die Unterstützung der Frauen im Gemüseanbau, Maßnahmen, die nachträglich als "Frauenkomponenten" in die Projekte aufgenommen wurden, konnten diesen Prozessen nicht entgegenwirken und keinen Ausgleich zur Benachteiligung schaffen.

Grundsätzlich bietet die geschlechtliche Arbeitsteilung, die traditionelle Zuordnung bestimmter Pflanzen zu Männern oder Frauen und die Weitergabe weiblicher Anbaukenntnisse durch religiös legitimierte Frauenzusammenschlüsse eine gewisse Sicherheit für die Bewahrung eines eigenen Frauenbereiches und einen Schutz vor der Übernahme durch die Männer. Hier kommt es auf die jeweilige Projektgestaltung an, diese Zuordnung zu fördern und den Bedürfnissen der Frauen zu entsprechen. Am Beispiel der Mende wird deutlich, wie die lokalen

Projektmitarbeiterinnen, denen die Situation der Frauen aus eigener Erfahrung bekannt war, Neuerungen im Anbau gezielt dem Kompetenzbereich des *Sande*-Bundes zuordneten, diesen damit anerkannten und die traditionellen Anbaukenntnisse der Frauen würdigten. Sie regten nicht nur den Erfahrungs- und Wissensaustausch innerhalb der Zusammenschlüsse an, sondern auch zwischen einzelnen Lokalgruppen und förderten gleichzeitig die Mobilität der Frauen.

Am Beispiel der Mende zeigte sich auch, daß die auf den Gruppenfeldern bewährten Neuerungen von den Frauen individuell übernommen wurde, womit sie an ihr traditionelles Innovationspotential im Anbau anknüpften, bei dem der reziproke Austausch mit anderen Frauen auch von wesentlicher Bedeutung war für die Verbreitung von Saatgut oder Erfahrungswissen. Ähnlich pragmatisch handhabten die Frauen auch den Zugang zu neuem Arbeitsgerät, z.B. Hacken, das sich in ihren Augen bewährt hatte.

Der Gemüse- und Erdnußanbau ermöglichte ihnen, den beiden miteinander verbundenen Aufgaben der Ernährungssicherung und dem Einkommenserwerb nachzukommen. Während der erstgenannte Faktor der aktuellen Bedürfnisbefriedigung dient, ist der Einkommenserwerb langfristig ausgerichtet, denn die meisten Frauen bei allen Ethnien nennen in diesem Zusammenhang die Finanzierung der Ausbildung ihrer Kinder als Priorität. Die Zielsetzung der Frauen orientiert sich also am familiären Wohl, insbesondere am Aufbau von Zukunftperspektiven für die Kinder und weniger an individuellen Interessen. Durch das Aufbrechen der familiären Sicherungssysteme und den Rückzug der Männer aus ihren Aufgabenbereichen ist es für die Frauen notwendig geworden, zur Finanzierung der Schulbildung der Kinder beizutragen. Die Ausbildung der Kinder gilt vorrangig als Investition in eine Form der Altersversicherung, nämlich der Unterstützung durch die Kinder; Schulbildung ist somit keineswegs nur ein Statussymbol. Die Männer können sich diese Absicherung eher durch den eigenen Anbau verschaffen, über dessen Erträge sie persönlich verfügen.

Um ihre Ziele zu verwirklichen, sind die Frauen auch zur Übernahme von Mehrarbeit auf den Gruppenfeldern bereit, obwohl diese bei den Mende in einer Jahreszeit stattfand, in der sie traditionell ihre sozialen Beziehungen und kulturellen Aufgaben im *Sande*-Bund pflegten und Zeit zur Erholung für das neue Anbaujahr finden konnten.

Gemüseanbau auf Naßreisfeldern während der Trockenzeit stand auch bei den Mandinka-Frauen im Zentrum des Interesses. Er wurde von ihnen übernommen, weil er in der Kombination der Ertragsnutzung ihren Bedürfnissen entsprach. Doch auch hier war die Mehrarbeit der Preis für die dann meist doch nur geringfügig verbesserten Einkünfte. Das konnte auch die Zusammenarbeit mit einer lokalen Nicht-Regierungs-Organisation, deren Ziel die Ernährungssicherung war, nicht ändern.

Die ertragreichen Marktfrüchte wie Erdnüsse oder Naßreis blieben wegen des sozio-ökonomischen Wandels und der die Ungleichheit fördernden Agrarpolitik, Beratung und Vermarktung den Männern vorbehalten.

Die Komplexität der genannten Bereiche, also das Ineinandergreifen der traditionellen Gesellschaftsstruktur, Wirtschaftsweise und deren Wandel mit den Einflüssen des staatlichen Beratungswesen und der Landwirtschaftspolitik sowie der Wirtschaftslage eines Landes sollte in Studien vor Projektbeginn erfaßt werden, um Benachteiligungen der Frauen durch Außenförderung zu vermeiden und bestehende Ungleichheiten überwinden zu helfen. Es ist unerläßlich dabei zu beachten, daß Frauen auch beim Anbau vieler Pflanzen mithelfen, die den Männern zugeordnet werden und diesen individuelle Einkommensmöglichkeiten eröffnen. Bei den Pflanzen, die traditionell mit den Männern assoziiert wurden, hatten die Frauen über die gesellschaftlich vorgeschriebenen familiären Verpflichtungen Anspruch auf einen Anteil an der Ernte und damit eine materielle Anerkennung ihrer Arbeit, da diese auf vielfältige Weise mit der Männer verwoben und für das Anbausystem wichtig war. Die Entlohnung ihrer Arbeit müssen viele Frauen heute wegen der Monetarisierung der Landwirtschaft erst von den Männern einfordern, auch wenn ihr Arbeitseinsatz - nicht selten durch Projektmaßnahmen von außen bedingt - umfangreicher geworden ist.

Entscheidend hierbei ist, wie sehr das Landrechtssystem und die Ressourcenkontrolle bereits durch den Wandel des Anbausystems individualisiert sind. Schließlich bauten die Mandinka-Männer schon seit dem 19. Jahrhundert Erdnüsse an, über deren Erträge sie persönlich verfügten. Seitdem mußten die Frauen zunehmend darum kämpfen, daß ihre Männer den familiären Pflichten nachkamen.

Ein zweiter Bereich der Aktivitäten der Frauengruppen ist die Verarbeitung von Nahrungsmitteln durch arbeits- und zeitsparende Technologie im gemeinsamen Besitz, wie durch Reisschälmaschinen, Getreidemühlen, Ölpressen, Maniokreiben oder Fischräuchergeräte. Getreidemühlen wurden von Nso und Kom-Frauen, Maniok-Reiben von Yoruba-Händlerinnen, Fischräuchergeräte von Temne-Händlerinnen angeschafft. In unterschiedlichem Umfang waren diese von den Frauen selbst gewünscht oder von außen eingeführt worden. Dabei konnte teilweise ein innovatives Anpassen der Geräte an die eigenen Arbeitsprozesse beobachtet werden, sobald die angebotene Technik grundsätzlich den Bedürfnissen der Frauen entsprach. Diejenigen technischen Neuerungen, die ohne vorherige Studien über die Bedürfnisse der Frauen im Rahmen der Außenförderung einführt wurden, fanden bei den Gruppen dagegen nur geringe Akzeptanz, wenn sie ihren Bedürfnissen oder der gesellschaftlich verankerten, geschlechtlichen Aufgabenteilung entgegenstanden oder eindeutig erkennbare Nachteile aufwiesen. Dies wurde im Fall der Zugtieranspannung bei den Mandinka und im Kameruner Grasland deutlich. Das Innovationspotential der Kikuyu- und Temne-Frauen im Bereich der angepaßten Technologie zeigte, daß eine nur begrenzte Akzeptanz von Neuerungen keineswegs von vornherein als traditionsbedingte Reaktion gewertet werden darf, da Frauen gerade in Fragen der Technologie sehr innovativ waren. Dem Innovationspotential wurde in den Projektdurchführungen in unterschiedlichem Maße Rechnung getragen. Die Haltung der Kikuyu-Frauen gegenüber der Einführung neuer Herde verdeutlichte, daß diese nicht den Bedürfnissen der Frauen entsprachen, nicht an ihrer Problemlage orientiert waren und die Frauen sich nicht für nationale Ziele, wie die Reduzierung des nationalen Energiebedarfs einspannen ließen, die für sie abstrakt bleiben mußten. Innovationsfähigkeit ist also im jeweiligen gesamtkulturellen Kontext zu erörtern, wichtig ist, dabei eine Übertragung unseres Innovationskonzeptes, das Veränderungsbereitschaft direkt mit sozialem und wirtschaftlichem Wandel in Beziehung setzt, zu vermeiden.

Der dritte Bereich der Zusammenarbeit von Frauen umfaßt die Vermarktung von Nahrungsmitteln, wie bei den Yoruba und Temne, und eigenen Handwerksprodukten, wie bei den Akamba. Die Körbe der letztgenannten werden als zusätzliche Einnahmequelle neben der Hauptarbeit im Anbau hergestellt und tragen zum Erhalt einer traditionell weiblichen Handwerkstechnik bei, in der die Frauen ihre Kreativität sowie ihr technisches Können zum Ausdruck bringen. Dieses wurde durch eine an die Kultur und Organisationsformen der Akamba-Frauen angepaßte Unterstützung in der Beratung und Vermarktung anerkannt. Der Freiraum sowie die Eigenständigkeit der Frauen in diesem Bereich wurden so gezielt gefördert, daß die Frauengruppen eine übergeordnete und unabhängige Vermarktungsgesellschaft gründeten und damit auch in ihrer Organisationsstruktur gestärkt wurden, um den überregionalen wirtschaftlichen und politischen Problemen und Machtfragen standhalten zu können. Eine Nebenerwerbsförderung, die die mögliche Ausbaufähigkeit eines traditionell eigenständigen Handwerksbereichs von Frauen erkennt und ihn als Handlungsspielraum bekräftigt oder erweitert, kann als Herausforderung an die Entwicklungszusammenarbeit gewertet werden. Dies trifft für den personellen Einsatz von Entwicklungshelferinnen und Entwicklungshelfern zu, wobei hier das Geschlecht der entsandten Person kein Hindernis für die Förderung der Frauengruppen zu sein scheint, sondern eher ihr persönliches Engagement entscheidend ist. Die angepaßte Handwerksförderung und insbesondere die Klärung von Vermarktungsfragen zur Sicherung einer möglichst eigenständigen Vermarktung auch nach Projektende ist eine besonders wichtige Aufgabe der Projektträger.

Das Verhalten der Akamba-Frauen gibt auch Hinweise darauf, wie Frauen auf die Arbeit mehrerer Entwicklungsorganisationen in ihrem Gebiet reagieren; sie verstehen die Förderangebote als Handlungsspielraum und orientieren sich bei deren Nutzung an ihren Bedürfnissen und Entwicklungsprioritäten, die dabei entsprechend deutlich erkennbar werden.

Darüberhinaus setzt sich auch die Mehrzahl der Gruppen für die Verbesserung der Infrastruktur ihrer Dörfer im Bereich der Wasserversorgung, der Lagerung von Nahrungsmitteln oder im Gesundheitswesen ein. Es sind Maßnahmen der aktuellen und langfristigen Existenzsicherung und Verbesserung der Lebenssituation, die Entwicklungsziele und -prioritäten der Frauen zum Ausdruck bringen. Auch verdeutlichen sie die Verbindung der Gruppenziele und individuellen Wünsche mit dem - teilweise durch die traditionellen Frauenzusammenschlüsse auch heute noch geforderten - Engagement für das Allgemeinwohl; darüberhinaus wirkt diese Orientierung auch möglicher Kritik seitens einiger Männer entgegen, die zu viel Eigenständigkeit der Frauen befürchten.

Ob die Frauen dadurch auch ihre Interessenartikulation, ihre Mitsprache bei öffentlichen Belangen und ihre gesellschaftliche Stellung verbessern und Handlungsalternativen zu den bestehenden Strukturen entwickeln können, hängt von einer Vielzahl von Faktoren ab. Neben der internen Gruppenstruktur sind vor allem die Kapazitäten und die Arbeitslast der einzelnen Frauen, sowie die spezifische Gestaltung der Aktivitäten und die Erfahrungen mit der Zusammenarbeit ausschlaggebend. Wichtig sind auch die Außenkontakte der Frauen, wie ihr Zugang zu Informationen, z.B. über die Preisentwicklung, technische Neuerungen oder Beratung in neuen Anbaumethoden, ihr Zugang zu Krediten oder die Vermarktungsmöglichkeiten ihrer landwirtschaftlichen oder handwerklichen Produkte. Die Art der Außenförderung und deren Auswirkung auf das Geschlechterverhältnis spielen eine große Rolle, denn fraglich ist, inwieweit der Handlungsspielraum der Frauen unterstützt oder gar erweitert wird, wenn Entwicklungsmaßnahmen von ihnen selbst getragen und durchgeführt werden, wie bei den Akamba oder Yoruba; oder inwieweit die Projekte mit der Frauenförderung nur der - teilweise erst durch großangelegte landwirtschaftliche Programme verstärkten - Benachteiligung der Frauen entgegenwirken wollen, wie bei den Mende, Mandinka und im Kameruner Grasland. Hierbei wirkt sich nicht nur die jeweilige Projektpraxis, sondern auch auf übergeordneter Ebene die staatliche, am Marktfruchtanbau orientierte Landwirtschaftspolitik und eine unzureichende Frauenförderung durch die zuständigen Ministerien negativ auf den Handlungsspielraum der Frauen aus. Oft genug wird dadurch sogar ihre Zusammenarbeit durch die Absorbierung ihrer Arbeitskraft durch den Marktfruchtanbau und in Landrechtsfragen negativ beeinflußt.

Große Bedeutung hat auch die Haltung der Männer, sowohl auf individueller bzw. familiärer Ebene, und gegenüber den Gruppen, also im Kontext eines Dorfes und dessen Leitung, denn Fragen des Landzugangs und der Akzeptanz der Kooperation von Frauen hängen auch in entscheidendem Maße von der Haltung der dörflichen Autoritäten und ihrer Vermittlungsfähigkeit zwischen unterschiedlichen Interessengruppen ab, wie das Fallbeispiel der Mende exemplarisch zeigt.

Institutionelle Faktoren und Rahmenbedingungen

Grundsätzlich ist wirtschaftspolitischen Faktoren wie der Komplexität des Anbauwandels, der Agrarpolitik und der wirtschaftlichen Situation eines Landes Rechnung zu tragen. Deren Auswirkungen auf das Geschlechterverhältnis sind im Zusammenhang zu sehen mit der Gestaltung und den Wirkungen der Frauenförderung.

Bei der staatlicher Förderung kommt der Beratung im Landwirtschaftsbereich große Bedeutung zu, hierbei werden vielerorts von den Gruppen Beraterinnen männlichen Beratern vorgezogen, insbesondere wenn der Anbau traditionell überwiegend im Kompetenzbereich der Frauen lag. Doch auch hierbei hängt es, wie ein Vergleich zwischen dem Beratungswesen in Gambia und Sierra Leone zeigt, vom Einzelfall ab, inwieweit die Beraterinnen den Bedürfnissen der Frauen durch Engagement entsprechen oder, abhängig von äußeren Bedingungen wie den

Projektkonzeptionen oder den agrarpolitischen Vorgaben, überhaupt entsprechen können.

Begrenzt ist auf übergeordneter Ebene der Einfluß von Frauenministerien auf die Interessenvertretung der Frauen, denn meist verfügen sie nur über geringe Mittel und wenig Personal, um dem offiziellen Anspruch der Frauenförderung gerecht werden zu können. Zudem unterstehen sie immer der politischen Kontrolle der Regierung; dies trifft in vielen Ländern, wie in Kenia, auch auf die nationalen Frauenorganisationen zu. Problematisch ist dabei auch ihre Orientierung am westlichen Frauenbild, das keineswegs auf die Interessen und Bedürfnisse der Frauen auf dem Land übertragbar ist.

Die Motive der Frauen, sich trotz der dadurch ermöglichten politischen Außenkontrolle als Gruppen offiziell registrieren zu lassen, resultieren aus der Erfahrung, nur auf diesem Weg Zugang zu Fördermitteln zu erhalten, denn informelle Gruppen sind für staatliche und nicht-staatliche Entwicklungsorganisationen wegen der institutionell vorgegebenen Förderkriterien kaum erreichbar. Inwieweit die Außenkontrolle die Arbeit der Frauen negativ beeinflußt, hängt u.a. von der Struktur des Staates ab, von den dörflichen Machtverhältnissen und der sozialen Kontrolle sowie vom Zusammenhalt der Gruppen und dem Durchsetzungsvermögen und Verhandlungsgeschick der Leiterinnen.

Die Ausrichtung der Gruppen auf eine gemeinsame christliche Basis, die dann aber nur ein Element im Gruppenzusammenhalt und der Gruppenarbeit bildet, zeigt eine neuere Tendenz zur Bildung von Frauengruppen auf nur noch teilweise traditionellen Grundlagen. Dabei werden wirtschaftliche Interessen und religiöse Affiliationen verbunden, denn die Zusammenschlüsse ermöglichen Zugang zu kirchlicher Förderung, wie Akamba-Frauengruppen zeigen.

Eine andere Tendenz ist der Zusammenschluß vieler, ähnlich orientierter lokaler Gruppen zu einem Dachverband; hierbei scheinen die gemeinsame ethnische Basis und die wirtschaftliche Eigenständigkeit wichtige Voraussetzungen für eine effektive Interessenvertretung der Frauen zu sein. Der Wissens- und Erfahrungsaustausch zwischen den einzelnen Frauengruppen trägt auch zur Stärkung der Gruppenorganisation bei. Die Förderung der Kommunikation wird in vielen Projekten als Mittel gesehen, um die Projektziele zu erreichen; doch Befragungen über die Bedürfnisse und Entwicklungsvorstellungen der Frauen sind noch immer nicht selbstverständlich für Projektplanungen und sind in Einzelfällen bei bereits begonnenen Projekten gänzlich vom Engagement des Entwicklungshelfers oder der -helferin abhängig. Hier könnten ethnologische Studien jedoch viele Fehlentwicklungen und die unzureichende Berücksichtigung der Fraueninteressen vermeiden helfen. Wichtig wäre, auch bei von außen initiierten Projekten und Programmen bereits vor Projektbeginn Maßnahmen, die in einem Gebiet schon durchgeführt worden sind, hinsichtlich ihrer Akzeptanz und Probleme zu überprüfen, denn nur durch eine intensivere Kommunikation auch zwischen den Entwicklungsorganisationen kann die Wiederholung von Fehlern, etwa bei der Einführung von Zugochsen bei den Mandinka und im Kameruner Grasland, vermieden werden, die in beiden Fällen zur Mehrbelastung der Frauen führten.

Literatur

Aalbers, Rosan
1990 The Accessibility of Formal and Informal Credit Facilities for African Women in the Informal Sector and its Implications for Gender Needs, unpublished M.A. thesis, Leiden University.

Abbott, Susan
1974 Full-Time Farmers and Week-End Wives: Change and Stress among Rural Kikuyu Women, unpublised Ph.D. thesis, University of North Carolina, Chapel Hill.

1975 Women's Importance for Kenyan Rural Development, in: Community Development Journal, vol. 10, no. 3, S.179-182.

Abdullah, Hussaina
1993 'Transition Politics' and the Challenge of Gender in Nigeria, in: Review of African Political Economy, No. 56, S.27-41.

Abraham, Arthur
1969 Some suggestions on the origin of Mende chiefdoms, in: Sierra Leone Studies, vol. 25, S.30-36.

1978 Mende government and politics under colonial rule: A historical study of political change in Sierra Leone, 1890-1937, Freetown.

Adagala, Kavetsa
1991 Households and Historical Change on Plantations in Kenya, in: Masini, Elenora / Stratigos, Susan (Hg.): Women, Households and Change, Tokyo, S.205-241.

Adams, Linda
1986 Results of Introducing Appropriate Technologies for Rural Women, unpublished report, Bo.

Adekanye, Tomilaye O.
1985 Innovation and Rural Women in Nigeria, Cassava Processing and Food Production, in: Iftikhar, Ahmed (Hg.): Technology and Rural Women: Conceptual and Empirical Issues, London, S.252-283.

1987 African Women in Agriculture - Problems and Politics for Development, in: Presence Africaine, vol. 141, S.7-13.

Adepoju, Aderanti
1977 Rationality and Fertility in SW-Nigeria - The Traditional Yoruba Society, in: Caldwell, John C. (Hg.): Family and Fertility Change Series, vol. 1, Part 1, Canberra, S.123-151.

Adrian, Hannelore
1975 Ethnologische Fragen der Entwicklungsplanung, Gbeniki - die ethnologische Erforschung eines Bariba-Dorfes als Grundlage für Planung und Aufbau eines Projektes der Entwicklungshilfe in Nord-Dahomey, Kultureller Wandel Bd. 2, Meisenheim am Glan.

1984 Überlegungen zur ethnologischen Mitwirkung im Bereich personeller Entwicklungshilfe, in: Zeitschrift für Ethnologie, Bd. 109, Heft 1 und 2, S.107-123.

Afonja, Simi
1981 Changing Modes of Production and the Sexual Division of Labour, in: Signs: Journal of Women in Culture and Society, vol. 7, no. 2, S.299-313.

1986a Land Control, A Critical Factor in Yoruba Gender Stratification, in: Robertson, Claire / Berger, Iris (Hg.): Women and Class in Africa, London, S.78-91.

1986b Women, Power and Authority in Traditional Yoruba Society, in: Dube, Leela / Leacock, Eleanor / Ardener, Shirley (Hg.): Visibility and Power, Essays on Women in Society and Development, Oxford, S.136-157.

1990 Changing Patterns of Gender Stratification in West Africa, in: Tinker, Irene (Hg.): Persistent Inequalities, Women and World Development, New York, S.198-209.

Agarwal, Bina
1983 Diffusion of Rural Innovations: Some Analytical Issues and the Case of Wood-Burning-Stoves, in: World Development, vol. 11, no. 4, S.359-376.

1986 Cold Hearths and Barren Slopes, The Woodfuel Crisis in the Third World, Maryland.

Aidoo, Agnes Akosua
1988 Women and Food Security: The Opportunity for Africa, in: Development, vol. 2/3, S.56-62.

Akande, Jadesola
1984 Participation of Women in Rural Development (Nigeria), in: ILO (Hg.): Rural Development and Women in Africa, Geneva, S.129-135.

Akande, M.
1992 Enhancing the performance of women's multiple roles: A case study of Isoya Rural Development Project, Ile-Ife, Nigeria, in: Community Development Journal, vol. 27, no. 1, S.60-68.

Alberti, Bernhard
1979 Zu einigen Problemen der Implementierung eines Ochsenanspannungsprogramms in der Nord-West-Provinz der Vereinigten Republik Kamerun, unveröffentlichter Bericht, Berlin.

Almy, Susan W.
1977 Anthropologists and Development Agencies, in: American Anthropologist, vol. 79, no. 2, S.288-292.

Alpers, Edward A.
1984 "Ordinary Household Chores": Ritual and Power in a 19th Century Swahili Women's Spirit Possession Cult, in: International Journal of African Historical Studies, vol. 17, no. 4, S.677-702.

Amadiume, Ifi
1987 Male Daughters and Female Husbands, Gender and Sex in an African Society, London.

1993 The mouth that spoke a falsehood will later speak the truth: Going home to the field in Eastern Nigeria, in: Bell, Diane / Caplan, Pat / Karin, Wazir Jahan (Hg.): Gendered Fields, Women, Men and Ethnography, London - New York, S.182-198.

Anderson, Mary B.
1985 Kitui District Arid and Semi-Arid Land Project, in: Overholt, Catherine / Anderson, Mary B. / Cloud, Kathleen / Austin, James D. (Hg.): Gender Roles in Development Projects, West Hartford, S.309-326.

Andreski, Iris
1970 Old Wives Tales, Life Stories from African Women, New York.

Antweiler, Christoph
1986 Ethnologie und Praxis, Vorüberlegungen zu einer Ethnologie als praxisorientierter Forschung für ethnische Gruppen, in: Zeitschrift für Ethnologie, Bd. 111, Heft 1 und 2, S.157-187.

1993 Entwicklungsethnologie und Entwicklungssoziologie - eine anwendungsbezogene Orientierung und kritische Positionsbestimmung, in: Entwicklungsethnologie, Bd. 1, S.40-60.

Arbeitsgruppe Ethnologie
1989 Einleitung, in: dieselben (Hg.), Von fremden Frauen - Frausein und Geschlechterbeziehungen in nicht-industriellen Gesellschaften, Frankfurt a.M., S.9-28.

Ardener, Edwin
1972 Belief and the problem of women, in: La Fontaine, Jean Sybil (Hg.): The Interpretation of Ritual, London, S.135-158.

Ardener, Shirley
1964 The Comparative Study of Rotating Credit Associations, in: Journal of the Royal Anthropological Institute, vol. 94, no. 2, S.201-229.
1973 Sexual Insult and Female Militancy, in: Man, n.s., vol. 8, no. 3, S.422-440.
1984 Gender Orientation and Fieldwork, in: Ellen, R.F. (Hg.): Ethnographic Research, London, S.118-129.

Atheron, John H. / Kalous, Milan
1970 Nomoli, in: Journal of African History, vol. 11, no. 3, S.303-317.

Atkinson, Jane Monning
1982 Review Essay: Anthropology, in: Signs: Journal of Women in Culture and Society, vol. 8, no. 2, S.236-258.

ATRCW - African Training and Research Centre for Women
1975 Women and National Development in African Countries: Some Profound Contradictions, in: African Studies Review, vol. 18, no. 3, S.47-70.
1984 Women in the Artisanal Fishing Industry in Senegal and Ghana, Addis Abeba.
1990 Increasing the Access of African Women to Credit, An Integrated Approach, Addis Abeba.

Awe, Bolanle
1977 The Iyalode in the Traditional Yoruba Political System, in: Schlegel, Alice (Hg.): Towards a Theory of Sexual Stratification: A Cross-Cultural View, New York, S.144-160.
1989 Nigerian Women and Development in Retrospect, in: Parpart, Jane (Hg.): Women and Development in Africa, Comparative Perspectives, New York - London, S.313-333.

Azuonye, Chukwuma
1991 Power, Marginality and Womenbeing in Oral Narratives, in: Granqvistraoul Inyama, Nnadozie (Hg.): Power and Powerlessness of Women in West African Orality, Umea, S.1-31.

Bager, Torben
1980 Marketing Cooperatives and Peasants in Kenya, Uppsala.

Bah-Bundu, M.
1989 From shortage to surplus, in: West Africa, 10-16 April, S.549-550.

Baker, Kathleen M.
1992 Traditional Farming Practices and Environmental Decline, with special Reference to The Gambia, in: Hoggart, Keith (Hg.): Agricultural Change, Environment and Economy, London, S.180-202.

Baldus, Rolf D. / Röpke, Jochen / Semmelroth, Dieter
1991 Einkommens-, Verteilungs- und Beschäftigungswirkungen von Selbsthilfeorganisationen in Entwicklungsländern, Forschungsberichte des BMZ, Bd. 17, München - Köln.

Balla, Francois Essombo
1985 Women's Associations in Rural Areas in Cameroon, in: Muntemba, Shimwaayi (Hg.): Rural Development and Women: Lessons from the Field, Geneva, S.130-144.

Balley, Ute B.
1983 Women in Nigeria: Aspects of Social Transformation, in: Africana Marburgensia, vol. 16, no. 2, S.33-59.

Banton, Michael
1957 West African City, A study of tribal life in Freetown, Oxford.

1968 Voluntary Associations: Anthropological Aspects, in: International Encyclopedia of the Social Sciences, vol. 16, S.357-362.

Barber, Karin
1991 I Could Speak Until Tomorrow - Oriki, Women and the Past in a Yoruba Town, London.

Barlett, Peggy F.(Hg.)
1980 Agricultural Decision Making - Anthropological Contribution to Rural Development, San Diego - London.

Barnes, Carolyn
1983 Differentiation by Sex Among Small-Scale Farming Households in Kenya, in: Rural Africana, no. 15/16, S.41-61.

Barnes, Sandra T.
1975 Voluntary Associations in a Metropolis: The Case of Lagos, Nigeria, in: African Studies Review, vol. 18, no. 2, S.75-88.

1990 Women, Property, and Power, in: Sanday, Peggy / Goodenough, Ruth (Hg.): Beyond the Second Sex, New Directions in the Anthropology of Gender, University of Pennsylvania, S.255-280.

Barnes, Sandra T. / Peil, Margaret
1977 Voluntary Association Membership in Five West African Cities, in: Urban Anthropology, vol. 6, S.83-106.

Barrett, Minna
1985 Women's Economic Initiatives in Kenya: Some Considerations, unpublished paper, State University of New York, New York.

1987 Women's Income Generating Initiatives in Kenya: Self-Report Perceptions of the Need for and the Value of Women's Groups, in: African Urban Quarterly, vol. 2, no. 4, S.435-442.

Baroin, Catherine
1987 The Position of Tubu Women in Pastoral Production: Daza Kesherda, Republic of Niger, in: Ethnos, vol. 52, no. 1-2, S.137-155.

Bascom, William R.
1942 The Principle of Seniority in the Social Structure of the Yoruba, in: American Anthropologist, vol. 44, no. 1, S.37-46.

1951 Social Status, Wealth and Individual Differences among the Yoruba, in: American Anthropologist, vol. 53, no. 4, S.490-505.

1952 The Esusu: A Credit Institution of the Yoruba, in: Journal of the Royal Anthropological Institute, vol. 82, S.63-69.

1969 The Yoruba of Southwestern Nigeria, New York.

Bauer, Hartmut / Koch, Ulrich
1990 Armutsbekämpfung durch Hilfe zur Selbsthilfe, Gemeinsame Stellungnahme der kirchlichen Hilfswerke Misereor und EZE zur öffentlichen Anhörung im Deutschen Bundestag am 20.6.1988, in: EZE Working Paper, Bonn, S.5-17.

Baum, Gerhard A.
1991 Von der Zielgruppe zum sozialen Umfeld, Grundzüge einer Konzeption zur Sicherung von Belangen lokaler Beteiligter an Entwicklungsprozessen, Ein Diskussionsbeitrag, in: GTZ Info 2, S.29-31.

Baum, Holger / Reckers, Ute
1992 Wiederaufbau nach der Nothilfe, Der Beitrag der Deutschen Welthungerhilfe zur Ernährungssicherung an Beispielen aus Angola und Kenia, in: Geographische Rundschau, 44. Jg., Heft 2, S.105-109.

Baumann, Hermann
1928 The division of work according to sex in African hoe culture, in: Africa, vol. 1, no. 3, S.289-319.

1962 Grundeinsichten der Ethnologie in die neuen afrikanischen Entwicklungen, in: Zeitschrift für Ethnologie, Bd. 87, Heft 2, S.250-263.

Beck, Josephine / **Dorlöcher**, Sabine
1990 Die Instabilität der Ehebeziehungen als Motor weiblicher Einkommensstrategien im Lebenslauf zambischer Kleinbäuerinnen, in: Elwert, Georg / Kohle, Martin / Müller, Harald K. (Hg.): Im Lauf der Zeit, Stuttgart, S.156-168.

Beckley, Staneala M.
1989 Women as Agents, Recipients of Development Assistance: The Sierra Leone Case, in: AAWord, Occasional Papers No. 4, Dakar, S.12-65.

Behrend, Heike
1992 Alice Lakwena und die Holy-Spirit-Bewegung im Norden Ugandas, Einige Bemerkungen zu Prophetinnen in Afrika, in: Peripherie, Nr. 47/48, S.129-136.

1993 Krieg als Aufstand der Natur, die Holy-Spirit-Bewegung im Norden Ugandas, in: Anthropos, Bd. 88, Nr. 1/3, S.39-46.

Beier, H.U.
1955 The Position of Yoruba Women, in: Presence Africaine, Bd. 1/2, S.39-46.

Beißner, K.H. / **Hemmer**, H.R. / **Schleich**, K.
1981 Ernährungssicherungsprogramme einschließlich Nahrungsmittelhilfe und ihre entwicklungspolitischen Auswirkungen in Empfängerländern, Forschungsberichte des BMZ, Bd. 8, München - Köln.

Bender, Donald R.
1971 De Facto Families and De Jure Households in Ondo, in: American Anthropologist, vol. 73, no. 1, S.223-241.

Beneria, Lourdes
1981 Conceptualizing the Labour Force, The Underestimation of Women's Economic Activities, in: Nelson, Nici (Hg.): African Women in the Development Process, London, S.10-28.

Beoku-Betts, Josephine
1976 Western Perceptions of African Women in the 19th and 20th Centuries, in: Africana Research Bulletin, vol. 4, S.86-113.

1990 Agricultural Development in Sierra Leone: Implications for Rural Women in the Aftermath of the Women's Decade, in: Africa Today, vol. 37, no. 1, S.19-35.

Beresford-Stoke, G.
1928a An Akamba Ceremony Used in Time of Drought, in: Man, No. 105, S.139-140.

1928b Ceremonies Designed to Influence Fertility of Women, in: Man, No. 129, S.177.

Berger, Iris
1976 Rebels or Status-Seekers? Women as Spirit Mediums in East Africa, in: Hafkin, Nancy J. / Bay, Edna G. (Hg.): Women in Africa: Studies in Social and Economic Change, Stanford, S.157-181.

Berger, M.
1989 Giving Women Credit: The strengths and limitations of credit as a tool of alleviating poverty, in: World Development, vol. 17, no. 7, S.1017-1032.

Berndt, Catherine
1988 Phyllis Mary Kaberry (1910-1977), in: Gacs, Ute / Khan, Aisha / Mc Intryre, Jerrie / Weinberg, Ruth (Hg.): Women Anthropologists, A Biographical Dictionary, New York, S.167-174.

Berndt, Catherine / Chilver, E.M.
1992 Phyllis Kaberry (1910-1977): Fieldworker among Friends, in: Ardener, Shirley (Hg.): Persons and Powers of Women in Diverse Cultures, New York - Oxford, S.29-37.

Berry, Sara
1988 Property Rights and Rural Resource Management: The Case of Tree Crops in West Africa, in: Bennett, John W. / Bowen, John R. (Hg.): Production and Autonomy, Anthropological Studies and Critiques of Development, New York, S.143-161.

Best, Günter
1984 Nomaden und Bewässerungsprojekte, eine Studie zum rezenten Wandlungsprozeß der Eheform und Familienstruktur bei den Turkana am oberen Turkwell, NW-Kenia, Berlin.

1989 Ehen der Südniloten: Intra- und interethnische Heiratsformen im Vergleich, Studien zur Kulturanthropologie; Bd. 1, Münster.

1993 Marakwet & Turkana, Neue Einblicke in die materielle Kultur ostafrikanischer Gesellschaften, Museum für Völkerkunde Frankfurt, Sammlung 7: Afrika, Frankfurt a. M.

Beverly, Mack
1991 Royal Wives in Kano, in: Coles, Catherine / Mack, Beverly (Hg.): Hausa Women in the Twentieth Century, London, S.100-129.

Bierschenk, Thomas / Elwert, Georg / Kohnert, Dirk
1991 Langzeitfolgen der Entwicklungshilfe, Empirische Untersuchungen im ländlichen Westafrika, in: Afrika Spektrum, Bd. 26, Nr. 2, S.155-180.

Bledsoe, Caroline H.
1980a Women and Marriage in Kpelle Society, Stanford.

1980b Stratification in Sande Politics, in: Ethnologische Zeitschrift Zürich, Bd. 1, S.143-149.

1984 The Political Use of Sande Ideology and Symbolism, in: American Ethnologist, vol. 11, no. 3, S.445-472.

1990a School Fees and the Marriage Process for Mende Girls in Sierra Leone, in: Sanday, Peggy / Goodenough, Ruth (Hg.): Beyond the second sex, New directions in the anthropology of gender, Pennsylvania, S.283-309.

1990b The Politics of Children: Fosterage and the Social Management of Fertility among the Mende of Sierra Leone, in: Handwerker, Penn W. (Hg.): Births and Power, Social Change and the Politics of Reproduction, Boulder, S.81-100.

Bliss, Frank
1988 The Cultural Dimension in West German Development Policy and the Contribution of Ethnology, in: Current Anthropology, vol. 29, no. 1, S.101-112.

Bliss, Frank / Gaesing, Karin
1992 Möglichkeiten der Einbeziehung von Frauen in Maßnahmen der ressourcenschonenden Nutzung von Baumbeständen, Forschungsberichte des BMZ, Bd. 104, München - Köln.

Blum, Magdalena
1990 Alternative Strategies and Institutional Frameworks for the Production and Dissemination of Improved Wood-Burning-Stoves in Kenya, unpublished M.A. thesis, University of East Anglia.

BMZ - Bundesministerium für wirtschaftliche Zusammenarbeit
1988 Konzept für die Förderung von Frauen in Entwicklungsländern, Grundsätze für die Förderung von Frauen in Entwicklungsländern bei der Planung, Durchführung und Bewertung von Vorhaben der Entwicklungszusammenarbeit, Bonn.

1989 BMZ-Aktuell: Entwicklungspolitik - Überprüfen und Handeln - Erfolg durch Erfolgskontrolle? Querschnittsauswertung der im Jahre 1987 durchgeführten Evaluierung, Bonn.

1990 Förderung von Frauen in Entwicklungsländern, Entwicklungspolitik, Materialien Nr. 80, Bonn.

1992 Entwicklungszusammenarbeit mit den Ländern Afrikas südlich der Sahara in den 90er Jahren, BMZ aktuell, 1992, abgedruckte Leitsätze in: Entwicklung und Zusammenarbeit, 33. Jg., Heft 10, S.10-12.

Bodenstedt, Andreas
1975 Selbsthilfe: Überlegungen zur entwicklungspolitischen Verwendbarkeit eines allgemeinen sozialen Handlungsmusters, in: derselbe (Hg.): Selbsthilfe: Instrument oder Ziel ländlicher Entwicklung, Saarbrücken, S.1-24.

Börgel, Hannelore / **Riedel**, Karl-Heinz
1988 Das Ernährungssicherungsprogramm in Gambia, Kooperationsprojekt DWH-FFHC, unveröffentlichtes Gutachten, Bonn.

Bohannan, Paul / **Dalton**, Georges
1962 Introduction, in: dieselben (Hg.): Markets in Africa, Evanston, S.1-26.

Bohle, Hans-Georg
1991 Preface, in: derselbe / Cannon, Terry / Hugo, Graene / Ibrahim, Fouad N. (Hg.): Famine and Food Security in Africa and Asia, Bayreuth, S.5-6.

Bohnet, Michael
1992 Die Rahmenbedingungen müssen verändert werden, in: Entwicklung und Zusammenarbeit, 33. Jg., Heft 12, S.14-17.

Boody, Janice
1989 Wombs and Alien Spirits - Women, Men and the Zar Cult in Northern Sudan, Madison.

Boone, Sylvia A.
1986 Radiance from the Waters, Ideals of Feminine Beauty in Mende Art, New Haven - New York.

B/P RDP - Bo/Pujehun Rural Development Project
1989 Projektfortschrittsbericht, unveröffentlichter Bericht, Eschborn.

1990a Sector Report: Women Related Activities, unpublished report, Bo.

1990b Project Progress Review (1987-1991), unpublished report, Eschborn.

Boserup, Ester
1970 Women's Role in Economic Development, New York.

Bossen, L.
1975 Women in Modernizing Societies, in: American Ethnologist, vol. 2, no. 4, S.587-601.

Bourgeot, André
1987 The Twareg Women of Ahaggar and the Creation of Value, in: Ethnos, vol. 52, no. 1-2, S.103-118.

Bourguignon, Erika (Hg.)
1980 A world of women, Anthropological Studies of Women in the Societies of the World, New York.

Bowen, John R.
1988 Power and Meaning in Economic Change: What does Anthropology learn from Development Studies? in: Bennett, John W. / Bowen, John R. (Hg.): Production and Autonomy, Anthropological Studies and Critiques of Development, New York, S.411-430.

Bradfield, R.M.
1973 A Natural History of Associations, London.

Brandt-Gerbeth, Elisabeth
1985 Frauen und Entwicklung in Kamerun, Berlin.

Bratton, Michael
1990 Non-Governmental Organizations in Africa: Can They Influence Public Policy? in: Development and Change, vol. 21, S.87-118.

Braun, Gerald / **Rösel**, Jacob
1992 Kultur und Entwicklung, in: Nohlen, Dieter / Nuscheler, Franz (Hg.): Handbuch der Dritten Welt, Grundprobleme, Theorien, Strategien, Bd. 1, Bonn, S.250-268.

Braun, Joachim v.
1988 Effects of Technological Change in Agriculture on Food Consumption and Nutrition: Rice in a West African Setting, in: World Development, vol. 16, no. 9, S.1083-1098.

Braun, Joachim v. / **Webb**, Patrick J.R.
1989 The Impact of New Crop Technology on the Agricultural Division of Labor in a West African Setting, in: Economic Development and Cultural Change, vol. 37, no. 3, S.513-534.

Braunmühl, Claudia v. / **DSE** (Hg.)
1991 Women in the Development Process, Report and Papers, Berlin.

Bräuer, Helmut
1990 Arbeitsfeld Entwicklungszusammenarbeit - eine kritische Untersuchung der deutschen Entwicklungspolitik aus entwicklungsethnologischer Sicht, Emsdetten.

Brinkschulte, Birgit
1976 Formen und Funktionen wirtschaftlicher Kooperation in traditionellen Gesellschaften Westafrikas, Meisenheim a. Glan.

Brocket Mutere, Amelia
1991 Air Pollution in Homes in Rural Kenya, in: GATE, Nr. 1, S.14-18.

Brooks, George E.
1976 The Signares of Saint-Louis and Gorée: Women Entrepreneurs in Eighteenth-Century Senegal, in: Hafkin, Nancy / Bay, Edna (Hg.): Women in Africa, Studies in Social and Economic Change, Stanford, S.213-234.

1983 A Nhara of the Guinea-Bissau Region: Mae Aurélia Correia, in: Robertson, Claire C. / Klein, Martin (Hg.): Women and Slavery in Africa, Madison, S.295-319.

Brosi, Hildegard / **Nothdurft**, F. / **Njie**, N.S.Z.
1990 Reisentwicklungsprogramm Gambia, unveröffentlichter Bericht über eine Evaluierung, Bonn.

Bruchhaus, Eva-Maria
1984a Evaluierung: "Einführung und Förderung der Zugtiernutzung in der Nord-West-Provinz (Kamerun)", unveröffentlichter Bericht, Eschborn.

1984b Von der Bäuerin zur Hilfskraft, in: Entwicklung und Zusammenarbeit, 25. Jg., Heft 6, S.19-21.

1984c Frauen und Entwicklung, in: von Hauff, Michael / Pfister-Gaspary, Brigitte (Hg.): Entwicklungspolitik: Probleme, Projektanalysen und Konzeptionen, Saarbrücken, S.79-89.

1984d Verbesserte Einfachherde: Wunderwaffe im Kampf gegen die Wüste oder Spielerei für Öko-Freaks? Fazit der bisherigen Bemühungen in drei Kontinenten: Es ist nicht so einfach Einfachherde zu bauen und zu verbreiten, in: Entwicklung und Zusammenarbeit, 25. Jg., Heft 11, S.14-16.

1986 Frauenförderung: Feminismusexporte oder Überlebenshilfe, in: Blätter des Iz3w, Nr. 131, S.45-52.

1988 Frauenselbsthilfegruppen: Schlüssel zur Entwicklung aus eigener Kraft oder Mobilisierung der letzten Reserve? in: Peripherie, Nr. 30/31, S.49-61.

1992 Mehr Aufwand und Arbeit für Frauen durch Frauenförderung?, in: Solidarische Welt, Nr. 139, S.8-9.

Bruchhaus, Eva-Maria / **Leßner-Abdin**, Dietlinde / **Wolsky**, Monica
1979 Frauen in Entwicklungsländern, Situationsanalyse und entwicklungspolitische Ansatzpunkte unter besonderer Berücksichtigung nicht-staatlicher Organisationen, Freiburg i. Br.

Bruchhaus, Eva-Maria / **Njunji Hinga**, Nancy
1993 Frauenförderung in Kenia, Bericht über die Evaluierung der Zusammenarbeit des DED mit kenianischen Frauengruppen im ländlichen Raum, unveröffentlichte Evaluierung, Berlin.

Brydon, Lynne / **Chant**, Sylvia
1989 Women in the Third World, Gender Issues in Rural and Urban Areas, Adelshot - Hants.

Bryson, Judy
1979 Women and Economic Development in Cameroon, Washington D.C.

1981 Women and Agriculture in Sub-Saharan Africa: Implications for Development, in: Journal of Development Studies, vol. 17, no. 1, S.29-46.

Buckley, T. / Gottlieb, A. (Hg.)
1988 Bloodmagic - An Anthropology of Menstruation, Berkeley.

Bujra, Janet M.
1975 Women and Fieldwork, in: Rohrlich-Leavitt, Ruby (Hg.): Women Cross-Culturally, Change and Challenge, The Hague - Paris, S.551-557.

1978 Introduction: Female Solidarity and the Sexual Division of Labour, in: Caplan, Patricia / Bujra, Janet M. (Hg.): Women United - Women Divided, Cross-Cultural Perspectives of Female Solidarity, London, S.13-45.

Bülow, Dorothee von
1992 Bigger than Men? Gender Relations and their Changing Meaning in Kipsigis Society, Kenya, in: Africa, vol. 62, no. 4, S.523-545.

Callaway, Barbara J.
1987 Muslim Hausa Women in Nigeria: Tradition and Change, New York.

Callaway, Helen
1980 Women in Yoruba tradition and in the Cherubim and Seraphim Society, in: Kalu, O.U. (Hg.): History of Christianity in West Africa, London - New York, S.321-332.

1981 Spatial Domains and Women's Mobility in Yorubaland, Nigeria, in: Ardener, Shirley (Hg.): Women and Space, London, S.168-186.

Carney, Judith A.
1988 Struggles over Land and Crops in an Irrigated Rice Scheme: The Gambia, in: Davison, Jean (Hg.): Agriculture, Women and Land, Boulder, S.59-78.

Carney, Judith A. / **Watts**, Michael
1990 Manufacturing Dissent: Work, Gender and The Politics of Meaning in a Peasant Society, in: Africa, vol. 60, no. 2, S.207-241.

1991 Disciplining Women? Rice, Mechanization and the Evolution of Mandinka Gender Relations in Senegambia, in: Signs: Journal of Women in Culture and Society, vol. 16, no. 4, S.651-681.

Ceesay-Marenah, Coumba
1982 Women's Cooperative Thrift and Credit Societies: An Element of Women's Programs in The Gambia, in: Bay, Edna (Hg.): Women and Work in Africa, Boulder, S.289-295.

Cernea, Michael M.
1985 Alternative Units of Social Organization Sustaining Afforestation Strategies, in: derselbe (Hg.): Putting People First, Sociological Variables in Rural Development, Washington D.C., S.267-294.

1986a Foreword: Anthropology and Family Production Systems in Africa, in: Horowitz, Michael M. / Painter, Thomas M. (Hg.): Anthropology and Rural Development in West Africa, Boulder, S.XI-XV.

1986b Modernization and Development Potential of Traditional Grass Roots Peasant Organizations, in: Misra, R.P. / Tri Dung, Nguyen (Hg.): Third World Peasantry, A Continuing Saga, London, S.242-258.

Cervantes, Rebecca
1982 Women in Traditional Yoruba Culture: The Paradox of Deification and Rejection, unpublublished M.A. thesis, California State University, Fullerton.

Chambers, Robert / Pacey, Arnold / Thrupp, Lori Ann (Hg.)
1989 Farmer First, Farmer Innovation and Agricultural Research, London.

Chieni, Telelia / Spencer, Paul
1993 The World of Telelia, Reflections of a Maasai Women in Matapato, in: Spear, Thomas / Waller, Richard (Hg.): Being Maasai, Ethnicity and Identity in East Africa, London, S.157-173.

Chikara, Joyce
1989 Frauen sind das Herz jeder Entwicklung, Probleme und Perspektiven der Landfrauen aus afrikanischer Sicht, in: Auslandskurier, Nr. 7-8, S.24-25.

Chilver, Elizabeth M.
1961 Nineteenth Century Trade in the Bamenda Grassfields, Southern Cameroon, in: Afrika und Übersee, vol. 45, S.233-258.

1992 Women Cultivators, Cows and Cash Crops in Cameroon, in: Ardener, Shirley (Hg.): Persons and Powers of Women in Diverse Cultures, New York, S.105-133.

Chilver, Elizabeth M. / Kaberry, Phyllis M.
1969 The Kingdom of Kom in West Cameroon, in: Forde, Daryll / Kaberry, Phyllis M. (Hg.): West African Kingdoms in the 19th Century, London, S.123-151.

1970a Chronology of the Bamenda Grassfields, in: Journal of African History, vol. 6, no. 2, S.249-257.

1970b From Tribute to Tax in a Tikar Chiefdom, in: Middleton, John (Hg.): Black Africa, Its Peoples and Their Cultures Today, Toronto, S.82-100.

Chitere, Peston O.
1988 The Women's Self-Help Movement in Kenya: A Historical Perspective, 1940-80, in: Transafrican Journal of History, vol. 17, S.50-68.

Clark, Carolyn M.
1980 Land and Food, Women and Power in Nineteenth Century Kikuyu, in: Africa, vol. 50, S.357-370.

Clark, Julian
1981 Households and the Political Economy of Small-Scale Cash-Crop Production in South-Western Nigeria, in: Africa, vol. 51, no. 4, S.807-823.

Clark, Mari H.
1984 Women-Headed Households and Poverty: Insights from Kenya, in: Signs: Journal of Women in Culture and Society, vol. 10, no. 2, S.338-354.

Cloud, Kathleen
1986 Sex Roles in Food Production and Distribution Systems in the Sahel, in: Creevey, Lucy E. (Hg.): Women Farmers in Africa, Rural Development in Mali and the Sahel, New York, S.19-49.

Cohen, Gaynor
1978 Women's solidarity and the preservation of privilege, in: Caplan, Patricia / Bujra, Janet M. (Hg.): Women United - Women Divided, Cross-Cultural Perspectives of Female Solidarity, London, S.129-156.

Cohen, Ronald
1977 Oedipus Rex and Regina: The Queen Mother in Africa, in: Africa, vol. 47, no. 1, S.14-30.

Coles, Catherine
1991 Hausa Women's Work in a Declining Urban Economy: Kaduna, Nigeria, 1980-1985, in: dieselbe / Mack, Beverly (Hg.): Hausa Women in the Twentieth Century, Madison, S.163-191.

Coles, Catherine / Mack, Beverly
1991 Women in the Twentieth Century Hausa Society, in: dieselben (Hg.): Hausa Women in the Twentieth Century, Madison, S.3-27.

Colson, Elizabeth
1969 Spirit Possession among the Tonga of Zambia, in: Beattie, John / Middleton, John (Hg.): Spirit Mediumship and Society in Africa, London, S.69-103.

Constantinides, Pamela
1978 Women's spirit possession and urban adaptation in the muslim northern Sudan, in: Caplan, Patricia / Bujra, Janet M. (Hg.): Women United - Women Divided, Cross-Cultural Perspectives of Female Solidarity, London, S.185-205.

Cook, Gayla
1981 Working with African Women - Options for the West, in: Africa Report, April-May, S.43-46.

Corbett, Jane
1988 Famine and Household Coping Strategies, in: World Development, vol. 16, no. 9, S.1099-1112.

Cosentino, Donald
1982 Defiant maids and stubborn farmers - tradition and invention in Mende story performance, Cambridge.

Creevey, Lucy E.
1986 Introduction, in: dieselbe (Hg.): Women Farmers in Africa, Rural Development in Mali and the Sahel, New York, S.1-14.

Crumbley, Deidre Helen
1992 Impurity and Power: Women in Aladura Churches, in: Africa, vol. 62, no. 4, S.505-522.

D'Azevedo, Warren
1962 Some Historical Problems in the Delineation of a Central West Atlantic Region, in: Annales of the New York Academy of Sciences, vol. 96. no. 2, S.510-522.

Daddieh, Kofie
1989 Production and Reproduction: Women and Agricultural Resurgence in Sub-Saharan Africa, in: Parpart, Jane L. (Hg.): Women and Development in Africa, New York, S.165-193.

Dahl, Gudrun
1987 Women in Pastoral Production, Some Theoretical Notes on Roles and Ressources, in: Ethnos, vol. 52, no. 1-2, S.246-279.

Davison, Jean
1985 Achievements and constraints among rural Kenyan women, A case study, in: Journal of Eastern African Research and Development, vol. 15, S.268-279.

1987 "Without Land We are Nothing": The Effects of Land Tenure Politics and Practices upon Rural Women in Kenya, in: Rural Africana, n.s., vol. 27, no. 1, S.19-33.

1988a Land and Women's Agricultural Production: The Context, in: dieselbe (Hg.): Agriculture, Women and Land, Boulder, S.1-26.

1988b Who Owns What? Land Registration and Tensions in Gender Relations of Production in Kenya, in: dieselbe (Hg.): Agriculture, Women and Land, Boulder, S.157-174.

1989 Voices from Mutira, Lives of Rural Gikuyu Women, Boulder.

Davidson, Joan / Dankelman, Irene
1990 Frauen und Umwelt in den südlichen Kontinenten, Wuppertal.

De Groot, Joanna
1991 Conceptions and Misconceptions: The Historical and Cultural Context of Discussions on Women and Development, in: Afshar, Haleh (Hg.): Women, Development and Survival in the Third World, London, S.107-135.

De Jong, Willemijn
1990 Sind Frauen Subjekte? - Über die Relevanz ethnologischer Frauenforschung in der Entwicklungszusammenarbeit, in: Ethnologische Arbeitsgruppe Frau und Entwicklung Zürich (Hg.): Wo sind die Frauen? Frauenforschung und Frauenförderung in der Entwicklungszusammenarbeit, Zürich, S.16-25.

De Lancey, Virginia
1978 Women at the Cameroon Development Corporation: How Their Money Works, in: Rural Africana, n.s., no. 16, S.9-34.

Deluz, Ariane
1987 Social and Symbolic Values of Feminine 'Kne' Initiation among the Guro of the Ivory Coast, in: Parkin, David / Nyamwaya, David (Hg.): Transformations of African Marriage, Manchester, S.113-135.

DWHH - Deutsche Welthungerhilfe
1991a Aufgaben und Ziele, Bonn.

1991b Kenia - Hilfe zur Selbsthilfe, Bonn.

DED - Deutscher Entwicklungsdienst
1993 Entwurf: Leitlinie: Gemeinwesenarbeit als Arbeitsprinzip, unveröffentlichtes Papier, Berlin.

Dey, Jennie
1981 Gambian Women: Unequal Partners in Rice Development Projects, in: Journal of Development Studies, vol. 17, no. 1, S.109-122.

1982 Development Planning in The Gambia, The Gap between the Planners' and Farmers' Perceptions, Expectations and Objectives, in: World Development, vol. 10, no. 5, S.377-396.

Di Domenico, C.M.
1977 Occupational Status of Women in Nigeria: A Comparison of Two Urban Centres, in: Africana Marburgensia, vol. 10, no. 2, S.62-79.

Diawara, Mamadou
1990 Dienerinnen und die Weitergabe mündlicher Überlieferungen im Königreich Jaara (Mali), in: Jones, Adam (Hg.): Außereuropäische Frauengeschichte, Pfaffenweiler, S.159-174.

Diduk, Susan
1989 Women's Agricultural Production and Political Action in the Cameroon Grassfields, in: Africa, vol. 59, no. 3, S.338-355.

Dinslage, Sabine
1981 Mädchenbeschneidung in Westafrika, Kulturanthropologische Studien, Bd. 5, Hohenschäftlarn.

Dittmer, Kunz
1967 Importance, Dating and Cultural Connections of the Pre-Historic Stone Figures from Sierra Leone and Guinea, in: Baessler Archiv, vol. 15, no. 1, S.183-238.

Dixon, Ruth B.
1980 Assessing the Impact of Development Projects on Women, US-Aid Programme Evaluation, Discussion Paper No. 8, Washington D.C.

Donhauser, Franz
1986 Agrarmärkte und landwirtschaftliche Markt- und Preisentwicklung in Sierra Leone, Studien zur integrierten ländlichen Entwicklung 10, Hamburg.

Donner-Reichle, Carola
1977 Die Last der Unterentwicklung, Frauen in Kenia, Berlin.

1985 Nach zehn Jahren Bewußtsein für Frauen schaffen, in: Entwicklung und Zusammenarbeit, 26. Jg., Heft 1, S.14-15.

1986a Überlegungen zu Frauenprojekten, unveröffentlichtes Thesenpapier, Bonn.

1986b Von der Subsistenzbäuerin zur Subsistenzlandwirtin, in: Entwicklung und ländlicher Raum, 20. Jg., Heft 6, S.7-10.

1990a Frauenförderung in der Entwicklungspolitik: Hindernisse in Erster und Dritter Welt, in: Geschichte und Kulturen, Münstersche Zeitschrift zur Geschichte und Entwicklung in der Dritten Welt, Bd. 2, S.97-116.

1990b Selbsthilfe zwischen Staat und Gesellschaft: Beispiele aus Ostafrika, EZE Working Papers, Bonn.

1992 Für eine gerechtere Zukunft: Aus der Projektarbeit des Weltgebetstags der Frauen, unveröffentlichtes Papier, Bonn.

Dowing, Thomas E.
1991 African Household Food Security: What are the Limits of Available Coping Mechanism in Response to Climatic and Economic Variations? in: Bohle, Hans-Georg / Cannon, Terry / Hugo, Graene / Ibrahim, Fouad N. (Hg.): Famine and Food Security in Africa and Asia, Bayreuth, S.39-67.

Dwight, Margaret L.
1986/87 Cameroonian Women at the Crossroads: Their Changing Roles and Status, in: Journal of African Studies, vol. 13, no. 4, S.126-130.

Dwyer, Daisy / **Bruce**, Judith
1988 Introduction, in: dieselben (Hg.): A Home Divided, Women and Income in the Third World, Stanford, S.1-19.

Easom, M.F.C.
1958 Madame Yoko, Ruler of the Mende Confederacy, in: Sierra Leone Studies, vol. 11, S.165-172.

Eastman, Carol M.
1988 Women, Slaves, and Foreigners: African Cultural Influences and Group Processes in the Formation of Northern Swahili Coastal Society, in: International Journal of African Historical Studies, vol. 21, no. 1, S.1-20.

Echard, Nicole
1991 Gender Relationships and Religion: Women in the Hausa Bori of Ader, Niger, in: Coles, Catherine / Mack, Beverly (Hg.): Hausa Women in the Twentieth Century, Madison, S.207-220.

EIU - Economic Intelligence Unit
1990 Country Profile 1989-1990: Sierra Leone, Liberia, London.

Elcoat, Michelle Jeanne
1988 The Place of Women in Rural Development: Examples from East and West Africa, in: Poulton, Robin / Harris, Michael (Hg.): Putting People First, Voluntary Organisations and Third World Development, London, S.98-112.

Ellis, Frank
1988 Peasant Economics, Farm Household and Agrarian Development, Cambridge - New York.

Ellovich, Risa S.
1980 Dioula Women in Town: A View of Intra-Ethnic Variation (Ivory Coast) in: Bourguignon, Erika (Hg.): A world of women, Anthropological studies of women in the societies of the world, New York, S.87-103.

Elwert, Georg
1980 Die Elemente der traditionellen Solidarität, in: Kölner Zeitschrift für Soziologie und Sozialpsychologie, Jg. 32, S.681-704.

1983 Der entwicklungssoziologische Mythos vom Traditionalismus, in: Goetze, Dieter / Weiland, Heribert (Hg.): Sozio-kulturelle Implikationen technologischer Wandlungsprozesse, SSIP Bulletin Nr. 52, Saarbrücken, S.29-55.

1988 Entwicklungshilfe, in: Hirschberg, Walter (Hg.): Neues Wörterbuch der Völkerkunde, Berlin, S.119-120.

Emezi, C.E.
1981 Protests and Political Disobedience in Colonial South-Eastern Nigeria, in: Journal of African Studies, vol. 8, S.138-141.

Enabulele, Arlene Bene
1985 The Role of Women's Associations in Nigeria's Development: Social Welfare Perspectives, in: Bappa, S. / Ibrahim, J. / Iman, A.M. u.a. (Hg.): Women in Nigeria Today, Lagos, S.187-194.

Endeley, Gladys
1978 The Participation of the Women's Organisation of the Cameroon National Union (WCNU) in Rural Development, in: Mazumdar, Vina (Hg.): Role of Rural Women in Development, Bombay, S.67-70.

Endely, Joyce B.
1991 Strategies and Programmes for Women in Africa's Agricultural Sector, in: Suliman, Mohamed (Hg.): Alternative Development Strategies for Africa, London, S.132-139.

Engel, Albert / **Karimu**, John
1984 Promoting Smallholder Cropping Systems in Sierra Leone, An Assessment of Traditional Cropping Systems and Recommendations for the Bo-Pujehun Rural Development Project, Berlin.

Ensminger, Jean
1987 Economic and Political Differentiation among Galole Orma Women, in: Ethnos, vol. 52, no. 1-2, S.28-49.

Epstein, Scarlett
1990 How can Ethnology help to promote Third World development? in: Bliss, Frank / Schönhuth, Michael (Hg.): Ethnologische Beiträge zur Entwicklungspolitik, Bonn 1990, S.205-213.

Erl, Willi
1987 Die verspätete Entdeckung der Frau, Grundzüge der Frauenförderung im DED, in: DED-Brief, Nr. 3/4, S.2-5.

Escobar, Arturo
1991 Anthropology and the Development Encounter: The making and marketing of development anthropology, in: American Ethnologist, vol. 18, no. 4, S.658-682.

Etienne-Ahl, Christine
1989 Eingriffe ins Fremde, Erfahrungen und Einsichten aus Dritte-Welt-Einsätzen, Luzern - Stuttgart.

Fadipe, N.A.
1970 The Sociology of the Yoruba, Ibadan.

Fapohunda, Eleanor R.
1982 The Child-Care Dilemma of Working Mothers in African Cities: The Case of Lagos, Nigeria, in: Bay, Edna G. (Hg.): Women and Work in Africa, Boulder, S.277-288.

1987 The Nuclear Household Model in Nigerian Public and Private Sector Policy: Colonial Legacy and Socio-Political Implications, in: Development and Change, vol. 18, S.281-294.

Feldman, Rayah
1984 Women's Groups and Women's Subordination: An Analysis of Policies Towards Rural Women in Kenya, in: Review of African Political Economy, vol. 27, S.67-85.

FES - Friedrich Ebert Stiftung
1979 Grundsätze für die Förderung von Selbsthilfeorganisationen, Bonn.

Firth, Raymond
1978 Phyllis Kaberry 1910-1977, in: Africa, vol. 48, no. 3, S.296-297.

Fischer, Knut, M. / **Mühlenberg**, Friedrich / **Werth**, Manfred u.a.
1981 Ländliche Regionalentwicklung, Ein Leitfaden zur Konzeption, Planung und Durchführung armutsorientierter Entwicklungsprojekte, Forschungsberichte des BMZ, Bd. 14, München - Köln.

Fischer, Wolfgang E.
1985 Entwicklungshilfe: Fluch oder Segen für die Frauen? Die bedeutende Rolle der Frauen wird bei der Projektplanung nicht angemessen berücksichtigt, in: Entwicklung und Zusammenarbeit, 26. Jg., Heft 1, S.6-7.

1990 "Selbsthilfeförderung": Von den Schwierigkeiten der Umsetzung eines Entwicklungskonzeptes, in: Entwicklung und Zusammenarbeit, 30. Jg., Heft 2, S.13-15.

Fishburne Collier, Jane / **Yanagisako**, Sylvia Junko
1987 Introduction, in: dieselben (Hg.): Gender and Kinship, Essays Toward a Unified Analysis, Stanford, S.1-14.

Fleming, Sue
1991 Between the Household: Researching Community Organisation and Networks, in: Bulletin of the Institute of Development Studies, vol. 22, no. 1, S.37-43.

Forde, Daryll
1962 The Yoruba-Speaking People of South-Western Nigeria, London.

Forster, Hannelore
1983 Heirat und Ehe bei den Akan in Ghana, Ein Vergleich traditioneller und städtischer Gesellschaftsformen, Saarbrücken.

Förster, Till
1987 Der Poro-Bund der Senoufo heute, Institutionen segmentärer Gesellschaften und entwicklungspolitische Maßnahmen, in: Baessler Archiv, Bd. 35, S.191-218.

Foster, George M.
1969 Applied Anthropology, Boston.

Fresco, Louise O. / **Poats**, Susan V.
1986 Farming Systems Research and Extension: An approach to solving food problems in Africa, in: Hansen, Art / McMillan, Della E. (Hg.): Food in Sub-Sahara Africa, Boulder, S.305-331.

Frey-Nakonz, Regula
1983 Strategy of Women's Programme of B/P RDP, unpublished paper, Bo.

Fyfe, Christopher
1962 A Short History of Sierra Leone, London.

GATE - German Appropriate Technology Exchange
1988 Selbsthilfeförderung in der Technischen Zusammenarbeit, Braunschweig, Wiesbaden.

Geary, Christraud
1976 We, die Genese eines Häuptlingstums im Grasland von Kamerun, Wiesbaden.

1979 Traditional Societies and Associations in We (North West Province, Cameroon), in: Paideuma, Bd. 25, S.53-72.

Geertz, Clifford
1962 The Rotating Credit Association: A "Middle Rung" in Development, in: Economic Development and Cultural Change, vol. 10, no. 3, S.241-263.

Gewecke, Helga
1992 Landfrauen in Westafrika, Leinfelden-Echterdingen.

Gittins, Anthony
1987 Mende Religion - Aspects of Belief and Thought in Sierra Leone, Nettetal.

Glagow, Manfred
1983 Deutsche Entwicklungspolitik: Aspekte und Probleme ihrer Entscheidungsstruktur, Beiträge im Zusammenhang mit dem Forschungsprojekt "Handlungsbedingungen und Handlungsspielräume für Entwicklungspolitik", Bielefelder Studien zur Entwicklungssoziologie, 19, Saarbrücken.

1990 Deutsche und internationale Entwicklungspolitik, Die Rolle staatlicher, supranationaler und nicht-regierungsabhängiger Organisationen im Entwicklungsprozeß der Dritten Welt, Opladen.

1992 Die Nicht-Regierungsorganisationen in der internationalen Entwicklungszusammenarbeit, in: Nohlen, Dieter / Nuscheler, Franz (Hg.): Handbuch der Dritten Welt, Grundprobleme, Theorien, Strategien, Bd. 1, Bonn, S.304-326.

Göser-Huber, Angelika
1982 Frauen als Trägerinnen und Zielgruppe von DED-Mitarbeit, Berlin.

Goheen, Miriam
1988 Land and the Household Economy: Women Farmers of the Grassfields Today, in: Davison, Jean (Hg.): Agriculture, Women and Land, Boulder, S.90-105.

Goheen, Mitzi
1992 Chiefs, Sub-Chiefs and Local Control: Negotiations over Land, Struggles over Meaning, in: Africa, vol. 62, no. 3, S.389-415.

Golde, Peggy (Hg.)
1970 Women in The Field: Anthropological Experiences, Chicago.

Gomm, Roger
1975 Bargaining From Weakness: Spirit Possession on the South Kenya Coast, in: Man, n.s., vol. 10, no. 4, S.530-543.

Grant, Bisi / **Anthonio**, Q.B.O.
1973 Women Cooperatives in the Western State of Nigeria, in: Bulletin of Rural Economics and Sociology, vol. 8, no. 1, S.7-35.

Green, Margaret M.
1964 Ibo Village Affairs, London.

Gregory, James
1984 The Myth of the Male Ethnographer and the Women's World, in: American Anthropologist, vol. 86, no. 2, S.316-327.

Grillo, Ralph
1985 Applied Anthropology in the 1980s: Retrospect and Prospect, in: derselbe / Rew, Alan (Hg.): Social Anthropology and Development Policy, London - New York, S.1-33.

Grohs, Elisabeth
1980 Kisazi, Reiferiten der Mädchen bei den Zigua und Ngulu Ost-Tanzanias, Berlin.

1989 Fraueninitiativen und staatliche Interventionen in Tanzania, in: Interdisziplinärer Arbeitskreis Dritte Welt (Hg.): Frauen in der Entwicklung Afrikas und Lateinamerikas, Bd. 3, Mainz, S.19-38.

1990a Frauen und rituelle Macht am Beispiel der Zigua und Ngulu Ost-Tanzanias, in: Lenz, Ilse / Luig, Ute (Hg.): Frauenmacht ohne Herrschaft, Geschlechterverhältnisse in nicht-patriarchalischen Gesellschaften, Berlin, S.227-254.

1990b Zur historischen Interpretation von weiblichen Riten am Beispiel der Zigua und Ngulu Ostafrikas, in: Jones, Adam (Hg.): Außereuropäische Frauengeschichte, Pfaffenweiler, S.175-189.

GTZ - Deutsche Gesellschaft für Technische Zusammenarbeit
1987 Ländliche Regionalentwicklung: Landwirtschaftliche Beratung: Grundlagen und Methoden, Eschborn.

1989 Frauenförderung: Projekterfahrungen und Handlungsansätze, Eschborn.

1990 Project Progress Appraisal, unpublised paper, Bo.

1992 Frauenförderung und ländliche Regionalentwicklung - gewußt wie? Leitfragen zu ZOPP, Projektprüfungen und Projektfortschrittskontrollen, Eschborn.

Gulliver, P.H.
1985 An applied anthropologist in East Africa during the colonial era, in: Grillo, Ralph / Rew, Alan (Hg.): Social Anthropology and Development Policy, London - New York, S.37-57.

Guyer, Jane I.
1981 Household and Community in African Studies, in: African Studies Review, vol. 24, no. 2/3, S.87-137.

1983 Naturalism in Models of African Production, in: Man, n.s. vol. 19, no. 1, S.371-388.

1984 Women in the rural economy: Contemporary variations, in: Hay, Margaret Jean / Stichter, Sharon (Hg.): African Women South of the Sahara, London - New York, S.19-32.

1986 Intra-Household Processes and Farming Systems Research: Perspectives from Anthropology, in: Moock, Joyce Lewinger (Hg.): Understanding Africa's rural households and farming systems, Boulder, S.92-104.

1988 The Multiplication of Labor, Historical Methods in the Study of Gender and Agricultureal Change in Modern Africa, in: Current Anthropology, vol. 29, no. 2, S.247-259.

Guyer, Jane I. / **Peters**, Pauline E.
1987 Introduction "Conceptualizing the Household", in: Development and Change, vol. 18, no. 2, S.197-214.

Habermehl, Helga
1992 Gutachten zur Bewertung der einzel- und regionalwirtschaftlichen Wirkungen brennholz- und holzkohlesparender Herde der GTZ-Herdverbreitungsprojekte in den Ländern Burkina Faso, Mali und Niger, unveröffentlichtes Gutachten, Starnberg.

Hackett, Rosalind I.J.
1987 Women as Leaders and Participants in the Spiritual Churches, in: dieselbe (Hg.): New Religious Movements in Nigeria, Lewiston, S.191-208.

Hahn, Natalie
1991 Backyard Gardening - A Food Security System Managed by Women, in: Entwicklung und ländlicher Raum, 25. Jg., Heft 1, S.24-27.

Hahner, Iris
1982 Die Frauenbünde in Kamerun, unveröffentlichte Magisterarbeit, München.

Hamer, John H.
1981 Preconditions and Limits in the Formation of Associations: The Self-Help and Cooperative Movement in Subsaharan Africa, in: African Studies Review, vol. 24, no. 1, S.113-132.

Hammer, Alice Joyce
1983 Tradition and Change: A Social History of Diola Women (South West Senegal) in the 20th century, Ph.D. thesis, University of Michigan.

Hammond, Dorothy / Jablow, Alta
1976 Women in the Cultures of the World, Melo Park.

Hanger, J. / Morris, J.
1973 Women and Household Economy, in: Chamber, R. / Morris, J. (Hg.): Mwea, An Irrigated Rice Settlement Scheme, München, S.229-244.

Harrel-Bond, Barbara
1976 Modern Marriage in Sierra Leone: A Study of the Professional Group, The Hague.

Harris, Grace
1957 Possession "Hysteria" in a Kenya Tribe, in: American Anthropologist, vol. 59, no. 6, S.1046-1066.

Harris, Jack
1940 The Position of Women in a Nigerian Society, in: Transactions of the New York Academy of Sciences, vol. II, No. 5, S.141-148.

Harris, W.T.
1959 Mende marriage and law of inheritance, in: Sierra Leone Bulletin of Religion, vol. 1, no. 2, S.33-36.

Hartig, Sabine
1986 Das Sparverhalten von Marktfrauen, Ergebnisse einer empirischen Studie auf dem Markt in Adjamé/Abidjan (Elfenbeinküste), Arbeitspapiere zu Wirtschaft, Gesellschaft und Politik in Entwicklungsländern, Nr. 6, Freie Universität Berlin.

Haswell, Margaret
1991 Population and Change in a Gambian Rural Community, 1947-1987, in: dieselbe / Hunt, Diana (Hg.): Rural Households in Emerging Societies, Technology and Change in Sub-Saharan Africa, Oxford - New York, S.141-171.

Hauser-Schäublin, Brigitta
1991 Das Werden der geschlechtsspezifischen Ethnologie (im deutschsprachigen Raum), in: dieselbe (Hg.): Ethnologische Frauenforschung, Berlin, S.9-37.

Hay, Margaret Jean
1976 Luo Women and Economic Change During the Colonial Period, in: Hafkin, Nancy J. / Bay, Edna G. (Hg.): Women in Africa: Studies in Social and Economic Change, Stanford, S.87-109.

1988 Queens, Prostitutes and Peasants: Historical Perspectives on African Women, 1971-1986, in: Canadian Journal of African Studies, vol. 22, no. 3, S.431-447.

Hecklau, Hans
1989 Kenyas Landwirtschaft auf dem Weg in die Moderne, in: Geographische Rundschau, 41. Jg., Heft 11, S.620-626.

Hedlund, Hans
1988 Introduction, in: derselbe (Hg.): Cooperatives Revisited, Uppsala, S.7-13.

Heine, Irmgard
1974 Die Stellung der Frau in der Wirtschaft Westafrikas, dargestellt an einigen ethnischen Gruppen in Nigeria und Ghana, unveröffentlichte Dissertation, Universität Münster.

Hemmersmeier, Peter
1976 Evolution, Organisation und Funktion der Entwicklungsplanung, unveröffentlichte Dissertation, Universität Heidelberg.

Henderson Stewart, Frank
1977 Fundamentals of Age-Group Systems, New York - London.

Henn, Jeanne K.
1984 Women in the rural economy: Past, present, and future, in: Hay, Margaret Jean / Stichter, Sharon (Hg.): African Women South of the Sahara, London - New York, S.1-18.

Herz, Barbara
1989 Frauen im Entwicklungsprozeß: Die Erfahrung Kenias, Vielversprechende Wege zu einer Erhöhung der Wohlfahrt der Frauen und ihr Beitrag zur nationalen Entwicklung, in: Finanzierung und Entwicklung, Nr. 6, S.43-45.

Hill, Polly
1969 Hidden Trade in Hausaland, in: Man, n.s., vol. 4, no. 3, S.392-409.

1972 Rural Hausa - A Village and a Setting, Cambridge.

Himmler-Kleber, Emmy
1986 Frauenförderung in Entwicklungsländern, Bonn.

Hirschmann, David
1991 Women and Political Participation in Africa: Broadening the Scope of Research, in: World Development, vol. 19, no. 12, S.1679-1694.

Hlupekile Longwe, Sara
1991 Gender Awareness: The Missing Element in the Third World Development Projects, in: Wallace, Tina / March, Candida (Hg.): Changing perceptions, writings on gender and development, Oxford, S.149-157.

Hoben, Allan
1982 Anthropologists and Development, in: Annual Review of Anthropology, vol. 11, S.349-375.

Hobley, C.W.
1971 Ethnology of A-Kamba and other East African Tribes, Cambridge.

Hoch-Smith, Judith
1978 Radical Yoruba Female Sexuality, the Witch and the Prostitute, in: dieselbe / Spring, Anita (Hg.): Women in Ritual and Symbolic Roles, New York, S.245-267.

Hodder, B.W.
1971 Periodic and Daily Markets in West Africa, in: Meillassoux, Claude (Hg.): The Development of Indigenous Trade and Markets in West Africa, Oxford, S.374-359.

1972 The Yoruba Rural Market, in: Bohannan, Paul / Dalton, George (Hg.): Markets in Africa, Evanston, S.103-118.

Hoffer, Carol P.
1972 Mende and Sherbro Women in High Office, in: Canadian Journal of African Studies, vol. 6, no. 6, S.152-164.

1974 Madame Yoko: Ruler of the Kpa Mende Confederacy, in: Rosaldo, Michelle Zimbalist / Lamphere, Louise (Hg.): Women, Culture and Society, Stanford, S.173-187.

1975 Bundu: Political Implications of Female Solidarity in a Secret Society, in: Dana, Raphael (Hg.): Being Female, Reproduction, Power and Change, The Hague - Paris, S.155-163.

Hoffmann, Hortense
1983 Frauen in der Wirtschaft eines Entwicklungslandes, Yoruba-Händlerinnen in Nigeria: Eine ethno-soziologische Fallstudie aus der Stadt Ondo, Saarbrücken.

Hofmeier, Rolf
1993 Kenia, in: Nohlen, Dieter / Nuscheler, Franz (Hg.): Handbuch der Dritten Welt, Bd. 5 Ostafrika und Südafrika, Bonn, S.88-113.

Holmquist, Frank
1984 Self-Help: The State and Peasant Leverage in Kenya, in: Africa, vol. 54, no. 3, S.72-91.

Hopkins, A.G.
1973 An Economic History of West Africa, London.

Hoskins, Marilyn W.
1980 Various Perspectives on Using Women's Organizations in Development Programming, unpublished report, Washington D.C.

Hössel, Ulrike
1987 Frauengruppen in Kenia, Traditionelle, koloniale und moderne Formen, Mainz.

House-Midaba, Bessie
1990 The United Nations Decade: Political Empowerment or Increased Marginalization for Kenyan Women? in: Africa Today, vol. 37, no. 1, S.37-48.

Hubbert, Lorrie
1988 Women's Access to Credit, in: Journal of International Credit Union Movement, S.15-17.

Hyden, Goran
1986 The Invisible Economy of Smallholder Agriculture in Africa, in: Moock, Joyce Lewinger (Hg.): Understanding Africa's rural households and farming systems, Boulder, S.11-35.

Hyman, Eric L.
1992 The Design of Micro-Projects and Macro-Politics: Examples from three Appropriate Technology Projects in Africa, in: Journal of Asian and African Studies, vol. 27, no. 1-2, S.134-151.

Ifeka, Caroline
1975 The Female Factor in Anthropology, in: Rohrlich-Leavitt, Ruby (Hg.): Women Cross-Culturally, Change and Challenge, The Hague - Paris, S.559-566.

1992 The Mystical and Political Powers of Queen Mothers, Kings, Commoners in Nso, Cameroon, in: Ardener, Shirley (Hg.): Persons and Powers of Women in Diverse Cultures, New York, S.135-157.

Ifeka-Moller, Caroline
1973 "Sitting on a Man: Colonialism and the Lost Political Institutions of Igbo Women", A Reply to Judith von Allen, in: Canadian Journal of African Studies, vol. 7, no. 2, S.317-318.

1975 Female Militancy and Colonial Revolt, The Women's War of 1929, Eastern Nigeria, in: Ardener, Shirley (Hg.): Perceiving Women, London, S.127-157.

Issac, B.L. / **Shelby**, Conrad
1982 Child fosterage among the Mende of upper Bambara chiefdom, in: Ethnology, vol. 21, no. 3, S.243-257.

Ittmann, Johannes
1957 Der kultische Geheimbund djengu an der Kameruner Küste, in: Anthropos, Bd. 52, S.135-176.

Iwu, Eugene
1973 Die Bedeutung ursprünglicher sozio-ökonomischer Organisationsformen in Afrika für die Industrialisierung, Marburger Schriften zum Genossenschaftswesen, Reihe B, Bd. 8, Marburg.

Jackson, Cecile
1993 Environmentalism and Gender Interests in the Third World, in: Development and Change, vol. 24, S.649-677.

Jacobi, Carola
1983 Frauen als neu-entdeckte Zielgruppe, Entstehungsgeschichte und Hintergründe der Frauenförderungsmaßnahmen, in: Berninghausen, Jutta / Kerstan, Birgit (Hg.): Die unsichtbare Stärke: Frauenarbeit in der 3. Welt, Entwicklungsprojekte und Selbsthilfe, Saarbrücken, S.145-162.

Janelid, I.
1980 Rural Development Programmes and the Farm Household as a Unit of Observation and Action, in: Presvelou, Chio / Spijvers-Zwart, S.I. (Hg.): Household, Women and Agricultural Development, Wageningen, S.83-99.

Jawara, Augusta
1965 The Gambia Women's Federation: in: Women Today, vol. 6, no. 4, S.79-81.

Jedrej, Charles M.
1980 Structural aspects of a West African secret society, in: Ethnologische Zeitschrift Zürich, Bd. 1, S.133-141.

Jiggins, Janice
1986 Women and Seasonality: Coping with Crisis and Calamity, in: Institute of Development Studies Bulletin, vol. 17, no. 3, S. 9-18.

1989 How Poor Women Earn Income in Sub-Saharan Africa and What Works Against Them, in: World Development, vol. 17, no. 7, S. 953-963.

Johnson, Ceryl
1982 Grass Roots Organizing: Women in Anticolonial Activities in Southwestern Nigeria, in: African Studies Review, vol. 25, no. 2/3, S.137-157.

1986 Class and Gender, A Consideration of Yoruba Women During the Colonial Period, in: Robertson, Claire / Berger, Iris (Hg.): Women and Class in Africa, New York - London, S.237-254.

Jonny, Michael / **Karimu**, John / **Richards**, Paul
1981 Upland and Swamp Rice Farming Systems in Sierra Leone: The Social Context of Technological Change, in: Africa, vol. 51, no. 3, S.596-620.

Jules-Rosette, Bennetta (Hg.)
1979 The New Religions of Africa: Priests and Priestress in Contemporary Cults and Churches, Norwood.

1985 Women in Indigenous African Cults and Churches, in: Steady, Filomina Chioma (Hg.): The Black Woman Cross-Culturally, Cambridge, S.185-207.

Kaberry, Phyllis M.
1950 Land Tenure among the Nsaw of the British Cameroons, in: Africa, vol. 20, no. 4, S.307-323.

1951 Einleitung, in: Malinowski, Bronislaw: Die Dynamik des Kulturwandels, Stuttgart, S.5-19.

1952 Women of the Grassfields, A Study of the Economic Position of Women in Bamenda, British Cameroons, London.

1959 Nsaw Political Conceptions, in: Man, vol. LIX, S.138-139.

1969 Witchcraft of the Sun, Incest in Nso, in: Douglas, Mary / Kaberry, Phyllis M. (Hg.): Man in Africa, London, S.175-194.

Kabwegyere, T.B.
1977 Determinants of Fertility: A Discussion of Change in the Familiy among the Akamba of Kenya, in: Caldwell, John C. (Hg.): Family and Fertility Change Series, vol. 1, Part 1, Canberra, S.189-222.

Kai-Kai, Sitta
1988 Extension Strategy of the Agricultural Programme Towards the Promotion of Rural Women, unpublished paper, Bo.

1989 The Women's Unit of the Bo-Pujehun Rural Development Project, with special reference to the extension strategy in reaching women, unpublished paper, Bo.

Kan, Raymonde
1990 Women, the Credit Co-op and National Development, in: Review of International Cooperation, vol. 83, no. 1, S.61-66.

Kandiyoti, Deniz
1985 Women in Rural Production Systems: Problems and Politics, Paris.

1988 Women and Rural Development Policies: The Changing Agenda, Institute of Development Studies, Working Paper 244, Brighton.

Kanogo, Tabitha
1987 Kikuyu women and the politics of protest: Mau Mau, in: Macdonald, Sharon / Holden, Pat / Ardener, Shirley (Hg.): Images of Women in Peace and War, Cross-Cultural and Historical Perspectives, London, S.78-99.

Kapiyo, Raphael / Thairu, Mary / Chiuri, Wanjiku
1984 Field Studies: Woodburning Cookstoves, Kenya, Utrecht.

Kargbo, Momodu
1983 Some Aspects of Rice Marketing in Sierra Leone, in: Entwicklung und ländlicher Raum, 17. Jg., Heft 5, S.23-26.

Kargbo, Yainkain
1986 Multipurpose Cooperative Society Tombo, Sierra Leone, in: FAO (Hg.): Production and Marketing by Women, A collection of Success Stories, Rom, S.57-60.

Kariuki, Priscilla
1985 Women's Aspirations of their Own Situation in Society, in: Journal of Eastern African Research and Development, vol. 15, S.222-229.

Karp, Ivan
1989 Power and Capacity in Rituals of Possession, in: Arens, W. / Karp, Iwan (Hg.): Creativity of Power, Washington - London, S.91-109.

Kasmann, Elke / Körner, Markus
1992 Autonom und Abhängig: Westafrikanische Landfrauen zwischen Tradition und gesellschaftlicher Modernisierung, Bielefelder Studien zur Entwicklungssoziologie 52, Saarbrücken.

KAST - Konrad Adenauer Stiftung
1985 Promotion of Self-Help-Organizations, Seminar Paper, St. Augustin.

Kayongo-Male, Diane
1983 Helping Self-Help Groups Help Themselves: Training Leaders of Women's Groups, in: Journal of East African Research and Development, vol. 13, S.88-103.

1985 Problems and Prospects of Integrating Women into Development Planning and Process in Kenya, in: Journal of Eastern African Research and Development, vol. 15, S.280-296.

Kayser, Christiane
1992 Mammy Fatu Tejan, Fish Smoker and Trader, in: dieselbe / Davies, Clarice et al. (Hg.): Women of Sierra Leone: Traditional Voices, Freetown, S.39-59.

Kelly, Maria Patricia
1981 The Sexual Division of Labour, Development and Women's Status, in: Current Anthropology, vol. 4, S.414-419.

Kerri, Nwannukwu James
1976 Studying Voluntary Associations as Adaptive Mechanism: A Review of Anthropological Perspectives, in: Current Anthropology, vol. 17, no. 1, S.23-35.

Kershaw, Greet
1972 The Land is The People, A Study of Kikuyu Social Organization in Historical Perspective, unpublished Ph.D. thesis, Chicago University.

1975 The Changing Roles of Men and Women in the Kikuyu Family by Socioeconomic Strata, in: Rural Africana, no. 29, 1975, S.173-194.

Kessler, Evelyn
1976 Women - The anthropological view, New York.

Kievelitz, Uwe
1987 Ansatzpunkte für ethnologische Beteiligung an der Planung von Entwicklungsprojekten: Zehn Thesen am Beispiel des Kleinfischereiprojektes Tombo, Sierra Leone, in: Antweiler, Christoph / Bargatzky, Thomas / Bliss, Frank (Hg.): Ethnologische Beiträge zur Entwicklungspolitik, Bonn, S.73-91.

1988 Kultur, Entwicklung und die Rolle der Ethnologie, Zur Konzeption der Entwicklungsethnologie, Beiträge zur Kulturkunde, Bd. 11, Wiesbaden.

Kirk, Ilse
1986 "Women's War" or "Aba Riots"? A New Perspective on the Events in Southeastern Nigeria, 1929, in: Folk, vol. 28, S.61-86.

Kirsch, Ottfried C. / **Armbruster**, Paul G. / **Kochendörfer-Lucius**, Gudrun
1983 Selbsthilfeeinrichtungen in der Dritten Welt, Ansätze zur Kooperation mit autonomen leistungsfähigen Trägergruppen, Forschungsberichte des BMZ, Bd. 49, München - Köln.

Klemp, Ludgera
1988 Entwicklungshilfekritik - Analyse und Dokumentation, Deutsche Stiftung für internationale Entwicklung, Themendienst der Zentralen Dokumentation 7, Bonn.

1992 Frauen im Entwicklungs- und Verelendungsprozeß, in: Nohlen, Dieter / Nuscheler, Franz (Hg.): Handbuch der Dritten Welt, Grundprobleme, Theorien, Strategien, Bd. 1, S.287-303.

Klingler, Andrea
1990 Warum eine Frauen-Genossenschaft? in: Contacts, Nr. 3, S.10.

Klingshirn, Agnes
1982 Frauen und ländliche Entwicklung in Afrika, Fallbeispiele aus Ghana und Togo, Forschungsberichte des BMZ, Bd. 32, München - Köln.

1991 Integrated Household Energy Supply, in: GATE Nr. 1, S.3-8.

Klingshirn, Agnes / **Baldus**, Rolf
1977 Frauen in der ländlichen Entwicklung Afrikas, in: Internationales Afrikaforum, Bd. 13, S.354-359.

Klomberg, Alphons / **van Riessen**, Agatha
1983 Marginalization of Export Crop Producing Households, Exemplified by the position of women, Food Crop Production1 and marketing conditions, Upper Bambara Chiefdom, Sierra Leone, A case study, unpublished study, Njmegen.

Kneerim, Jill
1980 Village Women Organize: The Mraru Bus Service, in: Seeds, vol. 1, S.1-18.

Knissel-Weber, Anja
1989 Zwischen Subsistenz- und Marktwirtschaft: Hausa-Dorfgemeinschaften, Familienbudgets und Märkte in Niger, Hamburg.

Köhler, Ulrich
1969 Gelenkter Kulturwandel im Hochland von Chiapas, Eine Studie zur angewandten Ethnologie in Mexiko, Freiburger Studien zur Politik und Gesellschaft überseeischer Länder, Schriftenreihe des Arnold-Bergstraesser-Instituts für kulturwissenschaftliche Forschung, Bd. 7, Bielefeld.

1984 Beiträge von Ethnologen zur Gestaltung von Entwicklungsprojekten in Übersee, in: Zeitschrift für Ethnologie, Bd. 109, Heft 1 und 2, S.75-78.

1987 Die Rolle von Ethnologen im Rahmen der Entwicklungszusammenarbeit der USA, in: Antweiler, Christoph / Bargatzky, Thomas / Bliss, Frank (Hg.): Ethnologische Beiträge zur Entwicklungspolitik, Beiträge zur Kulturkunde Bd. 7, Bonn, S.153-161.

Köhler, Ulrich / **Seitz**, Stefan
1992 Agrargesellschaften, in: Schweizer, Thomas / Schweizer, Margarete / Kokot, Waltraud (Hg.): Handbuch der Ethnologie, Berlin, S.561-592.

Kohnert, Dirk
1992 Können die Experten das, was sie sollen? Schwachstellen des sozio-kulturellen Rahmenkonzeptes des BMZ, in: Entwicklung und Zusammenarbeit, 33. Jg., Heft 7, S.4-5.

Kohnert, Dirk / **Preuß**, Joachim / **Sauer**, Peter
1992 Zielorientierte Projektplanung in der Entwicklungszusammenarbeit, in: dieselben (Hg.): Perspektiven Zielorientierter Projektplanung in der Entwicklungszusammenarbeit, München, S.3-16.

Koller, Brigitte
1986 Schaffen neue Technologien Arbeitserleichterungen für die Frauen? Beispiel: Kassava-Reiben in Sierra Leone, in: Entwicklung und ländlicher Raum, 24. Jg., Heft 6, S.16-18.

Komma, Toru
1984 Women's Self-Help Association Movement among the Kipsigis of Kenya, in: Seri Ethnographical Studies, vol. 15, S.145-186.

Konde, Emmanuel
1990 The Use of Women for the Empowerment of Men in African Nationalist Politics: The 1958 "Anlu" in Cameroon, Working Papers in African Studies No. 147, Boston.

Kordylas, Maud J.
1989 How to Increase Resources and Opportunities for African Women for Their Further and More Equitable Participation in Development, unpublished paper, Abuja.

Koso-Thomas, Olayinka
1987 The circumcision of women - A strategy of eradiction, London.

Kotnik, A.
1982 Women in Small-Scale Fisheries, The Case of Tombo Village, Sierra Leone, unpublished report, Freetown.

Krabbe, Günter / **Mayer**, Hans-Peter
1991 Die schwarze Familie, Wie Entwicklungshilfe die schwarzafrikanische Familie und die Rolle ihrer Mitglieder verändert hat, Frankfurt a.M.

Krause, Gernot
1985 Warum orientiert sich die Entwicklungshilfe nicht stärker an der Ethnologie?, in: Zeitschrift für Ethnologie, Bd. 110, Heft 1 und 2, S.287-294.

Krige, Eileen J.
1974 Woman-Marriage, with special reference to the Lovedu - Its significance for the definition of marriage, in: Africa, vol. 44, no. 1, S.11-37.

Krings, Thomas
1991a Agrarwissen bäuerlicher Gruppen in Mali / Westafrika, Standortgerechte Elemente in den Landnutzungssystemen der Senoufo, Bwa, Dogon und Somono, Abhandlungen Anthropogeographie, Institut für geographische Wissenschaften, Freie Universität, Sonderheft 3, Berlin.

1991b Indigenous Agricultural Development and Strategies for Coping with Famine - the case study of Senoufo (Pomporo) in Southern Mali (West Africa), in: Bohle, Hans-Georg / Cannon, Terry / Hugo, Graene / Ibrahim, Fouad N. (Hg.): Famine and Food Security in Africa and Asia, Bayreuth, S.69-81.

1992 Die Bedeutung autochthonen Agrarwissens für die Ernährungssicherung in den Ländern Tropisch Afrikas, in: Geographische Rundschau, 44. Jg., Heft 2, S.88-93.

Kropp, Erhard
1983 Veränderung der Konzepte und Projekte integrierter ländlicher Regionalentwicklung (LRE), in: Entwicklung und ländlicher Raum, 17. Jg., Heft 4, S.15-19.

Krosigk, Hilda von
1992 Haushaltsenergieprojekte in Afrika, in: Bruhs, Barbo / Kappel, Robert (Hg.): Ökologische Zerstörung in Afrika und alternative Strategien, Münster, S.222-239.

Kullik, Rosemarie
1990 Frauen "gehen fremd": Eine Wissenschaftsgeschichte der Wegbereiterinnen der deutschen Ethnologie, Bonn.

Lachenmann, Gudrun
1977 Evaluierungsforschung - Historische Hintergründe, sozialpolitische Zusammenhänge und wissenschaftliche Einordnung, in: Kantowsky, Detlef (Hg.): Evaluierungsforschung und Evaluierungspraxis in der Entwicklungshilfe, Zürich, S.25-87.

1988 Sozio-kulturelle Bedingungen und Wirkungen in der Entwicklungszusammenarbeit, Berlin.

1989 Frauenpolitik und Entwicklungspolitik - Verbesserung der Rahmenbedingungen für Frauenförderung durch Entwicklungszusammenarbeit, Berlin.

1992a Frauen als gesellschaftliche Kraft im sozialen Wandel in Afrika, in: Peripherie, Nr. 47/48, S.74-93.

1992b Entwicklungspolitische Konzeptionen der Frauenförderung in Afrika, in: Rott, Renate (Hg.): Entwicklungsprozesse und Geschlechterverhältnisse, Über die Arbeits- und Lebensräume von Frauen in den Ländern der Dritten Welt, Saarbrücken, S.127-148.

Ladipo, Patricia
1981 Developing Women's Cooperatives: An Experiment in Rural Nigeria, in: Journal of Development Studies, vol. 17, no. 1, S.123-136.

Lambert, H.E.
1956 Kikuyu Social and Political Institutions, London.

Lamming, G.N.
1983 Women in Agricultural Cooperatives, Constraints and Limitations to Full Participation, FAO-Publications, Rome.

Lamp, Frederick
1985 Cosmos, cosmetics and the spirits of Bondo, in: African Arts, vol. 18, no. 3, S.28-43.

1988 Heavenly Bodies - Menses, Moon and Rituals of License among the Temne of Sierra Leone, in: Buckley, T. / Gottlieb, A. (Hg.): Bloodmagic - An Anthropology of Menstruation, Berkeley, S.210-231.

Lamphere, Louise
1975 Women and Domestic Power: Political and Economic Strategies in Domestic Groups, in: Raphael, Dana (Hg.): Reproduction, Power and Change, The Hague - Paris, S.117-128.

Launer, Ekkehard / **Wilke-Launer**, Renate
1987 Frauenalltag, Bornheim.

Leach, Melissa
1990 Images of propriety: The reciprocal constitution of gender and resource use in the life of a Sierra Leonean forest village, unpublished PH.D. thesis, University of London.

1991a Engendered Environments: Understanding Natural Ressource Management in the West African Forest Zone, in: Bulletin of the Institute of Development Studies, vol. 22, no. 4, S.17-24.

1991b Women's Use of Forest Resources for Food Security and Income Generation: Sierra Leone, in: Rodda, Annabel (Hg.): Women and the Environment, London - New Jersey, S.125-129.

1992 Women's crops in women's spaces: Gender relations in Mende rice farming, in: Croll, Elisabeth / Parkin, David (Hg.): Bush base: forest farm, Culture, environment and development, London - New York, S.76-96.

Leacock, Eleanor
1975 Class, Commodity and Status of Women, in: Rohrlich-Leavitt, Ruby (Hg.): Women Cross-Culturally, Change and Challenge, The Hague - Paris, S.601-616.

1978 Women's status in Egalitarian Society: Implications for Social Evolution, in: Current Anthropology, vol. 19, no. 2, S.247-275.

1981 Myths of Male Dominance, New York - London.

Leakey, L.S.B.
1977 The Southern Kikuyu before 1903, vol. 1, London.

Lebeuf, Annie M.D.
1963 The Role of Women in the Political Organization of African Societies, in: Paulme, Denise (Hg.): Women of Tropical Africa, London, S.93-119.

Leis, Nancy B.
1974 Women in Groups: Ijaw Women's Associations, in: Rosaldo, Michelle Zimbalist / Lamphere, Louise (Hg.): Women, Culture and Society, Stanford, S.223-242.

1976 West African Women and the Colonial Experience, in: Western Canadian Journal of Anthropology, vol. 6, no. 3, S.123-132.

Leith-Ross, Sylvia
1939 African Women, A study of Ibo Women of Nigeria, London.

Lele, Uma
1981 Co-operatives and the Poor: A Comparative Perspective, in: World Development, vol. 9, no. 1, S.55-72.

Lenz, Ilse
1990 Frauenbewegung und die Ungleichzeitigkeiten der Moderne - Ein Problemaufriß, in: Peripherie, Nr. 39/40, S.161-175.

Lenz, Ilse / **Luig**, Ute
1990 Einleitung in: dieselben (Hg.): Frauenmacht ohne Herrschaft, Geschlechterverhältnisse in nicht-patriarchalischen Gesellschaften, Berlin, S.1-14.

LeVine, Robert
1966 Sex Roles and Economic Change, in: Ethnology, vol. 5, no. 1, S.186-193.

LeVine, Sarah
1979 Mothers and Wives: Gusii Women of East Africa, Chicago.

Lewis, Barbara C.
1976 The Limitations of Group Action among Entrepreneurs: The Market Women of Abidjan, Ivory Coast, in: Hafkin, Nancy J. / Bay, Edna G. (Hg.): Women in Africa, Studies in Social and Economic Change, Stanford, S.135-156.

1977 Economic Activity and Marriage among Ivorian Urban Women, in: Schlegel, Alice: Towards a Theory of Sexual Stratification, A Cross-Cultural View, New York, S.161-191.

1982a Fertility and Employment: An Assessment of Role Incompatibility among African Urban Women, in: Bay, Edna G. (Hg.): Women and Work in Africa, Boulder, S.249-276.

1982b Women in Development Planning: Advocacy, Institutionalization and Implementation, in: O'Barr, Jean F. (Hg.): Perspectives on Power: Women in Africa, Asia and Latin America, Durham, S.102-119.

1990 Farming, Women, Public Policy and the Women's Ministry: A Case Study from Cameroon, in: Staudt, Kathleen (Hg.): Women, International Development and Politics, The Bureaucratic Mire, Philadelphia, S.180-200.

Lewis, I.M.
1966 Spirit Possession and Deprivation Cults, in: Man, n.s., vol. 1, no. 3, S.307-329.

Lewis, I.M. / **Al-Safi**, Ahmed / **Hurreiz**, Sayyid (Hg.)
1991 Women's Medicine, The Zar-Bori-Cult in Africa and Beyond, Edingburgh.

Linares, Olga F.
1980 Agriculture and Diola Society, aus: Mc Loughlin, Peter F.A. (Hg.): African Food Production Systems, Cases and Theory, Baltimore, S.193-227.

1981 From Tidal Swamp To Inland Valley: On the Social Organization of Wet Rice Cultivation among the Diola of Senegal, in: Africa, vol. 51, no. 22, S.557-595.

1985 Cash Crops and Gender Constructs: the Jola of Senegal, in: Ethnology, vol. 14, no. 2, S.83-93.

1988 Kussek and Kuriimen: Wives and Kinswomen in Jola Society, in: Canadian Journal of African Studies, vol. 22, no. 3, S.472-490.

Lindblom, Herbert
1920 The Akamba, An Ethnological Monograph, Archives D'Etudes Orientales, vol. 17, Uppsala.

Little, Kenneth
1947 Mende political institutions in transition, in: Africa, vol. 17, no. 1, S.9-23.

1948a The Poro society as an arbiter of culture, in: African Studies, vol. 7, S.1-15.

1948b The changing position of women in Sierra Leone Protectorate, in: Africa, vol. 18, no. 1, S.1-17.

1949 The role of secret societies in cultural specialization, in: American Anthropologist, vol. 51, S.199-213.

1962 The urban role of tribal associations in West Africa, in: African Studies, vol. 21, no. 1, S.1-8.

1965 The political role of Poro, part 1, in: Africa, vol. 35, no. 4, S.349-365.

1967a The Mende of Sierra Leone, A West African People in Transition, London.

1967b The Mende chiefdoms of Sierra Leone, in: Forde, Daryll / Kaberry, Phyllis M. (Hg.): West African Kingdoms in the 19th Century, London, S.239-259.

1972 Voluntary Associations and Social Mobility among West African Women, in: Canadian Journal of African Studies, vol. 6, no. 2, S.275-288.

Little, Peter D.
1987 Women as Ol Payian (Elder): The Status of Widows among the Il Chanus (Njemps) of Kenya, in: Ethnos, vol. 52, no. 1-2, S.81-102.

Llewelyn-Davies, Melissa
1978 Two contexts of solidarity among pastoral Maasai women, in: Caplan, Patricia / Bujra, Janet M. (Hg.): Women United - Women Divided, Cross-Cultural Perspectives of Female Solidarity, London, S.206-237.

Lloyd, Peter C.
1953 Craft Organization in Yoruba Towns, in: Africa, vol. 23, no. 1, S.30-44.

1965 The Yoruba of Nigeria, in: Gibbs, James L. (Hg.): Peoples of Africa, New York, S.549-582.

1968 Divorce among the Yoruba, in: American Anthropologist, vol. 70, no. 1, S.67-81.

Long, Norman
1985 Rural Development Strategies and Outcomes: A Critical Review, in: Skar, Harald O. (Hg.): Anthropological Contributions to Planned Change and Development, Göteborg, S.34-51.

1992 Conclusion, in: derselbe / Long, Ann (Hg.): Battlefield of Knowledge, London - New York, S.268-278.

Longhurst, Richard / **Kamara**, Samura / **Mensurah**, Joseph
1988 Structural Adjustment and Vulnerable Groups in Sierra Leone, in: Bulletin of the Institute of Development Studies, vol. 19, no. 1, S.25-30.

Ludwar-Ene, Gudrun
1993 Geschlechterbeziehungen, in: Schweizer, Thomas / Schweizer, Margarete / Kokot, Waltraud (Hg.): Handbuch der Ethnologie, Berlin, S.175-198.

Luig, Ute
1981/82 "Kleine" und "große" Entwicklungshilfeorganisationen: Ein Vergleich der Strategien von Weltfriedensdienst und Weltbank in Gambia, in: Peripherie, Nr. 7, S.36-51.

1992 Besessenheit als Ausdruck von Frauenkultur in Zambia, in: Peripherie, Nr. 47/48, S.111-138.

Lycette, Margaret A.
1993 Besessenheitsrituale als historische Charta, Die Verarbeitung europäischer Einflüsse in sambischen Besessenheitskulten, in: Paideuma, Bd. 39, S.343-355.

1984 Improving Women's Access to Credit in the Third World: Policy and Project Recommendations, Washington D.C.

Maas, Maria
1986 Women's Groups in Kiambu, Kenya, It is always a good thing to have land, Research Report No. 26, Leiden.

Maathai, Wangari
1985 Kenya: The Green Belt Movement, in: ifda dossier, Nr. 49, S.3-12.

MacCormack, Carol P.
1975 Sande women and political power in Sierra Leone, in: West African Journal of Sociology and Political Science, vol. 1, no. 1, S.42-50.

1979 Sande: The public face of a secret society, in: Jules-Rosette, Benetta (Hg.): The New Religions of West Africa, Noorwood - New York, S.27-37.

1980a Nature, Culture and Gender, A critique, in: dieselbe / Strathern, Marilyn (Hg.): Nature, Culture and Gender, Cambridge, S.1-24.

1980b Proto-social to Adult, A Sherbro transformation, in: dieselbe / Strathern, Marilyn (Hg.): Nature, Culture and Gender, Cambridge, S.95-118.

1982 Control of Land, Labour, and Capital in Rural Southern Sierra Leone, in: Bay, Edna G. (Hg.): Women and Work in Africa, Boulder, S.35-53.

1983 Slaves, Slave Owners, and Slave Dealers: Sherbro Coast and Hinterland, in: Robertson, Claire C. / Klein, Martin (Hg.): Women and Slavery in Africa, Madison, S.271-294.

Mack, Beverly B.
1988 Hajiya Ma'daki: A Royal Hausa Woman, in: Romero, Patricia (Hg.): Life Histories of African Women, London, S.47-77.

Mackenzie, Fiona
1986 Local Initiatives and National Policy: Gender and Agricultural Change in Murang'a District, Kenya, in: Canadian Journal of African Studies, vol. 22, no. 3, S.377-401.

Mair, Lucy
1969 African Marriage and Social Change, London.

1975 Anthropology and Colonial Policy, in: African Affairs, vol. 74, S.191-195.

1984 Anthropology and Development, London.

Malinowski, Bronislaw
1951 Die Dynamik des Kulturwandels, Stuttart.

Mann, Kristin
1991 Women, Landed Property and the Accumulation of Wealth in Early Colonial Lagos, in: Signs: Journal of Women in Culture and Society, vol. 16, no. 4, S.682-706.

Mansfeld, Christine
1980 Veränderungen in der Nahrungsmittelproduktion durch ein Ochsenenanspannungsprojekt in der Nord-West-Provinz Kameruns: Wie betrifft das die Frauen?, unveröffentlichter Bericht, Göttingen.

Manshard, Walther
1988 Afrika - südlich der Sahara, Fischer Länderkunde Bd. 5, Frankfurt a.M.

1992 Problems of Deforestation in Tropical Africa, Fuelwood Extraction, Agro-Forestry and Sustainable Development, in: Hoggart, Keith (Hg.): Agricultural Change, Environment and Economy, London, S.203-222.

March, Kathryn S. / Taqqu, Rachelle L.
1986 Women's Informal Associations in Developing Countries, Catalysts for Change? Boulder.

Margai, Milton
1948 Welfare Work in a secret society, in: African Affairs, vol. 47, S.227-230.

Martin, Susan
1984 Gender and Innovation: Farming, Cooking and Palm Processing in the Ngwa Region, South Eastern Nigeria, 1900-1930, in: Journal of African History, vol. 25, no. 4, S.411-427.

Martius von Harder, Gudrun
1986 Analyse und Bedeutung der Auswirkungen von Projekten der ländlichen Regionalentwicklung auf die Situation von Frauen, Bewertung des wissenschaftlichen Diskussionsstandes zur Frauenförderung in ländlichen Regionen, Konzepte und Erfahrungen internationaler Geber, Teilbericht II, Eschborn.

Martius von Harder, Gudrun / **Schneider**, Regina
1986 Analyse und Bedeutung der Auswirkungen von Projekten der ländlichen Regionalentwicklung auf die Situation von Frauen, Teilbericht I, Zusammenfassung der Ergebnisse, Eschborn.

Masquelier, Bertrand M.
1985 Women's constitutional role in politics, the Ide of West Cameroon, in: Barbier, Jean-Claude: Femmes du Cameroun: Mères pacifique, femmes rebelles, Boundy: Orston, S.105-118.

Massally, M. / **Wuseni**, A. / **Adams**, L.
1986 Profile of Women in Farming Systems, unpublished paper, Bo.

Mayoux, Linda
1988 Introduction, in: dieselbe (Hg.): All are not equal: African Women in Cooperatives, London, S. 3-24.

Mba, Nina
1982 Nigerian Women Mobilized, Women's political activity in Southern Nigeria, 1900-1965, Berkeley.

McCulloch, Merran
1950 Peoples of Sierra Leone, Ethnographical Survey of Africa, London.

McMillan, Della E.
1987 Monitoring the Evolution of Household Economic Systems over Time in Farming System Research, in: Development and Change, vol. 18, S.295-314.

Meyer-Mansor, Dorothee
1985 Frauenselbsthilfegruppen in Kenia, Hamburg.

Melchers, Konrad / **Keil**, Andreas
1986 Bericht über die Mitarbeit des DED in Kenia, unveröffentlichter Bericht, Berlin.

Meryl Ekong, Julia
1992 Bridewealth, Women and Reproduction in Sub-Saharan Africa, A Theoretical Overview, Bonn.

Messenger, John R.
1959 Religious Acculturation among the Anang Ibibio, in: Bascom, William R. / Herskovits, Melville J. (Hg.): Continuity and Change in African Cultures, Chicago, S.279-299.

Middleton, John / **Kershaw**, Greet
1965 The Kikuyu and Kamba of Kenya, London.

Mildeberger, Elisabeth
1988 Frauen und Energie, Chancen und Grenzen von Herdverbreitungsprogrammen in Entwicklungsländern, in: GTZ info, Nr. 6, S.18-20.

Milton, Kay
1979 Male Bias in Anthropology, in: Man, n.s., vol. 14, S.40-54.

Mintz, Sidney W.
1971 Men, Women and Trade, in: Comparative Studies in Society and History, vol. 13, S.247-269.

Miracle, Marvin P. / **Miracle**, Diane S. / **Cohen**, Laurie
1980 Informal Savings Mobilization in Africa, in: Economic Development and Cultural Change, vol. 28, no. 4, S.701-724.

Mirza, Sarah / **Strobel**, Margaret
1989 Three Swahili Women - Life histories from Mombasa, Bloomington.

Misereor / Brot für die Welt
1993 Miteinander Teilen, Gemeinsam Handeln, Aachen-Stuttgart.

Mitzlaff, Ulrike von
1988 Maasaifrauen, Leben in einer patriarchalischen Gesellschaft, Feldforschung bei den Parakuyo, Tansania, München.

Möller, Sigrid
1989 Frauenförderung - Eine Aufgabe für alle, in: gtz info, S.10-11.

Momoh, Eddie
1988 The menace of smuggling, in: West Africa, 22. August, S.1520-1521.

Momsen, Janet H.
1991 Women and Development in the Third World, New York.

Monsted, Mette
1978 Women's Groups in Rural Kenya and Their Role in Development, Centre for Development Research, Working Papers A.78.2., Kopenhagen.

Moock, Joyce Lewinger (Hg.)
1986 Understanding Africa's rural households and farming systems, Boulder.

Moore, Henrietta
1988 Feminism and Anthropology, Cambridge.

1993 The difference within and the difference between, in: Del Valle, Teresa (Hg.): Gendered Anthropology, New York, S.193-204.

Morton-Williams, Peter
1960 The Yoruba Ogboni-Cult in Oyo, in: Africa, vol. 30, no. 4, S.362-374.

Moser, Caroline O.
1989 Gender Planning in the Third World: Meeting Practical and Strategic Gender Needs, in: World Development, vol. 17, no. 13, S.1799-1825.

1993 Gender Planning and Development: Theory, Practice and Training, New York.

Mouser, Bruce L.
1983 Women Slavers of Guinea Conakry, in: Robertson, Claire / Klein, Martin (Hg.): Women and Slavery in Africa, Madison, S.320-339.

Mühlenberg, Friedrich / **Wolff,** Hans-Ulrich
1987 Sierra Leone: Informationsgrundlage für den politischen Dialog, Länderanalyse und Programmbewertung, unveröffentlichter Bericht, Bonn - Hamburg.

1993 Sierra Leone, in: Nohlen, Dieter / Nuscheler, Franz (Hg.): Handbuch der Dritten Welt, Bd. 4 Westafrika und Zentralafrika, Bonn, S.384-403.

Mukhopadhyay, Carol C. / **Higgins,** Patricia J.
1988 Anthropological Studies of Women's Status Revisited: 1977-1987, in: Annual Review of Anthropology, vol. 17, S.461-495.

Müller, Ernst Wilhelm
1988 Sozialethnologie, in: Fischer, Hans (Hg.): Ethnologie, Einführung und Überblick, Berlin, S.113-147.

Müller, Hans-Peter / **Kock,** Claudia / **Ditfurth,** Anna v.
1991 Kulturelles Erbe und Entwicklung: Indikatoren zur Bewertung des sozio-kulturellen Entwicklungsstandes, Forschungsberichte des BMZ, Bd. 98, München - Köln.

Müller, Julius Otto / **Fuest,** Veronika / **Obbelode,** Marita / **Schwedersky,** Thomas
1988 Ansätze zur Unterstützung von Frauen durch Förderung von Organisationen und Zusammenschlüssen am Beispiel Schwarzafrikas, unveröffentlichter Forschungsbericht, Göttingen.

Müller, Klaus Erich
1989 Die bessere und die schlechtere Hälfte, Ethnologie des Geschlechterkonflikts, Frankfurt a.M.

Mullings, Leith
1976 Women and Economic Change in Africa, in: Hafkin, Nancy J. / Bay, Edna G. (Hg.): Women in Africa, Studies in Social and Economic Change, Stanford, S.239-264.

Münkner, Hans H.
1988 Consequences of Self-Help Promotion for Cooperative Development Policy in Africa, in: Hedlund, Hans (Hg.): Cooperatives Revisited, Uppsala, S.187-205.

1989 Autochthone Formen der Selbsthilfe und moderne Entwicklung in Afrika, in: Internationales Afrikaforum, Bd. 25, S.171-182.

Mungai, Evelyn / Jones, Awori
1983 Kenya Women Reflections, 1963-1983, Nairobi.

Munro, Miranda
1991 Ensuring Gender Awareness in the Planning of Projects, in: Wallace, Tina / March, Candida (Hg.): Changing Perceptions, Writings on Gender and Development, Oxford 1991, S.172-180.

Mutiso, Roberta
1987 Poverty, Women and Cooperatives in Kenya, Working Paper No. 135, Michigan State University.

Muzaale, Patrick J. / **Leonard**, David K.
1985 Kenya's Experience with Women's Groups in Agricultural Extension: Strategies for Accelerating Improvements in Food Production and Nutritional Awareness in Africa, in: Agricultural Administation, vol. 19, S.13-28.

Mwaniki, Nyaga
1986 Against Many Odds: The Dilemmas of Women's Self-Help Groups in Mbeere, Kenya, in: Africa, vol. 56, no. 2, S.210-227.

Nagel, Inga
1987 Die Frau in Kamerun - und ihre Rolle in der Entwicklung des Landes, Eine Untersuchung über den Stand der Frauenförderung, Berlin.

Ndanema, Joseph J.
1990 Oil Palm and Kernel Processing in Rural Households in Sierra Leone, in: Entwicklung und ländlicher Raum, 24. Jg., Heft 2, S.24-27.

Nelson, Nici
1978 "Women must help each other": The operation of personal networks among Buzaa beer brewers in Mathare Valley, Kenya, in: Caplan, Patricia / Bujra, Janet (Hg.): Women United - Women Divided, Cross-Cultural Perspectives of Female Solidarity, London, S.77-98.

1981a Mobilizing Village Women: Some Organisational and Management Considerations, in: Journal of Development Studies, vol. 17, no. 3, S.47-58.

1981b African Women in the Development Process, London.

Neubert, Dieter
1990 Nicht-Regierungsorganisationen und Selbsthilfe in Kenia, Grundlegende Strukturen und Neuere Tendenzen, in: Glagow, Manfred (Hg.): Deutsche und internationale Entwicklungspolitik, Die Rolle staatlicher, supranationaler und nicht-regierungsabhängiger Organisationen im Entwicklungsprozeß der Dritten Welt, Opladen, S.297-314.

Nkwi, Paul Nchoji
1976 Traditional Government and Social Change, A Study of the Political Institutions among the Kom of the Cameroon Grassfields, Studia Ethnographica Friburgensia, 6, Fribourg.

1985 Traditional female militancy in a modern context, in: Barbier, Jean Claude: Femmes du Cameroun, Mères pacifique, femmes rebelles, Boundy: Orston, S.181-192.

Nohlen, Dieter (Hg.)
1984 Lexikon Dritte Welt, Länder, Organisationen, Theorien, Begriffe, Personen, Reinbek.

Norem, Margaret / **Russo,** Sandra / **Sambou,** Marie
1987 The Women's Program of The Gambian Mixed Farming Project, in: Poats, Susan / Schmink, Marianne / Spring, Anita (Hg.): Gender Issues in Farming System Research and Extension, Boulder, S.303-313.

Norman, D.W. / **Gilbert,** Elon
1982 A General Overviw of Farming System Research, in: Shaner, W.W. / Philipp, P.F. / Schmehl, W.R. (Hg.): Readings in Farming Systems Research and Development, Boulder, S.17-30.

Nypan, Astrid
1991 Revival of Female Circumcision: A Case of Neo-Traditionalism, in: Stolen, Kristin Ann / Vaa, Mariken (Hg.): Gender and Change in Developing Countries, Oxford, S.39-65.

Nzioki, Sammy
1982 Kenya's People: Akamba, London.

O'Barr, Jean
1975 Making the Invisible Visible: African Women in Politics and Policy, in: African Studies Review, vol. 18, no. 3, S.19-27.

O'Brien, Denise
1977 Female Husbands in Southern Bantu Societies, in: Schlegel, Alice (Hg.): Towards a Sexual Stratification, A Cross-Cultural View, New York, S.109-126.

O'Kelly, Elizabeth
1973 Aid and Self-Help, A General Guide to Overseas Aid, London.

Obayemi, Ade
1976 The Yoruba and Edo-Speaking Peoples and their Neighbours before 1600, in: Ajayi, J.F. / Crowder, Michael (Hg.): History of West Africa, vol. 1, S.196-263.

Obbo, Christine
1976 Dominant Male Ideology and Female Options: Three East African Case Studies, in: Africa, vol. 46, no. 4, S.371-387.

Obel, Elizabeth
1989 Women and Afforestation in Kenya, in: Vocies from Africa, no.1, S.15-25.

Obermaier, Dorothee
1989 Was wurde in elf Jahren erreicht? Frauenförderung: Nach wie vor kontrovers, in: Entwicklung und Zusammenarbeit, 30. Jg., Heft 12, S.4-6.

Odugbesan, Clara
1969 Femininity in Yoruba Religious Art, in: Douglas, Mary / Kaberry, Phyllis M. (Hg.): Man in Africa, London, S.199-211.

OECD - Organization for Economic Cooperation and Development
1900 Revised Guiding Principles on Women and Development, unpublished paper, Paris.

Ogbomo, O.W. / **Ogbomo,** Q.O.
1993 Women and Society in Pre-colonial Iyede, in: Anthropos, Bd. 88, S.431-414.

Ogundipe, Omolara Leslie
1987 African women, culture and another development, in: Presence Africaine, Nr. 141, S.123-139.

Ogunleye, Bisi
1991 We Are Carrying a Heavy Burden - Country Women Association of Nigeria, unpublished paper, Akure.

Ohe v.d., Werner / **Hilmer**, Richard / **Nett-Kleyboldt**, Silvia u.a.
1982 Die Bedeutung sozio-kultureller Faktoren in der Entwicklungstheorie und -praxis, Forschungsberichte des BMZ, Bd. 29, München - Köln.

Okey, Achola Pala
1981 Reflections on Development, in: Africa Report, March-April, S.7-10.

Okonjo, Kamene
1976 The Dual-Sex Political System in Operation: Igbo Women and Community Politics in Midwestern Nigeria, in: Hafkin, Nancy J. / Bay, Edna G. (Hg.): Women in Africa, Studies in Social and Economic Change, Stanford, S.45-58.

1979 Rural Women's Credit Systems: A Nigerian Example, in: Studies in Family Planning, vol. 10, no. 11/12, S.326-331.

1986 Entwicklungspolitik und Frauen, das Beispiel Nigeria, in: Journal für Geschichte, Nr. 6, S.12-19.

Oldfield Hayes, Rose
1975 Female genital mutilation, fertility control, women's roles, and the patrilineage in modern Sudan: A function analysis, in: American Ethnologist, vol. 2, no. 3, S.617-633.

Olivier de Sardan, Jean-Pierre
1993 Bäuerliche Logiken und die Logiken der Entwicklungshilfe. Zu den Aufgaben einer Sozialanthropologie der "Entwicklung", in: Bierschenk, Thomas / Elwert, Georg (Hg.): Entwicklungshilfe und ihre Folgen, Ergebnisse empirischer Untersuchungen in Afrika, Frankfurt a.M., S.41-53.

Oppong, Christine (Hg.)
1983 Female and Male in West Africa, London.

Ortner, Sherry B.
1974 Is female to male as nature is to culture? in: Rosaldo, Michelle Zimbalist / Lamphere, Louise (Hg.): Women, Culture and Society, Stanford, S.67-88.

Ortner, Sherry B. / **Whitehead**, Harriet
1981 Introduction: Accounting for Sexual Meanings, in: dieselben (Hg.): Sexual Meanings - The Cultural Construction of Gender and Sexuality, Cambridge, S.1-27.

Oxby, Clare
1987 Women Unveiled: Class and Gender among Kel Ferwan Twareg (Niger), in: Ethnos, vol. 52, no. 1-2, S.119-135.

Palmer, Ingrid
1981a Women's Issues and Project Appraisal, in: Bulletin of the Institute of Development Studies, vol. 12, no. 4, S.32-40.

1981b Seasonal Dimensions of Women's Roles, in: Chambers, Robert / Longhurst, Richard / Percey, Arnold (Hg.): Seasonal Dimensions of Rural Poverty, London, S.195-201.

Papanek, Hanna
1977 Development Planning for Women, in: Signs: Journal of Women in Culture and Society, vol. 3, no. 1, S.14-21.

Papart, Jane L.
1993 Who is the 'Other'? A Postmodern Feminist Critique of Women and Development Theory and Practice, in: Development and Change, vol. 24, S.439-464.

Paulme, Denis
1963 Women of Tropical Africa, London - Berkeley.

Pearce, Tola P. / **Kujore**, Olufemi / **Agboh-Bankole**, Aina
1988 Generating Income in the Urban Environment, the Experience of Street Food Vendors in Ile-Ife, Nigeria, in: Africa, vol. 58, no. 4, S.385-400.

Pellow, Deborah
1987 Solidarity among Muslim Women in Accra, Ghana, in: Anthropos, Bd. 82, Nr. 4/6, S.489-506.

1991 From Accra to Kano: One Woman's Experience, in: Coles, Catherine / Mack, Beverly (Hg.): Hausa Women in the Twentieth Century, Madison, S.50-68.

Perham, Margery
1962 Native Administration in Nigeria, London.

Phillips, Ruth
1978 Masking in Mende Sande Society Initiation Rituals, in: Africa, vol. 48, no. 3, S.265-277.

1979 The Sande society masks of the Mende of Sierra Leone, unpublished Ph.D. thesis, University of London.

1980 The Iconography of Mende Sowei Masks, in: Ethnologische Zeitschrift Zürich, Bd. 1, S.113-125.

Piepel, Klaus
1990 Zur Rolle der Frau im Entwicklungsprozeß - Ein Überblick, in: Geschichte und Kulturen, Münstersche Zeitschrift zur Geschichte und Entwicklung in der Dritten Welt, Bd. 2, S.117-132.

Poats, Susan V. / Schmink, Marianne / Spring, Anita
1988 Linking Farming System Research and Gender: An Introduction, in: dieselben (Hg.): Gender Issues in Farming System Research and Extension, Boulder, S.1-18.

Poelchau, Susanne
1985 Women Groups and Self-Help Projects in Nyeri District, The CBD-Pilot-Project and the Work of the Lay-Educators of FPAK, Young Women, Single Mothers and the Work of FPAK, unveröffentlichter Studienbericht, Berlin.

Poeschke, Roman
1991 Auf dem Wege zu einer Entwicklungsethnologie, Kölner Ethnologische Arbeitspapiere, Bd. 2, Bonn.

Pollvogt, Renate
1987 Zur Autonomie einer entwicklungspolitischen Organisation - die GTZ. Genese und Struktur der Deutschen Gesellschaft für Technische Zusammenarbeit (GTZ), Bielefelder Studien zur Entwicklungssoziologie, 38, Saarbrücken.

Potash, Betty
1986 Widows in Africa: An Introduction, in: dieselbe (Hg.): Widows in African Societies, Choices and Constraints, Stanford, S.1-43.

Poulton, Robin / Cham, Ousman
1988 Rural Development in a Partnership of Villages and NGO: Action Aid's Long Term Development Project in The Gambia, in: Poulton, Robin / Harris, Michael (Hg.): Putting People First, Voluntary Organisations and Third World Development, London, S.66-85.

Presley, Cora Ann
1986a The Transformation of Kikuyu Women and Their Nationalism, unpublished Ph.D. thesis, Stanford University.

1986b Labour Unrest Among the Kikuyu Women in Colonial Kenya, in: Robertson, Claire / Berger, Iris (Hg.): Women and Class in Africa, London, S.255-271.

1988 The Mau Mau Rebellion, Kikuyu Women and Social Change, in: Canadian Journal of African Studies, vol. 22, no. 3, S.502-524.

Quinn, Naomi
1977 Anthropological studies of women's status, in: Annual Review of Anthropology, vol. 6, S.181-225.

1978 Do Mfantse fish sellers estimate probabilities in their heads? in: American Ethnologist, vol. 5, no. 2, S.206-226.

Rajkovic, Julia
1989 Zur Konstruktion von Weiblichkeit, Ein Beitrag zur feministischen Diskussion um Natur, Kultur und Geschlecht in der Ethnologie, Mainz.

Randzio-Plath, Christa
1990 Frauen und Entwicklung, in: Marie-Schlei-Verein (Hg.): Hilfe für Frauen in Entwicklungsländern, Bonn, S. 3-30.

Rapp, Rayna
1979 Review Essay: Anthropology, in: Signs: Journal of Women in Culture and Society, vol. 4, no. 3, S.497-513.

Rauch, Theo
1993 Überwindung von Unterentwicklung durch Projekte? Problematik und Perspektiven der Entwicklungszusammenarbeit, in: Geographische Rundschau, Bd. 45, Heft 5, S.278-283.

Raynolds, Susan F.
1989 Income generating leading to self-sufficiency, improved conditions, and social change: A case for women in development, in: Adult Education and Development, vol. 32, S.61-70.

Remy, Dorothy
1975 Underdevelopment and The Experience of Women: A Nigerian Case Study, in: Reiter, Reyna (Hg.): Toward an Anthropology of Women, New York - London, S.358-371.

Reuber, Marianne
1985 Das GTZ - MyW Herdprojekt für Frauen im ländlichen Kenia: Eine Diskussion seiner pädagogischen Konzeption unter Berücksichtigung der sozio-kulturellen Voraussetzungen und Folgen, unveröffentlichte Diplomarbeit, Universität Frankfurt a.M.

Reveyrand, Odile
1986 Les associations féminines en Afrique noire: L'exemple de la Casamance, Premiere Partie, in: Le Mois en Afrique, no. 249-250, S.119-139.

1987 Les associations féminines en Afrique noire: L'exemple de la Casamance, Deuxieme Partie, in: Le Mois en Afrique, no. 251-252, S.97-120.

Rhie, Joung-Chun
1977 Community Development durch Selbsthilfegruppen, Saarbrücken.

Richards, Audrey
1956 Chisungu: A Girls' Initiation Ceremony among the Bemba of Northern Rhodesia, London.

Richards, Paul
1980 Community Environmental Knowledge in African Rural Development, in: Brockensha, David / Warren, D.M. / Werner, Oswald (Hg.): Indigenous Knowledge Systems and Development, London, S.181-194.

1985 Indigenous Agricultural Revolution, Ecology and Food Production in West Africa, London.

1989 Agriculture as a performance, in: Chambers, Robert / Pacey, Arnold / Thrupp, Lori Ann (Hg.): Farmer First, Farmer Innovation and Agricultural Research, London, S.39-44.

1990a Local Strategies for Coping with Hunger: Central Sierra Leone and Northern Nigeria Compared, in: African Affairs, vol. 89, S.265-275.

1990b Social and Ecological Change in Southern Sierra Leone, Backround to participatory planning in the Bo-Pujehun project, unpublished paper, London.

1992 Rural Development and Local Knowledge, The Case of Rice in Central Sierra Leone, in: Entwicklungsethnologie, Heft 1, S.33-42.

1993 Die Vielseitigkeit der Armen. Einheimische Feuchtlandbewirtschaftung in Sierra Leone, in: Bierschenk, Thomas / Elwert, Georg (Hg.): Entwicklungshilfe und ihre Folgen, Ergebnisse empirischer Untersuchungen in Afrika, Frankfurt a.M., S.57-76.

Rippl, Gabriele
1993 Feministische Anthropologie - eine Einleitung, in: dieselbe (Hg.): Unbeschreiblich Weiblich, Texte zur feministischen Anthropologie, Frankfurt a. M., S.9-26.

Riria-Ouko, J.V.N.
1985 Women's Organizations in Kenya, in: Journal of Eastern African Research and Development, vol. 15, S.188-197.

Ritzenthaler, Robert E.
1960 Anlu: A Women's Uprising in the British Cameroons, in: African Studies, vol. 19, no. 3, S.151-156.

Roberts, Penelope
1991 Anthropological Perspectives on the Household, in: Bulletin of the Institute of Development Studies, vol. 22, no. 1, S.60-66.

Robertson, Claire C.
1974 Economic Women in Africa: Profit-Making Techniques of Accra Market Women, in: Journal of Modern African Studies, vol. 12, S.657-664.

1975 Ga Women and Change in Marketing Condition in the Accra Area, in: Rural Africana, no. 21, S.157-171.

1976 Ga Women and Socio-Economic Change, in: Hafkin, Nancy J. / Bay, Edna G. (Hg.): Women in Africa: Studies in Social and Economic Change, Stanford, S.111-133.

1988 Research on African Women since 1972: A Commentary, in: Canadian Journal of African Studies, vol. 22, no. 3, S.427-428.

Robertson, Claire / **Klein**, Martin
1983 Introduction, in: dieselben (Hg.): Women and Slavery in Africa, Madison, S.9-20.

Robins, Edward
1986 The Strategy of Development and the Role of the Anthropologist, in: Green, Edward C. (Hg.): Practicing Development Anthropology, Boulder, S.10-21.

Rocheleau, Dianne E.
1991 Gender, Ecology and the Science of Survival: Stories and Lessons from Kenya, in: Agriculture and Human Values, vol. 1, S.156-165.

Rocksloh-Papendieck, Barbara
1988 Frauenarbeit am Straßenrand - Kenekeyküchen in Ghana, Hamburg.

Rodney, Walter
1967 A reconsideration of the Mane invasion of Sierra Leone, in: Journal of African History, vol. 8, no. 2, S.219-246.

Rogers, Barbara
1980 The Domestication of Women: Discrimination in Developing Societies, London.

Rogers, Susan Carol
1975 Female forms of power and the myths of male dominance: A model of female/male interaction in peasant society, in: American Ethnologist, vol. 2, no. 3, S.727-756.

1978 Women's Place: A critical review of anthropological theory, in: Comparative Studies in Society and History, vol. 20, S.123-162.

Rohrlich-Leavitt, Ruby
1975 Conclusions, in: dieselbe (Hg.): Women Cross-Culturally, Change and Challenge, The Hague - Paris, S.619-628.

Romero, Patricia W. (Hg.)
1988 Life Histories of African Women, London.

Rosaldo, Michelle Zimbalist
1974 Women, Culture and Society, A Theoretical Overview, in: dieselbe / Lamphere, Louise (Hg.): Women, Culture and Society, Stanford, S.17-42.

1980 The Use and Abuse of Anthropology: Reflections on Feminism and Cross-Cultural Understanding, in: Signs: Journal of Women in Culture and Society, vol. 5, no. 3, S.389-417.

Rott, Renate (Hg.)
1992 Frauenarbeit im Entwicklungsprozeß, Saarbrücken - Fort Lauderdale.

Rousseau, Ida Faye
1975 African Women: Identity Crises? Some Observations on Education and the Changing Role of Women in Sierra Leone and Zaire, in: Rohrlich-Leavitt, Ruby (Hg.): Women Cross-Culturally, Change and Challenge, The Hague - Paris, S.41-54.

Routledge, Scoresby / **Routledge**, Katherine
1968 With a Prehistoric People, The Akikuyu of British East Africa, London.

Rünger, Helga
1989 Wie kann Frauenarbeit bewertet und erleichtert werden? - Die Schwierigkeiten bei der Frauenförderung, in: Entwicklung und Zusammenarbeit, 30. Jg., Heft 12, S.8-9.

Rupp, Petra
1982 Frauenprojekte in der Entwicklungshilfe - ein weiterer Zugriff auf die unbezahlte Arbeit von Frauen in der Dritten Welt, unveröffentlichte Magisterarbeit, Hamburg.

Rusteberg, Elke
1992 Und Frauen tragen die Last, Auswirkungen der Strukturanpassungsprogramme auf die Situation von Frauen im Süden, Erfahrungen von Partnerorganisationen deutscher Nicht-Regierungs-Organisationen, Osnabrück.

Sacks, Karen
1975 Engels Revisited: Women, the Organization of Production, and Private Property, in: Reiter, Rayna (Hg.): Toward an Anthropology of Women, New York, S.211-234.

1976 State bias and women's status, in: American Anthropologist, vol. 78, no. 3, S.565-569.

1979 Sisters and Wives, The Past and Future of Sexual Equality, London.

1982 An Overview of Women and Power in Africa, in: O'Barr, Jean F. (Hg.): Perspectives on Power: Women in Africa, Asia and Latinamerica, Durham, S.1-10.

Sanday, Peggy
1973 Toward a Theory of the Status of Women, in: American Anthropologist, vol. 75, no. 2, S.1682-1700.

1974 Female status in the public domain, in: Rosaldo, Michelle Zimbalist / Lamphere, Louise (Hg.): Women, Culture and Society, Stanford, S.189-206.

1981 Female Power and Male Dominance, The Origins of Sexual Inequality, London.

1990 Introduction, in: dieselbe / Goodenough, Ruth (Hg.): Beyond the Second Sex, New Directions in the Anthropology of Gender, Philadelphia, S.1-19.

Saschewag, Dagmar
1990 Marktfrauen in San Pedro - nur wenigen gelingt der Aufstieg, in: Hillen, Peter (Hg.): Im Schatten des Wachstums, Arbeits- und Lebensbedingungen in der Cote d'Ivoire, Saarbrücken, S.261-279.

Saunders, Margaret O.
1990 Women's Role in a Muslim Hausa Town (Mirria, Republic of Niger), in: Bourgouignon, Erica (Hg.) A world of women, Anthropological studies in the societies of the world, New York, S.57-86.

Schaffer, Matt
1980 Mandinko, the Ethnography of a West African Holyland, New York - Chicago.

Schäfer, Rita
1990 Die Sande-Frauengeheimgesellschaft der Mende in Sierra Leone. Ihre Organisation und Masken im zeitlichen, intra- und interethnischen Vergleich, Mundus Reihe Ethnologie Bd. 36, Bonn.

Scherler, Christina
1987 Auswirkungen der Entwicklungshilfe auf sozio-ökonomische Strukturen kleinbäuerlicher Haushalte am Beispiel Sierra Leones, unveröffentlichter Bericht, FU-Berlin.

Schildkrout, Enid
1982 Dependence and Autonomy: The Economic Activities of Secluded Hausa Women in Kano, Nigeria, in: Bay, Edna G. (Hg.): Women and Work in Africa, Boulder, S.55-82.

Schimmel, Ursula
1993 Feuerholz - ein großes Problem für kenianische Frauen, in: Hopp, Jürgen / Schwiebert, Peter (Hg.): Wüstenwind und Tropenregen, Berlin, S.131-141.

Schlegel, Alice
1977 Introduction: in: dieselbe (Hg.): Towards a Theory of Sexual Stratification - A Cross-Cultural View, New York, S.1-40.

Schlegel, Alice / **Barry**, Herbert
1986 The Cultural Consequences of Female Contribution to Subsistence, in: American Anthropologist, vol. 88, no. 1, S.142-150.

Schmidt, A.
1955 Die rote Lendenschnur, Als Frau im Grasland Kameruns, Berlin.

Schmidt-Biesalski, Angelika
1986 Ein Freitag im März, Düsseldorf.

Schmittlein, Christian / **Meier**, Michael
1993 Gambia, in: Nohlen, Dieter / Nuscheler, Franz (Hg.): Handbuch der Dritten Welt, Bd. 4 Westafrika und Zentralafrika, Bonn, S.212-226.

Schneider, Regina Maria
1986 Analyse und Bewertung der Auswirkungen von Projekte der ländlichen Entwicklung auf die Situation von Frauen, Teilbericht III, Analyse ausgewählter GTZ-Maßnahmen der ländlichen Regionalentwicklung nach Aktenlage, Frankfurt a.M.

Schneider, Regina Maria / **Schneider**, Winfried
1989 Frauenförderung in der ländlichen Entwicklung, Ein Orientierungsrahmen, Schriftenreihe der GTZ Nr. 212, Eschborn.

Schoepf, Brooke G.
1992 Gender Relations and Development: Political Economy and Culture, in: Seidman, Ann / Anang, Frederick (Hg.): Tewnty-First-Century Africa: Towards a New Vision of Self-Sustainable Development, Trenton - Atlanta, S.203-241.

Scholz, Fred
1993 Hilfe zur Selbsthilfe, Wirkungsvolle Ansätze zur Armutsbekämpfung, in: Geographische Rundschau, 45. Jg., Heft 5, S.284-289.

Schönhuth, Michael
1990 Entwicklungsethnologie und der Kulturbegriff: Übersetzertätigkeit zwischen kulturellen Konstruktionen von Wirklichkeit, in: Bliss, Frank / Schönhuth, Michael (Hg.): Ethnologische Beiträge zur Entwicklungspolitik, Bonn, S.13-31.

1992 Die Dorfbewohner definieren ihre Bedürfnisse, Participatory Rapid Appraisal, in: Entwicklung und Zusammenarbeit, 33. Jg., Heft 11, S.12-13.

Schönhuth, Michael / **Kievelitz**, Uwe
1993 Rapid Rural Appraisal und Participatory Rapid Appraisal - Partizipative sozialwissenschaftliche Erhebungsmethoden für eine selbstbestimmte Entwicklung, in: Entwicklungsethnologie, Bd. 1, S.83-96.

Schott, Rüdiger
1962 Beiträge der Ethnologie zur Entwicklungsländerforschung, in: Kindermann, Gottfried-Karl (Hg.): Kulturen im Umbruch, Studien zur Problematik und Analyse des Kulturwandels in Entwicklungsländern, Freiburg i. Br., S.9-28.

1981 Aufgaben der deutschen Ethnologie heute, in: Schmied-Kowarzik, Wolfdietrich / Stagl, Justin (Hg.): Grundfragen der Ethnologie, Beiträge zur gegenwärtigen Theorie-Diskussion, Berlin, S.39-62.

Schrijvers, Joke
1979 Viricentrism and Anthropology, in: Huizer, Gerrit / Mannheim, Bruce (Hg.): The Politics of Anthropology, The Hague - Paris, S.97-115.

Schröder, Günther
1988 Eine verborgene Dimension gesellschaftlicher Wirklichkeit, Anmerkungen zur Geschichte und heutigen Bedeutung der Geheimbünde Poro und Sande in Liberia, Liberia Working Group Papers No. 6, Bremen.

Schuhmacher, Ernst Günter
1985 Grundprobleme der Entstehung von Selbsthilfeorganisationen in Entwicklungsländern, Berlin.

Schührings, Hildegard / **Schimpf-Herken**, Ilse
1988 Frauenförderung und Frauenforderungen, Zur Mitarbeit des Deutschen Entwicklungsdienstes - Band I: In Afrika, Berlin.

Schulz-Weidner, W.
1975 Die ostatlantische Provinz, in: Baumann, Hermann (Hg.): Die Völker Afrikas und ihre traditionellen Kulturen, Teil II, Wiesbaden, S.373-413.

Schultz, Ulrike
1989 Die Last der Arbeit und der Traum vom Reichtum - Frauengruppen in Kenia: Zwischen gegenseitiger Hilfe und betriebswirtschaftlichem Kalkül, unveröffentlichte Diplomarbeit, Freie Universität Berlin; 1990 als Kurzfassung veröffentlicht: Diskussionspapier Nr. 1 des Fachbereichs Wirtschaftswissenschaften des Fachgebietes Volkswirtschaft des Vorderen Orients, Freie Universität Berlin.

Schwab, W.B.
1970 Continuity and Change in the Yoruba Lineage System, in: Middleton, John (Hg.): Black Africa, Its People and Their Cultures Today, London, S.159-173.

Scottas, Beat
1992 Aspects of a Peasant Mode of Production: Exchange and the Extent of Sufficiency Among Smallholders in West Laikipia, Kenya, in: Journal of Asian and African Studies, vol. 27, no. 3-4, S.271-295.

Seibel, Hans Dieter
1983 Autochthone Kooperationsformen im ländlichen Bereich: Ein Fallbeispiel aus Nigeria, in: Goetze, Dieter / Weiland, Heribert (Hg.): Sozio-kulturelle Implikationen technologischer Wandlungsprozesse, Saarbrücken, S.101-117.

Seibel, Hans Dieter / **Massing**, Andreas
1974 Traditional Organizations and Economic Development, Studies of Indigenous Cooperatives in Liberia, New York.

Senn, Gita / **Grown**, Caren
1988 Development crisis and alternative visions, Third world women's perspectives, London.

SEP - Special Energy Programme Kenya
1989 Women and Energy Project - Final Documentation, unpublished paper, Nairobi - Eschborn.

Sepp, Cornelia
1986 Frauen in der Fortwirtschaft, in: Entwicklung und ländlicher Raum, 20. Jg., Heft 6, S.22-24.

Shanklin, Eugenia
1990 Anlu Remembered: The Kom Women's Rebellion of 1958-61, in: Dialectical Anthropology, vol. 15, S.159-181.

Silverblatt, Irene
1988 Women in States, in: Annual Review of Anthropology, vol. 17, S.427-460.

Silverstein, Stella
1988 Audrey Isabel Richards, in: Gacs, Ute / Khan, Aisha / Mc Intryre, Jerrie / Weinberg, Ruth (Hg.): Women Anthropologists, A Biographic Dictionary, New York, S.310-315.

Simms, Ruth
1985 The African Woman as Entrepreneur: Problems and Perspectives on their Roles, in: Steady, Filomina Chioma (Hg.): The Black Woman, Cross-Culturally, Cambridge Ma., S.141-165.

Simson, Uwe
1985 Vorläufige Thesen und Fragen zum Arbeitsgebiet 'Sozio-kulturelle Dimensionen der Entwicklungszusammenarbeit', in: Bliss, Frank / Erlenbach, Walter (Hg.): Ethnologie, Entwicklung und sozio-kultureller Kontext, Bonn, S.143-148, als Dokument: 1231 B der Deutschen Stiftung für Internationale Entwicklung, Bonn 1983.

1991 Entwicklungspolitik und Wissenschaft, die Forderungen des Entwicklungspolitikers an seine kulturwissenschaftlichen Berater, in: Sociologus, 41. Jg., Heft 1, S.73-85.

Singer, Alice
1973 Marriage Payments and the exchange of people, in: Man, n.s., vol. 8, no. 1, S.80-92.

Skar, Harald O.
1985 Introduction: Anthropology and Development Administration, Some prefatory remarks, in: derselbe (Hg.): Anthropological contributions to planned change and development, Göteborg, S.1-17.

Slattery, Alice M.
1974 Women's Participation in Harambee Projects and Women's Groups, Kenyatta University College, Research Papers, Nairobi.

Smith, Mary
1965 Baba of Kano: A Women of the Muslim Hausa, New York.

Smith, Robert H.T.
1971 West African market-places: Temporal periodicity and locational spacing, in: Meillassoux, Claude (Hg.): The development of indigenous trade and markets in West Africa, Oxford, S.319-342.

Smith Oboler, Regina
1980 Is the Female Husband a Man? Woman / Woman Marriage among the Nandi of Kenya, in: Ethnology, vol. 19, no. 1, S.69-88.

Smith-Steen, Poonan
1990 Women's Cooperatives - A Vehicle for Development, Michigan State University, Working Paper 201, Michigan.

Snyder, Margaret
1988 Research on African Women since 1972: A Commentary, in: Canadian Journal of African Studies, vol. 22, no. 3, S.428-429.

Spring, Anita
1978 Epidemiology of Spirit Possession among the Luvale of Zambia, in: Hoch-Smith, Judith / Spring, Anita (Hg.): Women in Ritual and Symbolic Roles, New York, S.165-190.

1986 Women Farmers and Food in Africa: Some Considerations and Suggested Solutions, in: Hansen, Art / McMillan, Della E. (Hg.): Food in Sub-Saharan Africa, Boulder, S.332-348.

Sorensen, Anne
1992 Women's Organisations among the Kipsigis: Change, Variety and Different Participation, in: Africa, vol. 62, no. 4, S.537-566.

Spencer, Dunstan S.C.
1981 Rice Policy in Sierra Leone, in: Pearson, Scott R. / Stryker, Dierck J. / Humphreys, Charles P. (Hg.): Rice in West Africa, Policy and Economics, Stanford, S.175-200.

Stagl, Justin
1985 Völkerkunde und Entwicklungshilfe, abgedruckt in: Bliss, Frank / Erlenbach, Walter (Hg.): Ethnologie, Entwicklung und sozio-kultureller Kontext, Bonn, S.149-163, zuerst erschienen in: KAI-Mitteilungen des Instituts für Soziologie und Kulturwissenschaft an der Universität Salzburg, Nr. 2, 1970, S.1-20.

Stamp, Patricia
1975 Perceptions of Change and Economic Strategy among Kikuyu Women of Mitero, Kenya, in: Rural Africana, vol. 29, S.19-43.

1986 Kikuyu Women's Self-Help Groups, Toward an Understanding of the Relation between Sex-Gender System and Mode of Production in Africa, in: Robertson, Claire / Berger, Iris (Hg.): Women and Class in Africa, New York, S.27-46.

Starkey, Paul
1991 Animal Traction: Constraints and Impact among African Households, in: Haswell, Margaret / Hunt, Diana (Hg.): Rural Households in Emerging Societies, Technology and Change in Sub-Saharan Africa, Oxford - New York, S.77-90.

Staudt, Kathleen A.
1978 Agricultural Productivity Gaps: A Case Study of Male Preference in Government Policy Implementation, in: Development and Change, vol. 9, S.439-457.

1978/79 Rural Women Leaders: Late Colonial and Contemporary Contexts, in: Rural Africana, n.s, no. 3, S.5-21.

1980 The Umoja Federation: Women's Cooptation into a Local Political Power Structure, in: Western Political Quarterly, vol. 33, no. 2, S.278-290.

1982 Women Farmers and Inequities in Agricultural Services, in: Bay, Edna G. (Hg.): Women and Work in Africa, Boulder, S.207-224,

1985 Women's Political Consciousness in Africa: A Framework for Analysis, in: Monson, Jamie / Kalb, Marion (Hg.): Women as Food Producers in Developing Countries, Los Angeles, S.71-84.

1986 Stratification: Implications for Women's Politics, in: Robertson, Claire / Berger, Iris (Hg.): Women and Class in Africa, New York, S.197-215.

1988 Women Farmers in Africa: Research and Institutional Action, 1972-1987, in: Canadian Journal of African Studies, vol. 22, no. 3, S.567-582.

1990 Women, International Development and Policy - the Bureaucratic Mire, Philadelphia.

Steady, Filomina Chioma
1976 Protestant Women's Associations in Freetown, Sierra Leone, in: Hafkin, Nancy J. / Bay, Edna G. (Hg.): Women in Africa: Studies in Social and Economic Change, Stanford, S.213-237.

1985 Women's Work in Rural Cash Food Systems: The Tombo and Glouchester Development Projects, Sierra Leone, in: Muntemba, Shimwaayi (Hg.): Rural development and women: Lessons from the field, Genf, S.47-70.

1987 Polygyny and the Household Economy in a Fishing Village in Sierra Leone, in: Parkin, David / Nyamwaya, David (Hg.): Transformations of African Marriage, Manchester, S.211-230.

Steinbrich, Sabine
1982 Gazelle und Büffelkuh, Frauen in Erzählungen der Fulbe und Hausa, Hohenschäftlarn.

1987a Frauen der Lyela: Die wirtschaftliche und soziale Lage der Frauen von Sanje (Burkina Faso), Kulturanthropologische Studien, Bd. 15, Hohenschäftlarn.

1987b Die Rolle der Lyela-Frauen in der modernen wirtschaftlichen und sozialen Entwicklung, in: Antweiler, Christoph / Bargatzky, Thomas / Bliss, Frank (Hg.): Ethnographische Beiträge zur Entwicklungspolitik, Bonn, S.93-103.

Stevens, Yvette
1985 Improved Technologies for Rural Women: Problems and Prospects in Sierra Leone, in: Iftikhar, Ahmed (Hg.): Technology and Rural Women: Conceptual and Empirical Issues, London, S.284-326.

Stief, Andrea
1987 Bäuerinnen im traditionellen Reisanbau im gambischen Projektdorf Bureng unter Berücksichtigung der Selbstversorgung, unveröffentlichte Diplomarbeit, Stuttart-Hohenheim.

Strobel, Margaret
1975 Women's Wedding Celebrations in Mombasa, Kenya, in: African Studies Review, vol. 18, no. 3, S.35-45.

1976 From Lelemama to Lobbying: Women's Associations in Mombasa, Kenya, in: Hafkin, Nancy J. / Bay, Edna G. (Hg.): Women in Africa: Studies in Social and Economic Change, Stanford, S.183-211.

1979 Muslim Women in Mombasa, 1890-1975, New Haven.

1982 African Women, Review Essay, in: Signs: Journal of Women in Culture and Society, vol. 8, no. 1, S.109-131.

1988 Research on African Women since 1972: A Commentary, in: Canadian Journal of African Studies, vol. 22, no. 3, S.429-430.

Stoeltje, Beverly J. (geplant)
1994 Asante Queenmothers, A study in identity and continuity, in: Reh, M. / Ludwar-Ene, G. (Hg.): Gender and Identity in Africa, Münster - Hamburg, S.1-18.

Sudarkasa, Niara
1970 Field Work in a Yoruba Community, in: Golde, Peggy (Hg.): Women in the Field, Anthropological Experiences, Chicago, S.167-191.

1973 Where Women Work: A Study of Yoruba Women in the Marketplace and in the Home, Anthropological Papers No. 53, University of Michigan, Ann. Arbor.

Swindell, Ken
1978 Family Farms and Migrant Labour: The Strange Farmers of The Gambia, in: Canadian Journal of African Studies, vol. 12, no. 1, S.3-17.

1992 African Food Imports and Agricultural Development, Peanut Basins and Rice Bowls in The Gambia, 1843-1993, in: Hoggart, Keith (Hg.): Agricultural Change, Environment and Economy, London, S.161-179.

Takata, Diana
1985 Private Volunteer Organizations and Women's Participation in African Development, in: Rural Africana, no. 21, S.65-79.

Talbot, Amaury
1967 Tribes of Niger Delta, Their Religion and Custom, London.

1968 Women's mysteries of a primitive people, The Ibibios of Southern Nigeria, London.

Talle, Aud
1987 Women as Heads of Houses, in: Ethnos, vol. 52, no. 1-2, S.50-79.

Tan, Mildred Malineo
1981 Women: Critical to African Development, in: Africa Report, March-April, S.4-6.

Tanner, Frances / **Lévesque**, Francoise / **Zumstein**, Johanna
1989 Training for Life - Vocational Education for Rural Women in Africa, in: Entwicklung und ländlicher Raum, 23. Jg., Heft 1, S.12-13.

Tekülve, Maria
1993 Die Sichtbarwerdung der Frauen, 20 Jahre Debatte um die Frauen in der Dritten Welt, in: Geographische Rundschau, 45. Jg., Heft 5, S.308-312.

Thiel, Josef Franz
1981 Quellen der Ethnologie und ihre Rezeption, in: Schmied-Kowarzik, Wolfdietrich / Stagl, Justin (Hg.): Grundfragen der Ethnologie, Beiträge zur gegenwärtigen Theorie-Diskussion, Berlin, S.79-91.

Thomas, Barbara
1985 Politics, Participation and Poverty, Development through Self-Help in Kenya, Boulder.

1987 Development Through Harambee: Who Wins and Who Loses? Rural Self-Help Projects in Kenya, in: World Development, vol. 15, no. 4, S.463-481.

1988 Household Coping Strategies for Adaptation and Change: Participation in Kenyan Rural Women's Associations, in: Africa, vol. 58, no. 4, S.401-422.

Thomas-Emeagwali, Gloria
1991 Pespectives on Women and the Development of Agricultural Cooperatives in Nigeria, in: Suliman, Mohamed (Hg.): Alternative Development Strategies for Africa, London, S.148-155.

Thomas-Emeagwali, Gloria / **Lasisi**, R.O.
1988 The Food Crisis and Agro-based Technology: Gari Processing in Nigeria, in: Review of African Political Economy, vol. 43, S.95-99.

Thomas-Slayter, Barbara
1992 Implementing Effective Local Management of Natural Resources: New Roles for NGO's in Africa, in: Human Organization, vol. 51, no. 2, S.136-143.

Thompson Drewal, Margaret
1990 Portraiture and Construction of Reality in Yorubaland and Beyond, in: African Arts, vol. 23, no. 3, S.40-49.

Thurnwald, Hilde
1935 Die scharze Frau im Wandel Afrikas, Eine soziologische Untersuchung unter ostafrikanischen Stämmen, Stuttgart.

Thurnwald, Richard
1940 Die fremden Eingriffe ins Leben der Afrikaner und ihre Folgen, in: Baumann, Hermann / Thurnwald, Richard / Westermann, Dietrich (Hg.): Völkerkunde von Afrika, Essen, S.455-573.

Tietmeyer, Elisabeth
1985 Frauen heiraten Frauen, Eine vergleichende Studie zur Gynaegamie in Afrika, Kulturanthropologische Studien, Bd. 11, Hohenschäftlarn.

1991 Gynaegamie im Wandel, Die Agikuyu zwischen Tradition und Anpassung, Kulturanthropologische Studien, Bd. 17, Münster - Hamburg.

Tiffany, Sharon W.
1978 Models of the Social Anthropology of Women - A Preliminary Assessment, in: Man, n.s., vol. 13, S.34-51.

1980 Anthropology and the Study of Women, in: American Anthropologist, vol. 84, no. 2, S.374-380.

Tinker, Irene / **Jaquette**, Jane
1987 UN-Dekade for Women: Its Impact and Legacy, in: World Development, vol. 15, no. 3, S.419-427.

Tregel, Stephan
1990 Traditioneller Fischfang in Sassandra: Organisation und wirtschaftliche Situation der Fanti-Fischer, in: Hillen, Peter (Hg.): Im Schatten des Wachstums, Arbeits- und Lebensbedingungen in der Cote d'Ivoire, Saarbrücken, S.359-378.

Turrittin, Jane
1988 Men, Women, and Market Trade in Rural Mali, West Africa, in: Canadian Journal of African Studies, vol. 22, no. 3, S.583-604.

Udvary, Monica
1988 Women's Groups near the Kenyan Coast: Patron-Clientelship in the Development Arena, in: Brockensha, David W. / Little, Peter D. (Hg.): Anthropology of Development and Change in East Africa, Boulder, S.217-235.

Ukaegbu, Alfred O.
1976 The Role of Traditional Marriage Habits in Population Growth: The Case of Rural Eastern Nigeria, in: Africa, vol. 46, no. 4, S.390-398.

Ukpong, Justin S.
1982 Sacrificial Worship in Ibibio Traditional Religion, in: Journal of Religion in Africa, vol. 13, no. 3, S.161-188.

UN - United Nations, Centre for Social Development and Humanitarian Affairs, Branch for the Advancement of Women
1987 World Survey on the Role of Women, Wien.

UNDP - United Nations Development Program
1991 People, Pumps and Agencies: The South Coast Handpump Project, in: Rodda, Annabel (Hg.): Women and the Environment, London, S.129-134.

Van Allen, Judtih
1972 'Sitting on a Man': Colonialism and the Lost Political Institutions of Igbo Women, in: Canadian Journal of African Studies, vol. 2, no. 2, S.165-182.

1974 Memsahib, Militante, Femme Libre: Political and Apolitical Styles of Modern African Women, in: Jaquette, Jane (Hg.): Women in Politics, New York - London, S.304-321.

1976 'Aba Riots' or Igbo 'Women's War'? Ideology, Stratification, and the Invisibility of Women, in: Hafkin, Nancy J. / Bay, Edna G. (Hg.): Women in Africa, Studies in Social and Economic Change, Stanford, S.59-85.

Van Willigen, John
1986 Applied Anthropology, An Introduction, South Hadley.

Vanderhaghe, Andrée
1985 Women and Lomé III, in: The Courier, no. 91, S.75-77.

Ventura-Dias, Vivianne
1985 Modernisation, Production Organisation and Rural Women in Kenya, in: Iftikhar, Ahmed (Hg.): Technology and Rural Women: Conceptual and Empirical Issues, London, S.157-210.

VerEcke, Catherine
1993 "It is Better to Die than to Be Shamed", Cultural and Moral Dimensions of Women's Trading in an Islamic Nigerian Society, in: Anthropos, Bd. 88, S.403-417.

Vickers, Jeanne
1991 Women and the World Economic Crisis, London - New York.

Volz, Andreas
1990 Traditionelle Anbaustrategien westafrikanischer Bauernkulturen, Münster - Hamburg.

Vorlaufer, Karl
1985 Frauenmigration und sozialer Wandel in Afrika: Das Beispiel Kenia, in: Erdkunde, Bd. 39, S.128-143.

1990 Kenya, Länderprofile - Geographische Strukturen, Daten, Entwicklungen, Stuttgart.

Wa Karanja, Wambui
1987 'Outside Wives' and 'Inside Wives' in Nigeria: A Study of Changing Perceptions in Marriage, in: Parkin, David / Nyamwaya, David (Hg.): Transformations of African Marriage, Manchester, S.248-261.

Wachtel, Eleanor
1975 A Farm of One's Own: The Rural Orientation of Women's Group Enterprises in Nakuru, Kenya, in: Rural Africana, vol. 21, S.69-80.

Wacker, Corinne
1991 Participatory Development Planning for Sustainable Development with Women's Groups in Kenya, in: Rodda, Annabel (Hg.): Women and the Environment, London, S.141-146.

Wacker, Coninne / **Meier**, Barbara
1990 Partizipative Forschung in der Entwicklungszusammenarbeit, in: Ethnologische Arbeitsgruppe Frau und Entwicklung Zürich (Hg.): Wo sind die Frauen? Frauenforschung und Frauenförderung in der Entwicklungszusammenarbeit, Zürich, S.27-37.

Wamalwa, Betty
1991 Limits of Women's Groups as a Viable Channel for the Development of Women in Kenya, in: Wallace, Tine / March, Candida (Hg.): Changing Perceptions, Writings on Gender and Development, Oxford, S.245-252.

Wanyande, Peter
1987 Women's groups in participatory development: Kenya's development experience through the use of harambee, in: Development: Seeds of Change, vol. 2/3, S.94-102.

Ward Gailey, Christine
1988 Eleanor Burke Leacock (1922-1987), in: Gacs, Ute / Khan, Aisha / McIntryre, Jerrie / Weinberg, Ruth (Hg.): Women Anthropologists, A biographical dictionary, New York, S.215-221.

Watson-Franke, Maria-Barbara
1985 Production and the Status of Women - An Anthropological Interpretation of Historical Materialism, in: Anthropos, Bd. 80, no. 1/3, S.1-14.

Weil, Peter
1970 The Introduction of Ox Plows in Central Gambia, in: McLoughlin, Peter F.M.(Hg.): African Food Production Systems - Cases and Theory, Baltimore, S.231-263.

1971 The Masked Figure and Social Control: The Mandinka Case, in: Africa, vol. 41, no. 2, S.279-293.

1973 Wet Rice, Women and Adaptation in The Gambia, in: Rural Africana, no. 19, S.20-29.

1976 The Staff of Life: Food and Female Fertility in a West African Society, in: Africa, vol. 46, no. 1, S.182-195.

Weiland, Heribert
1983 Sozio-kulturelle Faktoren in der deutschen Entwicklungspolitik, Neuorientierung oder politisches Alibi, in: Goetze, Dieter / Weiland, Heribert (Hg.): Sozio-kulturelle Implikationen technologischer Wandlungsprozesse, SSIP-Bulletin 52, Saarbrücken, S.139-154.

Wendl, Thobias
1991 Mami Wata oder ein Kult zwischen den Kulturen, Kulturanthropologische Studien Bd. 19, Münster.

Westermann, Verena
1992 Women's Disturbances, Der Anlu-Aufstand bei den Kom (Kamerun) 1958-1960, Studien zur Afrikanischen Geschichte, Bd. 3, Münster.

Westhoff, Beatrix
1989 Sonderenergieprogramm Burkina Faso, Herdverbreitungsprogramm, unveröffentlichter Schlußbericht, Frankfurt a. M.

Westphal-Hellbusch, Sigrid
1979 Hilde Thurnwald, in: Sociologus, 29. Jg., Heft 2, S.97-101.

White, Francis
1987 Sierra Leone's Settler Women Traders - Women in the Afro-European Frontier, Michigan.

White, Sylvia
1985 African Women as Small-Scale Entrepreneurs: Their Impact on Employment Creation, in: Monson, Jamie / Kalb, Marion (Hg.); Women as Food Producers in Developing Countries, Los Angeles, S.37-50.

Whitehead, Ann
1984 Women's Solidarity - And Divisions Among Women, in: Bulletin of the Institute of Development Studies, vol. 15, no. 1, S.6-11.

1990 Food Crises and Gender Conflict in the African Countryside, in: Bernstein, H. et al. (Hg.): The Food Question: Profits versus People, London, S.54-68.

Whitehead, Ann / Bloom, Helen
1992 Agriculture, in: Ostergaard, Lise (Hg.): Gender and Development, A Practical Guide, London, S.41-56.

Whitney, J.B.R.
1987 Impact of Fuelwood Use on Environment Degradation in the Sudan, in: Little, Peter D. / Horowitz, Michael M. / Nyerges, Endre (Hg.): Lands at Risk in the Third World, Local Level Perspectives, Boulder - London, S.115-143.

Wichterich, Christa
1984 Frauen in der 3. Welt, Zum Stand der Diskussion um die Integration der Frauen in die Entwicklung, Analyse und Dokumentation, Bonn.

1992 Moral, Markt, Macht - Frauengruppen in Kenia, in: Peripherie, Nr. 47/48, S.7-21.

Wiese, Eva-Maria
1985 Frauen tragen die Last der Entwicklung, Beispiele aus West-Afrika, in: Entwicklung und Zusammenarbeit, 26. Jg., Heft 1, S.8-10.

Wiguaraja, Poona
1990 Women, Poverty and Resources, New Dehli - London.

Wilke, Renate
1985 Kredit ist Vertrauen, Women's World Banking: Finanzhilfe für Frauen, in: Der Überblick, Nr. 4, S.52-54.

Williams, Geoffry J.
1966 The fishery industry of Sierra Leone: A geographical analysis, in: The Bulletin - The Journal of the Sierra Leone Geographical Association, no. 10, S. 2-21.

Wilson, Peter
1967 Status Ambiguity and Spirit Possession, in: Man, n.s., vol. 2, no. 3, S.366-378.

Wimmer, Andreas
1991 Was macht Menschen rebellisch? Über die Entstehungsbedingungen sozialer Bewegungen, in: Berg, Eberhard / Lauth, Jutta / Wimmer, Andreas (Hg.): Ethnologie im Widerstreit, Kontroversen über Macht, Geschäft, Geschlecht in fremden Kulturen, München, S.289-308.

Winans, Edgar V. / Haugerud, Angelique
1977 Rural Self-Help in Kenya: The Harambee Movement, in: Human Organization, vol. 36, no. 4, S.334-351.

Wipper, Audrey
1971a Equal Rights for Women in Kenya? in: Journal of Modern African Studies, vol. 9, no. 3, S.429-442.

1971b Some Strategies Employed By the Kenyan Power Elite To Handle a Normative Existential Discrepancy, in: African Studies Review, vol. 16, no. 3, S.463-482.

1975 The Maendeleo ya Wanawake Movement: Some Paradoxes and Contradictions, in: African Studies Review, vol. 18, no. 3, S.99-120.

1985 Riot and Rebellion among African Women: Three Examples of Women's Political Clout, Ontario University Working Papers No. 108, Ontario.

1988 Reflections on the Past Sixteen Years, 1972-1988, and Future Challenges, in: Canadian Journal of African Studies, vol. 22, no. 3, S.409-421.

1989 Kikuyu Women and the Harry Thuku Disturbances: Some Uniformities of Female Militancy, in: Africa, vol. 59, no. 3, S.300-337.

WIN - Women in Nigeria
1983 Women in Nigeria (WIN), in: Review of African Political Economy, Nr. 27/28, S.138-139.

Worley, Barbara
1988 Bed Posts and Broad Swords: Twareg Women's Work Parties and the Dialectics of Sexual Conflict, in: Randolph, Richard R. / Schneider, David M. / Diaz, May N. (Hg.): Dialectics and Gender, Anthropological Approaches, Boulder, S.273-284.

Wright, Donald R.
1977 The Early History of Niumi: Settlement and Foundation of a Mandinka State on the Gambia, Papers in International Studies, Africa Series, No. 32, Ohio University, Athens.

Yanagisako, Sylvia Junko / Collier Fishburne, Jane
1987 Toward an Unified Analysis of Gender and Kinship, in: dieselben (Hg.): Gender and Kinship, Essays toward a Unified Analysis, Stanford, S.14-50.

Yates, Barbara
1982 Colonialism, Education and Work: Sex Differentiation in Colonial Zaire, in: Bay, Edna G. (Hg.): Women and Work in Africa, Boulder, S.127-152.

Young-Yoon, Soon
1983 Women's garden groups in Casamance, Senegal, in: Assignment Children, vol. 63/64, S.133-153.

Yusuf, Bilkisu
1991 Hausa-Fulani Women: The State of Struggle, in: Coles, Catherine / Mack, Beverly (Hg.): Hausa Women in the Twentieth Century, Madison, S.90-106.

Zack-Williams, A. / **Riley,** St.
1993 Sierra Leone: The Coup and the Consequences, in: Review of African Political Economy, no. 56, S.91-98.

Zakaria-Ali, Gertrude / **Bhalla,** A.S.
1987 Control and management of technology by rural women of Ghana, Genf.

Zdunnek, Gabriele
1984 Frauenunterdrückung als Ursprungsmythos, Zur anthropologischen Diskussion verschiedener Erklärungsansätze für die Entstehung und Entwicklung von Sexismus, in: Lenz, Ilse / Rott, Renate (Hg.): Frauen im Entwicklungsprozeß, Saarbrücken, S.21-50.

1987 Marktfrauen in Nigeria, Ökonomie und Politik im Leben der Yoruba-Händlerinnen, Hamburg.

Zweier, Klaus
1986 Schaffen neue Technologien tatsächlich Arbeitserleichterungen für Frauen? Beispiel: Zugochsen - eine echte Hilfe für die Bäuerin, in: Entwicklung und Zusammenarbeit, 27. Jg., Heft 6, S.13-15.

Index

Abeokuta Women's Union (Nigeria) 258f.
Afaf-Bund 206
Agroforestry 295
Ahnin 41, 51, 140, 142, 206
Akamba (Kenia) 3f., 7f., 48, 51, 267, 299-314
Akzeptanz 6f., 82, 89f., 119, 162, 165, 177, 185f., 204, 291f., 296f.
Alphabetisierung 21, 123, 225, 261, 264, 281, 308
Altersklassen 3, 6, 10f., 75, 78, 89, 189f., 197, 255, 275f., 278f., 302f., 315
Anbau-
    Strategien 65f., 157, 172, 216
    System 4f., 32, 63, 65, 67, 96, 108, 114, 116, 148, 151, 157, 159, 165, 167, 206, 233
    Wandel 63
Angepaßte Technologie 175, 183, 290, 312
Anlu-Protest 208, 215-217, 238
Anlu-Ritus 207, 211-215, 232
Arbeitsengpäße 16, 41, 65, 122, 151, 153f., 157, 160, 190, 197, 221, 276, 282
Arbeitsgerät 6, 170, 173, 179, 192, 198
Arbeitsgruppen 3f., 6, 12f., 49, 65f., 77, 82, 109, 121, 149f., 154-161, 167, 171f., 177, 190, 192f., 195-197, 200-202, 219-221, 241, 268, 279
Arbeitsteilung (geschlechtliche) 6, 18, 21, 32, 41, 44, 63, 70, 82, 96f., 107, 109, 114, 148, 157, 164-166, 177, 186f., 199, 202, 204, 220, 233, 237, 241, 252, 279, 299
Außenförderung 1, 6, 110, 117, 121, 264-266, 280f., 284, 286, 295
Autorität 23, 29, 31, 34, 55, 59f., 72, 128, 133, 139-140, 142-144, 158, 171, 178f., 190, 195, 207-209, 214f., 222, 244, 254f., 273, 275

Bedürfnis 5-8, 49, 57, 69, 71, 75, 77f., 81f., 84, 86-88, 90, 92, 96-99, 102-104, 106f., 109-126, 145, 152, 157, 168-170, 173, 175, 178f., 184, 186f., 198f., 200-204, 220, 235f., 239, 243, 258, 262, 264, 266, 269, 277-279, 280, 286, 288, 291f., 294, 296, 307, 309, 312, 314
Beratung 6f., 63, 68, 84, 91, 100, 102f., 108, 110, 115f., 120, 123, 166, 168, 170, 175, 201-203, 225, 232f., 235-237, 239, 253f., 272, 280, 286, 288, 291f., 295, 310
Bergreis 151-154, 165, 168, 177, 192
Beschneidung 40, 43, 143, 146f., 190, 272f., 302f.
Besessenheitskult 49-54
Bildungspolitik 62
Bundesministerium für Wirtschaftliche Zusammenarbeit (BMZ) 87-89, 95, 98-104, 106, 108, 121
Bondo-Gesellschaft 181f.
Bori-Kultgruppe 14, 50, 54, 73f.
Brautpreis 46f., 76, 134, 136, 140, 145, 223, 226, 252, 276, 302
Brot für die Welt 235
Bundu-Gesellschaft 165, 181f.

Christliche Frauengruppen 261

Deutscher Entwicklungsdienst (DED) 7, 99f., 102f., 119, 122, 290, 303f., 314
Demokratisierung 62, 126, 312
Diola (Senegal) 189
Drei-Steine-Herde 269, 289, 291, 293, 296

Eheformen 46
Einkommenssicherung 311
Entwicklungshilfe 1f., 80, 83-86, 92, 94, 96, 98, 105f., 120f., 124f., 162, 263, 303, 309, 314
Entwicklungspolitik 83, 86, 125
Entwicklungspotential 2, 8, 15, 88f., 108f., 117, 120, 121f., 172, 179, 272, 279f., 283, 303
Entwicklungspriorität 7, 308, 314
Entwicklungsvorstellungen 92, 106, 308, 314
Erdnußanbau 113, 162, 194, 195
Erfahrungsaustausch 174, 265, 279, 287, 292, 294, 310
Esusu-Spargruppen 245, 264, 266
Ethnizität 72
Ethnologin 1, 8f., 20, 22, 24f., 27, 30, 32f., 36, 38-43, 48, 51, 57, 59f., 66, 68, 75f., 78f., 82, 85, 89, 91, 95,

107f., 115, 117-119, 145, 239, 272, 291, 297
Evaluierung 5f., 89, 108, 234, 238
Exogamie 133, 223, 302

Familienformen 39, 43-45, 79
Familienplanung 45, 56, 103, 281
Feldforschung 5, 9, 22, 25, 32, 40, 46, 60, 68
Feministische Ethnologie 26
Fischhändlerin 185, 256
Food for Work Programm 203
Forschungsmethoden 90, 91, 114, 117, 126
Fortbildung 100, 118, 121, 176, 183, 201, 307, 311f.
Frauen-
  Status 25, 29f., 32-34, 36-38, 48, 143
  Dekade 94, 97f., 106, 287
  Förderung 2, 4, 6, 80, 86f., 89, 91, 94-106, 108, 120, 124, 170, 179, 183, 186f., 197, 199, 204, 218, 233, 236, 239, 263, 287, 311
  Forschung 1, 3, 9f., 20, 22f., 25f., 31, 37, 39
  Interessen 36, 60, 118, 179, 186, 201, 237, 239, 257
  Komponente 104f., 233
  Kultur 52
  Macht 13, 21, 25, 27, 29-31, 33-37, 60, 146
  Ministerien 95, 101
  Pflichten 48
  Protest 211
  Recht 191, 212, 216, 257
  Rollen 2-4, 9, 11, 15, 20-21, 23-30, 32f., 35-38, 40, 46, 48, 95, 107, 139, 144, 235, 251, 280
Fruchtbarkeit 13, 41f., 51f., 75, 77, 79, 131f., 137-139, 141, 143, 146f., 149, 154, 157, 190-192, 206f., 209, 213, 218, 221, 226, 228, 230-232, 248, 250, 267, 272, 276, 299, 301f.
Fümbuen-Bund 238

Gambia 4, 6, 189, 194f., 198-200, 202
Geheimbund 139, 248, 253
Gelede-Kult 250

Gemüse 5f., 48, 150-152, 155, 157f., 161, 168f., 170, 173f., 177-180, 186, 192, 197-199, 203f., 218, 235, 239, 268
Geschlechter-
  Konflikt 51, 53, 203, 238
  Komplementarität 30, 42, 190
  Ungleichheit 26f., 30, 43, 55, 63, 97, 106, 123, 196f., 234, 246, 262
Gesellschaft für Technische Zusammenarbeit (GTZ) 2, 5-7, 86f., 89, 91, 99-103, 107, 111f., 120, 166, 176, 178, 180, 183, 185, 218, 225, 229, 232, 237, 288, 290, 296
Getreidemühlen 23, 113, 235, 239
Gruppen-
  Prozesse 296, 303
  Ziele 17
Gynaegamie 46-48

Handel 3, 6, 15
Händlerinnen-Assoziationen 3f., 11, 14, 18, 69-71, 240, 244f., 256, 258, 261, 264
Handwerk 7f., 100, 107, 111, 143, 158, 183, 226, 241, 255, 261, 263, 281f., 300f., 303-306, 313f.
Harambee-Gruppen 285
Haushalt 7, 16f., 30, 47, 92, 114, 139, 142, 144, 148, 159, 268, 314
Haushaltsleiterin 67, 157, 283
Haushaltstechnologie 293, 296, 298
Heiratsregel 128
Herrscherin 254
Hexerei 54, 207, 221, 231, 248, 250, 264

Initiation 11, 13, 24, 29, 40-43, 50, 54, 132f., 136-148, 152, 154, 156, 158, 173f., 176, 179, 190f., 209, 213, 223f., 230, 275f., 302f.
Innovation 6-8, 17, 32, 65, 82-84, 108, 110, 115, 122, 171f., 178f., 186, 225, 266, 284, 293, 297f., 303, 314
Interessenvertretung 4, 10, 13f., 18f., 23, 32, 34, 45, 49, 69, 73, 102, 110, 118f., 142, 162, 171, 179, 182, 186, 190, 227, 232, 238, 244, 254, 256, 258-260, 263f., 266, 302, 313
Islam 11, 14f., 39, 42f., 49f., 54-57, 72-75, 79, 133, 182, 191, 249

Iyalode 61, 244, 254-256, 259

Kafo-Altersgruppen 190-192, 195, 197
Kameruner Grasland 3f., 7, 9, 22, 205, 207, 218, 220, 226, 229, 232, 235, 237, 239
Kenia 7, 46f., 49-51, 57, 62, 79, 267, 279, 284-289, 291, 299, 304-306, 308, 310f.
Kenntnisse 2, 8, 16, 21, 23, 56, 68., 71, 80, 83-88, 90f., 108f., 115-118, 120, 123, 125, 139f., 148, 152, 156, 175, 185, 192, 195, 203, 206, 224, 239, 266, 282, 293, 295, 301, 306, 312f.
Kikuyu (Kenia) 2-4, 7, 46, 48, 61f., 267, 270, 272-274, 276f., 279, 283-285, 287-289, 291, 296f., 299f.
Kind 8, 15, 26, 29, 44-49, 59, 69-75, 77f., 110, 130, 133-137, 141, 146, 153f., 158, 176, 179, 181f., 185, 190, 213, 220f., 244, 247, 249, 251, 253, 261, 265, 268f., 271, 274-278, 281-283, 286, 303, 308, 311
Kirchliche Frauengruppen 14, 58
Klan 77, 267, 301f.
Kolonialpolitik 80f., 270
Kom (Kamerun) 61, 65, 205-235
Konflikt 11, 16-19, 24, 36, 49-52, 69, 71, 91, 93, 110, 125, 128, 133, 136f., 140, 146, 151, 162, 171, 177, 180, 187, 197-199, 204, 208, 220, 222, 250, 261, 272, 277, 286, 292, 296f., 304
Königsmutter 60, 253
Konzeption 1f., 35, 62, 85f., 90, 94, 97, 103, 105, 109f., 112, 119f., 163, 166, 168f., 170, 177, 179, 201f., 204, 236, 238, 263f., 293, 297
Kooperative 122, 185, 187, 197, 217, 226, 236, 305
Körbe 7, 156, 224, 299-301, 303, 305-308, 311-313
Kreditzugang 68, 100, 110, 113, 236, 262, 265
Kreolen 58f., 129f., 137
Kultgruppe 11, 14, 49-52, 54, 56f.

Lagos Market Women's Association (Nigeria) 256f.
Lalir-Bund 223

Landrecht 18, 34, 49, 63, 128, 131, 159, 196, 203f., 207, 220f., 236, 268, 271, 282, 298
Landzugang 64f., 114, 148, 159f., 162, 167, 171, 180, 193, 195, 198, 203, 206f., 220f., 241, 267f., 271, 277, 282-284, 296, 308
Lebensphasen 10, 16, 21, 28, 37, 44f., 48, 55, 57, 68, 77, 107, 140, 244, 268
Leiterinnen der Frauengruppen 126, 305, 312
Lelemama-Gruppen 14, 50, 57f.
Lineage 12f., 41, 47, 51, 60, 128, 133f., 141, 148, 189, 190, 192-194, 206, 208, 210, 220-223, 227f., 241, 251, 267f., 271, 273-276, 302
Lokale Frauengruppen 120, 264

Machakos Handicraft Project (Kenia) 304-307, 313f.
Mädchen 11, 13, 21, 29, 40-43, 56, 58, 74, 78, 134, 136, 139, 140, 143-146, 152, 158, 174, 176, 190, 230, 261, 275, 303
Maendeleo ya Wanawake (Kenia) 285, 286, 288, 290, 292, 294, 296, 297, 308
Mandinka (Gambia) 3f., 6, 189, 191-193, 196, 198, 200f., 204
Maniokreiben 7, 235
Marie-Schlei-Verein 7, 263, 266
Marktfruchtanbau 32, 63f., 66f., 114, 157-159, 167, 221
Mau-Mau-Bewegung 62, 274, 286
Mbati-Gruppen 284
Mende (Sierra Leone) 2-6, 13, 29, 60, 127, 129-135, 137-139, 143-148, 150f., 153f., 160, 163, 167, 170, 176f., 179, 186f.
Menstruation 249f.
Migration 41, 45, 116, 127, 135, 160, 164, 195, 253, 303
Mischkultur 151, 155, 157, 177, 198, 218, 226, 232, 241, 268
Misereor 235
Mission 39, 133, 208, 221, 252, 272, 301
Moderne Frauengruppen 124
Motive zur Gruppengründung 279
Multilaterale Zusammenarbeit 102

Nachhaltigkeit 8, 89, 91, 108, 120, 122, 173, 309
Naßreis 148, 156-161, 165, 167, 173, 177, 189f., 192-194
National Council of Churches (Kenia) 272, 308f., 311
National Council of Women's Societies (Nigeria) 56, 258, 260f.
Nationale Frauenorganisationen 125, 237, 285, 288, 290
Natur-Kultur-Dichotomie 27
Nicht-Regierungs-Organisation 6f., 102, 104f., 112, 117, 119, 120f., 123f., 198f., 200, 203f., 235, 263, 288, 305, 309
Nigeria 23, 32f., 45, 56, 73f., 210f., 240, 245, 249, 255-260, 262-266
Nomadische Lebensweise 75f., 79
Nso (Kamerun) 3f., 7, 22, 205, 218, 220-226, 229, 234f., 237, 239

Palmölverarbeitung 175
Participatory Rural Appraisal 91
Patrilinearität 3, 133, 182, 189, 302
Politische Partizipation 18, 29, 33, 36, 55, 59, 127, 209f., 223, 227, 253, 255, 259, 273
Polygamie 36, 44
Polygynie 133, 137, 181, 251, 272, 276
Poro-Bund 128, 130-133, 137, 140, 146-148
Priesterin 221f., 249f.
Privatheit - Öffentlichkeit 27, 30
Projektgestaltung 4, 6, 8, 89, 91, 99, 113, 117, 119, 124, 175, 186, 197, 202, 238, 290, 294
Projektplanung 7, 84, 88, 90f., 97, 100, 105, 107, 115, 117, 121, 126, 186, 204, 297

Rahmenbedingung 4, 18, 32, 85, 92f., 99, 101f., 105-108, 110, 114, 117, 122, 163f., 288, 294, 296, 304, 314
Rapid Rural Appraisal 91f., 117
Reisanbau 6, 153, 159, 166, 173, 192, 194f., 200f., 203f., 238
Religion 2, 11, 13, 28, 39, 72f., 129, 131, 182, 191, 208, 247, 248-250, 272, 301
Religiöse Frauenzusammenschlüsse 14

Ressourcenkontrolle 19, 63, 92, 107, 116, 123, 134, 156, 196f., 268, 271, 277, 294

Sande-
Bund 4-6, 128, 132-134, 136, 138-140, 142, 145-148, 156, 171f., 174, 176, 179f., 186
Geist 132, 138f., 143-145
Leiterinnen 13, 40f., 130f., 136, 138, 140-142, 144-146, 171, 178
Masken 144
Medizin 138, 141, 145
Sanktion 11, 34, 78f., 111, 120, 140, 212f., 270, 273, 276
Scheidung 44, 55, 252, 276
Schulbildung 5, 42, 48, 74, 75, 145, 171, 229, 261, 283, 308
Schulungen 91, 110, 118f., 120, 146, 168, 174-177, 180, 198, 225, 232f., 235, 237, 264-266, 279, 281, 284, 286, 292f., 297, 312
Seklusion 55, 73f., 303
Selbstbild von Frauen 23, 50, 77f., 173, 229, 231, 271
Sherbro (Sierra Leone) 29, 60f., 70, 129, 181f.
Sierra Leone 2, 4-6, 19, 40, 58, 60, 70, 127, 129, 131, 135, 163-166, 168, 179f., 182
Sklavin 58, 129
Solidarität 14, 16, 18f., 24, 35, 37, 56, 67, 73, 78f., 88, 111, 140, 142f., 244, 279
Soziale Bewegung 126, 256
Soziale Mobilität 18, 129, 135, 278
Soziale Sicherung 12, 56, 112
Soziale Vaterschaft 47
Spar- und Kreditgruppen 11f., 15, 72, 75, 109-111, 160, 221, 245, 266, 277, 280
Status 3, 15, 17, 19, 21, 27-29, 32-37, 40, 47, 55, 68, 72, 74f., 77, 103, 107, 111, 123f., 133f., 136f., 139f., 143, 146f., 153, 158, 163, 174, 179, 187, 190, 195, 206, 208f., 216, 219, 223, 225, 227, 229, 233, 244, 251, 299, 302, 305, 315

Temne (Sierra Leone) 6, 180-182, 187
Tsong-Bund 222, 223
Tuareg (Algerien) 77

Vermarktung 6-8, 16, 63, 65, 67, 70, 76, 89, 92, 97, 103, 110, 113f., 116, 118, 120, 122, 159, 161, 164f., 172-175, 180, 182, 185-187, 198, 207, 217, 235f., 239, 246, 264, 279, 291, 303-306, 308, 311
Versorgungspflichten 45, 66f., 182, 199, 213, 247, 265, 268, 315
Virilokalität 12f., 52, 133f., 142, 182, 189, 208, 223, 251, 253, 276, 302

Wasserversorgung 166, 175, 183, 185, 187, 281, 288, 296, 308, 311f., 314
Weltbild 23, 25, 37, 40, 53, 131, 138, 193, 207, 221, 229, 248, 250, 253, 267
Weltgebetstag der Frauen 303, 309-312, 314
Wiederaufforstung 126, 288f., 294, 298, 308
Wirtschaftliche Eigenständigkeit 18, 31, 44, 74, 241
Witwe 18, 48f., 77, 135, 220, 235, 252, 264, 268, 271, 282
Women and Energy Project (Kenia) 288, 290
Women's Bureau (Kenia) 197, 287f.

Yoruba (Nigeria) 2-4, 7, 14f., 29, 32, 45, 61, 68f., 129, 240, 242, 244, 247-249, 251-257, 262-266

Zaar-Kult 14, 56f.
Zugtieranspannung 234
Zumunci-Gruppen 73

If you have any concerns about our products,
you can contact us on
ProductSafety@springernature.com

In case Publisher is established outside the EU,
the EU authorized representative is:
**Springer Nature Customer Service Center GmbH
Europaplatz 3, 69115 Heidelberg, Germany**

Printed by Libri Plureos GmbH
in Hamburg, Germany